Mathematik

Eingangsklasse
(Klasse 11)
Berufliches Gymnasium

von

Dr. Ulrich Benz
Franz Deissenrieder

winklers

Vorwort

Vom Schuljahr 2002/2003 an gelten in Baden-Württemberg für alle beruflichen Gymnasien neue einheitliche Lehrpläne für die Eingangsklasse. Dieses Buch ist aus der täglichen Unterrichtspraxis an einem Wirtschafts- und Ernährungswissenschaftlichen Gymnasium in Baden-Württemberg entstanden. Es

- entspricht dem neuen Lehrplan, der für alle beruflichen Gymnasien gilt;
- geht vom Einsatz grafikfähiger Rechner aus;
- berücksichtigt den Kenntnisstand der Schüler in der Eingangsklasse (Klasse 11).

In Teil A, der „Wiederholung aus der Mittelstufe", wird der Stoff so wiederholt, dass ihn die Schüler/-innen selbstständig erarbeiten können. Dazu sind am Ende des Buches zur Lernkontrolle die Lösungen teilweise abgedruckt. Als Lehrer/-in hat man die Option, zunächst diesen Teil zu behandeln oder sofort mit Teil B (Seite 82 ff.) zu beginnen und erst bei Bedarf auf einzelne Themen des Wiederholungsteils einzugehen.

Teil B beginnt mit einem Kapitel über Daten und ihre Aufbereitung. Die weiteren Kapitel behandeln alle Funktionstypen, die für die Eingangsklasse (Jahrgangsstufe 11) relevant sind. Sie werden verknüpft mit sinnvollen Anwendungen und Aufgaben, die sich für HOT eignen. Zusätzlich wird gezeigt, wie man diese Funktionen über empirisch gewonnene Daten einführen kann.

Die Themen werden schülergerecht und so einfach wie möglich dargestellt. Dadurch eignet sich das Buch sowohl zum Selbststudium als auch zu Gruppenarbeiten und weiteren schülerbezogenen Lernformen.

In allen Kapiteln wird der grafikfähige Taschenrechner konsequent eingesetzt. Die Abbildungen der Displays zeigen die Taschenrechner, die am häufigsten in den Schulen eingesetzt werden, den CASIO CFX-9850GB PLUS und den TEXAS INSTRUMENTS TI-83 Plus. Die abgebildeten Displays des CASIO-Rechners sind mit *1, die des TI-Rechners mit *2 gekennzeichnet.

Die Lösungen sind auf einer CD-ROM erhältlich. **Wichtig:** Die Lösungen der nicht gekennzeichneten Aufgaben finden Sie hinten im Buch. Die Lösungen der mit * gekennzeichneten Aufgaben finden Sie auf der CD-ROM zum Buch. Zusätzlich befinden sich darauf zu allen Kapiteln weitere Übungsaufgaben mit Lösungen, die sich in Word bearbeiten und ausdrucken lassen.

Dr. Ulrich Benz
Franz Deissenrieder

2., überarbeitete Auflage, 2006
© Bildungshaus Schulbuchverlage
Westermann Schroedel Diesterweg
Schöningh Winklers GmbH
Postfach 11 15 52, 64230 Darmstadt
Telefon: 06151 8768-0 Telefax: 06151 8768-61
www.winklers.de
Druck: westermann druck GmbH, Braunschweig
ISBN-10: 3-8045-**5200**-5
ISBN-13: 978-3-8045-**5200**-5

Teil A
Bevor es richtig losgeht – wissen Sie noch?

1 Wie die Zahlenmengen heißen und wie man mit Mengen umgeht

1.1 Eine kurze Vorbemerkung zu Mengen

Was ist eigentlich eine Menge und wozu betreibt man Mengenlehre?
Fangen wir mit der zweiten Frage an. Wir lernen in der Mengenlehre Schreibweisen und Abkürzungen kennen, die man in allen Teilgebieten der Mathematik verwendet. Stellen Sie sich vor, Sie müssten für Geometrie, Algebra, Statistik, Analysis usw. jeweils eine neue Fachsprache und neue Schreibweisen lernen. Das wäre doch ziemlich lästig. Dieses Durcheinander erspart uns die Mengenlehre. Ihre Symbole, Sprech- und Schreibweisen kann man in allen Gebieten der Mathematik verwenden. Das ist sehr praktisch und wir werden dies in Zukunft auch tun.
Jetzt kommen wir zur ersten Frage: Was ist eigentlich eine Menge? Es ist nicht einfach, dies in Worten zu beschreiben. Wir versuchen es so:

DEFINITION Unter einer **Menge** versteht man die Zusammenfassung verschiedener Elemente zu einer Einheit.

Das klingt komplizierter als es ist. Ihre Klasse ist auch eine solche Einheit. In ihr sind die Elemente Susi, Anna, Max, Moritz usw. zusammengefasst. Mengen kürzt man mit großen Buchstaben ab und schreibt sie mit geschweiften Klammern.

BEISPIELE

$A = \{a, b, c, d, e\}$

a ist ein Element von A
Schreibweise: $a \in A$

$B = \{2, 4, 6\}$

3 ist kein Element von B
Schreibweise: $3 \notin B$

als Mengenbild:

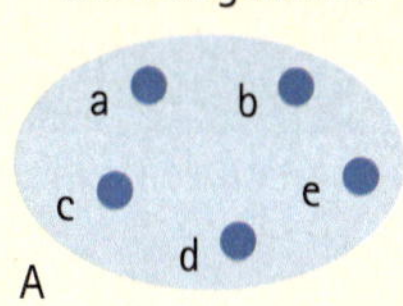

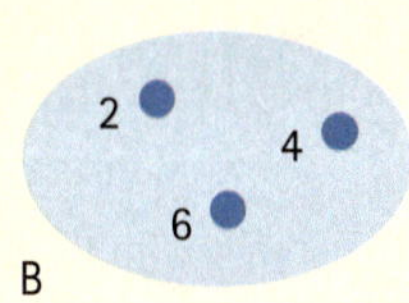

1.2 Zahlenmengen

So allgemein, wie wir gerade den Begriff der Menge wiederholten, brauchen wir ihn meistens gar nicht. Wir interessieren uns beim Rechnen vor allem für Zahlenmengen und bei Schaubildern im Koordinatensystem für Punktmengen. Daher geht es uns hier hauptsächlich um die verschiedenen Zahlenmengen, mit denen wir mehr oder weniger bewusst umgehen, wenn wir rechnen. Schauen Sie sich ganz genau an, wie die folgenden Zahlenmengen festgelegt sind.

Natürliche Zahlen

Die einfachsten Zahlen sind ganz und positiv. Man fasst sie zur Menge der natürlichen Zahlen zusammen, für die man den Buchstaben $\mathbb{N}^*$ reserviert hat.

$$\mathbb{N}^* = \{1, 2, 3, 4, 5, 6, \ldots\}$$

Das Sternchen * bei einer Zahlenmenge bedeutet immer, dass die Zahl 0 nicht mit dabei ist. Wenn man zu den natürlichen Zahlen noch die Zahl 0 dazunimmt, schreibt man ohne das Symbol *.

$$\mathbb{N} = \{0, 1, 2, 3, 4, 5, 6, \ldots\}$$

Ganze Zahlen

Erweitert man die Menge $\mathbb{N}$ um die negativen Zahlen $-1, -2, -3, \ldots$ usw., erhält man die Menge $\mathbb{Z}$ der ganzen Zahlen.

$$\mathbb{Z} = \{\ldots -3, -2, -1, 0, 1, 2, 3, 4, \ldots\}$$

Rationale Zahlen

Alle Zahlen, die sich als Brüche darstellen lassen, nennt man die rationalen Zahlen. Sie als Menge darzustellen, wird etwas schwieriger. $\mathbb{N}$ und $\mathbb{Z}$ konnte man in einer **aufzählenden Form** leicht angeben; für die Menge $\mathbb{Q}$ der rationalen Zahlen wählen wir eine **beschreibende Form:**

$$\mathbb{Q} = \{\tfrac{p}{q} \mid p \in \mathbb{Z} \text{ und } q \in \mathbb{Z}^*\}$$

(Lies: „Die Menge aller Brüche p durch q, für die gilt: p ist eine ganze Zahl und q ist eine ganze Zahl mit q ungleich 0.")

Reelle Zahlen

Sie kennen noch weitere Zahlen, die sich nicht als Brüche darstellen lassen – also nicht rational sind – wie $\sqrt{2}$, $\sqrt{3}$, sin 10°, cos 32°, π … usw. Diese Zahlen nennt man irrational. Die Menge der irrationalen Zahlen kommt für sich alleine nie vor. Deshalb hat man auch keinen Buchstaben für sie reserviert. Man nimmt nun die Menge der irrationalen Zahlen und die Menge der rationalen Zahlen und fasst beide zu einer neuen Menge zusammen. Diese umfassende Menge ist dann die Menge der reellen Zahlen $\mathbb{R}$. Wenn es nicht ausdrücklich anders vermerkt ist, arbeiten wir beim Rechnen immer mit der Menge der reellen Zahlen. Das heißt, wir rechnen ohne Unterschied sowohl mit rationalen als auch mit irrationalen Zahlen.

Alle Zahlenmengen auf einen Blick:

$\mathbb{N}^*$ Menge der natürlichen Zahlen
$\mathbb{N}$ Menge der natürlichen Zahlen einschließlich 0

$\mathbb{Z}$ Menge der ganzen Zahlen

$\mathbb{Q}$ Menge der rationalen Zahlen
$\mathbb{Q}_+^*$ Menge der positiven rationalen Zahlen
$\mathbb{Q}_+$ Menge der positiven rationalen Zahlen einschließlich der Zahl 0

$\mathbb{R}$ Menge der reellen Zahlen
$\mathbb{R}_+^*$ Menge der positiven reellen Zahlen
$\mathbb{R}_+$ Menge der positiven reellen Zahlen einschließlich der Zahl 0
R^* Menge der reellen Zahlen ohne die Zahl 0

Entsprechend schreibt man bei Mengen aus negativen Zahlen als Index ein Minuszeichen.

Ausgehend von den natürlichen Zahlen haben wir die Zahlenmengen schrittweise erweitert. Grafisch lässt sich dies anschaulich so darstellen:

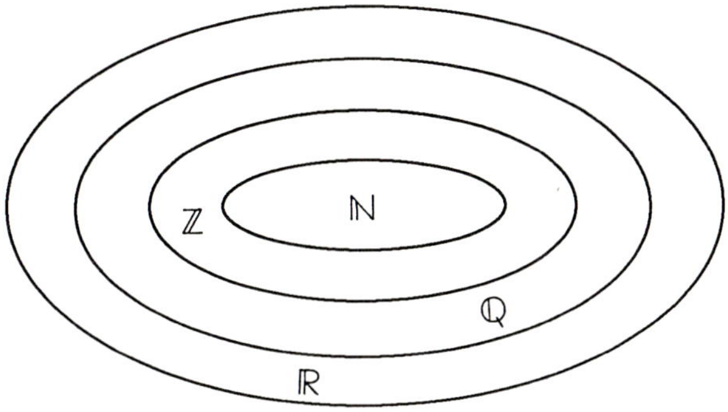

1.3 Arbeiten mit Mengen

Wie wir in der Vorbemerkung sagten, betreibt man Mengenlehre nicht als Selbstzweck. Sie soll uns vielmehr helfen überall mit einer einheitlichen Fachsprache und Schreibweise durchzukommen. Von daher lohnt es sich, wenn Sie die folgenden Zusammenstellungen aufmerksam durcharbeiten.

Operationen mit Mengen

Die Mengen *A* und *B* sollen gegeben sein. Dann lassen sich aus diesen beiden Mengen weitere Mengen bilden:

Menge, gebildet aus *A* und *B*	Abkürzung	Erklärung	grafische Veranschaulichung
Schnittmenge	$A \cap B$	alle Elemente, die sowohl in *A* als auch in *B* enthalten sind	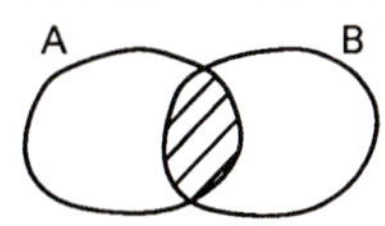
Vereinigungsmenge	$A \cup B$	alle Elemente, die in *A* oder in *B* enthalten sind (dazu gehören auch alle Elemente aus $A \cap B$)	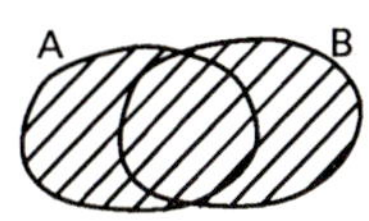
Differenzmenge	$A \setminus B$	alle Elemente, die in *A*, aber nicht in *B* enthalten sind	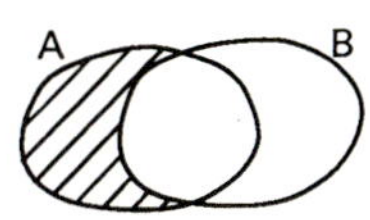

Beziehungen zwischen Mengen

Die Mengen A und B sollen gegeben sein. Zwischen ihnen können die folgenden Beziehungen bestehen.

Bezeichnung	Akürzung	Erklärung	grafische Veranschaulichung
A ist Teilmenge (= Untermenge) von B bzw. B ist Obermenge von A	$A \subseteq B$	jedes Element von A ist auch ein Element von B	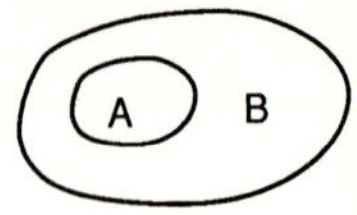
A ist gleich B	$A = B$	beide Mengen enthalten dieselben Elemente	

AUFGABE 1 Wo ist das Zeichen $\in$ richtig, wo ist es falsch?

a) $6 \in \{3, 6, 9, 12, 15\}$
b) $0 \in \{\}$
c) $1 \in \{10, 100, 100\}$
d) $12 \in \{x \mid x \text{ ist gerade}\}$

AUFGABE 2 Gegeben sind die Mengen $A = \{1, 2, 3, 4, 5\}$, $B = \{2, 4, 6, 8, 10\}$, $C = \{1, 3, 5, 7, 9\}$. Bilden Sie daraus die angegebenen Schnitt- und Vereinigungsmengen.

a) $A \cap B$
b) $A \cap C$
*c) $B \cap C$
*d) $A \cap B \cap C$
e) $A \cup B$
f) $A \cup C$
*g) $B \cup C$
*h) $A \cup B \cup C$

AUFGABE 3 Bilden Sie alle Teilmengen von $A = \{a, b, c\}$.

AUFGABE 4 Gegeben sind die Mengen $A = \{a, b, c, d\}$, $B = \{c, d\}$, $C = \{d, e, f\}$. Bilden Sie daraus die angegebenen Differenzmengen.

a) $A \setminus B$
b) $B \setminus A$
c) $C \setminus A$
d) $A \setminus C$
*e) $B \setminus C$
*f) $C \setminus B$

Wichtig: Die Lösungen der nicht gekennzeichneten Aufgaben finden Sie hinten im Buch. Die Lösungen der mit * gekennzeichneten Aufgaben finden Sie auf der CD-ROM zum Buch.

AUFGABE 5 Man kann Mengen angeben, indem man ihre Elemente beschreibt oder indem man ihre Elemente aufzählt. Je nachdem spricht man dann von der „beschreibenden" oder „aufzählenden" Form der Mengendarstellung.
Beispiel: $\{x | x \in \mathbb{N}^* \text{ und } x < 5\} = \{1,2,3,4\}$

Geben Sie die folgenden Mengen in der aufzählenden Form an.

a) $A = \{x | x \in \mathbb{Z} \text{ und } -3 \leqslant x \leqslant 5\}$
b) $B = \{x | x \in \mathbb{N}^* \text{ und } x \leqslant 6\}$
c) $C = \{x | x \in \mathbb{N} \text{ und } x \geqslant 7\}$
d) $D = \{x | x \in \mathbb{N} \text{ und } x \text{ ist ein Teiler von } 32\}$
*e) $E = \{x | x \text{ ist gerade und } x \text{ ist eine Primzahl}\}$
*f) $F = \{x | x \in \mathbb{N} \text{ und } x \text{ ist ein Vielfaches von } 4\}$
*g) $G = \{x | x \in \mathbb{Q} \text{ und } x^2 = 2\}$
*h) $H = \{x | x \in \mathbb{R} \text{ und } x^2 = 2\}$

AUFGABE 6 Geben Sie die folgenden Mengen in einer beschreibenden Form an.

a) $A = \{2,4,6,8,10\}$
b) $B = \{-2,-1,0,1,2,3,4,5\}$
c) $C = \{2,3,5,7,11,13,17,19,23,29,31,37\}$
d) $D = \{2,4,8,16,32,64,128\}$
*e) $E = \{3,6,9,12,15,\ldots\}$
*f) $F = \{\ldots,-3,-2,-1,0\}$
*g) $G = \{1,4,9,16,25,36,49,64,81,100\}$

AUFGABE 7 Gegeben sind die Mengen $A = \{x,y,z\}$, $B = \{y,z\}$ und $C = \{u,z\}$. Kreuzen Sie an: Welche Zeile gehört zu welcher Spalte?

	$A \cup B$	$B \cap C$	$A \cap C$	$C \setminus A$	$B \setminus C$	$B \cup C$
$\{z\}$						
$\{u,y,z\}$						
$\{x,y,z\}$						
$\{u\}$						
$\{y\}$						

AUFGABE 8 Geben Sie die folgenden Mengen in der aufzählenden Form an. Die Grundmenge sei $\mathbb{Z}$.

a) $A=\{x|x^2+4x=0\}$
b) $B=\{x|2x^2-16x=0\}$
c) $C=\{x|4x^2=100x\}$
d) $D=\{x|x\cdot(x-7)(x+5)=0\}$
*e) $E=\{x|x^2\cdot(x-6{,}5)=0\}$
*f) $F=\{x|x\cdot(x^2-1)(x+3)=0\}$
*g) $G=\{x|x^7-x^6=0\}$
*h) $H=\{x|6x^8=3x^7\}$
i) $I=\{x|\sqrt{x-1}=4\}$
k) $K=\{x|2x<24 \text{ und } 3x>7\}$
l) $L=\{x|3x\geqslant-9 \text{ und } x^2\leqslant16\}$
m) $M=\{x|5x^2\leqslant180\}$
*n) $N=\{x|2^x>25 \text{ und } 2^x<150\}$
*o) $O=\{x|3^x\geqslant1 \text{ und } 3^x<300\}$
*p) $P=\{x|\frac{20}{x}\geqslant4\}$
*q) $Q=\{x|\frac{5}{x-1}>1\}$

Ausblick auf die Jahrgangsstufe 2:

In der letzten Klasse werden Sie noch die Grundlagen der Wahrscheinlichkeitsrechnung kennen lernen. Bei diesem Thema werden die Schreibweisen der Mengenlehre ausführlich und konsequent verwendet. Sie werden dann froh sein, wenn Ihnen der Umgang mit Mengen bereits vertraut ist. Zusätzlich löst man in der Wahrscheinlichkeitsrechnung Aufgaben ab und zu auch mithilfe von Mengenbildern. Die ersten beiden Aufgaben sollen Ihnen zeigen, wie man solche Mengenbilder einsetzt, wobei die zweite nicht ganz ernst zu nehmen ist. Die anschließenden Aufgaben passen dann thematisch (inhaltlich sicher nicht so ganz) in die Abschlussklasse.

AUFGABE 9 In einem Dorf mit 1000 Haushalten gibt es als tägliche Zeitung das A-Blatt und das B-Blatt. 600 Haushalte haben das A-Blatt abonniert, 300 das B-Blatt. In 200 Haushalten wird keine Tageszeitung gekauft.

Zeichnen Sie ein Mengenbild und lesen Sie daraus ab: Wie viele Haushalte beziehen sowohl das A-Blatt als auch das B-Blatt?

AUFGABE 10 Gustav Gans ist eine Neuzüchtung von so genannten Osterhühnern gelungen, die farbige Eier legen. In seinem Garten springen zurzeit 100 Hühner herum. 39 legen blaue Eier; 18 legen rote und grüne Eier; 25 legen grüne, aber keine blauen Eier; 30 legen rote, aber keine blauen Eier; 2 legen rote und blaue, aber keine grünen Eier; 24 legen nur blaue Eier; 5 legen blaue und grüne, aber keine roten Eier.

a) Wie viele Spitzenhühner legen Eier in drei verschiedenen Farben?

b) Wie viele Blindgänger kommen in den Kochtopf, weil sie keine bunten Eier legen?

AUFGABE 11 Einige Jungs von der Schule haben beschlossen Fußballprofis zu werden, wenn sie beim Abitur durchfallen. Bereits vor dem ersten Probetraining wurden 30 % von ihnen wegen Plattfüßen abgelehnt, 20 % wegen einem zu dicken Bäuchlein. Teilnehmen durften 62 % der Kandidaten.

a) Wie viel Prozent der Plattfußindianer haben ein kleines Ränzchen?

b) Wie viel Prozent der Dickerchen watscheln auf platten Füßen daher?

Tipp:
Zeichnen Sie ein Mengenbild. Wenn Sie Probleme mit den Prozenten haben, rechnen Sie einfach mit 100 oder 200 Personen.

AUFGABE 12 In einer Mädchenklasse sind 35 % der Mädchen blond, 25 % haben blaue Augen. 43 % der Mädchen haben weder blaue Augen noch blonde Haare.

a) Wie viel Prozent der Blondinen haben blaue Augen?

b) Wie viel Prozent der blauäugigen Damen sind blond?

1.4 Intervalle

Ein **Intervall** (man könnte dazu auch **Abschnitt** sagen) ist eine spezielle Teilmenge der reellen Zahlen. Anschaulich: eine bestimmte Strecke auf der Zahlengeraden.

Wir unterscheiden folgende Typen von Intervallen:

Intervall in Mengenschreibweise	Darstellung am Zahlenstrahl	Bezeichnung des Intervalls
$[a; b] =$ $\{x \mid x \in \mathbb{R} \text{ und } a \leq x \leq b\}$	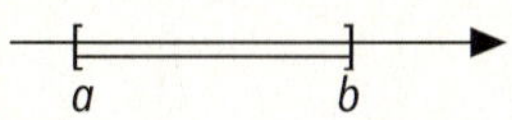	abgeschlossenes Intervall von a bis b; „abgeschlossen", weil die beiden Randpunkte zum Intervall gehören
$]a; b[=$ $\{x \mid x \in \mathbb{R} \text{ und } a < x < b\}$	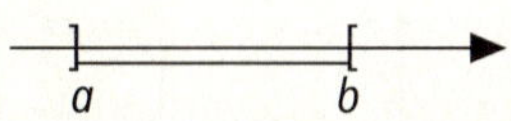	offenes Intervall von a bis b; „offen", weil die beiden Randpunkte nicht zum Intervall gehören
$]-\infty; a[=$ $\{x \mid x \in \mathbb{R} \text{ und } x < a\}$	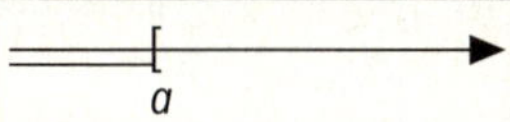	offenes Intervall von $-\infty$ bis a
$]a; \infty[=$ $\{x \mid x \in \mathbb{R} \text{ und } x > a\}$	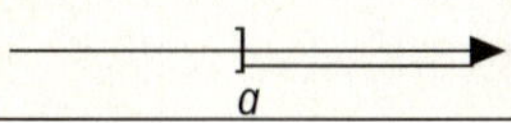	offenes Intervall von a bis ∞

Intervalle können auch an einem Rand geschlossen und am anderen Rand offen sein. Das hängt jeweils davon ab, ob man den Randpunkt noch zum Intervall nimmt oder weglässt.

AUFGABE 13 Geben Sie die folgenden Intervalle in der Kurzschreibweise mit eckigen Klammern an.

a) $\{x \mid 7 \leq x \leq 12\}$

b) $\{x \mid -3 < x < 4\}$

c) $\{x \mid -2 \leq x < 3{,}5\}$

d) $\{x \mid 1 < x \leq 7{,}3\}$

*e) $\{x \mid x \leq 2\}$

*f) $\{x \mid x \geq -3\}$

*g) $\{x \mid |x| < 4\}$

*h) $\{x \mid |x| \leq 2{,}5\}$

AUFGABE 14 Geben Sie die folgenden Intervalle in der Mengenschreibweise (siehe Aufgabe 13) an.

a) [2;7] c)]3;8] *e)]−1;9[*g)]−∞;7[
b) [−3;−1] d) [−4;7[*f)]6;11[*h)]−2;∞[

1.5 Das muss ich mir merken

Die Abkürzungen für die Zahlenmengen lauten:
$\mathbb{N}$ … natürliche Zahlen
$\mathbb{Z}$ … ganze Zahlen
$\mathbb{Q}$ … rationale Zahlen
$\mathbb{R}$ … reelle Zahlen

Die folgende Tabelle enthält nochmals alle Schreib- und Sprechweisen, die wir in Zukunft (d. h. mindestens bis zum Abitur!) benutzen werden.

Name	Abkürzung	Sprechweise	Beispiel
	$a \in A$	*a* ist Element von *A* *a* ist enthalten in *A*	$7 \in \mathbb{N}$ $-3 \in \mathbb{Z}$
	$b \notin B$	*b* ist nicht Element von *B* *b* ist nicht enthalten in *B*	$\pi \notin \mathbb{Q}$ $-2 \notin \mathbb{N}$
Schnittmenge	$A \cap B$	*A* geschnitten mit *B*	$A = \{1,2,3,4,5,6\}$ $B = \{5,6,7,8,9\}$ $A \cap B = \{5,6\}$
Vereinigungsmenge	$A \cup B$	*A* vereinigt mit *B*	$A = \{1,2,3\}$ $B = \{3,4,5\}$ $A \cup B = \{1,2,3,4,5\}$
Differenzmenge	$A \setminus B$	*A* ohne *B*	$A = \{1,2,3,4,5,6\}$ $B = \{5,6,7,8,9\}$ $A \setminus B = \{1,2,3,4\}$
Teilmenge	$A \subseteq B$	*A* Teilmenge von *B*	$A = \{3,4,5\}$ $B = \{2,3,4,5,6\}$
leere Menge	{ } oder $\emptyset$		Menge aller Zahlen, deren Quadrat negativ ist
Lösungsmenge	L		$x^2 = 16$ hat die Lösungsmenge $L = \{4,-4\}$
abgeschlossenes Intervall	[a;b]		I = [2;5] alle Zahlen mit $2 \leq x \leq 5$; die Randpunkte 2 und 5 gehören zum Intervall
offenes Intervall	]a;b[		I =]3;4[alle Zahlen mit $3 < x < 4$; die Randpunkte 2 und 4 gehören nicht zum Intervall

2 Wie die wichtigsten Ausdrücke der mathematischen Logik lauten

2.1 Aussagen und Aussageformen

Die mathematische Logik ist besonders einfach, weil sie nur zwischen falsch und wahr unterscheiden muss. Man spricht daher von einer **zweiwertigen Aussagenlogik**. Feine Abstufungen, wie sie die Umgangssprache kennt („da hast du nicht ganz unrecht", „das ist weitgehend richtig"), gibt es hier zum Glück nicht.

Die wichtigsten Begriffe der Aussagenlogik wollen wir wiederholen (vielleicht auch erst kennen lernen).

DEFINITION Eine **Aussage** ist eine Formulierung, von der man sagen kann, dass sie entweder wahr oder falsch ist.

BEISPIELE Aussagen sind:
Paris ist die Hauptstadt von Frankreich. (wahr)
Eine Forelle ist ein Säugetier. (falsch)
$2 \cdot 4 = 8$ (wahr)
$3 + 2 = 7$ (falsch)

Keine Aussagen im Sinne der Mathematik sind: Hipp, hipp, hurra!
Zum Donnerwetter noch mal!

DEFINITION Eine **Aussageform** ist eine Formulierung, die eine Variable so enthält, dass aus der Formulierung eine Aussage wird, wenn man für diese Variable geeignete Größen einsetzt.

Schütteln Sie nicht den Kopf, weil Sie diesen Satz nicht beim ersten Durchlesen verstanden haben. Schauen Sie sich in Ruhe die folgenden Beispiele an und lesen Sie dann diese Definition ein zweites Mal.

BEISPIEL „x ist eine Stadt in Europa" ist eine Aussageform.
Erst wenn man für x Städtenamen einsetzt, kann man entscheiden, ob eine wahre oder falsche Aussage vorliegt. Die Menge aller Städtenamen bildet hier die Grundmenge G. Man ist allerdings nicht gezwungen die ganze Grundmenge auszuschöpfen; man kann sich auch auf einige wenige Namen beschränken. Diese fasst man im Definitionsbereich D zusammen. Es gilt immer $D \subseteq G$.
Es sei hier $D = \{\text{Rom, London, Tokio}\}$. Dann erhalten wir beim Einsetzen zweimal eine richtige und einmal eine falsche Aussage. Die Namen, die richtige Aussagen liefern, „lösen" die Aussageform. Man fasst sie zur Lösungsmenge L zusammen.
Hier ist $L = \{\text{Rom, London}\}$.

Das war natürlich kein typisches Beispiel für eine Aussageform, wie sie uns in Zukunft beschäftigt. Aber Sie ahnten sicher schon bei den verwendeten Begriffen, worauf wir abzielen:

Jede Gleichung, die eine Lösungsvariable enthält, ist eine Aussageform.

BEISPIEL $x+3=7$ ist eine Aussageform.

Für die Lösungsvariable muss ein Definitionsbereich festgelegt sein.
Es sei hier $D=\{1,2,3,4,5\}$.

Wenn man für x die Werte 1, 2, 3, 4, 5 einsetzt, erhält man 1 wahre und 4 falsche Aussagen.

Für $x=4$ ist die Aussage richtig.
$x=4$ „löst" die Gleichung.
Die Lösungsmenge ist $L=\{4\}$.

Sicher löst kein vernünftiger Mensch eine Gleichung, indem er wie in diesem Beispiel alle Elemente des Definitionsbereichs durchprobiert. Man spürt hier aber, mit welcher begrifflichen Präzision die Mathematik versucht sich ein festes logisches Fundament zu schaffen. Die folgenden Überlegungen zu logischen Verknüpfungen werden dies verdeutlichen.

2.2 Logische Verknüpfungen von Aussagen

Ohne dass es uns richtig bewusst wird, konstruieren wir beim Sprechen aus einfachen Aussagen dauernd neue Aussagen, indem wir Wörter wie „und", „oder", „nicht", „daraus folgt" usw. benutzen. Selbstverständlich benutzen wir diese Wörter auch, wenn wir über mathematische Sachverhalte reden. Dafür müssen sie aber vorher erst noch genau definiert werden. Um einfache Regeln zu bekommen, ist es praktisch, wenn man die Aussagen mit Buchstaben p, q usw. abkürzt, so wie Sie in der Algebra Zahlen mit x, y usw. abkürzen.

Wir beginnen mit der Verneinung einer Aussage p.

DEFINITION Die Aussage „nicht p" ist falsch, wenn p wahr ist; und sie ist wahr, wenn p falsch ist.
Abkürzung: $\neg$ p

Wir werden im Folgenden nur 2 Aussagen „verknüpfen" (d. h. verbinden). Die eine nennen wir p, die andere q.

DEFINITION Die Aussage „p und q" ist nur wahr, wenn sowohl p als auch q wahr ist.
Abkürzung: $p \wedge q$

BEISPIEL $(2 \cdot 3=6) \wedge (4+3=8)$ ist eine falsche Aussage, da die 2. Teilaussage falsch ist.

DEFINITION Die Aussage „*p* oder *q*" ist wahr, wenn wenigstens eine der beiden Aussagen *p*, *q* wahr ist.
Abkürzung: $p \vee q$

BEISPIEL $(2 \cdot 3 = 6) \vee (4 + 3 = 8)$ ist eine wahre Aussage, da die 1. Teilaussage richtig ist.

DEFINITION Die Aussage „aus *p* folgt *q*" bzw. „wenn *p*, dann *q*" ist wahr, wenn die Folgerung *q* wahr ist. Wenn die Voraussetzung p falsch ist, gilt der logische Schluss „aus *p* folgt *q*" auch als richtig, wenn *q* falsch ist.
Abkürzung: $p \Rightarrow q$ (Man sagt auch: „*p* impliziert *q*".)

BEISPIELE

1) *p*: „17 ist eine Primzahl"
   q: „17 ist nicht teilbar durch 3"
   $p \Rightarrow q$ ist eine richtige Aussage, da *q* richtig ist.

2) *p*: „$2 + 2 = 5$"
   q: „$9 - 3 = 4$"
   $p \Rightarrow q$ ist eine richtige Aussage, da *p* falsch ist (!).

DEFINITION Zwei Aussagen *p*, *q* nennt man **äquivalent** (d. h. gleichwertig), wenn sowohl $p \Rightarrow q$ als auch $q \Rightarrow p$ gilt.
Abkürzung: $p \Leftrightarrow q$

BEISPIELE *p*: „*x* ist teilbar durch 2"
q: „*x* ist eine gerade Zahl"

$p \Leftrightarrow q$ ist eine wahre Aussage, da *p* und *q* gleichzeitig wahr oder falsch sind, je nachdem, welche Zahl für *x* eingesetzt wird. Als intelligenter Mensch tat Ihnen bei unserem letzten Beispiel der Kopf weh. Sehen Sie jetzt, warum man $p \Rightarrow q$ als richtigen Schluss definiert, wenn *p* falsch ist?

Das letzte Beispiel sah mit seiner Variablen *x* schon fast wie eine unserer altvertrauten Gleichungen aus. Kein Wunder: Unser Abschnitt über die Logik soll uns ja nur helfen das Lösen von Gleichungen besser zu verstehen.

Beim Umformen von Gleichungen ersetzen wir immer Zeilen durch neue Zeilen, die in der Regel zueinander äquivalent – also gleichwertig – sind.

BEISPIEL

$$3x + 4 = 19 \; / -4$$
$$3x = 15 \; / \; :3$$
$$x = 5$$

Man spricht hier von **Äquivalenzumformungen** und meint damit, dass jede Zeile durch die gleiche Zahl x gelöst wird.

MERKE Bei einer Äquivalenzumformung ändert sich die Lösungsmenge nicht.

VORSICHT!
Eine richtige Umformung muss nicht unbedingt eine Äquivalenzumformung sein.

BEISPIEL Quadrieren ist keine Äquivalenzumformung.

$2x = 8 \;/^2$

$4x^2 = 64$

(Die Lösung der 1. Gleichung ist $x=4$; bei der 2. Gleichung ist $x=-4$ eine weitere Lösung.)

AUFGABE 15 Geben Sie die Lösungsmengen der folgenden Aussageformen an. Die Grundmenge sei $\mathbb{R}$.

a) $x^2 \leq 36$	g) $7x+5 \leq 18$	*n) $x \cdot (x+2)=0 \wedge x(x-2)=0$
b) $x^2 \geq 10$	h) $2x-7 \geq -10$	*o) $2x+1=7 \wedge x-1=2$
c) $x^2 \leq 16$	i) $2x \geq 6 \wedge 3x \leq 15$	*p) $x^2=9 \wedge 4x<1$
d) $x^2 \geq 81$	k) $x \geq 0 \wedge 4x<15$	*q) $x^2=16 \wedge 10x>30$
e) $4x+2>8$	*l) $5x \leq -10 \wedge 6x \geq -33$	
f) $3x-6<9$	*m) $8x<0 \wedge 5x>10$	

Diese Aufgaben sind Ihnen sicher bekannt vorgekommen. Solche Aufgaben lösten Sie im letzten Kapitel über die Mengenlehre auch schon. Dies ist kein Zufall. Mengen und Aussagen gehören in der Mathematik untrennbar zusammen. Wir stellten Sie Ihnen nur in zwei verschiedenen Kapiteln vor, um Ihnen nicht gleich am Anfang das Leben unnötig zu erschweren.

Der Zusammenhang ist recht verflixt. Er erinnert an die Frage, ob zuerst das Huhn oder das Ei da war. Mengen definiert man mithilfe von Aussagen. Um eine Aussage zu formulieren, benötigt man aber vorher schon Elemente einer Menge, auf die sich die Aussage bezieht.

Sie sehen, die Katze beißt sich in den Schwanz. Wir schenken uns aber tief schürfende Überlegungen zu diesem Problem.

Einfacher sind die Zusammenhänge zwischen den logischen Bindewörtern „und", „oder" usw. mit den mengentheoretischen Verknüpfungen „Schnitt", „Vereinigung" usw. Diese Zusammenhänge sind im folgenden Kapitel zusammengestellt.

2.3 Zusammenhang mit der Mengenlehre

logische Verknüpfung	mengentheoretische Definition	Mengenbild
und	Schnittmenge $A \cap B = \{x \mid x \in A \wedge x \in B\}$	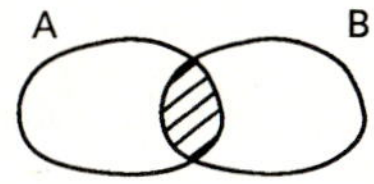
oder	Vereinigungsmenge $A \cup B = \{x \mid x \in A \vee x \in B\}$	
wenn – dann	Teilmenge $(A \subset B) \Leftrightarrow (x \in A \Rightarrow x \in B)$	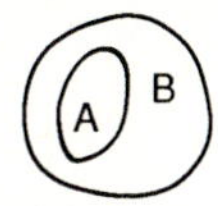
äquivalent	gleiche Mengen $(A = B) \Leftrightarrow (x \in A \Leftrightarrow x \in B)$	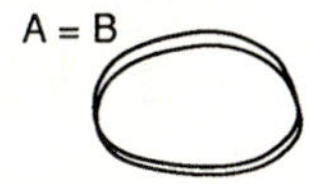

Anmerkungen

- Zur Implikation „wenn – dann": Bei einer „Wenn-dann-Formulierung" schließt man immer von einer speziellen Menge auf eine allgemeinere, die sie umfasst.

BEISPIEL „Wenn dieses Tier ein Vierbeiner ist, dann ist es ein Säugetier."
Kürzer: „Alle Vierbeiner sind Säugetiere." (Die Umkehrung gilt nicht.)
Genauer müsste es heißen: „x ist ein Vierbeiner $\Rightarrow$ x ist ein Säugetier". (Die Menge der Vierbeiner ist Teilmenge der Menge der Säugetiere.)

- Zur Äquivalenz: Bei äquivalenten (gleichwertigen) Formulierungen beschreibt man immer dieselbe Menge.

BEISPIEL „Eine Zahl ist gerade, wenn sie sich durch 2 teilen lässt und umgekehrt."
Genauer müsste es heißen: „x ist eine gerade Zahl $\Leftrightarrow$ x ist durch 2 teilbar". (Die Menge der geraden Zahlen und die Menge der durch 2 teilbaren Zahlen sind identisch.)

2.4 Das muss ich mir merken

Eine Aussage ist ein Satz, der wahr oder falsch ist.

Eine Aussageform ist ein Satz, der eine Variable enthält. Sie wird zu einer Aussage, wenn man die Variable ersetzt.

Alle Elemente, die man in die Aussageform für die Variable einsetzen darf, bilden den Definitionsbereich.

Alle Elemente des Definitionsbereichs, die beim Einsetzen eine wahre Aussage ergeben, fasst man zur Lösungsmenge zusammen.

- Wenn man 2 Aussagen mit **und** verbindet, führt das auf eine Schnittmenge.
- Wenn man 2 Aussagen mit **oder** verbindet, führt das auf eine Vereinigungsmenge.

Die wichtigsten logischen Verknüpfungen fasst die folgende **Wahrheitstabelle** zusammen. Die Aussagen heißen p und q. Sie können wahr (w) oder falsch (f) sein.

Aussage p p	Aussage q q	nicht p $\neg p$	p und q $p \wedge q$	p oder q $p \vee q$	aus p folgt q $p \Rightarrow q$	p äquivalent q $p \Leftrightarrow q$
w	w	f	w	w	w	w
w	f	f	f	w	f	f
f	w	w	f	w	w	f
f	f	w	f	f	w	w

3 Wie man sich beim Rechnen fachmännisch ausdrückt

Die wichtigsten und häufigsten Fachausdrücke stellen wir vorneweg in einer Tabelle zusammen. Gehen Sie die Begriffe mal durch. Gehört haben Sie sicher schon alle, aber können Sie sich noch genau an ihre Bedeutung erinnern?

Rechenart	Rechen-zeichen	Name des Ergebnisses	Name der einzelnen Terme
Addition	$a+b$	Summe	Summanden
Subtraktion	$a-b$	Differenz	
Multiplikation	$a \cdot b$	Produkt	Faktoren
Division	$a:b$	Quotient	
Potenzrechnen	a^n	Potenz	a … Grundzahl oder Basis n … Hochzahl oder Exponent
Wurzelziehen	$\sqrt{a}$	Wurzel aus a	a … Radikand

Wir wiederholen noch kurz die Größenbeziehungen zwischen mathematischen Ausdrücken, damit es später zu keinen Missverständnissen kommt.

Abkürzung	Sprechweise	Beispiele
$a<b$	a ist kleiner als b	$3<5$ ist eine richtige Aussage; $7<7$ ist falsch
$a \leqslant b$	a ist kleiner oder gleich b	$3 \leqslant 5$ ist eine richtige Aussage; $7 \leqslant 7$ ist richtig
$a>b$	a ist größer als b	$9>4$ ist eine richtige Aussage; $8>8$ ist falsch
$a \geqslant b$	a ist größer oder gleich b	$9 \geqslant 4$ ist eine richtige Aussage; $8 \geqslant 8$ ist richtig
$a \approx b$	a ist ungefähr gleich b	$4{,}12 \approx 4{,}13$, falls es auf die 2. Stelle nicht ankommt

Wenn man über mathematische Ausdrücke redet, benutzt man mit Vorliebe den Begriff Term. Er ist so allgemein, dass er (fast) immer passt.

MERKE Jeden sinnvollen mathematischen Ausdruck nennt man **Term.**

BEISPIEL $3x+2x$ ist ein Term.
$2+-:5$ ist kein Term.

Wenn Sie beim Arbeiten mit dem Buch über Begriffe oder Abkürzungen stolpern, die Ihnen nicht mehr klar sind, gibt es zwei Möglichkeiten: Entweder schlagen Sie hinten im Stichwortverzeichnis nach oder Sie benutzen ganz vorne im Buch die Tafel, in der die meisten der verwendeten Symbole aufgelistet sind.

4 Wie man mit Klammern rechnet

4.1 Auflösen von Klammern

REGEL
$a+(b+c)=a+b+c$
$a-(b+c)=a-b-c$
$a+(b-c)=a+b-c$
$a-(b-c)=a-b+c$

BEISPIEL
$a+4b-((a+b)+(a-b)-(2a+2c))$
$=a+4b-(a+b+a-b-2a-2c)$
$=a+4b-(-2c)$
$=a+4b+2c$

MERKE Bei ineinander geschachtelten Klammern löst man immer zuerst die innerste Klammer auf.

AUFGABE 1 Lösen Sie die Klammern auf und fassen Sie so weit wie möglich zusammen.

a) $6a+(-7a+3b)$
b) $-3x-(8x-5y)$
c) $7u-(-3u-6v)$
d) $(4a-2b)+(-4a+2b)$
e) $(-7v-8u)-(-9v-4u)$
f) $(-16p+18)+(-14p+15)-(-36p+29)$
g) $(-13+30x^2-x^3)-(x^3-45x^2+27)-(-34+83x^3-5x^2)$
h) $-(8a-12b)-((3a+2b)-(5a-7b))$
i) $-(3+2z-7z^2)-((4+7z^2-9z)-(12z+20z^2-4))$
k) $p^3-2p^2+2p-(-(3p^2-8)-(7p^2+5p^3-3p+6))$

Wenn wir im Folgenden etwas salopp davon sprechen, dass wir mit „Klammern" rechnen, heißt das natürlich, dass wir mit den *Inhalten* dieser Klammern rechnen. In den Klammern stehen Terme, die wir umformen möchten. Dafür gibt es die Klammerregeln, die Ihnen sicher noch vertraut sind. Wir listen sie hier alle nochmals auf.

4.2 Multiplikation einer Klammer mit einer Zahl

REGEL $a(b+c)=ab+ac$
Jedes Glied der Klammer wird multipliziert.

BEISPIEL $3(x-2y+4z)=3x-6y+12z$

REGEL Für die Vorzeichen gilt:

a	b	Produkt $a \cdot b$	Quotient $a:b$
+	+	+	+
+	−	−	−
−	+	−	−
−	−	+	+

AUFGABE 2 Multiplizieren Sie die Klammern aus.

a) $3(2x-3y)$
b) $(-7a+3b)12$
c) $(-8)(3u-5v)$
d) $a(3a+2b)$
*e) $4r^2(2s-13r)$
*f) $xy^2(3x+y)$
*g) $(-12pq+25p^2)\cdot(-3pq)$

AUFGABE 3 Multiplizieren Sie die Klammern aus und fassen Sie zusammen.

a) $6(3x-8y)-4(9y-12x)$
b) $(15a-10b)(-4)+7(6b-14a)$
c) $x(4x+2xy)-3y(4x-5y)$
d) $pq(9p-3pq)+(p+7pq)(-q)$
*e) $(-12s^2)(4r+7s)+(14rs^2+15s)(-4)$
*f) $uv^2(4u+2uv)-(8v^3-9u)(-2u^2)$
*g) $7yz(8z^2-3y)+4y(-3y^2+8y)$

4.3 Multiplikation von zwei Klammern

REGEL $(a+b)(c+d)=ac+ad+bc+bd$
Jedes Glied der 1. Klammer wird mit jedem Glied der 2. Klammer multipliziert.

BEISPIEL $(2x+3y)(4x-7y)$
$=8x^2-14xy+12xy-21y^2$
$=8x^2-2xy-21y^2$

Spezialfälle: Die 3 binomischen Formeln

MERKE
$(a+b)^2 = a^2 + 2ab + b^2$
$(a-b)^2 = a^2 - 2ab + b^2$
$(a+b)(a-b) = a^2 - b^2$

AUFGABE 4 Multiplizieren Sie die Klammern aus.

a) $(a-4)(a+3)$
b) $(2x+3y)(4x-7y)$
c) $(7u+2v)(8v-9u)$
d) $(3s-12r)(10r-4s)$
*e) $(-9z-4y)(-15y-18z)$
*f) $(8ab-9a)(5a-10ab)$
*g) $(2xy+6y)(8x-3x^2)$

AUFGABE 5 Multiplizieren Sie mithilfe der binomischen Formeln.

a) $(2x+4y)^2$
b) $(7a-5b)^2$
c) $(5u-9v)(5u+9v)$
d) $(15+3x)^2$
e) $(2rs-6s)(2rs+6s)$
*f) $(4pq-8p)^2$
*g) $(-z-z^2)^2$
*h) $(3a-7b)^2-(3a+7b)(3a-7b)$
*i) $(5x^2+7xz)^2-(7xz-5x^2)^2$
*k) $(12a-5ab)^2+(10ab+3a)^2-(4a+5ab)(4a-5ab)$

AUFGABE 6 Multiplizieren Sie die folgenden Klammern aus. Verwenden Sie dabei die binomischen Formeln.

a) $(x+y+z)^2$
b) $(2u+3v+4w)(2u+3v-4w)$
*c) $(2a+5b-c)^2$
*d) $(4x-5y-7z)^2$

AUFGABE 7 Ergänzen Sie die fehlenden Terme.

a) $(\square+\triangle)^2 = 4a^2 + \bigcirc + 25b^2$
b) $(\square+2x)^2 = \triangle + 24x + \bigcirc$
*c) $(6u^2-\square)^2 = \triangle - 12u^2 + \bigcirc$
*d) $(\square-\triangle)^2 = \bigcirc - 24uv + 16v^2$

AUFGABE 8 Geben Sie diejenigen Terme, die vollständige Quadrate sind, in der Form $(a \pm b)^2$ an.

a) $4x^2-12xy+9y^2$
b) $25a^2+36b^2$
c) x^2+1
d) $\frac{9}{4}a^2+\frac{3}{2}a+\frac{1}{4}$
e) $b^2-7b+\frac{49}{4}$
*f) $u^2v^2+4uvw+4w^2$
*g) $4a^2-4ab+b^2$
*h) $16x^6+8x^3y^2+y^4$
*i) $\frac{4}{9}x^4-\frac{4}{9}x^2+\frac{1}{9}$
*k) $0{,}01p^8+0{,}02p^4q^4+0{,}01q^8$

4.4 Zerlegen in Faktoren

Das Zerlegen in Faktoren macht das Ausmultiplizieren wieder rückgängig.

BEISPIELE

zerlegen in Faktoren →

1) $3a + 6ab + 12ac \;=\; 3a(1 + 2b + 4c)$

← ausmultiplizieren

3 und a sind die „gemeinsamen Faktoren", die man „ausklammert".

2) $4x^2 + 12xy + 9y^2 = (2x + 3y)^2$
nach der 1. binomischen Formel

3) $16a^2 - 25c^2 = (4a + 5c)(4a - 5c)$
nach der 3. binomischen Formel

AUFGABE 9 Klammern Sie alle gemeinsamen Faktoren aus.

a) $12a - 18ab$ d) $32r - 48rs + 16r^2$ *g) $a^3bc + ab^2c + abc^2$

b) $25x + 30$ *e) $90uv^2 + 75uv^3 - 45uv^4$

c) $14p + 21pq$ *f) $x^2 + x^4 - x^6$

AUFGABE 10 Zerlegen Sie mithilfe der binomischen Formeln in Faktoren.

a) $16x^2 + 24xy + 9y^2$ *f) $100a^4b^2 + 200a^3b^2 + 100a^2b^2$

b) $25u^2 - 60uv + 36v^2$ *g) $u^4v^4 - 1$

c) $9z^2 - 4w^2$ *h) $x^4 - x^2$

d) $p^4 - 2p^2q^2 + q^4$ *i) $0{,}25r^2 + rs + s^2$

e) $a^6b^4 - c^2$ *k) $0{,}01p^2q^2 + 0{,}02p^3q^2 + 0{,}01p^4q^2$

AUFGABE 11 Zerlegen Sie in Faktoren. (Tipp: Zerlegen Sie zuerst den letzten Summanden in Faktoren, machen Sie dann die Probe.)

BEISPIEL $x^2 + 5x + 6 = (x + a)(x + b) = x^2 + (a + b)x + ab$
Vergleichen Sie die linke und die rechte Seite.
Die Zahl 6 entspricht dem Produkt $a \cdot b$. Dieses Produkt kann $1 \cdot 6$, $2 \cdot 3$, $(-1) \cdot (-6)$ oder $(-2) \cdot (-3)$ sein. Die Zahl 5 entspricht der Summe $a + b$. Daher entscheiden wir uns für $a = 2$ und $b = 3$.
Wir erhalten: $x^2 + 5x + 6 = (x + 2)(x + 3)$.
Es hilft oft beim Vereinfachen von Brüchen, wenn man quadratische Terme so zerlegen kann. Man nennt dieses Verfahren nach einem Mathematiker aus dem 16. Jahrhundert **Zerlegen nach Vieta***.

a) $x^2 + 7x + 12$ e) $x^2 + x - 20$ *i) $x^2 - 2bx - 3b^2$

b) $x^2 + 7x + 10$ f) $x^2 - 9x + 18$ *k) $2x^2 - 4px - 16p^2$

c) $x^2 + 9x + 8$ *g) $x^2 - 9x + 14$ *l) $3x^2 + 6a^2x - 45a^4$

d) $x^2 + x - 6$ *h) $x^2 + 6ax + 8a^2$ *m) $\frac{1}{2}x^2 - 2bx - 6b^2$

* François Viète, latinisiert Vieta, französischer Mathematiker (1540 –1603), war einer der Pioniere der damals aufkommenden Buchstabenalgebra.

4.5 Das muss ich mir merken

Ausmultiplizieren mit den binomischen Formeln:

$$(a+b)^2 = a^2 + 2ab + b^2$$
$$(a-b)^2 = a^2 - 2ab + b^2$$
$$(a+b)(a-b) = a^2 - b^2$$

Zerlegen in Faktoren:

$$ab + ac = a(b+c)$$
$$a^2 + 2ab + b^2 = (a+b)^2$$
$$a^2 - 2ab + b^2 = (a-b)^2$$
$$a^2 - b^2 = (a+b)(a-b)$$

$a^2 + b^2$ kann man nicht zerlegen.

Zerlegen nach Vieta:

$x^2 + px + q = (x + x_1)(x + x_2)$, wobei $x_1 + x_2 = p$ und $x_1 \cdot x_2 = q$,
z.B. $x^2 + 7x + 12 = (x+3)(x+4)$

5 Wie man mit Brüchen rechnet

Wie viel Bruchrechnen braucht der Mensch noch? Damit sind Sie als Schüler der gymnasialen Oberstufe gemeint, wenn sich Mathematiklehrer diese Frage stellen. Es gibt ja unsere leistungsfähigen Taschenrechner. Solange wir nur mit Ziffern rechnen, können wir diese in die Maschine tippen. Das Ergebnis erscheint im Display und ist sogar noch optimal gekürzt. Beim Zahlenrechnen muss man sich tatsächlich kaum um die Regeln für das Rechnen mit Brüchen kümmern. In der Algebra sind sie aber unverzichtbar, wenn Formvariable auftauchen. Wir stellen daher alle Regeln für Sie zusammen. Zunächst üben wir sie mit Zahlen, damit Sie Ihre Ergebnisse mit dem Taschenrechner kontrollieren können. Dann gehen wir über zu Brüchen, die Formvariable enthalten.

5.1 Erweitern und Kürzen eines Bruches

MERKE Der Wert eines Bruches ändert sich nicht, wenn man Zähler und Nenner mit der gleichen Zahl multipliziert oder dividiert.

BEISPIELE *Erweitern:* $\frac{2}{3} = \frac{4}{6} = \frac{8}{12} = \frac{16}{24} = \ldots$ *Kürzen:* $\frac{72}{96} = \frac{36}{48} = \frac{6}{8} = \frac{3}{4}$

AUFGABE 1 Erweitern Sie die Brüche so, dass Sie im Nenner 100 erhalten.

a) $\frac{7}{10}$ b) $\frac{19}{20}$ c) $\frac{3}{5}$ *d) $\frac{3}{4}$ *e) $\frac{34}{50}$ *f) $\frac{1}{2}$

AUFGABE 2 Kürzen Sie die Brüche so weit wie möglich.

a) $\frac{72}{162}$ d) $\frac{39}{52}$ g) $\frac{70}{28}$ *k) $\frac{68}{153}$ *n) $\frac{112}{840}$

b) $\frac{68}{153}$ e) $\frac{30}{45}$ *h) $\frac{75}{105}$ *l) $\frac{128}{1024}$ *o) $\frac{672}{1152}$

c) $\frac{96}{102}$ f) $\frac{38}{95}$ *i) $\frac{38}{171}$ *m) $\frac{125}{625}$

AUFGABE 3 Kürzen Sie die Brüche so weit wie möglich.

a) $\frac{8a^3}{2a}$ g) $\frac{p^2-q^2}{p+q}$ *n) $\frac{9a^2x^2-6a^2xy+a^2y^2}{3a^3x-a^3y}$

b) $\frac{6p+6q}{2p+2q}$ h) $\frac{4a^2-9b^2}{2a-3b}$ *o) $\frac{x^2+6x+8}{x+2}$

c) $\frac{x^2y}{xy^2}$ i) $\frac{16x^2+40xy+25y^2}{8x+10y}$ *p) $\frac{x^2+2x-15}{2x+10}$

d) $\frac{8a^3b^4}{16a^5b^3}$ *k) $\frac{12p^2-48pq+48q^2}{4p-8q}$ *q) $\frac{2x^2+16x+14}{3x+3}$

e) $\frac{a^2+2ab+b^2}{a+b}$ *l) $\frac{32r^2-50s^2}{4r+5s}$

f) $\frac{x^2-2xy+y^2}{x-y}$ *m) $\frac{4a^3+12a^2b+9ab^2}{4a^2+6ab}$

Wenn Sie bei der Aufgabe 3 mehr als 4 Fehler beim Kürzen gemacht haben, müssen Sie in der Ecke stehen und 20-mal den alten Vers aufsagen: „Aus Differenzen und Summen kürzen nur die Dummen."

5.2 Multiplikation von Brüchen

REGEL

$$\frac{a}{b}\cdot\frac{c}{d}=\frac{ac}{bd}$$

2 Brüche werden multipliziert, indem man Zähler mit Zähler und Nenner mit Nenner multipliziert.

BEISPIEL $\frac{2}{3}\cdot\frac{4}{11}=\frac{8}{33}$

AUFGABE 4 Multiplizieren Sie die Brüche und vereinfachen Sie so weit wie möglich.

a) $\frac{12}{35} \cdot \frac{42}{96}$

b) $\frac{-3}{16} \cdot \frac{(-12)}{17}$

c) $\left(\frac{-8a}{9b}\right)^2$

d) $\left(-\frac{2x}{3}\right)^3$

e) $(12x-9y) \cdot \frac{2x}{4x-3y}$

f) $\frac{7a-2b}{3a+9b} \cdot (10a+30b)$

g) $\frac{6x}{u+v} \cdot \frac{u+v}{18y}$

h) $\frac{45a}{9a-15b} \cdot \frac{6a-10b}{25a}$

i) $\frac{8x-14y}{34xy^2} \cdot \frac{17x^2y}{21y-12x}$

k) $\frac{4u^2}{3u-7v} \cdot \frac{7v-3u}{8u^3}$

*l) $\frac{6a+3b}{7a-14b} \cdot \frac{16b-8a}{8a+4b}$

*m) $\frac{a-b}{a+b} \cdot (a^2+2ab+b^2)$

*n) $(8x^2+24xy+18y^2) \cdot \frac{3x-2y}{6x+9y}$

*o) $\frac{3x-2y}{(x+2y)^2} \cdot (3x^2-12y^2)$

*p) $\frac{x^2-xy}{(x+y)^2} \cdot \frac{x^2-y^2}{xy} \cdot \frac{x^2+xy}{(x-y)^2}$

*q) $\frac{a^2+1}{a^2-1} \cdot \frac{(a-1)^2}{a^4-1} \cdot \left(\frac{a+1}{a-1}\right)^2$

5.3 Division von Brüchen

REGEL

$$\frac{a}{b} : \frac{c}{d} = \frac{ad}{bc}$$

Durch einen Bruch wird dividiert, indem man mit seinem Kehrwert multipliziert.

BEISPIEL $\frac{3}{7} : \frac{5}{9} = \frac{3 \cdot 9}{7 \cdot 5} = \frac{27}{35}$

AUFGABE 5 Dividieren Sie die Brüche und vereinfachen Sie so weit wie möglich.

a) $\frac{17}{45} : \frac{34}{60}$

b) $\frac{36a^2}{65b} : \frac{48a^2}{13b^2}$

c) $\frac{24x^2y}{55a^3} : \frac{8xy^2}{11a^2}$

d) $\frac{12a+3b}{7} : (4a+b)$

e) $(a^2-b^2) : \frac{a+b}{3}$

f) $\frac{a-b}{a+b} : \frac{b-a}{a+b}$

*g) $\frac{4p^2+12pq+9q^2}{4p^2-12pq+9q^2} : \frac{4p+6q}{6p-9q}$

*h) $\frac{r^3-2r^2s+rs^2}{r^2-s^2} : \frac{rs-s^2}{r-s}$

i) $\left(1-\frac{x}{y}\right) : \left(\frac{x}{y}-1\right)$

*k) $\left(n^2-\frac{1}{9}\right) : \left(n-\frac{1}{3}\right)$

l) $\dfrac{\frac{u^3-u^2v}{v^2}}{\frac{u^3-uv^2}{v}}$

*m) $\dfrac{\frac{w}{z}-\frac{z}{w}}{\frac{w}{z}+\frac{z}{w}}$

5.4 Addition und Subtraktion von Brüchen

1. Fall: Die Nenner sind gleich: Man lässt den Nenner unverändert.

BEISPIELE

1) $\frac{2}{7}+\frac{3}{7}=\frac{2+3}{7}=\frac{5}{7}$

2) $\frac{a}{c}+\frac{b}{c}=\frac{a+b}{c}$

2. Fall: Die Nenner sind verschieden: Man erweitert den Hauptnenner.

BEISPIELE

1) $\frac{2}{15}+\frac{3}{10}=\frac{4}{30}+\frac{9}{30}=\frac{13}{30}$

2) $\frac{a}{b}+\frac{c}{d}=\frac{ad}{bd}+\frac{cb}{db}=\frac{ad+bc}{bd}$

Bei der Suche nach dem gemeinsamen Hauptnenner muss man oft zuerst die Nenner in Faktoren zerlegen. Sehen Sie sich dazu die folgende Rechnung an.

BEISPIEL

	allgemeiner Lösungsweg
$\frac{5}{4a-4b}-\frac{2a}{6a^2-6b^2}$	
$=\frac{5}{4(a-b)}-\frac{2a}{6(a+b)(a-b)}$	– Nenner in Faktoren zerlegen
$=\frac{5\cdot 3(a+b)}{4(a-b)3(a+b)}-\frac{2a\cdot 2}{6(a+b)(a-b)\cdot 2}$	– alle Brüche so erweitern, dass sie gleiche Nenner bekommen (Hauptnenner)
$=\frac{15a+15b-4a}{12(a^2-b^2)}$	– zusammenfassen zu 1 Bruch
$=\frac{11a+15b}{12(a^2-b^2)}$	– Terme im Zähler zusammenfassen – eventuell noch kürzen

AUFGABE 6 Fassen Sie die Brüche zusammen und vereinfachen Sie so weit wie möglich.

a) $\frac{a+b}{2}-\frac{a-b}{2}$

b) $\frac{12x-3y}{x+y}+\frac{7y-3x}{x+y}$

c) $\frac{v}{u^2-v^2}+\frac{u}{u^2-v^2}$

d) $\frac{s-r}{r}-\frac{s-r}{s}$

e) $\frac{1}{a+1}+\frac{1}{a-1}+1$

f) $\frac{5b}{12a}+\frac{4a}{15b}+2$

g) $\frac{x+y}{2xy}-\frac{2y}{x^2-xy}+\frac{2x}{xy-y^2}$

h) $\frac{1}{x-y}+\frac{1}{x+y}-\frac{1}{x^2-y^2}$

i) $\frac{k-2}{k+5}+\frac{k^2-4}{k^2+2k-15}-\frac{2k}{k-3}$

*k) $\frac{a^3+2a^2-7}{a^3}-\frac{2a^2+5}{a^2}+\frac{a+3}{a}$

*l) $\frac{7a}{6(a+b)}-\frac{5b}{8(a+b)}$

*m) $\frac{3x-8}{2x+3}+\frac{7x+2}{4x+6}-\frac{2x-3}{8x+12}$

*n) $\frac{a+2b}{3a-b}+\frac{3a-4b}{6a-2b}-\frac{7a-2b}{3b-9a}$

*o) $\frac{3u}{7u-8v}-\frac{2u}{16v-14u}$

*p) $\frac{x-3}{x+3}-\frac{x+3}{x-3}+\frac{12x}{x^2-9}$

*q) $\frac{2x}{3x+12}+\frac{x^2-x}{2x^2-32}-\frac{3x+1}{4x-16}$

6 Wie man eine lineare Gleichung umformt

6.1 Lösungsweg

Bevor wir mit diesem Kapitel beginnen, möchten wir Sie auf den Unterschied zwischen einem Term wie $x+2+3$ und einer Gleichung wie $x+2+3=9$ hinweisen. Den Term $x+2+3$ kann man vereinfachen zu $x+5$, mehr nicht. Wenn man für x die Zahl 1 oder 2 einsetzt, nimmt der Term den Wert 6 bzw. 7 an.

Die Gleichung $x+2+3=9$ ist eine Aussageform. Wenn man für x nacheinander Zahlen wie 1, 2, 3, 4, 5 usw. einsetzt, erhält man jeweils eine wahre oder falsche Aussage. Bei $x=4$ wird die Aussage richtig. Wir sagen dann, dass $x=4$ eine Lösung der Gleichung ist. Die Zahl x, nach der man die Gleichung auflöst, nennt man Lösungsvariable.

DEFINITION Eine Gleichung heißt **linear**, wenn die Lösungsvariable nur in der 1. Potenz vorkommt, d. h., in der Gleichung bleiben keine x^2, x^3, x^4, ... übrig.

1. Fall: Die Gleichung enthält nur Zahlen und die Lösungsvariable.

BEISPIEL

	Allgemeiner Lösungsweg
$2x+3(5x+7)=2(10x+3)$	
$2x+15x+21=20x+6$	– ausmultiplizieren
$17x+21=20x+6$	– zusammenfassen
$-3x=-15 \quad /:(-3)$	– sortieren (Terme mit x auf die eine Seite, Terme ohne x auf die andere Seite)
$x=5$	

2. Fall: Die Gleichung enthält Formvariable.

BEISPIEL

	Allgemeiner Lösungsweg
$a+3b(2x+5)+2a(3+4x)=ax+10b$	
$a+6bx+15b+6a+8ax=ax+10b$	– ausmultiplizieren
$6bx+15b+7a+8ax=ax+10b$	– zusammenfassen
$6bx+7ax=-5b-7a$	– sortieren
$x(6b+7a)=-5b-7a$	– x ausklammern
$x=\dfrac{-5b-7a}{6b+7a}$	
(wobei $6b+7a \neq 0$)	

Die Zahlen a, b, c, ..., die in einer Gleichung auftreten, nennt man Formvariable, Parameter oder Koeffizienten. Dabei handelt es sich um feste Zahlen, die man meistens nicht kennt und auch nicht kennen muss. Beim Lösen der Gleichung ändern sie ihren Wert nicht. Die Buchstaben x, y und z sind als Abkürzung für die Lösungsvariablen reserviert. Nach ihnen lösen wir unsere Gleichungen auf.

AUFGABE 1 Lösen Sie die Gleichungen nach x auf.

a) $(2x+6)(x-2)=2x(x-1)$
b) $(x+6)(2-x)=(x+18)(-1-x)$
c) $(2x+1)(7-2x)+x(x-3)=3x(8-x)$
*d) $(4x+2)(9-2x)+(3x-4)(5+2x)=(2x-4)(1-x)$
*e) $(3x-2)^2+(7-4x)^2=(5x+2)^2+10x$
*f) $(4x+1)^2-(2x-5)^2=4(3x^2-4)$

AUFGABE 2 Lösen Sie die Gleichungen nach x auf.

a) $3(x+4a)-a(x-2a)=9(4a-x)$
b) $6(2x-b)-2(3b-4x)=8(9b-8x)$
c) $(x-b)\,a-(x-a)b=(a+b)(a-b)$
d) $2b(x-a)+2bx=2(bx-2b^2)-ab$
*e) $a(12x-2a)-4a^2=(x+3a)6a+6$
*f) $a(bx-3b)+a^2x+b^2x=x(a-b)^2$
*g) $2a(2x+3a-2b)=2ab-6a^2$
*h) $(2x-3b)(2a-5b)=14ab-35b^2$

AUFGABE 3 Wo steckt der Fehler in dem folgenden „Beweis", dass 0 = 4 ist?

$$\begin{aligned} x&=4 && /\cdot 4\\ 4x&=16 && /-x^2\\ 4x-x^2&=16-x^2 &&\\ x(4-x)&=(4-x)(4+x) && /:(4-x)\\ x&=4+x && /-x\\ 0&=4 && \end{aligned}$$

AUFGABE 4 Aus der Geometrie: Lösen Sie die Formel zuerst nach der gesuchten Größe auf und setzen Sie erst dann die gegebenen Werte ein.

a) *Gegeben*: Quader mit $V=210\,\text{cm}^3$; Kantenlängen $a=5\,\text{cm}$, $b=7\,\text{cm}$.
Gesucht: Kantenlänge c.

b) *Gegeben*: Pyramide mit $V=180\,\text{cm}^3$; Grundfläche $G=40\,\text{cm}^2$.
Gesucht: Höhe h.

*c) *Gegeben*: Quader mit Oberfläche $O=184\,\text{cm}^2$; Kantenlängen $b=5\,\text{cm}$, $c=4\,\text{cm}$.
Gesucht: Kantenlänge a.

AUFGABE 5 Aus der Physik: Lösen Sie die Formel zuerst nach der gesuchten Größe auf und setzen Sie erst dann die gegebenen Werte ein.

a) Welche Zeit t benötigt ein Wagen, um mit der Geschwindigkeit $v=12\,\text{m/s}$ eine Strecke $s=3\,\text{km}$ zurückzulegen?
(Formel: $s=v\cdot t$)

b) Um welche Strecke s verlängert sich eine Feder mit der Federkonstanten $D=25\,\text{N/cm}$, wenn man sie mit der Kraft $F=60\,\text{N}$ belastet?
(Formel: $F=D\cdot s$)

*c) Das Drehmoment M eines Schraubenschlüssels beträgt 90 Nm, wenn man an ihm mit der Kraft $F=150\,\text{N}$ zieht. Wie lang ist der Schlüssel?
(Formel: $M=F\cdot s$)

*d) An einer Masse $m=4\,\text{kg}$ wird die Hubarbeit $W=200\,\text{Nm}$ verrichtet. Wie hoch wird die Masse gehoben?
(Formel: $W=m\cdot g\cdot h$)

6.2 Zur Lösbarkeit von Gleichungen

Beim Lösen von Gleichungen passiert es immer wieder, dass man am Ende auf Terme kommt wie $0x=1$, $0x=0$ oder $2x=0$.

Diese 3 Fälle sehen wir uns noch näher an.

1. Fall:

$0x = 1$ In diese Aussageform kann man für x beliebige Zahlen einsetzen, doch die dabei entstehende Aussage ist immer falsch. Die Lösungsmenge ist leer. Anders formuliert: Diese Gleichung geht nie auf. Sie hat keine Lösung. Sie ist **unlösbar.**

2. Fall:

$0x = 0$ In diese Aussageform kann man für x ebenfalls beliebige Zahlen einsetzen, doch die dabei entstehende Aussage ist immer wahr. Die Lösungsmenge ist die Grundmenge, normalerweise die Menge der reellen Zahlen. Anders formuliert: Diese Gleichung geht immer auf. Jede Zahl ist eine Lösung. Die Gleichung ist **allgemein gültig.**

3. Fall:

$2x = 0$ Diese Aussageform wird zu einer richtigen Aussage nur dann, wenn man für x die Zahl 0 einsetzt. Anders formuliert: Diese Gleichung geht nur für $x = 0$ auf. Die Zahl 0 ist die einzige Lösung. Die Gleichung ist **eindeutig lösbar.**

AUFGABE 6 Bestimmen Sie die Lösungsmenge der folgenden Gleichungen. (Es ist $L = \mathbb{R}$, $L = \{\}$ oder $L = \{0\}$.)

a) $(2x+3)^2 - (2x-4)^2 = 28x - 7$

b) $6a(x-b) + 5b(2x+3a) = 9ab$

c) $(x+2)^2 + (x-1)^2 = 2(x^2+x) + 8$

*d) $4(x-3a)^2 = (2x+6a)^2$

*e) $(x+2)(3-8x) - 3 = (2x+1)(3-4x) - 15x$

*f) $(x-4)(9x+2) - (3x-5)^2 + 4x = 0$

AUFGABE 7 Nur für DV-Freaks und Computerspezialisten, die programmieren können:

Schreiben Sie ein Programm für die Lösung einer linearen Gleichung. Berücksichtigen Sie dabei, dass eine Gleichung eindeutig lösbar, unlösbar oder allgemein gültig sein kann. Orientieren Sie sie sich an dem folgenden Struktogramm.

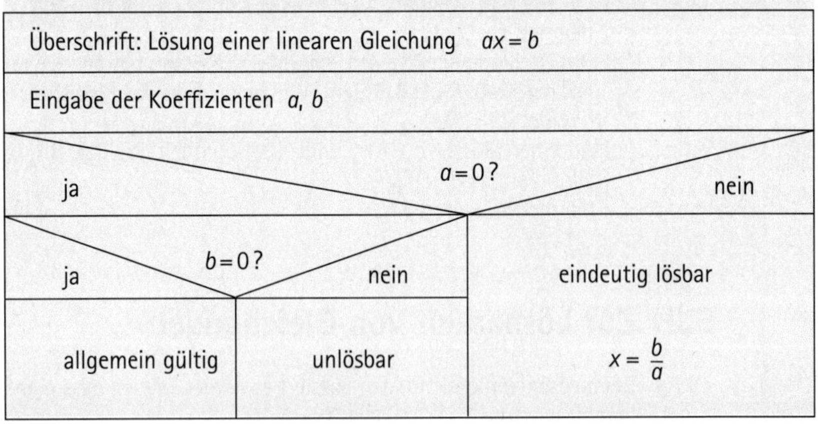

6.3 Das muss ich mir merken

Gleichung	Lösungsmenge	Sprechweise
$ax = b$ mit $a \neq 0$	$L = \{\frac{b}{a}\}$	Es gibt genau eine Lösung. Man sagt: Die Gleichung ist eindeutig lösbar.

Spezialfälle:

Gleichung	Lösungsgruppe	Sprechweise
$0x = a$ mit $a \neq 0$	$L = \{\}$	Die Gleichung ist unlösbar.
$0x = 0$	$L = \mathbb{R}$	Die Gleichung ist allgemein gültig.
$ax = 0$ mit $a \neq 0$	$L = \{0\}$	Die Gleichung ist eindeutig lösbar.

7 Wie man Bruchgleichungen behandelt

7.1 Der Definitionsbereich eines Bruchterms

Bisher hatten wir Terme wie etwa $T = 2x + 5$. Wenn man hier nacheinander für x die Zahlen 1, 2, 3, 4, … einsetzt, erhält man für den jeweiligen Wert des Terms 7, 9, 11, 13, … Beim Einsetzen gibt es keine Probleme. Für x kann man jede reelle Zahl nehmen.

MERKE Alle Zahlen, die man für die Variable in einem Term einsetzen kann, fasst man zum **Definitionsbereich *D*** des Terms zusammen.

Bei unserem Beispiel mit dem Term $T = 2x + 5$ ist der Definitionsbereich die Menge der reellen Zahlen, kurz $D = \mathbb{R}$, weil man alle Zahlen einsetzen kann. Bei Bruchtermen kann es aber sein, dass man nicht mehr alle reellen Zahlen für x einsetzen darf, weil man durch 0 nicht teilen kann.

Warum kann man eigentlich durch 0 nicht dividieren? Weil die Probe nie aufgehen kann! Es ist $12 : 4 = 3$, weil die Probe $3 \cdot 4 = 12$ ergibt. Bei $12 : 0$ müsste man als Ergebnis eine Zahl x finden mit $x \cdot 0 = 12$. So eine Zahl gibt es nicht. Beim Umformen von Gleichungen entstehen böse Fehler, wenn man aus Versehen durch 0 dividiert.

BEISPIEL $T_1 = \frac{1}{x-2}$

Hier kann man $x = 2$ nicht einsetzen, weil sonst $\frac{1}{0}$ entsteht. Eine Division durch 0 gibt es aber nicht. Man muss daher die Zahl 2 für die weitere Rechnung ausschließen, d. h., sie aus dem Definitionsbereich entfernen.

Der Definitionsbereich von T_1 ist $D = \mathbb{R} \setminus \{2\}$.

BEISPIELE

$T_2 = \frac{1}{(x-2)(x+1)}$ $D = \mathbb{R}\setminus\{-1, 2\}$ Der Nenner würde 0, wenn man $x = -1$ oder 2 einsetzt.

$T_3 = \frac{17x+5}{x^2-9x+20}$ $D = \mathbb{R}\setminus\{5, 4\}$ Der Nenner würde 0, wenn man $x = 4$ oder 5 einsetzt.

AUFGABE 8 Geben Sie den Definitionsbereich der folgenden Terme an.

a) $T_1 = 4x^2 + 5x + 7$

b) $T_2 = \frac{4}{3x}$

c) $T_3 = \frac{4x+5}{(2x-2)(8x+4)}$

*d) $T_4 = \frac{2x+3}{5x(x-4)}$

*e) $T_5 = \frac{7x}{2x-4a}$

*f) $T_6 = \frac{x^2-ax+b}{(2x-6a)(3x+12b)}$

7.2 Bruchgleichungen

Nachdem Sie jetzt ganz flott die linearen Gleichungen lösen, dürfen wir die Rechnungen etwas anspruchsvoller gestalten. Im Folgenden werden jetzt immer Brüche auftauchen. Wir gehen aber davon aus, dass Sie so etwas nach dem Kapitel 5 nicht mehr erschrecken kann.

Bei den Bruchgleichungen tauchen, wie der Name sagt, in den Gleichungen Brüche auf. Wir unterscheiden dabei 2 Typen. Im einfacheren Fall kommt die Lösungsvariable x nur im Zähler vor, bei schwierigeren Gleichungen auch im Nenner.
Sehen Sie sich die beiden folgenden Beispiele dazu an:

1. Fall: Im Nenner taucht die Lösungsvariable nicht auf.

BEISPIEL

	Allgemeiner Lösungsweg
$\frac{2x+1}{3} - \frac{x-4}{6} = x - \frac{3x-4}{5}$	
$\frac{2x+1}{3} - \frac{x-4}{6} = x - \frac{3x-4}{5} \quad /\cdot 30$	– mit dem Hauptnenner links und rechts durchmultiplizieren
$10(2x+1) - 5(x-4) = 30x - 6(3x-4)$	– alle Nenner kürzen
$20x + 10 - 5x + 20 = 30x - 18x + 24$	– ausmultiplizieren
$15x + 30 = 12x + 24$	– zusammenfassen
$3x = -6$	– sortieren
$x = -2$	– nach x auflösen

2. Fall: Der Nenner enthält die Lösungsvariable *x*.

BEISPIEL

	Allgemeiner Lösungsweg
$\frac{x+5}{6x+18}+\frac{3x+4}{3x+9}=\frac{2x+11}{9x+27}$	
$D=\mathbb{R}\backslash\{-3\}$	– den Definitionsbereich bestimmen
$\frac{x+5}{6(x+3)}+\frac{3x+4}{3(x+3)}=\frac{2x+11}{9(x+3)}$	– den Nenner in Faktoren zerlegen
$/\cdot 18(x+3)$	– mit dem Hauptnenner die beiden Seiten der Gleichung durchmultiplizieren
$3(x+5)+6(3x+4)=2(2x+11)$	– alle Nenner kürzen
$3x+15+18x+24=4x+22$	– ausmultiplizieren
$21x+39=4x+22$	– zusammenfassen
$17x=-17$	– sortieren
$x=-1$	– nach *x* auflösen

AUFGABE 9 Lösen Sie die Gleichungen nach *x* auf.

a) $\frac{3x-5}{4}-\frac{2x+6}{12}+x-\frac{1}{2}=\frac{5}{2}$

b) $\frac{5x-12}{16}-\frac{12+3x}{20}+2=0$

c) $-\frac{5x+2}{8}+\frac{15x-4}{2}+\frac{10-10x}{12}=1$

*d) $\frac{2x-a}{a}-\frac{3x+2a}{10}=1-\frac{a}{2}$

*e) $-\frac{2x+b}{7}+\frac{b-x}{3}=x+b$

*f) $\frac{(a+b)x+12}{24}+\frac{(a-b)x}{36}+ax=(2a-b)x+\frac{1}{2}$

AUFGABE 10 Bestimmen Sie zuerst den Definitionsbereich der Gleichungen. Lösen Sie dann die Gleichungen nach *x* auf.

a) $\frac{2}{5x}-\frac{3}{10x}=-\frac{5}{3x}+2$

b) $\frac{3}{4}-\frac{5}{3x}=\frac{7}{12x}$

c) $\frac{3}{2x}+\frac{9}{14}=\frac{1}{7}-\frac{2}{21x}$

*d) $\frac{5}{x+1}+\frac{3}{x-2}=0$

*e) $\frac{2}{x+3}=\frac{5}{4-2x}$

*f) $\frac{3}{2x-8}-\frac{7}{9-4x}=0$

AUFGABE 11 Bestimmen Sie zuerst den Definitionsbereich der Gleichungen. Lösen Sie dann die Gleichungen nach x auf.

a) $\frac{2x+7}{4x+2} - \frac{3-2x}{8x+4} = \frac{5x+1}{12x+6}$

b) $\frac{8}{x-2} - \frac{7}{x+5} - \frac{2x+3}{(x-2)(x+5)} = 0$

c) $\frac{9}{x+2} - \frac{3}{x-2} = \frac{2x+5}{(x^2-4)}$

*d) $\frac{2x-7}{4x^2+16x+16} + \frac{3}{2x+4} = \frac{5}{4x+8}$

*e) $\frac{3x+8}{4x^2-25} - \frac{4}{(2x-5)3} - \frac{11}{4(2x+5)} = 0$

*f) $\frac{7}{4x+4} = \frac{8x-13}{5x^2+10x+5} - \frac{25}{6x+6}$

AUFGABE 12 Bestimmen Sie den Definitionsbereich und die Lösungsmenge der Gleichungen.

a) $\frac{a}{2x-4a} = 3$

b) $\frac{1}{x} = \frac{a+1}{x-b}$

c) $\frac{a-b}{b-x} = \frac{a+b}{x+b}$

d) $\frac{3}{x-a} - \frac{3}{x+a} = \frac{2x+b}{x^2-a^2}$

*e) $\frac{12}{x^2-4b^2} - \frac{8}{x^2+2bx} + \frac{10}{x^2-2bx} = 0$

*f) $\frac{4+6a}{x-2a} + \frac{9a+7}{x+3a} = \frac{ax+5}{x^2+ax-6a^2}$

*g) $\frac{7}{x+3} = \frac{14}{2x+8}$

*h) $\frac{a}{2x+4} = \frac{3a}{6x+12}$

*i) $\frac{3b}{7x+5a} = \frac{3b}{5a-4x}$

AUFGABE 13 Wo liegt der Fehler?

$\frac{1}{x-2} = \frac{4}{x^2-4} \quad / \cdot (x+2)(x-2)$

$x+2 = 4$

$x = 2$

8 Wie man Ungleichungen löst

Ungleichung ist ein seltsames Wort. Es hört sich an wie Ungeheuer. Aber Spaß beiseite: Wenn man in einer Gleichung das Gleichheitszeichen durch ein Kleiner- oder Größerzeichen ersetzt, spricht man von einer Ungleichung. So wird aus der Gleichung $2x = 6$ die Ungleichung $2x > 6$. Wir lösen im Folgenden beide ganz ausführlich, damit Sie die Gemeinsamkeiten und die Unterschiede beim Lösungsweg erkennen.

BEISPIEL

$2x = 6$	ist eine Gleichung.
$x = 3$	Die Zahl 3 ist die einzige Lösung der Gleichung.
$L = \{3\}$	Auf dem Zahlenstrahl lässt sich diese Lösungsmenge als Punkt darstellen.

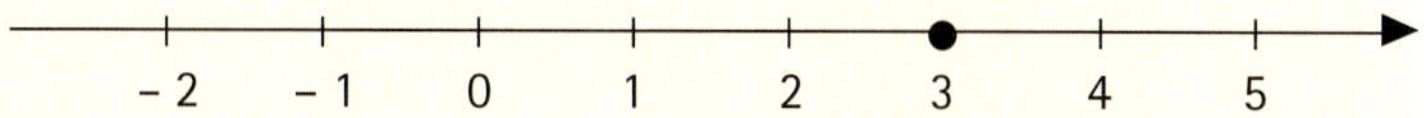

$L = \{3\}$

BEISPIEL

$2x > 6$	ist eine Ungleichung.
$x > 3$	Es gibt eine unbegrenzte Anzahl von Lösungen, nämlich alle Zahlen über 3.
$L = \{x \mid x > 3\}$	Auf dem Zahlenstrahl lässt sich diese Lösungsmenge als Intervall darstellen.

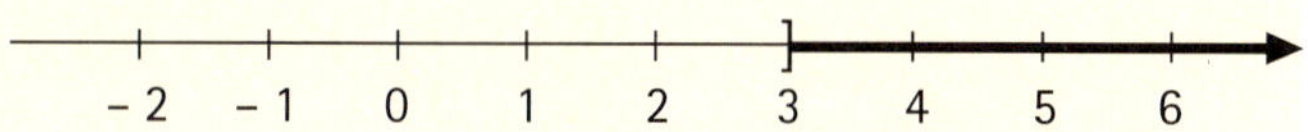

$L = \{x \mid x > 3\}$

Der Randpunkt $x = 3$ gehört hier nicht zur Lösungsmenge.

Wenn der Randpunkt zur Lösungsmenge gehört (im Fall $x \geqslant 3$), wird das grafisch so verdeutlicht:

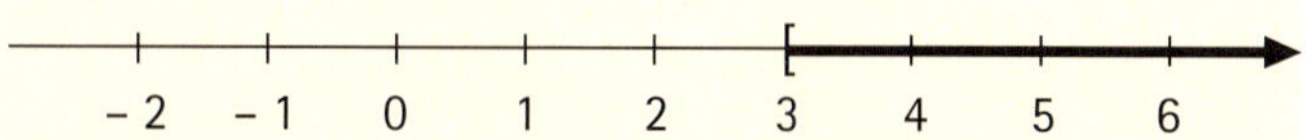

$L = \{x \mid x \geqslant 3\}$

Erinnern Sie sich noch an unsere Wiederholung zu den Intervallen? Ein kurzer Blick ins Kapitel 1.4 könnte sicher nicht schaden.

Die Frage ist nun: Darf man mit Ungleichungen so rechnen, wie wir es von den Gleichungen her gewohnt sind?

Probieren wir es aus:

$2 < 3$	ist eine richtige Aussage.
$2 < 3 \quad / \cdot 4$	
$8 < 12$	bleibt eine richtige Aussage.
$8 < 12 \quad / +10$	
$18 < 22$	bleibt eine richtige Aussage.

Sie sehen schon: Ungleichungen formt man um wie Gleichungen, d.h., man führt auf der linken und rechten Seite der Ungleichungen jeweils die gleiche Maßnahme durch.
Das haben wir auch nicht anders erwartet. Aufpassen müssen wir aber, wenn wir eine Ungleichung mit einer negativen Zahl multiplizieren oder dividieren. Sehen Sie sich dazu die folgende Rechnung an.

VORSICHT!

$4 < 8 \quad / \cdot (-2)$

$-8 > -16 \quad / : (-4)$ Das Kleinerzeichen wird zum Größerzeichen.

$2 < 4$ Das Größerzeichen wird zum Kleinerzeichen.

MERKE Mit Ungleichungen rechnet man wie mit Gleichungen. Wenn man aber mit einer negativen Zahl durchmultipliziert oder -dividiert, dann dreht sich das Kleiner- bzw. Größerzeichen um.

BEISPIEL

$4 - 2x \leq 10 \quad / -4$

$-2x \leq 6 \quad / : (-2)$

$x \geq -3$

$L = \{x \mid x \geq -3\}$

AUFGABE 14 Bestimmen Sie die Lösungsmenge. Veranschaulichen Sie dann die Lösungsmenge am Zahlenstrahl.

a) $3x + 4 < 5x - 6$

b) $4 \cdot (2x - 5) \geq 3 \cdot (4x - 4)$

c) $2x^2 \leq 18$

*d) $3x^2 > 12$

*e) $2 \cdot (3x + 5) < 6x + 13$

*f) $6 \cdot (3x - 2) > 2 \cdot (9x + 1)$

Problematisch werden Ungleichungen erst dann, wenn die Lösungsvariable im Nenner auftaucht. Was macht man mit einer Ungleichung wie etwa

$$\frac{4}{x-2} \leq 1?$$

Als erste Maßnahme multipliziert man natürlich mit dem Nenner $(x-2)$ durch. Man weiß aber nicht, ob der Wert von $(x-2)$ positiv oder negativ ist. Ist er positiv, bleibt das Kleinerzeichen, ist er negativ, dreht sich das Kleinerzeichen um. Daher muss man die Rechnung für jeden dieser beiden Fälle getrennt durchführen. Man spricht dann von einer **Fallunterscheidung**. Wir rechnen Ihnen dieses Beispiel jetzt ausführlich vor.

BEISPIEL

	Allgemeiner Lösungsweg
$\frac{4}{x-2} \leqslant 1$	
$D = R \setminus \{2\}$	– den Definitionsbereich angeben an die Fallunterscheidung denken
1. Fall: $x-2>0 \Leftrightarrow x>2$	– Fallunterscheidung durchführen 1. Fall: der Nenner sei positiv
$\frac{4}{x-2} \leqslant 1 \quad / \cdot (x-2)$ $4 \leqslant x-2$ $-x \leqslant -6 \quad / \cdot (-1)$ $x \geqslant 6$	
$L_1 = \{x \mid x \geqslant 6 \wedge x>2\}$ $= \{x \mid x \geqslant 6\}$	– 1. Teillösungsmenge angeben (Bedingung, dass der Nenner positiv ist, nicht vergessen!)
2. Fall: $x-2<0 \Leftrightarrow x<2$	– 2. Fall: der Nenner sei negativ
$\frac{4}{x-2} \leqslant 1 \quad / \cdot (x-2)$ $4 \geqslant x-2$ $\vdots$ $x \leqslant 6$	– Rechnung wie beim 1. Fall, lediglich die Kleiner- bzw- Größerzeichen sind umgedreht.
$L_2 = \{x \mid x \leqslant 6 \wedge x<2\}$ $= \{x \mid x<2\}$	– 2. Teillösungsmenge angeben (Bedingung, dass der Nenner negativ ist, nicht vergessen!)
Zusammenfassung $L = L_1 \cup L_2$ $= \{x \mid x \geqslant 6 \vee x<2\}$	– die beiden Teillösungsmengen zusammenfassen bzw. vereinigen
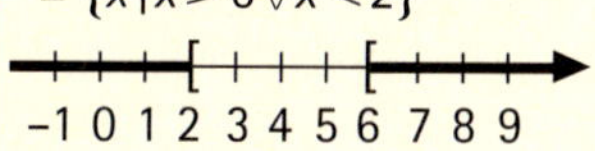	– zeichnerische Veranschaulichung am Zahlenstrahl

Dieser Rechenweg ist sehr anspruchsvoll und zeitaufwändig. Zum Glück kann man solche Aufgaben auch grafisch lösen. Wir zeigen Ihnen dies am gleichen Beispiel. Zu lösen ist wieder die Ungleichung:

$$\frac{4}{x-2} \leqslant 1$$

Wir stellen sie um zu:

$$\frac{4}{x-2} - 1 \leqslant 0$$

Wir interpretieren diese Ungleichung nun so: Wo hat die Kurve mit der Gleichung

$$y = \frac{4}{x-2} - 1$$

y-Werte, die kleiner oder gleich null sind? Wir geben diese Kurvengleichung in den Taschenrechner ein und lassen uns die Kurve zeichnen. (Window: Xmin = –4; Xmax = 10; Ymin = –6; Ymax = 2)

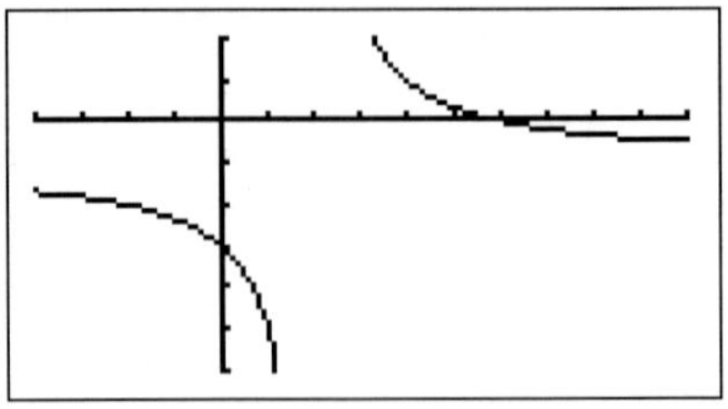

*1

Den Schnittpunkt mit der x-Achse berechnen Sie mit G-SOLV und ROOT.

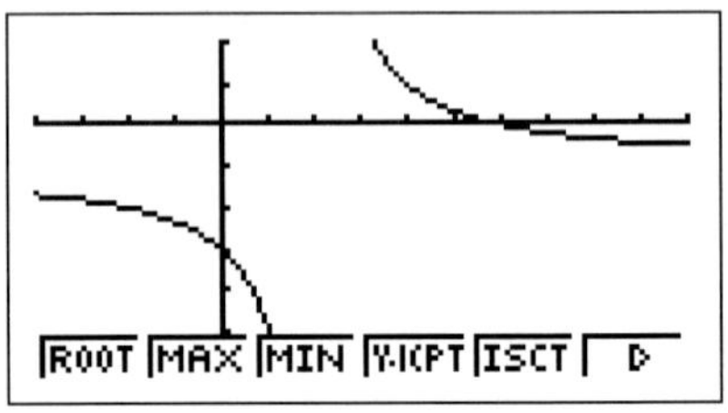

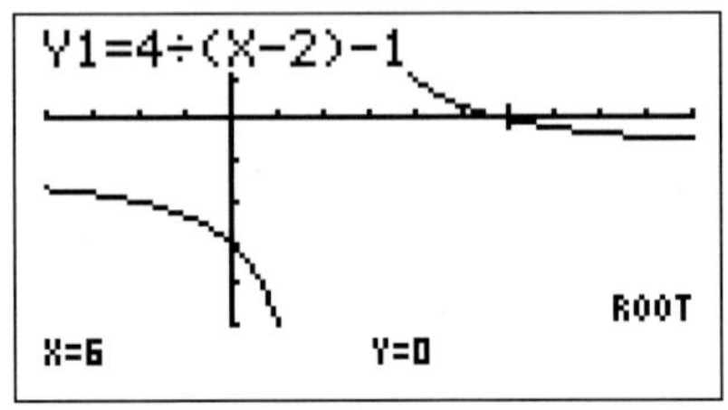

Wir entnehmen nun der Grafik, wo die y-Werte des Schaubildes $\leqslant 0$ sind, d. h. wo die Kurve unterhalb der x-Achse verläuft. Denken Sie daran, dass $x = 2$ nicht zum Definitionsbereich gehört.

$$\frac{4}{x-2} - 1 \leqslant 0, \text{ wenn } x < 2 \text{ oder } x \geqslant 6$$

Als Lösungsmenge ergibt sich wieder $L = \{x \mid x < 2 \text{ oder } x \geqslant 6\}$.

AUFGABE 15 Bestimmen Sie die Lösungsmenge. Veranschaulichen Sie dann diese Lösungsmenge am Zahlenstrahl.

a) $\frac{5}{x} < 2{,}5$

b) $\frac{3}{x} \geqslant 6$

c) $\frac{6}{x-3} \leqslant 2$

d) $\frac{8}{2-x} \geqslant 4$

e) $\frac{4}{x-1} \geqslant 1$

f) $\frac{11}{2-3x} < 1$

*g) $\frac{7x}{2x-3} < 4$

*h) $\frac{12}{6-x} \leqslant 0$

*i) $\frac{3}{2x-4} > 0$

*k) $\frac{4}{5x+10} \geqslant 0$

9 Was man unter dem Betrag einer Zahl versteht

9.1 Der Betrag einer Zahl

Am Zahlenstrahl lässt sich die Zahl 3 als Pfeil nach rechts, die Zahl – 3 als Pfeil nach links darstellen.

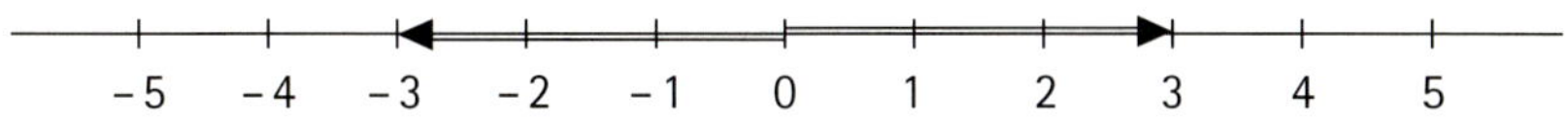

Die Länge des Pfeils (ohne Richtungsangabe) bezeichnet man als den Betrag der Zahl.

Schreibweise für den Betrag von 3: $|3| = 3$
ebenso gilt: $|-3| = 3$

Dies war Ihnen sicher noch bekannt. Wir werden später den Begriff des Betrages etwas allgemeiner benötigen und legen daher fest:

DEFINITION

$$|a| = \begin{cases} a, & \text{wenn } a \geqslant 0 \\ -a, & \text{wenn } a < 0 \end{cases}$$

Mit dieser Definition erhält man für den Betrag einer unbekannten Zahl immer einen Wert größer oder gleich 0. Sehen Sie sich dazu die folgenden Beispiele an.

BEISPIEL

$|7| = 7$ Der Betrag einer positiven Zahl ist diese Zahl selbst.

$|-8| = -(-8) = 8$
Die Definition regelt das Vorzeichen so, dass der Betrag positiv herauskommt.

$|-5+2| = -(-5+2) = 5-2 = 3$
Wieder bewirkt die Betragsdefinition einen Vorzeichenwechsel, sodass das Ergebnis positiv wird.

$|a-b| = a-b$, falls $a \geqslant b$, dann ändert sich durch den Betrag nichts.

$|a-b| = -a+b$, falls $a < b$, in diesem Fall werden wieder die Vorzeichen vertauscht.

MERKE Der Betrag einer Zahl wird nie negativ.

Erinnern Sie sich an die Physik? Dort behandeln Sie Kräfte. Eine Kraft stellt man als Pfeil dar, weil sie eine Richtung hat. Wenn Sie nur die Größe der Kraft, also die Länge des Pfeils, interessiert, sprechen Sie auch vom Betrag der Kraft. Er kann nie negativ sein.

AUFGABE 16 Berechnen Sie die folgenden Betragszahlen.

a) $|-3-|-8||$ c) $|10-|5-12||$ *e) $|-4+|5-6||$

b) $|4-|-7||$ *d) $||7-9|-|-2-6||$ *f) $||-12+8|-10|$

AUFGABE 17 Schreiben Sie die Intervalle mithilfe von Beträgen. Veranschaulichen Sie die Intervalle am Zahlenstrahl.

a) $[-3;\ 3]$ c) $[-a;\ a]$ *e) $[2-a;\ 2+a]$
b) $]-4;\ 4[$ *d) $]-b;\ b[$ *f) $]5-b;\ 5+b[$

9.2 Betragsgleichungen

Wenn in einer Gleichung Beträge vorkommen, spricht man von einer **Betragsgleichung**. Wie man mit dem Betrag der Lösungsvariablen umgeht, sieht man an den folgenden Beispielen.

BEISPIEL $|x| = 4$
Dann gibt es 2 mögliche Lösungen: $x_1 = 4$
$x_2 = -4$

Etwas schwieriger wird es, wenn zwischen den Betragsstrichen weitere Zahlen auftreten wie beim nächsten Beispiel.

BEISPIEL $|x-7| = 5$
Jetzt gibt es ebenfalls 2 Möglichkeiten, weil der Term zwischen den Betragsstrichen $\geqslant 0$ oder < 0 sein kann.
Falls $x-7 \geqslant 0$, dann gilt: $|x-7| = x-7$;
falls $x-7 < 0$, dann gilt: $|x-7| = -x+7$ (Vorzeichenwechsel).

Man muss beide Fälle durchrechnen, also wieder eine Fallunterscheidung machen. Wie das geht, rechnen wir Ihnen jetzt vor.

BEISPIEL

	Allgemeiner Lösungsweg
$\|x-7\| = 5$	– Fallunterscheidung machen
1. Fall: $x-7 \geqslant 0$ $x-7 = 5$	– 1. Fall: Betragsstriche sind überflüssig, da $x-7 \geqslant 0$.
$x_1 = 12$	– *1. Lösung*
2. Fall: $x-7 < 0$ $-x+7 = 5$	– 2. Fall: Den Betrag einer negativen Zahl erhält man, wenn man ihr Vorzeichen wechselt.
$x_2 = 2$	– *2. Lösung*
Zusammenfassung: $L = \{2, 12\}$	– Beide Lösungen als Ergebnis angeben.

AUFGABE 18 Lösen Sie die Betragsgleichungen.

a) $|2x+3|=7$
b) $|4x-14|=2x+8$
c) $|x+3|=6$
d) $|3x-12|=0$
e) $|2-5x|=3x+1$
*f) $|8-12x|=2x+5$
*g) $|8x+15|-3x=12$
*h) $|5x-9|+8=14x$
*i) $|-3x-4|-5x-20=0$
*k) $|-6x+4|-9x+2=0$

10 Wie man mit Wurzeln rechnet

10.1 Der Begriff der Quadratwurzel

Mit Wurzeln haben Sie schon viel gerechnet. Kennen Sie auch ihre Geschichte? Ein Quadrat mit der Fläche 16 – die Einheiten lassen wir weg – hat die Kantenlänge 4. Die alten Griechen bezeichneten 4 als die Wurzel dieses Quadrats, aus der es hervorwächst. Die Römer übernahmen dies. Auf Latein heißt die Wurzel einer Pflanze radix. Daher heißt die Zahl unter der Wurzel heute noch Radikand und das Fremdwort für Wurzelziehen ist radizieren. Das Radieschen, das Sie in der Pause vielleicht verspeisen, ist eine kleine Wurzel.

DEFINITION Die Zahl $a \geq 0$ heißt **Quadratwurzel** aus b, wenn $a^2 = b$ ist.

Schreibweise: $a = \sqrt{b}$

Statt Quadratwurzel sagt man meistens nur Wurzel.

BEISPIELE

1) $\sqrt{36}=6$, da $6^2=36$
2) $\sqrt{a^{10}}=|a^5|$, da $|a^5|\cdot|a^5|=a^{10}$
3) $\sqrt{7^2}=\sqrt{49}=7$
4) $(\sqrt{9})^2=3^2=9$
5) $\sqrt{a^2}=|a|$
6) $\sqrt{x^2+12xy+9y^2}=\sqrt{(2x+3y)^2}=|2x+3y|$

In der Mittelstufe haben Sie das Wurzelzeichen nach dem Quadrieren gelernt. Warum? In der Mathematik will man alle Rechenoperationen auch wieder rückgängig machen können bzw. wieder umkehren. Wenn man die Zahl 7 quadriert, erhält man 49. Wenn man daraus die Wurzel zieht, hat man wieder die Ausgangszahl 7. Sehen Sie sich jetzt die obigen Beispiele 3) bis 6) nochmals näher an.

MERKE Das Wurzelziehen ist die Umkehrung des Quadrierens und das Quadrieren ist die Umkehrung des Wurzelziehens, d.h., Wurzelziehen und Quadrieren heben sich gegenseitig auf.

VORSICHT: Wurzeln, die Quadratzahlen enthalten, verleiten leicht zu Rechenfehlern. Was ergibt $\sqrt{9+16}$? Nein! Nicht $3+4=7$, sondern $\sqrt{25}=5$! Machen Sie die Probe. Damit uns dieser Fehler nicht passiert, notieren wir:

MERKE Man darf nicht gliedweise die Wurzeln aus Summanden ziehen.

AUFGABE 1 Ziehen Sie die Wurzeln möglichst ohne Taschenrechner.

a) $\sqrt{1{,}44}$
b) $\sqrt{0{,}09}$
c) $\sqrt{10^{16}}$
d) $\sqrt{9x^2}$
e) $\sqrt{25a^2}$
f) $\sqrt{0{,}0001y^4}$
g) $\sqrt{1{,}69z^6}$
h) $\sqrt{2{,}25z^8}$
i) $\sqrt{49(a+b)^2}$
k) $\sqrt{a^2b^4}$
*l) $\sqrt{\frac{4}{9}x^2}$
*m) $\sqrt{\frac{25}{64}y^{10}}$
*n) $\sqrt{x^2+2xy+y^2}$
*o) $\sqrt{4a^2+12ab+9b^2}$
*p) $\sqrt{100u^2+200uv+100v^2}$
*q) $\sqrt{x^2+y^2}$ (Vorsicht!)

10.2 Rechenregeln für Wurzeln

An das Rechnen mit Wurzeln werden Sie sich sicher noch gut erinnern. Deshalb stellen wir nur kurz die Rechenregeln zusammen, ohne sie zu beweisen. (Das wird Ihnen nur recht sein. Stimmts?)

REGEL Wurzeln mit gleichen Radikanden darf man zusammenfassen.

BEISPIELE
1) $2\sqrt{7}+3\sqrt{7}=5\sqrt{7}$
2) $\sqrt{x}+2\sqrt{x}+4\sqrt{x}=7\sqrt{x}$

VORSICHT!
$\sqrt{3}+\sqrt{5}$ oder $\sqrt{3}-\sqrt{2}$
lässt sich nicht zusammenfassen und vereinfachen.

REGEL Für die Multiplikation gilt: $\sqrt{a}\cdot\sqrt{b}=\sqrt{a\cdot b}$

BEISPIELE
1) $\sqrt{2}\cdot\sqrt{8}=\sqrt{16}=4$
2) $\sqrt{x^3}\cdot\sqrt{x}=\sqrt{x^4}=x^2$

REGEL Für die Division gilt: $\frac{\sqrt{a}}{\sqrt{b}}=\sqrt{\frac{a}{b}}$

BEISPIELE

1) $\frac{\sqrt{50}}{\sqrt{2}} = \sqrt{25} = 5$

2) $\frac{\sqrt{y^3}}{\sqrt{y}} = \sqrt{y^2} = y$

REGEL Für das teilweise Wurzelziehen gilt: $\sqrt{a^2 b} = a\sqrt{b}$

BEISPIELE

1) $\sqrt{32} = \sqrt{16 \cdot 2} = \sqrt{16} \cdot \sqrt{2} = 4 \cdot \sqrt{2}$

2) $\sqrt{200} = \sqrt{100 \cdot 2} = 10 \cdot \sqrt{2}$

3) $\sqrt{x^7} = \sqrt{x^6 \cdot x} = x^3 \cdot \sqrt{x}$

AUFGABE 2 Multiplizieren bzw. dividieren Sie zuerst und ziehen Sie dann die Wurzel.

a) $\sqrt{3} \cdot \sqrt{12}$

b) $\sqrt{a^3} \cdot \sqrt{a^5}$

c) $\sqrt{20} \cdot \sqrt{125}$

d) $\sqrt{\frac{x}{2}} \cdot \sqrt{\frac{x}{8}}$

e) $\sqrt{\frac{a^3}{8}} \cdot \sqrt{\frac{2}{a}}$

f) $\sqrt{a+b} \cdot \sqrt{(a+b)^3}$

g) $\sqrt{3(x-y)} \cdot \sqrt{27(x-y)}$

h) $\sqrt{\frac{2}{3x+7y}} \cdot \sqrt{\frac{7y+3x}{2}}$

i) $\sqrt{25} \cdot \sqrt{2} \cdot \sqrt{8}$

k) $\sqrt{x^3} \cdot \sqrt{xy} \cdot \sqrt{y^3}$

l) $\sqrt{\frac{1}{14x}} \cdot \sqrt{\frac{2x}{7}} \cdot \sqrt{\frac{8x^4}{98}}$

*m) $\sqrt{\frac{a}{b}} \cdot \sqrt{\frac{c}{a}} \cdot \sqrt{\frac{b}{c}}$

*n) $\sqrt{18} : \sqrt{2}$

*o) $\sqrt{z^5} : \sqrt{z^3}$

*p) $\sqrt{\frac{32}{27}} : \sqrt{\frac{8}{3}}$

*q) $\sqrt{0,76} : \sqrt{0,19}$

*r) $\frac{\sqrt{4,9}}{\sqrt{10}}$

*s) $\frac{\sqrt{160}}{\sqrt{5} \cdot \sqrt{2}}$

*t) $\frac{\sqrt{a^3 b} \cdot \sqrt{8}}{\sqrt{2ab}}$

*u) $\frac{\sqrt{x^{10} y^5}}{\sqrt{x^7} \cdot \sqrt{x^3} \cdot \sqrt{y^3}}$

AUFGABE 3 Multiplizieren bzw. dividieren Sie zuerst und ziehen Sie dann die Wurzel. Vereinfachen Sie das Ergebnis so weit wie möglich.

a) $(\sqrt{8} + \sqrt{32})\sqrt{2}$

b) $\sqrt{3}(2\sqrt{48} + 3\sqrt{75})$

c) $(\sqrt{11} - \sqrt{3})(\sqrt{11} + \sqrt{3})$

d) $(\sqrt{245} - \sqrt{180}) : \sqrt{5}$

e) $(\sqrt{192} + \sqrt{48}) : (2\sqrt{3})$

f) $(3 \cdot \sqrt{200} - 2\sqrt{50}) : (6\sqrt{2})$

g) $(2\sqrt{7} + 3\sqrt{6})(2\sqrt{7} - 3\sqrt{6})$

h) $(\sqrt{2} + \sqrt{18})^2$

*i) $(\sqrt{36a} + \sqrt{49a}) : \sqrt{a}$

*k) $\sqrt{16a + 24b} : \sqrt{4a + 6b}$

*l) $\sqrt{10x + 40y} : \sqrt{40x + 160y}$

*m) $(2\sqrt{3} + 3\sqrt{2})^2$

*n) $(a\sqrt{b} - b\sqrt{a})^2$

*o) $(\sqrt{x+y} + \sqrt{x-y})(\sqrt{x+y} - \sqrt{x-y})$

*p) $(\sqrt{a^2 + b^2} + a)(\sqrt{a^2 + b^2} - a)$

AUFGABE 4 Ziehen Sie teilweise die Wurzel.

a) $\sqrt{8}$
b) $\sqrt{50x^3}$
c) $\sqrt{\frac{a}{72}}$
d) $\sqrt{75a^2b^3}$
*e) $\sqrt{20\,000p^7}$
*f) $\sqrt{2a^2+4ab+2b^2}$
*g) $\sqrt{16x-16y}$
*h) $\sqrt{25a^2-25b^2}$

AUFGABE 5 Ziehen Sie zuerst teilweise die Wurzel und fassen Sie dann zusammen.

a) $\sqrt{32}+\sqrt{50}-\sqrt{128}+\sqrt{18}$
b) $2\sqrt{75}-4\sqrt{12}+\sqrt{3}$
*c) $3\sqrt{2a^3b^2}-\sqrt{8a^3b^2}+\sqrt{72a^3b^2}$
*d) $(2x+y)\sqrt{98}+\sqrt{8x^2+8xy+2y^2}$

AUFGABE 6 Vereinfachen Sie so weit wie möglich.

a) $(2+\sqrt{5})^2-(2-\sqrt{5})^2+(2+\sqrt{5})(2-\sqrt{5})$
b) $(2+3\sqrt{7})^2-(2\sqrt{7}+4)^2+5(2\sqrt{7}-8)$
*c) $(a\sqrt{a+b}-b\sqrt{a-b})^2-(b\sqrt{a+b}-a\sqrt{a-b})^2$
*d) $(3\sqrt{2x+y}+\sqrt{2x-y})(3\sqrt{2x+y}-\sqrt{2x-y})+(3\sqrt{2x+y}-\sqrt{2x-y})^2$

10.3 Das muss ich mir merken

Addition und Subtraktion

$\sqrt{a}+\sqrt{b}$ bzw. $\sqrt{a}-\sqrt{b}$ kann man nicht zusammenfassen.

Multiplikation und Division

$\sqrt{a}\cdot\sqrt{b}=\sqrt{a\,b}$ bzw. $\dfrac{\sqrt{a}}{\sqrt{b}}=\sqrt{\dfrac{a}{b}}$

Beim Multiplizieren und Dividieren kann man alle Faktoren unter eine einzige Wurzel schreiben.

VORSICHT: Man darf nicht gliedweise die Wurzel ziehen.

$\sqrt{a^2+b^2}$ lässt sich nicht vereinfachen. Das geht nur, wenn unter der Wurzel ein vollständiges Quadrat steht.

$\sqrt{a^2+2ab+b^2}=|a+b|$

Umkehrung: Quadrieren und Wurzelziehen heben sich gegenseitig auf.

$\sqrt{a^2}=|a|$ und $(\sqrt{a})^2=|a|$

11 Wie man quadratische Gleichungen löst

11.1 Einleitung zu quadratischen Gleichungen

Wenn Sie die Überschrift lesen, werden Sie eine kurze Wiederholung zu Gleichungen erwarten, in denen eben ein x^2 vorkommt. So etwas kennen Sie. Die Frage ist nur, ob Sie diesen Gleichungstyp im erforderlichen Umfang behandelt oder was Sie davon inzwischen wieder vergessen haben.
Wie viele Lösungen kann eine quadratische Gleichung haben? Wovon hängt die Anzahl der Lösungen ab? Wenn Sie diese Frage spontan (und richtig!) beantworten können, dürfen Sie die folgenden Seiten locker überblättern.
Wie dem auch sei, wir werden die quadratischen Gleichungen auf jeden Fall ausführlich wiederholen. Sie lernen dabei auch etwas von der Systematik kennen, mit der man auf der Oberstufe ein Thema behandelt.

DEFINITION Eine Gleichung heißt **quadratisch**, wenn sie folgende Bauart besitzt:

$$ax^2 + bx + c = 0 \quad \text{(wobei } a \neq 0\text{)}$$

a und b nennt man die Koeffizienten von x^2 und x; c ist das Absolutglied der Gleichung.

BEISPIEL $x^2 + 2x - 15 = 0$

Diese Gleichung hat zwei Lösungen, nämlich 3 und −5. Machen Sie die Probe. Wir schreiben dafür

$$x_1 = 3$$
$$x_2 = -5$$

oder $L = \{3, -5\}$.

Wir werden nun im Folgenden die verschiedenen Typen von quadratischen Gleichungen systematisch wiederholen.

11.2 Die Gleichung ist reinquadratisch

DEFINITION Die Gleichung $ax^2 + bx + c = 0$ heißt **reinquadratisch**, wenn $b = 0$ ist.

Es bleibt: $ax^2 + c = 0$

Lösung: $ax^2 + c = 0$

$$ax^2 = -c$$
$$x_1 = \sqrt{-\tfrac{c}{a}} \qquad \textit{1. Lösung}$$
$$x_2 = -\sqrt{-\tfrac{c}{a}} \qquad \textit{2. Lösung}$$
$$L = \left\{\sqrt{-\tfrac{c}{a}}, -\sqrt{-\tfrac{c}{a}}\right\}$$

Lösungen gibt es nur, wenn der Radikand nicht negativ ist.

BEISPIELE

1) $2x^2-8=0$
$2x^2=8$
$x^2=4$
1. Lösung: $x_1 = 2$
2. Lösung: $x_2 = -2$
$L = \{2,-2\}$

2) $2x^2+32=0$
$2x^2=-32$
$x^2=-16$
Die Gleichung hat keine Lösung.
$L=\{\}$

AUFGABE 1 Lösen Sie die Gleichungen nach x auf.

a) $2x^2-98=0$
b) $8x^2=0$
c) $-7x^2+17=10$
d) $ax^2-ab^2=0$
*e) $a^2b^2x^2-1=0$
*f) $b^2x^2-a^4b^6=0$
*g) $(4+x)(4-x)=(3+x)(3-x)$
*h) $(2x-5)^2=(x+6)^2-32x$

11.3 Die quadratische Gleichung hat kein Absolutglied

Dieser Gleichungstyp hat keinen eigenen Namen.
In der Gleichung $ax^2+bx+c=0$ ist $c=0$.
Es bleibt $ax^2+bx=0$.

Lösung: $ax^2+bx=0$
$x\cdot(ax+b)=0$
Entweder ist $x=0$ oder für die Klammer gilt: $(ax+b)=0$
$x_1=0$ *1. Lösung*
$x_2=-\frac{b}{a}$ *2. Lösung*
Diese Gleichung hat immer 2 Lösungen.

Beim Lösen haben wir ausgenutzt, dass das Produkt nur dann 0 ergeben kann, wenn einer der beiden Faktoren 0 ist. Dieser einfache Sachverhalt ist beim Lösen von Gleichungen so wichtig, dass man ihn als eigenen Satz formuliert.

Satz vom Nullprodukt
Wenn das Produkt $a\cdot b=0$ ist, dann ist wenigstens einer der beiden Faktoren 0.

BEISPIEL

$x^2+15x=0$
$x(x+15)=0$
1. Lösung: Der 1. Faktor x ist 0;
also $x_1=0$.
2. Lösung: Der 2. Faktor $(x+15)$ ist 0;
also $x_2=-15$.
$L=\{0,-15\}$

AUFGABE 2 Lösen Sie die Gleichungen nach x auf, indem Sie x ausklammern und den Satz vom Nullprodukt anwenden.

a) $4x^2-7x=0$
b) $9x^2+25x=0$
c) $(2x+3)(4x-6)=-18$
d) $(3x+5)^2=25$
e) $ax^2=bx-ax$
*f) $abx^2+2ax=bx$
*g) $\frac{(ax+2b)^2}{4b^2}=1$
*h) $\frac{x}{2a^2}=\frac{x}{x+2a}$

11.4 Die Gleichung ist gemischtquadratisch

DEFINITION Die quadratische Gleichung $ax^2+bx+c=0$ heißt **gemischtquadratisch**, wenn die Koeffizienten a, b, c von null verschieden sind.

Zum Glück gibt es eine Formel, die uns die beiden möglichen Lösungen ohne weitere Umformung der Gleichung liefert. Wir werden sie nicht herleiten, aber später im Rahmen einer Übungsaufgabe zeigen, dass sie richtig ist.

1. Lösung: $x_1=\frac{-b+\sqrt{b^2-4ac}}{2a}$ *2. Lösung:* $x_2=\frac{-b-\sqrt{b^2-4ac}}{2a}$

Diese beiden Lösungen kann man auch kürzer in folgender Form schreiben:

$$x_{1/2}=\frac{-b\pm\sqrt{b^2-4ac}}{2a}$$

Diese Lösungsformel ist Ihnen unter dem Namen „Mitternachtsformel" oder „Mondscheinformel" sicher schon begegnet. Diese Namen finden Sie in keiner Fachliteratur, sie werden aber trotzdem von Schülergeneration zu Schülergeneration so weitergegeben. Wie der Name suggeriert, muss man diese Lösungsformel auch noch auswendig wissen, wenn man nachts aus dem tiefsten Schlaf gerissen wird.
Lernen Sie diese Formel auswendig!
Diese Lösungsformel ist deshalb so wichtig, weil man restlos alle quadratischen Gleichungen mit ihr lösen kann. Sie erfasst auch die beiden Spezialfälle von quadratischen Gleichungen, die Sie bereits kennen gelernt haben. Sie müssen nur $b=0$ oder $c=0$ einsetzen. Lediglich $a=0$ müssen Sie ausschließen, denn dann haben Sie gar keine quadratische Gliederung mehr vorliegen.

BEISPIEL $x^2+2x-8=0$

Hier sind die Koeffizienten: $a=1$, $b=2$, $c=-8$

In die Lösungsformel eingesetzt ergibt sich:

$$x_{1/2}=\frac{-2\pm\sqrt{4+32}}{2}=\frac{-2\pm6}{2}$$

$x_1=2$
$x_2=-4$
$L=\{2,-4\}$

Quadratische Gleichungen, die Formvariable enthalten, löst man mit der Mitternachtsformel genauso.

BEISPIEL $x^2 - 4ax + 3a^2 = 0$

Der Koeffizient von x^2 ist 1.
Der Koeffizient von x ist $-4a$.
Das Absolutglied ist $3a^2$.

VORSICHT: Verwechseln Sie nicht die Formvariable a, die in diesem Beispiel vorkommt, mit dem Koeffizienten a aus $ax^2 + bx + c = 0$.

Wenn wir die Koeffizienten konsequent in unsere Lösungsformel einsetzen, erhalten wir:

$$x_{1/2} = \frac{4a \pm \sqrt{16a^2 - 12a^2}}{2} = \frac{4a \pm 2a}{2}$$

$$x_1 = 3a$$
$$x_2 = a$$
$$L = \{3a, a\}$$

Selbstverständlich kann unser Taschenrechner auch quadratische Gleichungen lösen, sofern sie keine Formvariable enthalten. Wir probieren es an dem vorherigen Beispiel mit $x^2 + 2x - 8 = 0$ aus. Dazu wählen wir das Menü **EQUA** aus und dann mit F2 **Polynomial.**

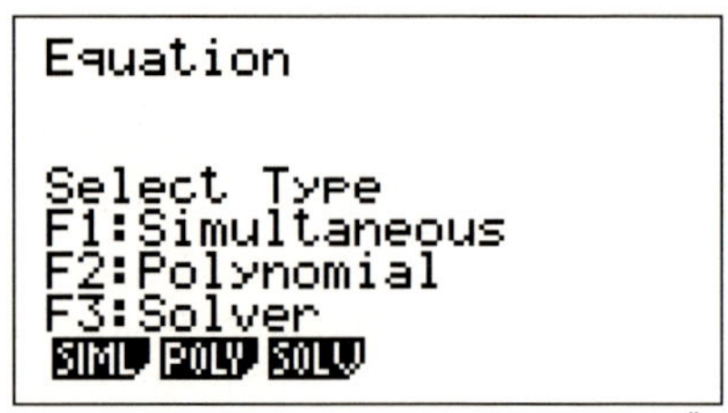

*1

Bei der Frage nach dem Grad der Gleichung antworten wir mit **2.** Dann geben wir die Koeffizienten unserer Gleichung ein und drücken auf **EXE.**

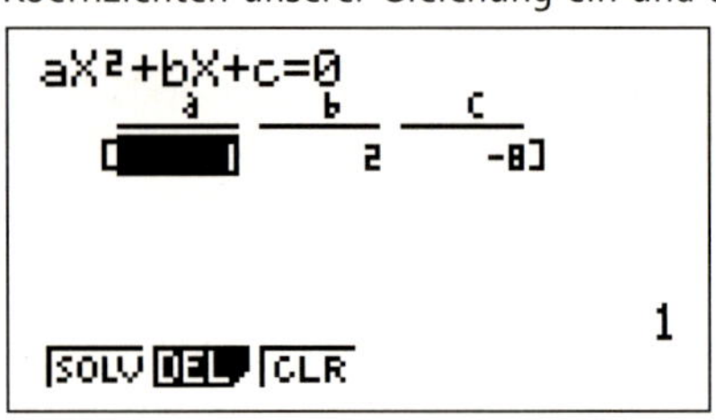

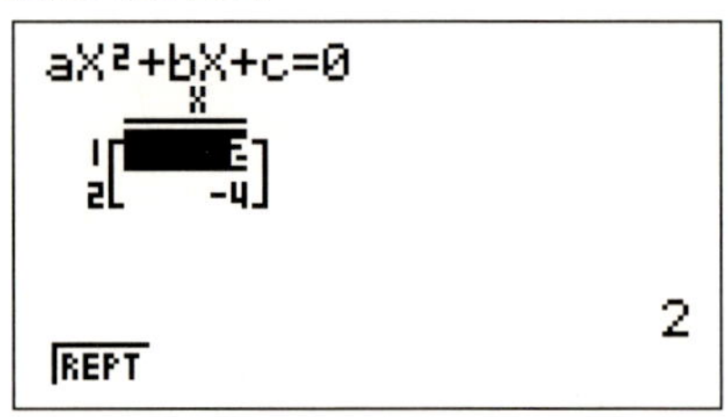

Nun erscheinen die beiden Lösungen $x_1 = 2$ und $x_2 = -4$.

AUFGABE 3 Lösen Sie die Gleichungen mithilfe der allgemeinen Lösungsformel nach x auf.

a) $2x^2 + 2x = 12$
b) $4x - 5 = -x^2$
c) $0{,}8x^2 = 6{,}4x + 16$
d) $\frac{4}{5}x - \frac{12}{5} = -\frac{1}{5}x^2$
e) $x^2 + 8x + 6 = 0$
f) $\frac{3}{10}x^2 = \frac{5}{3}x - \frac{5}{6}$
g) $\sqrt{2}x^2 + 2x = 8\sqrt{2} - 12$
h) $10x^2 - 80x = 80\sqrt{5} + 50$
i) $16x^3 - 24x^2 = 91x$
k) $x^{10} + 2x^9 - x^8 = 0$

AUFGABE 4 Lösen Sie die Gleichungen nach x auf.

a) $2x^2 = 16b^2 - 4bx$
b) $2x^2 = \frac{5}{2}ax - \frac{a^2}{2}$
c) $x^2 + 6x = a^2 + 8a + 7$
d) $a(x-4a) = 3(x^2 - 2a^2)$
e) $x^2 - 2bx - a^2 + b^2 = 0$
f) $x^2 - 2x = a^2 - 1$
g) $(x + 5a)^2 = (x + a)^2 + (3a + x)^2$
h) $(x - 4b)(x + 2b) = (x + 6b)(b - x)$
i) $(6x^2 - 3bx) \cdot (4x - 8a) = 0$
k) $(2x^3 + 4ax^2) \cdot (7x^4 - 21bx^3) = 0$

AUFGABE 5 Zeigen Sie, dass die Gleichung $ax^2 + bx + c = 0$ aufgeht, wenn man für x die beiden Werte $x_1 = \frac{-b + \sqrt{b^2 - 4ac}}{2a}$ und $x_2 = \frac{-b - \sqrt{b^2 - 4ac}}{2a}$ einsetzt.
(Damit haben wir wenigstens gezeigt, dass unsere Lösungsformel richtig ist, nachdem wir auf ihre Herleitung verzichtet haben.)

11.5 Lösung mithilfe des Satzes von Vieta

Dieser Lösungsweg lässt sich nur anwenden, wenn die quadratische Gleichung die folgende Form hat:

$$x^2 + px + q = 0$$

Frage: Wie hängen die beiden Lösungen x_1 und x_2 von den Koeffizienten p und q ab?

Antwort: Wenn die beiden Lösungen x_1 und x_2 bekannt sind, lässt sich (nach dem Satz vom Nullprodukt) die quadratische Gleichung auch in der Form schreiben:

$$(x - x_1) \cdot (x - x_2) = 0$$

Ausmultipliziert ergibt sich:

$$x^2 - (x_1 + x_2)\,x + x_1 \cdot x_2 = 0$$

Durch Vergleich mit der Ausgangsgleichung $x^2 + px + q = 0$ ergibt sich nun die Regel, die nach Vieta benannt ist:

Satz von Vieta: Für die Lösungen x_1 und x_2 der Gleichung $x^2 + px + q = 0$ gilt:

$$x_1 \cdot x_2 = q \quad \text{und} \quad x_1 + x_2 = -p$$

BEISPIEL $x^2 - 9x + 20 = 0$

Für die beiden Lösungen gilt:

$$x_1 \cdot x_2 = 20 \quad \text{und} \quad x_1 + x_2 = 9$$

Durch Probieren findet man:

$x_1 = 4$
$x_2 = 5$
$L = \{4, 5\}$

Anmerkung:
Quadratische Gleichungen kann man mithilfe des Satzes von Vieta sehr schnell und meistens sogar im Kopf lösen. Leider funktioniert diese Methode aber nur problemlos, wenn die Lösungen einfache, ganze Zahlen sind.

AUFGABE 6 Lösen Sie die Gleichungen mithilfe des Satzes von Vieta nach x auf.

a) $x^2-2x-8=0$
b) $x^2+x-30=0$
c) $x^2-9x-10=0$
d) $x^2-15x-100=0$
e) $3x^2+15x+12=0$
*f) $2x^2+6x-20=0$
*g) $x^2+ax-2a^2=0$
*h) $x^2+bx-6b^2=0$
*i) $x^2-2ax-8a^2=0$
*k) $x^2-2ax-2bx+4ab=0$

AUFGABE 7 Eine quadratische Gleichung der Form $x^2+px+q=0$ hat die Lösungen x_1 und x_2. Bestimmen Sie die fehlenden Größen.

a) $x_1=4$; $x_2=-2$
b) $x_1=7$; $p=-10$
c) $x_1=-5$; $q=5$
d) $p=-12$; $q=32$
e) $x_2=-2$; $p=-4$
*f) $x_2=3$; $q=27$
*g) $x_1=a$; $x_2=-2a$
*h) $x_2=b$; $p=-4b$
*i) $x_1=2a$; $q=-8a^2$
*k) $p=-b$; $q=-20b^2$

11.6 Anzahl der Lösungen einer quadratischen Gleichung

Bisher hatten unsere quadratischen Gleichungen immer 2 Lösungen. Das muss aber nicht so sein. Es gibt quadratische Gleichungen, die nur 1 Lösung oder gar keine Lösung haben. Wir werden für diese 3 Fälle jeweils ein Beispiel angeben und dann die Frage nach der Lösbarkeit allgemein untersuchen.

BEISPIELE

1) $x^2-3x-4=0$

$$x_{1/2}=\frac{3\pm\sqrt{9+16}}{2}=\frac{3\pm5}{2}$$

$x_1=4$
$x_2=-1$
$L=\{4,-1\}$

Die Gleichung hat 2 Lösungen, da die Wurzel einen Wert liefert, der einmal addiert und einmal subtrahiert wird.

2) $x^2-8x+16=0$

$$x=\frac{8\pm\sqrt{64-64}}{2}=\frac{8\pm0}{2}$$

$x_1=x_2=4$
$L=\{4\}$

Die Gleichung hat nur noch 1 Lösung, da die Wurzel 0 ergibt. Dadurch fallen x_1 und x_2 zusammen. Man spricht daher von einer Doppellösung.

3) $x^2+3x+5=0$

$$x_{1/2}=\frac{-3\pm\sqrt{9-20}}{2}=\frac{-3\pm\sqrt{-11}}{2}$$

$L=\{\}$

Es gibt keine Lösung, da wir aus einem negativen Radikanden nicht die Wurzel ziehen können.

Verantwortlich für die Anzahl der Lösungen ist offensichtlich die Zahl unter der Wurzel. Nachdem wir dies erkannt haben, können wir unser Problem allgemein angehen: Eine quadratische Gleichung der Form $ax^2 + bx + c = 0$ lösen wir mit der Formel:

$$x_{1/2} = \frac{-b \pm \sqrt{b^2 - 4ac}}{2a}$$

Ob es Lösungen gibt, hängt von der Zahl unter der Wurzel ab.

Wir erhalten 2 Lösungen, wenn $b^2 - 4ac > 0$, 1 Doppellösung, wenn $b^2 - 4ac = 0$ und keine Lösung, wenn $b^2 - 4ac < 0$ ist.

DEFINITION Der Term $b^2 - 4ac$ unter der Wurzel erhält einen eigenen Namen. Er heißt **Diskriminante**. Kurz: $D = b^2 - 4ac$.

Abschließend fassen wir als Merkregel zusammen:

MERKE Die quadratische Gleichung $ax^2 + bx + c = 0$ hat

2 Lösungen,	wenn	$D > 0$;
1 Lösung,	wenn	$D = 0$;
keine Lösung,	wenn	$D < 0$.

AUFGABE 8 Bestimmen Sie mithilfe der Diskriminante, wie viele Lösungen die folgenden Gleichungen haben.

a) $4x^2 - 7x + 3 = 0$
b) $4x^2 - 28x + 49 = 0$
c) $6x^2 + 5x + 11 = 0$
d) $9x^2 - 30x + 25 = 0$
*e) $3x^2 + 16x - 5 = 0$
*f) $2x^2 - x + 12 = 0$
*g) $x^2 - 3ax + 4a^2 = 0$
*h) $4x^2 + 12bx + 9b^2 = 0$

AUFGABE 9 Für welche Werte von a besitzen die folgenden Gleichungen 2 Lösungen, 1 Lösung oder keine Lösung?

a) $x^2 - 6x + a = 0$
b) $2x^2 + ax - 32 = 0$
c) $a^2x^2 - 3x + 1 = 0$
*d) $x^2 + 8x - 2a = 0$
*e) $3x^2 - 2ax + 1 = 0$
*f) $ax^2 + 5x + 4a = 0$

11.7 Zerlegen von quadratischen Termen in Linearfaktoren

Das Ausmultiplizieren von 2 Klammern, die jeweils in x linear sind, ergibt einen Term, der in x quadratisch ist. Wir führen dies an einem einfachen Beispiel durch:

$$(x-6)(x+4) = x^2 - 2x - 24$$

Wir wollen die Rechnung jetzt umdrehen und fragen uns: Wie kommt man von $x^2 - 2x - 24$ wieder auf das Produkt $(x-6)(x+4)$?

Lösungsidee: $x^2-2x-24=0$ ist eine quadratische Gleichung mit den Lösungen $x=6$ und $x=-4$.
$(x-6)(x+4)=0$ ist ebenfalls eine quadratische Gleichung mit diesen Lösungen, wie man mithilfe des Satzes vom Nullprodukt sofort sieht.

Damit haben wir bereits die gewünschte Zerlegung in Linearfaktoren gefunden:

$$x^2-2x-24=(x-6)(x+4)$$

BEISPIEL Zerlegen Sie den Term $4x^2-12x-40$ in Linearfaktoren.

	Allgemeiner Lösungsweg
$4x^2-12x-40$	
$=4(x^2-3x-10)$	– Faktor vor dem x^2 ausklammern, damit man $1x^2$ in der Klammer erhält
$x^2-3x-10=0$	– Klammer = 0 setzen
$x_1=5,\quad x_2=-2$	– die Gleichung lösen
$(x-5)(x+2)=0$	– die quadratische Gleichung mithilfe ihrer Lösungen in Faktoren zerlegen
$4x^2-12x-40=4(x-5)(x+2)$	– die Zerlegung oben einsetzen

AUFGABE 10 Geben Sie eine quadratische Gleichung an, die die folgenden Lösungen besitzt.

a) $x_1=4;\quad x_2=-3$
b) $x_1=5;\quad x_2=-2$
c) $x_1=1+\sqrt{2};\quad x_2=1-\sqrt{2}$
*d) $x_1=2+\sqrt{3};\quad x_2=2-\sqrt{3}$
*e) $x_1=3a;\quad x_2=-4a$
*f) $x_1=a+b;\quad x_2=a-b$

AUFGABE 11 Zerlegen Sie die quadratischen Terme in ein Produkt aus Linearfaktoren.

a) $x^2-2x-15$
b) $x^2-8x+12$
c) $x^2+9x-10$
d) $4x^2+4x-3$
*e) $9x^3-3x^2-2x$
*f) $16x^4-16x^3+3x^2$
*g) $x^2-4ax-5a^2$
*h) $2x^2-2bx-24b^2$

AUFGABE 12 Zerlegen Sie die Zähler und Nenner in Faktoren, um kürzen zu können.

a) $\dfrac{x^2+5x-14}{x^2+10x+21}$
b) $\dfrac{x^2+2x-3}{x^2-7x+6}$
c) $\dfrac{x^2+15x+56}{x^2+7x-8}$
d) $\dfrac{x^2+6x-27}{x^2-3x}$
*e) $\dfrac{x^2+2ax+a^2}{ax+a^2}$
*f) $\dfrac{x^2-4ax-21a^2}{x^2-5ax-24a^2}$
*g) $\dfrac{x^3-8bx^2+12b^2x}{x^3-7bx^2+6b^2x}$
*h) $\dfrac{x^3+2bx^2-15b^2x}{bx^2+3b^2x-10b^3}$

11.8 Die Lösungsformel selbst programmieren

Ihr Taschenrechner ist programmierbar. Spezielle Freaks können versuchen selbst ein Programm zu schreiben, das quadratische Gleichungen löst. Das Programm sollte zuerst die Werte für a, b und c abfragen und dann die Lösung ausgeben. Sie werden staunen, wie komplex diese Aufgabe wird. Am besten bilden Sie ein kleines Team und versuchen gemeinsam das Programm zu entwerfen und in den Rechner zu bringen. Zu Ihrer Unterstützung geben wir Ihnen ein entsprechendes Struktogramm an. (Einen langen Text wie in der Überschrift können Sie mit Ihrem kleinen Rechner natürlich nicht machen.)

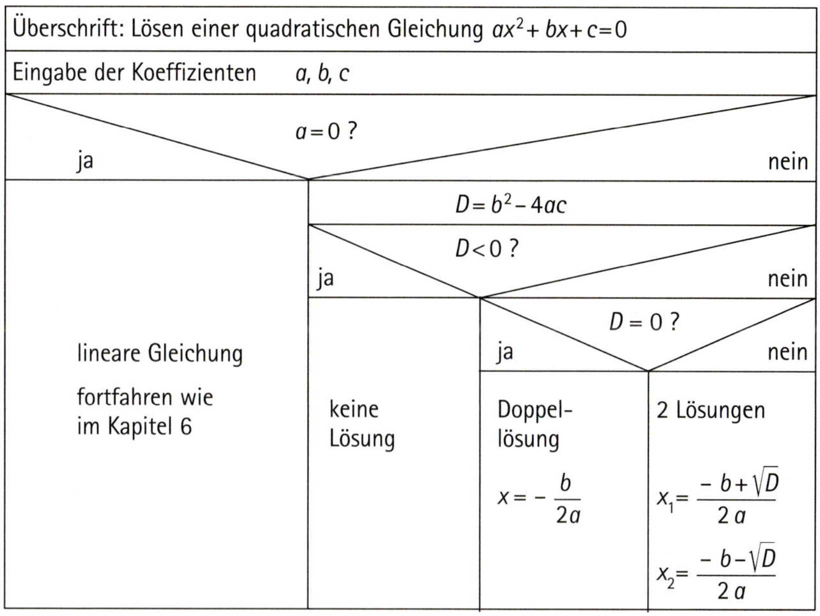

11.9 Wurzelgleichungen

DEFINITION **Wurzelgleichungen** sind Gleichungen, bei denen die Lösungsvariable unter der Wurzel vorkommt.

$\sqrt{x-1}=2$ oder $\sqrt{2x+3}=4$ sind solche Wurzelgleichungen.

Es ist nahe liegend, dass man die Wurzel beseitigt, indem man beide Seiten der Gleichung quadriert. Die einzige Schwierigkeit dabei ist, dass Quadrieren keine Äquivalenzumformung ist, d. h., dass sich dabei die Lösungsmenge verändern kann. Wir sehen uns das an einem einfachen Beispiel an:

$x=3+1$ hat die Lösungsmenge $L=\{4\}$.

Wenn wir beide Seiten quadrieren, erhalten wir

$x^2 = (3+1)^2 = 16.$ Diese Gleichung hat aber die Lösungsmenge $L = \{-4, 4\}$.

Beim Quadrieren ist die Lösungsmenge offensichtlich umfangreicher geworden. Wir müssen daher sicherheitshalber immer eine Probe mit unseren Lösungen machen, wenn wir vorher quadriert haben.

MERKE Mit den Lösungen einer Wurzelgleichung macht man immer eine Probe.

BEISPIEL

	Allgemeiner Lösungsweg
$x + \sqrt{3x-2} = 4$	– Wurzel isolieren, d. h. alleine auf eine Seite der Gleichung
$\sqrt{3x-2} = 4 - x$	– Maßnahme: quadrieren
$3x - 2 = 16 - 8x + x^2$	– quadratische Gleichung in ihre Normalform bringen
$x^2 - 11x + 18 = 0$	– Gleichung lösen
$x_1 = 9 \quad x_2 = 2$	
$9 + \sqrt{27-2} = 4$ falsch	– Probe für 1. Lösung
$2 + \sqrt{6-2} = 4$ richtig	– Probe für 2. Lösung
damit $L = \{2\}$	– Lösung angeben

AUFGABE 13 Lösen Sie die Gleichungen nach x auf. Vergessen Sie nicht für Ihre Ergebnisse eine Probe zu machen.

a) $\sqrt{2x+6} - 2x = 3x - 21$

b) $3 + \sqrt{8-4x} = -3x + 1$

c) $\sqrt{x^2-x} + 2x = 2$

d) $\sqrt{36-5x^2} + 4x = 6$

e) $7 - 2\cdot\sqrt{5-x} = -x + 9$

f) $\dfrac{1}{\sqrt{16-3x}} = \dfrac{\sqrt{16-3x}}{25}$

g) $\sqrt{2x-3} + \dfrac{1}{\sqrt{2x-3}} = 2$

* h) $\dfrac{4}{\sqrt{3x-8}} - \sqrt{3x-8} = -3$

* i) $\sqrt{x^2-5x-1} + 13 = 2x$

* k) $3\cdot\sqrt{2x^2-x+9} + 4x = 4$

* l) $\dfrac{x}{3\sqrt{8-x}} + \dfrac{2\cdot\sqrt{8-x}}{3} = 3\cdot\sqrt{8-x}$

* m) $2\sqrt{5-x} + \dfrac{5x-7}{3\sqrt{5-x}} = 3$

11.10 Textaufgaben, die auf quadratische Gleichungen führen

Zahlenrätsel

AUFGABE 14 Das Produkt von zwei aufeinander folgenden geraden Zahlen ergibt 728. Welche Zahlen sind es?

AUFGABE 15 Die Summe der Quadrate von 3 aufeinander folgenden ganzen Zahlen beträgt 434. Wie heißen die drei Zahlen?

AUFGABE 16 Das Produkt von 2 aufeinander folgenden ganzen Zahlen ist um 209 größer als ihre Summe. Welche Zahlen sind es?

***AUFGABE 17** Der Zähler eines Bruches ist um 3 kleiner als der Nenner. Wenn man sowohl den Zähler als auch den Nenner um 4 vergrößert, erhöht sich der Wert des Bruches um $\frac{1}{8}$. Um welchen Bruch handelt es sich?

***AUFGABE 18** In einer Klasse sind alle Schüler besonders höflich zueinander. Vor der ersten Stunde begrüßt jeder alle seine Klassenkameraden mit einem freundlichen „Guten Morgen". Der Klassenlehrer rauft sich die Haare, weil täglich 600-mal der Gruß zu hören ist.
Wie viele Schüler hat die Klasse?

Aus der Geometrie

AUFGABE 19 Die Seiten eines Rechtecks unterscheiden sich um 5 cm. Wenn man beide Seiten um 2 cm verlängert, wird der Flächeninhalt um 74 cm^2 größer.
Wie lang sind die Seiten des ursprünglichen Rechtecks?

AUFGABE 20 Der Umfang einer Raute beträgt 80 cm. Die Länge der beiden Diagonalen beträgt zusammen 56 cm. Wie lang sind die Seiten, wie lang sind die beiden Diagonalen der Raute?

***AUFGABE 21** Das Volumen eines Würfels verkleinert sich um 169 cm^3, wenn man die Kantenlänge um jeweils 1 cm verringert.
Wie groß ist der ursprüngliche Würfel?

***AUFGABE 22** In einem rechtwinkligen Dreieck ist eine Kathete um 16 cm länger als die andere Kathete. Der Flächeninhalt des Dreiecks beträgt 96 cm^2.
Wie groß sind die 3 Seiten des Dreiecks?

Aus der Physik

AUFGABE 23 Ein Sportflugzeug fliegt eine 36 km lange Strecke hin und zurück in insgesamt 12,5 min. Auf dem Hinweg hat das Flugzeug Gegenwind, auf dem Rückweg Rückenwind. Die Windgeschwindigkeit beträgt 72 km/h.
Wie groß ist die Eigengeschwindigkeit des Flugzeugs?

AUFGABE 24 Das Weg-Zeit-Gesetz für den senkrechten Wurf nach oben lautet $s = 0{,}5\,g\,t^2 - v_0 t$ (g ist die Erdbeschleunigung, v_0 die Abwurfgeschwindigkeit).
Ein Körper wird mit $v_0 = 30$ m/s senkrecht nach oben geschossen. Zu welchen Zeitpunkten beträgt seine Höhe 40 m? (Denken Sie daran, dass s den Fallweg nach unten bezeichnet. Vorzeichen!)

***AUFGABE 25** Der elektrische Widerstand zweier Drähte unterscheidet sich um 2 Ohm. Der Gesamtwiderstand der beiden Drähte beträgt 2,4 Ohm, wenn man sie parallel schaltet. Wie groß sind die Widerstände der beiden Drähte?

***AUFGABE 26** Die kinetische Energie ($E = 0{,}5\,mv^2$) einer Masse $m = 4$ kg erhöht sich um 72 J, wenn man ihre Geschwindigkeit um 2 m/s steigert.
Mit welcher Geschwindigkeit bewegte sich die Masse anfangs?

Aus sonstigen Gebieten

AUFGABE 27 Eine Maschine hatte einen Anschaffungswert von 20.000 €. Nachdem sie 2 Jahre mit p Prozent abgeschrieben wurde, hat sie noch einen Buchwert von 15.488 €.
Mit welchem Prozentsatz wurde die Maschine abgeschrieben?

AUFGABE 28 Eine Spareinlage von 10.000 € bringt in 2 Jahren einen Zinsgewinn von 712 €. Im zweiten Jahr wurde das Guthaben mit einem Prozent besser verzinst als im ersten Jahr.
Wie hoch wurde das Guthaben in den beiden Jahren verzinst?

***AUFGABE 29** Die erste Hypothek eines Hauses ist um 10.000 € höher als die zweite Hypothek. Für jede Hypothek müssen jährlich 5.600 € an Zinsen bezahlt werden. Für die zweite Hypothek ist der Zinssatz um 1 Prozentpunkt höher als für die erste.
Wie hoch sind die Hypotheken und die Zinssätze?

11.11 Das muss ich mir merken

Allgemeine quadratische Gleichung: $ax^2 + bx + c = 0$ mit $a \neq 0$

Die Lösungsformel $x_{1/2} = \dfrac{-b \pm \sqrt{b^2 - 4ac}}{2a}$

funktioniert immer.

Aber: falls $b = 0$: Gleichung besser nach x^2 umstellen und dann die Wurzel ziehen;

falls $c = 0$: besser x ausklammern und den Satz vom Nullprodukt anwenden.

Die Zahl $b^2 - 4ac$ unter der Wurzel heißt Diskrimante D. Sie regelt die Anzahl der Lösungen. Es gilt:

$D > 0$, dann gibt es 2 Lösungen;
$D = 0$, dann gibt es eine (Doppel-)Lösung;
$D < 0$, dann gibt es keine Lösung.

Bei einfachen Gleichungen der Form $x^2 + px + q = 0$ kann man den Satz von Vieta anwenden. Für die Lösungen x_1 und x_2 gilt:

$x_1 \cdot x_2 = q$ und $x_1 + x_2 = -p$.

Bei Wurzelgleichungen muss man die Wurzel auf eine Seite der Gleichung bringen und dann beide Seiten quadrieren.

Bei Wurzelgleichungen muss man immer die Probe machen.

12 Wie man lineare Gleichungssysteme behandelt

12.1 Der Begriff des linearen Gleichungssystems

Bisher lösten wir lineare Gleichungen, die nur eine einzige Lösungsvariable enthielten. Sie hieß meistens x. Von Sonderfällen abgesehen, war die Lösung immer genau eine Zahl. Wir fragen nun: Wie sehen die Lösungen einer linearen Gleichung aus, die zwei Variable enthält? Sie heißen meistens x und y. Wir probieren es im folgenden Beispiel aus.

BEISPIEL $x + 2y = 5$

Durch Probieren finden wir:

Diese Gleichung wird gelöst durch die Zahlenpaare

$x = -1$ und $y = 3$,

$x = 1$ und $y = 2$,

$x = 3$ und $y = 1$,

... usw.

Kürzer schreibt man: $L = \{(-1/3), (1/2), (3/1), \ldots\}$

Diese Lösungsmenge lässt sich zeichnerisch in einem Koordinatensystem darstellen. Jedes Zahlenpaar entspricht dabei einem Punkt. Die Menge aller dieser Punkte bildet eine Gerade.

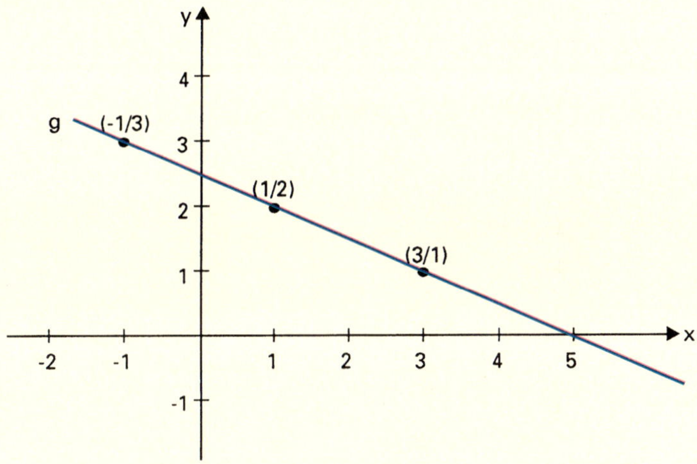

Die Lösungsmenge einer Gleichung mit 2 Variablen besteht offensichtlich aus unendlich vielen Zahlenpaaren. Entsprechend besteht die Lösungsmenge einer Gleichung mit 3 Variablen aus unendlich vielen Zahlentripeln (x, y, z) usw. Bei einem System von Gleichungen hat man gleichzeitig mehrere Gleichungen und sucht nach einer Lösung, für die alle diese Gleichungen aufgehen.

MERKE Ein **Gleichungssystem** besteht aus mehreren Gleichungen. Gesucht ist die gemeinsame Lösung aller Gleichungen.

Sehen wir uns zunächst als einfaches Beispiel ein Gleichungssystem mit 2 Gleichungen und 2 Variablen an, bei dem man leicht die gemeinsame Lösung findet.

BEISPIEL

(1) $x + 2y = 5$ $\quad L_1 = \{(-1/3), (1/2), (3/1), \ldots\}$

(2) $\wedge\ x - y = -1$ $\quad L_2 = \{(-1/0), (0/1), (1/2), \ldots\}$

(Das „und" vor der 2. Gleichung weist darauf hin, dass beide Gleichungen gelöst werden müssen.)

Die gesuchte gemeinsame Lösung ist $x = 1$ und $y = 2$. Wir können die Lösung auch als Zahlenpaar (1/2) angeben.

In der Schreibweise der Mengenlehre wird es deutlicher, dass wir bei einem Gleichungssystem immer nach einer gemeinsamen Lösung der Gleichungen suchen:

$$L = L_1 \cap L_2 = \{(1/2)\}$$

Nachdem uns nun der Begriff des Gleichungssystems wieder vertraut ist, wiederholen wir die Lösungsverfahren, die Sie in der Mittelstufe kennen gelernt haben.

12.2 Gleichungssysteme mit 2 Gleichungen und 2 Variablen

Wir wollen jetzt alle Lösungsverfahren durchspielen, die es für lineare Gleichungssysteme gibt. Am besten bleiben wir bei dem Beispiel, das wir bereits kennen.
Wir lösen es jetzt 4-mal nacheinander, jedes Mal nach einer anderen Methode.

BEISPIEL **Zeichnerisches Verfahren**

Zu lösen ist (1) $x + 2y = 5$

(2) $\wedge\ x - y = -1$

Zur Gleichung (1) gehört die Lösungsmenge $L_1 = \{(-1/3), (1/2), (3/1) \ldots\}$.

Zur Gleichung (2) gehört die Lösungsmenge $L_2 = \{(-1/0), (0/1), (1/2) \ldots\}$.

Wie wir schon gesehen haben, entspricht der Lösungsmenge L_1 im Koordinatensystem die Punktmenge g_1, also eine Gerade. Genauso entspricht der Lösungsmenge L_2 die Gerade g_2.

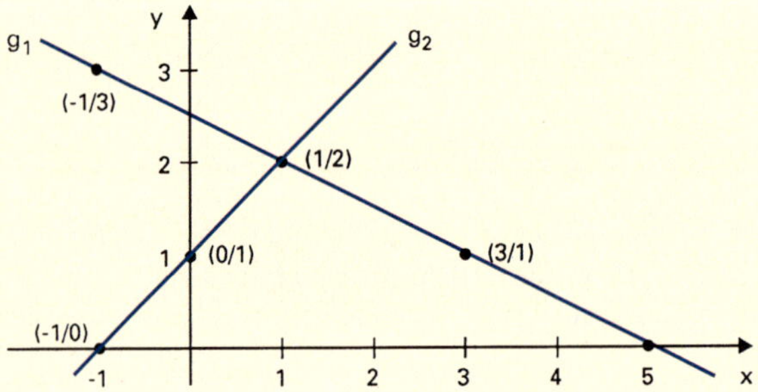

Die gesuchte gemeinsame Lösung ist geometrisch der Schnittpunkt $S\,(1/2)$ der beiden Geraden, also $L = \{1/2\}$.

In Kapitel 2.2 (Teil B) werden wir Geraden und die Berechnung von Schnittpunkten ausführlich besprechen. Daher beschränken wir uns im Folgenden auf die rechnerischen Lösungsverfahren.

BEISPIEL **Einsetzungsverfahren**

(1) $x+2y=5$
(2) $\wedge x=y-1$ Gleichung (2) umstellen

Die Variable x aus (2) wird in die Gleichung (1) eingesetzt:

$$y-1+2y=5$$
$$3y=6$$
$$y=2$$

Der Wert für y wird in die Gleichung (2) eingesetzt:

$$x=2-1$$
$$x=1$$

Ergebnis: $x=1$ und $y=2$
$L=\{(1/2)\}$

BEISPIEL **Gleichsetzungsverfahren**

(1) $x=-2y+5$
(2) $\wedge x=y-1$

Die linken Seiten der beiden Gleichungen stimmen überein; daher müssen auch die beiden rechten Seiten gleich sein.

$$-2y+5=y-1$$
$$3y=6$$
$$y=2$$

Der Wert für y wird nun wie vorher in die Gleichung (1) oder (2) eingesetzt;
in (1): $x=-4+5$
$x=1$

Ergebnis: $x=1$ und $y=2$
$L=\{(1/2)\}$

BEISPIEL **Additionsverfahren**

(1) $x + 2y = 5$
(2) $\wedge\ x - y = -1$

Die Lösung einer Gleichung ändert sich nicht, wenn man die Gleichung durchmultipliziert.
Wir multiplizieren die Gleichung (2) mit 2 und erhalten:

(1) $x + 2y = 5$
(2) $\wedge\ 2x - 2y = -2$

Wir haben so multipliziert, dass die 2. Gleichung einen Term $-2y$ bekommt. Addieren wir nun sowohl die beiden rechten als auch die beiden linken Seiten der Gleichungen, erhalten wir eine neue Gleichung ohne die Variable y. Wir haben y „eliminiert".

$$x + 2x = 5 - 2$$
$$3x = 3$$
$$x = 1$$

Diesen Wert für x kann man nun in eine der Gleichungen einsetzen oder nochmals das Additionsverfahren anwenden.
Wir wählen das Additionsverfahren und eliminieren nun x.
Wir multiplizieren die Gleichung (2) mit – 1 und erhalten:

(1) $x + 2y = 5$
(2) $\wedge\ -x + y = 1$

Wir addieren die beiden linken und die beiden rechten Seiten, damit wir eine neue Gleichung ohne x bekommen.

$$2y + y = 5 + 1$$
$$3y = 6$$
$$y = 2$$

Ergebnis: $x = 1$ und $y = 2$
$L = \{(1/2)\}$

Unser Taschenrechner kann Gleichungssysteme mit bis zu 6 Gleichungen mit 6 Unbekannten lösen. Wie man ihn bedient, zeigen wir Ihnen nochmals mit unserem letzten Beispiel. Wir wählen das Menu **EQUA** (für equation) aus und entscheiden uns dann mit F1 für **simultaneous.** Bei der Frage nach der Anzahl der Unbekannten antworten wir mit **2.** Dann füllen wir die Tabelle mit unseren Koeffizienten aus und drücken auf **EXE.**

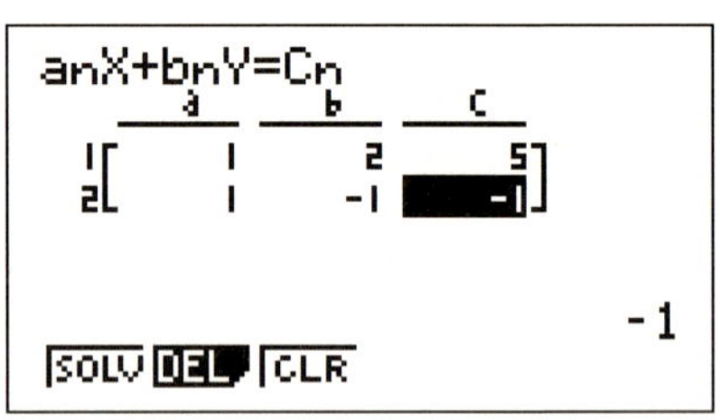

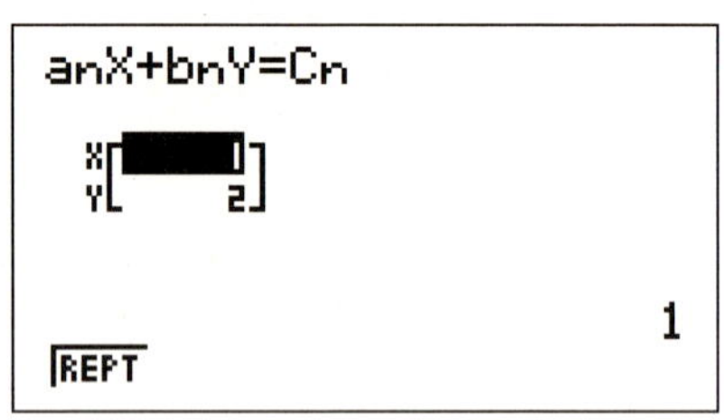

*1

Wie erwartet erscheint die Lösung x = 1 und y = 2.

Unser Taschenrechner stößt aber an seine Grenzen, wenn wir ein Gleichungssystem eingeben, das unendlich viele Lösungen hat. Er zeigt dann einfach ERROR, genauso wie bei einem unlösbaren Gleichungssystem. Natürlich beherrscht er auch keine Gleichungssysteme, die Formvariable enthalten. Wir üben daher zunächst einfache Beispiele mit einfachen Zahlen, die Sie mit dem Rechner gut kontrollieren können. Dann gehen wir über zu Gleichungssystemen mit Formvariablen, die man dann wirklich von Hand lösen muss.

AUFGABE 1 Lösen Sie die Gleichungssysteme nach x und y auf. Wählen Sie jeweils das bequemste Verfahren.

a) $y=7x+17$ $\wedge\, y=-2x-1$

b) $y=2x+12$ $\wedge\, -3x+2y=19$

c) $3x+4y=37$ $\wedge\, 4x-2y=-2$

d) $3x=8-4y$ $\wedge\, 3x-5y=44$

*e) $2x=5y+3$ $\wedge\, 2x=13y-5$

*f) $4x-5y=-42$ $\wedge\, 6x+7y=24$

*g) $4x+3y=-2$ $\wedge\, 2x=4-y$

*h) $2x=3y-2$ $\wedge\, 15x=5y-1$

AUFGABE 2 Lösen Sie die Gleichungssysteme nach x und y auf.

a) $2x+3y=-5a$ $\wedge\, 3x-6y=24a$

b) $ax+by=a^2-b^2$ $\wedge\, ax-by=a^2+b^2$

c) $4x+3y=0$ $\wedge\, -x+5y=-23a$

d) $bx+y=0$ $\wedge\, 3bx-4y=-7b^2$

*e) $4ax+4by=7ab$ $\wedge\, ax-2by=0$

*f) $3bx-5ay=-2$ $\wedge\, 4bx+7ay=11$

*g) $5ax-\frac{b}{a}y=3b$ $\wedge\, -2a^2x+3by=4ab$

AUFGABE 3 Lösen Sie die Gleichungssysteme nach x und y auf.
Hinweis: Setzen Sie $u=\frac{1}{x}$ und $v=\frac{1}{y}$.

a) $\frac{3}{x}-\frac{4}{y}=2$ $\wedge\, \frac{6}{x}-\frac{12}{y}=-1$

b) $\frac{3}{x}-\frac{5}{2y}=2$ $\wedge\, \frac{12}{x}+\frac{10}{y}=4$

c) $\frac{1}{2x}-\frac{1}{y}=-4$ $\wedge\, \frac{3}{x}+\frac{1}{y}=11$

*d) $\frac{a}{x}+\frac{2a}{y}=2$ $\wedge\, \frac{3a}{3x}-\frac{5a}{4y}=\frac{19}{8}$

*e) $\frac{a}{x}-\frac{b}{y}=a+b$ $\wedge\, \frac{a}{x}+\frac{b}{y}=a-b$

*f) $\frac{a^2+2ab}{2x}-\frac{b}{ay}=\frac{1}{2}\left(a+\frac{1}{a}\right)$ $\wedge\, \frac{a+2b}{x}+\frac{2a}{y}=1-\frac{a}{b}$

AUFGABE 4 Ein zweiarmiger Hebel, der 65 cm lang ist, befindet sich im Gleichgewicht. An einem Ende hängt eine Masse von 2 kg, am anderen Ende eine Masse von 4,5 kg.
Welchen Abstand haben die beiden Massen vom Drehpunkt?

AUFGABE 5 40%iger Spiritus und 80%iger Spiritus werden so gemischt, dass man 50 Liter 70%igen Spiritus erhält.
Wie viele Liter braucht man von beiden Sorten?

AUFGABE 6 Ein Bauer hält sich Hühner und Hasen. Die Tiere haben zusammen 45 Köpfe und 120 Beine. Wie viele Hühner und Hasen hat der Bauer, wenn man davon ausgeht, dass keines der Tiere ein Krüppel ist?

12.3 Sonderfälle beim Lösen von Gleichungssystemen

Bisher hatten unsere Gleichungssysteme immer genau eine Lösung. Das ist zwar meistens der Fall, muss aber nicht unbedingt sein. Es gibt auch unlösbare Gleichungssysteme und Gleichungssysteme, die unendlich viele Lösungen besitzen. Diese beiden Sonderfälle stellen wir Ihnen nun vor.

BEISPIEL 1. Fall: Das Gleichungssystem hat keine Lösung:

(1) $2x + y = 3 \;/\cdot 2$

(2) $\wedge\, 4x + 2y = 5 \;/\cdot(-1)$

Das Additionsverfahren liefert $0 = 1$.

Diese Aussage ist für alle Werte von x und y falsch. Das heißt: Hier gibt es keine Lösung.

kürzer: $L = \{\}$

Geometrische Deutung: Die Gleichungen (1) und (2) beschreiben zwei Geraden, die zueinander parallel verlaufen, also keinen gemeinsamen Punkt besitzen.

BEISPIEL 2. Fall: Das Gleichungssystem hat viele Lösungen:

(1) $2x + y = 3 \;/\cdot 2$

(2) $\wedge\, 4x + 2y = 6 \;/\cdot(-1)$

Da beide Gleichungen äquivalent sind, liefert das Additionsverfahren $0 = 0$.

Diese Aussage ist für alle Zahlenpaare richtig, welche die Gleichung (1) erfüllen.

kürzer: $L = \{(x \mid y) \mid 2x + y = 3\}$

Geometrische Deutung: Die beiden Gleichungen beschreiben dieselbe Gerade. Daher sind alle Geradenpunkte gemeinsame Punkte. Also entspricht jeder Geradenpunkt einer möglichen Lösung des Gleichungssystems.

AUFGABE 7 Geben Sie bei den folgenden Gleichungssystemen jeweils die Lösungsmenge an.

a) $2x + 4y = 7 \;\wedge\; 6x + 12y = 21$

*b) $2x + 4y = 7 \;\wedge\; 6x + 12y = 23$

*c) $3x + 4y = 0 \;\wedge\; 2x - 6y = 0$

d) $4x - y = 8 \;\wedge\; 8x - 2y = 20$

*e) $4x - y = 8 \;\wedge\; 8x - 2y = 16$

*f) $ax - by = 0 \;\wedge\; 4x + aby = 0$

g) $2abx - \frac{a}{b}y = 5b \;\wedge\; 4ab^2x - 2ay = 12b^2$

h) $3abx = 7(a+b)y + 2 \;\wedge\; 6abx - 14(a+b)y = 4$

AUFGABE 8 Gegeben ist die Gleichung $x + 2y = 8$. Fügen Sie dieser Gleichung eine weitere Gleichung hinzu, sodass ein Gleichungssystem entsteht, das

a) genau 1 Zahlenpaar als Lösung besitzt;
b) keine Lösung besitzt;
c) unendlich viele Lösungen besitzt.

12.4 Gleichungssysteme mit 3 Gleichungen und 3 Variablen

Gleichungssysteme mit 3 Gleichungen führt man im 1. Schritt auf ein System mit 2 Gleichungen zurück. Wir zeigen dies am folgenden Beispiel.

BEISPIEL

	Allgemeiner Lösungsweg
(1) $-5x+4y+z=21$ (2) $-8x-6y+z=-3$ (3) $4x+3y+2z=-1$	– 3 Gleichungen mit 3 Variablen – entscheiden, welche Variable eliminiert werden soll (hier *z*)
(1) – (2) $3x+10y=24$ 2·(1) – (3) $-14x+5y=43$	– 2 Gleichungen mit 2 Variablen
(4) $3x+10y=24$ (5) $-14x+5y=43 \quad / \cdot (-2)$	– entscheiden, welche Variable eliminiert werden soll (hier *y*)
(4) – 2 · (5) $31x=-62$ $x=-2$	– 1 Gleichung mit 1 Variablen – Gleichung nach *x* auflösen
in (4) $-6+10y=24$ $10y=30$ $y=3$	– den Wert von *x* in eine Gleichung mit *y* einsetzen und nach *y* auflösen
in (1) $10+12+z=21$ $z=-1$	– die Werte von *x* und *y* in eine Gleichung für *z* einsetzen und nach *z* auflösen
Lösung: $x=-2$ und $y=3$ und $z=-1$ *kürzer:* $L=\{(-2/3/-1)\}$	

Anmerkung:
Analog kann man auch Gleichungssysteme mit mehr Gleichungen und mehr Lösungsvariablen schrittweise auf 1 Gleichung mit 1 Variablen zurückführen. Die Lösung dieser Gleichung setzt man dann nacheinander wieder in die vorhergehenden Gleichungen ein.

AUFGABE 9 Lösen Sie die Gleichungssysteme nach *x*, *y* und *z* auf.

a) $x+2y-3z=-9$
$-x+4y+z=-3$
$2x-y+4z=17$

b) $z=2x+3y+11$
$z=x-y-2$
$z=-3x+4y+30$

c) $2x-3y+5z=5$
$3x+2y-3z=-20$
$x+5y+7z=5$

*d) $x+y=30$
$y+z=15$
$x+z=5$

*e) $4x-6y+7z=-2$
$2x+3y-z=3$
$6x+9y+2z=9$

*f) $7x-3y+4z=0$
$2x+5y-3z=0$
$4x+8y+z=0$

AUFGABE 10 Suchen Sie eine dreiziffrige Zahl, für die gilt: Teilt man sie durch 8, dann ist das Ergebnis um 17 größer als ihre Quersumme. Die 3. Ziffer ist 4-mal so groß wie die 1. Ziffer und doppelt so groß wie die 2. Ziffer.

12.5 Nochmals das Additionsverfahren, aber etwas flotter

Wir lösen nochmals ein Gleichungssystem mit 3 Gleichungen und 3 Variablen, indem wir systematisch das Additionsverfahren anwenden. Um später die Rechnung nachvollziehen zu können, geben wir mit Zahlen und Pfeilen an, wie wir die Zeilen multiplizieren und zusammenfassen.

$$
\begin{array}{lrcl}
 & x + y + z &=& 7 \quad \cdot 2 \quad\quad \cdot 3 \\
\wedge & 2x - 2y + z &=& 6 \quad \cdot (-1) \\
\wedge & -3x + y - z &=& -9 \\
\hline
 & x + y + z &=& 7 \\
\wedge & 4y + z &=& 8 \quad \cdot (-1) \\
\wedge & 4y + 2z &=& 12 \\
\hline
 & x + y + z &=& 7 \\
\wedge & 4y + z &=& 8 \\
\wedge & z &=& 4 \\
\hline
\end{array}
$$

Aus Zeile 3 erhält man $z = 4$;
damit liefert Zeile 2 $y = 1$;
damit liefert Zeile 1 $x = 2$.

Dieses Verfahren, bei dem man systematisch eine Variable nach der anderen eliminiert, nennt man das **Gauß'sche* Eliminationsverfahren.** Es lässt sich leicht auf Gleichungssysteme mit mehr Gleichungen und Variablen erweitern.

Mathematiker versuchen immer auf intelligente Art faul zu sein. Bei dem obigen Verfahren ist es eigentlich überflüssig, die Variablen und das Gleichheitszeichen immer hinzuschreiben, da man schließlich nur mit den Koeffizienten rechnet. Es geht auch so:

$$
\begin{pmatrix} 1 & 1 & 1 & 7 \\ 2 & -2 & 1 & 6 \\ -3 & 1 & -1 & -9 \end{pmatrix}
\begin{array}{l} \cdot 2 \quad\quad \cdot 3 \\ \cdot (-1) \\ \\ \end{array}
$$

$$
\begin{pmatrix} 1 & 1 & 1 & 7 \\ 0 & 4 & 1 & 8 \\ 0 & 4 & 2 & 12 \end{pmatrix}
\begin{array}{l} \\ \cdot (-1) \\ \\ \end{array}
$$

$$
\begin{pmatrix} 1 & 1 & 1 & 7 \\ 0 & 4 & 1 & 8 \\ 0 & 0 & 1 & 4 \end{pmatrix}
$$

Vergleichen Sie mit den obigen Umformungen. Jede Zeile des Zahlenkästchens stellt eine Gleichung dar. Die letzte Zeile bedeutet wieder $z = 4$; diesen Wert setzt man wie vorher wieder in die 2. und in die 1. Zeile ein.

So ein Zahlenkästchen nennt man eine **Matrix**. Was man mit diesen Matrizen anstellen kann, werden wir uns vor dem Abitur noch näher ansehen. Jetzt werden wir eine Matrix nur als bequemes Zahlenschema betrachten, das uns die Schreibarbeit erleichtert.

* Carl Friedrich Gauß (1777–1855), bedeutendster Mathematiker seiner Zeit. Arbeiten zur Zahlentheorie, höheren Algebra, Analysis und nichteuklidischen Geometrie sowie Astronomie, Erdmagnetismus und Landvermessung. Mitglied der Akademie der Wissenschaften und Direktor der Sternwarte in Göttingen.

AUFGABE 11 Schreiben Sie jedes Gleichungssystem als Matrix. Lösen Sie dann das Gleichungssystem, indem Sie die Matrix umformen.

a)
$$\begin{aligned} &2x+y+3z=13\\ \wedge\ &x+3y-z=4\\ \wedge\ &-x+2y+z=11 \end{aligned}$$

b)
$$\begin{aligned} &x+2y-z=-1\\ \wedge\ &-2x-4y+3z=9\\ \wedge\ &3x+y-z=10 \end{aligned}$$

c)
$$\begin{aligned} &3x+5y+2z=0\\ \wedge\ &6x+5y-4z=6\\ \wedge\ &-9x+10y-6z=4 \end{aligned}$$

d)
$$\begin{aligned} &x_1+2x_2-x_3+2x_4=-6\\ \wedge\ &2x_1-x_2+3x_3-x_4=18\\ \wedge\ &3x_1-3x_2+x_3+x_4=20\\ \wedge\ &-x_1+x_2-4x_3+5x_4=-12 \end{aligned}$$

*e)
$$\begin{aligned} &2x_1-x_2+3x_3-x_4=-15\\ \wedge\ &-3x_1+2x_2-x_3+2x_4=26\\ \wedge\ &-x_1+3x_2-4x_3+x_4=21\\ \wedge\ &2x_1+2x_2-3x_3+x_4=4 \end{aligned}$$

*f)
$$\begin{aligned} &x_1+2x_2-x_3+x_4-2x_5=2\\ \wedge\ &2x_1-x_2+x_3-2x_4-3x_5=9\\ \wedge\ &-3x_1+x_2-2x_3+3x_4+x_5=-9\\ \wedge\ &-x_1-2x_2+x_3-4x_4+2x_5=-5\\ \wedge\ &-2x_1-3x_2+x_3+2x_4-5x_5=7 \end{aligned}$$

12.6 Das muss ich mir merken

Ein Gleichungssystem besteht aus mehreren Gleichungen mit mehreren Lösungsvariablen, meistens x und y oder x, y und z. Gesucht sind dann Werte für x, y und z, für die alle Gleichungen aufgehen.

Es gibt 3 Lösungsverfahren: das Additionsverfahren, das Einsetzungsverfahren und das Gleichsetzungsverfahren. Man wählt den Lösungsweg, der am schnellsten geht. Das Additionsverfahren ist aber am wichtigsten.

Man muss 2 Sonderfälle beachten:

Ein Gleichungssystem kann unlösbar sein.
Dies ist der Fall, wenn man beim Umformen eine Gleichung erhält wie $0x+0y=3$. So eine Gleichung geht nie auf.

Ein Gleichungssystem kann unendlich viele Lösungen besitzen.
Dies ist der Fall, wenn man beim Umformen eine Gleichung erhält wie $0x+0y=0$. So eine Gleichung geht immer auf.

13 Wie die Potenzgesetze für ganze Hochzahlen lauten

13.1 Begriffe

In unseren bisherigen Übungsaufgaben sind immer wieder Potenzen vorgekommen. Solange die Hochzahlen nicht größer waren als 2 oder 3, hat es eigentlich keine Probleme gegeben. Damit wir später auch mit komplizierteren Potenzen zurechtkommen, stellen wir jetzt alle Rechenregeln für Potenzen zusammen. Sie haben sie alle irgendwann einmal in der Mittelstufe gelernt. Nach dieser Wiederholung erweitern wir dann diese Rechenregeln auf Potenzen mit negativen Hochzahlen.

DEFINITION Unter der ***n*-ten Potenz** ($n \in \mathbb{N}^*$) einer Zahl a ($a \in \mathbb{R}$) versteht man das Produkt $\underbrace{a \cdot a \cdot a \cdot \ldots a.}_{n \text{ Faktoren}}$

Schreibweise: $a \cdot a \cdot a \cdot \ldots a = a^n$
Sprechweise: „a hoch n"
Bezeichnungen: a heißt Grundzahl oder Basis
n heißt Hochzahl oder Exponent

BEISPIELE

1) $(-3)^4 = (-3)(-3)(-3)(-3) = 81$
2) $-3^4 = -3 \cdot 3 \cdot 3 \cdot 3 = -81$
3) $4 \cdot 10^3 = 4 \cdot 10 \cdot 10 \cdot 10 = 4\,000$

13.2 Rechengesetze für Potenzen mit natürlichen Hochzahlen

Addition und Subtraktion

BEISPIELE

1) $2a^3 + 3a^3 = 5a^3$
2) $4x^2y^4 - 8x^2y^4 + 5x^3y^5 - 3x^3y^5 = -4x^2y^4 + 2x^3y^5$

MERKE Man kann nur gleichartige Potenzen zusammenfassen, d. h. solche, die in Grund- und Hochzahl übereinstimmen.

Multiplikation von Potenzen mit gleichen Grundzahlen

BEISPIELE

1) $4^2 \cdot 4^3 = 4 \cdot 4 \cdot 4 \cdot 4 \cdot 4 = 4^5$
2) $a^3 \cdot a^4 = a \cdot a \cdot a \cdot a \cdot a \cdot a \cdot a = a^7$

1. Rechenregel: $a^n \cdot a^m = a^{n+m}$
Potenzen mit gleichen Grundzahlen werden multipliziert, indem man ihre Hochzahlen addiert.

Division von Potenzen mit gleichen Grundzahlen

BEISPIELE

1) $\frac{3^6}{3^2} = \frac{3 \cdot 3 \cdot 3 \cdot 3 \cdot 3 \cdot 3}{3 \cdot 3} = 3^{6-2} = 3^4$

2) $\frac{a^5}{a^3} = \frac{a \cdot a \cdot a \cdot a \cdot a}{a \cdot a \cdot a} = a^{5-3} = a^2$

3) $\frac{a^3}{a^3} = \frac{a \cdot a \cdot a}{a \cdot a \cdot a} = 1$

4) $\frac{a^3}{a^5} = \frac{a \cdot a \cdot a}{a \cdot a \cdot a \cdot a \cdot a} = \frac{1}{a^2}$

2. Rechenregel: $\frac{a^m}{a^n} = a^{m-n}$ falls $m > n$

$\frac{a^m}{a^n} = 1$ falls $m = n$

$\frac{a^m}{a^n} = \frac{1}{a^{n-m}}$ falls $m < n$

Im Fall $m > n$ gilt: Potenzen mit gleichen Grundzahlen werden dividiert, indem man ihre Hochzahlen subtrahiert.

AUFGABE 1 Fassen Sie die Potenzen zusammen.

a) $4x^3 + 5x^3 + x^3$
b) $\frac{3}{2}a^2 + \frac{1}{2}a^2$
c) $1{,}8r^2 - 0{,}8r^2 - r^2$
d) $a^x + a^x$
e) $k^n - 3 \cdot k^n$
f) $-y^p - y^p$
*g) $7x^3 - 8x^4 + 5x^3 + 2x^4$
*h) $2(a+b)^n + 5(a+b)^n$
*i) $3x(a+b)^n + 2y(a+b)^n$
*k) $(x+2y)^k + a(x+2y)^k$
*l) $uv^k + v^k$
*m) $xa^n + by^m - ya^n + y^m$

AUFGABE 2 Multiplizieren Sie die Potenzen.

a) $x^5 \cdot x^7$
b) $2y^3 \cdot 5y^4$
c) $a^7 \cdot a$
d) $b^2 \cdot b^{n+2}$
e) $x^{k-1} \cdot x^{k+1}$
f) $w \cdot w^{2n+4}$
g) $u^k \cdot u^{2k}$
h) $a^{3n+4} \cdot a^{5n-3}$
i) $(x+y)^3 \cdot (x+y)^n$
k) $(a-b)^{n-1} \cdot (a-b)$
l) $2x^3 \cdot 4x^5 \cdot 3x$
*m) $3a^n \cdot 2a^{2n} \cdot 5a^{3n}$
*n) $3p^3q^2 \cdot 7pq^4 \cdot 2pq$
*o) $x \cdot y^2 \cdot x^{n+3} \cdot y \cdot x^{2n-2} \cdot y^4$
*p) $2^4 \cdot 2 \cdot 2^5$
*q) $3 \cdot 3^2 \cdot 3^5$
*r) $64 \cdot 2^{n-6}$
*s) $625 \cdot 5^x$
*t) $49 \cdot 7^{2k-2}$
*u) $64 \cdot 4^{3n+2}$

AUFGABE 3 Dividieren Sie die Potenzen.

a) $\frac{x^7}{x^4}$
b) $\frac{(a+b)^5}{(a+b)^2}$
c) $\frac{u^{2n-3}}{u^{n-1}}$
d) $\frac{(p-q)^{k+3}}{(p-q)^3}$
e) $\frac{(x+2y)^n}{x+2y}$
f) $\frac{(a^2-b)^k}{(a^2-b)^k}$
g) $\frac{(a+b)^{2n}}{(a+b)^n}$
h) $\frac{x^{n-1}}{x^{n-3}}$
i) $\frac{z^3}{z^{10}}$
k) $\frac{(u+v)^k}{(u+v)^{3k}}$
l) $\frac{a^{2n-1}}{a^{3n+1}}$
m) $\frac{a}{a^{n-1}}$
*n) $\frac{81}{3^{n+2}}$
*o) $\frac{32}{2^{k+5}}$
*p) $\frac{36a^7 \cdot 18b^5}{72a \cdot 9b^{12}}$
*q) $\frac{7x^2y^4 \cdot 12x^3y^5}{4x^8 \cdot 14y^9}$
*r) $\frac{a^{n+1} \cdot b^{n-1}}{a^{n-1} \cdot b^{n+1}}$
*s) $\frac{a^{p+q} \cdot b^{3q}}{b^{2p} \cdot a^{p-q}}$
*t) $\frac{\left(\frac{a}{b}\right)^{3n+1}}{\left(\frac{a}{b}\right)^{4n+1}}$
*u) $\frac{\left(\frac{y}{x}\right)^{3k+2n}}{\left(\frac{y}{x}\right)^{3k}}$

Multiplikation von Potenzen mit gleicher Hochzahl

BEISPIELE
1) $3^2 \cdot 4^2 = (3 \cdot 3)(4 \cdot 4) = (3 \cdot 4)(3 \cdot 4) = (3 \cdot 4)^2 = 12^2$
2) $a^3 \cdot b^3 = a \cdot a \cdot a \cdot b \cdot b \cdot b \cdot = (a \cdot b)(a \cdot b)(a \cdot b) = (a \cdot b)^3$

3. Rechenregel: $a^n \cdot b^n = (ab)^n$

Division von Potenzen mit gleicher Hochzahl

BEISPIELE
1) $\frac{12^2}{4^2} = \frac{12 \cdot 12}{4 \cdot 4} = \frac{12}{4} \cdot \frac{12}{4} = \left(\frac{12}{4}\right)^2 = 3^2$
2) $\frac{a^3}{b^3} = \frac{a \cdot a \cdot a}{b \cdot b \cdot b} = \frac{a}{b} \cdot \frac{a}{b} \cdot \frac{a}{b} = \left(\frac{a}{b}\right)^3$

4. Rechenregel: $\frac{a^n}{b^n} = \left(\frac{a}{b}\right)^n$

Potenzieren von Potenzen

BEISPIELE
1) $(4^3)^2 = 4^3 \cdot 4^3 = 4 \cdot 4 \cdot 4 \cdot 4 \cdot 4 \cdot 4 = 4^{3 \cdot 2} = 4^6$
2) $(a^4)^2 = a \cdot a \cdot a \cdot a \cdot a \cdot a \cdot a \cdot a = a^{4 \cdot 2} = a^8$

5. Rechenregel: $(a^n)^m = a^{n \cdot m}$
Eine Potenz wird potenziert, indem man die Hochzahlen multipliziert.

AUFGABE 4 Multiplizieren Sie die Potenzen.

a) $2^4 \cdot 5^4$
b) $4^3 \cdot 25^3$
c) $\left(\frac{1}{2}\right)^{10} \cdot 2^{10}$
d) $\left(\frac{1}{5}\right)^4 \cdot \left(\frac{1}{2}\right)^4$
e) $(-a)^3(-b)^3$
f) $(50)^3 \cdot (4)^3 \cdot (5)^3$
g) $(x-y)^k(x+y)^k$
h) $40^{2n-1} \cdot 0{,}1^{2n-1}$
i) $(-a)^{2n} \cdot b^{2n}$
k) $(-a)^{3n} \cdot b^{3n}$
l) $\left(\frac{p^2}{q}\right)^n \cdot \left(\frac{q}{p}\right)^n$
*m) $\left(\frac{a}{b}\right)^m \cdot \left(\frac{b}{a}\right)^m$
*n) $24^{2n+1} \cdot \left(\frac{2}{3}\right)^{2n+1}$
*o) $4^n \cdot \left(\frac{x}{4}\right)^n$
*p) $\left(\frac{x}{y}\right)^n \cdot y^n$
*q) $6^n \cdot \left(\frac{x}{18}\right)^n$

AUFGABE 5 Dividieren Sie die Potenzen.

a) $\frac{36^7}{18^7}$

b) $\frac{400^3}{100^3}$

c) $\frac{(4x)^n}{4^n}$

d) $\frac{(ax)^k}{(2x)^k}$

e) $\frac{(a^2+a)^n}{a^n}$

f) $\frac{16x^4}{10\,000}$

g) $\frac{(2x^3+4x^2)^p}{(x+2)^p}$

h) $\frac{(a^3+4a^4)^n}{(1+4a)^n}$

i) $\left(\frac{1}{2}\right)^3 : \left(\frac{1}{4}\right)^3$

k) $\left(\frac{3a}{4}\right)^n : \left(\frac{9a}{2}\right)^n$

*l) $\left(\frac{3x^2}{y^3}\right)^k : \left(\frac{12x^4}{y}\right)^k$

*m) $\frac{x^m}{x^{m+2}+x^{m+3}}$

*n) $\frac{a^n+a^{2n}}{a^n+a^{3n}}$

*o) $\frac{(p^2-q^2)^n}{(p+q)^n}$

*p) $\frac{(1-a^2)^k}{(1+a)^k}$

*q) $\frac{(2x+3y)^m}{(4x^2-9y^2)^m}$

AUFGABE 6 Potenzieren Sie die Potenzen.

a) $(2^4)^3$

b) $(10^3)^2$

c) $(ab^2)^5$

d) $(x^2y^3z)^6$

e) $(p^nq^m)^2$

f) $(a^{n-1})^{n+1}$

g) $\left(\frac{x^2y^3}{u^4\cdot v^5}\right)^4$

h) $\left(\frac{a^nb^{2n}}{c^kd^{3k}}\right)^5$

*i) $\left(\frac{p^nq^n}{r^n}\right)^n$

*k) $\left(\frac{2x^4\cdot 3y^2}{5z^3}\right)^{n-1}$

*l) $\left(\frac{1}{9a^3}\right)^{2n}$

*m) $\left(\frac{u^k\cdot v^{k-1}}{w^{k+3}}\right)^k$

AUFGABE 7 Multiplizieren Sie.

a) $(x^7+x^5)x^8$

b) $(a^3+a^5)a^{n+3}$

c) $(4x^2-5x^3+2x^5)\cdot 3x^2$

d) $2y^4(3y^5-7y^6)$

e) $x^n(x^n+x^{2n})$

f) $2b^k(b^{k-2}-3b^{2k+1})$

g) $8z^3(2z^5-6z^8+3z^6)$

*h) $4ab^2(2a^2b^3+5ab^5-3a^2b)$

*i) $3x^2y^3(5xy-3x^2y^4+2x^3y^4)$

*k) $(2a^5-3b^2)(4a^3+2b)$

*l) $(x-y)(x^2+xy+y^2)$

*m) $(a^n+b^n)(a^n-b^n)$

*n) $(x^2+2x^3)(4x-3x^2+5x^3)$

*o) $(a^n+b^{n-3})(a^{n-3}b+a^{n+1}b^3+b^3)$

AUFGABE 8 Dividieren Sie.

a) $(4x^5-2x^3+6x^8):2x^2$

b) $(12a^n-18a^{n+2}):6a^n$

c) $(20y^{2n+3}+15y^{2n-1}):5y^{2n-4}$

d) $(27a^5b^2-30a^6b^5+18a^4b^3):3a^2b^2$

*e) $(49x^5y^4+35x^4y^5-56x^7y^3):7x^4y^3$

*f) $(a^{2n}-b^{2n}):(a^n-b^n)$

*g) $(4x^6y^8+12x^5y^5+9x^4y^2):(2x^3y^4+3x^2y)$

*h) $(u^4v^2-2u^3v^3+u^2v^4):(u^2v-v^2u)$

13.3 Erweiterung des Potenzbegriffes auf ganze Hochzahlen

Die 2. Rechenregel für die Division von Potenzen mit gleicher Grundzahl war bisher lästig, weil sie 3 verschiedene Fälle unterscheidet.

Frage: Welche Konsequenzen ergeben sich, wenn man die Rechenregel $\frac{a^m}{a^n} = a^{m-n}$ stur anwendet, ohne sich um die Fallunterscheidung zu kümmern?

BEISPIEL

	Ergebnis nach der 2. Rechenregel	Ergebnis, wenn man immer nur die Hochzahlen subtrahiert
$\frac{a^5}{a^3}$	$= a^{5-3} = a^2$	$= a^{5-3} = a^2$
$\frac{a^3}{a^3}$	$= 1$	$= a^{3-3} = a^0$
$\frac{a^3}{a^5}$	$= \frac{1}{a^{5-3}} = \frac{1}{a^2}$	$= a^{3-5} = a^{-2}$

Damit die 2. Rechenregel in der Form $\frac{a^m}{a^n} = a^{m-n}$ für alle Hochzahlen gilt, muss man die folgende Festlegung treffen.

DEFINITION

$$a^{-k} = \frac{1}{a^k} \qquad (a \in \mathbb{R}^*, \quad k \in \mathbb{N}^*)$$

$$a^0 = 1 \qquad (a \in \mathbb{R}^*)$$

Damit haben wir den Begriff der Potenz einer Zahl von den natürlichen Hochzahlen auf die ganzen Zahlen erweitert. Von nun an treten auch negative Hochzahlen oder die Hochzahl 0 auf. An unseren Rechengesetzen für Potenzen ändert sich dabei allerdings nichts. Eigentlich müsste man dies noch beweisen. Wir wollen darauf aber verzichten.

AUFGABE 9 Berechnen Sie die Terme.

a) $2^0, 2^1, 2^2, 2^3, 2^{-1}, 2^{-2}, 2^{-3}, 2^{-4}$

b) $3^0, 3^1, 3^2, 3^3, 3^{-1}, 3^{-2}, 3^{-3}, 3^{-4}$

c) $10^0, 10^1, 10^2, 10^3, 10^{-1}, 10^{-2}, 10^{-3}$

d) $3^2, 3^{-2}, -3^{-2}, (-3)^2, (-3)^{-2}, -(-3)^{-2}$

e) $4^3, 4^{-3}, -4^3, (-4)^3, (-4)^{-3}, -(-4)^{-3}$

AUFGABE 10 Geben Sie die folgenden Größen in Dezimalschreibweise an.

a) Durchmesser eines Wasserstoffatoms $d = 10^{-10}$ m

b) Lichtgeschwindigkeit $c = 3 \cdot 10^8$ m/s

c) Wellenlänge von rotem Licht $\lambda = 7 \cdot 10^{-7}$ m

*d) Entfernung Sonne – Erde $s = 15 \cdot 10^{10}$ m

*e) Masse eines Elektrons $m = 9 \cdot 10^{-31}$ kg

*f) Elementarladung $e = 1{,}6 \cdot 10^{-19}$ C

AUFGABE 11 Berechnen Sie die folgenden Terme und schreiben Sie das Ergebnis ohne Bruchstrich.

a) $x^9 \cdot x^{-6}$
b) $a^{-3} \cdot a^{-2}$
c) $a^7 \cdot a^0$
d) $(2y)^{-8} \cdot (2y)^5$
e) $a^{-5} \cdot b^{-5} \cdot c^{-5}$
f) $\left(\frac{x}{y}\right)^{-4} \cdot \left(\frac{y^3}{x}\right)^{-4}$
g) $\left(\frac{1}{p^2}\right)^{-7} \cdot \left(\frac{2}{p}\right)^{-7}$
h) $(2a+b)^{-3} \cdot (2a-b)^{-3}$
i) $\frac{20^{-3}}{20^{-4}}$
k) $\frac{2x^9}{4x^{-3}}$
l) $\frac{8(a-b)^{-12}}{4(a-b)^{-10}}$
m) $\frac{10p^{n-5}}{2 \cdot p^{-2n+3}}$
*n) $\frac{18^{-3}}{6^{-3}}$
*o) $\frac{(a^2-b^2)^{-2}}{(a-b)^{-2}}$
*p) $\frac{(3x+2)^{-k+1}}{(9x^2-4)^{-k+1}}$
*q) $\frac{(x+6)^{-3n+1}}{(x^3+6x^2)^{-3n+1}}$
*r) $(3^{-2})^4$
*s) $(2^{-3})^{-3}$
*t) $(2a^5)^0$
*u) $(2a^0)^5$
*v) $\frac{a^{-3}b^4}{c^{-6}d^2} \cdot \frac{a^{-8}d^3}{b^{-5} \cdot c^{-2}}$
*w) $\frac{x^{-3}y^4}{z^2} : \frac{x^{-7}}{z^5y^{-3}}$

AUFGABE 12 Jede reelle Zahl lässt sich als Produkt einer reellen Zahl a (wobei $1 \leqslant a < 10$) mit einer Zehnerpotenz schreiben, z.B. $487\,600 = 4{,}876 \cdot 10^5$. Schreiben Sie die folgenden Zahlen in dieser Form.

a) 2 000 000
b) 4 581 000 000
c) 0,003
d) 0,000 000 000 007
*e) 0,000 568
*f) 62 831 000 000
*g) 0,000 000 000 000 185
*h) 27 123 462 000 000 000

AUFGABE 13 Schreiben Sie die folgenden Quotienten als Produkte.

a) $\frac{4}{x^2}$
b) $\frac{u^2}{v^3w^4}$
c) $\frac{5}{a^3}$
d) $\frac{xy}{z}$
e) $\frac{2}{x^{-3}}$
f) $\frac{(x-y)^3}{(x+y)^2}$
*g) $\frac{4a^2}{y^5}$
*h) $\frac{ab^3}{a^{-2}b^{-1}}$
*i) $\frac{3x^n}{4y^{-m}}$
*k) $\frac{4 \cdot 5^6}{10^{-4}}$

AUFGABE 14 Kürzen Sie so weit wie möglich.

a) $\frac{a^8+a^6}{a^4+a^3}$
b) $\frac{4x^5-2x^3}{8x^4+10x^2}$
c) $\frac{a^{n+2}+a^{n-2}}{a^{n-2}-a^{n-3}}$
*d) $\frac{u^6v^4+2u^3v^4+v^4}{u^3v^2+v^2}$
*e) $\frac{25x^{10}-36y^{12}}{5x^5-6y^6}$
*f) $\frac{18a^4b^6-48a^3b^7+32a^2b^8}{3a^2b^3-4ab^4}$

AUFGABE 15 Kreuzen Sie in der Tabelle an, welche Terme übereinstimmen.

	a^n	$\frac{a^k}{a^n}$	$a^k \cdot a^n$	$(a^n)^k$	$\frac{1}{a^{k-n}}$	$\frac{a^n}{a^k}$	$1 : \frac{a^k}{a^n}$
$\underbrace{a \cdot a \cdot \ldots \cdot a}_{n \text{ Faktoren}}$	×						
$(a^k)^n$							
$a^{n \cdot k}$							
a^{n+k}							
a^{n-k}							
$\frac{1}{a^{n-k}}$							

13.4 Das muss ich mir merken

Das Produkt $\underbrace{a \cdot a \cdot a \cdot \ldots.. \; a}_{n \text{ Faktoren}} = a^n$ heißt n-te Potenz von a.

a heißt Grundzahl oder Basis.   n heißt Hochzahl oder Exponent.

Es gilt: $a^0 = 1$

$a^{-n} = \frac{1}{a^n}$

Für alle ganzen Hochzahlen gelten die Rechenregeln:
Addieren und subtrahieren kann man Potenzen nur, wenn sie gleich sind.

Multiplikation bei gleicher Grundzahl: $a^n \cdot a^m = a^{n+m}$

Division bei gleicher Grundzahl: $\frac{a^n}{a^m} = a^{n-m}$

Multiplikation bei gleicher Hochzahl: $a^n \cdot b^n = (ab)^n$

Division bei gleicher Grundzahl: $\frac{a^n}{b^n} = \left(\frac{a}{b}\right)^n$

Potenzieren von Potenzen: $(a^n)^m = a^{n \cdot m}$

14 Wie man mit Logarithmen umgeht

14.1 Begriffe

Es kann gut sein, dass Ihnen der Begriff des **Logarithmus** noch völlig fremd ist, da er in der Realschule und in der Berufsfachschule nicht im Lehrplan steht. In der Oberstufe gehört aber das Rechnen mit den so genannten Logarithmen mehr oder weniger zu den Grundrechenarten. Deshalb finden Sie das entsprechende Kapitel hier im Teil A des Buches bei den Wiederholungen zur Mittelstufe, obwohl es für die meisten von Ihnen ganz neu ist. Aber keine Angst! Wir werden ausführlich und ganz von Anfang an erklären, was man unter einem Logarithmus versteht.

Erinnern Sie sich noch, wie früher das Rechnen mit Wurzeln eingeführt wurde? Als Sie zum ersten Mal mit quadratischen Gleichungen rechneten, gingen sie immer schön auf, etwa $x^2 = 9$. Dann wurden die Gleichungen schwieriger. Sie gingen plötzlich nicht mehr auf, wie z.B. $x^2 = 2$. Was tun? Man musste einen neuen Zahlenbegriff „erfinden", nämlich die Wurzel aus einer Zahl. Die Wurzel aus 2 war dann die Lösung unserer Gleichung $x^2 = 2$. Nachdem der neue Begriff „Wurzel einer Zahl" geboren war, musste man untersuchen, welche Rechenregeln für diese neuen Wurzeln galten.
Jetzt wird uns dasselbe wieder passieren. Wir werden auf eine Gleichung stoßen, die wir noch nicht lösen können. Dann werden wir einen neuen Zahlenbegriff erfinden, eben diesen Logarithmus, der uns dann die Lösung ermöglichen wird. Anschließend überlegen wir uns, welche Rechenregeln für diesen Logarithmus gelten.
In unseren bisherigen Gleichungen tauchte die Lösungsvariable x noch nie als Hochzahl bei einer Potenz auf. Dennoch können wir auf Anhieb die Lösungen der beiden folgenden Gleichungen angeben.

1) $2^x = 32$ $\quad x = 5$

2) $3^x = 81$ $\quad x = 4$

Man spricht hier von einer **Exponentialgleichung**, weil die Lösungsvariable als Exponent vorkommt. Das Problem ist nun: Wie löst man so eine Exponentialgleichung, wenn sie eben nicht so glatt aufgeht wie etwa $2^x = 3$?
Wir erfinden uns einen neuen Zahlenbegriff, der uns die Lösung liefert: x ist diejenige Zahl, mit der man 2 potenzieren muss, um 3 zu erhalten, kürzer: $x =$ „Logarithmus von 3 zur Basis 2".
Das klingt komplizierter als es ist. Logarithmus ist nur ein anderes Wort für die Hochzahl, die wir suchen. Wir versuchen es noch mit $4^x = 7$.
x ist dann der „Logarithmus von 7 zur Basis 4", also diejenige Zahl, mit der man 4 potenzieren muss, um 7 zu erhalten.
Damit sind wir nun soweit, dass wir den neuen Begriff des Logarithmus allgemein definieren können.

DEFINITION Der **Logarithmus von b zur Basis a** (mit $a \in \mathbb{R}_+^*$) ist diejenige Hochzahl, mit der man a potenzieren muss, um b zu erhalten.

Schreibweise: $x = \log_a(b)$
Sprechweise: „Logarithmus von b zur Basis a"

BEISPIELE

1) $\log_{10}(1000) = 3$, da $10^3 = 1000$
2) $\log_3(81) = 4$, da $3^4 = 81$
3) $\log_2(1024) = 10$, da $2^{10} = 1024$
4) $\log_7(1) = 0$, da $7^0 = 1$

Wir können nun Potenzen wie $9 = 3^2$ sowohl nach der Grundzahl als auch nach der Hochzahl auflösen. Sehen Sie sich die nächste Zeile an. Die drei Ausdrücke sind völlig gleichwertig, also äquivalent.

$$9 = 3^2 \Leftrightarrow 3 = \sqrt[2]{9} \Leftrightarrow 2 = \log_3(9)$$

MERKE Jede Potenz mit positiver Basis lässt sich als Logarithmus schreiben und umgekehrt.
Kürzer: $a^x = b \Leftrightarrow x = \log_a(b)$

Sicher fiel Ihnen auf, dass ein Logarithmus nur für eine positive Basis definiert ist. Dafür gibt es mehrere Gründe. Einen können wir Ihnen jetzt schon nennen. Man möchte, dass Gleichungen wie $\log_x(16) = 4$ eindeutig lösbar sind. Die dazu äquivalente Gleichung $x^4 = 16$ würde aber sowohl durch $x_1 = +2$ als auch durch $x_2 = -2$ gelöst, wenn man alle reellen Zahlen zulassen würde.

AUFGABE 1 Berechnen Sie die folgenden Logarithmen.

a) $\log_2(8)$
b) $\log_3(27)$
c) $\log_{10}(100)$
d) $\log_4(4)$
e) $\log_5(625)$
f) $\log_2(2\,048)$
g) $\log_4(1\,024)$
h) $\log_{10}(1\,000\,000)$
*i) $\log_2(\frac{1}{2})$
*k) $\log_2(\frac{1}{4})$
*l) $\log_2(\frac{1}{8})$
*m) $\log_{10}(0{,}001)$
*n) $\log_5(1)$
*o) $\log_{20}(1)$

AUFGABE 2 Schreiben Sie in Potenzform.

a) $\log_2(32) = 5$
b) $\log_3(81) = 4$
c) $\log_4(y) = x$
d) $\log_a(b) = c$
e) $\log_b(c) = a$
f) $\log_u(x+y) = v$
g) $\log_p(a+b) = x$
h) $\log_p(x) = a+b$
*i) $\log_q(x) = a-b$
*k) $\log_w(y+z) = x^2$
*l) $\log_a(x^2) = y$
*m) $\log_b(y^2) = x \cdot z$

AUFGABE 3 Berechnen Sie die folgenden Logarithmen.

a) $\log_2(2)$
b) $\log_3(3)$
c) $\log_4(4)$
d) $\log_{10}(10)$
e) $\log_a(a)$
f) $\log_x(x)$

14.2 Rechenregeln für Logarithmen

Nachdem wir uns jetzt etwas unter einem Logarithmus vorstellen können, wollen wir mit Logarithmen rechnen. Dazu müssen wir zuerst die Regeln für das logarithmische Rechnen zusammenstellen.

1. Rechenregel: $\log_a(uv) = \log_a(u) + \log_a(v)$

Beweis: Wir legen fest: $x = \log_a(u)$ und $y = \log_a(v)$

In der Potenzschreibweise ergibt sich dann:

$a^x = u$ und $a^y = v$

Es gilt: $u \cdot v = a^x \cdot a^y = a^{x+y}$

Wenn wir dieses Ergebnis $u \cdot v = a^{x+y}$ in logarithmischer Schreibweise angeben, ist unsere 1. Rechenregel bewiesen:

$\log_a(uv) = x + y = \log_a(u) + \log_a(v)$

BEISPIEL

$$\begin{aligned} \log_2(8 \cdot 16) &= \log_2(8) + \log_2(16) \\ \log_2(128) &= \log_2(8) + \log_2(16) \\ 7 &= 3 + 4 \end{aligned}$$

2. Rechenregel: $\log_a(\frac{u}{v}) = \log_a(u) - \log_a(v)$

Beweis: Wir legen fest: $x = \log_a(u)$ und $y = \log_a(v)$

In der Potenzschreibweise ergibt sich dann:

$a^x = u$ und $a^y = v$

Es gilt: $\frac{u}{v} = \frac{a^x}{a^y} = a^{x-y}$

Wenn wir dieses Ergebnis $\frac{u}{v} = a^{x-y}$ in logarithmischer Schreibweise angeben, ist unsere 2. Rechenregel bewiesen:

$$\log_a\left(\frac{u}{v}\right) = x - y = \log_a(u) - \log_a(v)$$

BEISPIEL

$\log_3(\frac{243}{27}) = \log_3(243) - \log_3(27)$

$\log_3(9) = \log_3(243) - \log_3(27)$

$2 = 5 - 3$

3. Rechenregel: $\log_a(u^k) = k \cdot \log_a(u)$

Beweis: Wir legen fest: $x = \log_a(u)$

In der Potenzschreibweise ergibt sich dann:

$a^x = u$

Es gilt: $u^k = (a^x)^k = a^{x \cdot k}$

Wenn wir dieses Ergebnis $u^k = a^{k \cdot x}$ in logarithmischer Schreibweise angeben, ist unsere 3. Rechenregel bewiesen:

$$\log_a(u^k) = k \cdot x = k \cdot \log_a(u)$$

BEISPIEL

$\log_2(8^3) = 3 \cdot \log_2(8)$

$\log_2(512) = 3 \cdot 3 = 9$

AUFGABE 4 Formen Sie mithilfe der 1. Rechenregel für Logarithmen um.

a) $\log_a(xy)$
b) $\log_a(u^2v)$
c) $\log_a(10x)$
d) $\log_a(2 \cdot 3 \cdot 4)$
e) $\log_a(x \cdot y \cdot z)$
f) $\log_a(5x^2)$
g) $\log_a a \cdot (a+b)$
h) $\log_a a(x-y)$
*i) $\log_a(a^2 - a)$
*k) $\log_a(x^2 - y^2)$
*l) $\log_a(x^2 + 2xy + y^2)$
*m) $\log_a(u^2 - 2uv + v^2)$

AUFGABE 5 Formen Sie mithilfe der 2. Rechenregel für Logarithmen um.

a) $\log_a\left(\frac{2}{3}\right)$
b) $\log_a\left(\frac{1}{5}\right)$
c) $\log_a\left(\frac{x}{y}\right)$
d) $\log_a\left(\frac{a}{b}\right)$
e) $\log_a\left(\frac{x}{yz}\right)$
f) $\log_a\left(\frac{1}{abc}\right)$
*g) $\log_a\left(\frac{xy}{uv}\right)$
*h) $\log_a\left(\frac{a}{bc}\right)$
*i) $\log_a\left(\frac{a^2}{pq}\right)$

AUFGABE 6 Formen Sie mithilfe der 3. Rechenregel für Logarithmen um.

a) $\log_a(x^2)$ d) $\log_a(10^{-3})$ *g) $\log_a(u^5v^{-2})$
b) $\log_a(y^3)$ e) $\log_a(x^3y^2)$ *h) $\log_a(x^2y^3z^4)$
c) $\log_a(u^{-5})$ f) $\log_a(p^{-4}q^{-2})$ *i) $\log_a(u^{-1}v^{-2}w^3)$

AUFGABE 7 Fassen Sie nach der 1. Rechenregel für Logarithmen zu einem einzigen Term zusammen.

a) $\log_a(2)+\log_a(3)$ d) $\log_a(9)+\log_a(3)+\log_a(4)$ *g) $\log_a(a+b)+\log_a(a-b)$
b) $\log_a(7)+\log_a(10)$ *e) $\log_a(u)+\log_a(v)+\log_a(w)$ *h) $\log_a(u+v)+\log_a(u+v)$
c) $\log_a(2a)+\log_a(4b)$ *f) $\log_a(x^2)+\log_a(y^3)+\log_a(z^4)$

AUFGABE 8 Fassen Sie nach der 2. Rechenregel für Logarithmen zu einem einzigen Term zusammen.

a) $\log_a(12)-\log_a(6)$ *e) $\log_a(100)-\log_a(20)-\log_a(5)$
b) $\log_a(8)-\log_a(2)$ *f) $\log_a(20)+\log_a(4)-\log_a(40)$
c) $\log_a(2a)-\log_a(b)$ *g) $\log_a(x^2)-\log_a(y)-\log_a(z)$
d) $-\log_a(7)-\log_a(3)$ *h) $-\log_a(u)-\log_a(v)-\log_a(w)$

AUFGABE 9 Zeigen Sie, dass für $a=2$, $b=8$ und $c=64$ gilt: $\log_b(c) = \frac{\log_a(c)}{\log_a(b)}$. Versuchen Sie dann, diese Formel zu beweisen.

MERKE Man kann einen Logarithmus auf eine andere Basis umrechnen durch:

$$\log_b(c)=\frac{\log_a(c)}{\log_a(b)}$$

14.3 Spezielle Logarithmen

Der Zehnerlogarithmus

Bei unseren ersten Beispielen haben Sie sicher festgestellt, dass Ihr Taschenrechner keine Logarithmen zur Basis 2 oder 3 kennt. Das ist auch nicht notwendig. Mithilfe der Formel aus Aufgabe 9 kann man jeden Logarithmus auf eine andere Basis umrechnen. Unser Taschenrechner kennt die Logarithmen zur Basis 10. Das genügt.

DEFINITION Ein Logarithmus zur Basis 10 heißt **Zehnerlogarithmus.**

Da unser Zahlensystem auf der Zahl 10 basiert, kommt er besonders häufig vor. Sie finden ihn in Tabellen oder mithilfe der LOG-Taste auf Ihrem Taschenrechner. Um einen Logarithmus zur Basis 10 bequemer schreiben zu können, wird er abgekürzt.

Schreibweise: $\log_{10}(a)=\lg(a)$

BEISPIELE

$\lg(100) = 2$, da $10^2 = 100$
$\lg(1\,000) = 3$, da $10^3 = 1\,000$
$\lg(35) = 1{,}544\ldots$
$\lg(48) = 1{,}681\ldots$

(Die beiden letzten Werte liefert der Taschenrechner.)

Nach unserer Definition des Logarithmus müsste dann gelten:

$10^{1{,}544} \approx 35$ und $10^{1{,}681} \approx 48$.

Im Moment müssen Sie einfach noch glauben, dass dies richtig ist. Um Potenzen mit „krummen" Hochzahlen werden wir uns erst im Kapitel 2.4.3 von Teil B kümmern.

Der natürliche Logarithmus

Dieser Abschnitt greift etwas vor. Der Vollständigkeit halber möchten wir aber hier schon erwähnen, dass es noch einen so genannten **natürlichen Logarithmus** gibt. So bezeichnet man den Logarithmus zur **Euler'schen Zahl,** abgekürzt mit e. Diese Zahl e spielt eine ganz große Rolle in der höheren Mathematik. Ihr Wert beträgt ungefähr 2,718. Wie man auf diese Zahl kommt, erfahren Sie später in Kapitel 5 von Teil B. Vielleicht haben Sie sich schon gewundert, dass Ihr Taschenrechner zwei Tasten für Logarithmen hat. Mit der Taste LOG berechnet er Logarithmen zur Basis 10, mit der Taste LN Logarithmen zur Basis $e \approx 2{,}718$.

Schreibweise: $\log_e(a) = \ln(a)$

BEISPIELE

1) $\ln(8) = 2{,}079\ldots$
2) $\ln(2) = 0{,}693\ldots$

Nach dem Kapitel über die so genannten e-Funktionen werden Sie sehen, dass der natürliche Logarithmus eigentlich der wichtigste ist.

14.4 Exponentialgleichungen

DEFINITION Gleichungen, in denen x als Exponent vorkommt, heißen **Exponentialgleichungen**.

BEISPIEL

$2^x = 64$
Wie man sofort sieht, ist die Lösung dieser Gleichung $x = 6$.

Exponentialgleichungen, deren Lösung man nicht wie in diesem Beispiel erraten kann, lassen sich mithilfe von Logarithmen systematisch lösen.

BEISPIEL

	Allgemeiner Lösungsweg
$2^x = 3$	
$\lg(2^x) = \lg(3)$	– von beiden Seiten der Gleichung den Zehnerlogarithmus bilden
$x \cdot \lg(2) = \lg(3)$	– 3. Rechenregel für Logarithmen
$x = \frac{\lg(3)}{\lg(2)}$	– nach x auflösen
$x \approx 1{,}58$	– mithilfe des Taschenrechners die Lösung angeben

AUFGABE 10 Lösen Sie die folgenden Aufgaben im Kopf, ohne zu logarithmieren.

a) $3^x = 243$
b) $2^x = 128$
c) $7^x = 1$
d) $9^x = \frac{1}{81}$
e) $10^x = 0{,}00001$
f) $5^{x-2} = 1$
g) $4^{2x+1} = 4^{x+4}$
h) $a^x = a^{-x}$
i) $5^{(x^2)} = 625$
k) $10^{7x} = 1$

AUFGABE 11 Lösen Sie die Aufgaben schriftlich.

a) $10^x = 2$
b) $2^x = 10$
c) $5^{x-2} = 100$
d) $12^{x+3} = 1\,000$
e) $8^{2x+3} = 16$
f) $5 \cdot 3^{2x} = 4^x$
*g) $6 \cdot 10^{2x-1} = 5^{x+3}$
*h) $2^{x+3} = 3^x$
*i) $\frac{1}{3} \cdot 4^{3x-5} = 5^{2x-1}$
*k) $5 \cdot (\frac{1}{2})^x = (\frac{1}{3})^{x-1}$

AUFGABE 12 Berechnen Sie auf 2 Dezimalen. Anleitung: Kürzen Sie den gesuchten Logarithmus mit x ab. Formen Sie dann in die Potenzschreibweise um.

a) $\log_5(12)$ b) $\log_3(7)$ c) $\log_7(3)$ *d) $\log_6(100)$ *e) $\log_8(12)$ *f) $\log_{25}(20)$

AUFGABE 13 Welches n ist die kleinste ganze Hochzahl, für die

a) 2^n
b) 3^n
c) $1{,}01^n$
*d) $(\frac{5}{4})^n$
*e) $(\frac{10}{9})^n$
*f) $(\frac{13}{12})^n$

größer ist als 10 000?

AUFGABE 14 Welches n ist die größte ganze Hochzahl, für die

a) $0{,}5^n$
b) $0{,}8^n$
c) $(\frac{7}{8})^n$
*d) $0{,}95^n$
*e) $(\frac{99}{100})^n$
*f) $(\frac{2}{3})^n$

kleiner ist als 10^{-5}?

AUFGABE 15 Ermitteln Sie ohne Taschenrechner die Lösungsmenge der folgenden Gleichungen.

a) $2^{x+1}=16$
b) $\lg(x^2)=6$
c) $1^x=3$
d) $(\frac{1}{3})^{x+1}=\frac{1}{9}$
e) $2^{(x^2)}=512$
f) $\lg(x)=-1$
g) $5^x=1$
h) $3^x=-9$
*i) $10^x=0$
*k) $\lg(x)=0$
*l) $7^x=1$
*m) $\lg(x^2)=2$
*n) $\lg(x)=3$
*o) $\lg(-x^2)=2$

AUFGABE 16 Berechnen Sie den Wert von x auf 2 Dezimalen.

a) $x^2=7;\ 2^x=7$
b) $x^2=5;\ 2^x=5$
c) $x^2=1;\ 2^x=1$

AUFGABE 17 Bestimmen Sie die Lösungsmenge.

a) $x^{\lg(1)}=1$
b) $x^{\lg(x)}=x$
c) $x^x=x$
d) $10^{\lg(x)}=x$

AUFGABE 18 Lösen Sie die Gleichungen nach x auf.

a) $4^x-24\cdot 2^x+128=0$
Anleitung: Setzen Sie $z=2^x$ und $z^2=2^{2x}=4^x$, dann erhalten Sie eine quadratische Gleichung für z. Lösen Sie diese Gleichung nach z auf. Aus $2^x=z$ erhalten Sie dann den gesuchten Wert von x.

b) $4^x-6\cdot 2^x+8=0$
c) $9\cdot 3^{2x}-82\cdot 3^x+9=0$
d) $4^{2x}-20\cdot 4^x+64=0$
*e) $9^x-4\cdot 3^x=-3$
*f) $2\cdot 2^{2x+4}=3\cdot 2^{x+2}-1$

14.5 Das muss ich mir merken

Ein Logarithmus ist eine Hochzahl.

$$x=\log_a(b) \Leftrightarrow a^x=b \quad \text{mit } a>0$$

Zahlenbeispiel:

$$9=3^2 \Leftrightarrow 3=\sqrt[2]{9} \Leftrightarrow 2=\log_3(9)$$

Der Logarithmus zur Basis 10 heißt Zehnerlogarithmus.
Abkürzung: $\log_{10}(b)=\lg(b)$.
LOG-Taste auf dem Taschenrechner.

Der Logarithmus zur Basis e ≈ 2,718 heißt natürlicher Logarithmus.
Abkürzung: $\log_e(b)=\ln(b)$.
LN-Taste auf dem Taschenrechner.

Rechenregeln:
Für jede Basis a > 0 gilt:

$$\log_a(u\cdot v)=\log_a(u)+\log_a(v)$$
$$\log_a(\tfrac{u}{v})=\log_a(u)-\log_a(v)$$
$$\log_a(u^k)=k\cdot\log_a(u)$$

Teil B
Einführung in die Oberstufe

1 Daten und ihre Aufbereitung

Durch den Einsatz immer größerer elektronischer Speicher- und Rechenanlagen können riesige Datenmengen verfügbar gehalten werden. So bietet das Statistische Bundesamt Deutschland zu fast allen Bereichen des öffentlichen Lebens Zahlen in Tabellen und Schaubildern an.

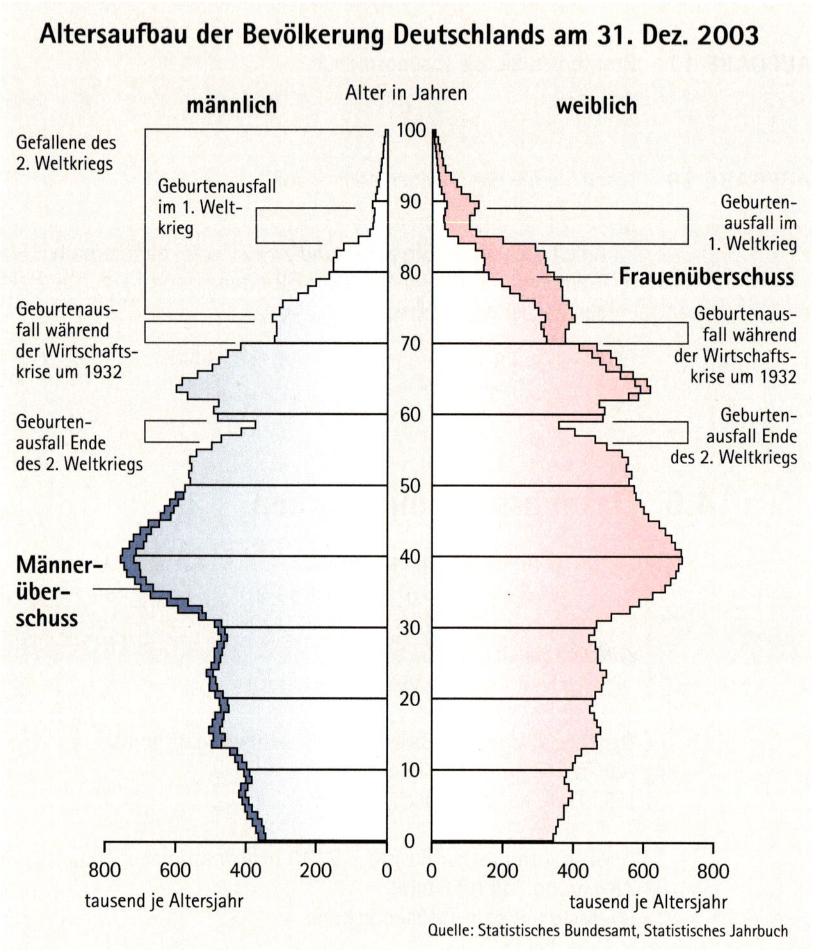

Bild 1

Täglich sehen wir in Zeitungen, Broschüren oder in Informationssendungen des Fernsehens Tabellen und grafische Darstellungen, so genannte **Statistiken**, zur Unterstützung der Textaussagen.

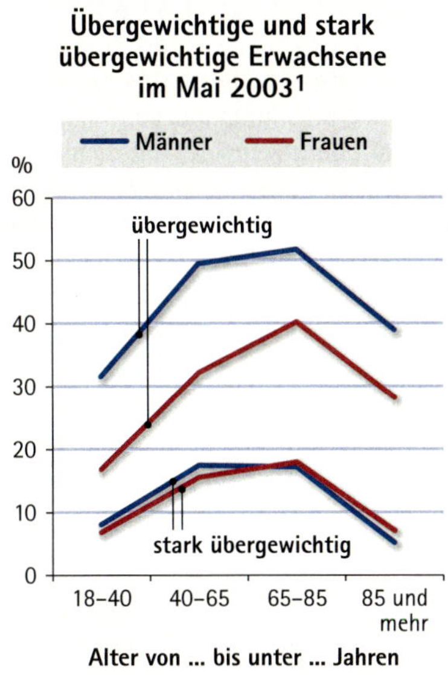

1 Ergebnis der Mikrozensus-Zusatzerhebung

Bild 2

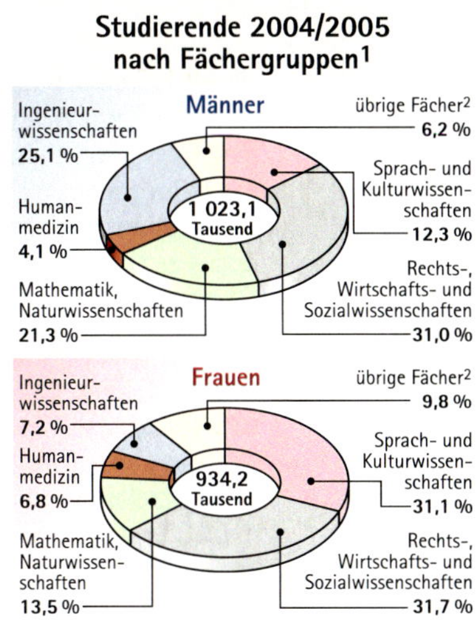

1 Wintersemester – vorläufiges Ergebnis
2 Sport; Veterinärmedizin; Agrar-, Forst- und Ernährungswissenschaften; Kunst/Kunstwissenschaft; sonstige Fächer und ungeklärt

Bild 3

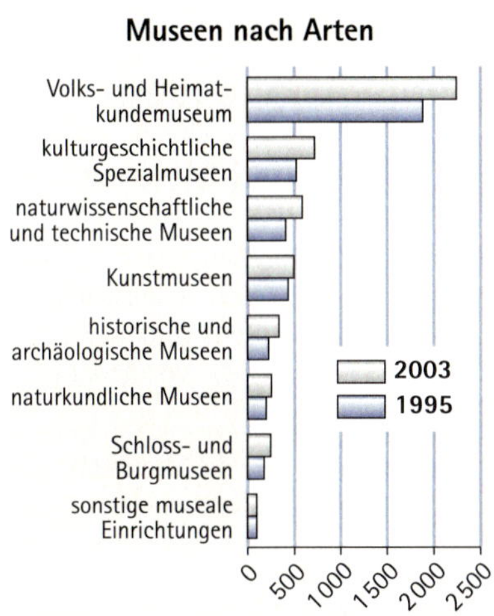

Bild 4

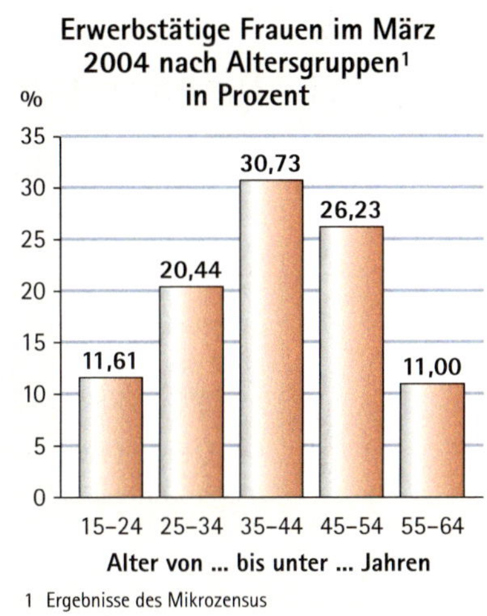

1 Ergebnisse des Mikrozensus

Bild 5

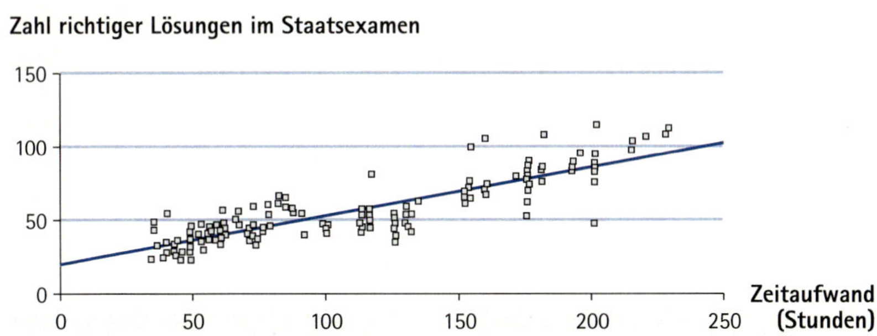

Bild 6

Die Verfahren der Statistik können dabei helfen, die Fakten in eine nützliche und verwertbare Form zu bringen. Für die oft umfangreichen Rechnungen und die Darstellung der Ergebnisse ist der an Beruflichen Gymnasien eingeführte grafikfähige Taschenrechner sehr hilfreich. So kann aus einer großen Menge von Daten eine Kennzahl bestimmt, ein Trend herausgefunden oder die Häufigkeit eines bestimmten Ereignisses ermittelt werden. Die Statistik dürfte von daher jener Teil der Schulmathematik sein, dessen Nützlichkeit am unmittelbarsten bei der Lösung von Problemen des täglichen Lebens erfahren wird.

Das Wort „Statistik" bezeichnet aber nicht nur die Darstellung von Zahlenmaterial, sondern bedeutet auch die Lehre von den mathematischen Methoden zur Erhebung und Auswertung von Daten. Die **beschreibende Statistik** bemüht sich um die Form der Darstellung gesammelter Daten und gibt erste Kennzahlen (Mittelwerte, Streumaße) für die Daten an.

1.1 Daten in Tabellen und Schaubildern

1.1.1 Grundgesamtheit, Stichprobe und Merkmal

Bei statistischen Untersuchungen aus Politik, Wirtschaft und Naturwissenschaft ist es in der Regel nicht möglich, alle Individuen bzw. jeden einzelnen Vorgang zu registrieren. Bei der Untersuchung des Wahlverhaltens wird man aus der Grundgesamtheit aller wahlberechtigten Bürger nur eine kleine Personengruppe, eine so genannte Stichprobe, zur Befragung auswählen.

Das Ergebnis ist natürlich davon bestimmt, wie die Stichprobe gewonnen wird. Bei der repräsentativen Stichprobe versucht man ein verkleinertes Abbild der Grundgesamtheit zusammenzustellen. Man kann aber auch aus der Grundgesamtheit eine rein zufällige Auswahl treffen, von der man annimmt, dass alle Einzelerscheinungen wie in der Grundgesamtheit verteilt sind. Eine Erhebung zur Bundestagswahl wird natürlich nicht repräsentativ sein, wenn nur Gäste der „Grünenstammkneipe" in Freiburg befragt werden.

Die Begriffe und Sachverhalte sollen an einem vertrauten Beispiel erläutert werden. Die Grundgesamtheit für unsere statistischen Untersuchungen sind alle Schüler/-innen der Schule. Als Stichprobe entnimmt man die Schüler/-innen der Eingangsklasse. Man bezeichnet den Beobachtungsgegenstand – hier etwa die Haarfarbe, die Leistungen bzw. die Körpergröße – allgemein als Merkmal. Nicht immer lassen sich die Merkmalsausprägungen als reelle Zahlen (Skalenwerte x_i) angeben: In unserem Beispiel ist für die Haarfarbe nahe liegend schwarz, blond, braun; für die Leistung stehen die Zahlen 1, 2, 3, 4, 5, 6 stellvertretend für sehr gut, gut, befriedigend usw.; und die Körpergröße muss durch Zahlen (Länge in cm) angegeben werden. Die Notation eines jeden einzelnen Beobachtungsvorganges heißt **Urliste**.

Urliste

Lfd. Nr.	Beobachtungseinheit	**Merkmal:** Leistung **Ausprägung (x_i):** Noten Französisch	Mathematik	Körperlänge cm	Körpermasse kg	Haare Farbe
1	Beate	4	3	160	55	braun
2	Marion	2	1	165	59	schwarz
3	Silke	1	4	172	67	dunkelblond
4	Maria	2	5	164	62	schwarz
5	Iris	-	3	162	57	blond
6	Thomas	-	2	181	83	rot
7	Franz	5	3	182	76	braun
8	Udo	6	3	181	82	schwarz
9	Bernd	3	2	187	75	braun
10	Eva	5	3	174	66	schwarz
11	Ingrid	2	4	176	70	dunkelblond
12	Jochen	4	3	188	90	bunt
13	Katja	-	3	178	73	schwarz
14	Claudia	1	2	168	63	blond
15	Hans	-	3	175	71	schwarz
16	Gerd	2	3	178	70	schwarz
17	Rainer	3	2	165	61	braun
18	Stephan	-	4	172	68	blond
19	Florian	5	3	164	62	schwarz
20	Sabine	2	4	165	56	schwarz
21	Kathrin	-	4	155	55	blond
22	Robert	1	2	186	82	rot
		$n = 16$	$n = 22$	$n = 22$	$n = 22$	$n = 22$

1.1.2 Skalenniveau von Merkmalen und Daten

Für die Bearbeitung von Daten ist es wichtig, zu wissen, welchem Skalenniveau sie entstammen. Darunter versteht man, wie sich die Erscheinungsformen eines Merkmals auftrennen lassen und in welcher Beziehung diese Teile (Klassen) stehen.

Nominalskalen
Es werden nur Unterschiede erfasst. Keine Klasse besitzt eine Priorität.
Baumart: Tanne, Buche, Lärche, Eiche, Esche,...
Geschlecht: männlich, weiblich
Fussballtoto: Sieg, Unentschieden, Niederlage (Zahlen 1, 0, 2 sind Platzhalter)

Ordinalskalen
Hier werden die Rangordnungen ausgedrückt. Neben der Unterschiedlichkeit der Merkmalsausprägungen sind auch Informationen über eine „Kleiner-Größer-Beziehung" enthalten.

Schulleistungen: 1, 2, 3, 4, 5, 6
Pkw: Klein-, Mittelklasse-, Oberklasse-, Luxuswagen
Beamtengruppen: Studienrat, Oberstudienrat, Studiendirektor,...

Metrische Skalen
Die Ausprägungen können nur durch Zahlen gekennzeichnet werden (quantitative Merkmale – diskrete und stetige Merkmalswerte).
Schuhgröße:..., 38, 39, 40,..., 45, 46, 47
Physikalische Größen:
Ladung: 1, 2, 3, 4,... Elementarladungen
Länge: 1,02 m; 1,025 m; 1,03 m; 1,035 m;...
Leistung: 2 000 kW; 2 001,3 kW; 2 002,1 kW;...
Temperatur: 12,2 °C; 12,3 °C; 12,4 °C;...; 24,4 °C;...
285,2 K; 285,3 K; 285,4 K;...570,4 K; 570,6 K;...

Bei **Verhältnisskalen** sind auch die Proportionen bestimmbar. Sie verfügen über einen absoluten Nullpunkt, wie z. B. Kelvin- oder Längenskala.
Bei **Intervallskalen** kann nur die Größe des Unterschieds zweier Ausprägungen angegeben werden, z. B. °Celsiusskala, Kleidergrößen.

1.1.3 Absolute und relative Häufigkeit

Oft interessiert nicht, von welchem Schüler eine bestimmte Note (Merkmalsausprägung) herrührt, sondern man will nur wissen, welche Werte auftreten und wie oft sie vorkommen.

Hierzu stellt man für die Urliste fest, welche unterschiedlichen Skalenwerte $(x_1, \ldots, x_k)$ vorkommen, und ermittelt die jeweilige **absolute Häufigkeit** $H(x_i)$.

Wie die unten stehenden Häufigkeitstabellen a) und b) zeigen, lassen sich zwei Tabellen zum selben Merkmal anhand der absoluten Häufigkeit nur unzureichend vergleichen, wenn die Zahl n der Beobachtungseinheiten (Schüler/-innen) verschieden ist. Sehr viel aussagekräftiger sind hier die

relativen Häufigkeiten $h(x_i) = \frac{1}{n} H(x_i)$.

Häufigkeitstabellen

a) *Französisch*; $n = 16$

Merkmalsausprägung (Note) x_i	absolute Häufigkeit $H(x_i)$	relative Häufigkeit $h(x_i) = \frac{1}{n} H(x_i)$
1	3	0,1875
2	5	0,3125
3	2	0,125
4	2	0,125
5	3	0,1875
6	1	0,0625
$k = 6$	$n = 16$	1,00

b) *Mathematik*; $n = 22$

Merkmalsausprägung (Note) x_i	absolute Häufigkeit $H(x_i)$	relative Häufigkeit $h(x_i) = \frac{1}{n} H(x_i)$
1	1	0,04545
2	5	0,22727
3	10	0,4545
4	5	0,22727
5	1	0,04545
6	0	0,00
$k = 6$	$n = 22$	1,00

c) *Haare*; $n = 22$

Merkmalsausprägung (Farbe) x_i	absolute Häufigkeit $H(x_i)$	relative Häufigkeit $h(x_i) = \frac{1}{n} H(x_i)$
braun	4	0,18181
schwarz	9	0,40909
dunkelbl.	2	0,09090
blond	4	0,18181
rot	2	0,09090
bunt	1	0,04545
$k = 6$	$n = 22$	1,00

d) *Körperlänge*; $n = 22$

Merkmalsausprägung (cm) x_i	absolute Häufigkeit $H(x_i)$	relative Häufigkeit $h(x_i) = \frac{1}{n} H(x_i)$
150–169	9	0,409090
170–189	13	0,590909
$k = 2$	$n = 22$	1,00

Bei stetigen Merkmalsausprägungen wird man „vernünftige" Klasseneinteilungen vornehmen.

Oft kann man eine Stabilisierung der relativen Häufigkeiten für große n bemerken. So wird die relative Häufigkeit für eine „6" beim Werfen eines Würfels gegen 0,166 gehen.
Üblicherweise werden die relativen Häufigkeiten als Prozentzahlen ausgedrückt (z.B. $h(5) = 0{,}1875 = 18{,}75\ \%$). Wenn nur die relativen Häufigkeiten für eine Untersuchung angegeben werden, ist die Gesamtzahl nicht ersichtlich, was oft verschleiert, dass es sich nur um eine (kleine) Stichprobe handelt.

DEFINITION

Häufigkeiten:

- **absolute Häufigkeit:** $n_i = H(x_i)$; Anzahl der Merkmalswerte in einer Klasse x_i $(1 \le i \le k)$
- **relative Häufigkeit:** $h_i = h(x_i) = \frac{1}{n} H(x_i)$, wobei $n = \sum_{i=1}^{k} H(x_i)$; $(0 \le h(x_i) \le 1)$
- **prozentuale Häufigkeit:** $p_i = h(x_i) \cdot 100$
- **kumulative Häufigkeit** = Summenhäufigkeit, Summe aller Häufigkeiten bis zu einer bestimmten Merkmalsausprägung
- $\sum_{i=1}^{k} H(x_i) = n$ und $\sum_{i=1}^{k} h(x_i) = 1$

1.1.4 Grafische Darstellungen von Häufigkeiten

Ein Bild sagt mehr als tausend Worte. Dieses schöne Sprichwort trifft sehr häufig zu. Doch sagt es auch die Wahrheit über die dargestellten Sachverhalte aus? Eine statistische Grafik ist ein beliebtes Werkzeug zur übersichtlichen Darstellung von Informationen. Der Betrachter braucht nur wenige Momente, um die vermittelten Inhalte zu verstehen, und muss sich nicht durch Mengen von Tabellen und Zahlenmaterial kämpfen.
Die Zuordnung $x_i \longrightarrow H(x_i)$ bzw. $x_i \longrightarrow h(x_i)$ heißt **Häufigkeitsverteilung** für das betrachtete Merkmal. Für die Veranschaulichung von Häufigkeitsverteilungen gibt es eine Reihe von Möglichkeiten.

Säulen- bzw. Balkendiagramm

Säulen- bzw. Balkendiagramme eignen sich besonders, wenn die Rangfolge der Merkmalsausprägungen betont werden soll. In erster Linie betrifft dies nominalskalierte

Merkmale, aber selbstverständlich alle Daten, die in einem ersten Verarbeitungsschritt klassifiziert/kategorisiert wurden (s. Seite 83, Bild 4, 5).
Beim Säulendiagramm werden die Ausprägungen auf der x-Achse und die Häufigkeiten ihres Auftretens auf der y-Achse abgebildet. Im umgekehrten Fall spricht man von einem Balkendiagramm. Die bekannte „Alterspyramide" (Seite 82, Bild 1) ist ein Balkendiagramm. Die Säulen/Balken werden üblicherweise voneinander abgesetzt, um den kategorialen Charakter der Daten zu betonen. Die Breite der Balken/Säulen ist irrelevant, allein die Höhe gibt die absolute oder relative Häufigkeit wieder.
Anstelle der rechteckigen Flächen werden oft kleine Symbole verwendet, wobei jedes Symbol für eine gewisse Anzahl steht. Man bezeichnet solche Säulen-/Balkendiagramme als Piktogramme.

Bild 7

Kreisdiagramm

Eine Sonderform des Säulen-/Balkendiagramms ist das Kreisdiagramm, das sich insbesondere zur Darstellung von relativen (prozentualen) Häufigkeitsverteilungen eignet.

Hier wird jeder Merkmalsausprägung x_i ein Segment des Kreises mit dem Winkel $\alpha_i = h(x_i) \cdot 360°$ zugeordnet.

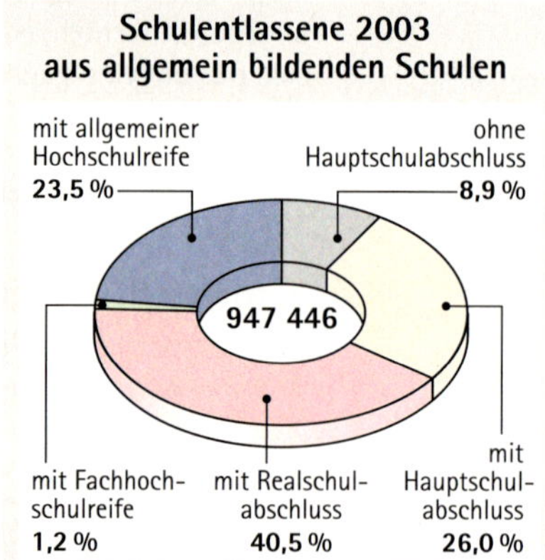

Bild 8

Stabdiagramm

An den Stellen der diskreten Merkmalsausprägungen werden Stäbe aufgetragen, die proportional zur Häufigkeit sind. Bei der Darstellung von quantitativen Merkmalen wird man die Abstände der Ausprägungen auf der Merkmalsachse berücksichtigen.

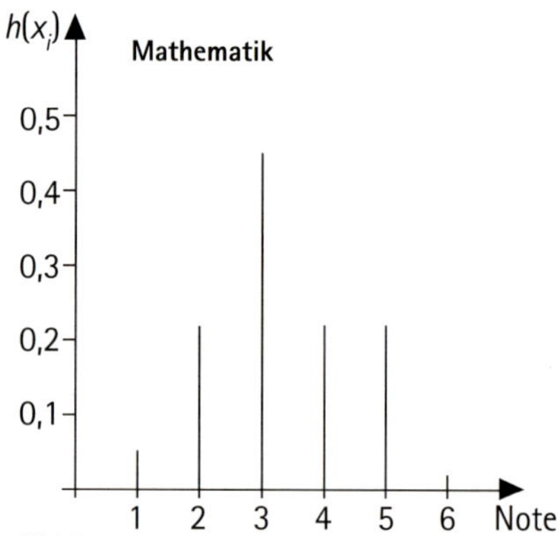

Bild 9

AUFGABE 1 Zeichnen Sie ein Kreisdiagramm für die Haarfarben in der Eingangsklasse.

AUFGABE 2 Wandeln Sie das Kreisdiagramm (Bild 8) in ein Säulendiagramm um.
Wandeln Sie das Säulendiagramm (Bild 5) in eine Darstellung mit Kreisdiagrammen um.

AUFGABE 3 Wählen Sie ein Diagramm aus und beschreiben Sie möglichst genau, welche Informationen enthalten sind.

Histogramm

Das Histogramm besteht aus Rechtecken, deren Flächeninhalte den relativen Häufigkeiten entsprechen.

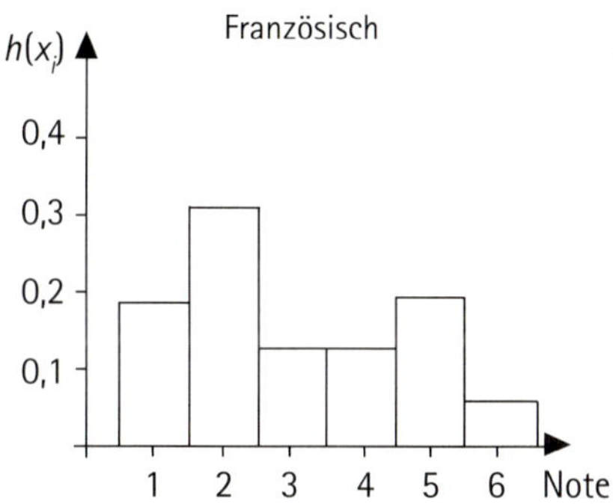

Bild 10

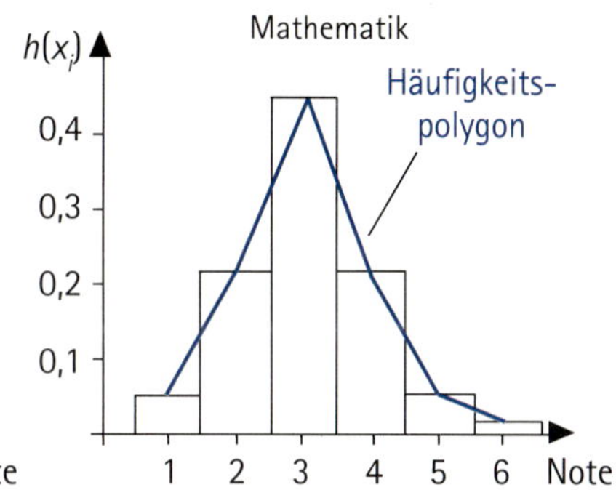

Bild 11

Die Körperlänge der Schüler/-innen

a) Gleiche Klassenbreiten Δ (in dm)

Es gilt: Höhe h mal Klassenbreite Δ entspricht der relativen Häufigkeit ($h \cdot \Delta = h(x_i)$)

Intervall in dm	Δ	Häufigkeit abs.	Häufigkeit relative
[15;16[	1	1	0,04545
[16;17[	1	8	0,36364
[17;18[	1	7	0,31818
[18;19[	1	5	0,22727
[19;20[	1	1	0,04545
gesamt		$n = 22$	1,00

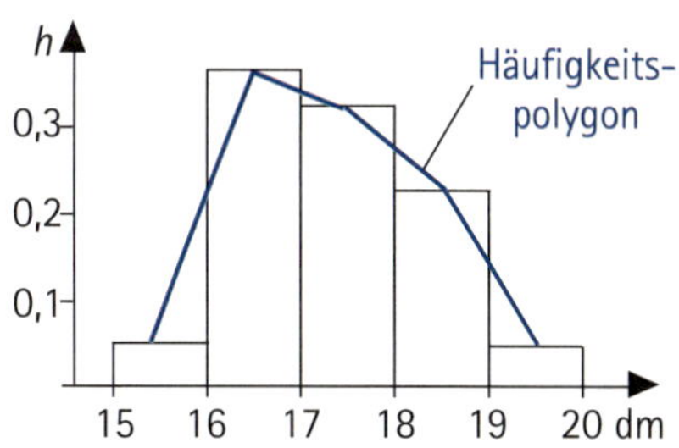

Bild 12

Bei stetigen Merkmalsausprägungen wie in unserem Beispiel für die Körperlänge werden diese in Klassen eingeteilt, die Häufigkeit bezieht sich dann auf die jeweilige Klassenbreite.

Man stellt daher die Häufigkeitsverteilung durch Rechtecke dar, deren Grundseite die zugehörigen Klassenbreiten sind und deren Höhen so gewählt werden, dass die Rechteckflächen den relativen Häufigkeiten entsprechen. Die Summe aller Rechteckflächen ist somit 1 (≙ 100 %).

Bei einer anderen Klasseneinteilung ergibt sich folgendes Histogramm:

b) Verschiedene Klassenbreiten Δ (in dm)

Es gilt: Höhe h mal Klassenbreite Δ entspricht der relativen Häufigkeit ($h \cdot \Delta = h(x_i)$)

Intervall in dm	Δ	Häufigkeit abs.	Häufigkeit relative	Höhe h
[15;16[	1	1	0,0455	0,045
[16;16,5[	0,5	4	0,1818	0,364
[16,5;17[	0,5	4	0,1818	0,364
[17;17,5[	0,5	3	0,1364	0,273
[17,5;18,5[	1	6	0,2727	0,273
[18,5;20[	1,5	4	0,1818	0,121
gesamt		$n = 22$	1,00	

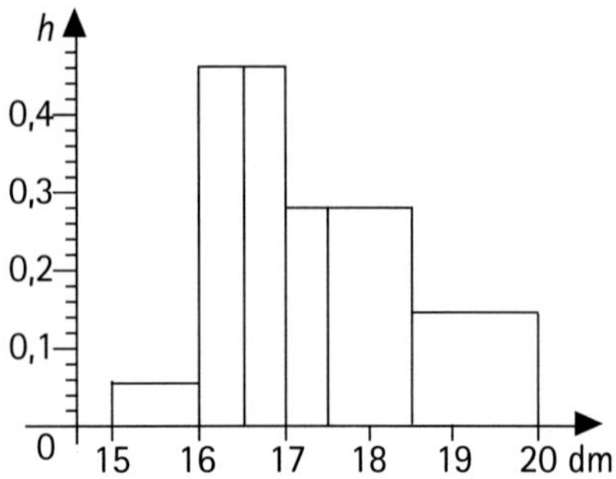

Bild 13

Häufigkeitspolygon

Bei gleichen Klassenbreiten für eine Merkmalsausprägung ergibt die Linie zwischen den Mitten der oberen Rechteckseiten des Histogramms das Häufigkeitspolygon. Den Punkten auf der Verbindungslinie liegen jedoch keine Messwerte zugrunde. (Siehe Bild 11 und Bild 12.)

Summendarstellung

Bildet man die Teilsummen der absoluten Häufigkeiten

$H(x_1);\ H(x_1)+H(x_2);\ H(x_1)+H(x_2)+H(x_3);\ \ldots$

oder die Teilsummen der relativen Häufigkeiten

$h(x_1);\ h(x_1)+h(x_2);\ h(x_1)+h(x_2)+h(x_3);\ \ldots$

und trägt diese über den Merkmalsausprägungen in ein Koordinatensystem ein, so ergibt sich die Summendarstellung der Häufigkeiten.

Für unser vorheriges Beispiel ergibt sich dann:

0	(0 %)	Schüler kleiner als 150 cm
1	(4,5 %)	Schüler kleiner als 159 cm
5	(22,7 %)	Schüler kleiner als 164 cm
9	(40,9 %)	Schüler kleiner als 169 cm
12	(54,5 %)	Schüler kleiner als 174 cm
18	(81,8 %)	Schüler kleiner als 184 cm
22	(100 %)	Schüler kleiner als 200 cm

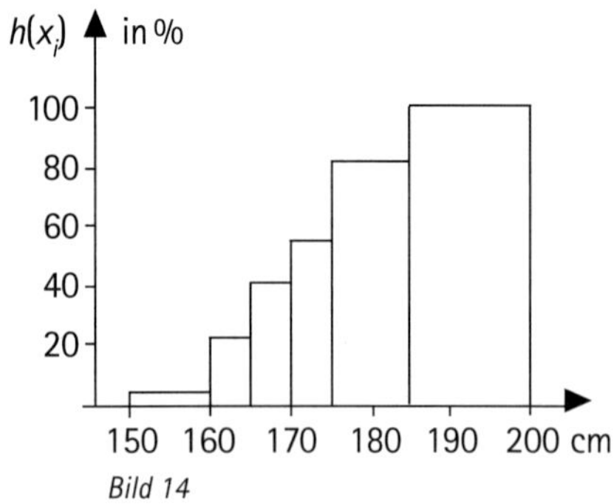

Bild 14

Es gilt allgemein:

$$\sum_{i=1}^{i=k} H(x_i) = n \text{ bzw. } \sum_{i=1}^{i=k} h(x_i) = 1 \ (\triangleq 100\,\%)$$

Punkt- bzw. Liniendiagramm

Für eine Zeitreihe (die Ausprägung eines Merkmals wird über einen Zeitraum immer wieder gemessen) ist z. B. ein Punkt- bzw. Liniendiagramm gut geeignet, obwohl natürlich auch hier ein Säulendiagramm verwendet werden könnte. Für jeden Wert wird ein Punkt in einem Koordinatensystem eingetragen. Wenn man die Punkte verbindet, wird der Verlauf der Zeitreihe noch deutlicher.

Entwicklung des Außenhandels – Gesamtentwicklung

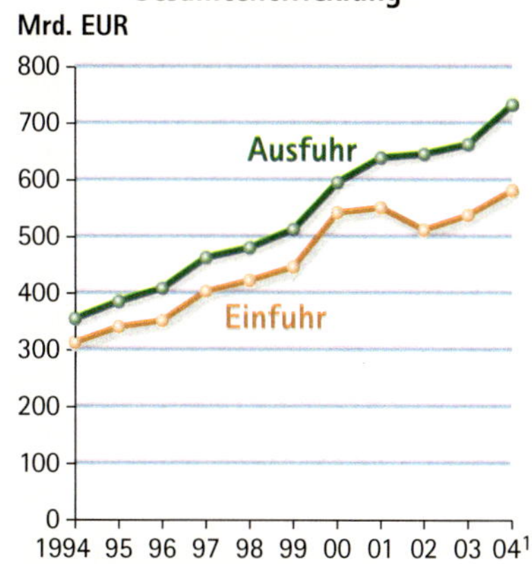

1 Vorläufiges Ergebnis

Bild 15

AUFGABE 4 Erstellen Sie ein Histogramm getrennt für Männer und Frauen für das nebenstehende Balkendiagramm.

Arbeitslose 2003 mit und ohne Berufsausbildung nach Altersgruppen[1]

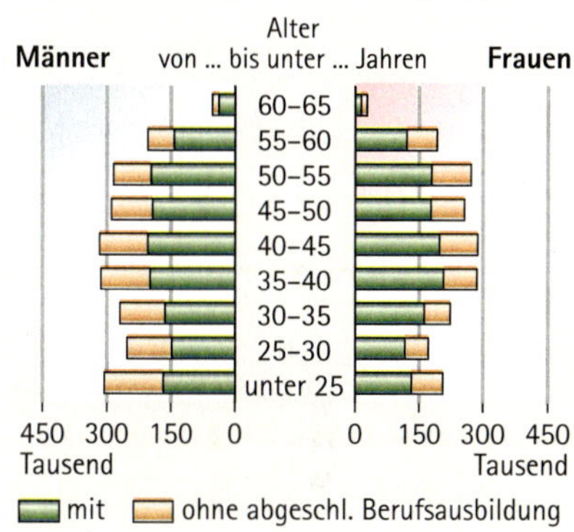

1 Ergebnisse der Strukturanalyse über Bestände der Arbeitslosen Ende September 2003.
Quelle: Bundesagentur für Arbeit

Bild 16

1.2 Lage- und Streuungsmaße

Die große Anzahl der Daten bei einer statistischen Erhebung versucht man mit Kennzahlen besser zu überblicken. Häufig reicht es als Information zur Beurteilung von Daten aus, wenn man weiß, wo die Werte im Mittel liegen und wie stark sie streuen.

1.2.1 Lagekennzahlen

Am häufigsten wird wohl das arithmetische Mittel $\bar{x}$ zur Lagebeschreibung einer Verteilung verwendet. So wird für jede Klassenarbeit der „Durchschnitt" der erteilten

Noten nach folgender Vorschrift ermittelt: Alle Merkmalsausprägungen (Noten) x_i werden addiert und die Summe durch die Anzahl n der Werte (Schüler/-innen) dividiert.

Arithmetisches Mittel: $\bar{x} = \dfrac{x_1+x_2+x_3+...+x_n}{n} = \dfrac{1}{n}\sum_{i=1}^{i=n} x_i$ (aus Urliste)

Sind die Daten in k Klassen (z. B. 6 Noten 1; 2; … ; 6 oder 11 Noten 1; 1,5; 2; … ; 5,5; 6) eingeteilt und Häufigkeitstabellen bzw. Histogramme

angelegt, so findet man $\bar{x}$ schneller über: $\bar{x} = \dfrac{1}{n}\sum_{i=1}^{i=k} x_i H(x_i)$, mit $h(x_i) = \dfrac{H(x_i)}{n}$

ergibt sich: $\bar{x} = \sum_{i=1}^{i=k} x_i h(x_i)$, $(k \le n)$

BEISPIELE

a) Durchschnittsnote (arithmetisches Mittel) für den Französischkurs aus der Urliste:

$$\bar{x} = \frac{1}{16}(4+2+1+2+5+6+3+5+2+4+1+2+2+3+5+1) = \frac{1}{16} \cdot 48 = 3{,}0$$

aus der Häufigkeitstabelle:

$$\bar{x} = \frac{1}{16}(1 \cdot 3+2 \cdot 5+3 \cdot 2+4 \cdot 2+5 \cdot 3+6 \cdot 1) = 3{,}0$$

Für das arithmetische Mittel ergibt die Summe der Abweichungen von diesem Mittelwert null. $\sum_{i=1}^{i=n}(x_i - \bar{x}) = 0$ oder $\sum_{i=1}^{i=k} H(x_i)(x_i - \bar{x}) = 0$

$$3 \cdot (1-3)+5 \cdot (2-3)+2 \cdot (3-3)+2 \cdot (4-3)+3 \cdot (5-3)+1 \cdot (6-3)=0$$

b) Arithmetisches Mittel für die Mathematiknoten:

$$\bar{x} = \frac{1}{22} \cdot (1 \cdot 1+5 \cdot 2+10 \cdot 3+5 \cdot 4+1 \cdot 5) = 3{,}0$$

Hat man stetige Merkmalsausprägungen in Klassen zusammengefasst, nimmt man bei der Berechnung des arithmetischen Mittels die Klassenmitte.

BEISPIEL

Körperlänge

$$\bar{x} = \frac{1}{22} \cdot (1 \cdot 154{,}5+8 \cdot 164{,}5+7 \cdot 174{,}5+5 \cdot 184{,}5+1 \cdot 194{,}5) = 173{,}14$$

Bemerkung

Das Summenzeichen Σ (Sigma) findet bei der Darstellung von Summen häufig Verwendung:

In $s = \sum_{i=1}^{k} \text{Term}(i) = \text{Term}(1) + \text{Term}(2) + \ldots + \text{Term}(k)$.

i ist die Laufvariable und durchläuft die Werte 1 bis k $(i \in \mathbb{N})$.

BEISPIELE

$\sum_{n=1}^{4} n = 1+2+3+4$ oder $\sum_{k=5}^{10} k^3 = 5^3+6^3+7^3+8^3+9^3+10^3$

Das arithmetische Mittel ist sehr anschaulich, seine Berechnung einfach und es kann bewiesen werden, dass bei „guten" (näherungsweise normalverteilten) Daten das arithmetische Mittel die Lagekennzahl mit der geringsten Streuung ist. Dies erklärt die Beliebtheit dieser Lagekennzahl.

Da das arithmetische Mittel auch den Schwerpunkt der Verteilung angibt (alle Einzelwerte gehen linear ein), wird es sehr stark von Werten, die von der überwiegenden Anzahl der Daten weit entfernt liegen, beeinflusst. Die Berechnungen werden heute zumeist mit Computern bzw. mit einem grafikfähigen Taschenrechner durchgeführt. Hier kann leicht ein Übertragungs-, Mess- oder Eingabefehler zu einem „Ausreißer" führen, der den berechneten arithmetischen Mittelwert völlig verfälscht.

BEISPIEL Bei der Berechnung des arithmetischen Mittelwertes für die Körperlänge wird bei Eingabe von 182 irrtümlich die 2 „vergessen".

Dies verändert $\bar{x}_1 = \frac{1}{22}(160+165+\ldots+182+\ldots+155+186) = 172{,}64$

in $\bar{x}_2 = \frac{1}{22}(160+165+\ldots+18\ +\ldots+155+186) = 165{,}18$

Wenn die Daten Ausreißer enthalten können, wird daher lieber der Medianwert (Zentralwert) $\tilde{x}$ verwendet. Den Medianwert erhält man, indem man alle Messwerte der Größe nach ordnet und in dieser Reihenfolge nummeriert. Er ist dann durch jenen Wert definiert, der die Menge der Beobachtungen in 2 gleiche Teile teilt. Bei ungerader Anzahl von Messwerten ist er also der

mittlere Wert, d.h. x_i mit $i = \frac{n+1}{2}$. Bei gerader Anzahl ist der Medianwert der Mittelwert der beiden mittleren Werte mit $i = \frac{n}{2}$ und $i = \frac{n}{2} + 1$.

Medianwert $\tilde{x} = x_{\frac{n+1}{2}}$, für ungerade n;

$\tilde{x} = \frac{1}{2}\left(x_{\frac{n}{2}} + x_{\frac{n}{2}+1}\right)$, für gerade n.

Sind die Daten in einer Urliste notiert, so wird man zuerst die Daten sortieren und dann einfach abzählen. In der Summendarstellung der relativen Häufigkeiten liest man $\tilde{x}$ an jener Stelle der Abszisse ab, wo $h(x_i)$ 50 % beträgt. Da ein Einzelwert die Nummerierung der Werte nur wenig ändert, ist der Medianwert robust gegen Ausreißer in den Daten. Für unsere „Messreihen" Körperlänge erhält man zum Beispiel $\tilde{x}_1 = 173$ und $\tilde{x}_2 = 172$.

Obgleich ein grober Fehler in der Eingabe vorlag, ergab sich nur eine kleine Verfälschung des Medianwertes. Dies gilt natürlich nur bei einem geringen Anteil von Mess- und Eingabefehlern.

Arithmetischer Mittelwert und Medianwert stimmen für Daten mit einer symmetrisch stetigen Verteilung im Allgemeinen gut überein.

Bemerkung
Für unsere Schulnoten im Französischkurs und Mathematikkurs ergab sich das arithmetische Mittel von jeweils $\bar{x} = 3{,}0$.
Für die Medianwerte gilt: $\tilde{x}_{Französisch} = 2{,}5$; $\tilde{x}_{Mathematik} = 3$.

Streng genommen ist die Angabe des arithmetischen Mittelwertes als Lagemaß bei Schulleistungen unzulässig. Die Schulnoten 1, 2, 3, …, 6 (ebenso die Punkte 0, 1, 2, …, 15) bilden nämlich eine Ordinalskalierung, bei der lediglich angenommen werden darf, dass eine „3" beispielsweise eine bessere Leistung symbolisiert als eine „4". Es ist dagegen unzulässig, zu folgern, dass 2 eine doppelt so gute Leistung wie 4 ist. Die Skala der Schulnoten ist folglich nicht metrisch.

1.2.2 Streuungskennzahlen

Die Lagekennzahlen allein geben noch kein klares Bild für die Verteilung der Merkmalsausprägungen.

Bild 17 stellt verschiedene Verteilungen dar, die alle das gleiche arithmetische Mittel haben.

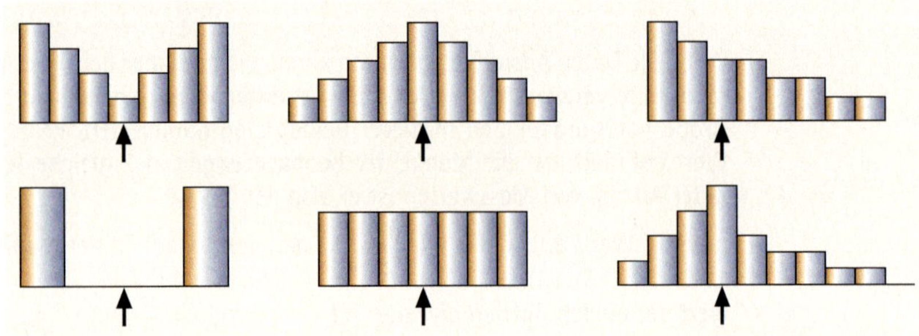

Bild 17

Zur vollständigen Charakterisierung einer Häufigkeitsverteilung werden somit weitere Zahlenwerte benötigt. Diese sollen beschreiben, wie weit die einzelnen konkreten Stichproben vom Mittelwert entfernt sind.

Hierzu könnte man die Differenzenbildungen zwischen dem arithmetischen Mittelwert $\bar{x}$ und den konkreten Stichprobenwerten x_i nehmen $(\bar{x} - x_i)$. Bildet man die Summe dieser einfachen Abweichungen, so ergibt sich hierfür natürlich null, weil positive und negative Abweichungen sich gegenseitig aufheben (siehe Seite 92):

$$\sum_{i=1}^{i=n} (\bar{x} - x_i) = 0$$

Um trotzdem ein Maß für die Streuungen zu erhalten, müsste man die Beträge der Abweichungen berücksichtigen. Dies ist aber aus verständlichen Gründen zu umständlich. In der Praxis verwendet man deshalb das Quadrat einer jeden Abweichung $(\bar{x} - x_i)^2$, da hierbei außerdem große Abweichungen stärker gewichtet werden als kleine. Das Mittel dieser Abweichungsquadratsumme nennt man **Varianz** s^2 und $s = \sqrt{s^2}$ bezeichnet man als **Standardabweichung.**

Dies sind die am häufigsten verwendeten **Streuungskennzahlen:**

Varianz: $$s^2 = \frac{1}{n-1}\sum_{i=1}^{i=n}(\bar{x}-x_i)^2 = \frac{1}{n-1}\sum_{i=1}^{i=k}H(x_i)(\bar{x}-x_i)^2$$

Empirische Standardabweichung: $s = \sqrt{s^2}$ (gleiche Maßeinheit wie $\bar{x}$, damit direkte Vergleichbarkeit!)

Sie ist das Maß für die Verteilung der einzelnen Stichprobenwerte x_i um ihren arithmetischen Mittelwert $\bar{x}$.
Die empirische Standardabweichung ist eine gute Kennzahl für die Streuung.

Im Allgemeinen liegen etwa $\frac{2}{3}$ aller Messungen im Intervall $[\bar{x} - s; \bar{x} + s]$.

Bemerkung

Die Division der Summe der quadratischen Abweichungen der Einzelwerte x_i vom Mittelwert $\bar{x}$ durch $(n - 1)$ ist eine Art Mittelwertbildung. Es wird jedoch durch $(n - 1)$ dividiert und nicht durch n, wie man zunächst erwarten könnte. Der Grund dafür ist, dass von jedem Einzelwert der Mittelwert abgezogen wird. Da der Mittelwert selbst von den Einzelwerten abhängt, hat man nur $(n - 1)$ unabhängige Werte zur Berechnung der Streuung. Am deutlichsten wird dies, wenn man versucht die Varianz eines einzelnen Messwertes zu berechnen. Aus einem einzigen Wert kann man offensichtlich keine Streuung berechnen. In der Formel äußert sich dies darin, dass man eine Division von 0 durch 0 erhält, die nicht definiert ist.

Im Schulbereich wird jedoch häufig die Division durch n bei der Ermittlung der Varianz bzw. Standardabweichung verwendet. So berechnen die Taschenrechner in der Regel die Varianz und Standardabweichung nach beiden Formeln.

Standardabweichung $$\sigma_x = \sqrt{\frac{1}{n}\sum_{i=1}^{i=n}(\bar{x}-x_i)^2}$$ („Schulbereich")

$$s_x = \sqrt{\frac{1}{n-1}\sum_{i=1}^{i=n}(\bar{x}-x_i)^2}$$ („Wissenschaft u. Technik")

Kehren wir wieder zu unserer Urliste bzw. den Häufigkeitstabellen für die Französisch- und Mathematiknoten zurück. Wir berechnen nun die Standardabweichungen:

$$\sigma_x = \sqrt{\frac{1}{n}\sum_{i=1}^{i=n}(\bar{x}-x_i)^2} = \sqrt{\frac{1}{n}\sum_{i=1}^{i=k}H(x_i)(\bar{x}-x_i)^2} = \sqrt{\sum_{i=1}^{i=k}h(x_i)(\bar{x}-x_i)^2}$$

Französisch:

$$\sigma_x = \sqrt{\frac{1}{16}[(1-3)^2\cdot 3+(2-3)^2\cdot 5+(3-3)^2\cdot 2+(4-3)^2\cdot 2+(5-3)^2\cdot 3+(6-3)^2\cdot 1]} = 1{,}581$$

Mathematik:

$$\sigma_x = \sqrt{\frac{1}{22}[1\cdot(3-1)^2+5\cdot(3-2)^2+10\cdot(3-3)^2+5\cdot(3-4)^2+1\cdot(3-5)^2+0\cdot(3-6)^2]} = 0{,}9045$$

Man sieht, dass die Leistungen in Mathematik viel dichter beisammen liegen.

Ähnlich wie beim arithmetischen Mittelwert kann aber auch hier schon ein einzelner falscher Messwert oder Übertragungsfehler das Ergebnis für Varianz und Standard-

abweichung völlig verfälschen. Da immer häufiger Daten automatisch erfasst und bearbeitet werden, gewinnen robuste Beschreibungen, die weniger stark durch einen Fehler beeinflusst werden, bei der Streuung von Daten zunehmend an Bedeutung.
Zunächst kann man den kleinsten (min_x) und den größten (max_x) vorkommenden Stichprobenwert **(Merkmalsausprägung)** angeben. Die Breite des Bereichs, in dem Werte auftreten, ist die Spannweite $u = (max_x - min_x)$.
Ferner wird der **Interquartilsabstand** (Quartil $= \frac{1}{4}$) zur Beschreibung der Streuung von Daten eingeführt. Zu seiner Ermittlung werden die Daten wie beim Median der Größe nach geordnet, der i-te Wert in dieser geordneten Reihenfolge sei x_i.

Unteres Quartil Q_1: 25 % der Werte liegen unterhalb von Q_1.
Oberes Quartil Q_3: 75 % der Werte liegen unterhalb von Q_3.

Bezüglich der Berechnung der Quartile gibt es geringfügige Unterschiede, je nach Literatur bzw. Software. EXCEL berechnet eine formale Ordnungsnummer gemäß den Formeln:

$$25\,\% - \text{Quartil } Q_1\text{: } 1 + \frac{n-1}{4};$$

$$50\,\% - \text{Median (Med): } 1 + \frac{n-1}{2};$$

$$75\,\% - \text{Quartil } Q_3\text{: } 1 + \frac{3(n-1)}{4}$$

Liegt die so errechnete Ordnungsnummer zwischen zwei ganzen Zahlen, so wird interpoliert.
Zwischen den beiden Quartilen Q_1 und Q_3 liegen somit die mittleren 50 % der Einzelwerte.
Für die Körperlängen (22 Daten) aus unserer Urliste berechnet nun der grafikfähige Taschenrechner folgende Kennzahlen:

1-Var Stats:
$\bar{x} = 172.6363$; $\sum x = 3798$; $\sum x^2 = 657528$; $S_x = 9.39881$; $\sigma_x = 9.18271$; $n = 22$; min $x = 155$; $Q_1 = 165$; $Med = 173$; $Q_3 = 181$; max $x = 188$

1.2.3 Grafische Darstellung – Histogramm und Boxplot

Boxplot

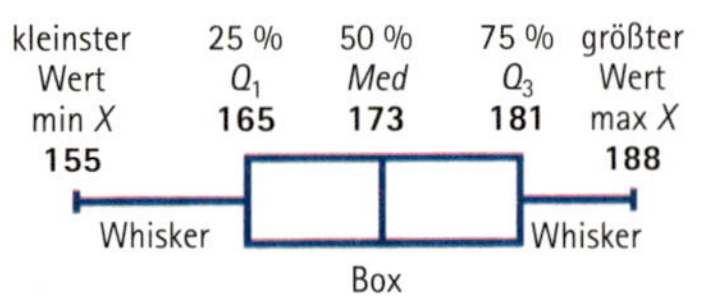

Histogramm

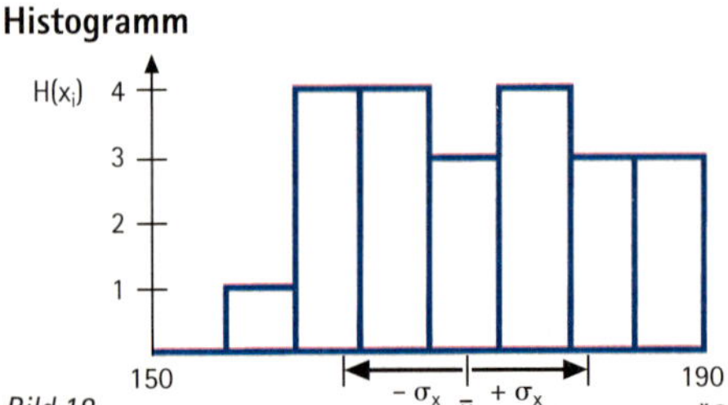

Bild 18

*2

Bemerkung: Der Taschenrechner zeichnet monovariable Daten (z.B. Körperlängen) als

Boxplot

oder als

Histogramm
($X_{min} = 150$, $X_{scl} = 5$, $X_{max} = 190$ wurden eingegeben.)

Boxplot: Die Ausreißergrenzen (Whisker-Barthaare) in der Zeichnung erstrecken sich vom Minimaldatenpunkt der Menge (min$X$) zum ersten Quartil (Q_1) und vom dritten Quartil (Q_3) zum Maximalpunkt (max$X$). Die Box wird durch Q_1, Med (Median) und Q_3 definiert.

Box-Diagramme werden bezüglich X_{min} und X_{max} gezeichnet, Y_{min} und Y_{max} werden dabei nicht berücksichtigt. Werden mehrere Box-Diagramme (z.B. 3) in ein Display gezeichnet, steht das erste oben, das zweite in der Mitte und das dritte unten.

Falls ein Whisker länger als die 1,5fache Boxlänge wäre, zeichnet man die extremen Einzelwerte meist getrennt ein (ModBoxplot).

Im Boxplot ist die Information stärker komprimiert als im Histogramm. Dies ist vor allem dann vorteilhaft, wenn mehrere Verteilungen miteinander verglichen werden sollen.

BEISPIEL

(Aufgabe mit Lösung)

Betrachten wir wiederum die Schüler/-innen der Eingangsklasse.

- Alle 22 Schüler/-innen nehmen am *Physikunterricht* teil. Hier die Jahresendnoten:
  L_1 = [3, 2, 4, 6, 4, 1, 4, 5, 3, 4, 5, 2, 4, 5, 3, 3, 4, 6, 2, 4, 5, 4]
- Im Fach katholische *Religion* werden die 26 katholischen Schüler/-innen der Eingangsklassen zusammen unterrichtet. Hier die Jahresendnoten:
  L_2 = [2, 1, 3, 2, 4, 1, 2, 3, 1, 2, 2, 1, 1, 3, 1, 3, 1, 3, 1, 2, 1, 1, 2, 1, 2, 1]
- Nur 12 Schüler/-innen haben sich für den Anfängerkurs *Spanisch* gemeldet. Hier die Noten:
  L_3 = [1, 4, 3, 5, 1, 5, 4, 2, 6, 1, 4, 2]

Ermitteln Sie die Lage- und Streuungsmaße und veranschaulichen Sie die Notenverteilungen.

Lösung

Man speichert die jeweiligen Notenlisten im Taschenrechner und lässt die Kennzahlen berechnen. Für die Histogramme ist die Darstellung in einem Schaubild zu unübersichtlich, weshalb hier die einzelnen Histogramme nebeneinander angeordnet wurden.

Die Darstellung der statistischen Kenngrößen Minimum, unteres Quartil, Median, oberes Quartil, Maximum erfolgt sofort als multiples Boxplot, um mehrere Häufigkeitsverteilungen leicht beurteilen zu können.

Physik:
$\bar{x} = 3{,}773$; $s_x = 1{,}307$; $\sigma_x = 1{,}277$; $n = 22$; min $X = 1$; $Q_1 = 1$; $Med = 4$; $Q_3 = 5$; max $X = 6$

Religion:
$\bar{x} = 1{,}808$; $s_x = 0{,}895$; $\sigma_x = 0{,}878$; $n = 26$; min $X = 1$; $Q_1 = 1$; $Med = 2$; $Q_3 = 2$; max $X = 4$

Spanisch:
$\bar{x} = 3{,}167$; $s_x = 1{,}749$; $\sigma_x = 1{,}675$; $n = 12$; min $X = 1$; $Q_1 = 1{,}5$; $Med = 3{,}5$; $Q_3 = 4{,}5$; max $X = 6$

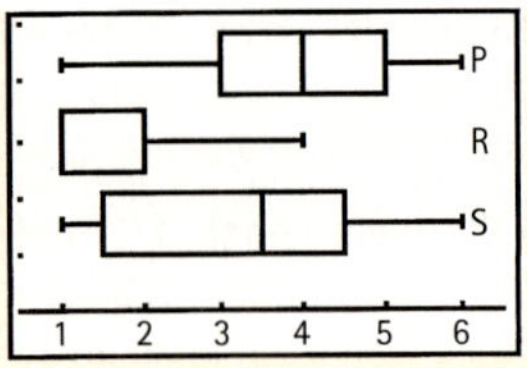

*2

Die Lage der Mittelwerte
- arithmetisches Mittel $\bar{x}$

und
- Median $\tilde{x}$

ist in beiden Darstellungen nahezu bei denselben Werten. Der Bereich $[\bar{x} - \sigma_x; \bar{x} + \sigma_x]$ entspricht etwa der Länge und Lage der Box. Der multiple Boxplot zeigt jedoch unmittelbar, wie eine Klassenarbeit „ausgefallen" ist. So sind z. B. 75 % der Noten in Religion gut oder sehr gut.

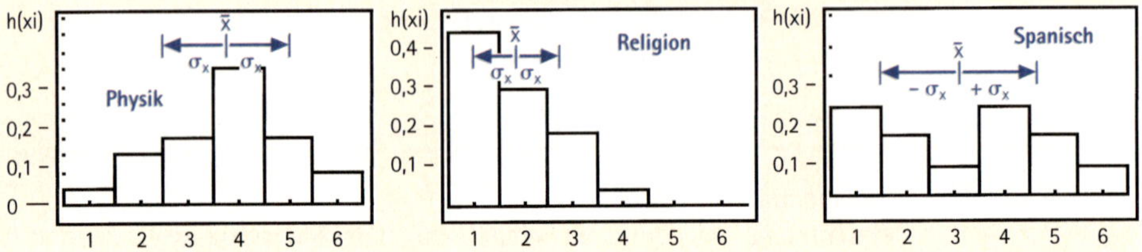

1.2.4 Aufgaben

Viele statistische Auswertungen sind bei realistischen Größenordnungen mit Papier und Bleistift und unter Zuhilfenahme eines Taschenrechners (SI) in einem sinnvollen Zeitraum nicht zu bewältigen. Es liegt daher nahe, Computerprogramme einzusetzen, die für große Datenmengen die Lage- und Streuungsmaße und die grafischen Darstellungen übernehmen. Inzwischen können wir aber auch in der Schule die aufwändigen Rechnungen und Zeichnungen unserem grafikfähigen Taschenrechner oder einem CAS-Programm übertragen. Dies ermöglicht auch Aufgaben, bei denen eher Interpretation und Argumentation, eigenes Erproben von Lösungsansätzen oder Anwendungen (Geografie, Sozialkunde, Physik, Chemie, Wirtschaft, Medizin, usw.) im Vordergrund stehen.

AUFGABE 5 Ermitteln Sie für alle Schüler/-innen Ihres Mathematikkurses
a) Körperlänge und Körpermasse
b) Länge des Schulwegs
c) Anzahl der Geschwister
d) Alter
e) Haarfarbe

- Finden Sie hierzu geeignete Merkmalsausprägungen.
- Welcher grundsätzliche Unterschied besteht zwischen e) und a) – d)?
- Ermitteln Sie für a) – d) die Lage- und Streuungsmaße.
- Stellen Sie die Häufigkeitsverteilungen grafisch dar.

Führen Sie dieselben Untersuchungen getrennt für Mädchen und Jungen durch:
- Welche Merkmalsverteilungen zeigen deutliche Änderungen?
- Interpretieren Sie die Ergebnisse.

AUFGABE 6 Für einen Betrieb werden die Bruttojahreseinkünfte auf zwei verschiedene Weisen notiert:

a)

0–5	5–15	15–25	25–35	35–45	45–55	55–65	in T€
5	8	12	18	7	3	1	Anzahl der Mitarbeiter

b)

0–5	5–25	25–45	45–65	in T€
5	20	25	4	Anzahl der Mitarbeiter

- Zeichnen Sie ein Histogramm für die beiden Verteilungen.
- Berechnen Sie die Mittelwerte und die Standardabweichungen für die beiden Verteilungen.

AUFGABE 7 Zwei Schülergruppen A und B führten jeweils 10 Messungen zur Bestimmung der Erdbeschleunigung durch:

Gruppe A: g in $\frac{m}{s^2}$ 9,75; 9,76; 9,78; 9,79; 9,8; 9,8; 9,81; 9,84; 9,87; 9,88

Gruppe B: g in $\frac{m}{s^2}$ 9,78; 9,76; 9,79; 9,8; 9,8; 9,81; 9,81; 9,82; 9,82; 9,84

- Ermitteln Sie die Lage- und Streuungsmaße.
- Zeichnen Sie ein Boxplot über einem Histogramm (geeignete Klassenbreiten wählen).

AUFGABE 8 Alle Schüler/-innen des Mathematikkurses werfen 20-mal eine Münze und notieren die Anzahl von Wappen und Zahl.

a) Berechnen Sie die relative Häufigkeit für Wappen für Ihren eigenen Versuch.
b) Welche relative Häufigkeit erwarten Sie für alle Experimente des ganzen Kurses? Rechnen Sie.

AUFGABE 9 Die Zeugnisnoten in Mathematik von drei Abiturjahrgängen werden ausgewertet. Die Tabelle gibt die Notenverteilung an:

Note	1	2	3	4	5	6	Jahrgangsstärke
Abitur 2004	3	20	32	5	2	0	62
Abitur 2005	2	16	25	12	2	1	58
Abitur 2006	6	23	7	12	4	3	55

- Ermitteln Sie Lage- und Streuungsmaße.
- Stellen Sie die Notenverteilung grafisch dar (Histogramme und multipler Boxplot).

Welche Aussagen zu Ihrer Untersuchung würden Sie in einen Zeitungsbericht aufnehmen?

AUFGABE 10 Für 12 Glühlampen wurde die Lebensdauer ermittelt. Es ergab sich (in Stunden): 1 050, 1 250, 1 010, 1 310, 1 505, 2 005, 1 600, 1 500, 1 420, 1 900, 1 730, 1 650.

- Berechnen Sie die durchschnittliche Lebensdauer und die Standardabweichung.
- Wie viel Prozent der Lampen liegen innerhalb der Standardabweichung?

AUFGABE 11 Ermitteln Sie die Länge Ihres Klassenzimmers („Zollstock", Maßband, Lineal, ...). Hierbei könnten sich bei 24 Schüler/-innen folgende Einzelwerte (in m) ergeben:

8,777 8,231 9,449 8,609 9,957 8,953 9,045 9,310 9,111 9,208 8,435 8,001
10,021 18,820 8,870 8,580 8,142 9,177 8,813 8,680 9,707 7,772 7,942 9,702

- Tragen Sie die Messwerte als ein Histogramm auf (relative Häufigkeit und relative Summenhäufigkeit).
- Berechnen Sie Mittelwert, Median, Standardabweichung und Interquartilabstand. Zeichnen Sie den Boxplot.
- Einer der Messwerte ist ein Ausreißer – welcher?
  - Berechnen Sie die Lage- und Streuungsmaße ohne diesen Wert.
  - Zeichnen Sie den Boxplot über dem Histogramm. Kommentieren Sie.
- Führen Sie unbedingt eigene Messungen durch.

AUFGABE 12 Mathematik aus der Zeitung

a) Südwestpresse (Dienstag, 11. Juli 2000)

AUSBILDUNG/Medienberufe sehr beliebt

Mehr Lehrlinge im Land

STUTTGART ■ In der Region Stuttgart haben in diesem Jahr erneut mehr Lehrlinge eine Ausbildung begonnen. Die Zahl der neuen Lehrverträge kletterte im ersten Halbjahr im Vergleich zum Vorjahreszeitraum um 3,1 Prozent auf 6 440, teilte die Industrie- und Handelskammer (IHK) Region Stuttgart mit. In den vergangenen beiden Jahren hatte der Anstieg zum Jahresende 5,4 Prozent beziehungsweise 6,8 Prozent betragen. Besonders hoch waren die Zuwächse bei neuen Berufen in der Informationstechnologie und im Medienbereich. Die IHK befürchtet angesichts der Pensionierungswelle einen Lehrermangel an den Berufsschulen, sagte Hauptgeschäftsführer Andreas Richter. dpa

- Stellen Sie Aufgaben zu diesem Artikel.
- Lassen Sie dann einen Mitschüler Ihre Fragestellungen bearbeiten.

b) Das Statistische Jahrbuch für die Bundesrepublik Deutschland informiert jedes Jahr zuverlässig und aktuell über die Verhältnisse in Deutschland. Journalisten bereiten diese Informationen auf und man kann dann Artikel wie „Weniger Tote auf den Straßen" oder „Aids in Deutschland" in der Zeitung lesen.

Die Jahrbuch-Ausgabe 2005 (Seite 153) enthält folgende Tabelle (Ausschnitt):

Ausgaben je Schüler/-in an öffentlichen Schulen **nach Schularten in EUR**		
Schulart	Deutschland	
	2001	2002
Allgemein bildende Schulen zusammen	4 800	4 900
Grundschule	3 800	3 900
Unabhängige Orientierungsstufe	4 500	4 600
Hauptschule	5 100	5 200
Schulen mit mehreren Bildungsgängen	4 400	4 700
Realschule	4 300	4 400
Gymnasium	5 300	5 300
Integrierte Gesamtschule	5 500	5 600
Sonderschule	11 200	11 500
Berufliche Schulen zusammen	3 200	3 300
Berufsschule im dualen System	2 100	2 100
Alle Schularten	**4 500**	**4 600**

Entwerfen Sie hierzu eine grafische Darstellung und einen „fetzigen" Artikel.

1.3 Regression und Korrelation

Bisher haben wir uns auf einzelne, voneinander unabhängige Daten beschränkt, die sich aufgrund von Beobachtungen oder Messungen als Merkmalausprägungen nur eines Merkmals ergaben. In unserer Natur und unserer Umgebung treten jedoch sehr häufig zwei oder gar mehrere Merkmale gleichzeitig und voneinander abhängig auf. Wir sprechen hierbei von einer gleichzeitigen Abhängigkeit oder Korrelation* dieser Merkmale. Bei physikalischen Experimenten stellen wir sogar die Frage, ob zwischen den verschiedenen Messwerten ein funktionaler Zusammenhang besteht (empirisches Gesetz).

1.3.1 Lineare Regression

Eine Physiklehrerin lässt ein batteriebetriebenes Spielzeugauto im Mittelgang des Unterrichtsraumes geradeaus fahren und die Schülerin Kathrin markiert jedes Mal die Automitte mit einem Kreidestrich auf dem Fußboden, wenn die Signaluhr im Abstand $\Delta t = 2s$ ertönt.

* correlatio (lat.), Zusammenhang

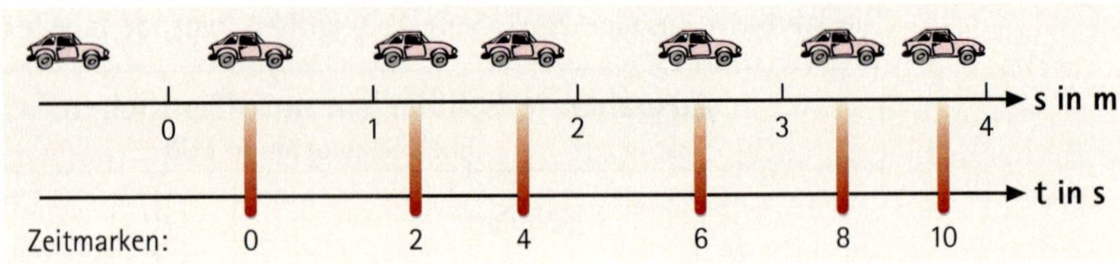

Für den Bewegungsvorgang legen wir eine Messtabelle und ein Weg-Zeit-Diagramm an. Unser grafikfähiger Taschenrechner (GTR) ist hierbei sehr hilfreich.

Messtabelle:

GTR:	L1	L2	$t_i-\bar{t}$	$s_i-\bar{s}$	$(t_i-\bar{t})\cdot(s_i-\bar{s})$	$(t_i-\bar{t})^2$	$\hat{s}_i$	$(s_i-\hat{s}_i)^2$	$\hat{s}_{i\,\text{Hans}}$	$(s_i-\hat{s}_{i\,\text{Hans}})^2$
Messung i	t_i in s	s_i in m								
1	0	0,4								
2	2	1,2								
3	4	1,7								
4	6	2,6								
5	8	3,3								
6	10	3,8								
Summe	30	13								
Mittelwert	$\bar{t}=5$	$\bar{s}=\frac{13}{6}$								

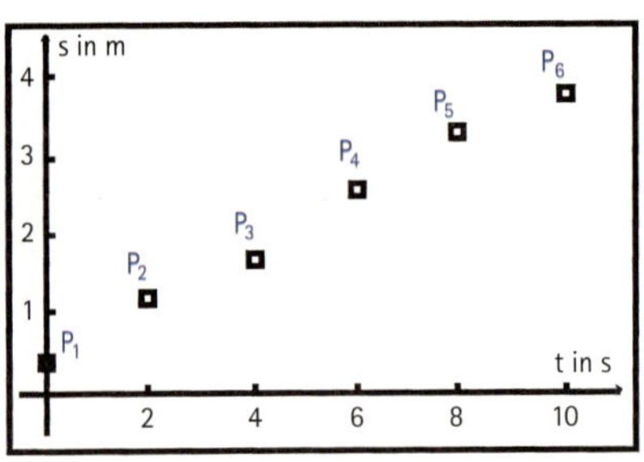

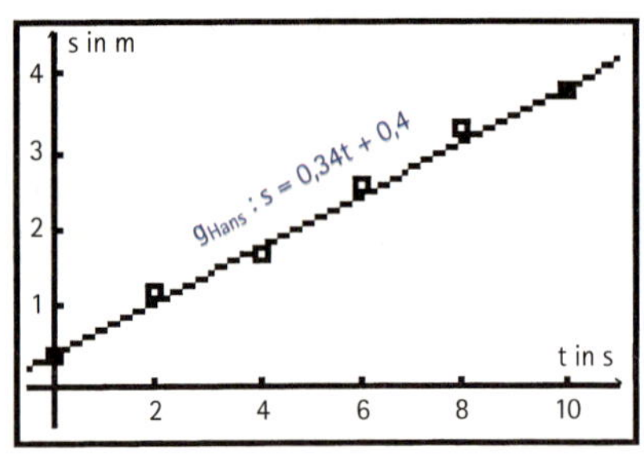

*2

Offensichtlich liegen die Messpunkte $P_i(t_i|s_i)$ nahezu auf einer Geraden. Diese „Anpassungsgerade" kann man nach „Augenmaß" einzeichnen und anschließend die Geradengleichung näherungsweise ermitteln.

Der Schüler Hans findet die im rechten Bild eingezeichnete Gerade g_{Hans}: $s(t) = 0{,}34\,t + 0{,}4$ am besten geeignet den linearen Zusammenhang zwischen den Messgrößen Zeit (t_i) und Weg (s_i) wiederzugeben. (Hans hat das Lineal durch den ersten und letzten Messpunkt gehalten und gesehen, dass die Messpunkte in etwa gleich weit oberhalb und unterhalb von dieser Geraden liegen.)

Sicher haben Sie schon entdeckt, dass unsere grafikfähigen Taschenrechner nicht nur statistische Berechnungen für eine Variable in einer Liste anbieten (1-Var. Stats, Kapitel 1.2.3, Seite 96), sondern auch für zwei Größen (x_i bzw. t_i und y_i bzw. s_i) in zwei Listen (Messtabelle) eine möglichst „gute" Anpassungsgerade berechnen können. Man bezeichnet diese Gerade, die aus den Messpunkten („optimal angepasst") berechnet wird, als Regressionsgerade* g_r: $\hat{s}(t) = 0{,}3457 \cdot t + 0{,}438$.

Berechnung der Regressionsgeraden und grafische Darstellung für unseren Bewegungsvorgang:

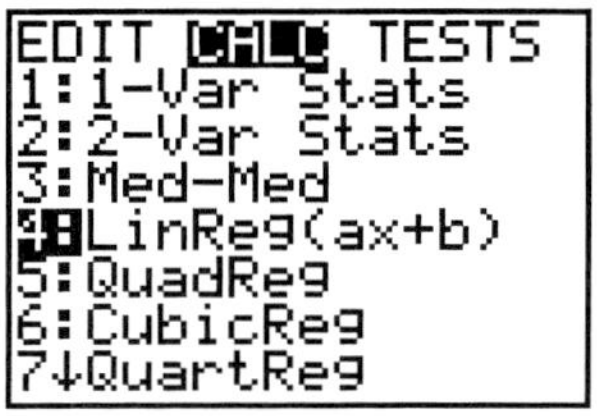

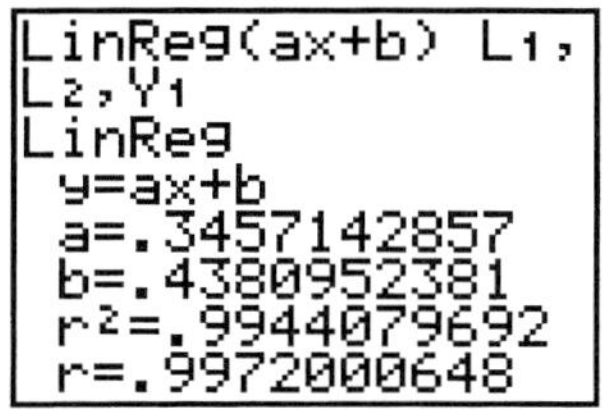

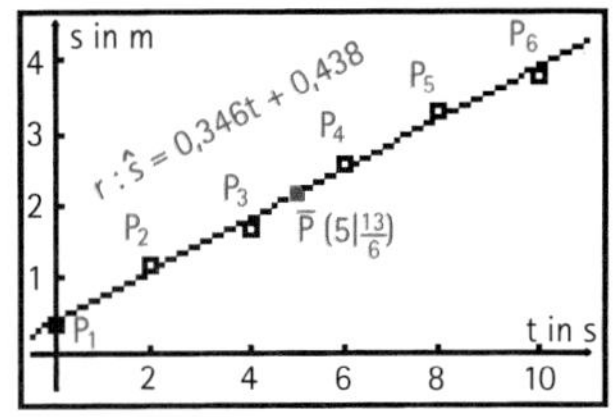

*2

Die Steigung $a \approx 0{,}346$ entspricht der durchschnittlichen Änderung von y (Weg), wenn x (Zeit) um eine Einheit zunimmt.

Für unseren Versuch ist somit a die Geschwindigkeit v des Autos, wenn man unterstellt, dass eine gleichförmige Bewegung mit konstanter Geschwindigkeit stattgefunden hat und die Abweichungen der Messpunkte von einer Geraden auf Messungenauigkeiten beruhen.

Wie findet der Taschenrechner diese Regressionsgerade („best-fit")
g_r: $y = 0{,}3457\,x + 0{,}4381$ bzw. $\hat{s}(t) = 0{,}3457\,t + 0{,}4381$ (Weg-Zeit-Gerade) für unsere Messwerte?

Weshalb ist diese vom GTR gefundene Gerade besser den Messwerten angepasst als die von Hans mit „Augenmaß" gefundene Gerade?

Hierzu wird man ein mathematisches Verfahren anwenden müssen, das eine Gerade mit insgesamt möglichst geringen Abweichungen festlegt. Der GTR oder ein Computer kann nur rechnen. Er hat kein Auge und kein komplex denkendes Gehirn.

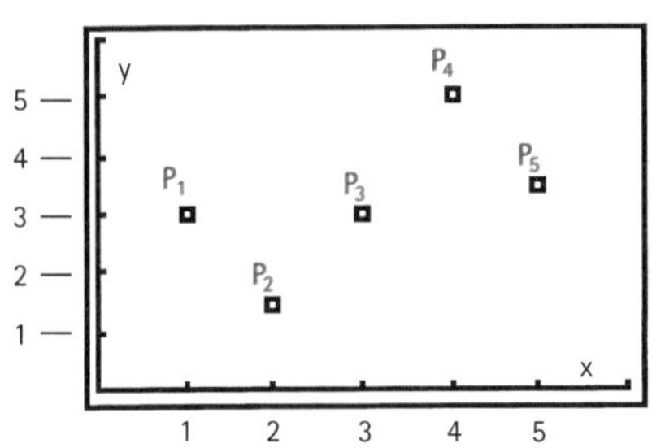

„Punktwolke"

*2

Zur Erläuterung der linearen Regression betrachten wir zunächst nur fünf Punkte $P_i(x_i|y_i)$; ($i = 1, 2, \ldots, 5$): $P_1(1|3)$, $P_2(2|1{,}5)$, $P_3(3|3)$, $P_4(4|5)$, $P_5(5|3{,}5)$ und stellen erneut die Frage, ob sich für diese „Punktwolke" im x-y-Koordinatensystem eine Gerade $y = mx + b$ ermitteln lässt, auf der (im Idealfall) alle diese Punkte liegen, zumindest jedoch alle Punkte so nah wie möglich an dieser Geraden liegen.

* Regressiv – zurückgreifend, zurückgehend; Regression: Rückführung einer abhängigen Variablen y auf eine unabhängige Variable x. Unterstellt wird ein linearer Zusammenhang: durch Gerade charakterisiert.

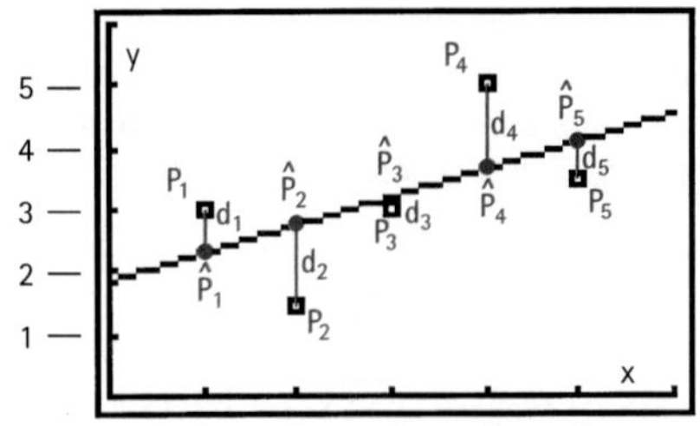

„Punktwolke" mit der Regressionsgeraden

*2

„So nah wie möglich" wird für den Taschenrechner (Computer) bedeuten, dass die *y*-Abweichungen, also die Differenzen $d_i = y_i - \hat{y}_i = y_i - (mx_i + b)$, so klein wie möglich sein sollen. (Im GTR „Residuen" $[y_i - \hat{y}_i]$ in Liste RESID gespeichert.)

In der Zeichnung sind als Beispiel die Punkte $P_i(x_i/y_i)$:
$P_1(1/3)$, $P_2(2/1{,}5)$, $P_3(3/3)$, $P_4(4/5)$, $P_5(5/3{,}5)$ eingesetzt worden.
(*y*-Abweichung $d_i = y_i - \hat{y}_i$)

y_i: Messwert an der Stelle x_i
$\hat{y}_i$: *y*-Wert des Punktes $\hat{P}_i\ (x_i | mx_i + b)$ auf der Ausgleichsgeraden.
$y_i - \hat{y}_i = y_i - (mx_i + b)$: *y*-Abweichung (Residuum)

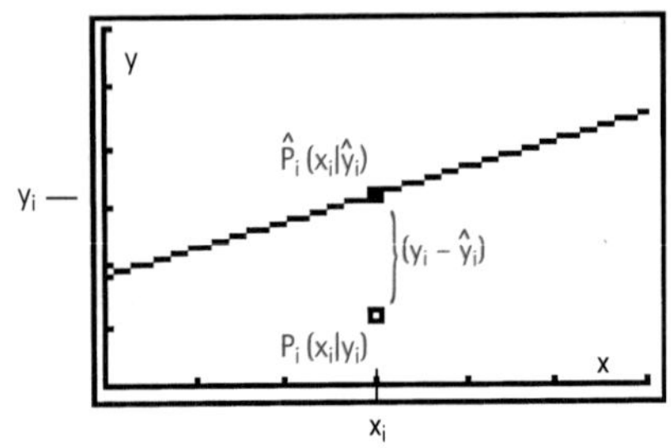

y Abweichung $d_i = (y_i - \hat{y}_i)$

Es hat sich herausgestellt, dass es günstig ist, die Quadrate dieser Abweichung zu betrachten (stets positiv), deren Summe zu bilden und dann zu verlangen, dass diese Summe

$$\sum_i (y_i - \hat{y}_i)^2 = \sum_i (y_i - mx_i - b)^2$$

minimal ist.

„Methode der kleinsten y-Abweichungsquadratsumme"

Zu jedem Wert x_i kann ein $\hat{y}_i$-Schätzwert auf der gesuchten Geraden $\hat{y} = m \cdot x + b$ berechnet werden. Man bildet nun die Differenzen der *y*-Werte zwischen den tatsächlichen Punkten $P_i(x_i/y_i)$ und den Punkten $\hat{P}_i(x_i/\hat{y}_i)$ auf der Anpassungsgeraden (Abweichungen $(y_i - \hat{y}_i)$). *m* und *b* werden dadurch festgelegt, dass die Summe der quadrierten Abweichungen $(y_i - \hat{y}_i)^2$ über alle Wertepaare (Messpunkte) so klein wie möglich ist, d. h., dass $\sum_{i=1}^{i=n} (y_i - \hat{y}_i)^2 = \sum_{i=1}^{i=n} (y_i - (m \cdot x_i + b))^2$ ein Minimum annimmt.

Aus dieser Bedingung können mithilfe der Differenzialrechnung (im nächsten Schuljahr) folgende unten stehende **Berechnungsformeln*** für *m* und *b* abgeleitet werden:

Bilden die Merkmale (Messgrößen) *x* und *y* *n* Paare von Merkmalsausprägungen (Messpunkte) (x_i/y_i) mit $i = 1 \ldots n$, so kann die Abhängigkeit von *x* und *y* durch die

Gleichung der Regressionsgeraden y = m·x + b (Anpassungsgerade)

beschrieben werden mit:

* exakte Herleitung auf der Lösungs-CD-ROM

$$m = \frac{\sum_{i=1}^{i=n}(x_i - \bar{x})(y_i - \bar{y})}{\sum_{i=1}^{i=n}(x_i - \bar{x})^2} \quad \text{und} \quad b = \bar{y} - m \cdot \bar{x}$$

Dabei sind: $\bar{x} = \frac{1}{n}\sum_{i=1}^{n} x_i$ und $\bar{y} = \frac{1}{n}\sum_{i=1}^{n} y_i$ (arithmetisches Mittel)

Insbesondere liegt $P(\bar{x}|\bar{y})$ auf der Regressionsgeraden:
Gerade durch $P(\bar{x}|\bar{y})$ mit der Steigung m: $y = m(x-\bar{x}) + \bar{y} = mx + \underbrace{(-m\bar{x} + \bar{y})}_{b}$

Ferner gilt auch: $\sum_i d_i = \sum_i (y_i - \hat{y}_i) = \sum_i (y_i - mx_i - b) = 0$

Die Regressionsgerade für die obigen fünf Punkte kann nun ermittelt werden:
$\bar{x} = \frac{1}{5}(1+2+3+4+5) = 3$; $\bar{y} = \frac{1}{5}(3+1{,}5+3+5+3{,}5) = 3{,}2$

$$m = \frac{(1-3)(3-3{,}2)+(2-3)(1{,}5-3{,}2)+(3-3)(3-3{,}2)+(4-3)(5-3{,}2)+(5-3)(3{,}5-3{,}2)}{(1-3)^2+(2-3)^2+(3-3)^2+(4-3)^2+(5-3)^2}$$

$m = 0{,}45$; $b = 3{,}2 - 0{,}45 \cdot 3 = 1{,}85$
also $y = 0{,}45x + 1{,}85$ (Der Punkt $P(3|3{,}2)$ liegt auf der Regressionsgeraden: $3{,}2 = 0{,}45 \cdot 3 + 1{,}85$)

Für die Punkte $\hat{P}_i(x_i|\hat{y}_i)$ auf der Regressionsgeraden erhält man:
$\hat{P}_1(1|2{,}3)$, $\hat{P}_2(2|2{,}75)$, $\hat{P}_3(3|3{,}2)$, $\hat{P}_4(4|3{,}65)$, $\hat{P}_5(5|4{,}1)$

Die Summe der y-Abstände: $\sum_{i=1}^{i=5}(y_i - \hat{y}_i) = 0{,}7 - 1{,}25 - 0{,}2 + 1{,}35 - 0{,}6 = 0$

Diese Berechnungen können mit dem GTR oder mit jedem Tabellenkalkulationsprogramm sehr übersichtlich und bequem erledigt werden.

i	x_i	y_i	$(x_i - \bar{x})$	$(y_i - \bar{y})$	$(x_i - \bar{x})^2$	$(x_i - \bar{x}) \cdot (y_i - \bar{y})$	$\hat{y} = mx_i + b$	$y_i - \hat{y}_i$
1	1	3	−2	−0,2	4	0,4	2,3	0,7
2	2	1,5	−1	−1,7	1	1,7	2,75	−1,25
3	3	3	0	−0,2	0	0	3,2	−0,2
4	4	5	1	1,8	1	1,8	3,65	1,35
5	5	3,5	2	0,3	4	0,6	4,1	−0,6
Summe	15	16	0	0	10	4,5		0
Mittelwert	$\bar{x}=3$	$\bar{y}=3{,}2$						

Regressionskoeffizient bzw. Steigung der Regressionsgeraden:

$$m = \frac{\sum_{i=1}^{i=n}(x_i - \bar{x})(y_i - \bar{y})}{\sum_{i=1}^{i=n}(x_i - \bar{x})^2} = \frac{4{,}5}{10} = 0{,}45$$

y-Achsenabschnitt der Regressionsgeraden: $b = \bar{y} - m \cdot \bar{x} = 3{,}2 - 0{,}45 \cdot 3 = 1{,}85$

Berechnung der Regressionsgeraden und grafische Darstellung (Punkte + Regressionsgerade) mit dem GTR:

BEISPIEL

Eingabe der x-Werte in Liste 4 und der y-Werte in Liste 6

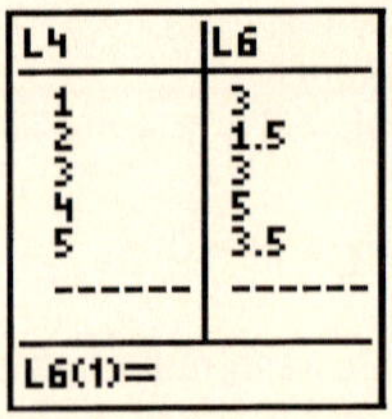

*2

Lineare Regression Liste 4/Liste 6

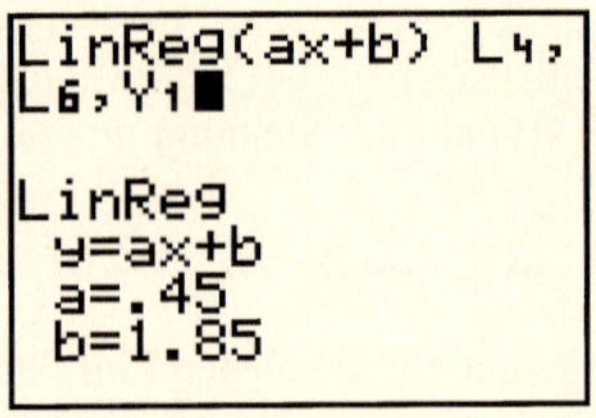

Schaubild Punkte und $y = 0{,}45\,x + 1{,}85$

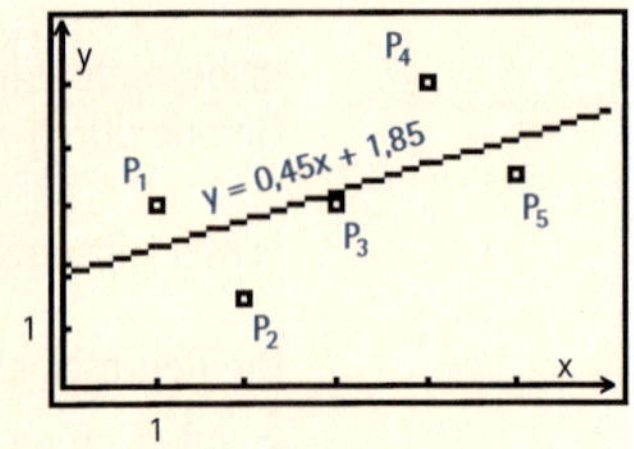

Wir können noch für unsere Regressionsgerade r: $y = 0{,}45\,x + 1{,}85$ zeigen, dass andere „Ausgleichsgeraden" zu unseren 5 Punkten eine größere y-Abweichungsquadratsumme aufweisen. Grafisch ist der Unterschied oft nicht wahrnehmbar.

g: $y = 0{,}43\,x + 1{,}95$

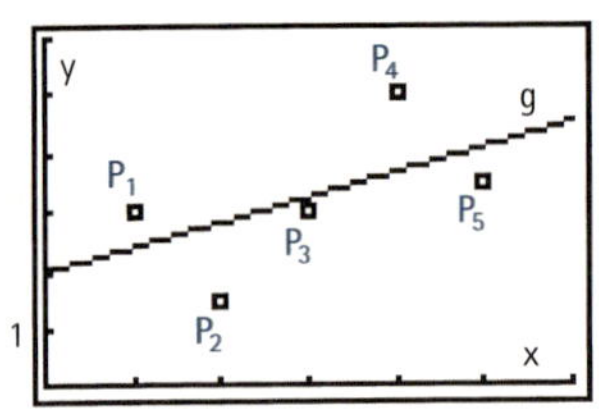

*2

h: $y = 0{,}47\,x + 1{,}8$

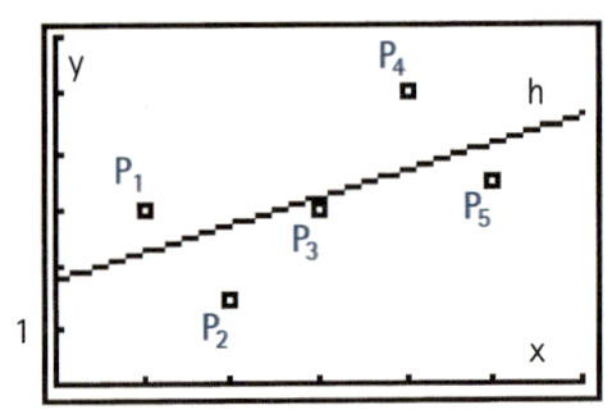

g, h und r

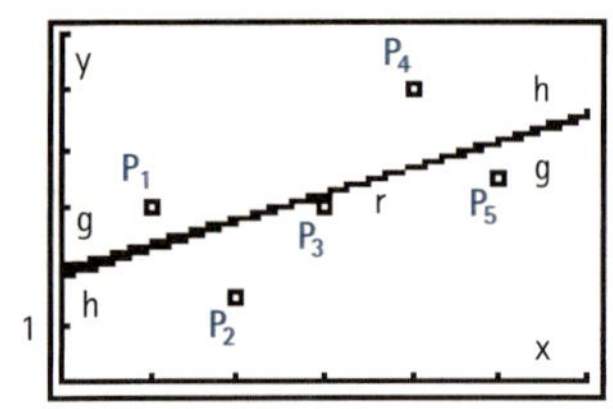

L1	L2	L3: g $0{,}43 \cdot L1 + 1{,}95$	L4 = $(L2-L3)^2$	L5: h $0{,}47 \cdot L1 + 1{,}8$	L6 = $(L2-L5)^2$	L7: r $0{,}45 \cdot L1 + 1{,}85$	L8 = $(L2-L7)^2$
x_i	y_i	$y_g(x_i)$	$(y_i - y_g(x_i))^2$	$y_h(x_i)$	$(y_i - y_h(x_i))^2$	$y_r(x_i)$	$(y_i - y_r(x_i))^2$
1	3	2,38	0,3844	2,27	0,5324	2,3	0,49
2	3,5	2,81	0,7161	2,74	0,5776	2,75	0,5625
3	3	3,24	0,0576	3,21	0,0441	3,2	0,04
4	5	3,67	1,7689	3,68	1,7424	3,65	1,8225
5	3,5	4,1	0,36	4,15	0,4225	4,1	0,36
Summe:			4,287		3,3195		**3,275**

Man sieht, dass die Summe der y-Abweichungsquadrate tatsächlich für die Regressionsgerade mit 3,275 den kleinsten Wert einnimmt.

AUFGABE 13

a) Vervollständigen Sie die Messtabelle zu unserem Bewegungsexperiment auf Seite 102.

b) Ermitteln Sie hieraus die Regressionsgerade. Kommt Ihre Handrechnung ebenfalls zum Ergebnis $s(t) = 0{,}3457 \cdot t + 0{,}4381$?

c) Zeigen Sie, dass die s-Werteabweichungsquadratsumme für $\sum (s_i - \hat{s}_i)^2$ für die Regressionsgerade einen kleineren Wert hat als die s-Werteabweichungsquadratsumme $\sum (s_i - \hat{s}_{iHans})^2$ für die „Augenmaßgerade" von Hans.

AUFGABE 14

Die Firma „Tele-Mobil" hat in den letzten 6 Monaten steigende Umsätze erzielt.

Zeit	Januar	Februar	März	April	Mai	Juni
Umsatz in Mio. €	4,8	5,1	6,7	6,2	6,5	7,3

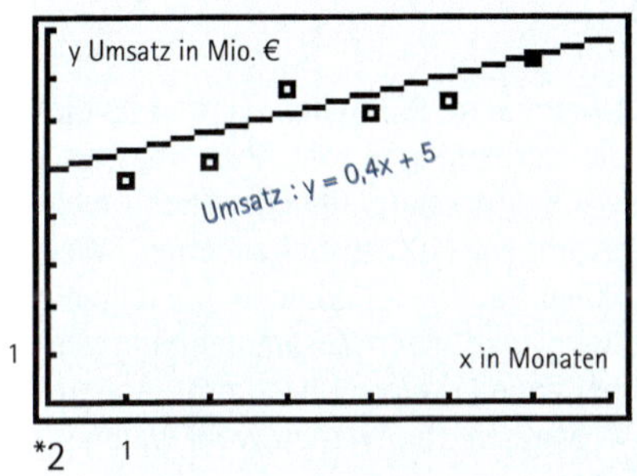

Die im Bild dargestellte Gerade g: $y = 0{,}4\,x + 5$ ist geschätzt. Sie könnte den Umsatz gut wiedergeben.

Der Taschenrechner ermittelt als Regressionsgerade r: $y = 0{,}463\,x + 4{,}48$

Eine Forderung an eine gute Trendlinie (Anpassungsgerade, Ausgleichsgerade) ist in der Mathematik so formuliert:

1. Der Abstand in Richtung der y-Achse ist für jeden einzelnen der gegebenen Punkte $Pi(x_i | y_i)$ von der Geraden $y = mx + b$ zu messen.
   Der entsprechende Punkt auf der Geraden sei $Q(x_i | mx_i + b)$.
2. Diese Abstände $d_i = y_i - (mx_i + b)$ werden quadriert.
3. Die beste Gerade ist diejenige, bei der die Summe der quadrierten Abstände am kleinsten ist.
   a) Zeigen Sie, dass die Gerade r tatsächlich eine kleinere y-Abstandsquadratsumme gegenüber der Geraden g aufweist.
   b) Welcher Umsatz ist für Oktober zu erwarten?
   c) Ist mit der Bestimmung einer „guten" Geraden schon sicher, dass die Umsätze wirklich einem linearen Trend folgen?

AUFGABE 15

Fritz räumt seinen Schreibtisch auf und entdeckt eine Schachtel mit alten Kinokarten. Er notiert sich die Eintrittspreise und sein damaliges Alter.

Kinokarte in €	6,1	2,8	2,9	4,1	1,8	3,8	4,6	5,3	5,5
Alter in Jahren	18	9,5	10	13	6	12	14	16	17

a) Zeichnen Sie ein Eintrittspreis(Abszisse)-Alter(Ordinate)-Diagramm und ermitteln Sie die Regressionsgerade $g_{E,A}$.

b) Zeichnen Sie ein Alter(Abszisse)-Eintrittspreis(Ordinate)-Diagramm und ermitteln Sie erneut die Regressionsgerade $h_{A,E}$.
c) Welcher Zusammenhang besteht zwischen den Steigungen der Regressionsgeraden $g_{E,A}$ und $h_{A,E}$?
d) Diskutieren Sie den Satz: Auch wenn die Regressionsgerade die Abhängigkeit der y-Werte (Alter) von den x-Werten (Eintrittspreise) sehr gut beschreiben sollte, so handelt es sich hierbei zuerst einmal nur um eine statistische Beziehung, aus der man nicht notwendigerweise auf eine kausale Beziehung schließen darf.

1.3.2 Lineare Korrelation

In unserer Eingangsklasse (Urliste Seite 85) haben wir bereits die Leistungen in Französisch und Mathematik, die Körperlängen, die Körpermassen und die Haarfarben notiert. Man könnte noch die Merkmale Raucher/Nichtraucher, Lungenvolumen, Schuhgröße, sportliche Leistungen (100-m-Schwimmen, Weitwurf, 100-m-Lauf, Weit- und Hochsprung, 5 000-m-Lauf u. Ä.) erheben. In einigen Merkmalen wie Körperlänge und Körpermasse wird man einen Zusammenhang vermuten. Körpermasse (y-Werte) ist durch die Körperlänge (x-Werte) bestimmt. Andere Merkmale wie Körperlänge und die Leistung in Mathematik werden wohl weniger bis gar nicht wechselseitig voneinander abhängen.

Wir wollen nun anhand dieser beiden Beispiele aufzeigen, wie ein **Zusammenhang von zwei Merkmalen** statistisch erfasst und ausgewertet werden kann.

Wieder wird man die Merkmalsgrößen als Listen im Taschenrechner speichern und grafisch darstellen.

a) Körperlänge-Mathematiknote-Diagramm

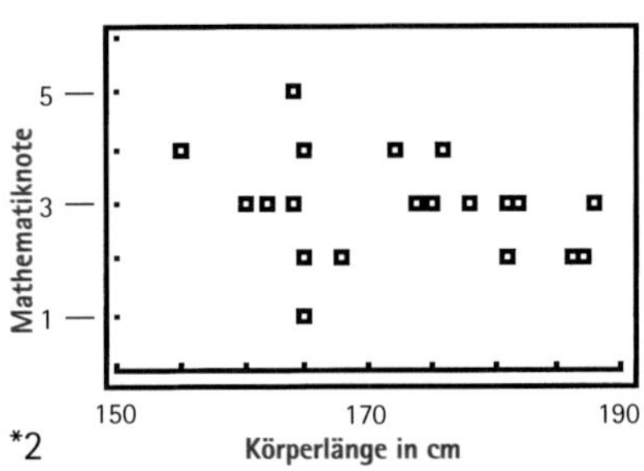

*2

Offensichtlich streuen die Körperlänge-Mathematiknote-Wertepaare so stark, dass kein Zusammenhang besteht.

b) Körperlänge-Körpermasse-Diagramm

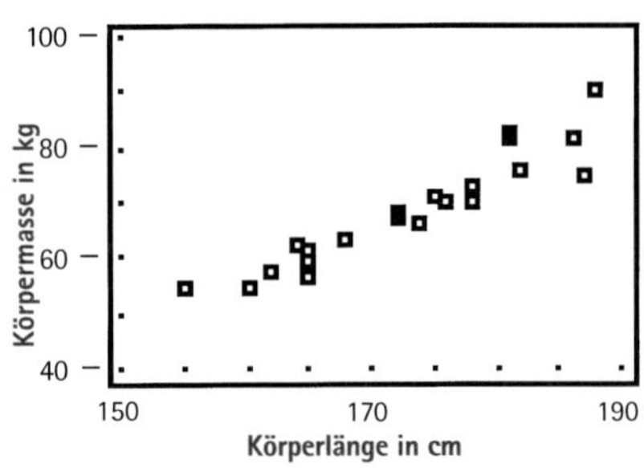

Die Körperlänge-Körpermasse-Wertepaare, das ist nicht schwer zu begründen, korrelieren gut, und wir können zunächst – nach Augenschein – eine möglichst gut angepasste Gerade finden.

Die Regressions- und Korrelationsrechnung des GTR ergibt:

Körperlänge/Mathematiknote
„keine" lineare Korrelation

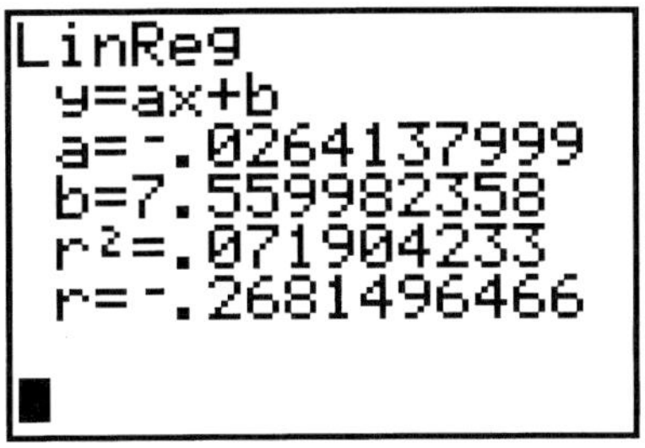

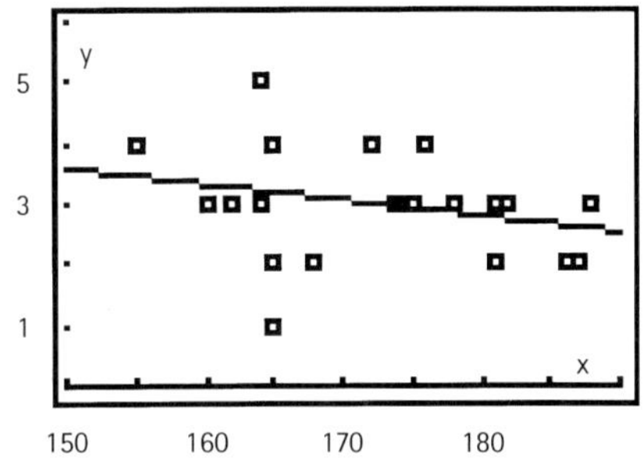

*2

Körperlänge/Körpermasse
„gute" lineare Korrelation
im Wertebereich der Messung

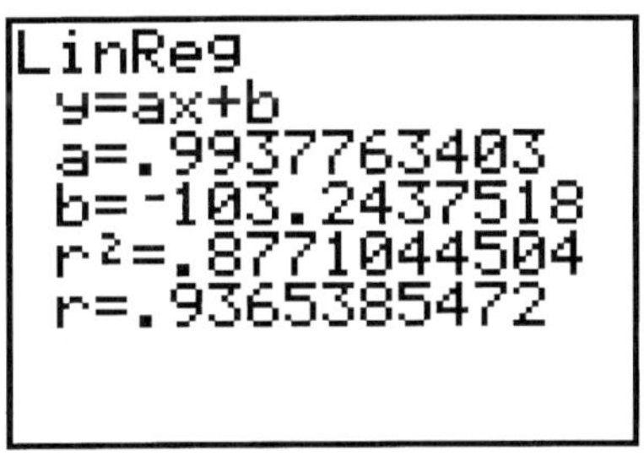

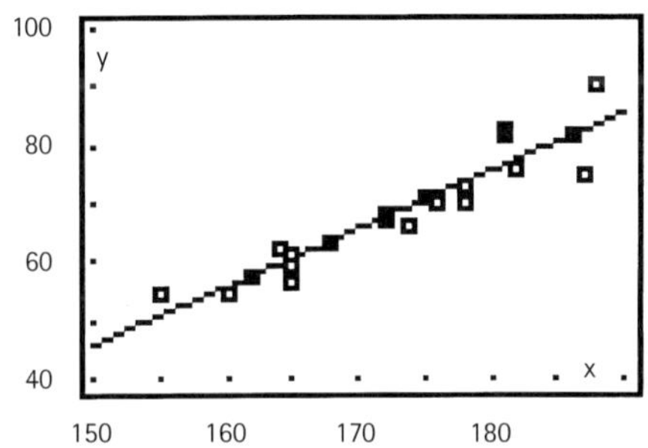

Aus der Grafik erkennt man, dass ein linearer Zusammenhang natürlich nur in einem begrenzten Bereich von ca. 40 kg bis 100 kg gelten wird.

Die Regressionsgerade $y = m \cdot x + b$ lässt sich formal für beliebige Wertepaare $(x_i|y_i)$ berechnen, auch wenn kein linearer Zusammenhang besteht.

So ergibt sich für unser Beispiel a) Körperlänge/Mathematiknote die Regressionsgerade $y = -0{,}026x + 7{,}56$.

Wir benötigen daher eine **Maßzahl für Schwankungen der Punkte um die Regressionsgerade**.

Der Taschenrechner ermittelt bei der Regressionsrechnung zusätzlich die Größen r^2 bzw. r. Das so genannte Bestimmtheitsmaß r^2 $(0 \leq r^2 \leq 1)$ bzw. der Korrelationskoeffizient r $(-1 \leq r \leq 1)$ bewerten den linearen Zusammenhang zwischen den (x_i, y_i) Wertepaaren.

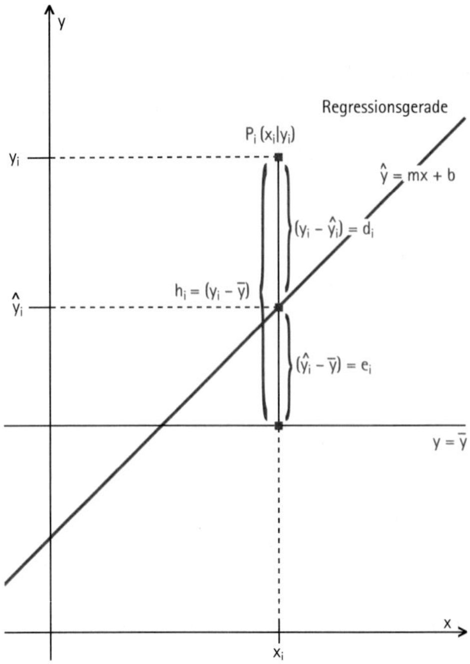

Man kann die Streuung (Abweichung) der gemessenen y_i-Werte vom arithmetischen Mittelwert $\bar{y}$ ($h_i = y_i - \bar{y}$) zerlegen in die Abweichung der gemessenen y_i-Werte vom $\hat{y}_i$-Wert auf der Regressionsgeraden ($d_i = y_i - \hat{y}_i$) und in die Abweichung der $\hat{y}_i$-Werte vom Mittelwert $\bar{y}$ ($e_i = \hat{y}_i - \bar{y}$).

$$y_i - \bar{y} = (y_i - \hat{y}_i) + (\hat{y}_i - \bar{y})$$

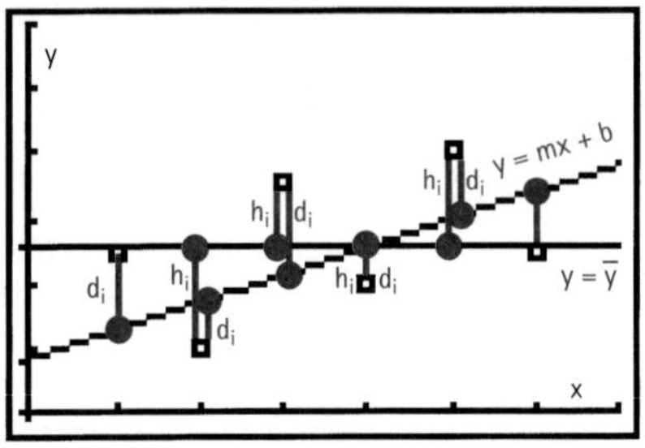

*2

Für alle *n* Messpunkte erhält man dann:

Gesamte Abweichungsquadratsumme (GAQS): $\sum_{i=1}^{i=n}(y_i - \bar{y})^2$

(Messwerte – Mittelwerte)

Erklärte Abweichungsquadratsumme (EAQS): $\sum_{i=1}^{i=n}(\hat{y}_i - \bar{y})^2$

($\hat{y} = mx + b$ Regressionsgeradenwerte – Mittelwerte)

y-Wertedifferenzenquadratsumme (YWDQS): $\sum_{i=1}^{i=n}(y_i - \hat{y}_i)^2$

(Messwerte – Regressionsgeradenwerte [Residuen])

$$\text{GAQS} = \text{EAQS} + \text{YWDQS}$$

$$\sum_{i=1}^{i=n}(y_i - \bar{y})^2 = \sum_{i=1}^{i=n}(\hat{y}_i - \bar{y})^2 + \sum_{i=1}^{i=n}(y_i - \hat{y}_i)^2$$

Bestimmtheitsmaß:

$$r^2 = \frac{EAQS}{GAQS} = \frac{\sum_{i=1}^{i=n}(\hat{y}_i - \bar{y})^2}{\sum_{i=1}^{i=n}(y_i - \bar{y})^2} = \frac{\sum_{i=1}^{i=n}(y_i - \bar{y})^2 - \sum_{i=1}^{i=n}(y_i - \hat{y}_i)^2}{\sum_{i=1}^{i=n}(y_i - \bar{y})^2} = 1 - \frac{\sum_{i=1}^{i=n}(y_i - \hat{y}_i)^2}{\sum_{i=1}^{i=n}(y_i - \bar{y})^2} \quad (0 \le r^2 \le 1)$$

Linearer Korrelationskoeffizient:

$r = \pm\sqrt{r^2}$ (Vorzeichen von *m* [Steigung der Regressionsgeraden]) ($-1 \le r \le 1$)

$r > 0$: Größere *x*-Werte führen zu größeren *y*-Werten.

$r < 0$: Größere *x*-Werte führen zu kleineren *y*-Werten.

Diese allgemeine Formel für das Bestimmtheitsmaß wirkt abschreckend. Sie gibt jedoch schlicht den Anteil der *y*-Varianz wieder, der durch die Regressionsgerade erklärt ist. ($0 \leq r^2 \leq 1$)

Wir können sofort erkennen, dass $r^2 = 1$ bedeutet: $\sum_{i=1}^{i=n} (y_i - \hat{y}_i)^2 = 0$; d.h., alle Punkte liegen auf der Regressionsgeraden.

„Hohe" Werte von r^2 ($\approx 0{,}75 < r^2 < 1$) weisen darauf hin, dass die Regressionsgerade sehr gut die Abhängigkeit der *y*-Werte von den *x*-Werten beschreibt.

$y_i \approx \hat{y}_i = mx_i + b$

Die Varianz $\sum_{i=1}^{i=n} (y_i - \hat{y}_i)^2$ ist klein.

Ist andererseits $r^2 = 0$, so bedeutet dies, dass die Varianz der Messwerte y_i zu ihrem Mittelwert $\bar{y}$ ($\sum_{i=1}^{i=n} (y_i - \bar{y})^2$) und die Varianz der Messwerte y_i zu den Werten auf der Regressionsgeraden $\hat{y}_i$ ($\sum_{i=1}^{i=n} (y_i - \hat{y}_i)^2$) gleich groß ist, d.h. keine lineare Abhängigkeit der *y*-Werte von den *x*-Werten.

BEISPIEL Kehren wir wieder zu unseren fünf Punkten $P_1(1|3)$, $P_2(2|1{,}5)$, $P_3(3|3)$, $P_4(4|5)$, $P_5(5|3{,}5)$ zurück und berechnen das Bestimmtheitsmaß „von Hand": $\bar{x} = 3$; $\bar{y} = 3{,}2$; $y = 0{,}45\,x + 1{,}85$

x_i	y_i	$(y_i - \bar{y})$	$(y_i - \bar{y})^2$	$m \cdot x_i + b$	$(y_i - (m \cdot x_i + b))$	$(y_i - (m \cdot x_i + b))^2$
1	3	−0,2	0,04	2,3	0,7	0,49
2	1,5	−1,7	2,89	2,75	−1,25	1,5625
3	3	−0,2	0,04	3,2	−0,2	0,04
4	5	1,8	3,24	3,65	1,35	1,8225
5	3,5	0,3	0,09	4,1	−0,6	0,36
Summen:			6,30			4,275

Bestimmtheitsmaß $r^2 = \frac{6{,}3 - 4{,}275}{6{,}3} = 0{,}3214$; $r = +0{,}567$; geringe lineare Korrelation

Eine umfangreiche Rechnung! Und dies für nur 5 Punkte! Glücklicherweise hat unser Taschenrechner einen Diagnosemodus. Wenn er eingeschaltet ist, werden bei der Regressionsanalyse auch noch das Bestimmtheitsmaß r^2 und der Korrelationskoeffizient *r* berechnet und am Display angezeigt.

Ferner werden die Residuen $(y_i - \hat{y}_i)$ berechnet und in einer Liste gespeichert.

„5 Punkte" – „geringe" Korrelation

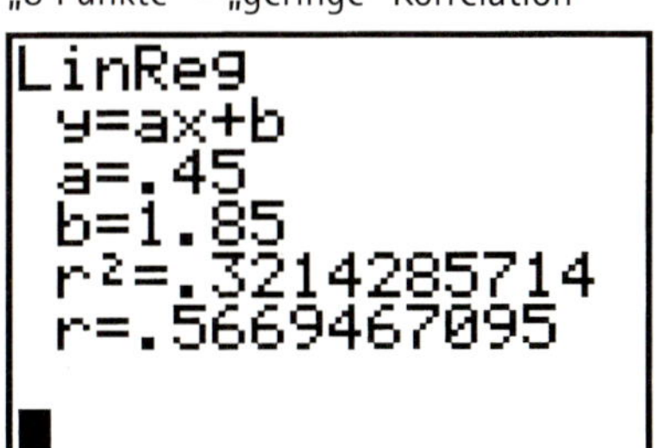

*2

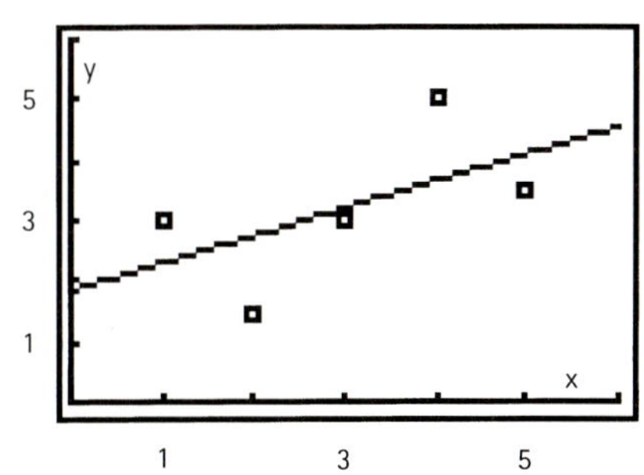

AUFGABE 16

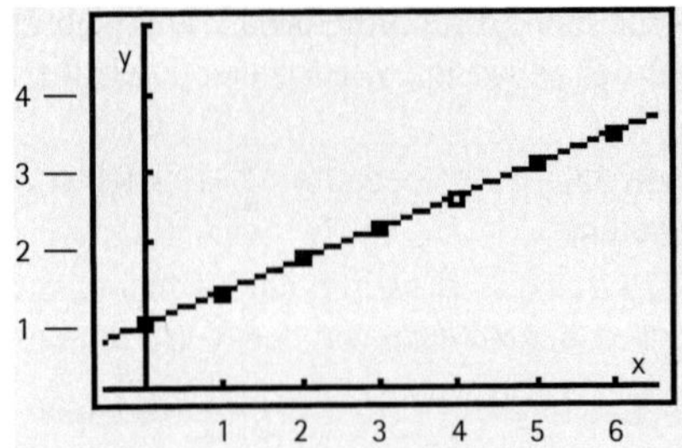

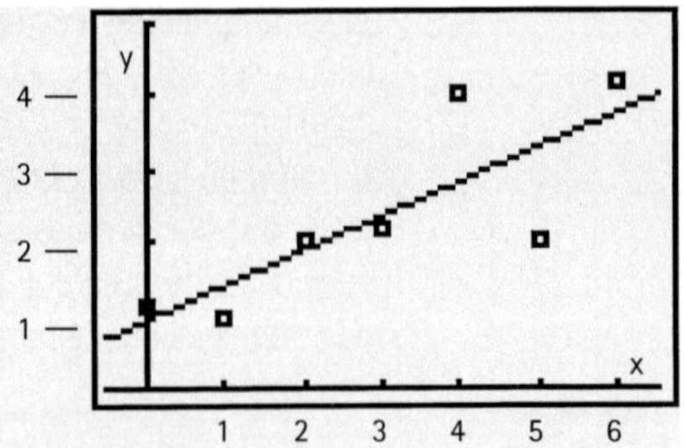

x_i	0	1	2	3	4	5	6
y_i	0,9	1,3	1,8	2,2	2,6	3,1	3,5

x_i	0	1	2	3	4	5	6
y_i	1,1	1	2	2,2	4	2	4,2

Die Wertepaare in den vorstehenden Diagrammen führen zu beinahe denselben Regressionsgeraden. Die stärkeren Abweichungen von der Regressionsgeraden im zweiten Diagramm drücken sich durch das kleinere Bestimmtheitsmaß r^2 aus (geringere lineare Abhängigkeit der y_i-Werte von den x_i-Werten).
Bestimmen Sie für beide Diagramme die Regressionsgerade und das Bestimmtheitsmaß r^2.

AUFGABE 17 Eine Schraubenfeder wird durch Gewichtskräfte F um die Strecken *s* bezüglich ihrer Ruhelage ausgedehnt.

s in *m*	0,1	0,2	0,3	0,4	0,5	0,6
F in *N*	3,1	4,7	6,6	8,3	10,3	12

- Tragen Sie die Messpunkte grafisch auf.
- Versuchen Sie optisch eine Anpassungskurve zu finden.
- Berechnen Sie die Regressionsgerade unter der Annahme eines linearen Zusammenhangs und zeichnen Sie sie in die Grafik ein.
- Berechnen Sie das Bestimmtheitsmaß.
- Kontrollieren Sie Ihre Lösung, indem Sie mit dem Taschenrechner und „von Hand" rechnen.
- Wie kann der gefundene Zusammenhang physikalisch gedeutet werden?

AUFGABE 18 Kaffeekonsum und durchschnittlicher Verkaufspreis in Deutschland im Zeitraum 1993 bis 2006:

Jahr	93	94	95	96	97	98	99	00	01	02	03	04	05	06
Tassen p. Person und Tag	2,0	2,1	2,4	2,4	3,1	2,8	3,0	2,9	3,2	3,1	3,4	3,1	2,9	2,7
€ pro kg	9,20	8,90	7,60	7,80	6,50	7,00	6,50	6,80	6,10	6,40	5,30	6,30	6,80	7,30

Wegen Ernteausfällen (Frost) in den Hauptanbaugebieten und Steueranhebungen wird eine durchschnittliche Erhöhung des Kaffeepreises von 1 € pro kg zum 15. 01. 2007 erwartet.

a) Formulieren Sie eine Nachfragefunktion für den Kaffeekonsum.
(Es soll lediglich der Preis berücksichtigt werden. Die anderen Nachfrageeinflüsse werden als konstant angesehen.)

b) Prognostizieren Sie den durchschnittlichen Kaffeekonsum für das Jahr 2007.

c) Machen Sie eine Aussage über Stärke und Richtung der Zusammenhänge von Preis und Kaffeekonsum.

d) Stellen Sie die Daten grafisch dar.

AUFGABE 19 Es wird oft behauptet, dass gleichzeitige Begabungen für bestimmte Schulfächer vorliegen. In einer Klasse mit 21 Schülern wurden spezielle Tests durchgeführt. (Ergebnisse für die Leistungen in Physik, Chemie und Spanisch in Punkten)

Schüler	A	B	C	D	E	F	G	H	I	J	K	L	M	N	O	P	Q	R	S	T	U
Physik	14	3	13	18	5	17	13	0	15	20	6	19	12	1	18	16	8	14	13	11	10
Chemie	15	5	14	18	6	18	10	2	17	20	7	17	13	3	20	15	9	16	13	12	11
Spanisch	8	16	8	5	14	5	9	16	7	20	15	4	9	17	3	7	12	7	8	9	11

a) Stellen Sie die Leistungen in einem Physik(Abszisse)-Chemie(Ordinate)-Diagramm und in einem Physik-Spanisch(Ordinate)-Diagramm dar.

b) Berechnen Sie die Regressionsgerade und das Bestimmtheitsmaß r^2.

c) Erläutern und bewerten Sie Ihre Ergebnisse.

d) Führen Sie ähnliche Untersuchungen in Ihrer Schulklasse durch. Untersuchen Sie auch getrennt für Mädchen und Jungen.

PROJEKT **Kartoffellänge als Waage**

Diabetikern wird empfohlen vor dem Essen die Masse der Kartoffeln zu bestimmen, um hieraus die „Broteinheiten" ermitteln zu können.
Kann man aus der Länge der Kartoffel einen guten Schätzwert für die Masse erhalten?
Gibt es ein einfaches lineares Masse-Länge-Gesetz und damit die Möglichkeit, die Masse ohne Waage nur über eine simple Längenmessung zu ermitteln?
Wir haben Premium Speisekartoffeln Klasse I, Sorte Nicola untersucht. Jede(r) unserer 21 Schüler/-innen hat blind eine Kartoffel aus dem 2,5-kg-Beutel herausgegriffen. Anschließend wurden mit Ringdominos drei Schülergruppen gebildet.

Hier die Ergebnisse:

Gruppe 1

Nr.	Länge x_i in cm	Masse y_i in g
1	9,5	125
2	6,5	74
3	11	161
4	8	100
5	8,3	98
6	10	142
7	6	70
	$\bar{x} = 8{,}47$	$\bar{y} = 110$

```
LinReg
 y=ax+b
 a=18.46334855
 b=-46.41093839
 r²=.977051878
 r=.9884593456
```

*2

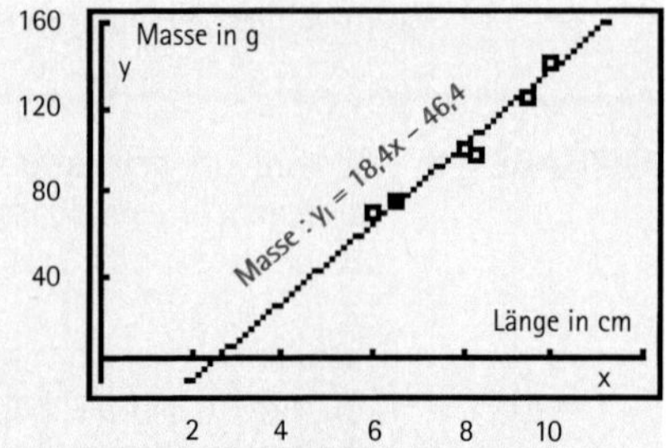

Gruppe 2

Nr.	Länge x_i in cm	Masse y_i in g
8	10	154
9	6,3	74
10	9	96
11	8,5	120
12	4,7	36
13	8,8	106
14	7,8	134
	$\bar{x} = 7{,}87$	$\bar{y} = 102{,}86$

```
LinReg
 y=ax+b
 a=18.88159813
 b=-45.76800817
 r²=.7561164468
 r=.8695495655
```

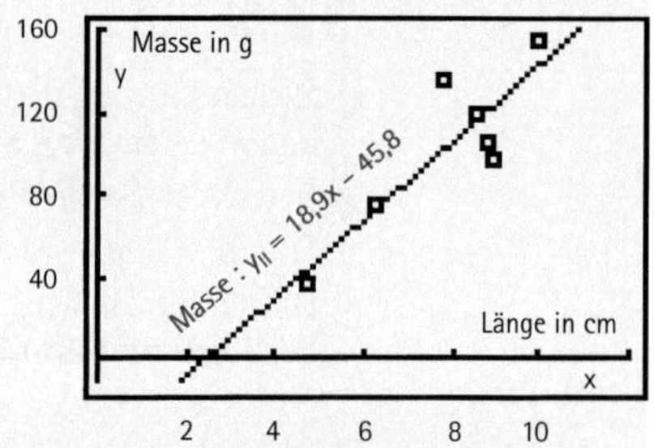

Gruppe 3

Nr.	Länge x_i in cm	Masse y_i in g
15	8,1	114
16	8,5	106
17	7,4	94
18	7,7	82
19	5,6	62
20	7,1	74
21	6	60
	$\bar{x} = 7{,}2$	$\bar{y} = 84{,}57$

```
LinReg
 y=ax+b
 a=17.88235294
 b=-44.18151261
 r²=.821893025
 r=.9065831595
```

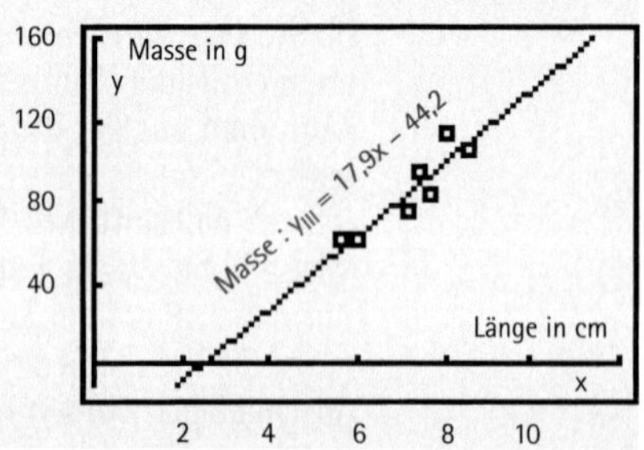

Die lineare Regressions- und Korrelationsrechnung für alle 21 Kartoffeln:

```
LinReg
 y=ax+b
 a=18.72744392
 b=-47.82298846
 r²=.8584344116
 r=.9265173563
```

*2

Es scheint eine lineare Funktion $f: x \mapsto 18{,}7x - 47{,}8$ zu gelten, die der gemessenen Länge x die gemessene Masse y zuordnet.

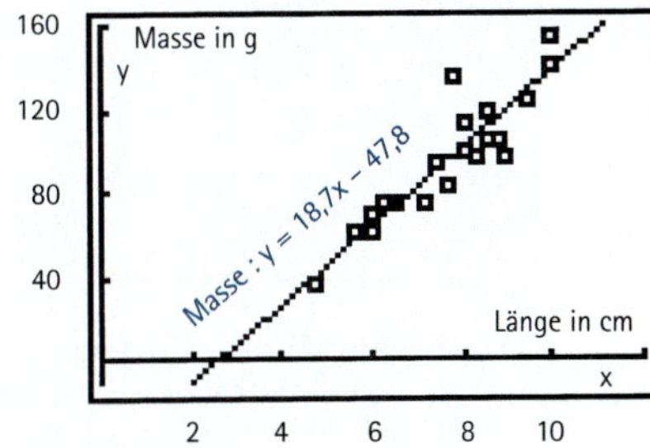

Das lineare Modell ist natürlich nur im Bereich $4 < x < 12$ anwendbar, da sonst eine Kartoffel der Länge 2 cm weniger als null an Masse haben müsste.

AUFGABE 20 Ermitteln Sie in Ihrer Klasse Körperlänge und Körpermasse. Stellen Sie Ihre Messdaten grafisch dar. Ermitteln Sie die Regressionsgerade und das Bestimmtheitsmaß r^2. Führen Sie die Untersuchung für Mädchen und Jungen getrennt durch. Inwieweit bestätigt Ihr gefundener linearer Zusammenhang die „Faust"-Formeln: „Normalgewicht = Körperlänge – 100" oder „Idealgewicht = 0,9 * Körperlänge – 90"?

AUFGABE 21 Untersuchen Sie in Ihrer Klasse die Körperlänge und die Schuhgröße.
Können die Daten durch einen linearen Zusammenhang beschrieben werden?
Inwiefern verbessert sich das lineare Modell, wenn die Untersuchung getrennt für Mädchen und Jungen vorgenommen wird? Berechnen Sie hierzu jeweils das Bestimmtheitsmaß r^2.

AUFGABE 22 Vor der Einführung eines neuen Gewehres bei der Bundeswehr wird die Geschwindigkeit der Gewehrkugel in Abhängigkeit von der Entfernung von der Gewehrmündung gemessen.

s in m	0	9,84	19,68	29,53	39,37	49,21
v in $\frac{m}{s}$	108	96,82	86,48	76,84	67,85	59,48

Stellen Sie die Messwerte grafisch dar. Bestimmen Sie die Regressionsgerade.
Zeigen Sie, dass 99,73 % der Variation der Geschwindigkeit durch die Variation der Entfernung erklärt werden kann.

Beurteilung des Korrelationskoeffizienten r

$r^2 = 1$ bzw. $r = \pm 1$ bedeutet, dass alle Punkte genau auf einer Geraden liegen. Bei der Beurteilung des Korrelationskoeffizienten ist zu berücksichtigen, wie groß die Abweichung von ± 1 ist und welche Ursache sie hat.
Abweichungen von $r = \pm 1$ können von einer Zufallsstreuung verursacht sein, aber auch von einem nichtlinearen Zusammenhang zwischen den x- und y-Werten. Die nachfolgenden Abbildungen zeigen dies für verschiedene Werte des Korrelationskoeffizienten. Der Wert des Korrelationskoeffizienten bezieht sich allein darauf,

ob die Punkte einen linearen Zusammenhang haben. Die Punkte können aber z. B. auf einer Parabel, einer Exponentialkurve usw. liegen und somit durchaus einen strengen funktionalen Zusammenhang besitzen (nichtlineare Regression in 1.3.3).
Daher sollte man die x- und y-Werte immer grafisch darstellen.

Zufallsstreuung

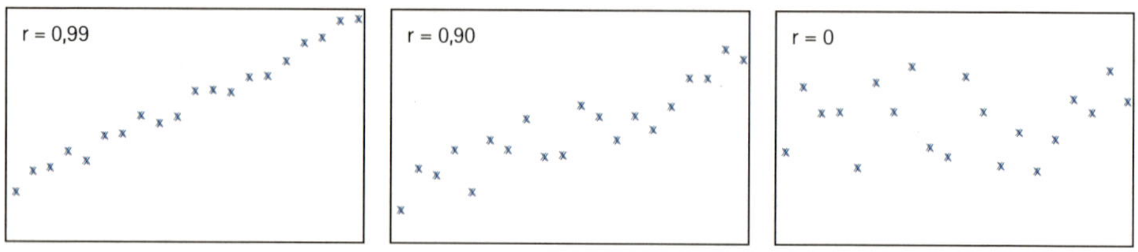

Nichtlinearer Zusammenhang

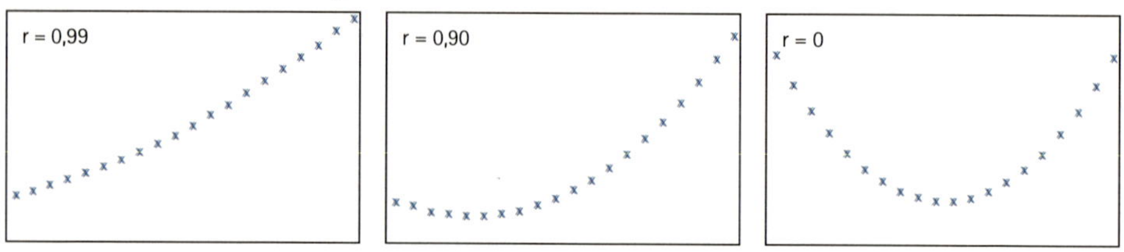

AUFGABE 23

a) Betrachten Sie die Datenpaare (0|4), (1|1), (2|0), (3|1), (4|4).
Bestimmen Sie eine Regressionsgerade und das Bestimmtheitsmaß r^2. Wie ist hier $r^2 = 0$ zu interpretieren?

b) Nehmen Sie nur die Datenpaare (0|4), (1|1), (2|0) und bestimmen Sie erneut eine Regressionsgerade und das Bestimmtheitsmaß r^2.
Wie ist hier $r^2 = 0{,}923$ zu deuten?

1.3.3 Nichtlinearer Zusammenhang – quasilineare Regression

Wir können viele nichtlineare Zusammenhänge zwischen x und y durch geeignete Transformationen in einen linearen Zusammenhang zwischen x^* und y^* überführen. An diesem neu gewonnenen linearen Zusammenhang wird dann die lineare Regression durchgeführt. Das Endergebnis kann dann über die Rücktransformation erhalten werden.

BEISPIEL 1 Wir lassen einen Körper eine schiefe Ebene hinunterrollen. Für die in der Zeit t zurückgelegten Wege s ergab sich folgende Tabelle (z. B. Liste L1 und L2 im GTR):

$x \triangleq t$ in s	0,2	0,4	0,6	0,8	1,0	1,2	1,4	1,6	1,8	2,0
$y \triangleq s$ in m	0,008	0,033	0,073	0,126	0,2	0,29	0,4	0,51	0,65	0,8

Wir stellen die Messwerte in einem *s-t*-Diagramm dar. Die grafische Darstellung lässt einen Zusammenhang der Form $y = a \cdot x^c$ (bzw. $s = a \cdot t^c$) vermuten.

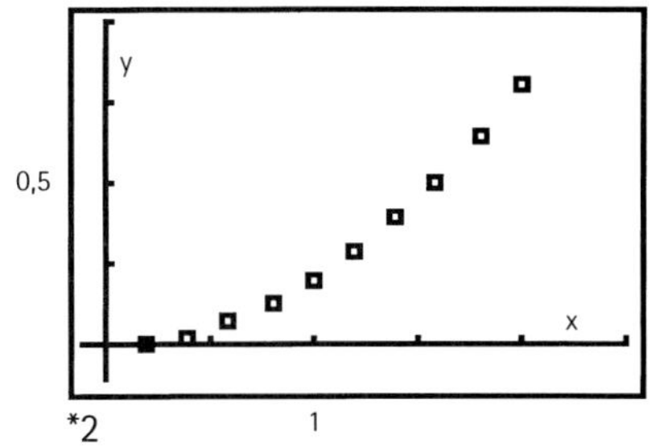

Der grafische Taschenrechner errechnet unter dem Menüpunkt „PwrReg" eine Potenzfunktion, die den Messdaten gut angepasst ist. Diese Regressionsrechnung und die gefundene Potenzfunktion mit den Messdaten sind auf Seite 118 oben dargestellt. Die nun folgende Rechnung dürfen Sie gerne überspringen, da Sie erst gegen Ende des Schuljahres souverän mit Logarithmen umgehen können.

Durch Logarithmieren beider Seiten der Gleichung erhält man:

$\lg(y) = \lg(a \cdot x^c)$

$\lg(y) = c \cdot \lg(x) + \lg(a)$; mit $y^* = \lg(y)$, $x^* = \lg(x)$ und $b^* = \lg(a)$ erhält man:

$y^* = c \cdot x^* + b^*$; dieser Zusammenhang (Gleichung) ist linear.

Tabelle für die transformierten Werte (als Listen L3 = „lg(L1)", L4 = „lg (L2)" im GTR):

$x^* = \lg(x)$, $y^* = \lg(y)$

L3	L4
-.699	-2.097
-.3979	-1.481
-.2218	-1.137
-.0969	-.8996
0	-.699
.07918	-.5376
.14613	-.3979
.20412	-.2924
.25527	-.1871
.30103	-.0969

Die grafische Darstellung der Wertepaare $(x^*|y^*)$ zeigt den erwarteten linearen Zusammenhang.

Die lineare Regressions- und Korrelationsrechnung für die transformierten Daten ergibt:

$y^* = 1{,}996\,x^* - 0{,}6967$

$r^2 = 0{,}99992$

$r = 0{,}99996$

r^2 und r beziehen sich auf den linearen Zusammenhang für die transformierten Daten.

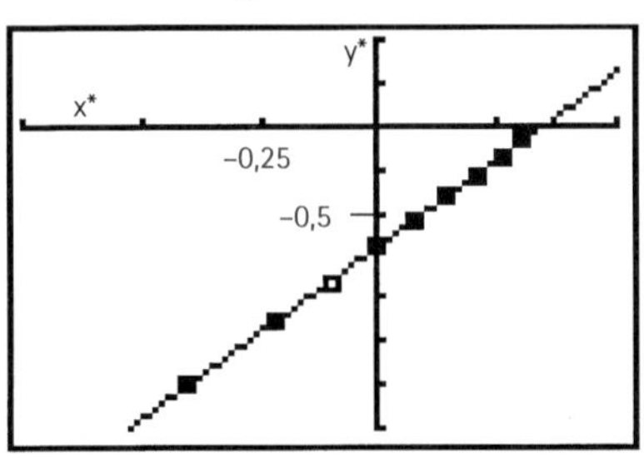


```
LinReg
 y=ax+b
 a=1.996228026
 b=-.6967388854
 r²=.9999225036
 r=.9999612511
```

Das Bild zeigt die transformierten Daten $(x_i^*|y_i^*)$ mit der Regressionsgeraden $y^* = 1{,}996\,x - 0{,}6967$.

Nun kann man **zurücktransformieren:**

$a \triangleq c = 1{,}9962 \approx 2$;

$b \triangleq b^* = \lg(a) = -0{,}6967 \Rightarrow \quad a = 10^{-0{,}6967}$

$a = 0{,}2010$

$a \approx 0{,}2$

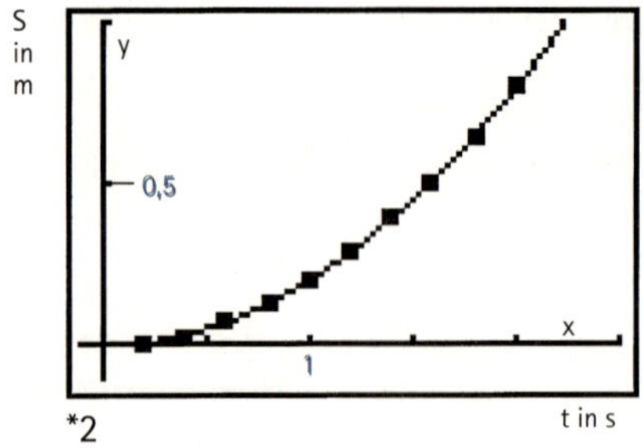

*2

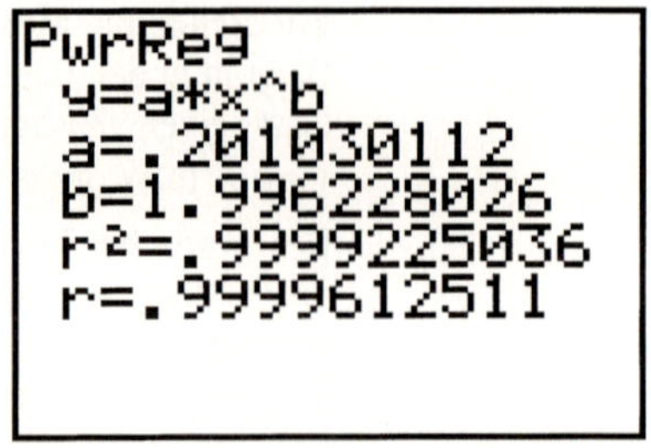

Das Bild zeigt die Originaldaten zusammen mit der zurücktransformierten Anpassungskurve („best-fit") $y = 0{,}2\ x^2$.

Damit ergibt sich als Anpassungskurve für die ursprünglichen Wertepaare $(x_i|y_i)$

(Messwerte) $y = a \cdot x^c \Rightarrow y = 0{,}2 \cdot x^2$
bzw. $s = 0{,}2 \cdot t^2$.

Dieses Verfahren, nichtlineare Zusammenhänge durch Transformationen zu linearisieren, bezeichnet man als quasilineare Regression. Das Verfahren der quasilinearen Regression kann sehr häufig angewendet werden.

BEISPIEL 2

Das Kipplineal*

Das Lineal wird vorsichtig über eine Tischkante geschoben, bis es kippt. Man legt dann auf das freie Ende des Lineals Münzen (z. B. 20 Cent) und ermittelt die jeweilige Kipplänge l.

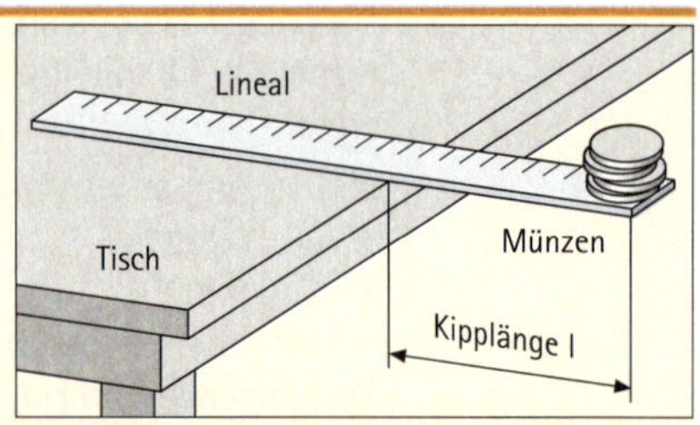

$x \triangleq$ Münzen	0	1	2	3	4	5	6	7	8	9	10	...	15
$y \triangleq$ l in cm	15	11,6	9,6	8,2	7,2	6,4	5,6	5,1	4,8	4,5	4,1	...	?

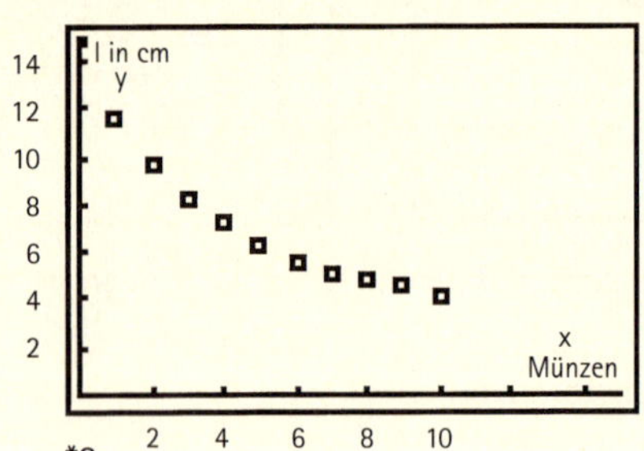

*2

Die Messwerte liegen offensichtlich nicht auf einer Geraden.

Man könnte vermuten, dass die Messwerte auf einer Hyperbel der Form

$l(x) = \dfrac{c}{x + d}$ liegen.

Durch die Transformation (Kehrwertbildung)

$y^* = \dfrac{1}{l(x)} = \dfrac{x + d}{c} = \dfrac{1}{c}\,x + \dfrac{d}{c}$ müsste sich dann ein linearer Zusammenhang ergeben.

* Idee nach TI-Nachrichten (2/01)

Transformierte Werte

Münzen x										
0	1	2	3	4	5	6	7	8	9	10
$y^* = \frac{1}{l(x)}$										
0,0666	0,0862	0,1042	0,122	0,1389	0,1563	0,1786	0,1961	0,2083	0,2222	0,2439

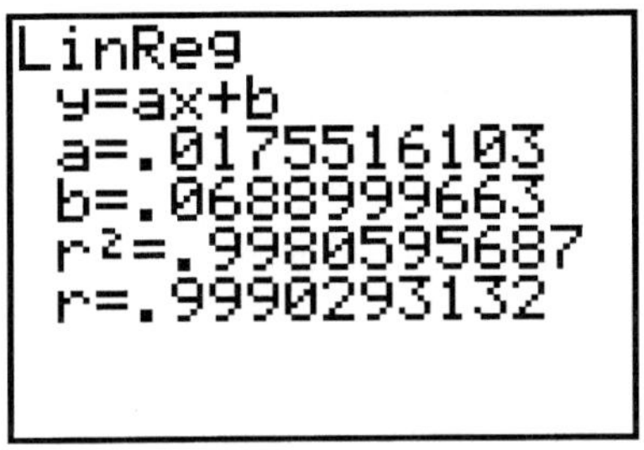

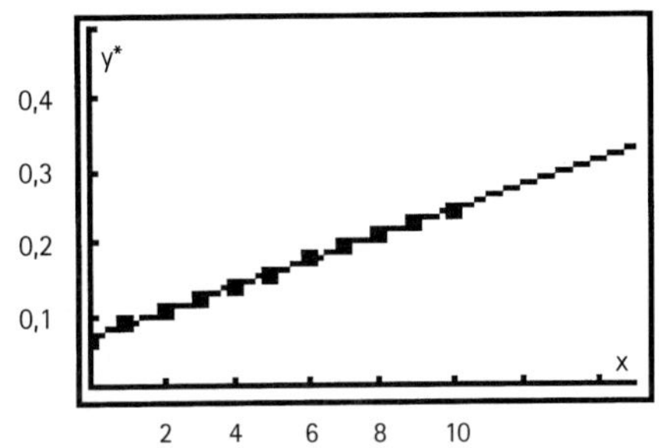

*2

Man sieht, dass für die transformierten Werte der lineare Zusammenhang

$y^* = 0{,}01755 \cdot x + 0{,}069$ gilt.

Die ursprünglichen Messpunkte müssen auf der Anpassungskurve

$\frac{1}{y^*} = l(x) = \frac{57}{x + 3{,}93}$ liegen. (da $\frac{1}{c} = a \Rightarrow c = 56{,}97 \approx 57$

$\frac{d}{c} = b \Rightarrow d = b \cdot c = 0{,}0689 \cdot 56{,}97 = 3{,}93$)

Messpunkte und Anpassungskurve

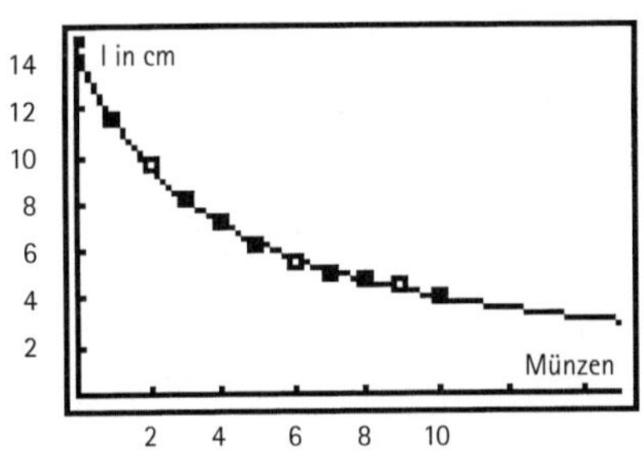

Wir sehen eine ideale Übereinstimmung und haben das „Münzen-Kipplängen-Gesetz" gefunden.

Wir können noch testen, ob auch der Messpunkt mit x = 15 Münzen auf der prognostizierten Kurve liegt.

Man wird erstaunt sein, dass unser Taschenrechner neben dem linearen Zusammenhang für Wertepaare auch die Regression auf quadratische, kubische, logarithmische, exponentielle, potenzielle, logistische und sogar sinusförmige Zusammenhänge vornimmt. Die lineare Transformation führt er in diesen Fällen rechnerintern durch – ein Zauberkasten!

Das Bestimmtheitsmaß r^2 bzw. der Korrelationskoeffizient r bezieht sich jedoch stets auf die lineare Regression für die transformierten Werte.

vermuteter funktionaler Zusammenhang (x_i/y_i)	geeignete Umformung	Variablen-transformation	lin. Gleichung (x_i^*/y_i^*)
$y = a \cdot e^{cx}$ | lg	$\lg(y) = c \cdot x + \lg(a)$	$y^* = \lg(y)$; $x^* = x$; $b^* = \lg(a)$	$y^* = c \cdot x^* + b^*$
$y = a \cdot e^{\frac{c}{x}}$ | lg	$\lg(y) = \frac{c}{x} + \lg(a)$	$y^* = \lg(y)$; $x^* = \frac{1}{x}$; $b^* = \lg(a)$	$y^* = c \cdot x^* + b^*$
$y = a \cdot x^c$ | lg	$\lg(y) = c \cdot \lg(x) + \lg(a)$	$y^* = \lg(y)$; $x^* = \lg(x)$; $b^* = \lg(a)$	$y^* = c \cdot x^* + b^*$
$y = a + c \cdot \lg(x)$ |	$y = a + c \cdot \lg(x)$	$y^* = y$; $x^* = \lg(x)$	$y^* = c \cdot x^* + a$
$y = a + \frac{c}{x}$	$y = a + \frac{c}{x}$	$y^* = y$; $x^* = \frac{1}{x}$	$y^* = c \cdot x^* + a$
$y = \frac{1}{c \cdot x + a}$ | $\updownarrow$	$\frac{1}{y} = c \cdot x + a$	$y^* = \frac{1}{y}$; $x^* = x$	$y^* = c \cdot x^* + a$
$y = \frac{x}{c \cdot x + a}$ | $\updownarrow$	$\frac{1}{y} = \frac{c}{x} + a$	$y^* = \frac{1}{y}$; $x^* = \frac{1}{x}$	$y^* = c \cdot x^* + a$

Diese Übersicht kann Ihnen später beim Studium und im Beruf helfen Datenpaare auf funktionale Zusammenhänge zu untersuchen.

1.3.4 Aufgaben

AUFGABE 24 Untersuchen Sie weitere „Zusammenhänge" wie 100-m-Lauf und Weitsprung, 100-m-Lauf und Kugelstoßen u. Ä.

AUFGABE 25 In der Zeitschrift „Familie und Liebe" wird statistisch belegt, dass die Anzahl der Störche und die Kindergeburten korreliert sind. Nehmen Sie hierzu Stellung.

AUFGABE 26 Finden Sie empirische Gesetze für:

a) die Abkühlung des Kaffeewassers (Zeit, Temperaturdifferenz zur Umgebungstemperatur);

b) die Pendelschwingung (Fadenlänge, Periode).

Messen Sie und werten Sie aus.

AUFGABE 27* In Europa verwendet man schon seit langem den Brustumfang als Schätzwert für das Gewicht bei Rindern.

In einem Entwicklungsprojekt in Kolumbien wurde deshalb der Versuch unternommen ein „Brustumfang-Gewicht-Gesetz" für die dortigen Rinderarten zu ermitteln.

* Idee: Christian Strutz; www.geocities.com/CapeCanaveral/4310/mathe/brust/brust.htm

Hier die ermittelten Werte (Durchschnittswerte):

Brustumfang (U) in cm	115	135	140	150	160	170	180	190	200
Gewicht (G) in kg	120	170	200	245	300	350	437	500	560

Welche Brustumfang-Gewicht-Tabelle sollte man den Tierzüchtern an die Hand geben?

Lösung:

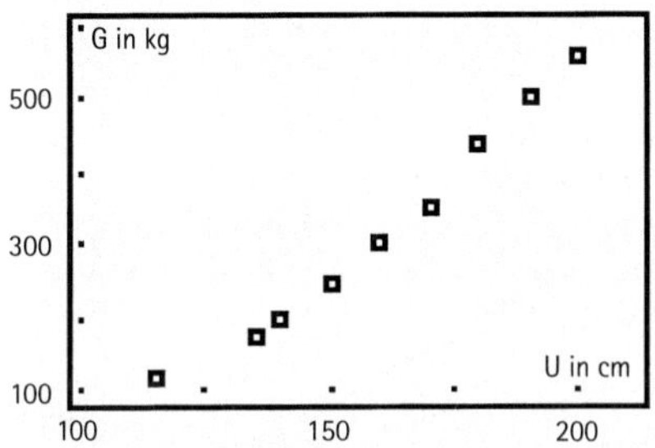

*2

Die grafische Darstellung lässt erkennen, dass eher kein linearer Zusammenhang besteht.
Betrachtet man ein Rind (ohne Kopf und Beine) als „Zylinder" ($V = \pi r^2 \cdot h$), so wird man vermuten, dass sein Volumen und damit sein Gewicht einer Beziehung $G = c \cdot U^a$ ($a \approx 3$) folgen wird.
($U = 2\pi r \Rightarrow r = \frac{U}{2\pi}$; die Länge h wird auch von r abhängen: $h = kr$; damit $V = \pi \frac{U^2}{4\pi^2} \cdot k \cdot \frac{U}{2\pi} = \frac{k}{8\pi^3} U^3$)

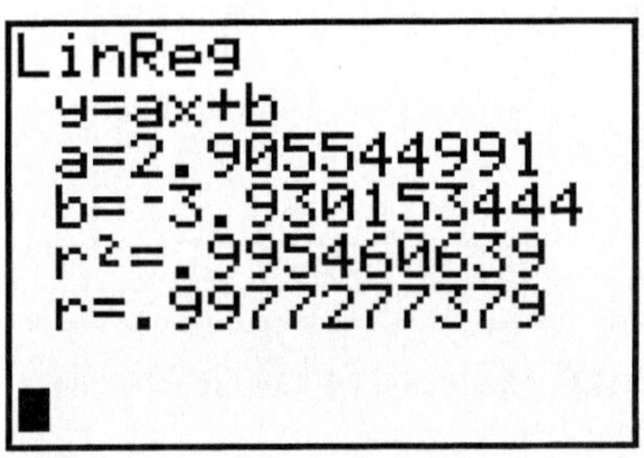

Wenn man die Gleichung $G = cU^a$ beidseitig logarithmiert, so ergibt sich $\lg G = a \cdot \lg U + \lg c$ mit $y^* = \lg G$, $x^* = \lg U$ und $b = \lg c$; man erhält eine lineare Beziehung für die transformierten Werte x^*, y^*.

$$y^* = a \cdot x^* + b = 2{,}9 \cdot x - 3{,}93$$

$x^* = \lg U$	2,061	2,13	2,146	2,176	2,204	2,23	2,255	2,279	2,301
$y^* = \lg G$	2,079	2,23	2,301	2,389	2,477	2,544	2,641	2,699	2,748

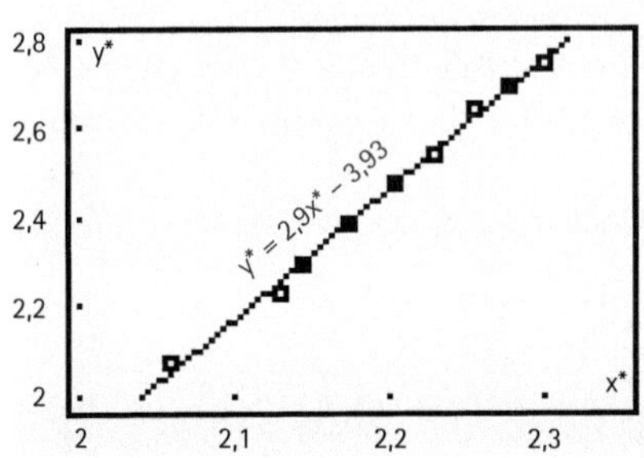

Aus der Regressionsgeraden $y^* = 2{,}9 \cdot x^* - 3{,}93$ für die transformierten Werte ergibt sich dann:

$$a = 2{,}9;\ c = 10^b = 10^{-3{,}93} = 0{,}0001174;$$
$$G = 0{,}0001174 \cdot U^{2{,}9}$$

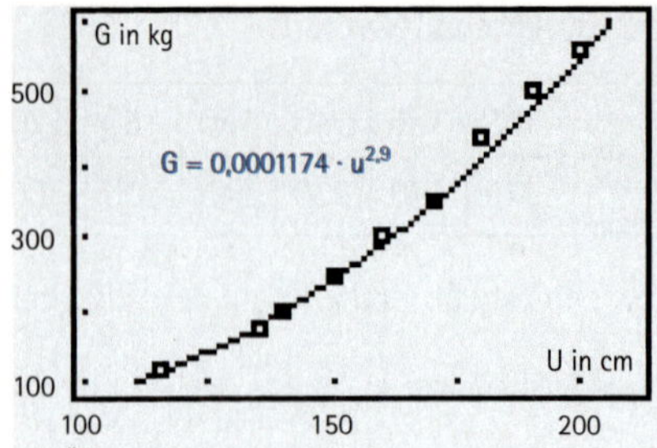

*2

Man sieht, dass der Graph der Funktion $G\colon u \mapsto 0{,}0001174 \cdot u^{2{,}9}$ sehr gut den Messwerten angepasst ist und man somit eine Wertetabelle dieser Funktion den Tierzüchtern geben sollte. Ohne teure Waage kann dann das Gewicht der Tiere für die Zuchtentscheidungen berücksichtigt werden.

AUFGABE 28 Gegeben sind folgende Streudiagramme a) bis f).
Schätzen Sie den Korrelationskoeffizienten.

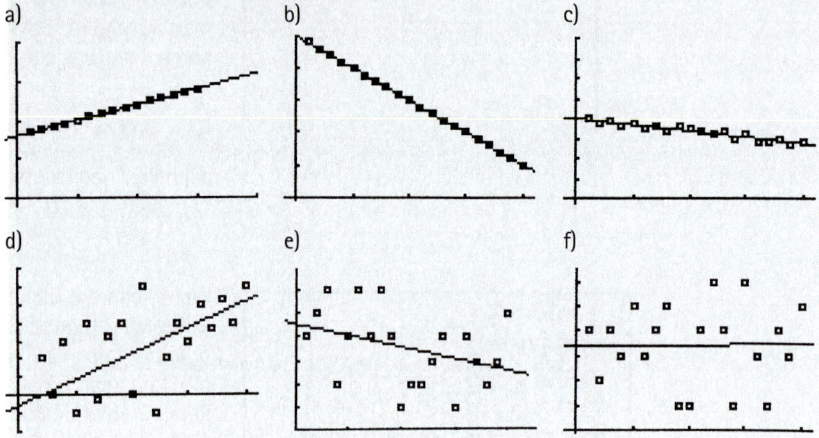

AUFGABE 29 Das Statistische Jahrbuch 2005, Seite 565 enthält die Ausgaben in EUR für die soziale Sicherung je Person:

1992	1993	1994	1995	1996	1997	1998	1999	2000	2001	2002
5.000	5.294	5.568	5.883	6.009	6.001	6.037	6.162	6.244	6.343	6.734

a) Stellen Sie die Datenreihe grafisch dar.
b) Kann ein Zusammenhang vermutet werden?
Berechnen Sie den Korrelationskoeffizienten r und interpretieren Sie ihn.
c) Welche Prognose geben Sie für die Ausgaben im Jahr 2010?

2 Einfache Funktionen

2.1 Allgemeines zu Funktionen

2.1.1 Der Begriff der Funktion

Beginnen wir mit einem Quiz. Wie heißen die folgenden Berühmtheiten mit Vornamen: Einstein, Schiller, Curie, Beethoven, Newton, Meitner, Galilei, Bismarck, Kant?

Was hat dieses Quiz nun mit Mathematik zu tun? Sie gehen die Namen durch und setzen für die Variable „Name" nacheinander Einstein, Schiller usw. ein. Alle diese Namen fasst man zum Definitionsbereich D zusammen. Erinnern Sie sich noch an das Kapitel 2.1 des Teils A über die Aussageformen? Ihre Ergebnisse liegen dann in der Menge {Isaac, Galileo, Marie, Otto, Albert, Ludwig, Lise, Friedrich, Immanuel}. Diese Menge nennt man den Wertebereich W. Sie erhalten die folgende Zuordnung:

Einstein	→	Albert
Schiller	→	Friedrich
Curie	→	Marie
Beethoven	→	Ludwig
Newton	→	Isaac
Meitner	→	Lise
Galilei	→	Galileo
Bismarck	→	Otto
Kant	→	Immanuel
$x \in D$	→	$y \in W$

Wichtig an diesem Beispiel ist uns, dass zu jedem Wert *x*, also dem Nachnamen, genau ein Vorname, also genau ein Wert *y*, gehört. Solche eindeutigen Zuordnungen nennt man in der Mathematik eine **Funktion**.

Natürlich werden in den folgenden Kapiteln *x* und *y* Zahlen sein, die mehr oder weniger kompliziert voneinander abhängen. An der grundlegenden Eigenschaft, dass sich *y* eindeutig aus *x* bestimmen lässt, wird sich aber nichts ändern. Mit Vorliebe gibt man den Zusammenhang zwischen *x* und *y* grafisch an. Meistens erhält man dabei Kurven. Wir untersuchen in dieser und der nächsten Klasse die Eigenschaften solcher Funktionen und der entsprechenden Kurven. Sehen Sie sich nun das Beispiel auf der nächsten Seite an.

Die Kurve zeigt, wie die Leistung von der Drehzahl abhängt. Mit steigender Drehzahl nimmt die Leistung zu und fällt dann wieder etwas ab. Zu jeder Drehzahl kann man genau einen Wert für die Leistung aus dem Diagramm ablesen. Die Zuordnung Drehzahl → Leistung ist eindeutig. Es handelt sich also um die Darstellung einer Funktion. Mit dem Wort „funktionieren", das Sie in der Umgangssprache verwenden, hat dies übrigens nichts zu tun. Wir fassen zusammen:

DEFINITION Eine **Funktion** ist eine eindeutige Zuordnung von Elementen einer Menge *A* zu den Elementen einer Menge *B*. *A* heißt Definitionsmenge, *B* heißt Wertemenge der Funktion. (Statt Zuordnung kann man auch Abbildung sagen.)

In der Regel werden *A* und *B* Teilmengen der reellen Zahlen oder die Menge der reellen Zahlen selbst sein. Solche Funktionen heißen **reelle Funktionen**.

BEISPIEL Leistung eines Automotors bei verschiedenen Drehzahlen

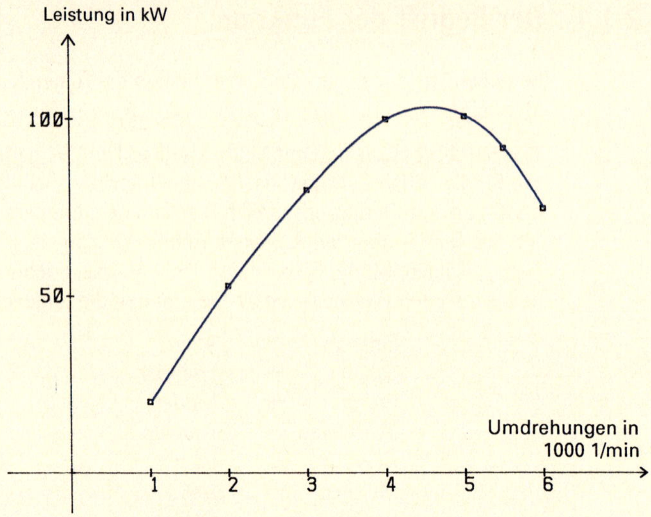

2.1.2 Darstellung von Funktionen

Die Darstellungsmöglichkeiten für Funktionen sind außerordentlich vielfältig. Wir werden jetzt dieselbe Funktion auf 5 verschiedene Arten beschreiben. Erschrecken Sie nicht! Das hört sich viel schlimmer an, als es in Wirklichkeit ist.

Darstellung durch ein **Mengenbild**

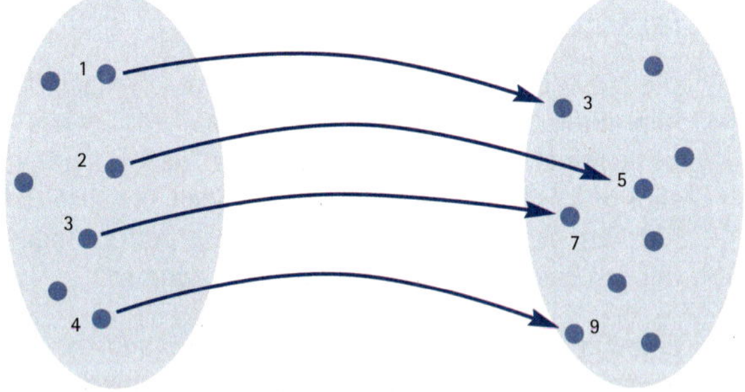

Definitionsbereich D
(oder Definitionsmenge)
$x \in D$

Wertebereich W
(oder Wertemenge)
$y \in W$

Darstellung durch ein **Pfeildiagramm**

$x = 1 \rightarrow y = 3$
$x = 2 \rightarrow y = 5$
$x = 3 \rightarrow y = 7$
$x = 4 \rightarrow y = 9$
$\vdots \quad \vdots$

Sprechweisen: „zu $x = 1$ gehört eindeutig $y = 3$"
„$x = 1$ wird $y = 3$ zugeordnet"
„$x = 1$ wird auf $y = 3$ abgebildet"
„der Funktionswert an der Stelle $x = 1$ ist $y = 3$"

Die Formulierungen sind alle gleichwertig. Am häufigsten wird Ihnen die letzte begegnen.

Darstellung durch eine **Wertetabelle**

x	1	2	3	4	...
y	3	5	7	9	...

Unter jedem x-Wert steht der y-Wert, der dazugehört. Das kennen Sie schon lange. Was kommt als Nächstes? Richtig, eine Zeichnung. Wir können die Zahlenpaare (x, y) als Koordinaten eines Punktes im Koordinatensystem auffassen. Sie wissen ja noch: positiver x-Wert nach rechts, negativer x-Wert nach links, positiver y-Wert nach oben, negativer y-Wert nach unten.

Darstellung durch ein **Schaubild**

„Schaubild" klingt vielleicht ein bisschen übertrieben. Aber mehr als diese 4 Punkte haben wir ja noch nicht. Diese Punkte lassen sich durch eine Gerade verbinden. Dazu benötigen wir aber noch alle Punkte der Geraden. Das erreichen wir ganz einfach, indem wir unsere Zuordnung durch eine Gleichung beschreiben.

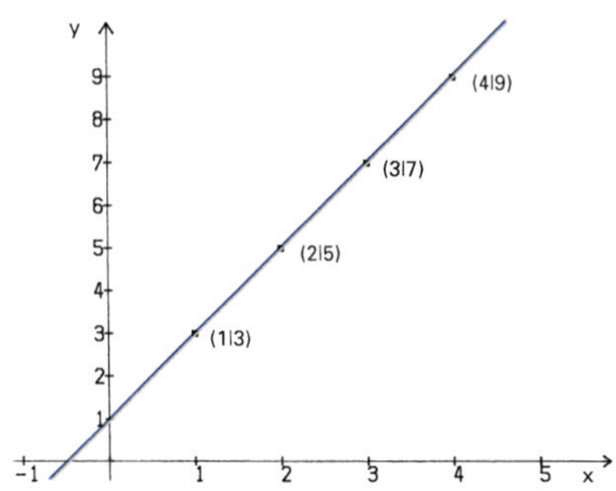

Darstellung durch eine **Funktionsgleichung**

$y = 2x + 1$ Wenn man an das Schaubild im Koordinatensystem mit der x-Achse und der y-Achse denkt oder

$f(x) = 2x + 1$ wenn man betonen will, dass es sich um eine Funktion f mit der Variablen x handelt (lies: „f von x").

Damit haben wir eine optimale Darstellung erreicht. Wir müssen nur unsere x-Werte in die Formel einsetzen, und schon haben wir den dazugehörigen y-Wert. Diese einfache Formel liefert uns nicht nur unsere 4 Zahlenpaare, die wir schon kennen. Mit ihr finden wir zu jedem beliebigen x-Wert auch den dazugehörigen Funktionswert.

Schreibweisen: Wir zeigen Ihnen jetzt an unserem Beispiel, wie man eine Funktion klar und übersichtlich schreibt.

$f: x \rightarrow 2x+1$ oder ganz ausführlich:

$$\underbrace{f: x \rightarrow \underbrace{f(x)=2x+1}_{\text{Funktionsgleichung}}}_{\text{Funktion}} \quad \text{mit} \quad x \in \mathbb{R} \quad \text{(Definitionsmenge)}$$

Der Name der Funktion ist f. Die Schreibweise $x \rightarrow f(x)$ verdeutlicht, dass zu jedem x-Wert ein bestimmter Funktionswert gehört. (Statt $f(x)$ können Sie auch wie bisher y nehmen.) $y=f(x)=2x+1$ gibt die Rechenvorschrift an, wie die Funktionswerte y zu berechnen sind.

Wenn man nacheinander für x die Werte 1, 2, 3, ... einsetzt, erhält man für y die Werte $2\cdot1+1=3$, $2\cdot2+1=5$, $2\cdot3+1=7$, ...

Dafür schreibt man kürzer:

$f(1)=3$ oder $y(1)=3$
(Lies: „f an der Stelle $1=3$" oder
„y an der Stelle $1=3$".)
analog:
$f(2)=5$,
$f(3)=7$ ... usw.

AUFGABE 1 Im Physikunterricht wird bei einem Fahrbahnversuch ein Wagen gleichmäßig beschleunigt. Man misst die folgenden Werte:

Zeit in Sekunden	0	2	4	6	8	10
zurückgelegter Weg in cm	0	3	13	29	51	80

a) Zeichnen Sie für die Zuordnung Zeit → Weg ein Schaubild (x-Achse in Sekunden, y-Achse in dm).

b) Wie groß ist die Beschleunigung des Wagens? (Im Unterricht haben Sie die Formel $s=0{,}5\cdot a\cdot t^2$ gelernt. Denken Sie daran, dass Messwerte eine gewisse Ungenauigkeit enthalten.)

AUFGABE 2 Begründen Sie: Bei welchen Darstellungen handelt es sich nicht um das Schaubild einer Funktion?

a)

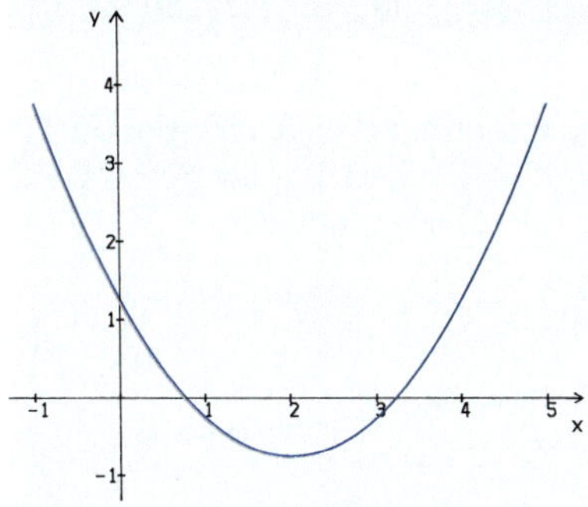

c)

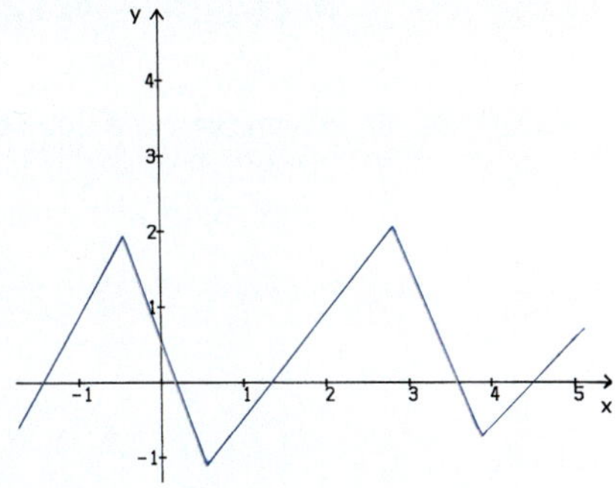

b)

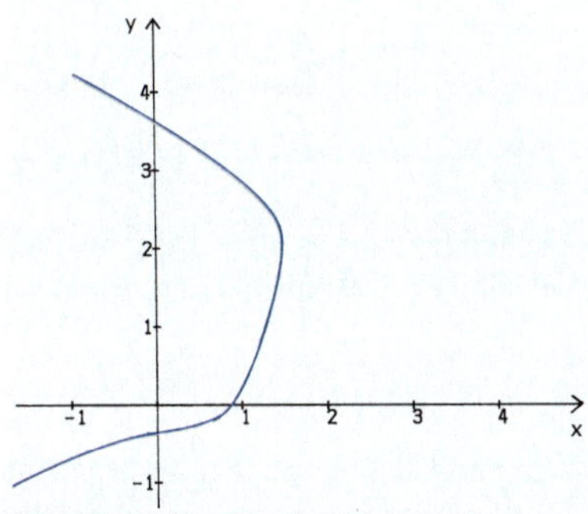

d)

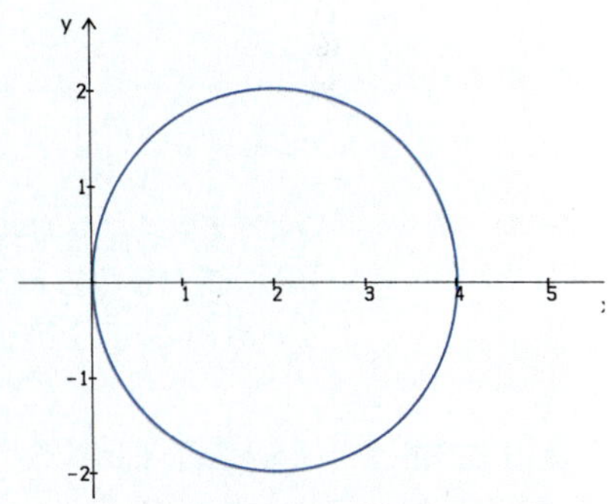

AUFGABE 3 Zeichnen Sie mithilfe einer Wertetabelle im angegebenen Intervall das Schaubild der Funktion.

a) $f: x \rightarrow 3$ für $-2 \leqslant x \leqslant 3$

b) $f: x \rightarrow 2-\frac{1}{x}$ für $0{,}5 \leqslant x \leqslant 5$

c) $f: x \rightarrow (x-1)(x-3)$ für $0 \leqslant x \leqslant 4$

d) $f: x \rightarrow \sqrt{16-x^2}$ für $0 \leqslant x \leqslant 4$

e) $f: x \rightarrow 2^x$ für $-3 \leqslant x \leqslant 2$

f) $f: x \rightarrow x^3-4x$ für $-0{,}5 \leqslant x \leqslant 2{,}5$

AUFGABE 4 Geben Sie für die Funktionen den maximalen Definitionsbereich und den Wertebereich an.

a) $f: x \rightarrow \sqrt{x+3}$

b) $f: x \rightarrow \frac{1}{x^2}$

c) $f: x \rightarrow \sqrt{25-x^2}$

d) $f: x \rightarrow 3^x$

e) $f: x \rightarrow 2^x$

f) $f: x \rightarrow -\left|\frac{4}{x}\right|$

g) $f: x \rightarrow \lg(x)$

h) $f: x \rightarrow \lg(x-2)$

i) $f: x \rightarrow \lg(1+x^2)$

AUFGABE 5 Berechnen Sie für die Funktion $f: x \rightarrow \frac{x}{x^2+1}$ die folgenden Funktionswerte:

a) $f(1)$ c) $f(0)$ e) $f(-0{,}5)$ g) $f(a+1)$ i) $f(s^2)$
b) $f(2)$ d) $f(-3)$ f) $f(u)$ h) $f(t-1)$

AUFGABE 6 Wenn Sie einen Totoschein ausfüllen, definieren Sie eine Funktion. Der Definitionsbereich ist $D = \{\text{Spiel } 1, \text{Spiel } 2, \ldots, \text{Spiel } 11\}$; der Wertebereich ist $W = \{0, 1, 2\}$. Jedem Spiel wird eindeutig eine Zahl zugeordnet.

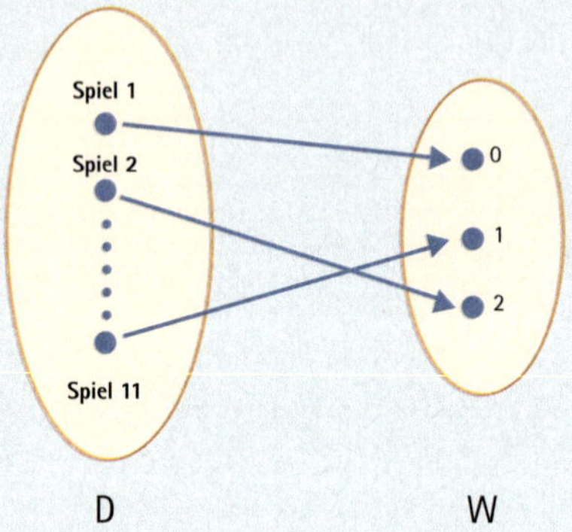

Wie viele verschiedene Möglichkeiten gibt es, den Totoschein auszufüllen?
(Hinweis: Für das erste Spiel gibt es 3 Möglichkeiten, für die ersten beiden Spiele $3^2 = 9$ Möglichkeiten usw.)

AUFGABE 7 Vervollständigen Sie die Wertetabelle, die zu der angegebenen Funktion gehört.

a) $f: x \rightarrow f(x) = 2x^2 - 3$

x	1	3	−2			4		
y				−3	5		29	47

b) $f: x \rightarrow f(x) = \frac{1}{x^2}$

x	1	$-\frac{1}{2}$			$\frac{1}{5}$	6		
y			9	$\frac{1}{16}$			49	0,01

AUFGABE 8 Gegeben ist ein Würfel. Geben Sie eine Funktionsgleichung an, die der Kantenlänge x Folgendes zuordnet:

a) das Volumen V;
b) die Oberfläche O;
c) die Länge s der Raumdiagonalen.

AUFGABE 9 Gegeben ist ein Rechteck mit dem Umfang $u = 24$ cm. Geben Sie eine Funktionsgleichung an, die der Rechteckseite x Folgendes zuordnet:

a) die Breite b;

b) den Flächeninhalt A;

c) die Länge d der Diagonalen.

AUFGABE 10 „Übersetzen" Sie die folgenden Aussagen in eine knappe, mathematische Schreibweise.

a) Durch die Funktion f wird dem Wert $x=3$ der Wert $y=7$ zugeordnet;

b) der Funktionswert an der Stelle 5 beträgt -4;

c) alle Funktionswerte der Funktion f sind positiv;

d) alle Funktionswerte der Funktion g sind negativ;

e) der Wert 27 kommt als Funktionswert nie vor;

f) die Funktion h ist nur für positive Werte definiert;

g) die Funktionen f und g besitzen an der Stelle $x=5$ denselben Funktionswert;

h) die Funktion f ist für alle reellen Zahlen außer 2 und -3 definiert;

i) an der Stelle $x=3$ ist der Funktionswert von g kleiner als an der Stelle $x=10$.

AUFGABE 11 Das Schaubild stellt dar, wie sich die Höhe des Wasserspiegels in einer Badewanne im Laufe einer halben Stunde ändert.
Erfinden Sie dazu eine passende Geschichte.

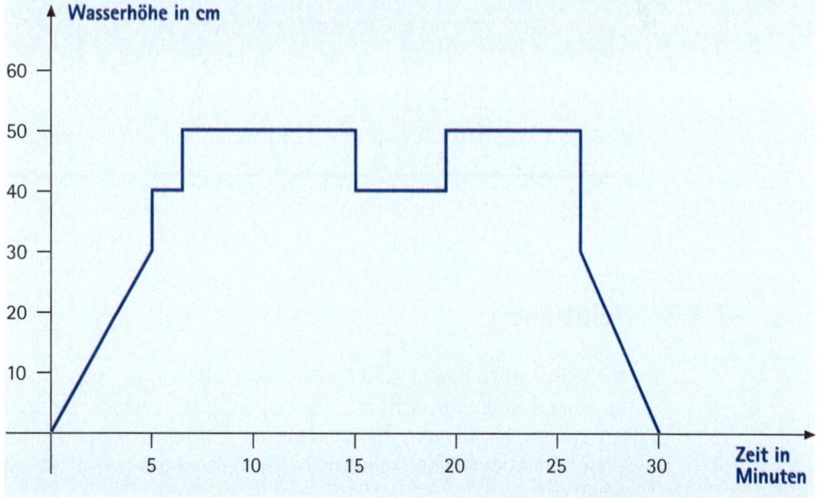

AUFGABE 12 Das Schaubild beschreibt qualitativ, wie sich die Geschwindigkeit eines Vorgangs zeitlich ändert.

Zu welcher Sportart könnte das Schaubild gehören?

a) Stabhochsprung b) Speerwurf c) Volleyball
d) 100-m-Lauf e) Fallschirmspringen f) Gewichtheben

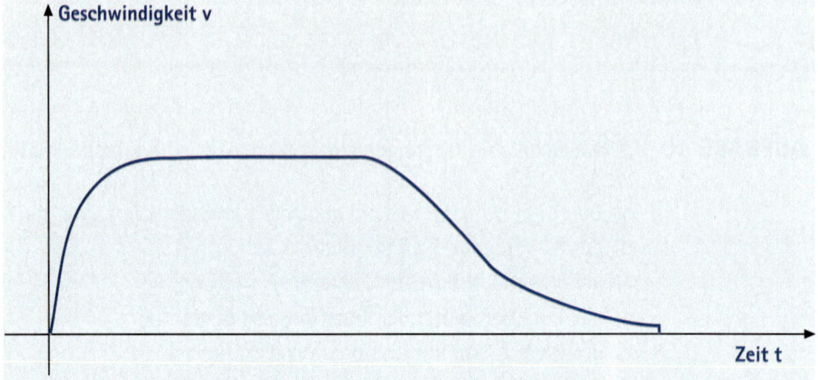

AUFGABE 13 Die Gefäße werden mit Wasser gefüllt. Das Wasser strömt gleichmäßig. Welcher qualitative Verlauf eines Diagramms D1, D2, D3, D4 passt zu welcher Gefäßform A, B, C, D?

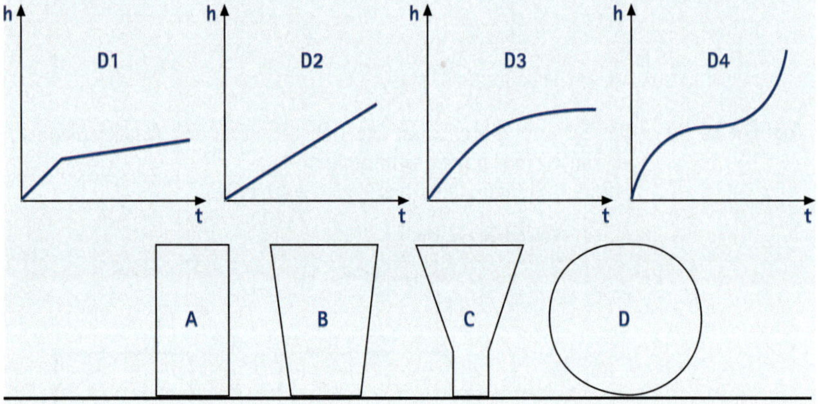

2.1.3 Relationen

Wie wir gesehen haben, sind Funktionen Zuordnungen, die eindeutig sind. Wenn man bei einer Zuordnung nicht auf der Eindeutigkeit besteht, sondern auch Mehrdeutigkeit zulässt, erhält man den allgemeinen Fall einer so genannten **Relation**. Bei uns spielen Relationen fast keine Rolle. Deshalb haben wir dieses Kapitel auch so kurz gehalten.

MERKE Eine Funktion ist eine Relation, die eindeutig ist.

BEISPIEL In der Grundmenge $G = \{1, 2, 3, 4, 5\}$ soll die Zuordnung gelten:

$y < x$

zu	$x=2$	gehört	$y=1$;				...	eindeutig
zu	$x=3$	gehören	$y=1$,	$y=2$;			...	zweideutig
zu	$x=4$	gehören	$y=1$,	$y=2$,	$y=3$;		...	mehrdeutig
zu	$x=5$	gehören	$y=1$,	$y=2$,	$y=3$;	$y=4$	...	mehrdeutig

Wenn man diese Relation als Menge von Zahlenpaaren (x/y) angibt, erhält man $R=\{(2/1), (3/1), (3/2), (4/1), (4/2), (4/3), (5/1), (5/2), (5/3), (5/4)\}$. Dies ist die aufzählende Form für die Relation R. In der beschreibenden Form erhält man $R = \{(x/y) \mid y < x\}$.

Als Schaubild der Relation ergibt sich damit:

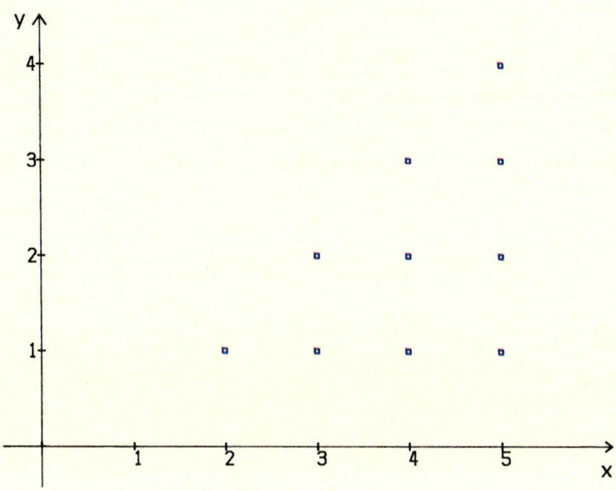

Dies war ein typisches Beispiel für eine Relation. An der Mehrdeutigkeit der Zuordnung war das Kleinerzeichen schuld. Es erlaubt für einen x-Wert mehrere y-Werte als Ergebnisse. Die Vielfalt an Ergebnissen nimmt noch zu, wenn Beträge in den Zuordnungen auftauchen.

BEISPIEL In der Grundmenge $\mathbb{Z}$ ist die Relation $|x|+|y| \leq 3$ gegeben:

zu $x=-3$ gehört $y=0$

zu $x=-2$ gehören $y=0$, $y=1$, $y=-1$

⋮ ⋮

zu $x=3$ gehört $y=0$

Wenn Sie alle Zahlenpaare (x/y) zusammenstellen, die diese Relation erfüllen, erhalten Sie das folgende Schaubild:

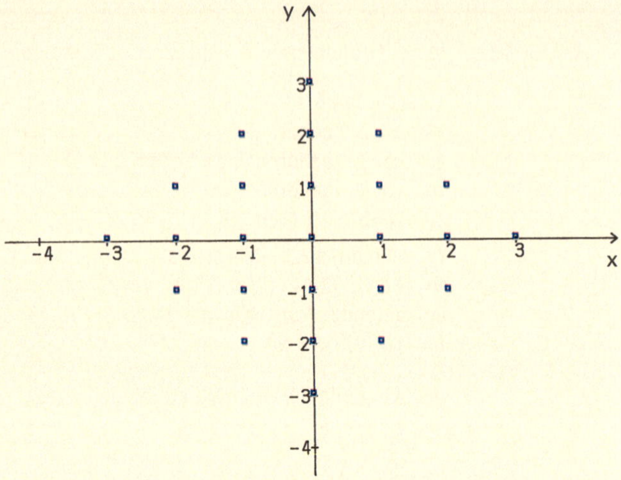

Wie ändert sich das Schaubild, wenn Sie an Stelle der Grundmenge $\mathbb{Z}$ die Grundmenge $\mathbb{R}$ wählen?

AUFGABE 14 Zeichnen Sie die Schaubilder der Relationen. Beachten Sie dabei die Grundmenge G.

a) $y \leq x$ mit $G = \mathbb{R}_+^*$

b) $y > \frac{1}{2}x$ mit $G = \mathbb{R}$

c) $|x| = |y|$ mit $G = \mathbb{R}$

d) $|x| + |y| = 4$ mit $G = \mathbb{Z}$

e) $|x| + |y| \leq 4$ mit $G = \mathbb{Z}$

f) $x^2 + y^2 = 9$ mit $G = \mathbb{R}$

g) $x^2 + y^2 \leq 9$ mit $G = \mathbb{R}$

2.2 Lineare Funktionen

2.2.1 Definition und Schaubild einer linearen Funktion

Lineare Funktionen haben Sie in der Mittelstufe schon ausführlich behandelt. Trotzdem wollen wir mit einem einfachen, praktischen Beispiel beginnen, bevor wir richtig loslegen.

BEISPIEL Onkel Max mietet sich für einen Tag ein flottes Auto. Der Grundbetrag für den Mietwagen beträgt 80 €. Zusätzlich muss Onkel Max für jeden gefahrenen km noch 0,40 € bezahlen.

a) Welche Kosten entstehen Onkel Max, wenn er 50 km, 100 km, 150 km ... fährt? Nach welcher Formel kann Onkel Max seine Kosten berechnen? (Rechnen Sie mit x km und y Euro.)

b) Veranschaulichen Sie in einem Koordinatensystem, wie die Kosten (y Euro) von der gefahrenen Strecke (x km) abhängen.

Lösung:

a)

gefahrene Strecke in km	0	50	100	150	200
Kosten in Euro	80	100	120	140	160

Formel: $y = 0{,}4x + 80$ (x in km, y in Euro)

b) *Schaubild*

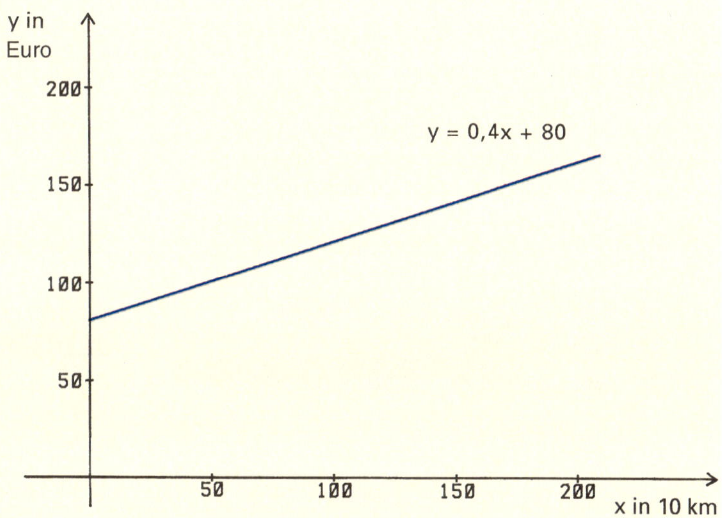

Wir haben es wieder mit einer Funktion zu tun, weil zu jedem x-Wert genau ein y-Wert gehört. Die Funktionsgleichung $y = 0{,}4x + 80$ ist linear. Man legt fest:

DEFINITION Eine Funktion $f: x \rightarrow mx + b$ (mit $m \in \mathbb{R}$, $b \in \mathbb{R}$) heißt **linear.**

Der Name linear kommt vom Lateinischen linea für Gerade. Wie Sie sicher noch wissen, sind die Gleichungen von Geraden immer linear. Sehen wir uns dazu noch das folgende Beispiel an.

BEISPIEL $f: x \rightarrow 2x-3,\ x \in \mathbb{R}$

$y = 2x - 3$ (Geradengleichung)

Wenn nichts anders vermerkt ist, nimmt man für den Definitionsbereich die Menge der reellen Zahlen $\mathbb{R}$.

Einige Zuordnungen kann man in einer Wertetabelle angeben:

x	−1	0	1	2	3	… usw.
y	−5	−3	−1	1	3	… usw.

Diese Zahlenpaare (x/y) lassen sich in einem Koordinatensystem als Punkte darstellen. Die weiteren Zahlenpaare, die noch zur Funktion gehören, entsprechen den Punkten der Verbindungsgeraden.

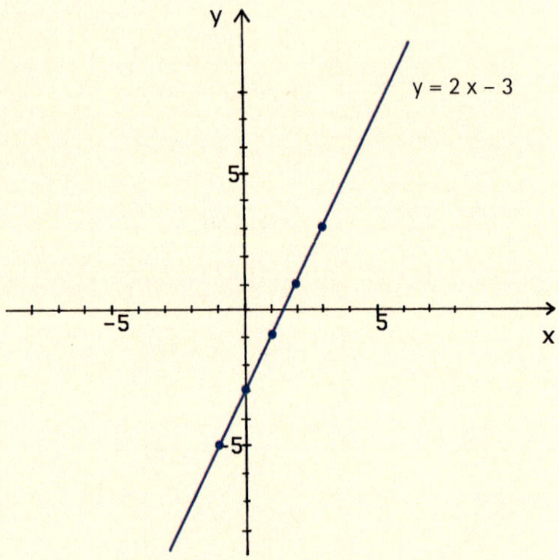

Mit dem Taschenrechner lassen sich viele der folgenden Aufgaben kontrollieren. Wählen Sie das Menu GRAPH aus. Geben Sie dann für diese Gerade nacheinander ein.

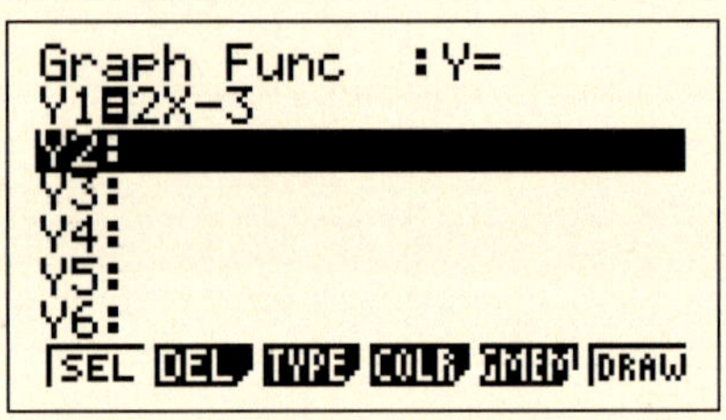

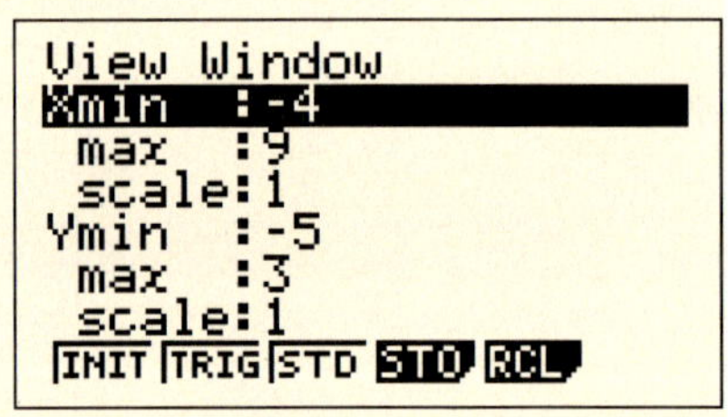

*1

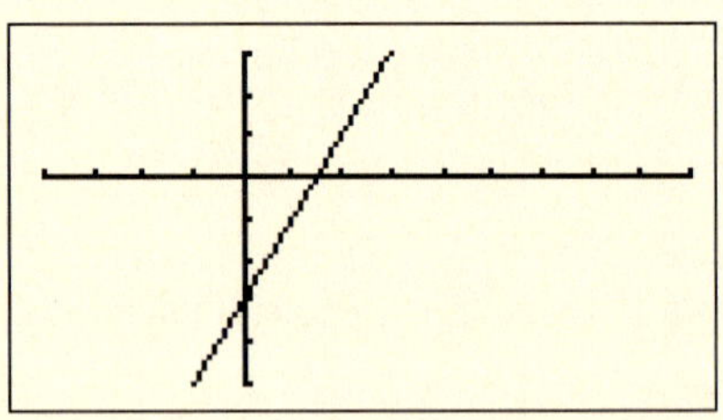

Dann drücken Sie EXE und die Gerade wird gezeichnet.

MERKE Das Schaubild einer linearen Funktion ist immer eine Gerade.

AUFGABE 1 Lassen sich die folgenden Zuordnungen durch eine lineare Funktion beschreiben? Versuchen Sie die Aufgabe zuerst zeichnerisch und dann rechnerisch zu lösen.

a)

x	−2	2	5	6	100
y	8	6	4,5	4	−43

b)

x	0	3	4	9	12
y	−2	−1	0	1	2

Eine lineare Funktion wird besonders einfach, wenn das Absolutglied b verschwindet. Sie hat dann die Bauart $x \rightarrow mx$, und man spricht von einer **Proportionalität**. Ihr Schaubild wird eine **Ursprungsgerade.** Darunter versteht man eine Gerade, die wie ihr Name sagt, durch den Ursprung des Koordinatensystems geht. Die einfachsten Zusammenhänge, die Sie in der Physik kennen, sind solche Proportionalitäten. Sehen Sie sich dazu die folgenden Aufgaben an.

AUFGABE 2 Bei einem Fahrbahnversuch ergibt die Messung für einen kleinen Wagen:

Zeit t (in s)	2	4	6	8	10
Weg s (in m)	3	6	9	12	15

Zeichnen Sie ein s-t-Diagramm der Bewegung. Wie kann man aus diesem Diagramm die Geschwindigkeit des Körpers bestimmen?

Bei dieser Aufgabe wachsen der Weg und die Zeit gleichmäßig an, was charakteristisch ist für eine Proportionalität. Man schreibt dafür $s \sim t$, gesprochen „s proportional t". Ob der Zusammenhang zwischen s und t proportional ist, überprüft man ganz schnell, wenn man den Quotienten s/t betrachtet. Er muss konstant sein. Sie haben ihn vorhin schon berechnet und ihm einen Namen gegeben. Welchen?

AUFGABE 3 Für einen Körper, der immer schneller wird, ergibt die Messung:

Zeit t (in s)	1	2	3	4	5
Geschwindigkeit v (in m/s)	2	4	6	8	10

Ist v proportional zu t? Wenn ja, wie groß ist die entsprechende Konstante? Wie nennt man sie?
Zeichnen Sie ein v-t-Diagramm der Bewegung.

AUFGABE 4 Eine Feder wird durch die Kraft F um die Strecke s verlängert.

Kraft F (in N)	2	4	6	8
Verlängerung s (in cm)	3	6	9	12

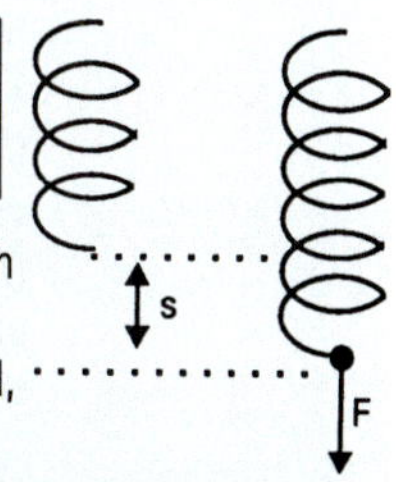

a) Zeichnen Sie ein geeignetes Diagramm (F nach oben, s nach rechts). Wie lautet der Zusammenhang zwischen F und s?
b) Um welche Strecke wird die Feder durch die Kraft F = 5,5 N, 2,5 N, 7 N, 520 N(!) verlängert?
c) Welche Kraft benötigt man, wenn man die Feder um s = 4 cm, 7 cm, 11,5 cm verlängern will?

AUFGABE 5 Nennen Sie drei Beispiele aus drei verschiedenen Gebieten, bei denen es sich um Proportionalitäten handelt.

2.2.2 Die Hauptform der Geradengleichung

Eine Gerade zu einer gegebenen Gleichung lässt sich sofort zeichnen, ohne dass man dazu eine Wertetabelle berechnen muss. Wir müssen uns nur darüber klar werden, welche geometrische Rolle die Zahlen in der Geradengleichung spielen.
Dazu stellen wir uns ein letztes Mal eine Wertetabelle für das folgende Beispiel zusammen:

BEISPIEL *Geradengleichung:* $y=2x+3$

Wertetabelle:

+1 +1 +1

x	−1	0	1	2	3	... usw.
y	1	3	5	7	9	... usw.

+2 +2 +2

Schaubild:

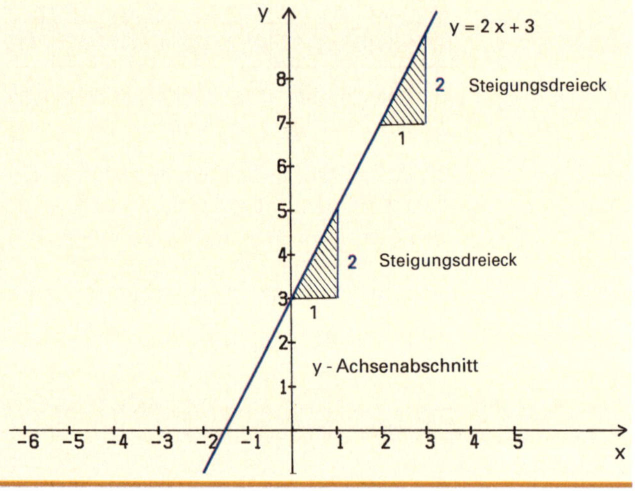

Wächst der Wert von x um **1**, dann wächst der Wert von y um **2**. Die Zahl **2** heißt daher die **Steigung** der Geraden.
Das heißt für die Zeichnung: Wenn man von irgendeinem Geradenpunkt aus **1** Einheit nach rechts und **2** nach oben geht, erhält man wieder einen Geradenpunkt. Dabei entsteht ein **Steigungsdreieck**.
Die Zahl **3** aus der Funktionsgleichung taucht in der Wertetabelle auf, wenn man $x=0$ einsetzt.
Das heißt für die Zeichnung: Einen Geradenpunkt kann man sofort finden, wenn man auf der y-Achse 3 Einheiten nach oben geht. Diese Strecke nennt man den **y-Achsenabschnitt**.

Wenn wir eine Gerade mithilfe ihrer Steigung und des y-Achsenabschnittes darstellen, sprechen wir von der **Hauptform** der Geradengleichung.

Man verwendet die folgenden Abkürzungen:

$y = mx + b$ m = Steigung

b = y-Achsenabschnitt

Mithilfe des y-Achsenabschnitts und der Steigung kann man ganz schnell Geraden zeichnen, ohne viel zu rechnen.

BEISPIEL $y = 3x - 1$ $m = 3$; $b = -1$

Ein Punkt der Geraden ist $P_1(0/-1)$ auf der y-Achse wegen $b = -1$. Zu einem zweiten Punkt kommt man, wenn man an P_1 ein Steigungsdreieck anhängt. Man geht 1 nach rechts und 3 nach oben wegen $m = 3$ und erhält $P_2(1/2)$. Dann verbindet man die beiden Punkte mit dem Lineal.

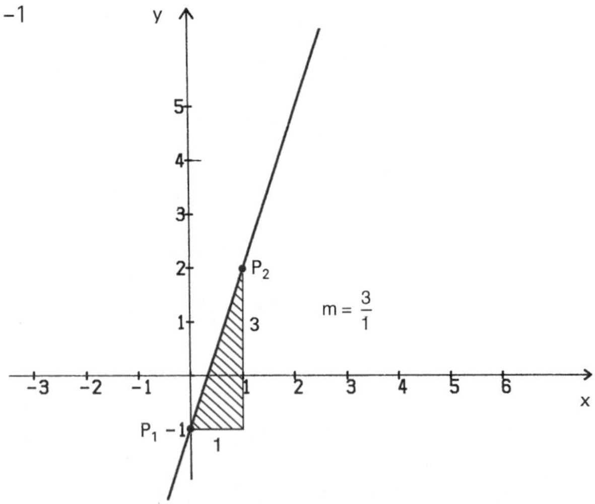

Wenn die Steigung m als Bruch gegeben ist, zeichnet man das Steigungsdreieck größer, damit die Zeichnung genauer wird. Statt 1 nach rechts und 2/3 nach unten kann man auch 3-mal so weit nach rechts und 3-mal so weit nach unten gehen. Die Strecke, die man nach rechts geht, heißt Δx (sprich „delta x"), die Strecke, die man nach oben oder unten geht, Δy (sprich „delta y"). Die **Steigung** $m = \Delta y / \Delta x$ bleibt dabei unverändert.

BEISPIEL $y = -\frac{2}{3}x + 4$ $m = -\frac{2}{3}$; $b = 4$

Ein Punkt der Geraden ist $P_1(0/4)$ auf der y-Achse wegen $b = 4$. Zu einem zweiten Punkt kommt man, wenn man an P_1 ein Steigungsdreieck anhängt. Man geht 3 nach rechts und 2 nach unten wegen $m = -\frac{2}{3}$ und erhält $P_2(3/2)$. Dann verbindet man die beiden Punkte mit dem Lineal.

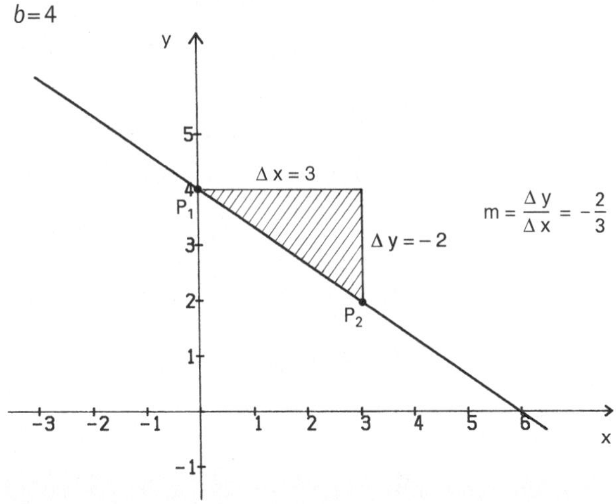

Testen Sie Ihre Zeichnungen mithilfe Ihres Taschenrechners, wenn Sie nicht ganz sicher sind. Auf dem Display können Sie auch durchspielen, wie sich die Geraden ändern, wenn Sie in der Gleichung die Steigung verändern oder den y-Achsenabschnitt variieren.
Wir fassen zusammen.

MERKE Für eine Gerade mit der Gleichung $y = mx + b$ gilt:

$$m = \frac{\Delta y}{\Delta x}$$

$m>0$	Die Gerade steigt.
$m<0$	Die Gerade fällt.
$\lvert m \rvert$ groß	Die Gerade ist steil.
$\lvert m \rvert$ klein	Die Gerade ist flach.
$b>0$	Die Gerade schneidet die y-Achse über dem Ursprung.
$b<0$	Die Gerade schneidet die y-Achse unter dem Ursprung.
$b=0$	Die Gerade geht durch den Ursprung. Man nennt sie dann Ursprungsgerade.

Damit fehlen uns nur noch die Geraden, die waagrecht oder senkrecht verlaufen. Diese beiden Fälle sehen wir uns abschließend noch an.

MERKE **Spezialfälle**

1. Fall: $y=3$ — $m=0$; $b=3$
Die Gerade verläuft mit der Steigung $m=0$ (d.h. waagrecht) im Abstand +3 zur x-Achse.

2. Fall: $x=2$ — Alle Punkte, die 2 Einheiten rechts von der y-Achse liegen. Die Gerade verläuft senkrecht im Abstand +2 zur y-Achse.
(Achtung: $x=2$ ist keine Funktionsgleichung, da zum Wert $x=2$ viele y-Werte gehören.)

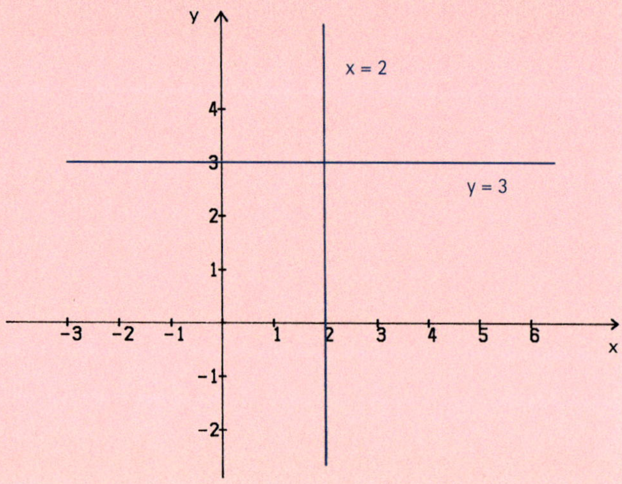

AUFGABE 6 Zeichen Sie die Gerade mit der Gleichung:

a) $y = 2x - 5$ c) $y = \frac{2}{5}x - 1{,}2$ e) $y = -\frac{2}{7}x - 1$ g) $y = 3$ i) $x = 4$

b) $y = \frac{1}{3}x + 1{,}5$ d) $y = \frac{3}{4}x + 2$ f) $y = -\frac{7}{3}x + 4{,}5$ h) $y = -2$ k) $x = -1$

AUFGABE 7 Geben Sie die Gleichungen der abgebildeten Geraden an.

a)

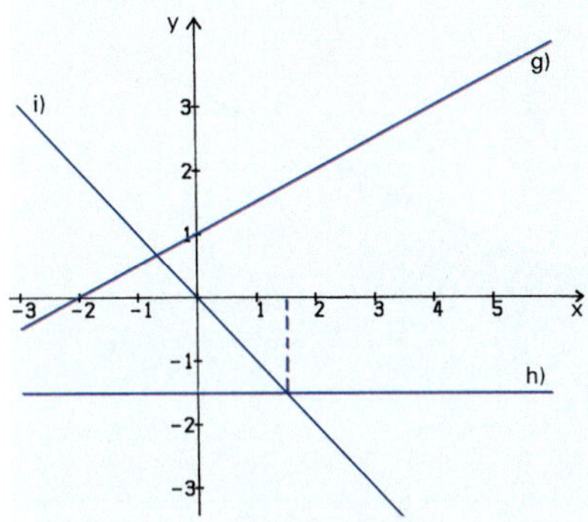

b)

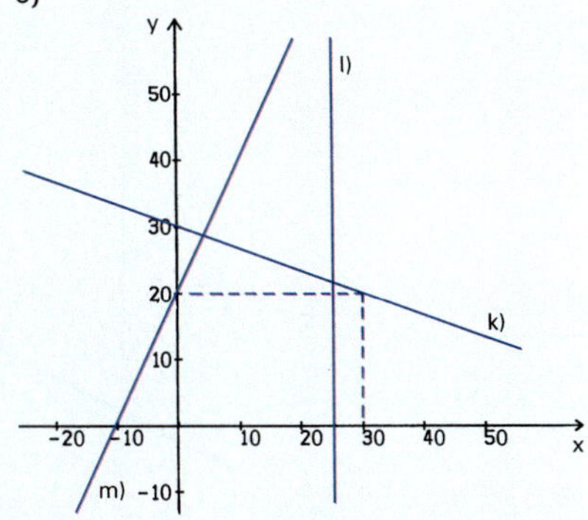

AUFGABE 8 Die Punkte P_1 und P_2 liegen auf dem Schaubild von f. Bestimmen Sie die fehlenden Koordinaten.

a) $f(x) = \frac{1}{2}x + 3$
$P_1(12|?)$ $P_2(?|20)$

b) $f(x) = -\frac{2}{5}x + 4$
$P_1(0|?)$ $P_2(?|0)$

c) $f(x) = \frac{7}{13}x - \frac{9}{13}$
$P_1(4{,}5|?)$ $P_2(?|3{,}8)$

d) $f(x) = mx + b$
$P_1(x_1|?)$ $P_2(?|y_2)$

AUFGABE 9 Wie groß ist die Steigung der Geraden, die durch die beiden Punkte geht?

a) $A(0|0)$ $B(3|4)$ c) $E(-2|-1)$ $F(3|7)$ e) $I(-4|1)$ $H(5|1)$

b) $C(1|2)$ $D(4|6)$ d) $G(-4|6)$ $H(-1|-3)$ f) $K(2|3)$ $L(2|-1)$

AUFGABE 10 Welche Steigung und welchen y-Achsenabschnitt haben die Geraden, die zu den folgenden Gleichungen gehören? Wo schneiden die Geraden die x-Achse?

a) $2x + 3y = 6$ c) $3x - 4y + 5 = 0$ e) $x - y = 0$

b) $4x - 5y + 2 = 0$ d) $-7x + 4y - 3 = 0$ f) $x = 4y$

AUFGABE 11 Prüfen Sie rechnerisch nach, ob die Punkte auf der Geraden liegen.

a) g: $y = 3x - 5$ $A(4|7)$, $B(3|6)$, $C(-1|-8)$

b) h: $y = -0{,}5x + 1{,}5$ $P(3|0)$, $Q(2|-0{,}5)$, $R(1{,}5|0)$

AUFGABE 12 Durch die folgende Gleichung ist eine Gerade g gegeben. Vereinfachen Sie die Gleichung.

a) $0x + 3y = 6$ b) $0x + 2y = 0$ c) $4x + 0y = 8$

Wie verläuft die Gerade? Kann man ihre Steigung angeben?
Ist sie das Schaubild einer linearen Funktion?

2.2.3 Die Punkt-Steigungs-Form einer Geraden

Bisher waren die Geraden meistens durch ihre Steigung und ihren y-Achsenabschnitt gegeben. Jetzt gehen wir davon aus, dass wir einen Punkt von der Geraden und ihre Steigung kennen. Wie kommt man dann am schnellsten zu ihrer Gleichung?

Gegeben ist der Punkt $P_1(x_1|y_1)$. Dazu finden wir mithilfe eines Steigungsdreiecks einen benachbarten Punkt $Q(x|y)$. Sehen Sie sich die folgende Zeichnung an.

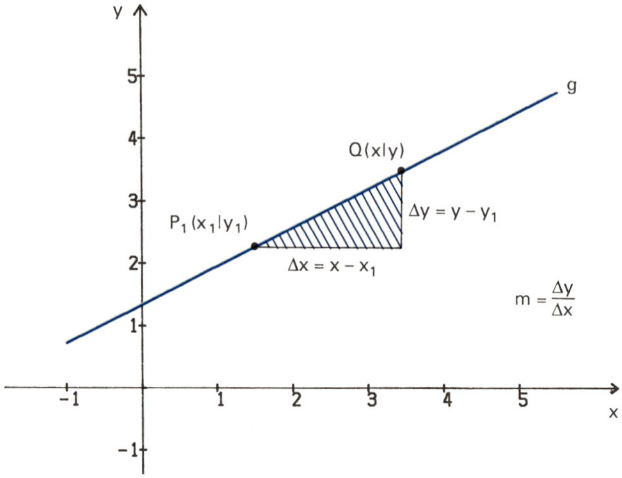

Für jeden beliebigen Punkt $Q(x|y)$ der Geraden g gilt, wenn man das entsprechende Steigungsdreieck konstruiert:

$$\boxed{\frac{y-y_1}{x-x_1}=m} \quad \text{bzw.} \quad \boxed{y-y_1=m(x-x_1)}$$

Diese spezielle Gleichungsform für die Gerade g nennt man ihre **Punkt-Steigungs-Form**. Diese Form der Geradengleichung wird erst in der kommenden Klasse wichtig, wenn Sie die Gleichung einer Tangente an eine Kurve bestimmen. Wenn man einen Kurvenpunkt und dort die Steigung der Kurve kennt, kann man damit bequem die Tangentengleichung ansetzen.

BEISPIELE

1. Die Gerade g ist festgelegt durch die Angabe des Punktes $P\,(3|5)$ und die Steigung $m=2$.

   Ihre Punkt-Steigungs-Form lautet: $\frac{y-5}{x-3}=2$

   Wenn man diese Gleichung nach y auflöst, erhält man die gewohnte Hauptform:

   $$y-5=2\cdot(x-3)$$
   $$y=2x-1$$

2. *Gegeben:* Punkt $P(-2|-3)$ und $m=\frac{1}{2}$

   Punkt-Steigungs-Form: $\frac{y+3}{x+2}=\frac{1}{2}$

   auflösen nach y: $y+3=\frac{1}{2}(x+2)$

   $$y=\frac{1}{2}x-2$$

AUFGABE 13 Geben Sie die Hauptform der Geraden an, die durch den Punkt P geht und die Steigung m hat.

a) $P(1|4)$, $m=3$ c) $P(-6|1)$, $m=\frac{3}{4}$ e) $P(40|80)$, $m=-20$

b) $P(-2|5)$ $m=-\frac{1}{2}$ d) $P(4{,}5|-3)$ $m=-\frac{1}{8}$ f) $P(1|7)$ $m=0$

AUFGABE 14 Geben Sie die Gleichungen der abgebildeten Geraden an.

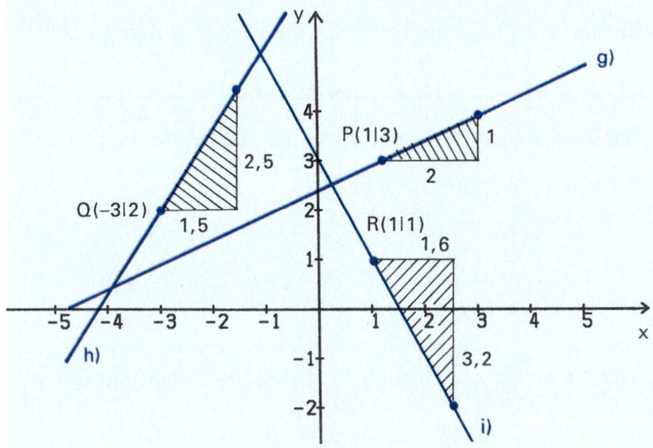

2.2.4 Die Zweipunkteform einer Geraden

Der Verlauf einer Geraden ist auch eindeutig festgelegt, wenn man zwei ihrer Punkte vorgibt.

Wir fragen: Wie kann man sofort eine Gleichung für die Verbindungsgerade von 2 Punkten angeben?

Gegeben: Punkte $P_1(x_1|y_1)$ und $P_2(x_2|y_2)$

Gesucht: Gleichung der Gerade g durch P_1 und P_2.

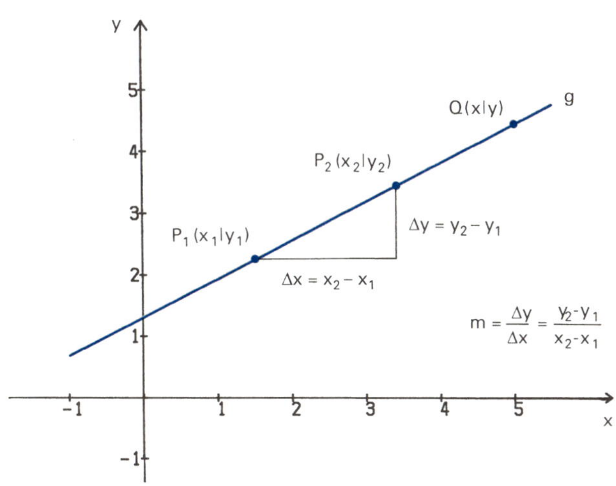

Die Steigung m lässt sich aus den Koordinaten der beiden Punkte P_1 und P_2 berechnen. Diesen Wert setzt man in die Punkt-Steigungs-Form ein. Für jeden beliebigen Geradenpunkt $Q(x|y)$ gilt dann:

$$\boxed{\frac{y-y_1}{x-x_1} = \frac{y_2-y_1}{x_2-x_1}} \quad \text{bzw.} \quad \boxed{y-y_1 = \frac{y_2-y_1}{x_2-x_1}(x-x_1)}$$

DEFINITION Diese spezielle Gleichungsform für die Gerade g nennt man ihre **Zweipunkteform**.

BEISPIELE

1. Die Gerade g ist festgelegt durch die Angabe der Punkte $P_1(7|5)$ und $P_2(4|2)$.

   Die Zweipunkteform für g lautet:

   $$\frac{y-5}{x-7} = \frac{2-5}{4-7}$$

   $$\frac{y-5}{x-7} = 1$$

   Wenn man diese Gleichung nach y auflöst, erhält man die gewohnte Hauptform:

   $$y-5 = x-7$$
   $$y = x-2$$

2. *Gegeben:* Punkte $P_1(-2|5)$ und $P_2(3|-4)$
   Gesucht: Verbindungsgerade g

   Zwei-Punkte-Form von g:

   $$\frac{y-5}{x+2} = \frac{-4-5}{3+2}$$

   $$\frac{y-5}{x+2} = -\frac{9}{5}$$

   Auflösen nach y ergibt wieder die Hauptform von g:

   $$y-5 = -\tfrac{9}{5}(x+2)$$
   $$y = -\tfrac{9}{5}x + \tfrac{7}{5}$$

AUFGABE 15 Wie lautet die Gleichung der Geraden, die durch die beiden Punkte geht?

a) $A(0|0)$ $B(3|1)$
b) $C(-4|-1)$ $D(2|3)$
c) $E(-3|-5)$ $F(-1|-2)$
d) $G(5|9)$ $H(-2|-8)$
e) $I(7|13)$ $K(-1|-12)$
f) $L(-9|8)$ $K(2|-3)$
g) $N(-2|1)$ $O(5|1)$
h) $P(3|7)$ $Q(3|-1)$

AUFGABE 16 Liegen die angegebenen Punkte auf einer Geraden?

a) $A(10|23)$, $B(50|11)$, $C(-20|32)$
b) $P(5|-15)$, $Q(40|-1)$, $R(60|6)$

AUFGABE 17 Bei einer linearen Funktion f ist $f(2) = -1$ und $f(5) = 8$. Berechnen Sie $f(-1)$ und $f(4)$.

AUFGABE 18 Eine Regentonne ist 90 cm hoch. Sie wird mit einem Schlauch gefüllt, aus dem gleichmäßig Wasser fließt. Nach 4 min steht das Wasser 44 cm, nach 7 min 62 cm hoch.

a) Wann ist die Regentonne voll? b) War die Tonne anfangs leer?

AUFGABE 19 In Großbritannien und den USA werden Temperaturen in Grad Fahrenheit (°F) gemessen. Der Zusammenhang mit unserer Skala in Grad Celsius (°C) ist gegeben durch 0 °C = 32 °F und 100 °C = 212 °F.

a) Stellen Sie den Zusammenhang zwischen °F und °C in einem Diagramm dar (Celsiuswerte nach rechts, Fahrenheitswerte nach oben).

b) Wie lautet die Funktionsgleichung, die dem Wert x °C den Wert y °F zuordnet?

c) Lesen Sie aus dem Diagramm ab und berechnen Sie:
Wieviel Grad Fahrenheit sind 20 °C, 37 °C, 120 °C?
Wieviel Grad Celsius sind 15 °F, 150 °F, – 10 °F?

2.2.5 Geradenscharen und Geradenbüschel

Bisher stellten wir durch eine Gleichung immer genau eine Gerade dar. Man kann aber auch mit einer einzigen Gleichung viele Geraden darstellen und spricht dann von einer **Geradenschar**.

BEISPIEL Gegeben ist eine Schar von Geraden durch:

$$y = ax + \frac{1}{a}$$

Zeichnen Sie in ein Koordinatensystem die Geraden der Schar, die zu $a = -2$, $a = -1$, $a = 1$ und $a = 2$ gehören.

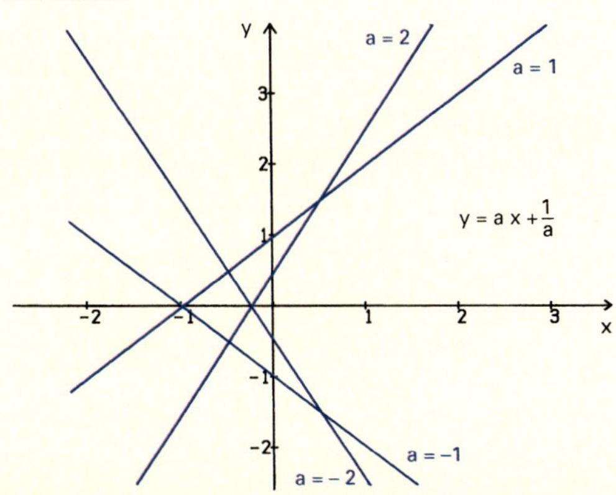

DEFINITION Die Variable a nennt man den **Scharparameter**.

Geradenscharen, die durch einen gemeinsamen Punkt gehen, nennt man **Geradenbüschel**.

BEISPIEL Zeichnen Sie für $a=-2, -1, 0, 1, 2$ die Geraden der Schar, die gegeben ist durch $y=ax+1$.

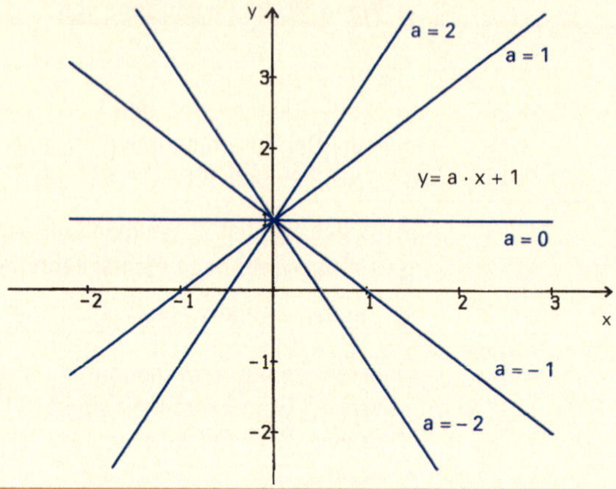

Mit einem grafikfähigen Taschenrechner können Sie sich leicht einen Überblick über den Verlauf der einzelnen Geraden verschaffen. Setzen Sie einfach nacheinander Werte für den Scharparameter ein.

AUFGABE 20 Durch die folgenden Gleichungen ist jeweils ein Geradenbüschel gegeben. Setzen Sie für den Scharparameter mindestens 4 verschiedene Werte ein. Bestimmen Sie zeichnerisch den gemeinsamen Punkt des Büschels.

a) $y=ax+3$ b) $y=bx+1-3b$

c) $y=2cx-8c$ d) $y=(d+1)x+2d$

AUFGABE 21 Durch die folgenden Gleichungen ist jeweils eine Geradenschar gegeben. Setzen Sie für den Scharparameter mindestens 4 verschiedene Werte ein und zeichnen Sie die entsprechenden Geraden.

a) $y=\frac{x}{2}+\frac{a}{2}$ b) $y=\frac{x}{b}+\frac{b}{2}$

c) $y=2cx-\frac{3}{2c^2}$ d) $y=\frac{2x}{d}+\frac{d^2}{10}$

AUFGABE 22 Wie lautet die Gleichung des Geradenbüschels durch den angegebenen Punkt?

a) $A(0|0)$ c) $C(0|-3)$ e) $E(3|4)$

b) $B(0|2)$ d) $D(1|2)$ f) $F(4|0)$

2.2.6 Parallele und orthogonale Geraden

1. Parallele Geraden

BEISPIEL Durch die folgende Gleichung ist eine Geradenschar gegeben: $y = 0{,}5x + b$. Zeichnen Sie die Geraden der Schar, die zu $b = -2$, 0, 1 und 3 gehören.

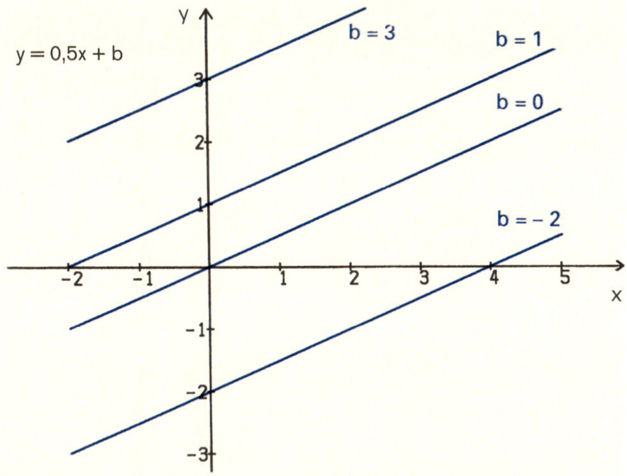

MERKE Zwei Geraden mit den Gleichungen $y = m_1x + b_1$ und $y = m_2x + b_2$ sind parallel, wenn $m_1 = m_2$ ist.

2. Orthogonale Geraden

„Orthogonal" ist gleichbedeutend mit „aufeinander senkrecht stehend".
Welche Beziehung besteht zwischen den Steigungen zweier Geraden, die aufeinander senkrecht stehen?

BEISPIEL Zeichnen Sie die Gerade g_1: $y = \frac{2}{3}x + 1$ mithilfe ihres Steigungsdreiecks (3 nach rechts, 2 nach oben). Drehen Sie dann die Gerade samt ihrem Steigungsdreieck um 90° um den Punkt $P(0|1)$.

Dann erhalten Sie die Gerade g_2, die zu g_1 orthogonal ist. Vergleichen Sie die Steigungen von g_1 und g_2.

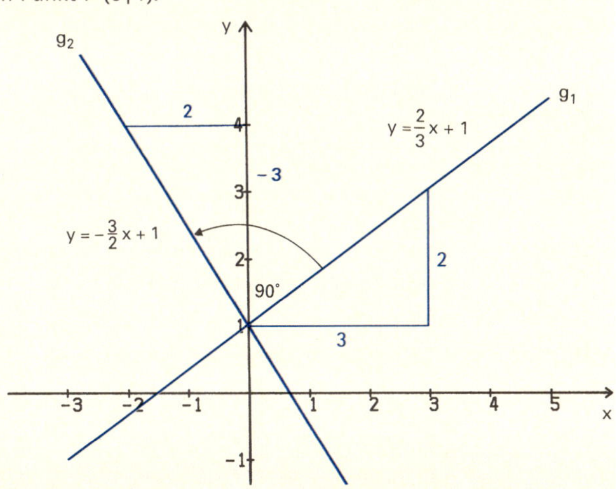

g_1 hat die Steigung $m_1 = +\frac{2}{3}$; g_2 hat die Steigung $m_2 = -\frac{3}{2}$.

m_2 ist in diesem Beispiel der negative Kehrwert von m_1. Wir wollen uns im Folgenden überlegen, dass diese Beziehung immer gilt, wenn die entsprechenden Geraden zueinander orthogonal sind.

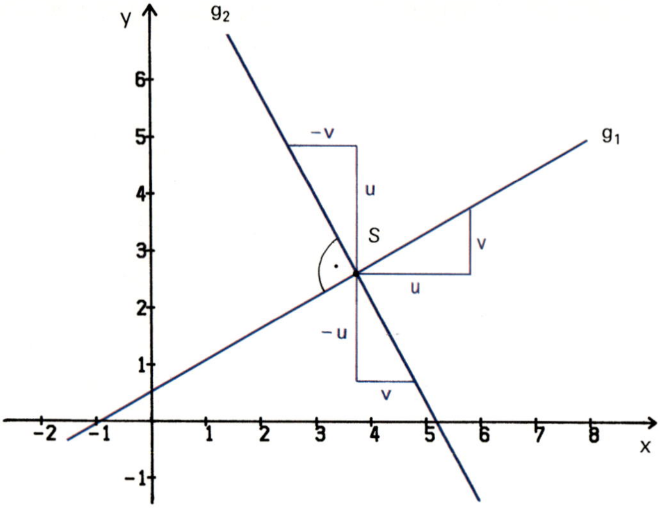

Für die Steigung von g_1 gilt: $m_1 = \frac{\Delta y}{\Delta x} = \frac{v}{u}$

Dreht man die Gerade g_1 um den Punkt S, erhält man die Gerade g_2.

Dabei erhält man für die Steigung m_2 von g_2,

– wenn man g_1 um 90° nach links dreht: $m_2 = \frac{u}{-v} = -\frac{u}{v}$

– wenn man g_1 um 90° nach rechts dreht: $m_2 = \frac{-u}{v} = -\frac{u}{v}$

Als Produkt der beiden Steigungen ergibt sich $m_1 \cdot m_2 = -\frac{v}{u} \cdot \frac{u}{v} = -1$.

MERKE Zwei Geraden mit den Gleichungen $y = m_1x + b_1$ und $y = m_2x + b_2$ sind zueinander orthogonal, wenn $m_1 \cdot m_2 = -1$ ist.

AUFGABE 23 Welche Gerade ist parallel zur 1. Winkelhalbierenden (2. Winkelhalbierenden) und geht durch den Punkt $S(3|1)$?

AUFGABE 24 Geben Sie die Gerade an, die parallel zu g verläuft und durch den Punkt P geht.

a) g: $y = 3x$	$P(2\|5)$	d) g: $y = -x$	$P(-1\|6{,}5)$
b) g: $y = \frac{2}{3}x - \frac{4}{3}$	$P(-4\|-5)$	e) g: $y = 5$	$P(-1{,}8\|2{,}3)$
c) g: $y = -\frac{1}{2}x + 4$	$P(0\|7)$	f) g: $x = 2$	$P(-0{,}4\|7{,}1)$

AUFGABE 25 Welche Gerade verläuft durch den Punkt Q und steht senkrecht auf g?

a) g: $y=4x$	$Q(1\mid 2)$	d) g: $y=x$	$Q(\frac{3}{7}\mid\frac{6}{7})$
b) g: $y=-\frac{5}{8}x+\frac{3}{8}$	$Q(\frac{8}{15}\mid-\frac{3}{5})$	e) g: $y=3$	$Q(\frac{4}{3}\mid-\frac{7}{3})$
c) g: $y=-\frac{1}{3}x+2$	$Q(4\mid-6)$	f) g: $x=-4$	$Q(4{,}2\mid-3{,}1)$

AUFGABE 26 Die Gerade g geht durch den Punkt P. Diese Gerade schließt mit den Koordinatenachsen ein Dreieck ein. Bestimmen Sie die Gleichung von g so, dass das Dreieck den angegebenen Flächeninhalt A hat.

a) $P(3\mid 2)$	$A=12$ FE	d) $P(-1\mid-2)$	$A=4{,}5$ FE
b) $P(2\mid 4)$	$A=16$ FE	e) $P(3\mid-2)$	$A=1$ FE
c) $P(-3\mid 0)$	$A=7{,}5$ FE		

2.2.7 Rechnen mit Strecken

1. Die Länge einer Strecke

BEISPIEL Berechnen Sie die Länge der Strecke $\overline{P_1P_2}$ mit $P_1(2\mid 1)$ und $P_2(6\mid 4)$.

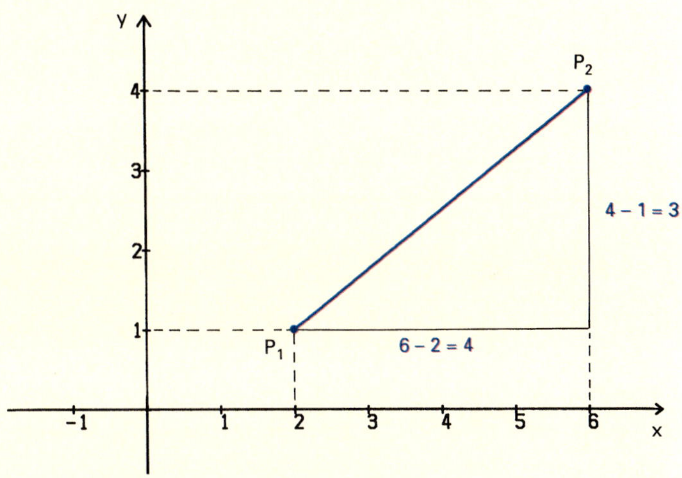

Länge der Strecke $\overline{P_1P_2}$ nach dem Satz von Pythagoras:

$$d(P_1P_2)^2=4^2+3^2=25$$
$$d(P_1P_2)=\sqrt{25}=5$$

Dieser Rechenweg lässt sich für beliebige Punkte $P_1(x_1\mid y_1)$ und $P_2(x_2\mid y_2)$ durchführen. Damit ergibt sich als Formel:

MERKE Länge der Strecke: $d(P_1P_2)=\sqrt{(x_2-x_1)^2+(y_2-y_1)^2}$

2. Der Mittelpunkt einer Strecke

BEISPIEL Bestimmen Sie den Mittelpunkt der Strecke $\overline{P_1P_2}$ mit $P_1(2|1)$ und $P_2(8|5)$.

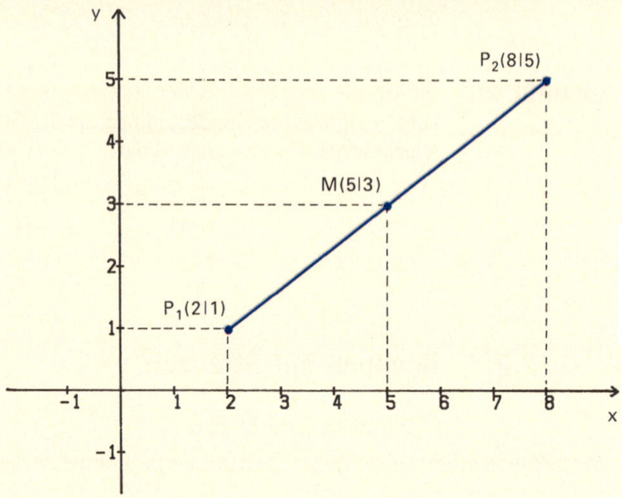

Für die Koordinaten des Mittelpunktes gilt:

x_M ist der Mittelwert von x_1 und x_2, also $x_M = \frac{2+8}{2} = 5$

y_M ist der Mittelwert von y_1 und y_2, also $y_M = \frac{1+5}{2} = 3$

Damit ergibt sich für den Mittelpunkt der Strecke: $M(5|3)$.

MERKE Der Mittelpunkt der Strecke $\overline{P_1P_2}$ mit $P_1(x_1|y_1)$ und $P_2(x_2|y_2)$ hat die Koordinaten $x_M = \frac{x_1+x_2}{2}$ und $y_M = \frac{y_1+y_2}{2}$.

AUFGABE 27 Die Punkte P und Q begrenzen eine Strecke. Berechnen Sie ihre Länge und die Koordinaten ihres Mittelpunktes M.

a) $P(0|0)$, $Q(8|6)$
b) $P(-1|2)$, $Q(5|-8)$
c) $P(1{,}5|-2{,}3)$, $Q(-0{,}8|2{,}7)$
d) $P(-4|-5)$, $Q(-6|-7)$
e) $P(-2|-4{,}5)$, $Q(4{,}8|1{,}3)$
f) $P(7{,}2|-6{,}1)$, $Q(-1{,}7|2{,}8)$

AUFGABE 28 In einem Koordinatensystem ist ein Dreieck ABC gegeben. Wie lang sind seine Seiten?

a) $A(0|0)$, $B(3|4)$, $C(1|7)$
b) $A(-2|-3)$, $B(3|-4)$, $C(2|5)$
c) $A(-4|2)$, $B(-1|-1)$, $C(2|4)$
d) $A(-5|3)$, $B(-3|-1)$, $C(-1|4)$

AUFGABE 29 Wie lang sind die Diagonalen des Vierecks *ABCD*?

a) $A(0|0)$, $B(2|1)$, $C(4|5)$, $D(0|4)$

b) $A(-1|-2)$, $B(0|-3)$, $C(6|0)$, $D(3|3)$

AUFGABE 30 *M* ist der Mittelpunkt der Strecke $\overline{AB}$. Berechnen Sie die fehlenden Koordinaten.

a) $A(-1|-2)$, $B(3|7)$, $M(?|?)$

b) $A(?|-6)$, $B(2|7)$, $M(4{,}5|?)$

c) $A(?|3)$, $B(8|?)$, $M(6|9)$

d) $A(4|2{,}5)$, $B(?|?)$, $M(-2|-1{,}5)$

e) $A(?|?)$, $B(-4|5)$, $M(-2|-3)$

f) $A(3|?)$, $B(?|-7)$, $M(-3|4)$

2.2.8 Schnittpunkte von Geraden

BEISPIEL Wir bestimmen zeichnerisch und rechnerisch den Schnittpunkt der Geraden *g* und *h*.

g: $y_{\text{I}} = -x+4$
h: $y_{\text{II}} = 2x-5$

Zeichnerische Lösung:

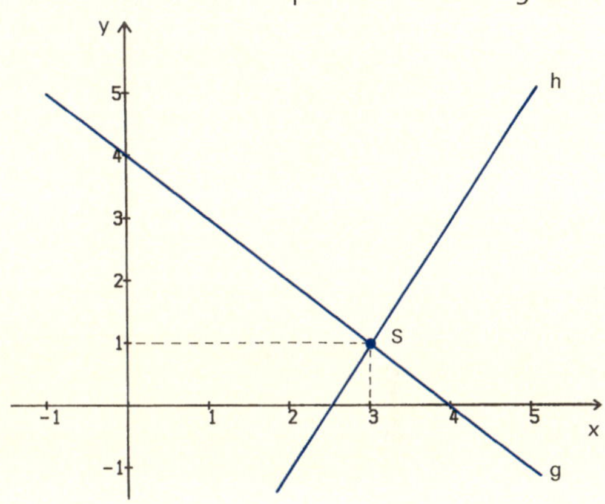

Wir lesen ab: $x \approx 3$
$y \approx 1$ also: $S(3|1)$

Rechnerische Lösung:
Die Koordinaten des Schnittpunktes sind die einzigen *x*- und *y*-Werte, die sowohl die erste als auch die zweite Geradengleichung erfüllen.

Ansatz: Im Schnittpunkt sind die *y*-Werte gleich; also

$$y_{\text{II}} = y_{\text{I}}$$
$$2x-5 = -x+4$$
$$3x = 9$$
$$x = 3$$

$x=3$ eingesetzt in eine der beiden Geradengleichungen liefert $y=1$; also $S(3|1)$.

Eigentlich müsste Ihnen dieser Rechenweg bekannt vorkommen. Vergessen Sie mal kurz die Geometrie und betrachten Sie diese Rechenaufgabe aus der Sicht der Algebra: Dann haben Sie zwei lineare Gleichungen mit zwei Variablen und suchen die gemeinsame Lösung. So etwas nannten wir vor kurzem ein lineares Gleichungssystem.

Schauen Sie doch bei Kapitel 12 des Teils A nochmals nach. Dort besprachen wir unter anderem das Gleichsetzungsverfahren, das wir eben benutzten. (Die beiden anderen Lösungswege heißen Additions- und Einsetzungsverfahren.) Je nachdem, in welcher Form die Geradengleichungen gegeben sind, wählen wir die Lösungsmethode, die den geringsten Rechenaufwand verursacht.

Unser Taschenrechner erweist sich hier wieder als idealer Rechenknecht. Geben Sie die beiden Geradengleichungen ein und lassen Sie die Geraden zeichnen.

*1 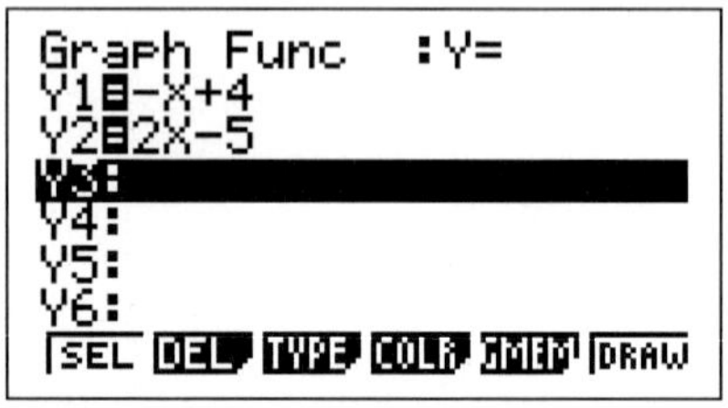

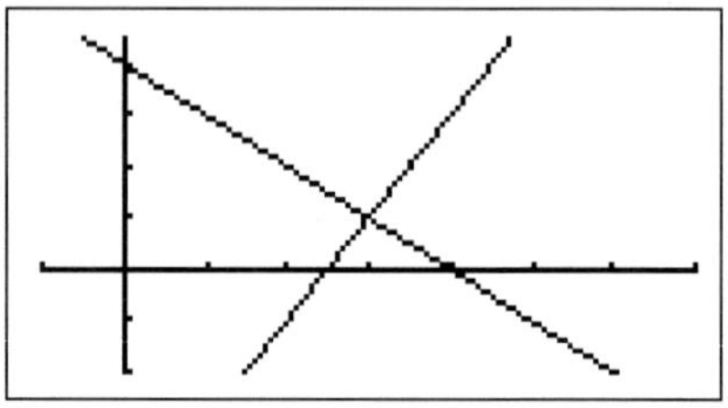

Dann drücken Sie die Funktionstaste F5 für G-SOLV und wählen mit F5 ISCT (intersection = Schnitt) aus. Nach wenigen Sekunden erhalten Sie die Koordinaten des Schnittpunktes $x = 3$ und $y = 1$.

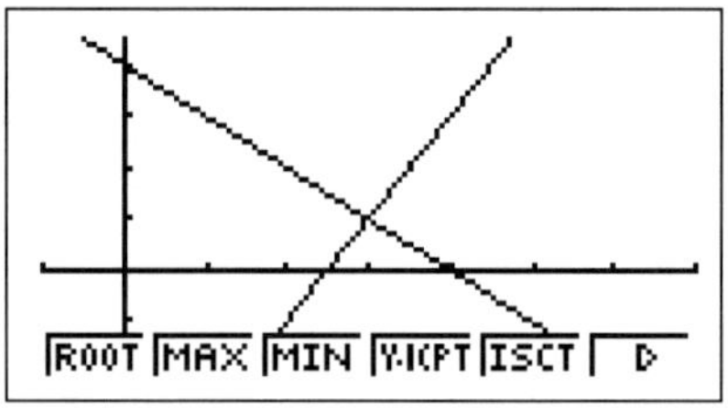

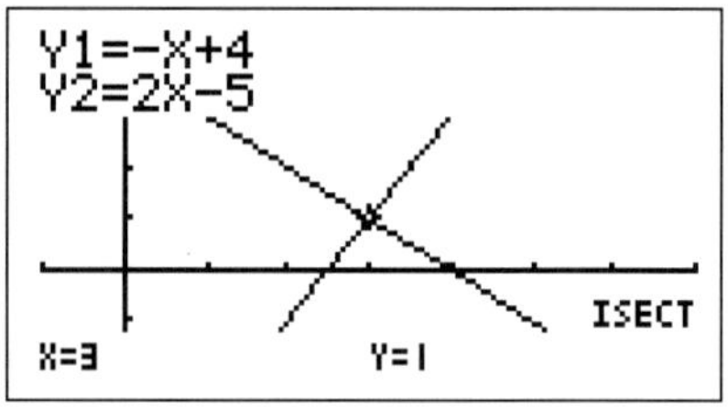

AUFGABE 31 Lösen Sie zeichnerisch und rechnerisch: In welchem Punkt schneiden sich die beiden Geraden?

a) g: $y=2x+4$
h: $y=-x+3$

b) r: $x+2y+5=0$
s: $2x-6y+1=0$

c) u: $2x+y=-4$
v: $y=\frac{1}{2}x+1$

d) g_1: $y=\frac{1}{2}x+\frac{5}{2}$
g_2: $y=-\frac{1}{3}x+2$

e) h_1: $3x-4y=6$
h_2: $-4x-2y=1$

f) s: $x=-\frac{1}{4}y+2$
t: $x+y=3$

g) g: $-3x+2y+4=0$
h: $2x-7y-3=0$

h) g: $6x-5y=4$
h: $3x-8y=10$

AUFGABE 32 Von 2 Geraden kennt man den Schnittpunkt S. Geben Sie jeweils mehrere Geraden an, die sich in S schneiden.

a) $S(2/1)$ b) $S(3/4)$
c) $S(-3/5)$ d) $S(-6/-1)$

AUFGABE 33 Das *s*-*t*-Diagramm beschreibt, wie Max und Moritz von A-Stadt nach B-Dorf fahren und wie Susi von B-Dorf nach A-Stadt fährt.
Beschreiben Sie in einigen Sätzen: Welche Informationen enthält das Diagramm?

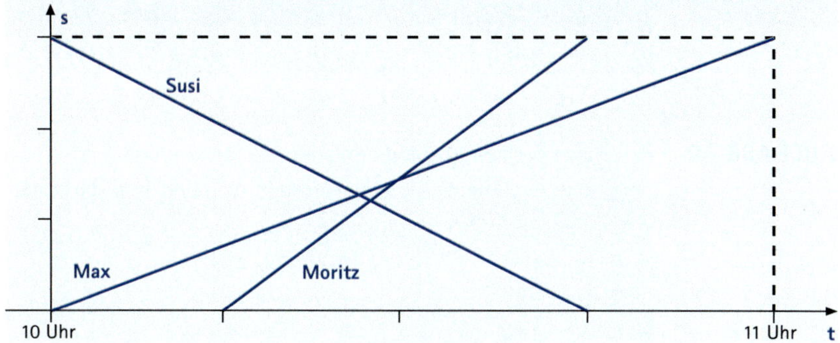

AUFGABE 34 Erfinden Sie eine Geschichte, zu der ein Schaubild mit 2 Geraden passt, die sich schneiden. Denken Sie sich dazu eine Rechnung aus. Tauschen Sie Ihre Geschichte mit der Rechenaufgabe zum Lösen in der Klasse aus.

AUFGABE 35 In einem Koordinatensystem sind die Eckpunkte *A*, *B* und *C* eines Dreiecks gegeben. Berechnen Sie die Koordinaten des Punktes *H*, in dem sich die 3 Höhen des Dreiecks schneiden.
(Überprüfen Sie Ihr Ergebnis durch eine Zeichnung.)

a) $A(0|0)$, $B(4|1)$, $C(2|5)$
b) $A(0|0)$, $B(1|4)$, $C(-2|-2)$
c) $A(-3|-4)$, $B(2|0)$, $C(5|0)$
d) $A(1|5)$, $B(-3|2)$, $C(4|-1)$

AUFGABE 36 Berechnen Sie die Koordinaten des Schwerpunktes *S* im angegebenen Dreieck *PQR*. Der Punkt *S* ergibt sich als Schnittpunkt der Seitenhalbierenden.
(Bestätigen Sie Ihre Rechnung durch eine Zeichnung.)

a) $P(0|0)$, $Q(6|0)$, $R(2|4)$
b) $P(-1|2)$, $Q(3|4)$, $R(-1|5)$
c) $P(-2|-2)$, $Q(-2|5)$, $R(-4|3)$
d) $P(0|4)$, $Q(-1|-2)$, $R(3|1)$

AUFGABE 37 Der Umkreismittelpunkt *M* eines Dreiecks ist der Schnittpunkt der Mittelsenkrechten, die man auf den Seiten errichtet. Berechnen Sie die Koordinaten von *M* im Dreieck *ABC*.
(Führen Sie die Konstruktion aus und messen Sie nach.)

a) $A(0|0)$, $B(5|0)$, $C(0|4)$
b) $A(1|0)$, $B(4|2)$, $C(2|5)$
c) $A(-2|3)$, $C(1|-2)$, $D(4|3)$
d) $A(4|-2)$, $B(1|3)$, $C(-3|1)$

AUFGABE 38 Der Schwerpunkt, der Umkreismittelpunkt und der Inkreismittelpunkt eines Dreiecks liegen immer auf einer Geraden, der so genannten Eulergerade. Bestätigen Sie zeichnerisch und rechnerisch, dass für ein Dreieck mit den Ecken $A(0|0)$, $B(10|0)$ und $C(8|6)$ die Eulergerade die Gleichung $y = \frac{1}{3}x$ besitzt.

AUFGABE 39 Berechnen Sie den Abstand des Punktes P von der Geraden g.
Anleitung: Bestimmen Sie die Normale n zu g durch P; n schneidet g in S; berechnen Sie $d(PS)$.

a) g: $y=x$ $P(4|0)$
b) g: $y=\frac{1}{2}x-4$ $P(1|3)$
c) g: $2x-y=4$ $P(0|0)$
d) g: $x+3y-6=0$ $P(-2|1)$

AUFGABE 40 Berechnen Sie den Abstand der beiden Geraden g und h.
Anleitung: Bestimmen Sie eine Normale zu g und h; n schneidet g in P und h in Q; berechnen Sie $d(PQ)$.

a) g: $y=-x$
h: $y=-x+2$
b) g: $y=\frac{1}{2}x+3$
h: $y=\frac{1}{2}x-1$
c) g: $2x+4y=1$
h: $2x+4y=5$
d) g: $3x-y+2=0$
h: $6x-2y+9=0$

AUFGABE 41 Überprüfen Sie rechnerisch: Ist das Viereck $ABCD$ ein Parallelogramm, Rechteck oder Quadrat?

a) $A(-2|-1)$, $B(8|0)$, $C(10|3)$, $D(0|2)$
b) $A(-3|0)$, $B(0|4)$, $C(4|1)$, $D(1|-3)$
c) $A(2|-3)$, $B(-1|3)$, $C(-9|-1)$, $D(-6|-7)$
d) $A(1|1)$, $B(6|2)$, $C(4|5)$, $D(1|5)$

AUFGABE 42 Durch die Gleichung $y=\frac{t}{2}\cdot x+3$ mit $t\in\mathbb{R}$ ist eine Geradenschar gegeben.

a) In welchem Punkt schneiden sich 2 Geraden der Schar? Warum gehört dieser Punkt zu allen Scharkurven?
b) Zeichnen Sie die Geraden für $t=1, 2, -2, -4$ in ein Koordinatensystem.
c) Für welchen Wert von t wird die dazugehörige Gerade parallel (orthogonal) zur 1. Winkelhalbierenden?
d) Für welchen Wert von t wird die dazugehörige Gerade parallel (orthogonal) zur 2. Winkelhalbierenden?
e) Für welchen Wert von t wird die dazugehörige Gerade parallel (orthogonal) zur Geraden mit der Gleichung $2x+4y=-3$?
f) Für welchen Wert von t geht die entsprechende Gerade durch den Punkt $A(6|12)$, durch den Punkt $B(8|1)$?
g) Für welchen Wert von t schneidet die entsprechende Gerade die x-Achse im Punkt $N(12|0)$?
h) Welche Bedingungen müssen 2 Scharparameter t_1 und t_2 erfüllen, wenn die dazugehörigen Geraden aufeinander senkrecht stehen sollen?
i) Welche Schargerade begrenzt mit den Koordinatenachsen ein Dreieck mit dem Flächeninhalt $A=13{,}5$ FE? (2 Lösungen!)

2.2.9 Schnittpunkte und Lösbarkeit eines Gleichungssystems

Wie wir gerade gesehen haben, entspricht der Schnittpunkt von 2 Geraden der Lösung eines linearen Gleichungssystems mit 2 Gleichungen und 2 Variablen. In Kapitel 12.3 des Teils A besprachen wir als Sonderfälle noch Gleichungssysteme, die unlösbar waren oder unendlich viele Lösungen hatten. Dabei wiesen wir kurz darauf hin, dass man keine Lösung findet, wenn die Geraden, die zu den Gleichungen gehören, parallel zueinander verlaufen und sich daher nicht schneiden. Hat man es aber mit 2 identischen Geraden zu tun, ist jeder Punkt ein gemeinsamer Punkt und entspricht dann einer möglichen Lösung.

Wir suchen uns für die 3 Fälle, die wir eben ansprachen, 3 Zahlenbeispiele. Der Lösungsweg wird Ihnen zu Recht etwas umständlich erscheinen. Wir wählen ihn aber so, damit wir die anschließende Verallgemeinerung besser nachvollziehen können.

BEISPIELE

1. Fall: Die Geraden schneiden sich in einem Punkt.

g_1: $2x-3y=-5$
g_2: $5x+4y=22$

Lösung mit dem Additionsverfahren:

$2x-3y=-5 \quad / \cdot 4 \quad / \cdot (-5)$
$5x+4y=22 \quad / \cdot 3 \quad / \cdot 2$

$(4\cdot 2+3\cdot 5)x=4\cdot(-5)+3\cdot 22$

$x=\frac{46}{23}=2$ eindeutige Lösung

$(5\cdot 3+2\cdot 4)y=-5\cdot(-5)+2\cdot 22$

$y=\frac{-69}{-23}=3$ eindeutige Lösung

einzige Lösung: Schnittpunkt $S(2|3)$; $L=\{(2|3)\}$

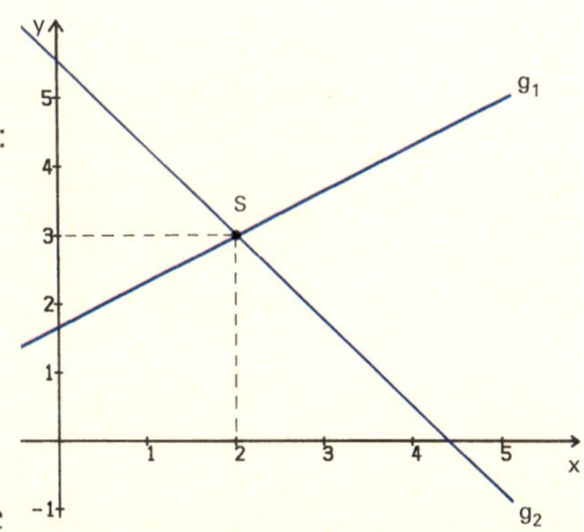

2. Fall: Die Geraden sind parallel.

g_1: $2x-3y=-5$
g_2: $4x-6y=\ \ 3$

Lösung mit dem Additionsverfahren:

$2x-3y=-5 \quad / \cdot (-6) \quad / \cdot (-4)$
$4x-6y=\ \ 3 \quad / \quad \cdot 3 \quad / \quad \cdot 2$

$(-6\cdot 2+3\cdot 4)x=6\cdot 5+3\cdot 3$

$0\cdot x=39$ keine Lösung

$(4\cdot 3+2\cdot(-6))y=4\cdot 5+2\cdot 3$

$0\cdot y=26$ keine Lösung

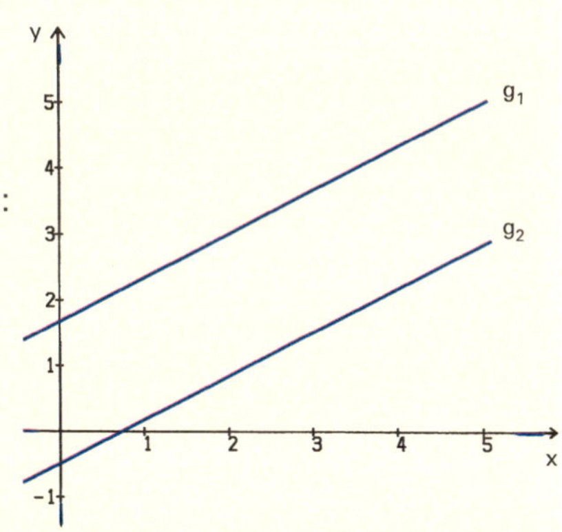

keine Lösung: kein gemeinsamer Punkt; $L=\{\}$

3. Fall: Die Geraden sind identisch.

g_1: $2x-3y=-5$
g_2: $4x-6y=-10$

Lösung mit dem Additionsverfahren:

$2x-3y=-5 \;/\cdot(-6)\;/\cdot(-4)$
$4x-6y=-10 \;/\;\cdot 3\;/\;\cdot 2$

$(-6\cdot 2+3\cdot 4)x=6\cdot 5-3\cdot 10$
$0\cdot x=0$ allgemein gültig

$(4\cdot 3+2\cdot(-6))y=4\cdot 5-2\cdot 10$
$0\cdot y=0$ allgemein gültig

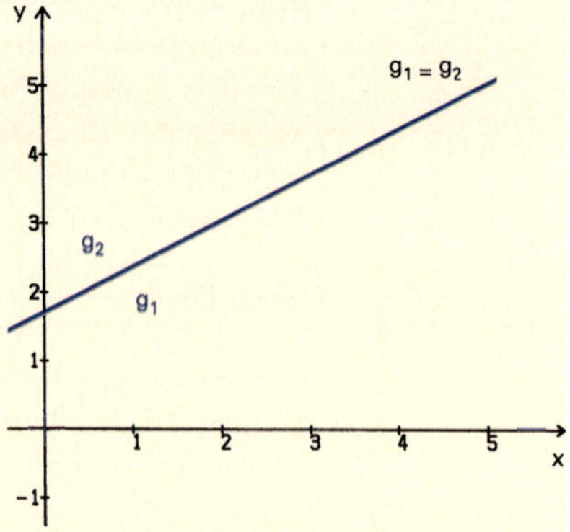

unendlich viele Lösungen;
alle Geradenpunkte gehören zur gemeinsamen Lösung
$L=\{(x|y)|2x-3y=-5\}$.

Man kann das Problem der Lösbarkeit eines Gleichungssystems und damit die Suche nach einem gemeinsamen Punkt von 2 Geraden auch ganz allgemein erledigen. Das wird recht schwierig, aber wir versuchen es trotzdem. Die beiden Gleichungen formulieren wir so allgemein wie möglich. Die erste entspricht dann der Geraden g_1, die zweite der Geraden g_2.

g_1: $a_1x+b_1y=c_1 \quad / \cdot b_2 \quad /\cdot(-a_2)$
g_2: $a_2x+b_2y=c_2 \quad /\cdot(-b_1) \quad / \cdot a_1$

Lösung mit dem Additionsverfahren:
$(a_1b_2-a_2b_1)\cdot x=b_2c_1-b_1c_2$
$(a_1b_2-a_2b_1)\cdot y=a_1c_2-a_2c_1$

1. Fall: Eindeutig lösbar, falls $a_1b_2-a_2b_1 \neq 0$.

Dann ist: $x=\dfrac{b_2c_1-b_1c_2}{a_1b_2-a_2b_1}$ und $y=\dfrac{a_1c_2-a_2c_1}{a_1b_2-a_2b_1}$

Wenn $a_1b_2-a_2b_1=0$ ist, entscheidet die rechte Seite der Gleichung, ob sie unlösbar oder allgemein gültig wird.

2. Fall: $a_1b_2-a_2b_1=0$ und $b_2c_1-b_1c_2 \neq 0$.
Dann hat das Gleichungssystem keine Lösung.

3. Fall: $a_1b_2-a_2b_1=0$ und $b_2c_1-b_1c_2=0$.
Dann hat das Gleichungssystem unendlich viele Lösungen.

Anmerkung
Bei parallelen Geraden gilt $a_1c_2-a_2c_1=k(b_2c_1-b_1c_2)$, wobei $k\in\mathbb{R}$. Wir haben daher nur für die Gleichung in x die rechte Seite untersucht.

Wahrscheinlich brummt Ihnen jetzt etwas der Kopf, weil Sie die Übersicht verloren haben. Schauen Sie das folgende Struktogramm an. Dort sehen Sie die Zusammenhänge klarer. Es ist eigentlich für die DV-Freaks gedacht, die programmieren können, aber auch sonst recht hilfreich.

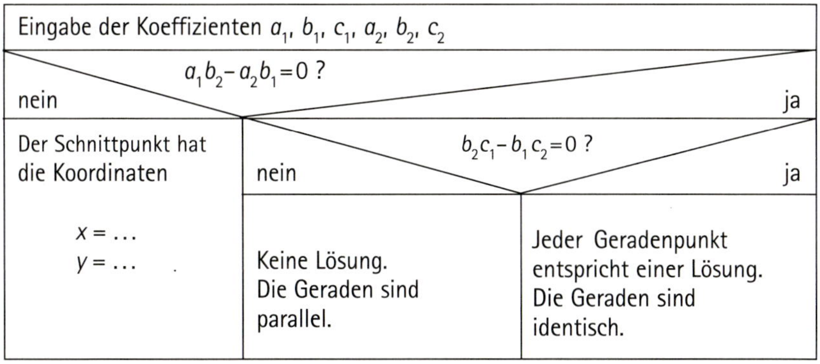

AUFGABE 43 Versuchen Sie zuerst den Schnittpunkt der beiden Geraden zu berechnen. Bestätigen Sie dann Ihre Lösung, indem Sie die Geraden zeichnen.
(Die Geraden sind parallel oder fallen zusammen.)

a) g: $3x-2y=6$
h: $6x-4y=2$

b) g_1: $y=\frac{3}{2}x-2$
g_2: $6x-4y-8=0$

c) s: $3x+y=-2$
t: $x=-\frac{1}{3}y+1$

d) u: $x-2y=4$
v: $3x-6y=12$

e) h_1: $7x+12y-5=0$
h_2: $-21x-36y+10=0$

f) g: $3x-8y+20=0$
h: $32y=12x+80$

2.2.10 Das muss ich mir merken

Eine Gerade ist das Schaubild einer linearen Funktion.

Eine Gerade ist festgelegt durch ihre Steigung $m = \frac{\Delta y}{\Delta x}$ und ihren y-Achsenabschnitt b.

Falls $b=0$ ist, beschreibt die lineare Funktion eine Proportionalität.
Schreibweise: $y \sim x$. Der Quotient proportionaler Größen ist konstant.

Geraden können wir darstellen

in der Hauptform $y=mx+b$

mit der Punkt-Steigungs-Form $\frac{y-y_1}{x-x_1}=m$

bzw. $y-y_1=m(x-x_1)$

mit der Zweipunkteform $\frac{y-y_1}{x-x_1}=\frac{y_2-y_1}{x_2-x_1}$

bzw. $y-y_1=\frac{y_2-y_1}{x_2-x_1}\cdot(x-x_1)$

Spezialfälle:

$y=b$ waagrechte Gerade, Parallele zur x-Achse im Abstand b
$y=0$ Gleichung der x-Achse
$x=a$ senkrechte Gerade, Parallele zur y-Achse im Abstand a
$x=0$ Gleichung der y-Achse

2 Geraden sind parallel, wenn ihre Steigungen gleich sind.

2 Geraden stehen aufeinander senkrecht, wenn für die beiden Steigungen gilt:
$m_1=-1/m_2$ bzw. $m_1m_2=-1$.

Wenn man den Schnittpunkt von 2 Geraden berechnet, löst man ein lineares Gleichungssystem mit 2 Gleichungen und 2 Unbekannten.

2.3 Quadratische Funktionen

2.3.1 Definition einer quadratischen Funktion

Bisher hatten wir uns ganz auf lineare Funktionen beschränkt. Wir stellen sie im Koordinatensystem als Geraden dar. Interessanter – und später auch wichtiger – sind Funktionen, deren Schaubilder Kurven ergeben. Die einfachsten Kurven sind die Parabeln, die Sie schon aus früheren Zeiten kennen (sollten). Eine Parabel ist das Schaubild einer so genannten quadratischen Funktion. Diesen Funktionstyp wollen wir in diesem Kapitel näher untersuchen.

BEISPIEL Ein Auto fährt mit 70 km/h frontal gegen eine Mauer. Wie hoch diese Geschwindigkeit eigentlich ist, wird uns erst bewusst, wenn wir sie mit der Aufprallgeschwindigkeit bei einem senkrechten Sturz vergleichen. Mit 70 km/h würde das Auto auf dem Asphalt aufschlagen, wenn es aus der vierten oder fünften Etage eines Parkhauses auf die Straße fiele.
Wir fragen: Aus welcher Höhe müsste ein Auto fallen, um eine bestimmte Geschwindigkeit beim Aufschlagen zu erhalten?

Geschwindigkeit in km/h	0	18	36	54	72	90	108
Fallhöhe in m	0	1,25	5	11,25	20	31,25	45

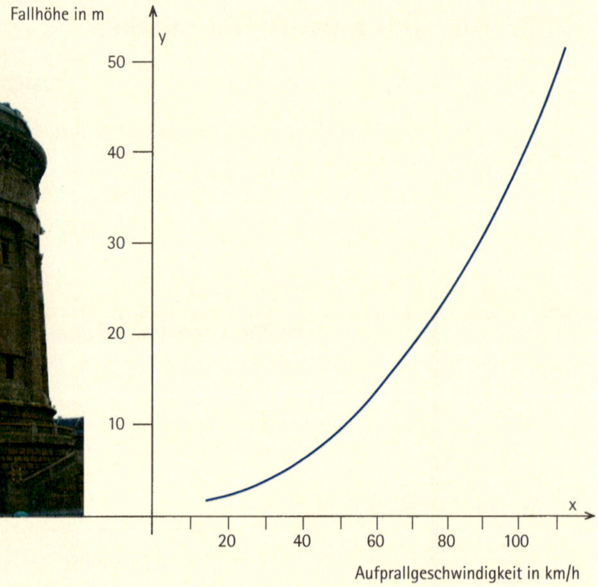

Die Höhe y (Angabe in m) lässt sich aus der Geschwindigkeit x (Angabe in km/h) durch die Formel berechnen

$$y = \frac{5}{1296} \cdot x^2.$$

Prüfen Sie die Formel, indem Sie die Tabellenwerte einsetzen. (Fragen Sie Ihren Physiklehrer, wie man den „krummen" Faktor vor dem x^2 herleitet.)

Diese Formel ist die Gleichung der Kurve, die wir gerade gezeichnet haben. In ihr taucht die Variable x mit der Hochzahl 2, also im Quadrat, auf. Man spricht daher von einer quadratischen Gleichung. Die Funktion, die damit beschrieben wird, nennt man ebenfalls quadratisch.

DEFINITION Eine Funktion $f\colon x \rightarrow ax^2 + bx + c$ (mit $a, b, c \in \mathbb{R}$ und $a \neq 0$) heißt quadratisch.

Eine quadratische Funktion nennt man auch **Funktion 2. Grades** oder **ganzrationale Funktion 2. Grades.** Das Schaubild einer quadratischen Funktion heißt **Parabel**. Eine Parabel hat die Gleichung $y = ax^2 + bx + c$ (mit $a \neq 0$). Im folgenden Kapitel beschäftigen wir uns mit den Eigenschaften von Parabeln.

2.3.2 Parabeln als Schaubilder von quadratischen Funktionen

1. Reinquadratische Funktionsgleichungen: $f(x) = ax^2 + c$

DEFINITION Eine quadratische Funktion $f\colon x \rightarrow ax^2 + bx + c$ heißt **reinquadratisch**, wenn $b = 0$ ist.

Der einfachste Fall ist die Funktion mit $f(x) = x^2$. Die dazugehörige Kurve mit $y = x^2$ ist die **Normalparabel**, die Sie sicher noch kennen.

Wertetabelle für die Normalparabel

x	-3	-2	-1	0	1	2	3	4
$y = x^2$	9	4	1	0	1	4	9	16

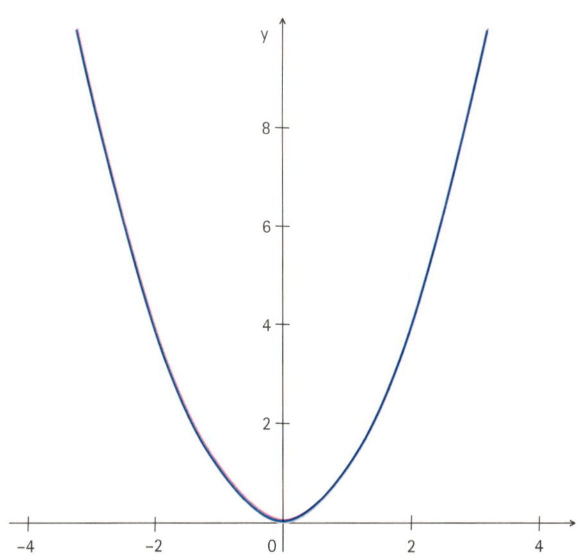

Den tiefsten (oder höchsten) Punkt einer Parabel nennt man den **Scheitel** oder **Scheitelpunkt**, meistens abgekürzt mit *S*.

Im Folgenden untersuchen wir, wie sich die Form der Normalparabel ändert, wenn man in der Gleichung $y=x^2$ das x^2 mit einem Faktor a multipliziert. Mithilfe Ihres grafikfähigen Taschenrechners können Sie das leicht nachvollziehen.

BEISPIEL $f: x \rightarrow ax^2$

Durch die Gleichung $y=ax^2$ ist eine **Parabelschar** gegeben. Wir zeichnen diejenigen Parabeln der Schar, die zu $a=-2, -1, -1/4, 1/4, 1, 2$ gehören.

Wertetabelle

x	−2	−1	0	1	2
$y=-2x^2$	−8	−2	0	−2	−8
$y=-x^2$	−4	−1	0	−1	−4
$y=-\frac{1}{4}x^2$	−1	−0,25	0	−0,25	−1
$y=\frac{1}{4}x^2$	1	0,25	0	0,25	1
$y=x^2$	4	1	0	1	4
$y=2x^2$	8	2	0	2	8

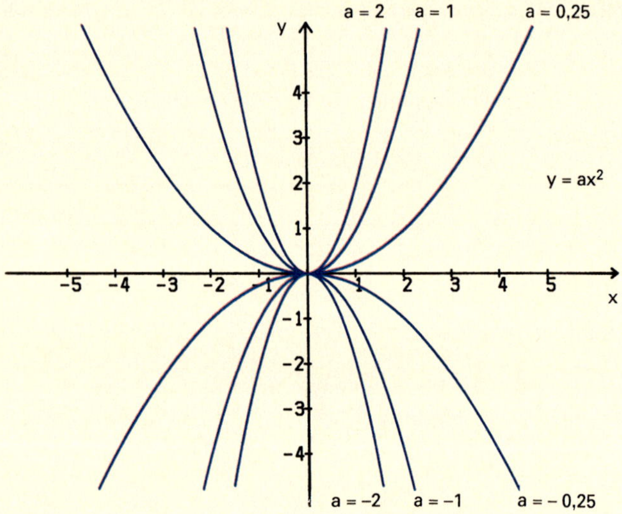

Aus den Zeichnungen erkennt man sofort die geometrische Bedeutung der Formvariablen a.

MERKE Die Parabel mit der Gleichung $y=ax^2$ entsteht aus der Normalparabel durch Streckung oder Pressung um den Faktor a.

Dabei gilt:
- $a>0$ … die Parabel ist nach oben geöffnet.
- $a<0$ … die Parabel ist nach unten geöffnet.
- $|a|>1$ … die Parabel ist schmäler als die Normalparabel.
- $|a|<1$ … die Parabel ist breiter als die Normalparabel.

Unser Taschenrechner kann auch Kurvenscharen zeichnen. Wählen Sie dazu das Menü DYNA aus und geben Sie die Gleichung $y = ax^2$ ein. Dann wählen Sie mit VAR (Funktionstaste F4) die Einstellungen für a aus.

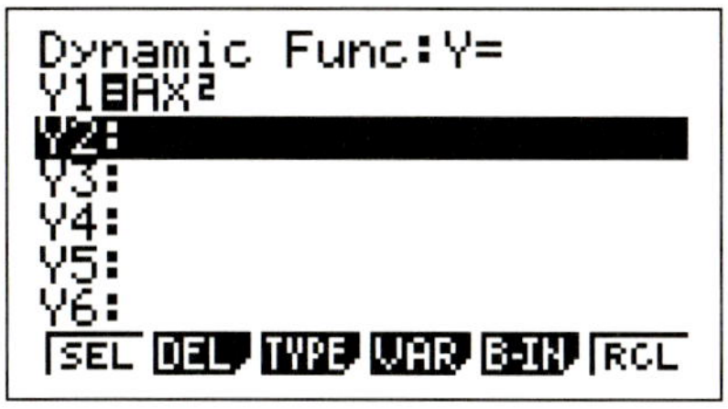

*1

Drücken Sie nun F2 für RANG und geben Sie für a den gewünschten Bereich ein. Mit EXE kommen Sie wieder zurück zur vorherigen Einstellung.

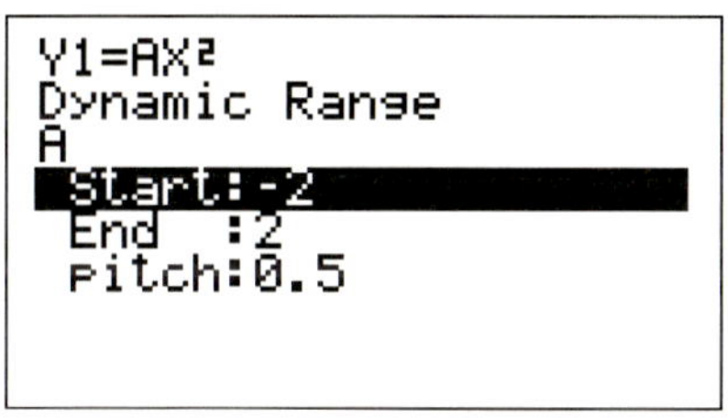

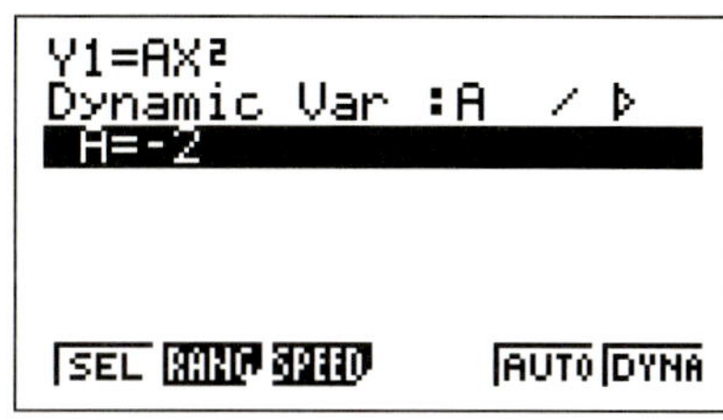

Mit F3 für SPEED können Sie dann noch die Zeichengeschwindigkeit festlegen. Wenn Sie nun F6 für DYNA drücken, antwortet Ihr Rechner mit einem höflichen „One Moment Please" und beginnt dann alle Parabeln zu zeichnen, die zu $a = -2$; $a = -1{,}5$; $a = -1$; usw. bis $a = 2$ gehören. Allerdings zeichnet er alle Parabeln einzeln und nacheinander. Wenn Sie alle Parabeln gleichzeitig sehen wollen, müssen Sie vorher die Einstellung Ihres Rechners ändern. Dazu drücken Sie SHIFT + MENU um in das SET UP zu gelangen.

Dort stellen Sie LOCUS auf ON. Dann erhalten Sie die Kurvenschar komplett.

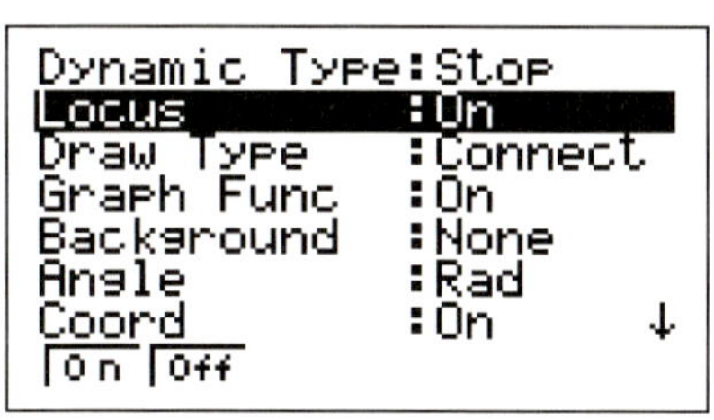

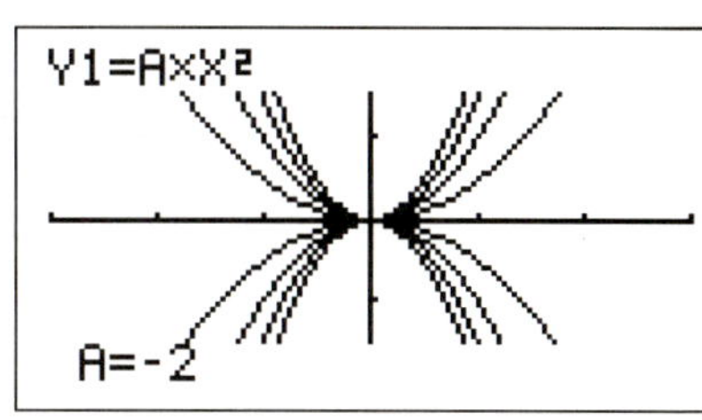

Jetzt untersuchen wir noch, wie sich die Lage der Normalparabel ändert, wenn man der Gleichung $y=x^2$ eine Konstante c hinzufügt.

BEISPIEL $f: x \rightarrow x^2 + c$

Wir zeichnen in ein Koordinatensystem die Parabeln mit den Gleichungen $y=x^2$, $y=x^2+1$ und $y=x^2-2$.

Wertetabelle

x	-3	-2	-1	0	1	2	3
$y=x^2$	9	4	1	0	1	4	9
$y=x^2+1$	10	5	2	1	2	5	10
$y=x^2-2$	7	2	-1	-2	-1	2	7

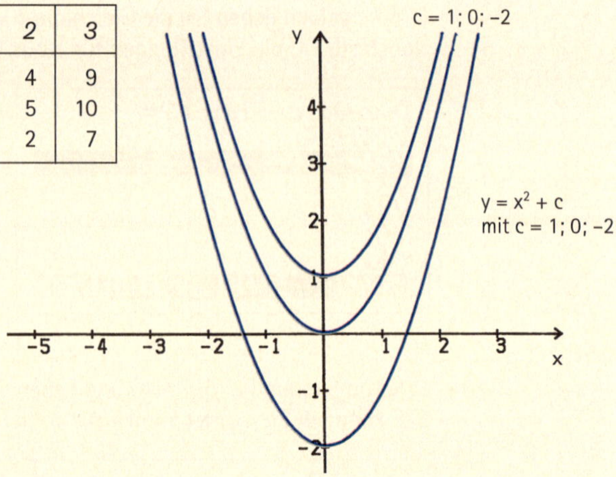

Die Konstante c bewirkt nur eine Verschiebung der Parabel in Richtung der y-Achse. Daran ändert sich auch nichts, wenn man anstelle der Normalparabel eine Parabel mit der Gleichung $y=ax^2$ nimmt.

MERKE Die Parabel mit der Gleichung $y=ax^2+c$ entsteht aus der Parabel mit der Gleichung $y=ax^2$ durch Verschiebung um c Längeneinheiten in Richtung der y-Achse.

Zur Überprüfung wählen Sie bei Ihrem Taschenrechner wieder das Menü DYNA aus und geben die Gleichung $y = x^2 + c$ ein. Suchen Sie sich dann für c geeignete Werte aus, wie wir das auf der letzten Seite beschrieben haben.

AUFGABE 1 Zeichnen Sie die Parabeln mit den Gleichungen:

a) $y=\frac{1}{10}x^2$ c) $y=3x^2$ e) $y=\frac{1}{3}x^2-4$ g) $y=-\frac{1}{2}x^2+5$
b) $y=-\frac{1}{5}x^2$ d) $y=-6x^2$ f) $y=2x^2-6$ h) $y=-3x^2+8$

AUFGABE 2 Bestimmen Sie die Formvariable a so, dass die Parabel mit der Gleichung $y=ax^2$ durch den Punkt Q geht.

a) $Q(1|2)$ c) $Q(3|8)$ e) $Q(-2|-5)$
b) $Q(-1|2)$ d) $Q(-3|-10)$ f) $Q(\frac{3}{4}|\frac{5}{8})$

AUFGABE 3 Bestimmen Sie die Formvariable c so, dass die Parabel mit der Gleichung $y=0{,}5x^2+c$ durch den Punkt R geht.

a) $R(2|3)$ b) $R(-2|-6)$ c) $R(-4|5)$ d) $R(0|0)$

AUFGABE 4 Um wie viele Einheiten muss man die Parabel p in Richtung der y-Achse verschieben, damit sie durch den Punkt T geht?

a) p: $y=\frac{1}{3}x^2$ $T(2|3)$ c) p: $y=-2x^2$ $T(3|4)$
b) p: $y=-\frac{2}{5}x^2$ $T(3|-6)$ d) p: $y=4x^2$ $T(-1|7)$

AUFGABE 5 Das Weg-Zeit-Gesetz für den freien Fall lautet: $s=\frac{1}{2}a\cdot t^2$, wobei a die Fallbeschleunigung bezeichnet. Zeichnen Sie ein s-t-Diagramm (t-Achse nach rechts, s-Achse nach oben) für $0\leq t\leq 6$ Sekunden.

a) Fall auf der Erde: $a=9{,}81\ \text{m/s}^2$.
b) Fall auf dem Mond: $a=1{,}62\ \text{m/s}^2$.
c) Fall auf dem Jupiter: $a=24{,}6\ \text{m/s}^2$.

AUFGABE 6 Der Verbrauch eines Autos steigt mit zunehmender Geschwindigkeit. Bei einem bestimmten Typ lässt sich der durchschnittliche Verbrauch V (in Liter/100 km) als Funktion der Geschwindigkeit x (in km/h) durch die Formel beschreiben:

$$V=0{,}7+0{,}0008\cdot x^2$$

Der konstante Term rührt vom Rollwiderstand her. Für den quadratischen Anstieg ist der Luftwiderstand verantwortlich, der mit zunehmender Geschwindigkeit stark anwächst.
Zeichnen Sie eine Kurve, aus der sich der Zusammenhang zwischen Geschwindigkeit und Verbrauch ablesen lässt. (Wählen Sie für die Werte von x ein sinnvolles Intervall aus.)

2. Gemischtquadratische Funktionsgleichungen: $f(x)=ax^2+bx+c$

DEFINITION Eine quadratische Funktion $f: x\rightarrow ax^2+bx+c$ heißt **gemischtquadratisch**, wenn die Koeffizienten a, b, c von null verschieden sind.

BEISPIEL Parabel mit der Gleichung $y=\frac{1}{2}x^2-3x+4$

Wertetabelle

x	−1	0	1	2	3	4	5	6	7
y	7,5	4	1,5	0	−0,5	0	1,5	4	7,5

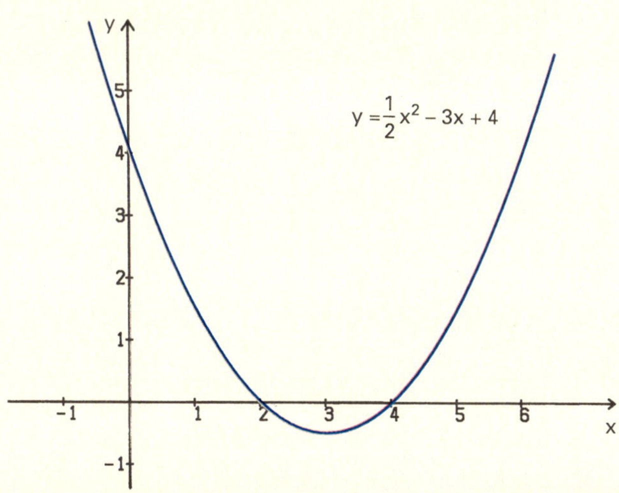

Geometrische Bedeutung der Formvariablen a, b und c

Wie man aus dem Beispiel sieht, regelt $a=\frac{1}{2}$ die Form der Parabel. Sie ist nach oben geöffnet und breiter als die Normalparabel.

Das Absolutglied $c=4$ bewirkt eine Verschiebung der Parabel mit der Gleichung $y=\frac{1}{2}x^2$ so weit nach oben, dass sie durch den Punkt (0|4) geht.

Der Faktor $b=-3$ ist verantwortlich für eine Verschiebung der Parabel mit der Gleichung $y=\frac{1}{2}x^2$ in Richtung der x-Achse. Dies werden wir uns im nächsten Kapitel genauer ansehen.

AUFGABE 7 Zeichnen Sie die Parabeln mit den angegebenen Gleichungen in einem geeigneten Intervall.

a) $y=x^2-2x-1$

b) $y=-\frac{1}{2}x^2+x+2$

c) $y=\frac{1}{4}x^2-2x+3$

d) $y=-\frac{1}{8}x^2+\frac{1}{2}x+4$

AUFGABE 8 Ein Körper wird zur Zeit $t=0$ mit der Geschwindigkeit $v=20$ m/s unter einem Winkel von 45° abgeschossen. Im Vakuum wird die Wurfbahn beschrieben durch die Gleichung

$$y=x-\frac{1}{40}x^2 \quad \text{(alle Angaben in m).}$$

Zeichnen Sie die Wurfbahn. Wie weit fliegt der Körper? Wie hoch steigt der Körper? Wie lange fliegt der Körper?

AUFGABE 9 Der Querschnitt eines Scheinwerfers ist eine Parabel mit der Gleichung

$$y=\frac{1}{8}x^2-x+2.$$

Die Lampe sitzt im Punkt $F(4|2)$.

Zeichnen Sie den Querschnitt des Scheinwerfers für $-2\leq x\leq 10$ und die Position der Lampe.
Zeichnen Sie mehrere Lichtstrahlen ein, die von der Lampe ausgehen und am Spiegel reflektiert werden. (Beachten Sie dabei das Reflexionsgesetz der Optik: Einfallswinkel = Reflexionswinkel.)

2.3.3 Die Scheitelform der Parabelgleichung

Durch eine quadratische Gleichung $y=ax^2+bx+c$ ist eine Parabel gegeben. Bisher können wir nur mithilfe der Formvariablen a angeben, welche Form die Parabel hat und ob sie nach oben oder unten geöffnet ist.

Unser Ziel ist es nun, aus den Formvariablen b und c die Lage des Scheitels zu bestimmen.

BEISPIEL Wir zeichnen die beiden Parabeln p_1 und p_2.

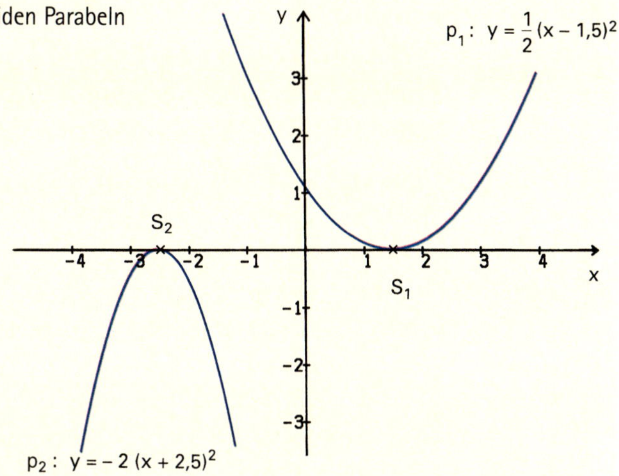

Der Scheitel von p_1 liegt bei $S_1(1,5|0)$, der Scheitel von p_2 bei $S_2(-2,5|0)$.

Wir dürfen unser Ergebnis verallgemeinern und stellen fest:

MERKE Die Parabel mit der Gleichung $y = a(x - x_0)^2$ hat ihren Scheitel im Punkt $S(x_0|0)$.

Wir werden jetzt eine solche Parabel noch in Richtung der y-Achse verschieben. Damit können wir ihren Scheitel an eine beliebige Stelle des Koordinatensystems legen. Testen Sie diese Verschiebungen mit Ihrem Taschenrechner.

BEISPIEL Wir zeichnen die beiden Parabeln p_1 und p_2.

p_1: $y = \frac{1}{4}(x-4)^2 - 2$

p_2: $y = -\frac{1}{2}(x+3)^2 + 1$

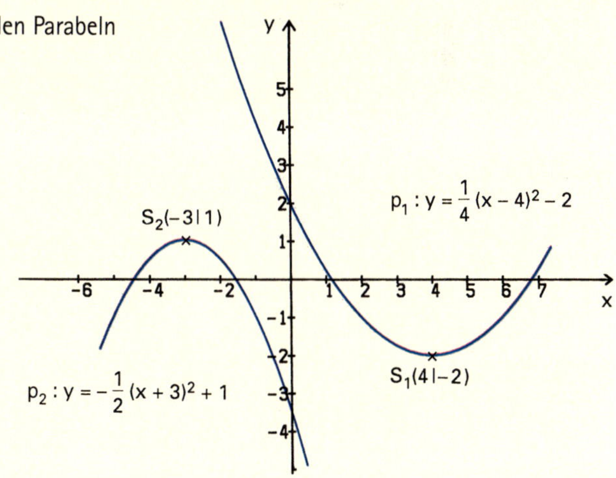

Der Scheitel von p_1 liegt bei $S_1(4|-2)$, der Scheitel von p_2 bei $S_2(-3|1)$.

Wir sehen jetzt, wie wir aus dieser Form der Parabelgleichung die Lage des Scheitels ablesen können.

MERKE Die Parabel mit der Gleichung $y=a(x-x_0)^2+y_0$ hat ihren Scheitel im Punkt $S(x_0|y_0)$. Diese spezielle Form der Darstellung einer Parabelgleichung nennt man ihre **Scheitelform**.

In der Regel erhält man die Parabelgleichungen leider nicht in der Scheitelform. Die Frage ist nun: Wie bringt man eine gewöhnliche Parabelgleichung auf ihre Scheitelform?

BEISPIELE

1. Wie lautet die Scheitelform von p: $y=x^2-6x+10$?

   $y=x^2-6x+9+10-9$ — Wir fügen 9 zuerst hinzu, damit sich die x-Terme als vollständiges Quadrat schreiben lassen. Man nennt dies „quadratisches Ergänzen". Anschließend müssen wir die 9, die wir jetzt zu viel haben, wieder abziehen.

   $=(x-3)^2+1$

   Ergebnis: Der Scheitelpunkt von p ist $S(3|1)$.

2. Wie lautet die Scheitelform von p: $y=-\frac{1}{4}x^2+2x+6$?

   $y=-\frac{1}{4}(x^2-8x-24)$

   $=-\frac{1}{4}(x^2-8x+16-24-16)$ — quadratisch ergänzt mit $+16$ und dann durch -16 wieder korrigiert

   $=-\frac{1}{4}((x-4)^2-40)$

   $=-\frac{1}{4}(x-4)^2+10$

   Ergebnis: Der Scheitelpunkt von p ist $S(4|10)$.

AUFGABE 10 Geben Sie jeweils den Scheitel der Parabel an, die durch die folgenden Gleichungen gegeben ist.

a) $y=(x+3)^2-7$
b) $y=(x-3{,}5)^2+2{,}5$
c) $y=x^2-8$
d) $y=(x+5)^2$
e) $y=\frac{1}{8}(x+2{,}5)^2-6$
f) $y=3(x-1{,}5)^2+4{,}5$

AUFGABE 11 Bringen Sie die angegebene Parabelgleichung auf ihre Scheitelform, geben Sie den Scheitel an und zeichnen Sie die Parabel.

a) $y=x^2-4x+5$
b) $y=x^2+6x-12$
c) $y=x^2+10x+25$
d) $y=x^2-8x+21$
e) $y=\frac{1}{2}x^2+8x-2$
f) $y=-\frac{1}{4}x^2+12x+3$
g) $y=4x^2+x+1$
h) $y=-2x^2+x-2$

AUFGABE 12 Wie lautet die Gleichung der Parabel, die entsteht, wenn man die Normalparabel wie folgt verschiebt:

a) um 2 Einheiten nach rechts und 3 Einheiten nach oben;
b) um 4 Einheiten nach links und 0,5 Einheiten nach oben;
c) um 8 Einheiten nach rechts und 1 Einheit nach unten;
d) um 3,5 Einheiten nach links und 4,5 Einheiten nach unten?

AUFGABE 13 Wie lautet die Gleichung der Parabel, die entsteht, wenn man die Normalparabel

a) um den Faktor 2, (−3) streckt?
b) um den Faktor 0,4, (−0,2) presst?
c) um den Faktor 1,5 streckt und den Scheitel in den Punkt $P(3|4)$ schiebt?
d) um den Faktor −0,6 presst und den Scheitel in den Punkt $Q(-2|5)$ schiebt?

AUFGABE 14 Wie entsteht die Parabel mit der angegebenen Gleichung aus der Normalparabel?

a) $y=(x-6)^2-7$ b) $y=(x+3)^2+5$ c) $y=\frac{2}{3}(x+2)^2-3$ d) $y=-3(x-4)^2+1$

AUFGABE 15 Die Normalparabel wird um den Faktor 1,5 gestreckt, dann um 4 Einheiten nach rechts und um 2 Einheiten nach oben geschoben. Dann wird sie an der x-Achse (y-Achse) gespiegelt.

Wie lautet die Gleichung der so entstandenen Parabel?

2.3.4 Schnittpunkte von Parabeln mit der x-Achse

DEFINITION x_0 heißt **Nullstelle** der Funktion $f\colon x \rightarrow ax^2+bx+c$, wenn $f(x_0)=0$ ist.

Die dazugehörige Parabel schneidet die x-Achse an der Stelle x_0, also im Punkt $N(x_0/0)$. Der Punkt heißt Nullstelle der Parabel, weil seine y-Koordinate 0 ist.

BEISPIEL Wir zeichnen in ein Koordinatensystem die angegebenen Parabeln mit den Gleichungen:

p_1: $y=\frac{1}{4}x^2+\frac{1}{2}x-2$
p_2: $y=\frac{1}{4}x^2+\frac{1}{2}x+\frac{1}{4}$
p_3: $y=\frac{1}{4}x^2+\frac{1}{2}x+2$

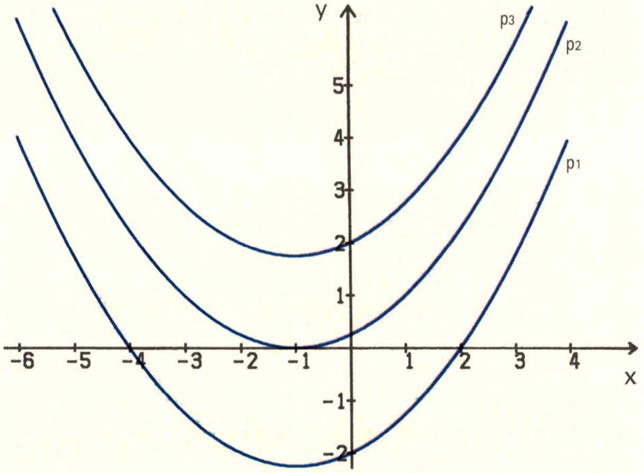

Aus der Zeichnung kann man ablesen: Die Schnittpunkte von p_1 mit der x-Achse sind $N_1(2|0)$ und $N_2(-4|0)$; der Berührungspunkt von p_2 mit der x-Achse ist ihr Scheitel $S(-1|0)$; p_3 besitzt keine Schnittpunkte mit der x-Achse.

Berechnung der Schnittstellen:

Ansatz: Für welche Werte von x wird $y=0$?

für p_1: $\frac{1}{4}x^2+\frac{1}{2}x-2=0 \quad / \cdot 4$

$x^2+2x-8=0$

$x_{1/2}=\frac{-2\pm\sqrt{4+32}}{2}=\frac{-2\pm 6}{2}$

$x_1=+2$ also $N_1(\ 2|0)$

$x_2=-4$ also $N_2(-4|0)$

2 verschiedene Schnittstellen

für p_2: $\frac{1}{4}x^2+\frac{1}{2}x+\frac{1}{4}=0 \quad / \cdot 4$

$x^2+2x+1=0$

$x_{1/2}=\frac{-2\pm\sqrt{4-4}}{2}=\frac{-2\pm 0}{2}$

$x_1=x_2=-1$ also $N_{1/2}(-1|0)$

nur eine „doppelte" Schnittstelle

für p_3: $\frac{1}{4}x^2+\frac{1}{2}x+2=0 \quad / \cdot 4$

$x^2+2x+8=0$

$x_{1/2}=\frac{-2\pm\sqrt{4-32}}{2}$

keine Lösung; keine Schnittstelle

MERKE **Geometrische Bedeutung der doppelten Schnittstelle**

Schiebt man die Parabel p_1 nach oben, dann bewegen sich ihre Schnittstellen aufeinander zu. Wenn beide Schnittstellen zusammentreffen, liegen keine echten Schnittpunkte mehr vor. Die x-Achse wird dann nur noch berührt.
Eine rechnerische Doppellösung für einen Schnittpunkt bedeutet geometrisch immer eine Berührung.

Unser Taschenrechner kann natürlich auch Nullstellen berechnen. Wir zeigen es Ihnen an dem vorherigen Beispiel. Wählen Sie das Menü GRAPH aus, geben Sie die Gleichung $y = 0{,}25x^2 + 0{,}5x - 2$ ein und lassen Sie die Parabel zeichnen.

*1

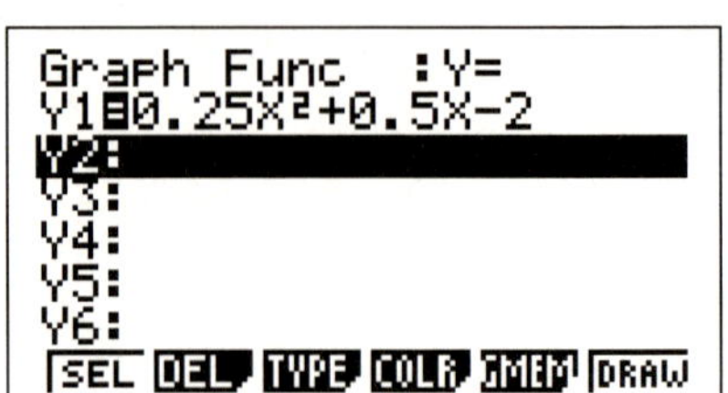

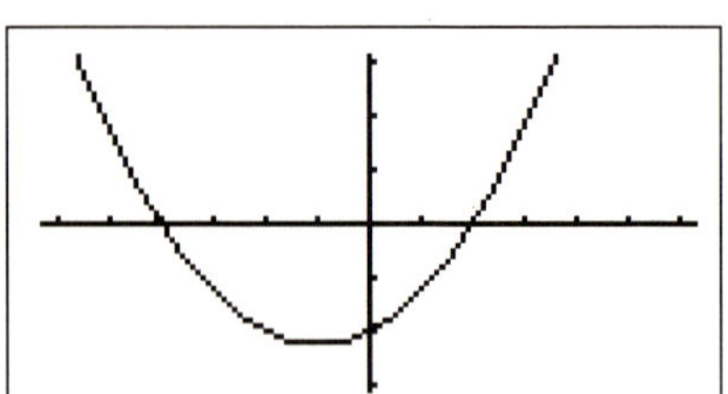

Dann blenden Sie mit der Funktionstaste F5 für G-SOLV im Display unten eine Zeile ein und wählen mit F1 ROOT aus. „Root" heißt eigentlich „Wurzel". In der mathematischen Fachsprache sagt man gelegentlich auch im Deutschen für die Lösung einer Gleichung „Wurzel", auch wenn dies mit Wurzelziehen überhaupt nichts zu tun hat.

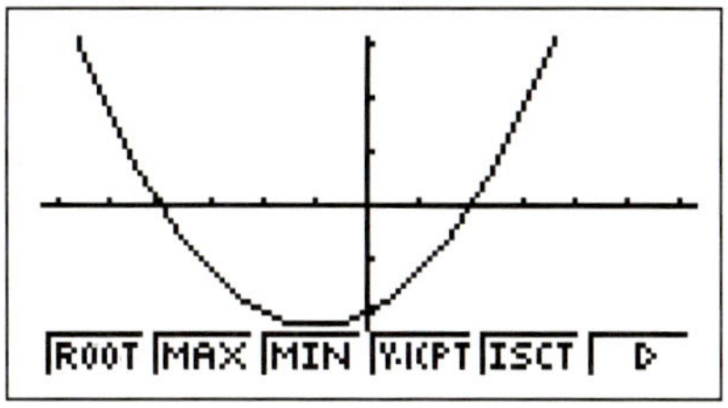

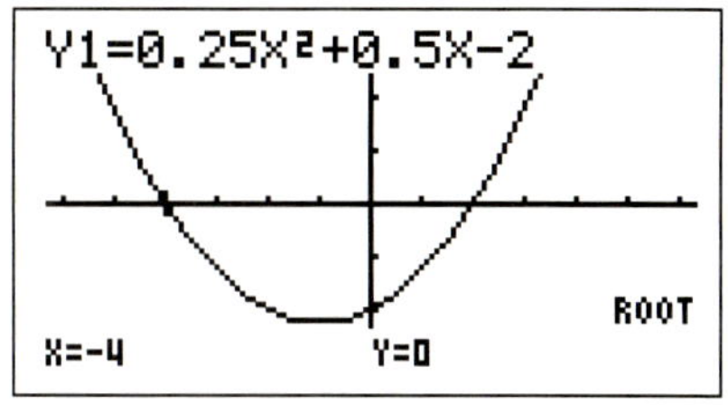

*1

Der Rechner gibt nun die erste Lösung $x_1 = -4$ an. Drücken Sie nun auf die Pfeiltaste nach rechts. Dann wird Ihnen noch die zweite Lösung $x_2 = 2$ angezeigt.

Ganz wichtiger Hinweis: Wir haben gerade eine quadratische Gleichung gelöst, indem wir mit dem Taschenrechner die Nullstellen bestimmt haben. Dieses Verfahren nennt man **grafisches Lösen einer Gleichung** oder **zeichnerisches Lösen einer Gleichung.** Damit können Sie praktisch alle Gleichungen (ohne Formvariablen) lösen, die in Ihrem Schulleben auftauchen werden, auch wenn sie noch so kompliziert sind. Sehen Sie sich dazu das folgende Beispiel an.

BEISPIEL Lösen Sie grafisch die Gleichung $0{,}1x^5 + 0{,}2x^3 = 0{,}1x + 2$.

1. Schritt: Wir stellen die Gleichung um zu $0{,}1x^5 + 0{,}2x^3 - 0{,}1x - 2 = 0$.

2. Schritt: Wir interpretieren die Aufgabe als Suche nach den Nullstellen einer Kurve mit $y = 0{,}1x^5 + 0{,}2x^3 - 0{,}1x - 2$.

3. Schritt: Wir lassen den Taschenrechner die Kurve zeichnen und bestimmen mit ROOT die Nullstellen.

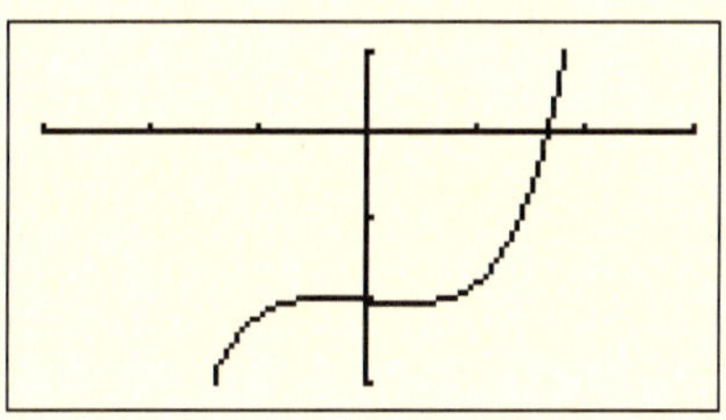

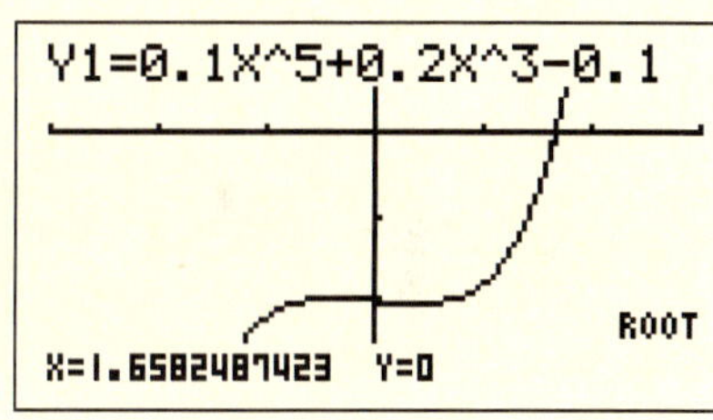

*1

Die Lösung unserer Gleichung beträgt also $x \approx 1{,}66$.

Dieses Verfahren hat aber auch Nachteile. Wie immer liefert der Taschenrechner nicht ein exaktes Ergebnis, sondern nur einen gerundeten Wert für die Lösung. Dann kann er uns auch nicht verraten, ob die Gleichung vielleicht bei $x = -1000$ oder $x = +2000$ noch weitere Lösungen hat, also in einem Bereich, den wir auf dem Display nicht sehen. Ob und wo es noch weitere Lösungen gibt, muss man sich selbst überlegen.

AUFGABE 16 Berechnen Sie die Schnittpunkte mit der x-Achse.

a) $y = \frac{1}{2}x^2 + x - 4$

b) $y = \frac{1}{3}x^2 - \frac{3}{7}x + \frac{1}{2}$

c) $y = \frac{1}{2}x^2 - \sqrt{2}x - 3$

d) $y = 4x^2 - 20x + 25$

e) $y = x^2 + \frac{2}{3}x + \frac{1}{9}$

f) $y = 0{,}4x^2 - 0{,}3x + 1{,}2$

AUFGABE 17 Für welchen Wert von a hat die Parabel mit der angegebenen Gleichung 2, 1, keine Schnittpunkte mit der x-Achse?

a) $y=ax^2-4x+2$ c) $y=\frac{1}{4}x^2+4ax+4$ e) $y=2x^2-1{,}5x-3a$
b) $y=-\frac{1}{6}x^2+3x-2a$ d) $y=ax^2+8x-4$ f) $y=-\frac{1}{2}x^2+ax-2$

AUFGABE 18 Für welche Werte von a hat die Kurve mit der Gleichung $y=ax^3+2x^2-4x$

a) 3 Schnittpunkte,
b) genau 2 gemeinsame Punkte,
c) genau 1 Schnittpunkt mit der x-Achse?

2.3.5 Schnittpunkte von Parabeln mit Geraden

BEISPIEL Wir zeichnen in ein Koordinatensystem die Normalparabel und die Geraden g_1, g_2 und g_3. Dann berechnen wir, wo die Geraden die Parabel schneiden.

g_1: $y=x+2$
g_2: $y=x-0{,}25$
g_3: $y=x-3$

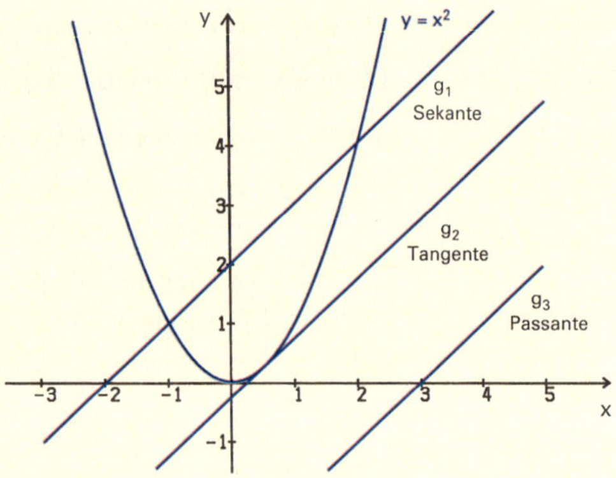

Rechnerische Lösung:

Gleichsetzen (im Schnittpunkt sind die y-Werte gleich)

Schnitt von p: $y=x^2$ mit g_1: $y=x+2$

$x^2=x+2$
$x^2-x-2=0$
$x_1=-1$ also $S_1(-1|1)$
$x_2=2$ also $S_2(2|4)$
2 verschiedene Lösungen

Schnitt von p: $y=x^2$ mit g_2: $y=x-0{,}25$

$x^2=x-0{,}25$
$x^2-x+0{,}25=0$
$x_1=x_2=0{,}5$ also $S(0{,}5|0{,}25)$
Doppellösung; deshalb ist S Berührungspunkt und g_2 Tangente an p.

Schnitt von p: $y=x^2$ mit g_3: $y=x-3$

$x^2=x-3$
$x^2-x+3=0$
keine Lösung; kein Schnittpunkt

AUFGABE 19 In welchen Punkten schneiden bzw. berühren sich die Parabel p und die Gerade g?

a) $p: y = x^2 - 3x + 1$
$g: y = -x + 4$

b) $p: y = \frac{1}{4}x^2 - \frac{1}{2}x + 3$
$g: y = \frac{3}{4}x + 12$

c) $p: y = 2x^2 + 2x - 5$
$g: y = x - 2$

d) $p: y = \frac{1}{2}x^2 + 2x - 3$
$g: y = -5$

e) $p: y = -3x^2 - x + 1$
$g: y = \frac{x}{3} + \frac{31}{27}$

f) $p: y = x^2 + \frac{7}{8}$
$g: y = x + \frac{5}{8}$

AUFGABE 20 Bestimmen Sie b bzw. m so, dass die Gerade g die Parabel p berührt. Geben Sie die Koordinaten des Berührungspunktes B an.

a) $p: y = -\frac{1}{2}x^2 + 2x + 1$ $\quad g: y = 3x + b$

b) $p: y = -\frac{1}{2}x^2 + 4x + 2$ $\quad g: y = mx + 4$

c) $p: y = -\frac{1}{4}x^2 + 3x + 2$ $\quad g: y = \frac{5}{2}x + b$

d) $p: y = \frac{1}{4}x^2 - \frac{1}{2}x - 2$ $\quad g: y = mx - 3$

e) $p: y = \frac{3}{2}x^2 + \frac{1}{2}x - 4$ $\quad g: y = -x + b$

f) $p: y = -x^2 + 2x + 4$ $\quad g: y = mx + 5$

AUFGABE 21 Lösen Sie die folgenden Gleichungssysteme. Interpretieren Sie Ihr Ergebnis: Schneiden oder berühren sich die Kurve und die Gerade, die zu den beiden Gleichungen gehören, oder laufen sie aneinander vorbei?

a) $y = \frac{1}{2}x^2 - 1$
$\wedge y = x - \frac{3}{2}$

b) $y = x^2 - 2x + 6$
$\wedge y = 2x - 3$

c) $y = \frac{1}{x}$
$\wedge y = \frac{1}{2}x + \frac{1}{2}$

d) $y = x^3 - 6x^2$
$\wedge y = 7x$

e) $y = \frac{1}{3}x^3 + x$
$\wedge y = x$

AUFGABE 22 Bestimmen Sie die Formvariablen a, b, c und m so, dass die Gerade g zur Tangente an die Kurve K wird.

a) K: $y = ax^2 + 2x + 1$
g: $y = -2x - 3$

b) K: $y = \frac{1}{2}x^2 + bx - 4$
g: $y = 2x - 4{,}5$

c) K: $y = \frac{1}{4}x^2 - 2x + c$
g: $y = 5$

d) K: $y = -\frac{1}{2}x^2 + 4x - 6$
g: $y = mx - 1{,}5$

AUFGABE 23 Durch $x \rightarrow g_t(x)$ ist ein Geradenbüschel und durch $x \rightarrow f(x)$ eine Parabel gegeben. Für welche Werte von t sind die dazugehörigen Geraden jeweils Tangenten, Sekanten oder Passanten der Parabel?

a) $x \rightarrow g(x) = tx - 2$ $\quad x \rightarrow f(x) = \frac{1}{2}x^2$

b) $x \rightarrow g(x) = \frac{1}{t}x$ $\quad x \rightarrow f(x) = x^2 + 1$

c) $x \rightarrow g(x) = tx - t - 2$ $\quad x \rightarrow f(x) = \frac{x^2}{2} - 2x$

d) $x \rightarrow g(x) = \frac{2t}{3}x - 2x + t$ $\quad x \rightarrow f(x) = -\frac{1}{3}x^2 - 2x$

e) $x \rightarrow g(x) = tx + t - 2$ $\quad x \rightarrow f(x) = \frac{1}{4}x^2$

f) $x \rightarrow g(x) = 2tx + 3 - 2t$ $\quad x \rightarrow f(x) = -\frac{1}{8}x^2 + 2$

2.3.6 Quadratische Ungleichungen

Im Kapitel 8, Teil A, haben wir bereits lineare Ungleichungen behandelt. Jetzt wollen wir noch sehen, wie man quadratische Ungleichungen löst.

BEISPIELE 1) $x^2-x-6<0$

Rechnerische Lösung: $x^2-x-6<0$ ergibt in Faktoren zerlegt
$(x-3)(x+2)<0.$

Ein Produkt aus 2 Faktoren kann nur negativ sein, wenn ein Faktor positiv und der andere negativ ist. Dafür gibt es zwei Möglichkeiten:

1. Fall: $(x-3)$ positiv und $(x+2)$ negativ
kürzer: $x-3>0 \quad \wedge \quad x+2<0$
$x>3 \quad \wedge \quad x<-2$

1. Lösungsmenge $L_1=\{x \mid x>3 \wedge x<-2\}$
$=\{\ \}$

2. Fall: $(x-3)$ negativ und $(x+2)$ positiv
kürzer: $x-3<0 \quad \wedge \quad x+2>0$
$x<3 \quad \wedge \quad x>-2$

2. Lösungsmenge $L_1=\{x \mid x<3 \wedge x>-2\}$
$=\{x \mid -2<x<3\}$

Zusammenfassung der beiden Teillösungsmengen zur gesamten Lösungsmenge:
$L=L_1 \cup L_2=\{x \mid -2<x<3\}$

Veranschaulichung am Zahlenstrahl:

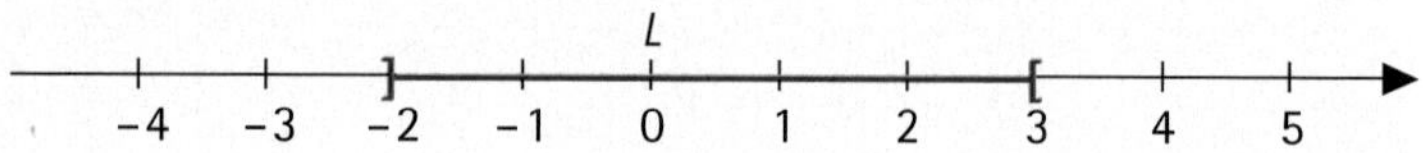

Zeichnerische Lösung:
Wir lassen den Taschenrechner die Parabel mit $y=x^2-x-6$ zeichnen und schauen nach, in welchem Bereich die Kurve unter der x-Achse verläuft.

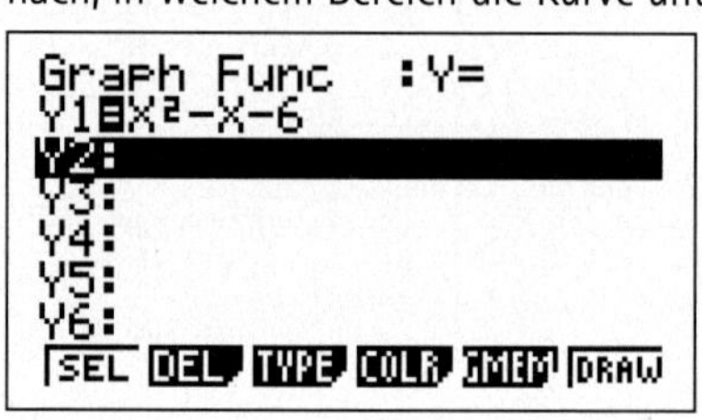

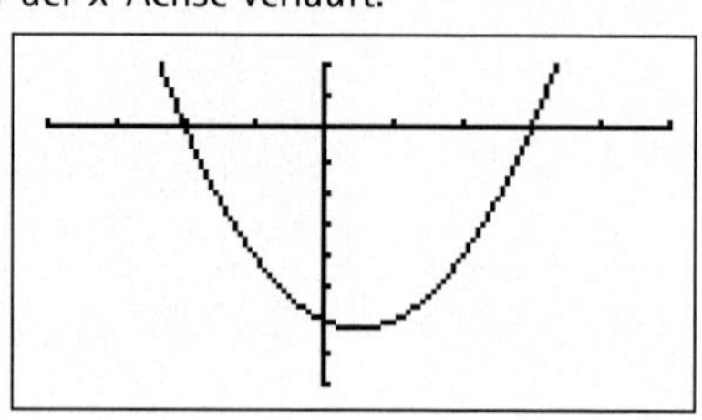

*1

Wir lesen für die Lösungsmenge ab: $L = \{ x \mid -2 < x < 3 \}$.

2) $\frac{1}{2}x^2+\frac{1}{4}x>\frac{3}{2}$

Rechnerische Lösung:

	Allgemeiner Lösungsweg
$\frac{1}{2}x^2+\frac{1}{4}x>\frac{3}{2}$	
$\frac{1}{2}x^2+\frac{1}{4}x-\frac{3}{2}>0 \;/\cdot 2$	– Umformung zu einer Ungleichung, die <0 oder >0 verlangt
$x^2+\frac{1}{2}x-3>0$	– so durchmultiplizieren, dass die Ungleichung $1\cdot x^2$ enthält
in Faktoren zerlegen $(x-\frac{3}{2})(x+2)>0$	– in Faktoren zerlegen (siehe Teil A, Kap. 4.4)
1. Fall: beide Faktoren positiv $x-\frac{3}{2}>0$ und $x+2>0$ $x>\frac{3}{2} \;\wedge\; x>-2$	– Fallunterscheidung durchführen 1. Fall: beide Faktoren positiv
$L_1=\{x\,\vert\,x>\frac{3}{2}\wedge x>-2\}$ $=\{x\,\vert\,x>\frac{3}{2}\}$	– erste Teillösungsmenge bestimmen
2. Fall: beide Faktoren sind negativ $x-\frac{3}{2}<0$ und $x+2<0$ $x<\frac{3}{2} \;\wedge\; x<-2$	– 2. Fall: beide Faktoren sind negativ
$L=\{x\,\vert\,x<\frac{3}{2}\wedge x<-2\}$ $=\{x\,\vert\,x<-2\}$	– zweite Teillösungsmenge bestimmen
Zusammenfassung: $L=L_1\cup L_2$ $=\{x\,\vert\,x>\frac{3}{2}\vee x<-2\}$	– Teillösungsmengen zusammenfassen bzw. vereinigen zur gesamten Lösungsmenge

Zeichnerische Lösung:

Wir lassen den Taschenrechner die Parabel mit $y=\frac{1}{2}x^2+\frac{1}{4}x-\frac{3}{2}$ zeichnen und schauen nach, in welchem Bereich die Kurve über der x-Achse verläuft.

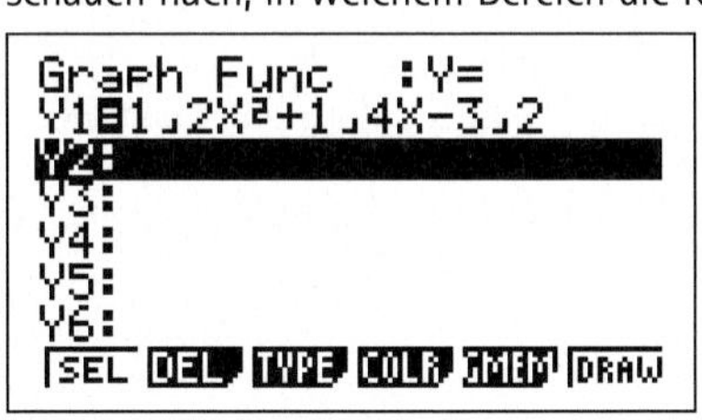

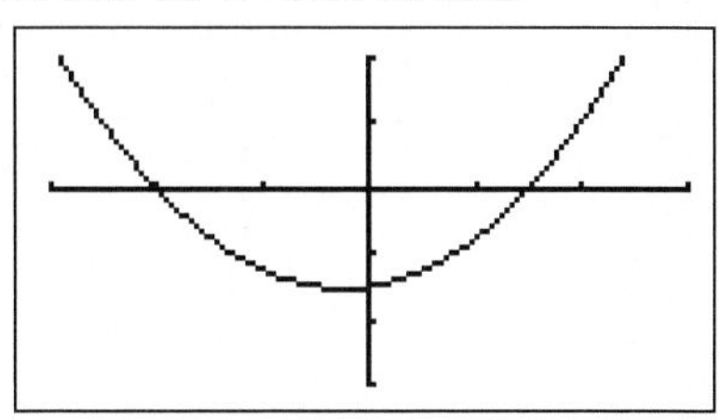

*1

Wir lesen für die Lösungsmenge ab: $L = \{\, x \,\vert\, x > 1{,}5 \text{ oder } x < -2 \,\}$.

AUFGABE 24 Geben Sie die Lösungsmenge der Ungleichungen an. Veranschaulichen Sie die Lösungsmenge am Zahlenstrahl. Lösen Sie die Aufgaben auch zeichnerisch.

a) $(x+4)(x-3) \geqslant 0$ c) $x^2-\frac{3}{2}x \geqslant 0$ e) $\frac{1}{2}x^2-\frac{5}{2}x+2>0$
b) $(x-5)(x+2) \leqslant 0$ d) $2x^2+5x \leqslant 0$ f) $2x^2-4x-6<0$

AUFGABE 25 Geben Sie die Lösungsmenge der Ungleichung an. Kontrollieren Sie Ihr Ergebnis, indem Sie für den quadratischen Term der Ungleichung die entsprechende Parabel und für den linearen Term die entsprechende Gerade zeichnen.

a) $x^2-1{,}25<5$ c) $\frac{1}{2}x^2 \geqslant \frac{5}{4}x+3$
b) $\frac{1}{2}x^2<\frac{1}{2}x+1$ d) $x^2+1 \leqslant -2x$

2.3.7 Aufstellen von Parabelgleichungen

Bisher haben wir die Parabelgleichungen vorgegeben und mit ihrer Hilfe die Punkte der Parabel ausgerechnet. Jetzt soll der Rechenweg umgekehrt werden: Wir geben bekannte Punkte der Parabel vor und fragen uns, wie die Gleichung der Parabel lautet, die durch diese Punkte geht.

1. Bestimmung der Parabelgleichung aus bekannten Nullstellen

BEISPIELE

1) Eine verschobene Normalparabel hat die Schnittpunkte mit der x-Achse $N_1(-2|0)$ und $N_2(3|0)$. Wie lautet ihre Gleichung?

Lösung: Eine quadratische Gleichung mit den Lösungen $x_1=-2$ und $x_2=3$ lässt sich sofort angeben:

$$(x+2)(x-3)=0$$

Daher lautet die Gleichung der gesuchten Parabel:

$$\begin{aligned} y&=(x+2)(x-3)\\ &=x^2-x-6 \end{aligned}$$

2) Eine Parabel hat die Schnittpunkte mit der x-Achse $N_1(-4|0)$, $N_2(1|0)$ und geht durch den Punkt $P(2|3)$.

Lösung: Wir können für die Parabel sofort eine quadratische Gleichung angeben, die für $x_1=-4$ und $x_2=1$ den Wert 0 liefert:

$$y=a(x+4)(x-1)$$

Der Faktor a muss jetzt nur noch die Form der Parabel so regeln, dass sie durch den Punkt $P(2|3)$ geht. Wir bestimmen ihn mit einer Punktprobe für P:

$$\begin{aligned} 3&=a(2+4)(2-1)=6a\\ a&=0{,}5 \end{aligned}$$

Ergebnis: Die gesuchte Parabel hat die Gleichung:
$y=0{,}5(x+4)(x-1)=0{,}5x^2+1{,}5x-2$

AUFGABE 26 Bestimmen Sie die Gleichung der im Koordinatensystem verschobenen Normalparabel mit den angegebenen Schnittpunkten der x-Achse.

a) $N_1(1|0)$, $N_2(7|0)$
b) $N_1(-3|0)$, $N_2(4|0)$
c) $N_1(\sqrt{3}|0)$, $N_2(\sqrt{12}|0)$
d) $N_1(-\sqrt{2}|0)$, $N_2(\sqrt{50}|0)$
e) $N_1(a|0)$, $N_2(2a|0)$
f) $N_1(-3a^2|0)$, $N_2(-a^2|0)$
g) $N_1(-3t|0)$, $N_2(4t|0)$
h) $N_1(t-a|0)$, $N_2(t+a|0)$

AUFGABE 27 Die an der x-Achse gespiegelte Normalparabel wird im Koordinatensystem so verschoben, dass sie die angegebenen Schnittpunkte mit der x-Achse besitzt. Bestimmen Sie die Gleichung der verschobenen Parabel.

a) $N_1(-6|0)$, $N_2(5|0)$
b) $N_1(-12|0)$, $N_2(12|0)$
c) $N_1(1+\sqrt{2}|0)$, $N_2(1-\sqrt{2}|0)$
d) $N_1(1-\sqrt{2}|0)$, $N_2(1+\sqrt{8}|0)$
e) $N_1(0|0)$, $N_1(s^2-3s|0)$
f) $N_1(-1000r|0)$, $N_2(500r|0)$

AUFGABE 28 Eine Parabel geht durch die beiden Schnittpunkte mit der x-Achse N_1, N_2 und den Punkt P. Bestimmen Sie ihre Gleichung.

a) $N_1(3|0)$, $N_2(-4|0)$, $P(0|-6)$
b) $N_1(2|0)$, $N_2(-6|0)$, $P(1|1)$
c) $N_1(\sqrt{5}|0)$, $N_2(-\sqrt{5}|0)$, $P(-5|4)$
d) $N_1(-\sqrt{2}|0)$, $N_2(2\cdot\sqrt{2}|0)$, $P(\sqrt{18}|-2)$
e) $N_1(a|0)$, $N_2(-4a|0)$, $P(2a|3a)$
f) $N_1(6t|0)$, $N_2(-3t|0)$, $P(t|-10t^3)$

2. Bestimmung der Parabelgleichung aus bekannten Punkten

BEISPIELE

1) Gesucht ist die Gleichung der Parabel, die durch die Punkte $P(0|3)$, $Q(1|4)$ und $R(-2|13)$ geht.

Wir setzen die Parabel in der allgemeinsten Form an: $y=ax^2+bx+c$

Um die 3 unbekannten Größen a, b und c berechnen zu können, benötigen wir 3 Gleichungen. Wir erhalten diese Gleichungen, indem wir die Punkte P, Q und R in die Gleichung einsetzen. (Punktprobe!)

P einsetzen:	$c = 3$	(1)
Q einsetzen:	$a+b+3 = 4$	(2)
R einsetzen:	$4a-2b+3 = 13$	(3)

Das so entstandene Gleichungssystem lösen:

	$a+b = 1$	(2)
	$4a-2b = 10$	(3)
Additionsverfahren:	$6a = 12$	$2\cdot(2)+(3)$
	$a = 2$	
eingesetzt in (2):	$b = -1$	

Ergebnis: Die Parabelgleichung lautet: $y=2x^2-x+3$

2) Gesucht ist die Gleichung der Parabel, die durch die Punkte $A(1|-1)$, $B(3|5)$ und $C(-2|-2{,}5)$ geht.

Ansatz: $y = ax^2 + bx + c$

Punktproben:

für A: $a + b + c = -1$

für B: $9a + 3b + c = 5$

für C: $4a - 2b + c = -2{,}5$

Die Lösung des Gleichungssystems liefert dann:

$a = 0{,}5$ $b = 1$ $c = -2{,}5$

Ergebnis: Die Parabelgleichung lautet: $y = 0{,}5x^2 + x - 2{,}5$

3) Gesucht ist die Gleichung der Parabel mit dem Scheitel $(2|-1)$, die durch den Punkt $P(6|3)$ geht.

Ansatz mit der Scheitelform: $y = a(x-2)^2 - 1$

Punktprobe für P ergibt
$$3 = a \cdot 4^2 - 1$$
$$4 = 16a$$
$$a = \frac{1}{4}$$

Ergebnis: Die Parabelgleichung lautet: $y = \frac{1}{4}(x-2)^2 - 1$

AUFGABE 29 Bestimmen Sie p und q so, dass die Parabel mit der Gleichung $y = x^2 + px + q$ durch die angegebenen Punkte geht.

a) $A(1|0)$, $B(-2|-3)$

b) $C(-3|4)$, $D(5|\frac{3}{2})$

c) $E(-4|13)$, $F(\frac{1}{2}|\frac{5}{8})$

d) $G(-\frac{1}{3}|\frac{1}{9})$, $H(\frac{5}{3}|\frac{25}{9})$

AUFGABE 30 Geben Sie die Gleichung der Parabel an, die durch die angegebenen Punkte geht.

a) $P(-1|6)$, $Q(0|1)$, $R(2|3)$

b) $P(-2|-\frac{5}{2})$, $Q(3|5)$, $R(-5|5)$

c) $P(-4|-\frac{1}{4})$, $Q(-2|\frac{3}{4})$, $R(6|-5{,}25)$

d) $P(1|2)$, $Q(-3|\frac{4}{3})$, $R(4|1)$

AUFGABE 31 Gibt es eine Parabel, die durch die Punkte $A(-2|1)$, $B(2|0)$ und $C(4|-0{,}5)$ geht? Versuchen Sie es mit dem Ansatz $y = ax^2 + bx + c$ und interpretieren Sie Ihr Ergebnis geometrisch.

AUFGABE 32 Von einer Parabel kennt man den Scheitel S und einen weiteren Punkt P. Bestimmen Sie die Gleichung der Parabel.

a) $S(2|4)$, $P(3|5)$

b) $S(-3|1)$, $P(0|-2)$

c) $S(-4|-6)$, $P(2|12)$

d) $S(4|8)$, $P(-1|-2)$

AUFGABE 33 Eine Parabel ist symmetrisch zu der Senkrechten g und geht durch die Punkte A und B. Bestimmen Sie die Gleichung der Parabel.

a) g: $x = 2$, $A(0|8)$, $B(6|14)$

b) g: $x = -3$, $A(-6|-1)$, $B(9|-16)$

c) g: $x = 4$, $A(2|-2)$, $B(1|8)$

d) g: $x = 0$, $A(5|2{,}5)$, $B(-10|-5)$

AUFGABE 34 Eine Parabel geht durch die Punkte A, B und C. Bestimmen Sie ihre Gleichung.

a) $A(0|-3a^2)$, $B(a|-a^2)$, $C(3a|7a^2)$
b) $A(t|3t^3)$, $B(-t|-7t^3)$, $C(4t|12t^3)$
c) $A(2s|5s)$, $B(-3s|-5s)$, $C(s|-s)$
d) $A(k|5)$, $B(-5k|45)$, $C(4k|3)$

AUFGABE 35 Bei den Koordinatenachsen wurde die Beschriftung vergessen. Können Sie trotzdem die Gleichungen den Parabeln zuordnen? Versuchen Sie möglichst viele Argumente zu finden, die für Ihre Wahl sprechen.

a) $y=-\frac{1}{2}x^2-2x$ b) $y=(x-2)^2-1$ c) $y=\frac{1}{5}x^2+x-1$

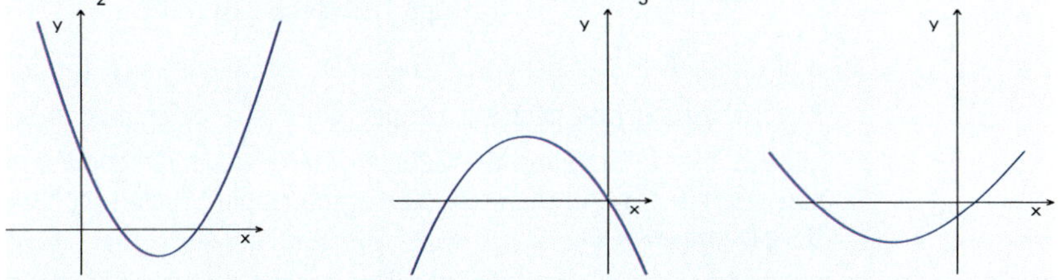

2.3.8 Änderungsrate bei quadratischen Funktionen

Bisher haben wir die Schaubilder von quadratischen Funktionen sozusagen als Ganzes betrachtet. Wir zeichneten die Parabeln und diskutierten anschließend ihre Eigenschaften. Jetzt interessiert uns ein anderer Aspekt: Wir fragen uns, wie sich die Funktionswerte ändern, während wir das Schaubild zeichnen. Vorher betrachten wir aber noch eine lineare Funktion.

BEISPIEL Onkel Max hat ein kleines Bäumchen gepflanzt und notiert nun täglich den Durchmesser des Stammes. Seine Werte stellt er in einem Diagramm dar.

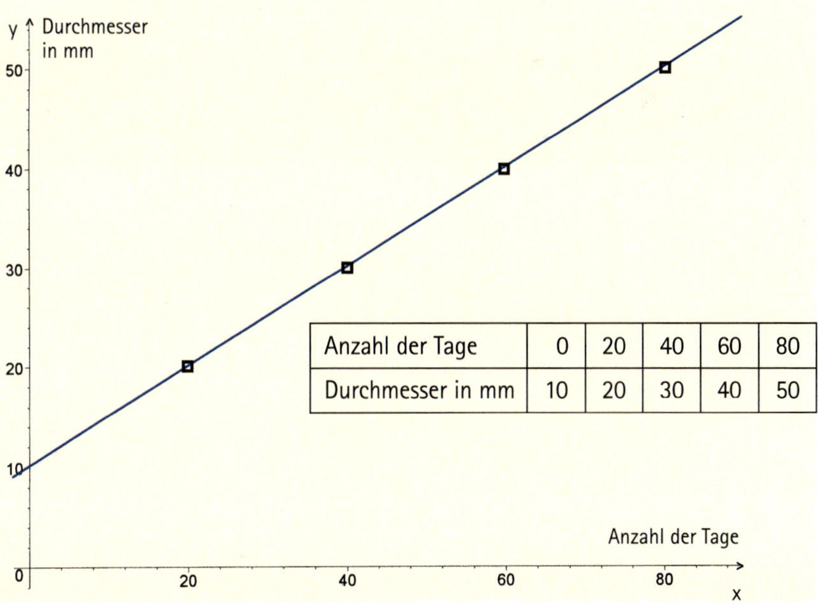

Anzahl der Tage	0	20	40	60	80
Durchmesser in mm	10	20	30	40	50

Onkel Max setzt x = Anzahl der Tage und y = Durchmesser in mm.
Er erhält für die Gerade $y = \frac{1}{2}x + 10$.

Die zeitliche Zunahme des Durchmessers bezeichnet man als **Änderungsrate A(x)**. Wir berechnen die Änderungsrate für $x = 40$ mit einem beliebigen Zahlenpaar, etwa

$$A(40) = \frac{y(80) - y(40)}{80 - 40} = \frac{50-30}{80-40} = \frac{1}{2}$$

oder $$A(40) = \frac{y(60) - y(40)}{60 - 40} = \frac{40-30}{60-40} = \frac{1}{2}$$

und erhalten immer $\frac{1}{2}$ mm pro Tag. Wir sehen, dass sich für jeden Wert von x die Änderungsrungsrate nach der Formel $A(x) = \frac{\Delta y}{\Delta x}$ berechnen lässt. Das ist hier nichts anderes als die Steigung der Geraden. Doch was nützt die Formel für die Steigung einer Geraden, wenn man eine Kurve untersucht? Dazu sehen wir uns das folgende Beispiel an.

BEISPIEL Onkel Max will nun wissen, wie sich die Querschnittsfläche $Q(x)$ des Stammes im Laufe der Zeit ändert. Die Kreisfläche berechnet er mit der Formel
$Q(x) = r^2\pi = (\frac{1}{4}x + 5)^2\,\pi = (\frac{1}{16}x^2 + \frac{5}{2}x + 25)\,\pi$ und erhält:

x in Tagen	0	10	20	30	40	50	60	70	80
Q in cm²	0,79	1,77	3,14	4,91	7,07	9,62	12,57	15,90	19,63

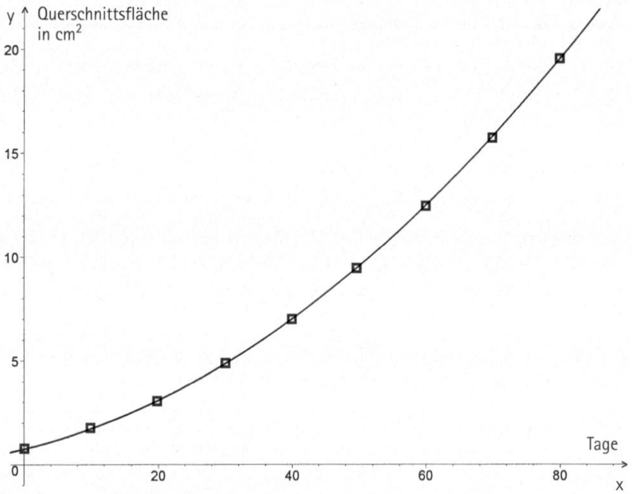

Die durchschnittliche Änderung zwischen dem 40. und dem 80. Tag beträgt, wenn man auf die Einheiten verzichtet:

$$\frac{Q(80) - Q(40)}{80 - 40} = \frac{19{,}63 - 7{,}07}{80 - 40} \approx 0{,}31$$

Der Wert entspricht der Steigung der Verbindungsgeraden zwischen (40|7,07) und (80|19,63).

AUFGABE 36 Berechnen Sie analog die durchschnittliche Änderung zwischen dem

40. Tag und dem 70. Tag,
40. Tag und dem 60. Tag,
40. Tag und dem 50. Tag,
40. Tag und dem 45. Tag,
40. Tag und dem 43. Tag,
40. Tag und dem 41. Tag,
40. Tag und dem 40,5. Tag.

Was fällt Ihnen auf? Zeichnen Sie wieder die entsprechenden Geraden ein und interpretieren Sie Ihre Vermutung geometrisch. Wir sehen, dass sich die Werte für die durchschnittlichen Änderungsraten stabilisieren, wenn man die Zeitintervalle immer kleiner macht. Damit haben wir die **momentane Änderungsrate A(x)** gefunden. Ihr Ergebnis können Sie übrigens mit dem Taschenrechner kontrollieren. Er kann außer Kurven auch noch Tangenten zeichnen und zusätzlich ihre Gleichungen angeben.

MERKE Die momentane Änderungsrate $A(x)$ einer Funktion an der Stelle x_0 ist die Tangentensteigung im Punkt $P(x_0/f(x_0))$ des entsprechenden Schaubildes.

Wir hätten nun gerne eine Formel, mit der man sofort die momentane Änderungsrate einer quadratischen Funktion bzw. die Tangentensteigung der entsprechenden Parabel ausrechnen kann. Dazu betrachten wir das folgende Beispiel.

BEISPIEL Gegeben ist die Funktion $x \rightarrow f(x) = x^2$ und ihr Schaubild mit $y = x^2$. Ergänzen Sie die Tabelle und zeichnen Sie die Parabel mit ihren Tangenten.

x-Koordinate	−2,5	−2	−1,5	−1	−0,5	0	0,5	1	1,5	2	2,5
y-Koordinate	6,25										
Tangentensteigung	−5										

Die Tangentensteigung liefert Ihnen Ihr Taschenrechner. Offensichtlich ist die Tangentensteigung immer das Doppelte des x-Wertes. Wir akzeptieren hier dieses Ergebnis ohne exakten Beweis. Damit haben wir einen erstaunlichen Zusammenhang erhalten: Zur Funktion mit $f(x) = x^2$ gehört die momentane Änderung $2x$ bzw. zur Kurve mit $y = x^2$ gehört die Tangentensteigung $2x$.

DEFINITION Die Funktion, die jeder Stelle x die momentane Änderungsrate von $f(x)$ zuweist, heißt **Ableitungsfunktion** von $f(x)$ oder einfach die **Ableitung** von $f(x)$.

Die Ableitungsfunktion einer Funktion f kürzen wir ab mit f', lies „f-Strich". Analog schreiben wir y', lies „y-Strich", wenn wir unser Schaubild mit $y = f(x)$ untersuchen.

Bei unserem Beispiel gilt: $f(x) = x^2$ bzw. $y = x^2$
$f'(x) = 2x$ $\quad y' = 2x$

Aus unserer Tabelle lesen wir ab: $f'(-2{,}5) = -5$ bzw. $y'(-2{,}5) = -5$.
Sprechweise: „Die Ableitung an der Stelle $x = -2{,}5$" oder „f-Strich an der Stelle $x = -2{,}5$" oder „y-Strich an der Stelle $x = -2{,}5$".

In unserem Beispiel haben wir nur die Normalparabel betrachtet. Wenn wir diese Normalparabel in Richtung der y-Achse um den Faktor a strecken, ändern sich die y-Koordinaten der Kurvenpunkte um diesen Faktor a und damit auch die Tangentensteigungen um denselben Faktor a. Wir können daher unser Ergebnis entsprechend erweitern.

Es gilt: $f(x) = ax^2$ bzw. $y = ax^2$

$f'(x) = 2ax$ $\quad y' = 2ax$

Dies genügt uns im Moment. Wie man kompliziertere Funktionen ableitet, werden wir in einem späteren Kapitel und in der nächsten Klasse erfahren.

AUFGABE 37 Aus der Physik kennen Sie s-t-Diagramme, mit denen man den zurückgelegten Weg eines Körpers beschreiben kann. Die zeitliche Änderungsrate des Weges ist dann die Momentangeschwindigkeit.
Zeichnen Sie für den freien Fall ein s-t-Diagramm. (Erinnern Sie sich noch an die Formel $s = \frac{1}{2}\,gt^2$?) Bestimmen Sie zeichnerisch die Momentangeschwindigkeit nach $t = 1\,s, 2\,s, 3\,s, 4\,s, 5\,s$. Vergleichen Sie Ihre Ergebnisse mit der Formel für die Fallgeschwindigkeit.

AUFGABE 38 Wenn sich die Geschwindigkeit eines Körpers ändert, wird er beschleunigt. Wenn man weiß, dass die zeitliche Änderungsrate der Geschwindigkeit v die Beschleunigung a ist, kann man aus einem v-t-Diagramm die Beschleunigung bestimmen. Zeichnen Sie für die Fallgeschwindigkeit aus Aufgabe 37 ein v-t-Diagramm und lesen Sie daraus die Fallbeschleunigung ab.

AUFGABE 39 Zeichnen Sie ein (nicht zu kompliziertes) s-t-Diagramm, das die Fahrt eines Autos darstellen kann. Eine andere Schülerin oder Schüler soll dazu eine Geschichte erfinden und zu Ihrem Diagramm ein passendes v-t-Diagramm und ein a-t-Diagramm entwerfen.

AUFGABE 40 Gegeben sind die Funktionen $x \to f(x)$. Geben Sie die Ableitungsfunktion $f'(x)$ an, mit der man an jeder Stelle x_0 die momentane Änderungsrate berechnen kann.

a) $f(x) = 3x^2$ b) $f(x) = 0{,}4x^2$ c) $f(x) = -7x^2$ d) $f(x) = -1{,}5x^2$

AUFGABE 41 Gegeben sind die Parabeln mit den angegebenen Gleichungen. Geben Sie die Ableitung y' an, mit der man an jeder Stelle x_0 die Tangentensteigung berechnen kann.

a) $y = 6x^2$ b) $y = -0{,}9x^2$ c) $y = 4{,}1x^2$ d) $y = -1{,}5x^2$

Sie können mit Ihrem Taschenrechner die Ergebnisse von Aufgabe 41 ganz einfach kontrollieren. Er kann nämlich bei der Wertetabelle der Funktion auch noch zusätzlich die Werte für die Ableitungen angeben. Wir zeigen es Ihnen am Beispiel einer Normalparabel. Geben Sie zunächst bei GRAPH die Gleichung $y = x^2$ ein. Dann drücken Sie SHIFT MENU um in das SET UP zu kommen. Dort stellen Sie Derivative (= Ableitung) auf ON.

*1

Mit EXE verlassen Sie das SET UP. Gehen Sie nun in den Menüpunkt TABLE und schauen Sie sich die Wertetabelle an. Bei unserem Rechner haben wir mit F5 für RANGE die Werte Start = -1, End = 2 und die Schrittweite Pitch = 1 eingestellt.

*1

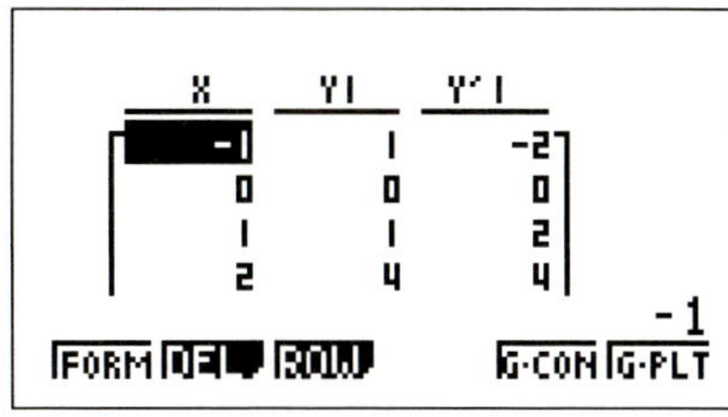

Die oberste Zeile im Display besagt, dass im Kurvenpunkt $P(-1|1)$ die Ableitung, also die Tangentensteigung, den Wert –2 hat. Die entsprechende Tangente lassen wir uns nun zeichnen. Gehen Sie dazu wieder zurück nach GRAPH und zeichnen Sie die Parabel. Dann drücken Sie F4 für SKETCH.

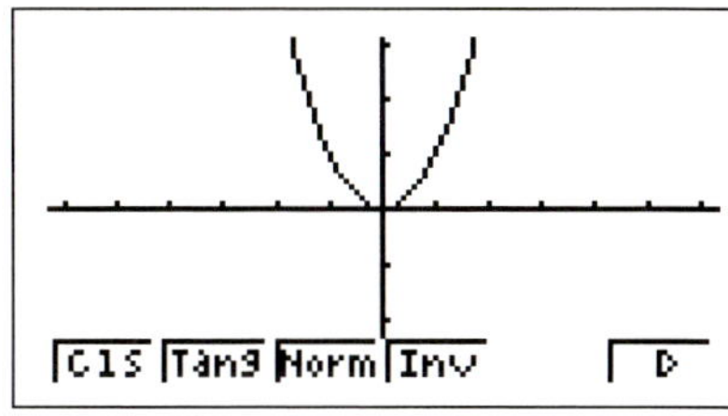

Mit F2 wählen Sie nun TANG für Tangente aus. Mit der rechten Pfeiltaste stellen Sie $x = -1$ ein und drücken dann EXE.

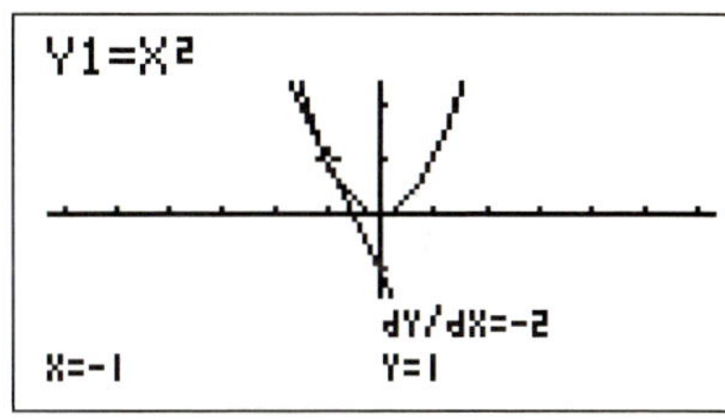

Der Taschenrechner zeichnet die Tangente und gibt die Koordinaten des Berührpunktes $P(-1|1)$ an sowie die Steigung der Tangente bzw. den Wert der Ableitung mit $\frac{dy}{dx} = -2$. Die Bezeichnung $\frac{dy}{dx}$ (lies: „dy nach dx") für die Ableitung y' und ihre Bedeutung lernen Sie in der nächsten Klasse kennen.

AUFGABE 42 Der Punkt (x_0/y_0) liegt auf der Parabel mit der angegebenen Gleichung. Berechnen Sie mithilfe der Punkt-Steigungs-Form die Gleichung der Tangente in P. Kontrollieren Sie Ihr Ergebnis mit dem Taschenrechner.

a) $y = x^2$ $\quad P(3/y_0)$ b) $y = -0{,}3x^2$ $\quad P(2/y_0)$

c) $y = 4x^2$ $\quad P(-0{,}5/y_0)$ d) $y = -1{,}5x^2$ $\quad P(-4/y_0)$

AUFGABE 43 Von einer unbekannten Funktion kennt man nur den Verlauf des Schaubildes. Skizzieren Sie das Schaubild der Ableitungsfunktion.

a)

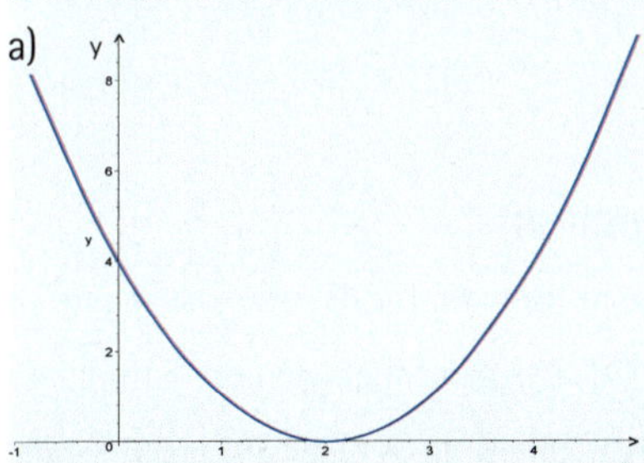

b)

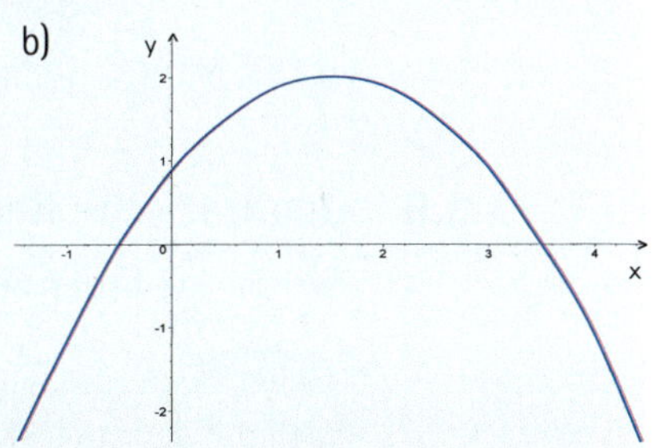

c)

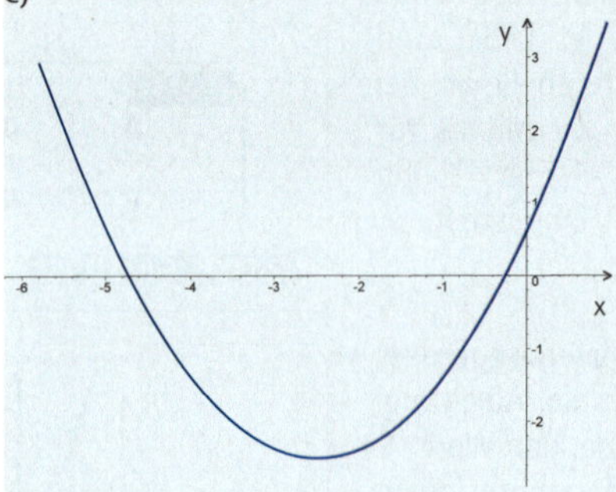

d)

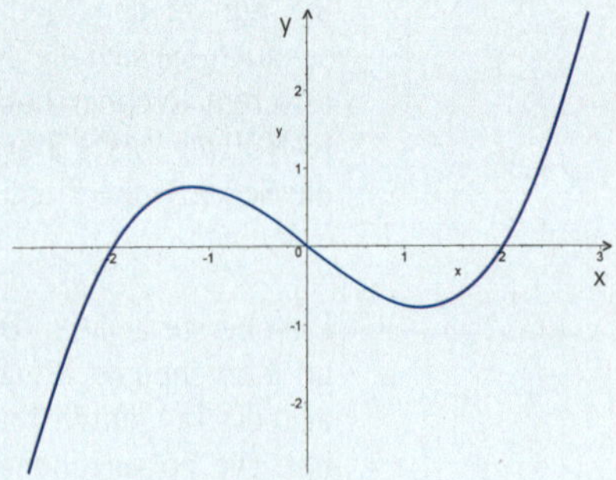

e)

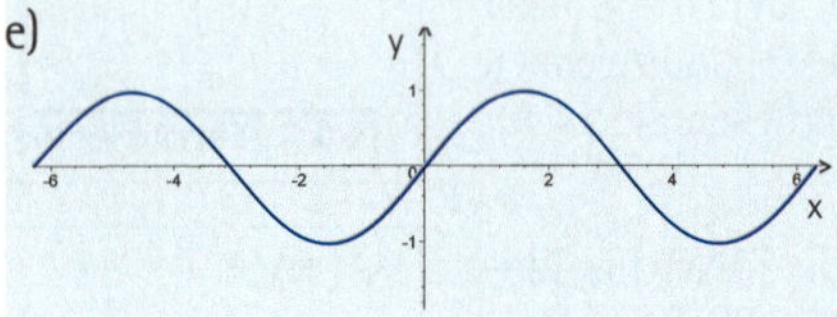

AUFGABE 44 Von einer unbekannten Funktion kennt man den Verlauf des Schaubildes der zugehörigen Ableitungsfunktion. Die Skalierung der Achsen wurde vergessen. Wie könnte das Schaubild der Funktion ausgesehen haben? Fertigen Sie eine Skizze an.

a)

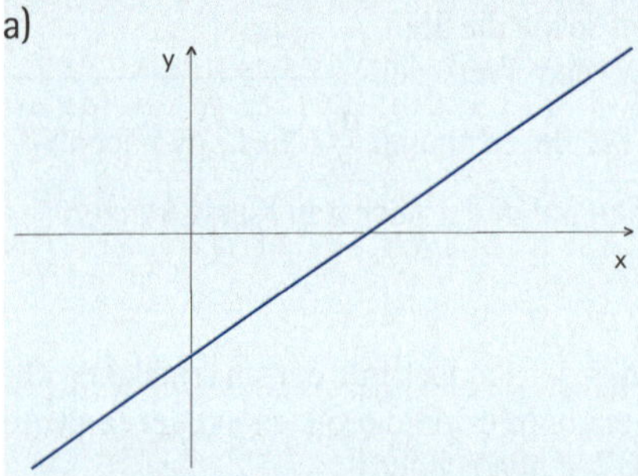

b)

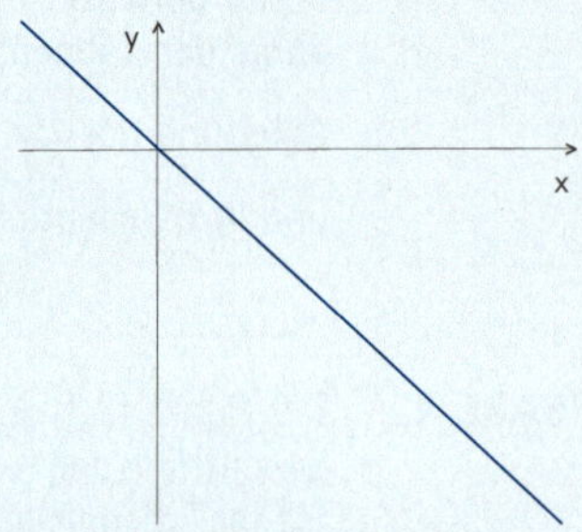

c)

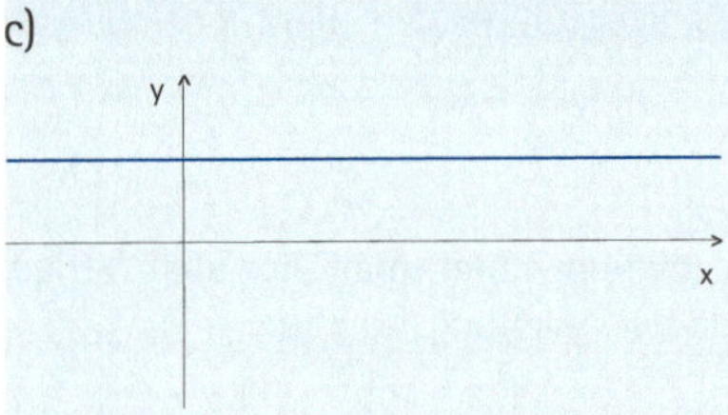

d)

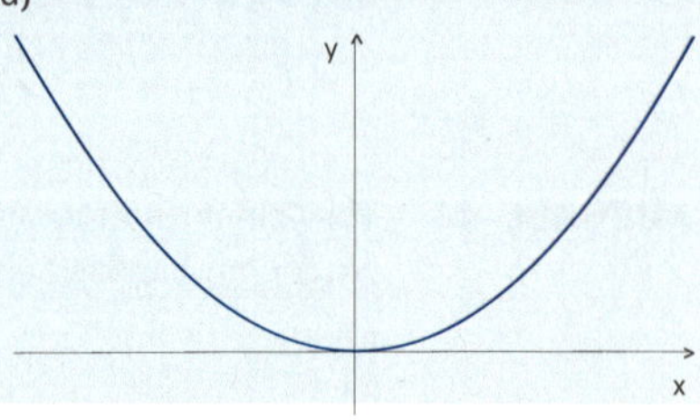

2.3.9 Quadratische Regression

Zwei Punkte bestimmen eine Gerade. Die Geradengleichung kann über die Zweipunkteform $y=\frac{y_2-y_1}{x_2-x_1}(x-x_1)+y_1$ berechnet werden. Eine quadratische Parabel ist durch drei Punkte festgelegt, sofern diese nicht auf einer Geraden liegen. Die Parabelgleichung kann, wie in Teil B, Kapitel 2.3.7 gezeigt, über ein Gleichungssystem berechnet werden. Es ist jedoch auch möglich, über die Regressionsrechnung (Methode der kleinsten y-Abweichungsquadrate) eine Anpassungsparabel bestimmen zu lassen (Teil B, Kapitel 1.3). Bei nur drei Punkten geht die Parabel natürlich genau durch diese drei Punkte, und das Bestimmtheitsmaß r^2 ist 1.

BEISPIEL $P_1(-1|-4)$, $P_2(1|2)$, $P_3(4|3{,}5)$

*2 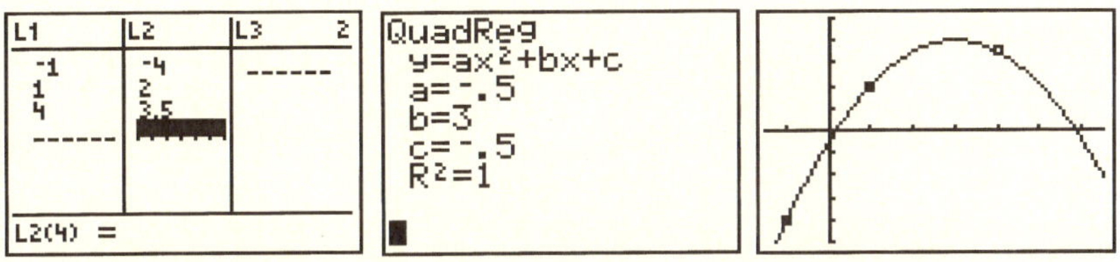

Dokumentation einer quadratischen Regression mit dem grafikfähigen Taschenrechner

Bei mehr als drei Punkten wird man eine Parabel immer über die quadratische Regressionsrechnung festlegen können. Erst die grafische Darstellung und das Bestimmtheitsmaß r^2 zeigen, ob ein quadratischer Zusammenhang zwischen den x- und y-Werten besteht. Bei einigen physikalischen Untersuchungen – z. B. Fallbewegungen, Bremsbewegungen – wird die Auswertung durch den Taschenrechner eindrucksvoll unterstützt.

BEISPIEL Bremsbewegung (konstante Verzögerung a_B)

Ein Auto fährt mit $v = 100\ \frac{km}{h}$. Zur Zeit $t = 0$ beginnt der Fahrer zu bremsen. Die Messung des ab diesem Zeitpunkt zurückgelegten Weges s und der Zeit t ist in der Tabelle festgehalten.

$x \triangleq t$ in s	0	1	2	3	4	5	6
$y \triangleq s$ in m	0	25,44	46,3	62,5	74	81	83,3

Die Auswertung mit dem Taschenrechner ergibt:

*2 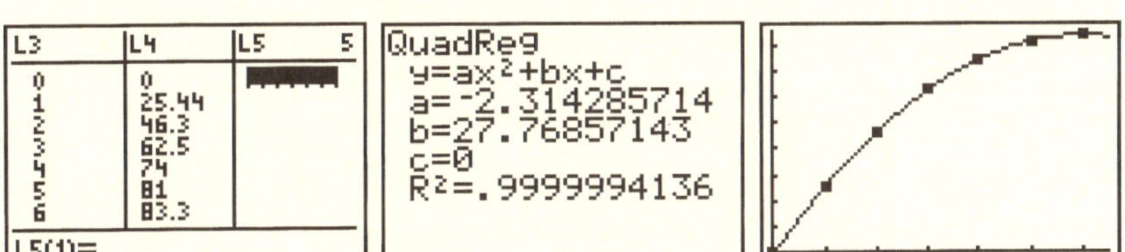

Theorie: $s(t) = -\frac{1}{2}\, a_B t^2 + v_0 t$ *(Messung:* $a_B = 4{,}6\ \frac{m}{s^2}$; $v_0 = 27{,}77\ \frac{m}{s}$)

AUFGABE 45

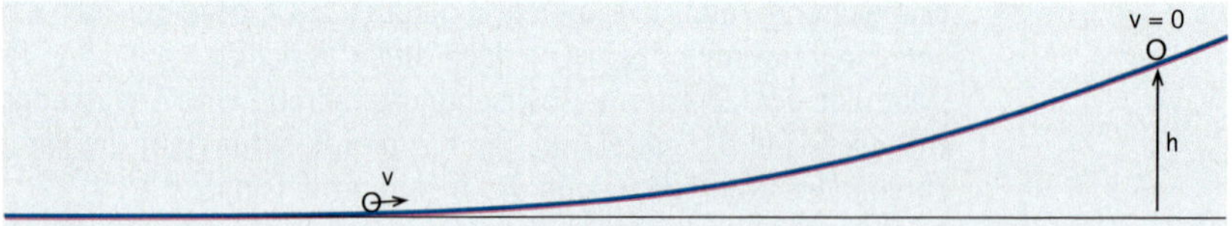

v in $\frac{m}{s}$	0,5	1	2	1,5	0,8	1,3	?	1,7
h in m	0,013	0,05	0,2	0,115	0,033	0,086	0,1	?

Welche Höhe h erreicht die Kugel in Abhängigkeit von ihrer anfänglichen Geschwindigkeit? Werten Sie aus.

AUFGABE 46

In einer Gesundheitsstatistik stehen folgende Daten:

Übergewichtige Männer

Alter in Jahren	19	22	27	32	37	42	47	52	57	62	67	72	77
Anzahl von Hundert	13	20	35	40	43	47	50	51	53	54	54	50	46

Welchen Zusammenhang kann man angeben?
Stellen Sie die Daten mit Anpassungskurve grafisch dar.

2.3.10 Das muss ich mir merken

Eine Parabel ist das Schaubild einer quadratischen Funktion.

Gleichung einer Parabel: $y = ax^2 + bx + c$

Bedeutung der Formvariablen:

- $|a| > 1$ .... Parabel schlanker als die Normalparabel
- $|a| < 1$ .... Parabel breiter als die Normalparabel
- $a > 0$ ..... Parabel nach oben offen
- $a < 0$ ..... Parabel nach unten offen
- b .... regelt die seitliche Verschiebung der Parabel
- c .... regelt die Verschiebung in Richtung der y-Achse

Scheitelform der Parabel: $y = a(x - x_0)^2 + y_0$
Scheitel $S(x_0 | y_0)$

Schnitt einer Parabel mit einer Geraden:

y-Werte gleichsetzen führt auf eine quadratische Gleichung

- 2 Lösungen: 2 Schnittpunkte
- 1 Lösung: 1 Berührungspunkt; die Gerade ist Tangente
- keine Lösung: kein gemeinsamer Punkt

Aufstellen einer Parabelgleichung aus 3 bekannten Punkten:
Ansatz: $y = ax^2 + bx + c$
Koordinaten der Punkte einsetzen führt auf ein lineares Gleichungssystem
Spezialfall: 2 der 3 Punkte sind Nullstellen $N_1(x_1|0)$ und $N_2(x_2|0)$
Ansatz: $y = a(x - x_1)(x - x_2)$
Koordinaten des 3. Punktes einsetzen

Die momentane Änderungsrate einer Funktion an der Stelle x_0 ist die Tangentensteigung im Punkt $P(x_0|\,f(x_0))$ des entsprechendes Schaubildes.

Die Ableitung einer Funktion liefert die momentane Änderungsrate bzw. die Tangentensteigung.
Bei reinquadratischen Funktionen gilt:
$f(x) = ax^2$ und $f'(x) = 2ax$ bzw. $y = ax^2$ und $y' = 2ax$.

2.4 Potenzfunktionen

2.4.1 Definition einer Potenzfunktion

DEFINITION Eine Funktion $x \rightarrow a \cdot x^n$ heißt **Potenzfunktion** ($a \in \mathbb{R}$, $n \in \mathbb{Z}$).
Das Schaubild einer Potenzfunktion mit $n \geqslant 2$ ($n \in \mathbb{N}$) nennt man eine
Parabel n-ter Ordnung.
Das Schaubild einer Potenzfunktion mit $n \leqslant -1$ ($n \in \mathbb{Z}$) nennt man eine
Hyperbel.

BEISPIELE

Funktionsgleichung speziell für $a = 1$	Name der Funktion	Name des Schaubildes
$n=0$: $f(x)=1$	konstante Funktion	Parallele zur x-Achse
$n=1$: $f(x)=x$	lineare Funktion	1. Winkelhalbierende
$n=2$: $f(x)=x^2$	quadratische Funktion	Normalparabel
$n=3$: $f(x)=x^3$	kubische Funktion	kubische Parabel
$n = 4, 5, 6, \ldots$: $f(x)=x^n$	Potenzfunktion n-ten Grades	Parabel n-ter Ordnung
$n = 1, 2, 3, \ldots$: $f(x)=x^{-n}=\frac{1}{x^n}$	Hyperbelfunktion	Hyperbel

2.4.2 Potenzfunktionen und ihre Schaubilder

1. Parabeln mit $y = a \cdot x^n$ ($n \in \mathbb{N}^*$, $a \in \mathbb{R}$)

Speziell: $y = x^2$ und $y = x^4$

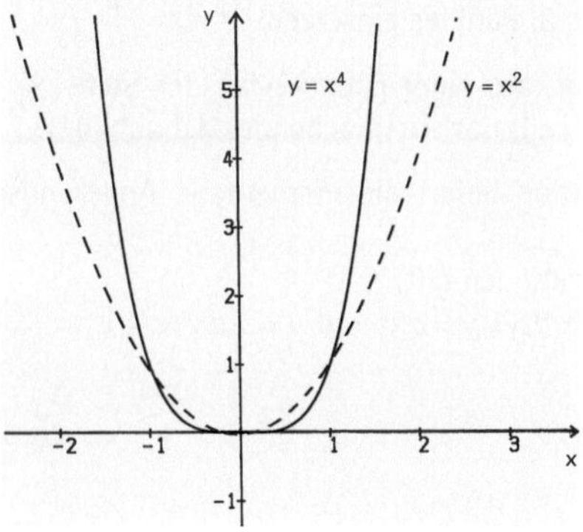

Eigenschaften

Die Schaubilder für gerade n sind symmetrisch zur y-Achse.

Die Kurven (n gerade, a positiv) fallen im Bereich $x<0$ und steigen im Bereich $x>0$. (Wenn man das Vorzeichen von a wechselt, spiegelt man die Kurve an der x-Achse. Man müsste dann die Begriffe „fallen" und „steigen" vertauschen.)

Speziell: $y = x^3$ und $y = x^5$

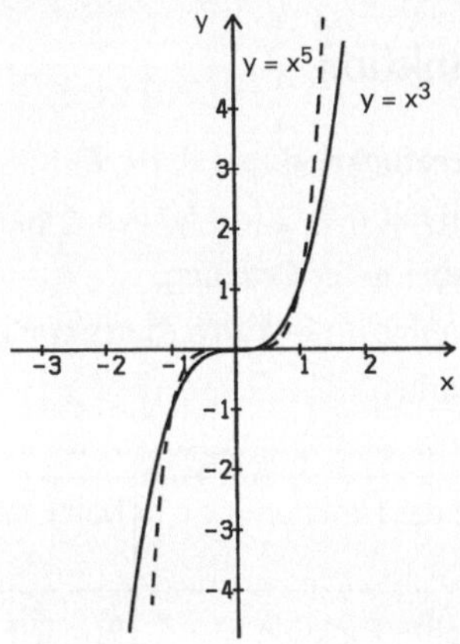

Eigenschaften

Die Schaubilder für ungerade n sind punktsymmetrisch zum Ursprung.

Die Kurven (n ungerade, a positiv) steigen im ganzen Definitionsbereich. (Bei negativem a müsste man wieder „steigen" durch „fallen" ersetzen.)

2. Hyperbeln mit $y = \frac{a}{x^n}$ ($n \in \mathbb{N}^*$, $a \in \mathbb{R}$)

Speziell: $y = \frac{1}{x^2}$ und $y = \frac{1}{x^4}$

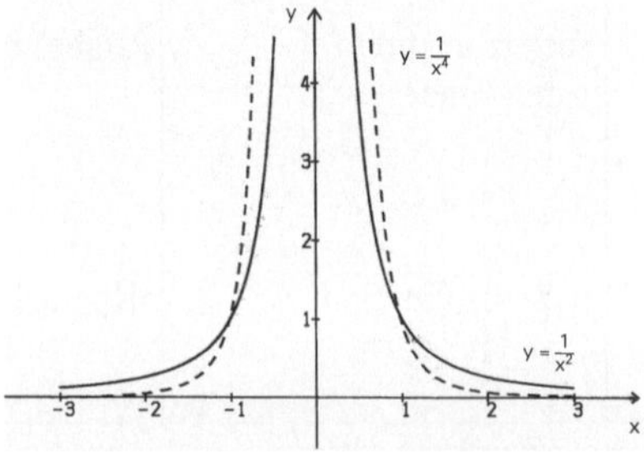

Eigenschaften

Definitionsbereich $D = \mathbb{R}^*$

Die Schaubilder für gerade n sind symmetrisch zur y-Achse.

Die Kurven (n gerade, a positiv) steigen im Bereich $x<0$ und fallen im Bereich $x>0$. (Wenn man das Vorzeichen von a wechselt, spiegelt man die Kurve an der x-Achse. Man müsste dann die Begriffe „fallen" und „steigen" vertauschen.)

Die Kurven schmiegen sich den Koordinatenachsen an, ohne sie zu berühren. Solche Näherungsgeraden, an die sich die Kurven anschmiegen, nennt man **Asymptoten**. In diesem Fall ist die x-Achse eine waagrechte und die y-Achse eine senkrechte Asymptote.

Speziell:
$y=\frac{1}{x}$ und $y=\frac{1}{x^3}$

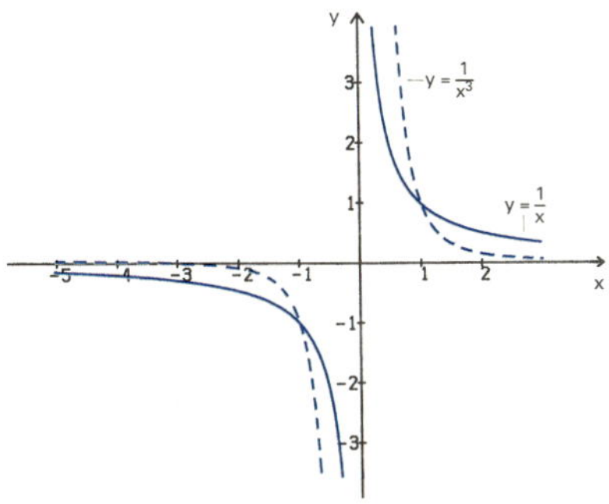

Eigenschaften

Definitionsbereich $D = \mathbb{R}^*$

Die Schaubilder für ungerade n sind punktsymmetrisch zum Ursprung.

Die Kurven (n ungerade, a positiv) fallen im ganzen Definitionsbereich. (Bei negativem a müsste man wieder „fallen" durch „steigen" ersetzen.)

Die Kurven schmiegen sich den Koordinatenachsen an, ohne sie zu berühren. Die x-Achse und die y-Achse sind daher wieder waagrechte und senkrechte Asymptote der Kurven.

DEFINITION Eine Funktion, deren Schaubild symmetrisch zur y-Achse ist, heißt
gerade Funktion.
Eine Funktion, deren Schaubild punktsymmetrisch zum Ursprung ist, heißt
ungerade Funktion.

Die Bezeichnungen „gerade" und „ungerade" Funktion erklären sich leicht aus den vorhergehenden Schaubildern. Wie Sie sehen, kommen bei Parabeln und Hyperbeln, die symmetrisch zur y-Achse sind, nur gerade Hochzahlen vor. Bei Parabeln und Hyperbeln, die symmetrisch zum Ursprung sind, tauchen in der Funktionsgleichung nur ungerade Hochzahlen auf.

AUFGABE 1 Zeichnen Sie in einem geeigneten Intervall die Kurven mit den angegebenen Gleichungen:

a) $y=\frac{1}{16}x^4$ c) $y=-\frac{1}{10}x^{10}$ e) $y=-\frac{1}{20}x^{-5}$
b) $y=\frac{1}{49}x^7$ d) $y=\frac{1}{3}x^{-3}$ f) $y=\frac{1}{10}x^{-6}$

AUFGABE 2 Zeichnen Sie ein Schaubild für die Funktion:
Kantenlänge a eines Würfels $\rightarrow$ Volumen V des Würfels.
Lesen Sie aus dem Schaubild ab:
Wie groß ist die Kantenlänge bei einem Volumen von 2 cm³, 3 cm³, 4 cm³?

AUFGABE 3 Welche Punkte haben alle Schaubilder von
a) geraden, b) ungeraden Potenzfunktionen $f: x \rightarrow x^n$ gemeinsam?

AUFGABE 4 Gegeben sind 2 Potenzfunktionen: $f_1: x \rightarrow x^{2n}$ und $f_2: x \rightarrow x^{2m}$
Geben Sie in Abhängigkeit von $n \in \mathbb{Z}$ und $m \in \mathbb{Z}$ an:
In welchem Bereich verläuft das Schaubild von f_1 über dem Schaubild von f_2?

AUFGABE 5 Zeichnen Sie in einem geeigneten Intervall die Schaubilder der angegebenen Funktionen. Zeichnen Sie auch die Asymptoten ein und geben Sie ihre Gleichungen an.

a) $f\colon x \rightarrow \frac{2}{x}+3$ b) $g\colon x \rightarrow \frac{4}{x^2}+1$ c) $h\colon x \rightarrow \frac{3}{x}-2$

AUFGABE 6 Wie lauten die Gleichungen der beiden gezeichneten Hyperbeln?

a)

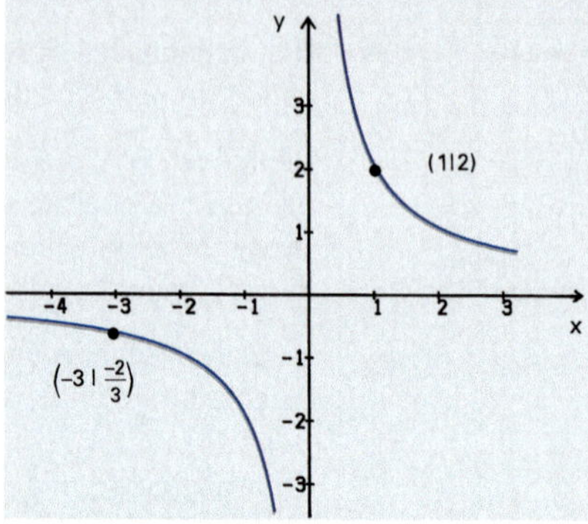

b) Tipp: Verschiebung nach oben

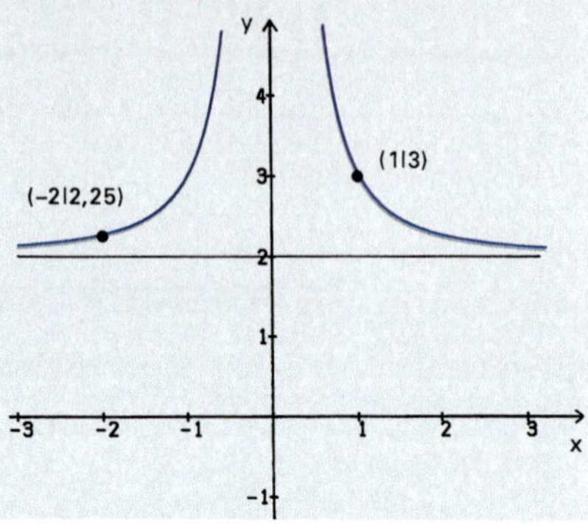

AUFGABE 7 Wie lautet die Gleichung der Potenzfunktion $x \rightarrow x^n$ ($n \in \mathbb{N}^*$), deren Schaubild durch den Punkt P geht? In welchem Intervall steigt, fällt das Schaubild?

a) $P(2|64)$
b) $P(-0{,}1|-0{,}00001)$
c) $P(-4|1024)$
d) $P(a+1|a^3+3a^2+3a+1)$

AUFGABE 8 Geben Sie die Funktion an, die der Kantenlänge x eines Tetraeders

a) seine Oberfläche, b) sein Volumen zuordnet.

AUFGABE 9 Wie ändert sich das Volumen einer Kugel, wenn man ihren Radius
a) verdoppelt und b) verdreifacht?

AUFGABE 10 Nach dem Gesetz von Boyle und Mariotte gilt bei einem idealen Gas
$p \cdot V =$ konstant, wenn die Temperatur konstant bleibt.

a) Geben Sie V als Funktion von p an. (Wählen Sie eine Gasmenge, die bei einem Volumen von 3 dm³ einen Druck von 2 bar hat.)
b) Zeichnen Sie ein V-p-Diagramm (V nach oben, p nach rechts).

AUFGABE 11 Für die Ausbreitungsgeschwindigkeit einer elektromagnetischen Welle im Vakuum gilt $c = f \cdot \lambda$ (Lichtgeschwindigkeit $c \approx 300\,000$ km/s, Frequenz f, Wellenlänge λ).

a) Veranschaulichen Sie in einem Diagramm, wie die Frequenz von der Wellenlänge abhängt.
b) Welche Frequenz hat gelbes Licht, dessen Wellenlänge 600 nm beträgt?
(1 nm = 1 Nanometer; nano = 10^{-9})

Die einfachste Potenzfunktion $f\colon x \rightarrow a\,x^n$ mit einer negativen Hochzahl erhält man für $n=-1$. Einen Zusammenhang zwischen 2 Größen, die sich in der Form $f(x) = a\,x^{-1}$ bzw. $f(x) = a/x$ beschreiben lassen, nennt man eine **umgekehrte Proportionalität**.

Der Name ist schnell erklärt. Bei einer Proportionalität gilt $f(x) \sim x$ bzw. $f(x) = ax$. Wenn man statt x den Kehrwert von x nimmt, erhält man die umgekehrte Proportionalität. Bei ihr gilt $f(x) \sim 1/x$ bzw. $f(x) = a/x$.

BEISPIEL Die Fläche eines Rechtecks beträgt $A = 8\ \text{cm}^2$. Wie hängt die Länge x der einen Seite von der Länge y der anderen Seite ab?
Es gilt $y = A/x$ bzw. $xy = A$.

x in cm	0,1	1	2	4	8	80
y in cm	80	8	4	2	1	0,1

Zeichnen Sie das Schaubild dieser Kurve. Wie heißt es? Erkennen Sie eine Symmetrie?

AUFGABE 12 Bei welchen bisherigen Aufgaben aus diesem Kapitel handelt es sich um umgekehrte Proportionalitäten?

AUFGABE 13 Erfinden Sie zu den umgekehrten Proportionalitäten 3 Aufgaben aus 3 verschiedenen Gebieten.

AUFGABE 14 Für die Abbildung mit einer Linse gilt die Gleichung $\frac{1}{x} + \frac{1}{y} = \frac{1}{f}$ (x: Gegenstandsweite; y: Bildweite; f: Brennweite).

Wie hängt die Bildweite y von der Gegenstandsweite x ab, bei einer Brennweite von $f = 8$ cm? Zeichnen Sie ein Diagramm.

AUFGABE 15

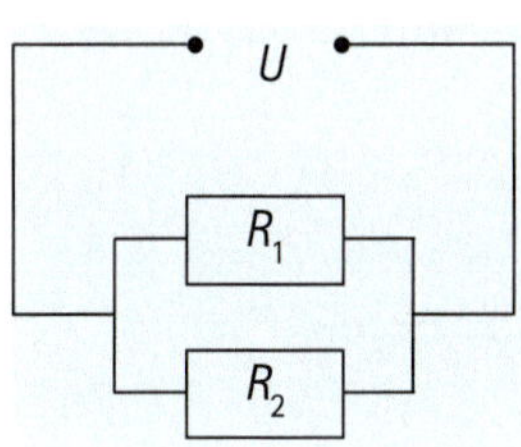

Der Gesamtwiderstand R bei zwei parallel geschalteten Widerständen R_1 und R_2 beträgt:

$$\frac{1}{R} = \frac{1}{R_1} + \frac{1}{R_2}$$

R_1 soll 5 Ω betragen. Wie ergibt sich R in Abhängigkeit von R_2?

Berechnen Sie R für $R_2 = 1\Omega$. Zeichnen Sie ein Diagramm.

AUFGABE 16 Zum Schulabschluss soll eine Abiturzeitung hergestellt werden. Die fixen Kosten (Bildvorlagen, Werbeentwürfe usw.) betragen 600,00 €. Dazu kommen Kosten von 1,20 € für jede Zeitung (Kopier-, Vertriebskosten).

a) Geben Sie die Gesamtkostenfunktion K mit $K(x)$ an, wenn x Zeitungen hergestellt werden. Zeichnen Sie $K(x)$.

b) Geben Sie die Funktion p mit $p(x)$ an für die durchschnittlichen Kosten pro Abiturzeitung in Abhängigkeit von x. Zeichnen Sie $p(x)$.

Bei einfachen Potenzfunktionen mit $f(x) = \frac{a}{x^n}$ muss man für den Definitionsbereich die Stelle $x_0 = 0$ verbieten, weil man durch 0 nicht dividieren kann. Wir ändern nun den Nenner ab und betrachten das folgende Beispiel.

BEISPIEL $f(x) = \frac{2}{x-3}$

Definitionsbereich $D = \mathbb{R}\setminus\{3\}$

Die verbotenen Stelle $x_0 = 3$ heißt **Polstelle** oder kurz **Pol.**

x	-2	0	2	3	4	6	8
y	-0,4	-0,67	-2	Pol	2	0,67	0,4

Für unserer Funktion ist die Stelle $x_0 = 3$ verboten. Man sagt, die Funktion ist an dieser Stelle nicht definiert. Nun verhalten sich Mathematiker wie kleine Kinder. Die verbotene Stelle ist am interessantesten. Wir nähern uns jetzt dieser Stelle von links und von rechts an.

von links:

x	3,1	3,01	3,001	3,0001
y	20	200	2000	20000

von rechts:

x	2,9	2,99	2,999	2,9999
y	-20	-200	-2000	-20000

Sie sehen, dass die y-Werte dabei gegen $+\infty$ und $-\infty$ gehen. Die Kurvenäste weichen nach oben bzw. nach unten aus, wenn man sich der Polstelle $x_0 = 3$ nähert. Die senkrechte Gerade mit der Gleichung $x = 3$ wird dadurch zu einer senkrechten Asymptote, d. h. zu einer Geraden, der sich die Kurve anschmiegt.

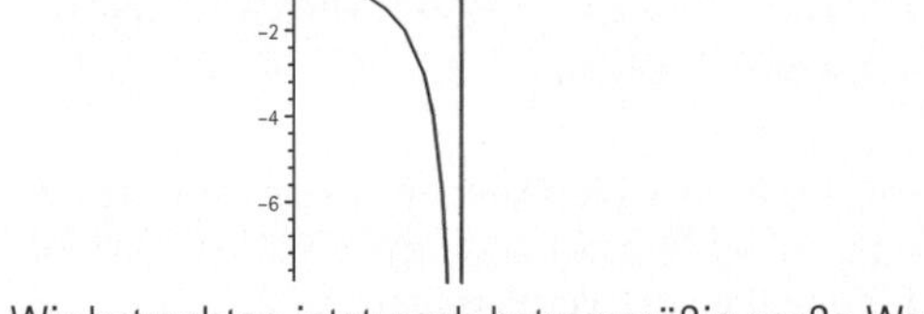

Wir betrachten jetzt noch betragsmäßig große Werte von x.

x	100	1000	10000		-100	-1000	-10000
y	0,021	0,002	0,0002		-0,019	-0,0019	-0,00019

Die y-Werte gehen gegen 0, wenn der Betrag von x immer größer wird. Die Kurvenäste schmiegen sich der x-Achse an, wenn man immer weiter nach links oder rechts im Koordinatensystem geht. Die x-Achse mit der Gleichung $y = 0$ wird dadurch zur waagrechten Asymptote.

AUFGABE 17 Bestimmen Sie den Definitionsbereich der Funktion und die beiden Asymptoten des Schaubildes. Versuchen Sie, damit zunächst ohne Taschenrechner den Verlauf der Kurve zu skizzieren. Tipp: Wo schneidet die Kurve die y-Achse?

a) $f(x) = \frac{3}{x+1}$

b) $f(x) = \frac{4}{x-5}$

c) $f(x) = -\frac{2}{x+4}$

d) $f(x) = -\frac{6}{x-6}$

AUFGABE 18 Bestimmen Sie den Definitionsbereich der Funktion und die beiden Asymptoten des Schaubildes. Überlegen Sie, wie sich die Konstante auf den Kurvenverlauf auswirkt. Skizzieren Sie die Kurve.

a) $f(x) = \frac{1}{2x+2} + 2$

b) $f(x) = \frac{4}{4x-4} - 1$

c) $f(x) = -\frac{5}{2x+9} - 2$

d) $f(x) = -\frac{6}{2x-3} + 3$

AUFGABE 19 Die Kurve mit der Gleichung $y = \frac{a}{x-b}$ geht durch die Punkte P und Q. Bestimmen Sie a und b.

a) $P(1|-2)$ $Q(2|-4)$

b) $P(-3|2)$ $Q(1|0{,}4)$

c) $P(-4|1)$ $Q(2|-1)$

d) $P(-2|1)$ $Q(1|4)$

AUFGABE 20 Eine Hyperbel mit der Gleichung $y = \frac{a}{x-b}$ hat die Polstelle $x_0 = 4$.

a) Wie kann ihre Gleichung lauten, wenn sie durch den Punkt $P(1|-2)$ geht?

b) Max will von Moritz, dass er die Aufgabe mit $P(0|0)$ löst, während Moritz von Max verlangt, dass er den Punkt $P(4|3)$ nimmt. Nehmen Sie dazu Stellung.

AUFGABE 21 Eine Hyperbel hat eine senkrechte Asymptote mit der Gleichung $x = -1$ und eine waagrechte Asymptote mit der Gleichung $y = 2$. Sie geht durch den Punkt $P(2|3)$. Wie lautet ihre Gleichung?

AUFGABE 22 Peter lässt sich zu 2 Kurven eine Wertetabelle ausgeben. Wie lauten ihre Gleichungen?

X	Y1	Y2
-1	-1	4
0	-2	ERROR
1	ERROR	-2
2	2	-0.5

-0.5

FORM DEL ROW G·CON G·PLT

AUFGABE 23 Nur für Spezialisten: Versuchen Sie mithilfe der Asymptoten und des Schnittpunktes mit der y-Achse den Verlauf der Kurve zu skizzieren. Vergleichen Sie dann Ihre Skizze mit der Kurve, die der Taschenrechner zeichnet.

a) $y = \frac{1}{(x-2)(x+1)}$

b) $y = \frac{3}{x^2-4}$

c) $y = \frac{1}{(x-1)(x+3)} - 2$

d) $y = -\frac{2}{1-x^2} + 3$

2.4.3 Der allgemeine Wurzelbegriff

Bei quadratischen Gleichungen mussten wir Wurzeln einführen, um Gleichungen der Form $x^2=25$ oder $x^2=2$ lösen zu können.

Jetzt wollen wir den Wurzelbegriff allgemeiner fassen, um Gleichungen der Form $x^4=12$ oder $x^{20}=100$ ebenfalls lösen zu können.

DEFINITION Es sei $a \in \mathbb{R}_+$ und $b \in \mathbb{R}_+$.
Dann gilt: b heißt **n-te Wurzel aus a**, wenn $b^n=a$ ist.
Schreibweise: $b=\sqrt[n]{a}$

BEISPIELE

$\sqrt[4]{81}=3,$ da $3^4=81;$

$\sqrt[10]{1024}=2,$ da $2^{10}=1024;$

$\sqrt[3]{\frac{1}{64}}=\frac{1}{4},$ da $(\frac{1}{4})^3=\frac{1}{64};$

$\sqrt[3]{x^3+3x^2y+3xy^2+y^3}=x+y,$ da $(x+y)^3=x^3+3x^2y+3xy^2+y^3.$

Wurzeln und Potenzen

Unser nächstes Ziel ist es, einen Zusammenhang zwischen Wurzeln und Potenzen herzustellen.

Zunächst sehen wir uns die folgenden Beispiele an:

$\sqrt[4]{a^{12}}=a^{12:4}=a^3,$ da $(a^3)^4=a^{3\cdot 4}=a^{12};$

$\sqrt[4]{a^8}=a^{8:4}=a^2,$ da $(a^2)^4=a^{2\cdot 4}=a^8;$

$\sqrt[4]{a^4}=a^{4:4}=a^1=a,$ da $(a^1)^4=a^{1\cdot 4}=a^4.$

Wir setzen diese Beispiele analog für kleinere Potenzen von a fort:

$\sqrt[4]{a^3}=a^{3:4}=a^{\frac{3}{4}},$ da $(a^{\frac{3}{4}})^4=a^{\frac{3}{4}\cdot 4}=a^3;$

$\sqrt[4]{a^2}=a^{2:4}=a^{\frac{2}{4}}=a^{\frac{1}{2}},$ da $(a^{\frac{1}{2}})^4=a^{\frac{1}{2}\cdot 4}=a^2;$

$\sqrt[4]{a}=a^{1:4}=a^{\frac{1}{4}},$ da $(a^{\frac{1}{4}})^4=a^{\frac{1}{4}\cdot 4}=a.$

Man sieht: Eine Wurzel kann man als Potenz schreiben, wenn man auch Brüche als Hochzahlen zulässt. Man legt daher die folgende Schreibweise allgemein fest:

DEFINITION Für $a>0$ gilt: $\sqrt[n]{a^k}=a^{\frac{k}{n}}$

Wir wollen den folgenden Satz nicht beweisen, aber als Merkregel formulieren:

MERKE Alle Gesetze für das Rechnen mit Potenzen (siehe Teil A, Kap. 13) gelten auch für Potenzen mit rationalen Hochzahlen.

Das Rechnen mit komplizierten Wurzeln kann sehr umständlich sein. Die Umformungen werden viel bequemer, wenn man die Wurzeln als Potenzen mit rationalen Hochzahlen schreibt und dann mithilfe der Potenzgesetze vereinfacht.

Bemerkung

Die Zahl unter dem Wurzelzeichen heißt Radikand. Dieser Radikand darf nicht negativ sein, weil man sonst in unerwartete Schwierigkeiten kommt, wenn man die Wurzel berechnen will. Sehen Sie sich dazu folgendes Beispiel an, bei dem wir $\sqrt[3]{-8}$ auf zwei verschiedene Arten als Potenz mit rationaler Hochzahl schreiben:

$x=(-8)^{\frac{1}{3}}$	$x=(-8)^{\frac{2}{6}}$	gleiche Potenzen;
$x^3=-8$	$x^6=(-8)^2=64$	beide Seiten potenziert;
$x=-2$	$x=-2 \vee x=+2$	aber nicht das gleiche Ergebnis.

Sicher fragen Sie sich jetzt, wie Sie die Gleichung $x^3=-8$ lösen sollen, wenn Sie sich brav an die Regel halten, dass man aus einer negativen Zahl keine Wurzel ziehen soll. Dabei sehen Sie ja sofort, dass als Lösung $x=-2$ herauskommt. Verlieren wir denn keine Lösungen, wenn wir Zahlen wie $\sqrt[3]{-8}$ nicht zulassen? Nein. Man kann die Gleichung ja mit -1 durchmultiplizieren. Dann lautet sie $-x^3=+8$ mit der Lösung $-x=+2$ und damit $x=-2$. Na ja, ob wir später im Eifer des Gefechtes mathematisch so korrekt vorgehen, steht dann auf einem anderen Blatt. Übrigens, manche Taschenrechner beherzigen die Vorschrift, dass der Radikand nicht negativ sein soll. Bei $\sqrt[3]{-8}$ sagen sie ERROR.

AUFGABE 24 Schreiben Sie die Wurzeln als Potenzen mit rationalen Hochzahlen und geben Sie mithilfe des Taschenrechners den Wert auf zwei Dezimalen genau an.

a) $\sqrt[4]{100}$
b) $\sqrt[5]{80}$
c) $\sqrt[10]{1538}$
d) $\sqrt[4]{0{,}1}$
e) $\sqrt[7]{0{,}03}$
f) $\sqrt[12]{12}$
g) $\sqrt[6]{1}$
h) $\sqrt[10]{0}$
i) $\sqrt[20]{2^{50}}$
k) $(\sqrt[20]{2})^{50}$
l) $(\sqrt[7]{3})^{15}$
m) $\sqrt[7]{3^{15}}$
n) $\frac{1}{\sqrt[5]{18}}$
o) $\frac{1}{\sqrt[8]{0{,}001}}$
p) $\frac{3}{\sqrt[4]{10^{-8}}}$
q) $\frac{8}{\sqrt[10]{3{,}5^9}}$

AUFGABE 25 Schreiben Sie die Potenzen als Wurzeln.

a) $3^{\frac{1}{2}}$
b) $3^{-\frac{1}{2}}$
c) $70^{\frac{2}{3}}$
d) $12^{-\frac{4}{5}}$
e) $4^{\frac{5}{6}}$
f) $\left(\frac{1}{4}\right)^{-\frac{3}{5}}$
g) $\left(\frac{7}{12}\right)^{-\frac{8}{5}}$
h) $\left(\frac{3}{19}\right)^{\frac{1}{2}}$
i) $\left(\frac{2}{7}\right)^{-\frac{1}{4}}$
k) $0{,}03^{-\frac{2}{3}}$
l) $0{,}1^{\frac{1}{4}}$
m) $0{,}001^{-\frac{2}{9}}$

AUFGABE 26 Schreiben Sie als Potenz:

a) $\sqrt{a}$
b) $\sqrt[4]{a^3}$
c) $\sqrt[7]{a^2}$
d) $\frac{1}{\sqrt[3]{a}}$
e) $\frac{1}{\sqrt[5]{a^{12}}}$
f) $\frac{1}{\sqrt[4]{a^5}}$
g) $\sqrt[n]{a^2}$
h) $\sqrt{a^n}$
i) $\sqrt[b]{a^5}$
k) $\sqrt[q]{a^p}$
l) $\frac{1}{\sqrt[n]{a^k}}$
m) $(\sqrt[q]{a^3})^q$

AUFGABE 27 Berechnen Sie die folgenden Wurzeln und Potenzen ohne Taschenrechner.

a) $\sqrt[4]{3^8}$
b) $\sqrt[20]{2^{60}}$
c) $\sqrt[5]{2^{-15}}$
d) $\sqrt{10^{-6}}$
e) $\sqrt[4]{10^{-12}}$
f) $\sqrt[47]{12{,}5^{47}}$
g) $\left(\sqrt{\frac{2}{7}}\right)^4$
h) $\left(\sqrt[3]{\frac{3}{2}}\right)^9$
i) $\sqrt[4n]{\left(\frac{16}{81}\right)^n}$
k) $\sqrt[p]{13^0}$
l) $\frac{1}{\sqrt[8q]{3^{24q}}}$
m) $\frac{1}{\sqrt[3n]{a^{12n}}}$
n) $64^{\frac{1}{6}}$
o) $\left(\frac{1}{81}\right)^{-\frac{1}{4}}$
p) $\left(\frac{1}{32}\right)^{-\frac{2}{5}}$
q) $10\,000^{\frac{1}{4}}$
r) $1\,000^{\frac{2}{3}}$
s) $128^{-\frac{1}{7}}$
t) $\left(\frac{1}{25}\right)^{1{,}5}$

AUFGABE 28 Wiederholen Sie gegebenenfalls die Rechenregeln für Potenzen (Teil A, Kap. 13). Lösen Sie die folgenden Aufgaben im Kopf.

a) $2^{\frac{3}{2}} \cdot 2^{\frac{5}{2}}$; $4^{\frac{1}{3}} \cdot 4^{\frac{2}{3}}$; $3^{-\frac{3}{4}} \cdot 3^{-\frac{5}{4}}$; $10^{-\frac{1}{2}} \cdot 10^{\frac{5}{2}}$

b) $\frac{7^{\frac{9}{2}}}{7^{\frac{5}{2}}}$; $\frac{5^{\frac{13}{8}}}{5^{\frac{5}{8}}}$; $\frac{6^{\frac{1}{2}}}{6^{\frac{3}{2}}}$; $\frac{9^{\frac{3}{2}}}{9}$

c) $4^{\frac{1}{3}} \cdot 16^{\frac{1}{3}}$; $12^{\frac{1}{2}} \cdot 3^{\frac{1}{2}}$; $64^{\frac{1}{7}} \cdot 2^{\frac{1}{7}}$; $100^{\frac{2}{5}} \cdot 1000^{\frac{2}{5}}$

d) $\frac{32^{\frac{1}{4}}}{2^{\frac{1}{4}}}$; $\frac{10\,000^{\frac{2}{3}}}{10^{\frac{2}{3}}}$; $\frac{243^{\frac{3}{4}}}{3^{\frac{3}{4}}}$; $\frac{\left(\frac{1}{2}\right)^{-\frac{3}{5}}}{(16)^{-\frac{3}{5}}}$

AUFGABE 29 Schreiben Sie die Wurzeln als Potenzen und vereinfachen Sie dann die Terme mithilfe der Potenzgesetze.

a) $\sqrt[3]{a^6}$; $\sqrt[6]{a^3}$; $\frac{1}{\sqrt[8]{a^4}}$; $\frac{1}{\sqrt[4]{a^8}}$

b) $\sqrt{\sqrt[3]{a}}$; $\sqrt[4]{\sqrt[3]{a}}$; $\sqrt[5]{\sqrt[3]{\sqrt{a}}}$; $\sqrt{\sqrt[4]{\sqrt[6]{a^{10}}}}$

AUFGABE 30 Vereinfachen Sie die Terme so weit wie möglich.

a) $\frac{x^{\frac{1}{2}} \cdot x^{\frac{3}{4}}}{\sqrt{x^{\frac{5}{6}}}}$

b) $\frac{\sqrt[4]{a} \cdot \sqrt[6]{b^5}}{\sqrt[8]{a^2} \cdot \sqrt[4]{b^3}}$

c) $\frac{\sqrt{10^5}}{\sqrt{10^{-5}}}$

d) $\sqrt{\sqrt{a} - \sqrt{b}} \cdot \sqrt{\sqrt{a} + \sqrt{b}}$

e) $(4x^2 + 4x + 1)^{\frac{1}{2}}$

f) $(9a^2 + 4b^2)^{\frac{1}{2}}$ VORSICHT!

g) $\sqrt[6]{ab^2} : b^{\frac{1}{3}}$

Schlussbemerkung zu den Wurzeln: Warum ist $\sqrt{2}$ nicht rational?

Erinnern Sie sich noch an Teil A, Kap. 1.1? Dort haben wir die natürlichen, ganzen, rationalen und reellen Zahlen zusammengestellt. So nebenbei erwähnten wir, dass beispielsweise $\sqrt{2}$ keine rationale Zahl ist, da man sie nicht als Bruch darstellen kann. Darauf wollen wir jetzt am Ende unseres Kapitels über die Wurzeln noch kurz eingehen.

Behauptung: $\sqrt{2}$ ist keine rationale Zahl.

Beweis: Annahme: $\sqrt{2}$ ist eine rationale Zahl.

Dann gibt es einen Bruch $\frac{p}{q}$ mit p und q ganz und teilerfremd, der genau $\sqrt{2}$ ist.

Mit diesem Bruch stellen wir die folgenden Überlegungen an.

$$\frac{p}{q} = \sqrt{2} \qquad /\cdot q$$
$$p = \sqrt{2}\cdot q \qquad /^2$$
$$(*) \qquad p^2 = 2\cdot q^2$$

p^2 ist eine gerade Zahl, da sie das Doppelte von q^2 ist. Dann ist auch p selbst eine gerade Zahl. Dann gibt es eine ganze Zahl s so, dass $p = 2\cdot s$.

Eingesetzt in (*) ergibt sich:

$$(2s)^2 = 2\cdot q^2$$
$$4\cdot s^2 = 2\cdot q^2$$
$$q^2 = 2\cdot s^2$$

q^2 ist das Doppelte von s^2, also eine gerade Zahl. Damit ist auch q eine gerade Zahl.

Damit haben wir gefunden: Sowohl p als auch q sind gerade, besitzen also einen gemeinsamen Teiler 2. Dies ist ein Widerspruch zu unserer Voraussetzung, dass p und q einen teilerfremden Bruch bilden.

Folgerung: Die Annahme, dass es eine Darstellung $\frac{p}{q} = \sqrt{2}$ gibt, ist falsch. Also kann $\sqrt{2}$ keine rationale Zahl sein.

Diese Beweistechnik kennen Sie wahrscheinlich noch nicht. Sie führten bisher so genannte **direkte Beweise** durch, bei denen man aus richtigen Sätzen wiederum richtige Sätze herleitet.

Wir gingen hier bewusst vom Gegenteil dessen aus, was wir eigentlich beweisen wollten. Dann zeigten wir, dass daraus ein logischer Widerspruch folgt. Also musste unser Ausgangspunkt – das Gegenteil – falsch gewesen sein. Wenn das Gegenteil einer Aussage falsch ist, muss sie selbst richtig sein.

Einen solchen Beweis nennt man **indirekt**. Das Verfahren erscheint auf den ersten Blick verwirrend, da man sozusagen um die Ecke denkt. Es ist aber oft einfacher zu zeigen, dass die Verneinung einer Aussage irgendwo zu einem logischen Widerspruch führt – und ein einziger genügt ja! –, als zu zeigen, dass die Aussage selbst immer und überall richtig ist.

Wie kann man nun für $\sqrt{2}$ einen Zahlenwert angeben, wenn wir dafür keine Bruchdarstellung angeben können? Wir suchen uns auf der Zahlengeraden ein Intervall, etwa [1,4; 1,5]. Darin muss $\sqrt{2}$ liegen, da $1{,}4^2 < 2$ und $1{,}5^2 > 2$ ist. Nun versuchen wir die untere Grenze des Intervalls zu vergrößern und die obere zu verkleinern, um $\sqrt{2}$ immer enger einzugrenzen. Wir zeigen dies in der folgenden Tabelle.

Intervall		Quadrieren der Intervallgrenzen				Abschätzen von $\sqrt{2}$	
[1,4;	1,5]	$1{,}4^2$	= 1,96	$1{,}5^2$	= 2,25	1,4	$< \sqrt{2} < 1{,}5$
[1,41;	1,42]	$1{,}41^2$	= 1,9881	$1{,}42^2$	= 2,0164	1,41	$< \sqrt{2} < 1{,}42$
[1,414;	1,415]	$1{,}414^2$	= 1,999396	$1{,}415^2$	= 2,002225	1,414	$< \sqrt{2} < 1{,}415$
[1,4142;	1,4143]	$1{,}4142^2$	= 1,99996164	$1{,}4143^2$	= 2,00024449	1,4142	$< \sqrt{2} < 1{,}4143$
⋮	⋮	⋮	⋮	⋮	⋮	⋮	⋮

Damit ist $\sqrt{2}$ schon auf 3 Dezimalen genau festgelegt. Das Verfahren lässt sich unbegrenzt lange fortsetzen. Man nennt es eine **Intervallschachtelung**. Dabei erhält man für $\sqrt{2}$ eine nicht abbrechende Dezimalzahl, die aber nicht periodisch ist. So eine Zahl nennen wir **irrational**. Die Menge der rationalen und irrationalen Zahlen fassten wir in Teil A, Kap. 1 zur Menge der reellen Zahlen zusammen.

MERKE Eine irrationale Zahl wie $\sqrt{2}$, $\sqrt{3}$, sin (20°), lg (5), π, ... lässt sich als nicht abbrechende, nicht periodische Dezimalzahl darstellen.

2.4.4 Potenzfunktionen zur Beschreibung realer Vorgänge

BEISPIEL Vor rund 400 Jahren, im Herbst des Jahres 1601, übernahm der Astronom, Physiker und Mathematiker Johannes Kepler (*1571 Weil der Stadt; † 1630 Regensburg) das Prager Observatorium nach dem plötzlichen Tod von Tycho Brahe. Dieser hatte in jahrzehntelanger Arbeit ein außerordentlich umfangreiches und sorgfältiges Beobachtungsmaterial über den Lauf der Planeten am Himmel angehäuft.

Hier die *Messtabelle* (*heutige Daten*):

Planet	Entfernung R in Mio. km	Umlaufdauer T in Tagen (Erdtage)
Merkur	58	87,97
Venus	108,2	224,7
Erde	149,6	365,256
Mars	227,95	686,98
Jupiter	778,6	4335,6
Saturn	1432,5	10822,5
Uranus	2884,5	30926,2
Neptun	4508,5	60449,87
Pluto	5965,5	92007,986

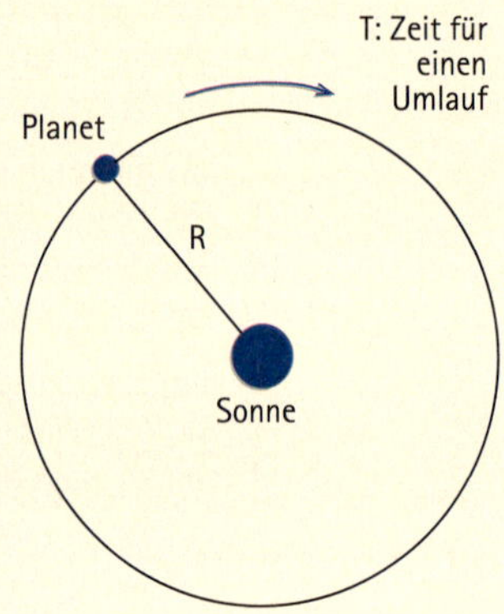

Kepler gelang es am 18. Mai 1618 (fünf Tage vor dem Prager Fenstersturz, dem Beginn des Dreißigjährigen Krieges!) mithilfe dieses Zahlenmaterials, einen Zusammenhang (ein Gesetz) zwischen den Umlaufzeiten T der verschiedenen Planeten und deren mittlerer Entfernung R zur Sonne zu finden. Hierbei stand die schon bei den Pythagoreern (600 v. Chr.) aufkeimende Idee Pate, dass die Naturvorgänge nach Regeln ablaufen, die sich in Zahlenbeziehungen darstellen lassen. Parallel zu Kepler gelang auch Galilei (1564 – 1642) die Darstellung von Bewegungsvorgängen durch mathematische Gleichungen (bzw. Funktionen). Wir wollen versuchen die Entdeckung Keplers mit den heute verfügbaren Daten der neun Planeten unseres Sonnensystems nachzuvollziehen und damit das 3. Kepler'sche Gesetz zu formulieren.

Entwicklung eines empirischen Modells

Wenn man bei Messungen einen funktionellen Zusammenhang zwischen zwei physikalischen Größen (hier T und R) vermutet, trägt man diese Messwertepaare in ein Koordinatensystem ein. Messpunkte $(x|y)$: (Entfernung von der Sonne in Mio. km; Umlaufzeit in [Erd-]Tagen)

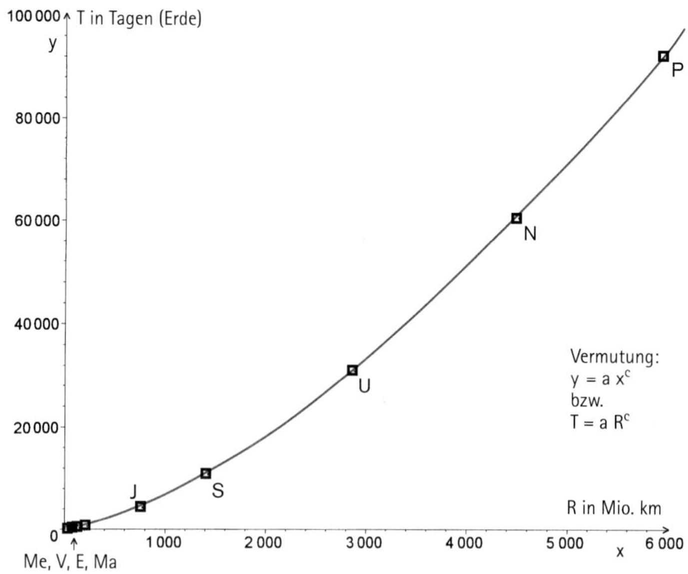

Mit etwas Fantasie könnten wir hier die Punkte auf einer Kurve vermuten, die Graph einer Potenzfunktion der Form

$$y = a \cdot x^c \quad \text{bzw.} \quad T = a \cdot R^c$$

sein könnte.

Leider ist es nicht immer möglich, aus diesem ersten Diagramm den vermuteten Zusammenhang leicht zu erkennen, zumal hier die ersten vier Planeten sehr zusammengedrängt am Koordinatenursprung liegen. Sehr schön und besonders einfach ist es, wenn die Messpunkte auf einer Geraden liegen, weil man in diesen Fällen sofort den linearen Zusammenhang $y = mx + b$ angeben kann.

Zur Nachprüfung und zum Finden des Gesetzes aus den empirischen Daten bedienen wir uns eines häufig zur Anwendung kommenden Tricks.

Wir transferieren die Gleichung $y = a \cdot x^c$
in einen linearen Zusammenhang.

Hierzu logarithmieren wir beide Seiten $\log(y) = \log(a \cdot x^c)$
mit dem 1. und 3. Logarithmengesetz:
$\log(y) = c \cdot \log(x) + \log(a)$.

Setzen wir $y^* = \log(y)$, $c = m$, $x^* = \log(x)$ und $b = \log(a)$, so erhalten wir die Geradengleichung $y^* = m \cdot x^* + b$.

Die transferierte Messtabelle (mit Zehnerlogarithmen):

Planet	Entfernung $x^*=\lg(R)$	Umlaufdauer $y^*=\lg(T)$
Merkur	1,7627	1,9445
Venus	2,0342	2,3522
Erde	2,1749	2,5623
Mars	2,3577	2,837
Jupiter	2,8911	3,6427
Saturn	3,1605	4,0315
Uranus	3,4579	4,4866
Neptun	3,6529	4,7792
Pluto	3,7714	4,9575

Die transferierten Messpunkte $(x^*|\,y^*)$ bzw. $(\lg(x)\,|\,\lg(y))$ oder $(\lg(R)\,|\,\lg(T))$ liegen nun auf einer „Geraden".
Im Normalfall ist nicht zu erwarten, dass alle Punkte $P(x^*|\,y^*)$ *genau* auf einer Geraden liegen. (Messungen sind nicht genau: Abweichungen durch Messfehler!)
Die Gerade muss so gezeichnet werden, dass einige Punkte oberhalb und einige Punkte unterhalb davon liegen. Die Abweichungen müssen sich „ausgleichen". Die Gerade heißt daher **Ausgleichsgerade**.

Das x^*-y^*-Diagramm ($\lg(R)$-$\lg(T)$-Diagramm)

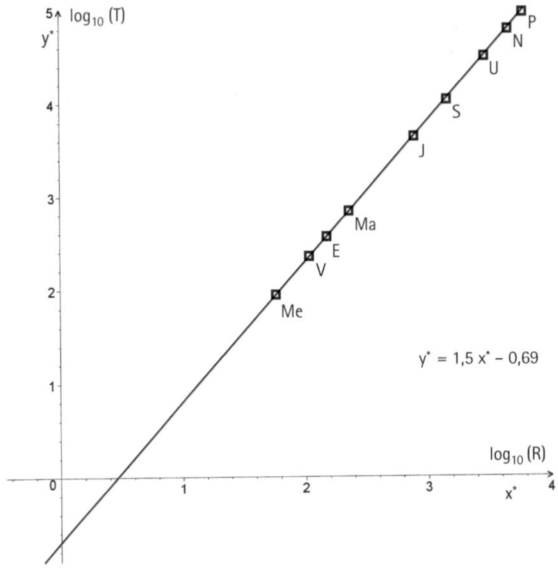

Für die Ausgleichsgerade $y^* = m\cdot x^* + b$
entnehmen wir der Zeichnung: $m = 1{,}5$ entspricht $c = m = 1{,}5$
$b = -0{,}698$ entspricht wegen $b = \lg(a)$
$a = 10^b$, also $a = 10^{-0.698} = 0{,}2$

Damit haben wir durch die Auswertung der Daten ein empirisches Gesetz über den Zusammenhang von Umlaufdauer T und Bahnradius R der Planeten unseres Sonnensystems gefunden (ursprüngliche Kurve $y = a \cdot x^c$): $T = 0{,}2 \cdot R^{\frac{3}{2}} = 0{,}2 \cdot \sqrt{R^3}$ bzw. $T^2 = 0{,}04 \cdot R^3$ oder

$$\frac{T^2}{R^3} = 0{,}04 \text{ (konstant)} \qquad T = 0{,}2 \cdot \frac{Tage_{Erde}}{(10^6 \cdot km)^{\frac{3}{2}}} \cdot \sqrt{R^3}$$

Drittes Kepler'sches Gesetz
Die Quadrate der Umlaufzeiten zweier Planeten verhalten sich wie die Kuben ihrer großen Bahnhalbachsen:

$$\frac{T_1^2}{T_2^2} = \frac{R_1^3}{R_2^3} \text{ oder } \frac{T^2}{R^3} = \text{ konstant}$$

Dieser ganze Auswertungsvorgang ist mithilfe des grafikfähigen Taschenrechners oder am PC mit den CAS-Programmen Maple bzw. Derive sehr schnell zu erledigen. Die Anpassungskurve erhält man über die Regressionsrechnung, die Güte des Zusammenhangs der Messwerte über die Korrelationsrechnung. Hierbei bietet, wie in Teil B, Kapitel 1.3 dargestellt, der Taschenrechner die „Potenzregression" an, sodass man nicht die Linearisierung der ursprünglichen Werte vornehmen muss.

Die Messpunkte und der gesetzmäßige Zusammenhang können dann auch noch grafisch dargestellt und überprüft werden.

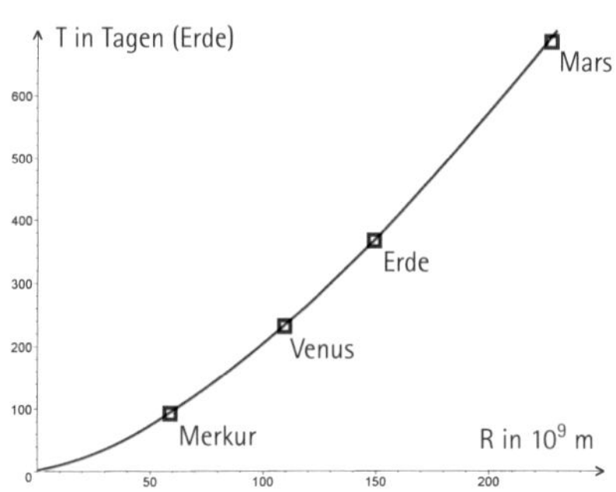

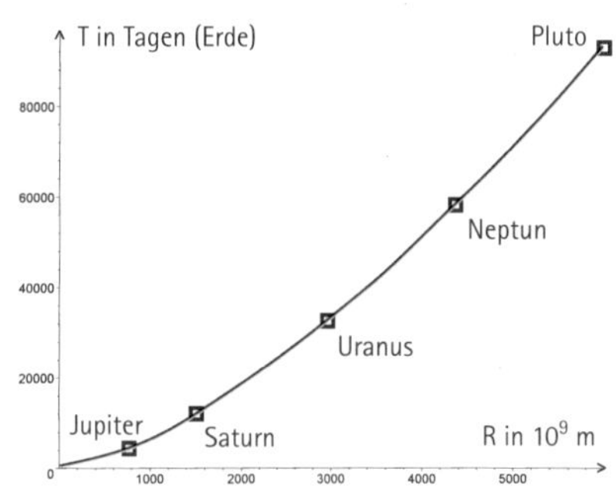

L1	L2
58	87.97
108.2	224.7
149.6	365.26
227.95	686.98
778.6	4335.6
1432.5	10823
2884.5	30926
4508.5	60450
5965.5	92008

L2(10) =

```
PwrReg
 y=a*x^b
 a=.1992110629
 b=1.500286054
 r²=.9999999358
 r=.9999999679
```

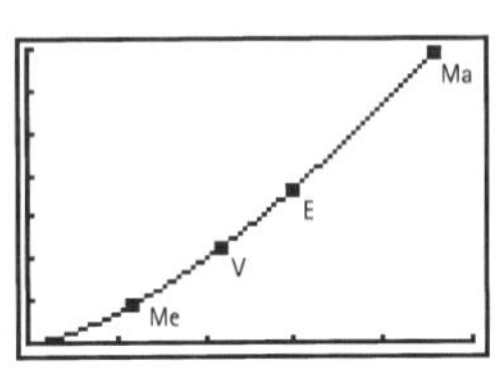

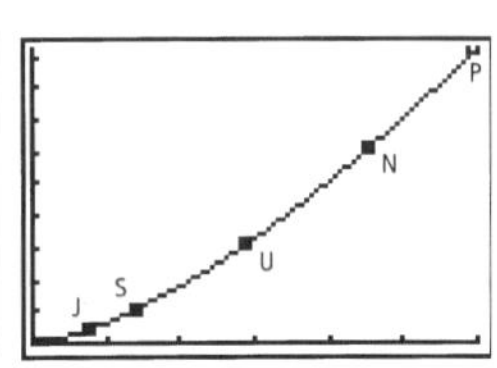

*2

Bei Kepler hatte die Suche nach dem gesetzmäßigen Zusammenhang wie bei den anderen Gesetzen auch bereits physikalische Motive. Kepler war der richtigen Meinung, dass die Umlaufzeit der Planeten von der Entfernung zur Sonne abhängen muss, wenn die Sonne Ursache der Bewegung ist. Diese physikalische Überlegung war es auch, die Kepler zu diesem Problem hinführte, dem sich vor ihm noch kein Forscher zugewandt hatte. Obwohl Kepler schon nahe dran war, hat erst Newton (1643–1727) das allgemeine Gravitationsgesetz gefunden, aus dem die drei Kepler'schen Gesetze zwangsläufig folgen (theoretische Herleitung, Begründung). Es steht in Newtons Hauptwerk „Principia mathematica philosophiae naturalis" (Mathematische Prinzipien der Naturphilosophie), das 1687 in England gedruckt wurde.

Sie sind jetzt sicher hoch motiviert, selbst ein kleines Experiment durchzuführen: Eine Messtabelle anzulegen, die Messwerte in ein Diagramm zu zeichnen, einen ersten Zusammenhang zu vermuten, die Messwerte in einen linearen Zusammenhang zu transferieren, die transferierten Messwerte in ein neues Diagramm zu zeichnen, die Ausgleichsgerade zu bestimmen und dann hieraus endlich das Gesetz des Pendels zu finden.

AUFGABE 31 Das Pendel (math. Pendel bzw. Fadenpendel)

- Ein Pendel wird an der Decke aufgehängt.
- Ermitteln Sie möglichst genau die Pendellänge l (Strecke von Aufhängung bis Mittelpunkt Pendelkörper).
- Eine Periode T ist die Zeit, die das Pendel für eine volle Schwingung benötigt.
  Ermitteln Sie die Zeit t für 10 Schwingungen und dividieren Sie dann durch 10; $T = t/10$
- Führen Sie das Experiment mit fünf verschiedenen Fadenlängen l durch und notieren Sie die Messergebnisse in einer Tabelle.
- Finden Sie eine Potenzfunktion $T(l)$, die gut mit den experimentellen Werten übereinstimmt.
  (Überlegen Sie hierzu, wie T von l abhängt: Welche Zeit T ergibt sich, wenn l verdoppelt, verdreifacht wird?)

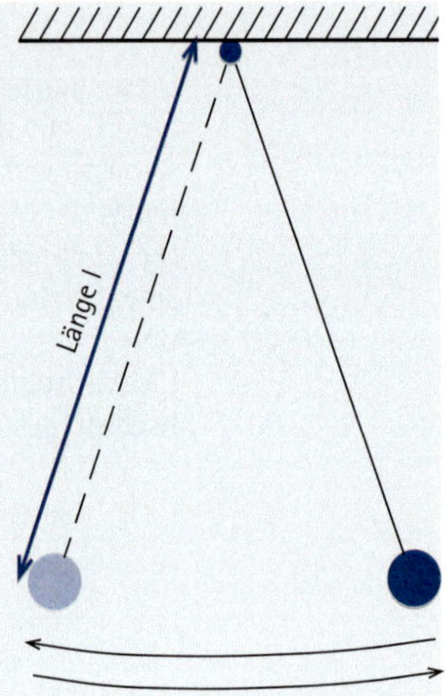

T: Zeit für eine Schwingung

Messtabelle

Länge l in m						
$T(l)$ in s						
Auswertung (Tipp: $T(l) = c \cdot l^m$)						

- Zeichnen Sie das l-T-Diagramm (l: Abszisse x; T: Ordinate y).
  Für eine „Handauswertung" muss man die Messwerte transformieren.
  Linearisierung: Ersetzen Sie $y = T(l)$ durch $y^* = \lg(T)$ und $x = l$ durch $x^* = \lg(l)$.
- Legen Sie eine neue Messtabelle für die transferierten Werte x^* und y^* an.

Messtabelle für die transferierten Werte

Länge $x^* = \lg(l)$							
Periode $y^* = \lg(T)$							
Auswertung (Tipp: $y^* = m \cdot x^* + b$)							

- Zeichnen Sie das neue x^*-y^*-Diagramm und bestimmen Sie die Ausgleichsgerade. Entnehmen Sie der Zeichnung die Steigung m und den y-Achsenabschnitt $b = \lg(c)$ der Ausgleichsgeraden.
- Geben Sie nun das Gesetz: $T(l) =$ für das Pendel an.

Kann man das empirisch gefundene Gesetz auch theoretisch herleiten (begründen)?

- Setzen Sie zur Ausarbeitung Ihren Taschenrechner ein (Tabelle als Listen, Transformation durch Rechnen mit Listen, Regressions- und Korrelationsrechnung, grafische Darstellung).
- Dokumentieren und präsentieren Sie Ihre Untersuchung zum Pendelgesetz.
- Zeigen Sie auf, dass Ihre angewandte mathematische Arbeitstechnik in vielen anderen Situationen eingesetzt werden kann.
- Welcher bedeutende Physiker hat als Erster das Pendelgesetz entdeckt?
- Nennen Sie weitere Zeitgenossen des Erfinders C. H.
  Was geschah noch zu dieser Zeit?
- Nennen Sie wirtschaftliche und gesellschaftliche Auswirkungen dieser Entdeckung.

AUFGABE 32 Für die *Anziehung zweier Massen* m_1 und m_2, deren Massenmittelpunkte den Abstand r haben, gilt: $F = \gamma \frac{m_1 \cdot m_2}{r^2} = \gamma \cdot m_1 \cdot m_2 \cdot r^{-2}$ $(\gamma = 6{,}672 \cdot 10^{-11} m^3 kg^{-1} s^{-2})$

a) Zwei Personen mit $m_1 = 90$ kg und $m_2 = 110$ kg stehen 50 cm voneinander entfernt. Welche Massenanziehungskraft wirkt zwischen den beiden Personen?

b) In welchem Punkt zwischen Erde und Mond würde auf eine Raumfähre keine „resultierende" Kraft wirken? $(m_{Erde} = 81 \cdot m_{Mond};\ r_{Erde-Mond} = 3{,}8 \cdot 10^8\ m)$

AUFGABE 33 Die *Kraft zwischen zwei punktförmigen Ladungen* hat den Betrag:

$$F = \frac{1}{4\pi\varepsilon_0} \cdot \frac{Q_1 Q_2}{r^2} \quad (\varepsilon_0 = 8{,}85 \cdot 10^{-12} C^2 N^{-1} m^{-2})$$

a) Mit welcher Kraft stoßen sich zwei gleichnamige Ladungen von je 1 C in 1 m Entfernung ab?

b) Ermitteln Sie eigene Messwerte mit der Coulomb'schen Drehwaage.
Zeigen Sie $F \sim \frac{1}{r^2}$.

2.4.5 Das muss ich mir merken

Eine Funktion $f: x \rightarrow a \cdot x^n$ mit $n \in \mathbb{Z}$ heißt Potenzfunktion.

Die Schaubilder für $n \geqslant 2$ heißen Parabeln n-ter Ordnung.
Die Schaubilder für $n \leqslant -1$ heißen Hyperbeln.

Wenn n gerade ist, spricht man von einer geraden Funktion.
Wenn n ungerade ist, spricht man von einer ungeraden Funktion.

Eine Hyperbel mit der Gleichung $y = \frac{a}{x}$ hat den Definitionsbereich $D = \mathbb{R} \setminus \{0\} = \mathbb{R}^*$.
Die Stelle $x_0 = 0$ heißt Polstelle oder Pol. Diese Hyperbel hat eine senkrechte Asymptote mit der Gleichung $x = 0$ (y-Achse) durch die Polstelle und eine waagrechte Asymptote mit der Gleichung $y = 0$ (x-Achse).

Eine Hyperbel mit der Gleichung $y = \frac{a}{x-b} + c$ hat den Definitionsbereich $D = \mathbb{R}\setminus\{b\}$. Die Stelle $x_0 = b$ heißt Polstelle oder Pol. Diese Hyperbel hat eine senkrechte Asymptote mit der Gleichung $x = b$ durch die Polstelle und eine waagrechte Asymptote mit der Gleichung $y = c$.

b heißt n-te Wurzel aus a, wenn $b^n = a$ ist. Schreibweise: $b = \sqrt[n]{a}$.

Eine n-te Wurzel kann man als Potenz mit einer rationalen Hochzahl schreiben. Es gilt: $\sqrt[n]{a^k} = a^{\frac{k}{n}}$.

Für Potenzen mit rationalen Hochzahlen gelten dieselben Rechengesetze wie für die Potenzen mit ganzen Hochzahlen.

2.5 Abschnittsweise definierte Funktionen

2.5.1 Einführende Beispiele

Bisher konnten wir unsere Funktionen durch eine einzige Gleichung beschreiben. Der Definitionsbereich war dabei meistens die Menge der reellen Zahlen.

Wir werden jetzt Funktionen kennen lernen, deren Zuordnungsvorschrift von den x-Werten abhängt, die man gerade einsetzen möchte.

BEISPIELE

1) Die Funktion f ist gegeben durch:

$$f(x) = \begin{cases} x^2 & \text{für } x < 1 \\ x & \text{für } x \geqslant 1 \end{cases}$$

Die Darstellung bedeutet: Im Intervall (oder Abschnitt) $\{x | x < 1\}$ gilt die Funktionsgleichung $f(x) = x^2$; im Intervall $\{x | x \geqslant 1\}$ gilt die Funktionsgleichung $f(x) = x$.

f nennt man daher eine **abschnittsweise definierte Funktion**.

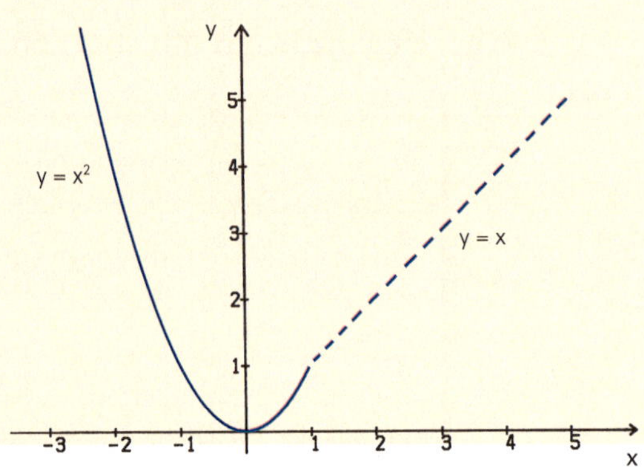

2) Die Funktion f ist gegeben durch:

$$f(x)=\begin{cases} -(x+3)^2+2 & \text{für} \quad x<1 \\ x-1 & \text{für} \quad -1\leqslant x<3 \\ \frac{4}{x} & \text{für} \quad x\geqslant 3 \end{cases}$$

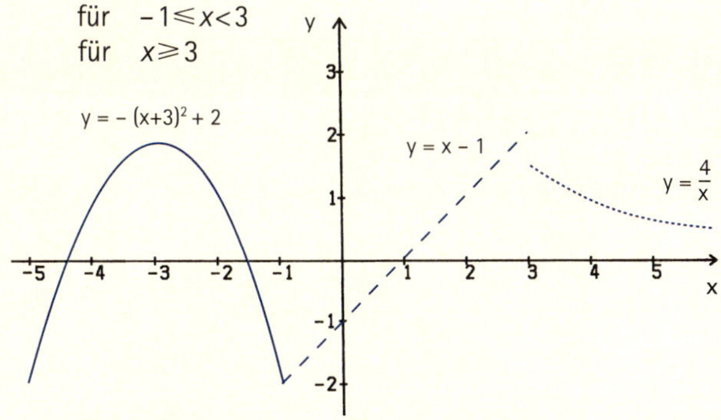

An der Stelle $x=3$ ist der Verlauf des Schaubildes unterbrochen. Man sagt: Die Funktion ist dort **nicht stetig** bzw. **unstetig**.

AUFGABE 1 Zeichnen Sie das Schaubild der abschnittsweise gegebenen Funktion in ein Koordinatensystem.

a) $f(x) = \begin{cases} -\frac{1}{16}x^4 & \text{für} \quad x<0 \\ \frac{1}{2}x^2 & \text{für} \quad x\geqslant 0 \end{cases}$

b) $g(x) = \begin{cases} -\frac{1}{x} & \text{für} \quad x<\frac{1}{2} \\ -4x & \text{für} \quad \frac{1}{2}\leqslant x<1 \\ -\frac{4}{x^2} & \text{für} \quad x\geqslant 1 \end{cases}$

c) $h(x) = \begin{cases} \frac{1}{10}x^3 & \text{für} \quad x<0 \\ -\frac{x^2}{4} & \text{für} \quad 0\leqslant x<1 \\ 2x-4 & \text{für} \quad x\geqslant 1 \end{cases}$

AUFGABE 2 Gegeben sind die Schaubilder von abschnittsweise definierten Funktionen. Geben Sie ihre Gleichung an.

a)

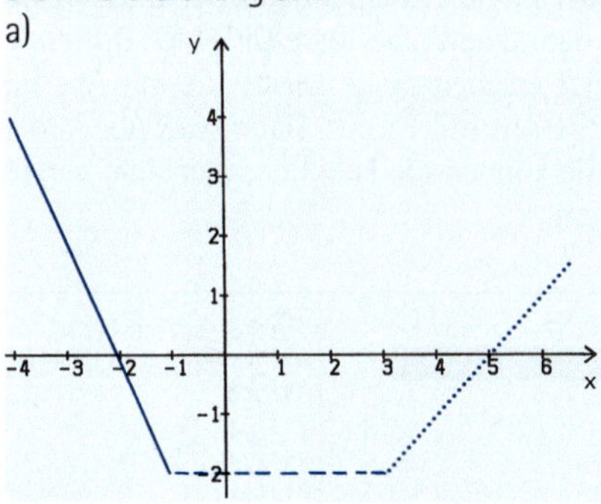

b)

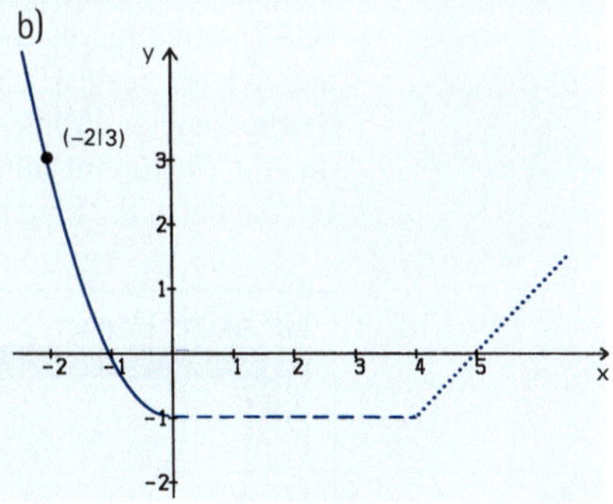

AUFGABE 3 Ein Fallschirmspringer stürzt in die Tiefe, öffnet seinen Schirm und sinkt dann mit konstanter Geschwindigkeit zu Boden.
Zeichnen Sie für den Bewegungsablauf ein Geschwindigkeits-Zeit-Diagramm.

2.5.2 Betragsfunktionen

BEISPIEL Wir erstellen für die **Betragsfunktion** $f\colon x \mapsto |x-2|$ eine Wertetabelle und zeichnen das Schaubild.

x	-2	-1	0	1	2	3	4	5
$y=\|x-2\|$	4	3	2	1	0	1	2	3

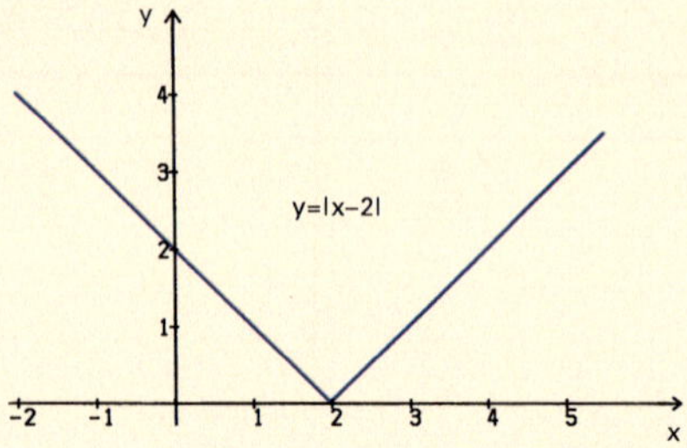

Für weitere Rechnungen ist es einfacher, wenn man die Funktionsgleichung abschnittsweise definiert:

$$f(x) = |x-2| = \begin{cases} x-2 & \text{für} \quad x \geqslant 2 \\ -x+2 & \text{für} \quad x < 2 \end{cases}$$

Schauen Sie nochmals im Teil A, Kap. 7 nach, wie Beträge definiert sind und wie man mit ihnen rechnet.

AUFGABE 4 Schreiben Sie die Betragsfunktion zuerst in eine abschnittweise definierte Funktion um. Zeichnen Sie dann ihr Schaubild in einem geeigneten Intervall.

a) $f\colon x \to \left|\frac{x}{2}-1\right|$
b) $f\colon x \to |-x|+3$
c) $f\colon x \to |(x+1)(x-3)|$
d) $f\colon x \to |x^3-2|$
e) $f\colon x \to |x+2|+|x-2|$
f) $f\colon x \to \frac{1}{2}|x-4|+\left|-\frac{x}{2}\right|$
g) $f\colon x \to |x|\cdot|x-2|$

Unser Taschenrechner ist in der Lage Schaubilder von Betragsfunktionen zu zeichnen, ohne dass man vorher eine Fallunterscheidung machen muss. Gehen Sie in den Modus GRAPH und drücken Sie dann zuerst die Taste OPTN für Optionen. Wählen Sie NUM aus mit der Taste F5. Jetzt erscheint eine Leiste, die mit Abs für Absolutwert bzw. Betrag beginnt. Wählen Sie Abs mit F1 aus. Dann wird Abs in die Zeile geschrieben, die mit Y1 beginnt und Sie können die Funktionsgleichung vervollständigen. Beachten Sie dabei die Klammern.

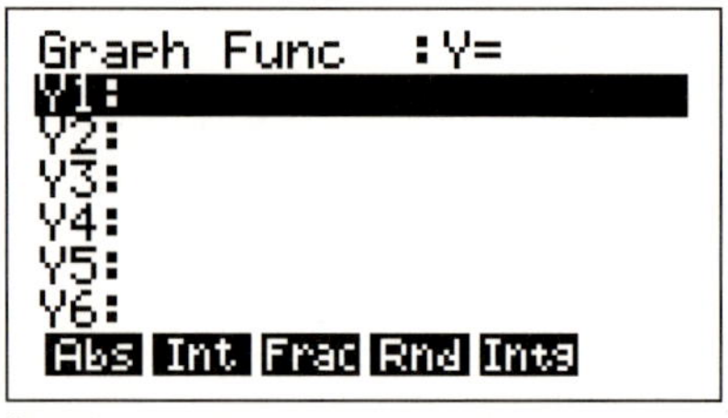

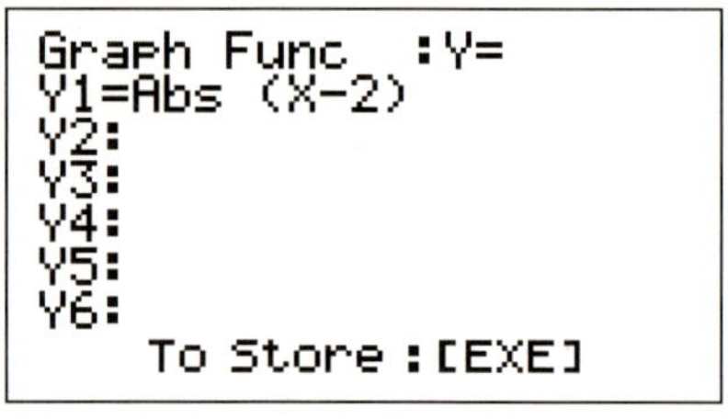

*1

Mit EXE erhalten Sie nun die erwartete Grafik.

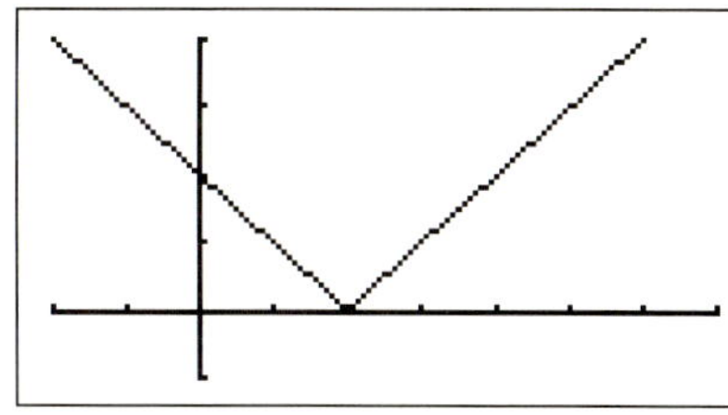

*1

2.5.3 Betragsungleichungen

Sehen Sie sich vorher nochmals Teil A, Kap. 8 über Ungleichungen und Teil A, Kap. 9.2 über Betragsgleichungen an. Wir lösen nun rechnerisch und zeichnerisch ganz ausführlich die Betragsgleichungen $|2x-3|\leq 4$.

BEISPIEL **Rechnerische Lösung**

	Allgemeiner Lösungsweg
$|2x-3|\leq 4$	- Fallunterscheidung machen
1. Fall: $2x-3\geq 0 \Leftrightarrow x\geq 1{,}5$ $2x-3\leq 4$	- Die Betragsstriche sind überflüssig, da der Wert des Terms zwischen den Betragsstrichen positiv (oder 0) ist.
$2x\leq 7$ $x\leq 3{,}5$	- auflösen nach x
$L_1=\{x\,|\,x\leq 3{,}5 \wedge x\geq 1{,}5\}$ $=\{x\,|\,1{,}5\leq x\leq 3{,}5\}$	- *1. Lösungsmenge* (Vorsicht: Die Umformungen gelten im 1. Fall nur für $x\geq 1{,}5$.)
2. Fall: $2x-3<0 \Leftrightarrow x<1{,}5$ $-2x+3\leq 4$	- Der Wert des Terms ist negativ. Durch die Vorzeichenänderung erhält man seinen positiven Betrag.
$-2x\leq 1$ $x\geq -0{,}5$	- auflösen nach x
$L_2=\{x\,|\,x\geq -0{,}5 \wedge x<1{,}5\}$ $=\{x\,|\,-0{,}5\leq x<1{,}5\}$	- *2. Lösungsmenge* für den Fall, dass $x<1{,}5$
Lösungsmenge $L=L_1\cup L_2$ $=\{x\,|\,1{,}5\leq x\leq 3{,}5 \vee -0{,}5\leq x<1{,}5\}$ $=\{x\,|\,-0{,}5\leq x\leq 3{,}5\}$	- die beiden Teillösungsmengen zusammenfassen bzw. vereinigen zur *gesamten Lösungsmenge*

Zeichnerische Lösung
Wir zeichnen das Schaubild der Betragsfunktion:

$$x \rightarrow f(x) = |2x-3| = \begin{cases} 2x-3 & \text{für } x \geqslant 1{,}5 \\ 3-2x & \text{für } x < 1{,}5 \end{cases}$$

Die Punkte mit einem y-Wert $\leqslant 4$ liegen unter oder auf der Geraden mit der Gleichung $y=4$.

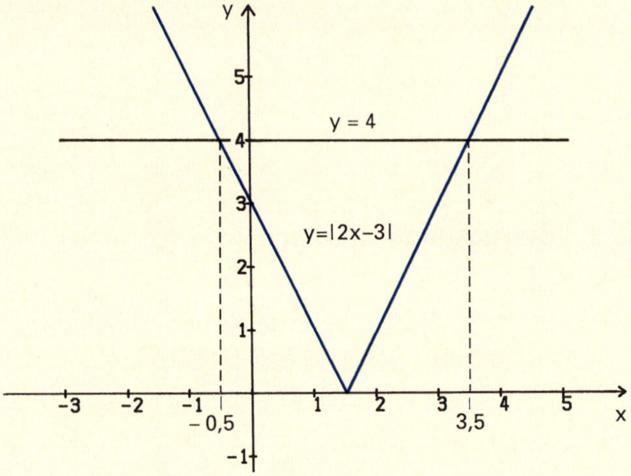

Die Punkte, die die Ungleichung erfüllen, liegen im Intervall $-0{,}5 \leqslant x \leqslant 3{,}5$.

AUFGABE 5 Lösen Sie die Betragsungleichungen rechnerisch und zeichnerisch. Geben Sie die Terme abschnittsweise ohne Betragsstriche an.

a) $|x| < 3$
b) $|x+2| \geqslant 4$
c) $|\frac{1}{2}x-3| < 2$
d) $|\frac{1}{4}x-1| \leqslant 1{,}5$
e) $|5x-8| > 2$
f) $|\frac{2}{3}x-5| < \frac{3}{2}$

3 Eigenschaften von Funktionen und ihren Schaubildern

3.1 Eine kurze Vorbemerkung

Das Thema dieses Kapitels wird Sie misstrauisch machen, wenn Sie früher einen guten Mathematikunterricht „genossen" haben. Richtig, ein bisschen Theorie kommt jetzt auf Sie zu, aber es wird sich in einem erträglichen Rahmen halten. „Was soll eigentlich das Ganze?", fragt man sich immer wieder im Mathematikunterricht, wenn er einem zu theoretisch vorkommt. Daher wollen wir Ihnen kurz erklären, was wir mit dem folgenden Kapitel bezwecken.

Wir stellen jetzt einige Eigenschaften von Funktionen und ihren Schaubildern zusammen, damit wir sie später systematisch untersuchen können. Dazu genügt es natürlich nicht, sich mit dem Taschenrechner eine Wertetabelle zu erstellen und die Kurve dann zu zeichnen oder sie nur auf dem Display des Rechners zu betrachten. Das könnte ein zwölfjähriges Kind auch. Sie sollen erkennen, ob der Kurvenverlauf Symmetrien aufweist oder sich periodisch wiederholt, ob und wann die Kurve Nullstellen besitzt und unter welchen Voraussetzungen Hoch- und Tiefpunkte existieren usw. Solche Verfahren sollen Ihnen später ermöglichen eine Maschine auf maximale Leistungsfähigkeit oder ein Produktionsverfahren auf minimale Kosten zu trimmen. Bevor wir so komplizierte Aufgaben angehen können, müssen wir etwas Vorarbeit leisten. Dabei hilft uns das folgende Kapitel.

3.2 Definitionsbereich und Wertemenge

Beide Begriffe kennen Sie schon. Statt Definitionsbereich kann man auch Definitionsmenge und statt Wertemenge auch Wertebereich sagen. Unter dem Definitionsbereich versteht man die Menge aller Zahlen, die man in die Funktionsgleichung einsetzen darf, also die x-Werte, die insgesamt zur Verfügung stehen. Die Menge aller Zahlen, die als Ergebnisse infrage kommen, bildet die Wertemenge. Das sind die y-Werte, die herauskommen. Wir stellen Ihnen ein paar typische Beispiele zusammen.

1. $f(x) = x - 1$

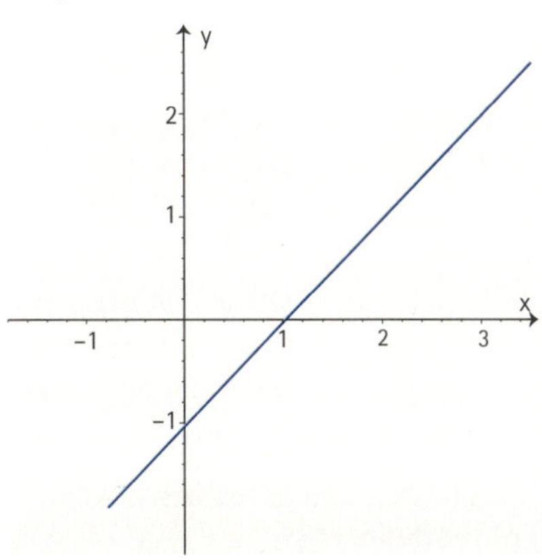

Für x kann man jede reelle Zahl einsetzen.
Daher gilt für den Definitionsbereich $D = \mathbb{R}$.

Für $y = f(x)$ kann jede reelle Zahl herauskommen.
Daher gilt für den Wertebereich $W = \mathbb{R}$.

2. $f(x) = x^2 - 1$

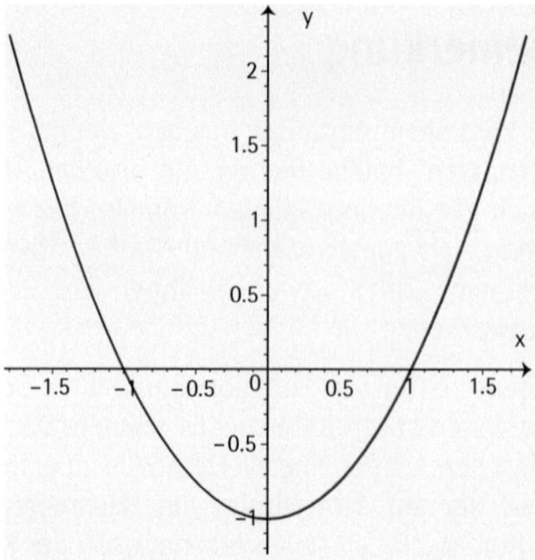

Für x kann man jede reelle Zahl einsetzen.
Daher gilt für den Definitionsbereich $D = \mathbb{R}$.

Für $y = f(x)$ kann jede reelle Zahl mit $y \geqslant -1$ herauskommen.
Daher gilt für den Wertebereich $W = \{y | y \geqslant -1\} = [-1; \infty[$

Man sagt: Die Funktion ist **nach unten beschränkt.**

3. $f(x) = -x^2 + 2$

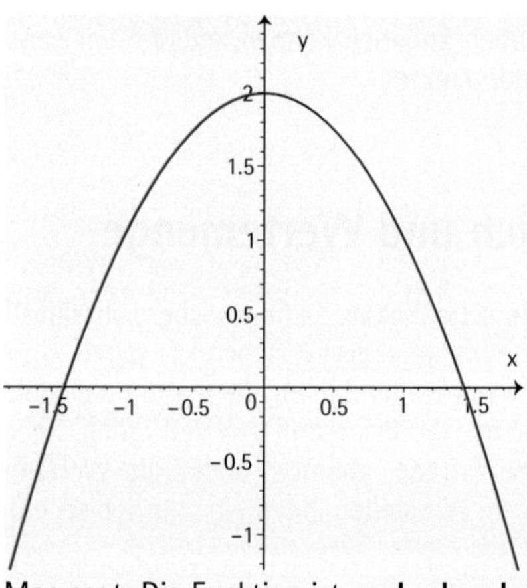

Für x kann man jede reelle Zahl einsetzen.
Daher gilt für den Definitionsbereich $D = \mathbb{R}$.

Für $y = f(x)$ kann jede reelle Zahl mit $y \leqslant 2$ herauskommen.
Daher gilt für den Wertebereich $W = \{y | y \leqslant 2\} =]-\infty; 2]$

Man sagt: Die Funktion ist **nach oben beschränkt.**

4. $f(x) = \frac{1}{x^2 + 1}$

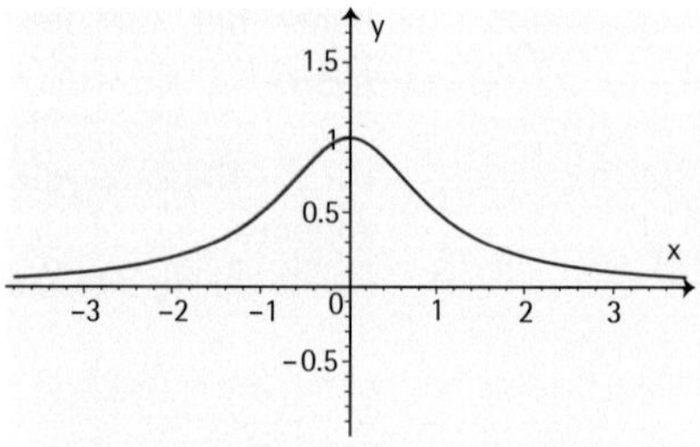

Für x kann man jede reelle Zahl einsetzen.
Daher gilt für den Definitionsbereich $D = \mathbb{R}$.

Für $y = f(x)$ kann jede reelle Zahl mit $0 < y \leqslant 1$ herauskommen.
Daher gilt für den Wertebereich $W = \{y | 0 < y \leqslant 1\} =]0; 1]$

Man sagt: Die Funktion ist **nach oben und unten beschränkt.**
Oder kürzer: Die Funktion ist **beschränkt.**

5. $f(x) = \sqrt{x+2}$

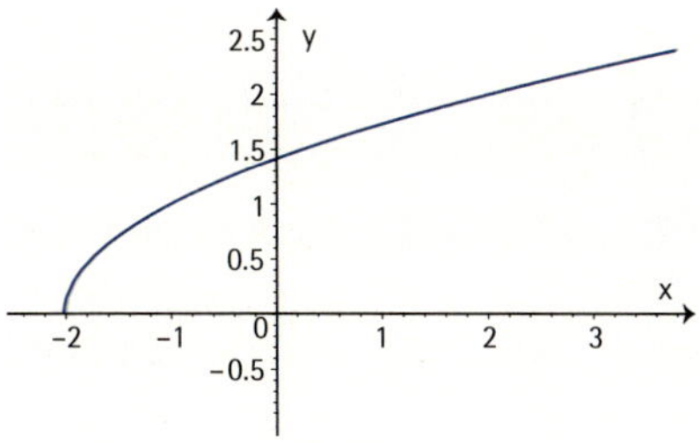

Für x kann man jede reelle Zahl $x \geqslant -2$ einsetzen.
Daher gilt für den Definitionsbereich $D = \{x | x \geqslant -2\} = [-2; \infty[$

Für $y = f(x)$ kann jede reelle Zahl mit $y \geqslant 0$ herauskommen.
Daher gilt für den Wertebereich $W = \{y | y \geqslant 0\} = \mathbb{R}_+$.

AUFGABE 1 Bestimmen Sie den Definitionsbereich und die Wertemenge der Funktion. Wenn Sie nicht ganz sicher sind, können Sie Ihre Antwort leicht überprüfen, indem Sie den Taschenrechner das Schaubild zeichnen lassen.

a) $f(x) = (x-3)^2 - 1$
b) $f(x) = -x^2 + 9x$
c) $f(x) = \frac{1}{x} - 2x$
d) $f(x) = \frac{3}{x^2}$
e) $f(x) = -\frac{4}{x^2} + 5$
f) $f(x) = \frac{3x-6}{x-2}$
g) $f(x) = \sqrt{x-1}$
h) $f(x) = \sqrt{9-x^2}$
i) $f(x) = 2^x$
k) $f(x) = 3^x - 4$
l) $f(x) = \lg(x)$
m) $f(x) = \lg(2x-8)$

3.3 Symmetrie bei Potenzfunktionen

Wir erinnern Sie hier nur kurz an die Symmetrie bei Potenzfunktionen, die uns schon im Kapitel 2.4 aufgefallen ist. Wir sprachen dort von geraden Funktionen, wenn es in der Funktionsgleichung nur gerade Hochzahlen und von ungeraden Funktionen, wenn es in der Funktionsgleichung nur ungerade Hochzahlen gab. Dies wirkte sich unmittelbar auf die Symmetrie der Schaubilder aus.

BEISPIELE **Gerade Funktionen:**

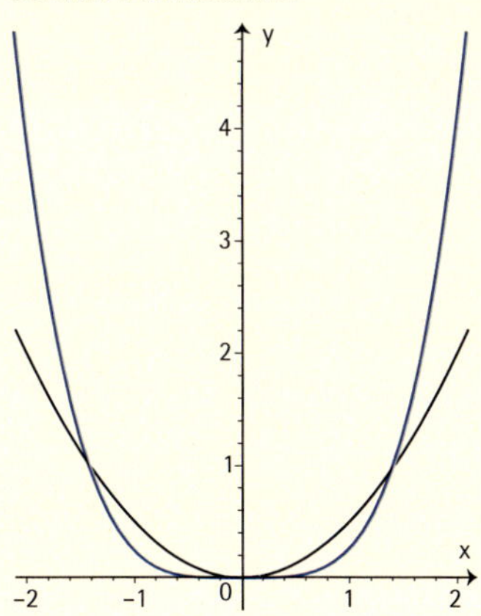

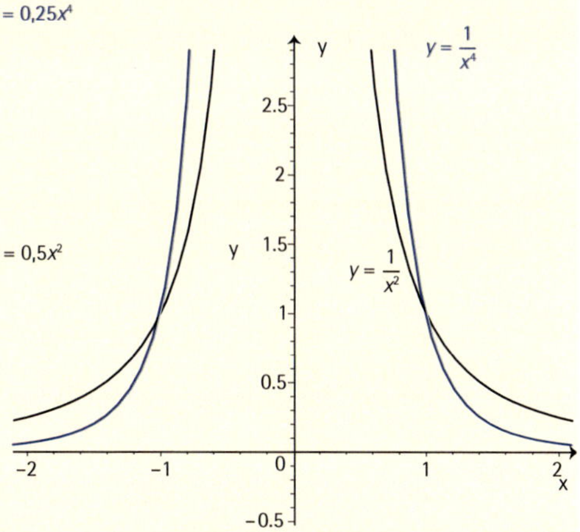

Die Schaubilder von geraden Funktionen sind symmetrisch zur y-Achse.

BEISPIELE **Ungerade Funktionen:**

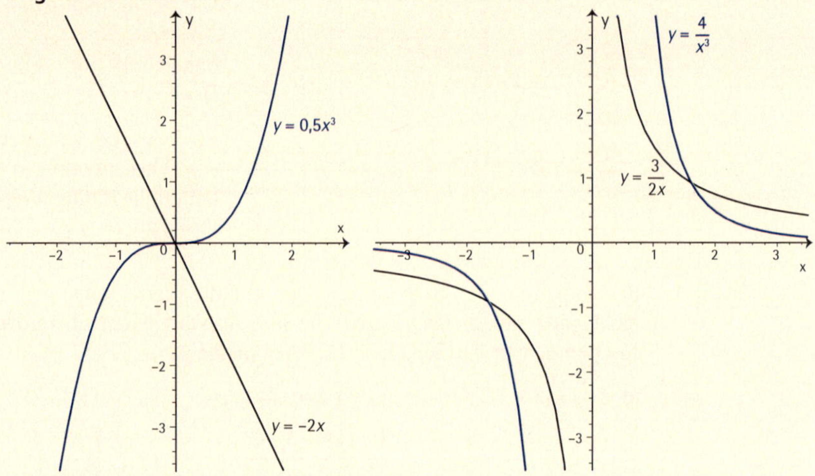

Die Schaubilder von ungeraden Funktionen sind punktsymmetrisch zum Koordinatenursprung.

Es gibt auch Kurven, die achsensymmetrisch zu einer senkrechten Geraden sind, die nicht die *y*-Achse ist, und es gibt Kurven die punktymmetrisch zu einem Punkt sind, der nicht der Ursprung des Koordinatensystems ist. Leider sieht man diese Symmetrien der Funktionsgleichung meistens nicht auf den ersten Blick an. Zunächst genügt uns diese kurze Betrachtung hier. Ausführlich beschäftigen wir uns mit dem Thema Symmetrie bei den komplizierteren Kurven im Kapitel 4.

3.4 Verkettung von Funktionen

Sicher ist es Ihnen inzwischen in Fleisch und Blut übergegangen, dass es sich bei einer Funktion um eine eindeutige Zuordnung handelt. In vielen Fällen geschieht diese Zuordnung in mehreren Etappen, sodass wir es eigentlich mit mehreren Funktionen zu tun haben, die man nacheinander ausführt.

BEISPIEL Beginnen wir mit einem (zugegeben etwas konstruierten) Beispiel:

Onkel Max fährt in die Schweiz. Dort wechselt er 2 Euro in 3 Schweizer Franken. Dann fliegt er von Zürich nach New York und tauscht seine Franken gegen 2 Dollar ein. Dafür kauft er sich einen großen Hamburger. Mathematisch gesprochen handelt es sich hier um 3 Zuordnungen, die nacheinander ausgeführt werden.

Betrag 2 Euro $\xrightarrow{f_1}$ Betrag 3 Franken $\xrightarrow{f_2}$ Betrag 2 Dollar $\xrightarrow{f_3}$ 1 Hamburger

(Betrag 2 Euro $\xrightarrow{f}$ 1 Hamburger)

Wenn die Zuordnungen f_1, f_2 und f_3 alle eindeutig sind, dann ist auch die Zuordnung f: Betrag 2 Euro → 1 Hamburger ebenfalls eindeutig und damit eine Funktion. Diese

Funktion f nennen wir **verkettet**, weil sie aus einfachen Funktionen aufgebaut ist, die wie die Glieder einer Kette aneinander hängen.

Sie haben schon des Öfteren mit verketteten Funktionen gearbeitet, ohne dass es Ihnen bewusst wurde (und ohne dass man es Ihnen gesagt hat). Sehen Sie sich einmal die nächste Funktion an und achten Sie darauf, dass man die Wertetabelle schrittweise erstellt.

$x \rightarrow f(x) = (x-2)^3$

x	0	1	2	3	4	5	...	
$x-2$	−2	−1	0	1	2	3	...	1. Schritt
$(x-2)^3$	−8	−1	0	1	8	27	...	2. Schritt

Sie berechnen die Zuordnung $x \rightarrow f(x)$ in 2 Schritten. Zuerst bildet man $u(x) = x-2$ sozusagen als Zwischenergebnis und dann $f(u) = u^3$.

Dafür schreibt man allgemein $f(u(x))$.

Sprechweise: „f von u von x".

BEISPIEL Sehen wir uns noch so ein Beispiel an:

Gegeben ist die verkettete Funktion $x \rightarrow f(u(x)) = \lg(x^2)$. Hier ist $u = x^2$ (1. Rechenschritt) und $f = \lg(u)$ (2. Rechenschritt). In der Wertetabelle sehen wir wieder deutlich, dass es sich um 2 Funktionen handelt, die miteinander verkettet sind.

x	1	2	3	4	5	...	
$u = x^2$	1	4	9	16	25	...	1. Schritt
$f = \lg(u) = \lg(x^2)$	0	0,60	0,95	1,20	1,40	...	2. Schritt

(1. Schritt und 2. Schritt: Funktion $f(x)$)

$u(x)$ heißt **innere Funktion;**
$f(u)$ heißt **äußere Funktion.**

In der nächsten Klasse werden Ihnen wieder verkettete und innere Funktionen begegnen. Sie werden dann sicher froh sein, dass Ihnen diese Begriffe schon etwas vertraut sind.

AUFGABE 2 Durch die folgenden Gleichungen sind die Funktionen $f(u)$ und $u(x)$ gegeben. Geben Sie die Gleichung der Funktion $f(x)$ an.

a) $f(u) = u^2 + 1, \quad u = \frac{1}{x^2} + x$
b) $f(u) = u^3, \quad u = x - 1$
c) $f(u) = 2^u, \quad u = \sqrt{x^2 - 1}$
d) $f(u) = \frac{1}{u-3}, \quad u = \frac{1}{x} + 5$
e) $f(u) = \log_5(u), \quad u = (x-3)^2$

AUFGABE 3 Durch die folgenden Gleichungen sind die Funktionen $f(x)$ und $g(x)$ gegeben. Geben Sie die Gleichung der Funktion $f(g(x))$ an.

a) $f(x) = 2x - 3, \quad g(x) = x + 5$
b) $f(x) = x^2 + x, \quad g(x) = x - 1$
c) $f(x) = \frac{1}{x} + x, \quad g(x) = x^2 + x - 5$
d) $f(x) = 2^x, \quad g(x) = \log_2(x)$
e) $f(x) = \lg(x), \quad g(x) = 10^x$

AUFGABE 4 Die angegebene Funktion f ist durch eine Verkettung von zwei Funktionen g und h entstanden. Geben Sie g und h an. (Es sind mehrere Lösungen möglich.)

a) $f(x)=x^2+4x+4$
b) $f(x)=4x^2-12x+9$
c) $f(x)=x^5$
d) $f(x)=\sqrt{x^2-1}$
e) $f(x)=(2x+3)^4$
f) $f(x)=x^3+x^2-4$

AUFGABE 5 Gegeben sind die Funktionen f und g. Zeigen Sie, dass $f(g(x)) \neq g(f(x))$.

a) $f(x)=2x+7,\quad g(x)=3x$
b) $f(x)=\frac{1}{2}x^2,\quad g(x)=-\frac{1}{2}x+3$
c) $f(x)=3^x,\quad g(x)=\frac{1}{x^2}$
d) $f(x)=\sqrt{x-1},\quad g(x)=x^2+4$

3.5 Steigen und Fallen. Monotonie

Wir wollen uns begrifflich und rechnerisch darüber klar werden, ob und wann eine Kurve steigt oder fällt. Sehen wir uns zunächst den Verlauf von 2 Kurven an:

1.

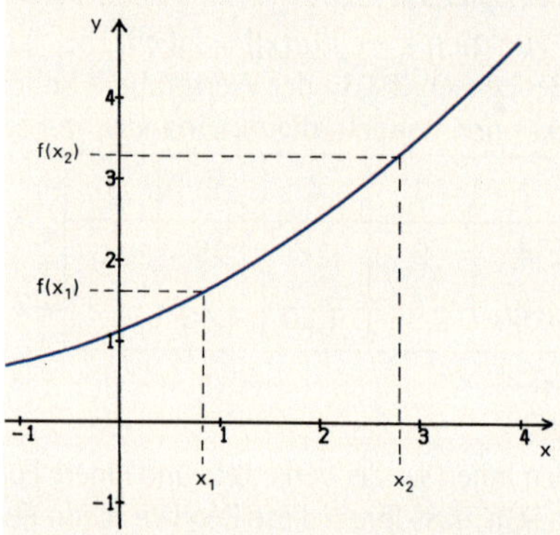

2.

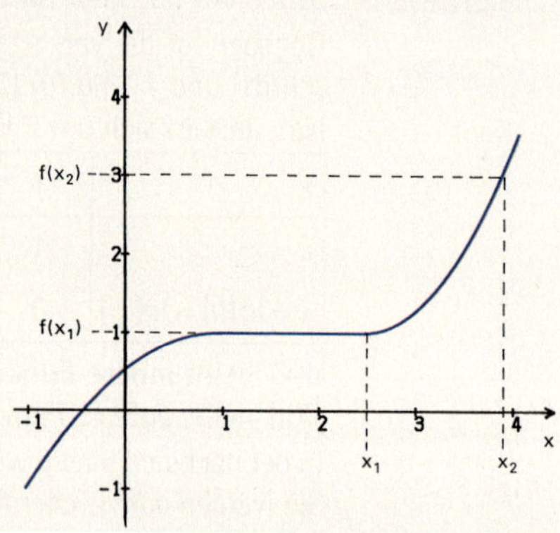

Beide Kurven steigen an, d. h., wenn die x-Werte zunehmen, dann nehmen auch die y-Werte zu. Bei der 2. Kurve gilt allerdings die Einschränkung, dass die y-Werte bei wachsenden x-Werten auch konstant bleiben können. Im 1. Fall sprechen wir davon, dass der Kurvenverlauf streng monoton steigt, im 2. Fall steigt er nur monoton.

DEFINITION Eine Funktion **steigt** in einem Intervall **streng monoton**, wenn dort für alle Werte von x gilt:

$$x_2>x_1 \Rightarrow f(x_2)>f(x_1).$$

Eine Funktion **steigt** in einem Intervall **monoton**, wenn dort für alle Werte von x gilt:

$$x_2>x_1 \Rightarrow f(x_2)\geqslant f(x_1).$$

Analog gehen wir bei einem fallenden Kurvenverlauf vor. Wir sehen uns zunächst wieder 2 Beispiele an:

BEISPIELE

1.

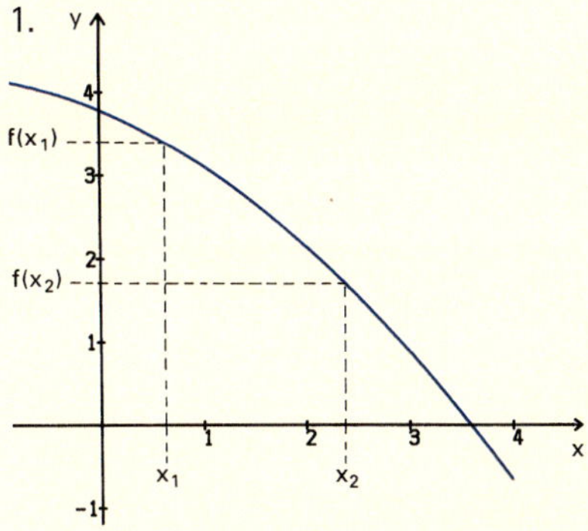

2.

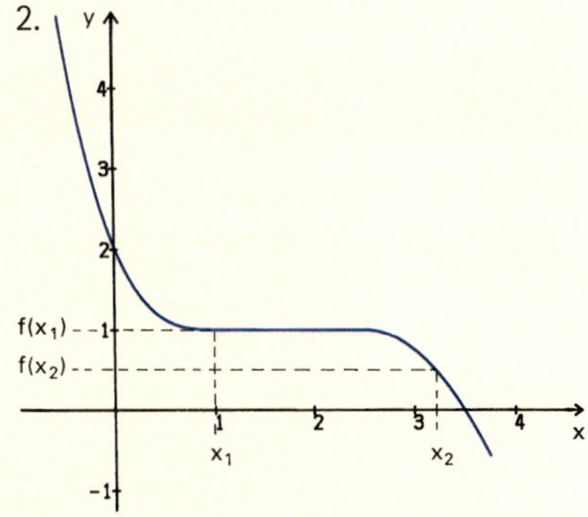

Bei der 1. Kurve nehmen die y-Werte mit zunehmenden x-Werten ab, bei der 2. Kurve gilt wieder die Einschränkung, dass die y-Werte auch konstant bleiben können, wenn die x-Werte zunehmen. Im 1. Fall sprechen wir davon, dass die Funktion streng monoton fällt, im 2. Fall davon, dass sie nur monoton fällt.

DEFINITION Eine Funktion **fällt** in einem Intervall **streng monoton**, wenn dort für alle Werte von x gilt:

$$x_2 > x_1 \Rightarrow f(x_2) < f(x_1).$$

Eine Funktion **fällt** in einem Intervall **monoton**, wenn dort für alle Werte von x gilt:

$$x_2 > x_1 \Rightarrow f(x_2) \leq f(x_1).$$

AUFGABE 6 Überprüfen Sie zeichnerisch, in welchen Intervallen die Funktionen streng monoton steigen und streng monoton fallen.

a) $f: x \rightarrow \frac{1}{2}x^2 - 4$
b) $f: x \rightarrow -2x + 3$
c) $f: x \rightarrow \frac{1}{3}x^3 - 4x$
d) $f: x \rightarrow \frac{1}{x-2}$
e) $f: x \rightarrow \frac{1}{4} \cdot 2^x$

AUFGABE 7 Kann eine Funktion in einem Intervall sowohl monoton fallen als auch monoton steigen?

AUFGABE 8 Welche Art von Monotonie liegt bei den Funktionen vor, die durch die folgenden Schaubilder beschrieben werden? Zerlegen Sie den Definitionsbereich in geeignete Intervalle.

a)

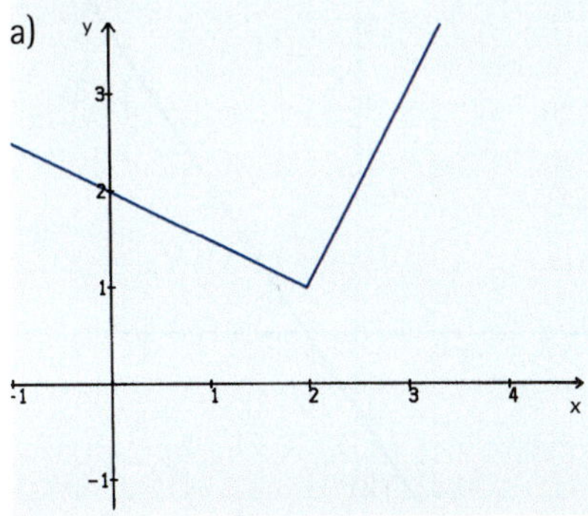

b)

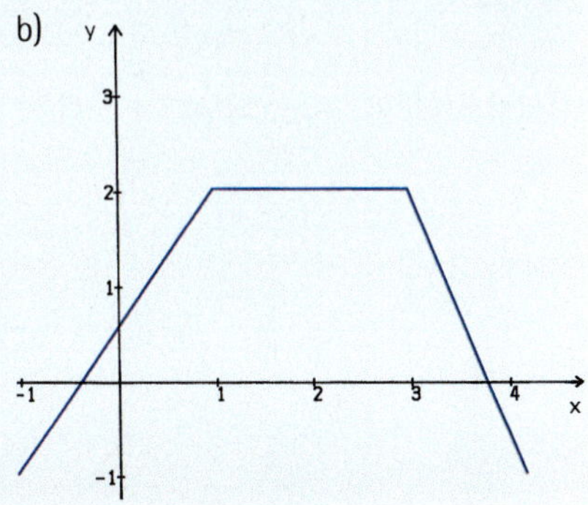

3.6 Umkehrbarkeit

3.6.1 Umkehrungen

Unter der **Umkehrung** einer mathematischen Operation versteht man anschaulich, dass man einen Rechenweg umkehrt, d. h. wieder rückgängig macht. So macht beispielsweise eine Subtraktion eine vorherige Addition wieder rückgängig, eine Division eine vorherige Multiplikation usw. Wir stellen zunächst die Rechenoperationen mit ihren Umkehrungen zusammen, die wir bereits kennen.

Rechenoperation	dazugehörige Umkehrung	Beispiel
Addition	Subtraktion	$(x+3)-3=x$
Subtraktion	Addition	$(x-5)+5=x$
Multiplikation	Division	$(x\cdot 2):2=x$
Division	Multiplikation	$(x:4)\cdot 4=x$
Quadrieren	Wurzelziehen	$\sqrt{x^2}=x$
Wurzelziehen	Quadrieren	$(\sqrt{x})^2=x$
Potenzieren	Logarithmieren	$\lg(10^x)=x$
Logarithmieren	Potenzieren	$10^{\lg(x)}=x$

Diese Umkehrungen haben wir immer benutzt, wenn wir Gleichungen aufgelöst haben.

3.6.2 Die Umkehrfunktion einer Funktion

Nun gehen wir einen Schritt weiter und fragen: Gibt es zu einer Funktion f, die x-Werten bestimmte Funktionswerte zuordnet, eine Umkehrfunktion, die diese Zuordnung wieder rückgängig macht, also den vorher gewonnenen Funktionswerten wieder die alten x-Werte zuordnet?

Dazu sehen wir uns Beispiele an:

BEISPIEL Funktion $f: x \rightarrow 2x-1$

$x=0 \rightarrow y=-1$
$x=1 \rightarrow y=\ \ 1$
$x=2 \rightarrow y=\ \ 3$
$x=3 \rightarrow y=\ \ 5$
$x=4 \rightarrow y=\ \ 7$
$\ \vdots \qquad\quad \vdots$

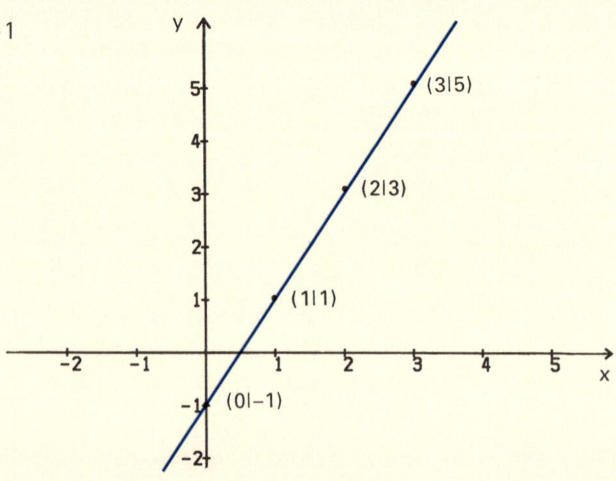

Die Umkehrfunktion – wir nennen sie f^{-1} – muss nun die folgende Zuordnung leisten:

$y = -1 \rightarrow x = 0$
$y = 1 \rightarrow x = 1$
$y = 3 \rightarrow x = 2$
$y = 5 \rightarrow x = 3$
$y = 7 \rightarrow x = 4$
$\vdots \qquad \vdots$

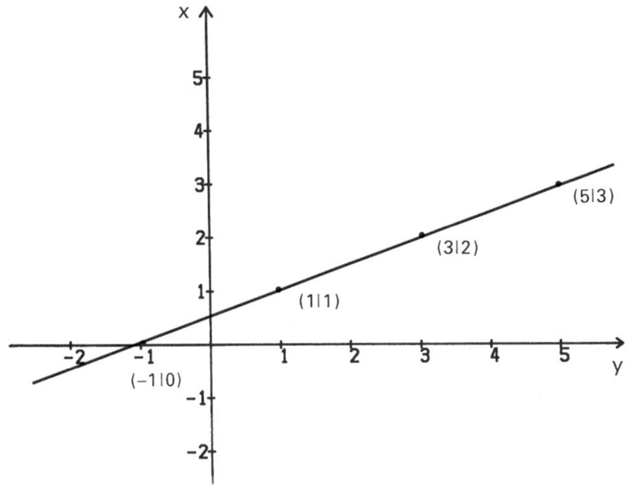

Wenn wir die Bezeichnungen so lassen (schauen Sie sich auch das Koordinatensystem an), riskieren wir ein Durcheinander. Wir sind es gewohnt, die Elemente des Definitionsbereiches mit x und die Elemente des Wertebereiches mit y abzukürzen. Dies wollen wir beibehalten. Daher vertauschen wir die Bezeichnungen x und y. Damit sieht die Zuordnung wieder ganz normal aus:

$x = -1 \rightarrow y = 0$
$x = 1 \rightarrow y = 1$
$x = 3 \rightarrow y = 2$
$x = 5 \rightarrow y = 3$
$x = 7 \rightarrow y = 4$
$\vdots \qquad \vdots$

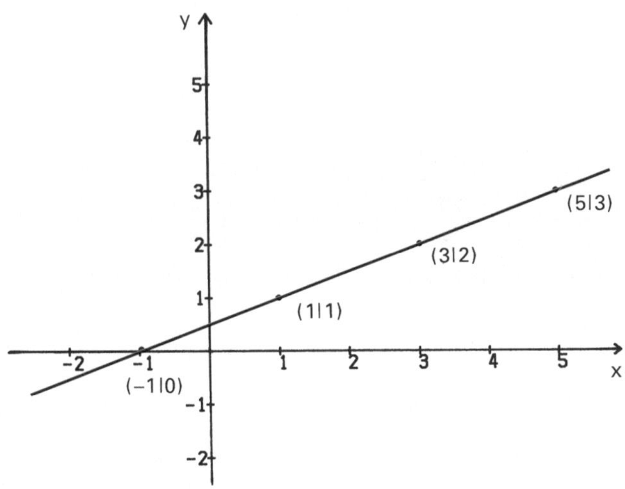

Wie lautet nun die Funktionsgleichung für f^{-1}?

Um von f auf f^{-1} zu kommen, haben wir nichts anderes getan als die Variablen vertauscht. Wenn wir die Funktionsgleichung von f nehmen und x mit y vertauschen, erhalten wir:

$$x = 2y - 1$$

oder $$y = \frac{x}{2} + \frac{1}{2}$$

Damit lautet nun die Umkehrfunktion: $f^{-1}: x \rightarrow \frac{x}{2}+\frac{1}{2}$

Wir zeichnen nun die Schaubilder von $f: x \rightarrow 2x-1$ und $f^{-1}: x \rightarrow \frac{x}{2}+\frac{1}{2}$ in ein Koordinatensystem:

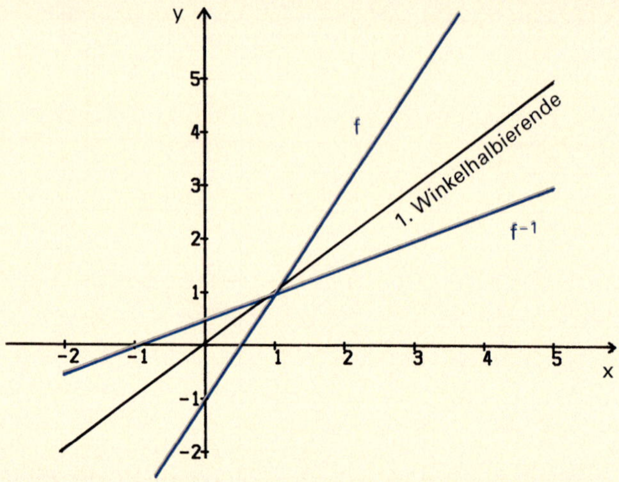

Die beiden Schaubilder liegen spiegelbildlich zur 1. Winkelhalbierenden. Warum? f^{-1} geht aus f durch Vertauschung von x und y hervor und umgekehrt. Geometrisch bedeutet eine Vertauschung der beiden Koordinatenachsen eine Drehung um die 1. Winkelhalbierende. (Die x-Achse zeigt nach der Drehung nach oben und wird zur y-Achse; die y-Achse zeigt nach der Drehung nach rechts und wird zur x-Achse.)

BEISPIEL Funktion $f: x \rightarrow x^2$

$x = -2 \rightarrow y = 4$
$x = -1 \rightarrow y = 1$
$x = 0 \rightarrow y = 0$
$x = 1 \rightarrow y = 1$
$x = 2 \rightarrow y = 4$
$x = 3 \rightarrow y = 9$
$\vdots \qquad \vdots$

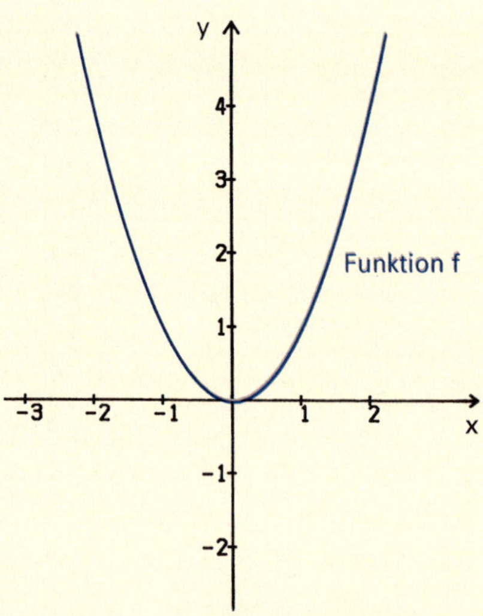

Umkehrung, dabei *x* und *y* vertauschen.

$x=4 \rightarrow y= 2$
$\searrow y= -2$
$x=1 \rightarrow y= 1$
$\searrow y= -1$
$x=0 \rightarrow y= 0$
$\vdots \qquad \vdots$

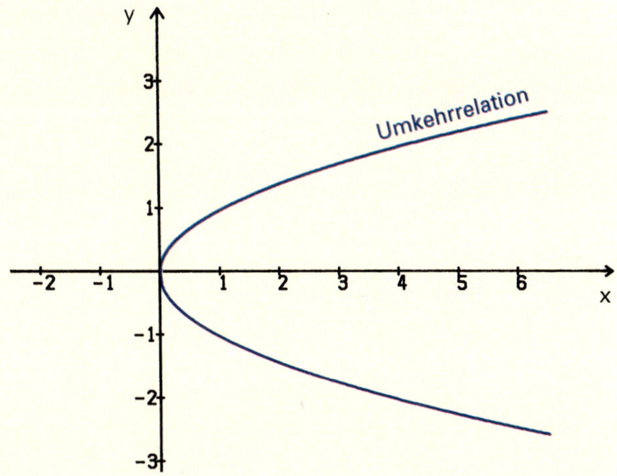

Vorsicht: Die Umkehrung ist nicht eindeutig! Sie ist daher keine Funktion, sondern nur eine Relation.

Die Gleichung dieser Umkehrrelation erhält man, wenn man bei $y = x^2$ die Variablen vertauscht:

$$x = y^2$$
$$y = \pm\sqrt{x}$$

Wodurch ging nun die Eindeutigkeit bei der Umkehrung verloren?

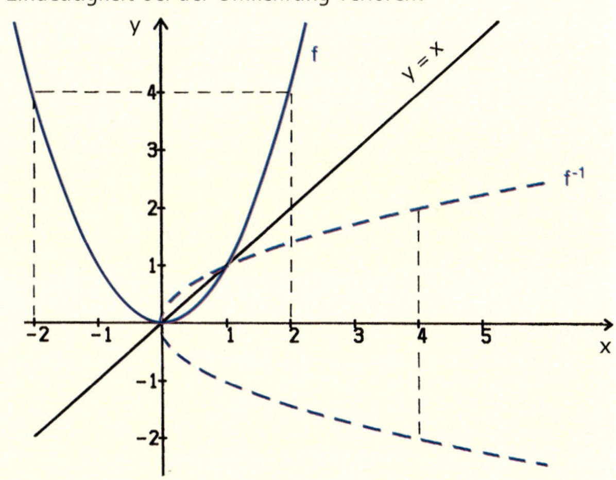

Im Schaubild der Umkehrung gehören zu einem *x*-Wert – wir wählen $x = 4$ – zwei verschiedene *y*-Werte, nämlich $y = 2$ und $y = -2$. Schuld an dieser Zweideutigkeit ist die Ausgangsfunktion. Bei ihr gehört zu $x = -2$ und $x = 2$ derselbe *y*-Wert 4. Dies konnte passieren, weil der Kurvenverlauf von f zuerst fiel und dann wieder anstieg. Diese Doppeldeutigkeit kann man bei Funktionen ausschließen, die streng monoton steigen oder fallen. Dann hat man bei 2 verschiedenen *x*-Werten immer auch 2 verschiedene *y*-Werte.

MERKE Wenn wir bei der Umkehrung von f wieder eine Funktion erhalten wollen, müssen wir uns bei f auf eine streng monoton fallende oder streng monoton steigende Funktion beschränken.

BEISPIELE Wir ändern daher unser 2. Beispiel entsprechend ab:

f: $x \mapsto x^2$ für $x \in \mathbb{R}_+$
f^{-1}: $x \mapsto \sqrt{x}$

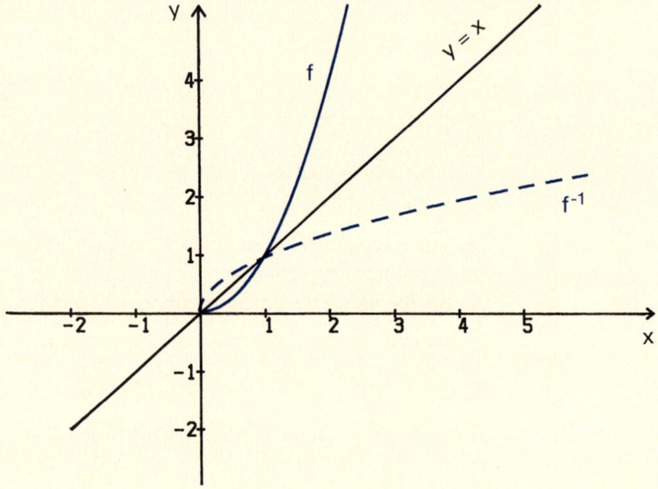

oder

f: $x \mapsto x^2$ für $x \in \mathbb{R}_-$
f^{-1}: $x \mapsto -\sqrt{x}$

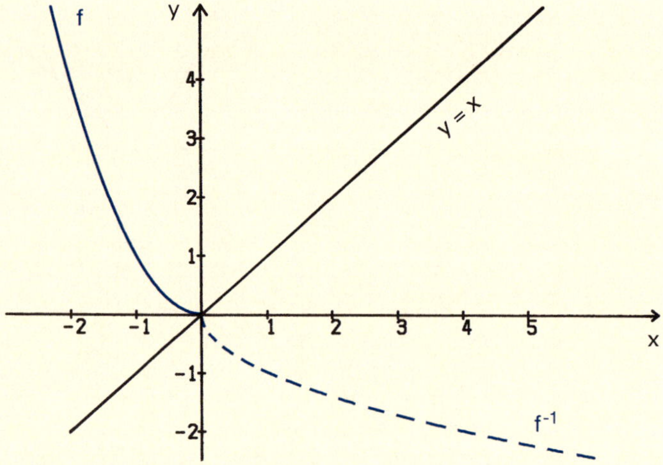

Wir fassen zusammen:

MERKE

1. Zu einer Funktion f existiert nur eine Umkehrfunktion, wenn f im ganzen Definitionsbereich D streng monoton fallend oder im ganzen Definitionsbereich D streng monoton steigend ist.
2. Die Gleichung der Umkehrfunktion f^{-1} erhält man, indem man in der Gleichung von f die beiden Variablen x und y vertauscht.
3. Die Schaubilder der Funktion f und ihrer Umkehrfunktion f^{-1} liegen spiegelbildlich bezüglich der 1. Winkelhalbierenden.
4. Ist f_1 die Umkehrfunktion von f_2, dann ist auch f_2 die Umkehrfunktion von f_1.

AUFGABE 9 Bestimmen Sie zur angegebenen Funktion die entsprechende Umkehrfunktion. Zeichnen Sie beide Schaubilder in ein Koordinatensystem.

a) $f\colon x \rightarrow 3x-1$
b) $f\colon x \rightarrow \frac{1}{2}x+\frac{3}{2}$
c) $g\colon x \rightarrow \frac{1}{8}x^3$
d) $g\colon x \rightarrow \frac{1}{x}$
e) $h\colon x \rightarrow \frac{4}{x}$
f) $h\colon x \rightarrow \frac{1}{2}x^2-3$ mit $\mathbb{D} = \mathbb{R}_+^*$

AUFGABE 10 Zeichnen Sie die Schaubilder, die zu den beiden Funktionsgleichungen gehören, in ein Koordinatensystem.

a) $f(x)=2^x$ und $f(x)=\log_2(x)$
b) $f(x)=\log_3(x)$ und $f(x)=3^x$
c) $f(x)=3^{x-1}$ und $f(x)=\log_3(x)+1$
d) $f(x)=2^{-0,5x}$ und $f(x)=-2\cdot\log_2(x)$

Durch welche Spiegelung geht eine Kurve in die andere über? Welche Beziehung besteht demnach zwischen den beiden Funktionen?

AUFGABE 11 Untersuchen Sie mithilfe eines Schaubildes, ob die Funktion in dem angegebenen Intervall eine Umkehrfunktion besitzt.

a) $f_1\colon x \rightarrow \frac{x^3}{3}-9x$ für $|x|<3$
b) $f_2\colon x \rightarrow x^2-4x+2$ für $0 \leqslant x \leqslant 3$
c) $f_3\colon x \rightarrow \frac{2}{x-4}$ für $0 \leqslant x \leqslant 8$
d) $f_4\colon x \rightarrow 0{,}1\cdot 2^{(x^2)}$ für $|x| \leqslant 2$

3.6.3 Die Verkettung einer Funktion mit ihrer Umkehrfunktion

Unser Kapitel 3.6 über die Umkehrbarkeit begannen wir mit einem kurzen Rückblick auf die Umkehrungen. Wir erinnerten uns daran, dass eine Subtraktion eine vorhergehende Addition wieder rückgängig macht und ebenso eine Division eine vorhergehende Multiplikation wieder umkehrt. Bei diesen Rechenoperationen sprachen wir deshalb auch von Umkehrungen. Dann suchten wir zu einer gegebenen Funktion f ihre Umkehrfunktion f^{-1}. Das können wir schon alles.

Nun versuchen wir eine Funktion f mit ihrer Umkehrfunktion f^{-1} zu verketten. Eigentlich können wir schon sagen, was dabei herauskommen sollte: f ordnet dem Wert x_0 einen Wert y_0 zu, f^{-1} ordnet anschließend diesem Wert wieder den Ausgangswert x_0 zu. Daher erwarten wir $f^{-1}(f(x_0)) = x_0$. In einem Mengenbild lässt sich dieser Sachverhalt so darstellen:

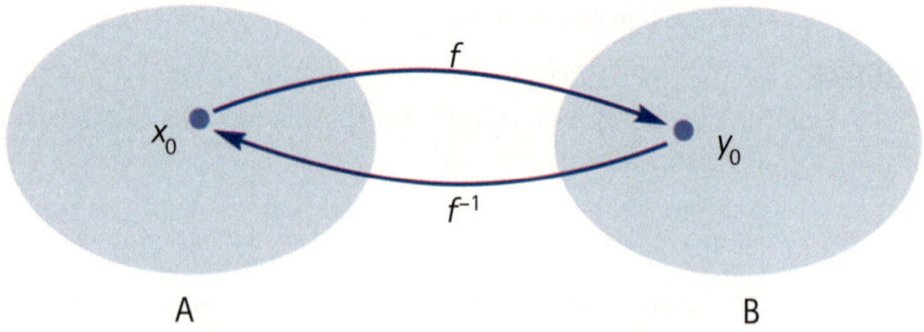

Aus der Zeichnung sieht man auch sofort, dass ebenfalls $f(f^{-1}(y_0)) = y_0$ sein muss, das heißt anschaulich, dass man immer wieder bei dem Wert ankommt, von dem man ausgegangen ist.

Wir probieren dies an Beispielen aus.

BEISPIELE

1) Gegeben ist die Funktion f: $y = 2x+4$

Durch Vertauschen von x und y erhalten wir die Gleichung der Umkehrfunktion

$x=2y+4$ und damit f^{-1}: $y=\frac{1}{2}x-2$

Wir bilden jetzt die verkettete Funktion $f^{-1}(f(x))$ und probieren einige x-Werte durch:

$x=3 \xrightarrow{f} y=2\cdot 3+4=10$

$x=10 \xrightarrow{f^{-1}} y=\frac{1}{2}\cdot 10-2=3$

also ist $f^{-1}(f(3))=3$

$x=7 \xrightarrow{f} y=2\cdot 7+4=18$

$x=18 \xrightarrow{f^{-1}} y=\frac{1}{2}\cdot 18-2=7$

also ist $f^{-1}(f(7))=7$

⋮

usw.

Für einen beliebigen x-Wert x_0 erhält man immer:

$f^{-1}(f(x_0)) = f(2x_0+4) = \frac{1}{2}\cdot(2x_0+4)-2 = x_0+2-2 = x_0$

Wir ändern jetzt die Reihenfolge der Verkettung und bilden $f(f^{-1}(x))$. Wieder probieren wir ein paar x-Werte durch:

$x=5 \xrightarrow{f^{-1}} y=\frac{1}{2}\cdot 5-2=0{,}5$

$x=0{,}5 \xrightarrow{f} y=2\cdot 0{,}5+4=5$

also ist $f(f^{-1}(5))=5$

$x=8 \xrightarrow{f^{-1}} y=\frac{1}{2}\cdot 8-2=2$

$x=2 \xrightarrow{f} y=2\cdot 2+4=8$

also ist $f(f^{-1}(8))=8$

⋮

usw.

Auch hier erhält man für einen beliebigen Wert x_0 immer:

$f(f^{-1}(x_0)) = f(\frac{1}{2}x_0-2) = 2\cdot(\frac{1}{2}x_0-2)+4 = x_0-4+4 = x_0$

2) Zu f: $y = \lg(x)$ bilden wir durch Vertauschen von x und y die Gleichung der Umkehrfunktion $x = \lg(y)$. Nach y aufgelöst, ergibt sich f^{-1}: $y = 10^x$.

Wir verketten nun wie vorher die beiden Funktionen miteinander:

$$f^{-1}(f(x)):\ x = 3 \xrightarrow{f} x = \lg(3) = 0{,}4771\ldots$$

$$x = 0{,}4771\ldots \xrightarrow{f^{-1}} x = 10^{0{,}4771\ldots} = 3 \qquad 10^{\lg(3)} = 3$$

$$f(f^{-1}(x)):\ x = 3 \xrightarrow{f^{-1}} x = 10^3 = 1000$$

$$x = 1000 \xrightarrow{f} x = \lg(1000) = 3 \qquad \lg(10^3) = 3$$

Wir setzen gleich einen beliebigen x-Wert x_0 ein und erhalten bei beiden Verkettungen:

$$f^{-1}(f(x_0)) = f^{-1}(\lg(x_0)) = 10^{\lg(x_0)} = x_0$$

$$f(f^{-1}(x_0)) = f(10^{x_0}) = \lg(10^{x_0}) = x_0$$

MERKE Sind $f(x)$ und $f^{-1}(x)$ zueinander Umkehrfunktionen, dann gilt:

$$f(f^{-1}(x)) = x \quad \text{und} \quad f^{-1}(f(x)) = x.$$

Anmerkung

Diese Merkregel sieht viel komplizierter aus, als sie eigentlich ist. Das liegt an der allgemeinen mathematischen Formulierung, die Ihnen noch nicht so geläufig ist. Unbewusst benutzen Sie diese Regel schon, seit Sie die ersten Gleichungen lösen, also schon seit ein paar Jahren. Sehen Sie mal:

	Beispiel	Funktion f und ihre Umkehrung f^{-1}
1.	$x + 8 = 12$ | Maßnahme: –8 $x = 12 - 8$ $x = 4$	Funktion f: Addiere 8 Umkehrung f^{-1}: Subtrahiere 8 $x = f^{-1}(f(x)) = 4$
2.	$3x = 15$ | Maßnahme: :3 $x = 15 : 3$ $x = 5$	Funktion f: Multipliziere mit 3 Umkehrung f^{-1}: Dividiere durch 3 $x = f^{-1}(f(x)) = 5$
3.	$\sqrt{x} = 3$ | Maßnahme: hoch 2 $x = 3^2$ $x = 9$	Funktion f: Ziehe die Wurzel Umkehrung f^{-1}: Quadriere $x = f^{-1}(f(x)) = 9$
4.	$10^x = 100$ | Maßnahme: lg (x) $x = \lg(100)$ $x = 2$	Funktion f: Potenziere die Zahl 10 Umkehrung f^{-1}: Logarithmiere mit der Basis 10 $x = f^{-1}(f(x)) = 2$

4 Polynomfunktionen

BEISPIEL Die Firma Edelfrau stellt aus goldbeschichtetem Karton Schachteln für Luxusartikel her. Aus einem Karton der Länge $l = 30$ cm und der Breite $b = 20$ cm soll eine Schachtel mit Deckel geformt werden.
Welche Höhe x muss gewählt werden, damit der Inhalt maximal wird?

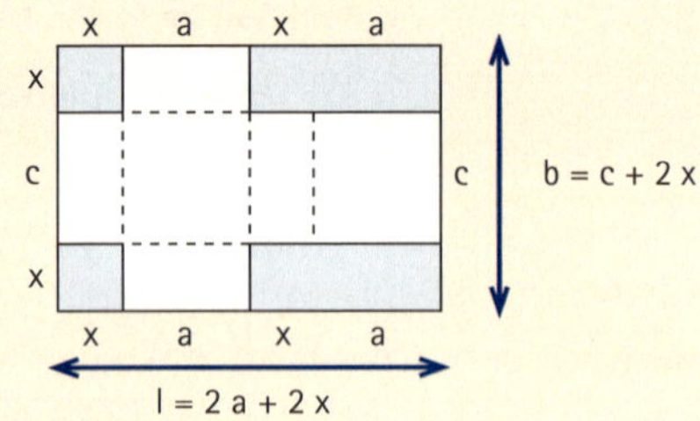

Für den Inhalt ($V = a \cdot c \cdot x$) erhält man die Inhaltsfunktion V mit
$y = V(x) = (15 - x) \cdot (20 - 2x) \cdot x = 2x^3 - 50x^2 + 300x$

Mit dem grafikfähigen Rechner kann diese Inhaltsfunktion sofort veranschaulicht werden. Da für die Höhe nur Werte im Bereich $0 < x < b/2 = 10$ möglich sind, ergibt sich näherungsweise $x = 4$ cm.

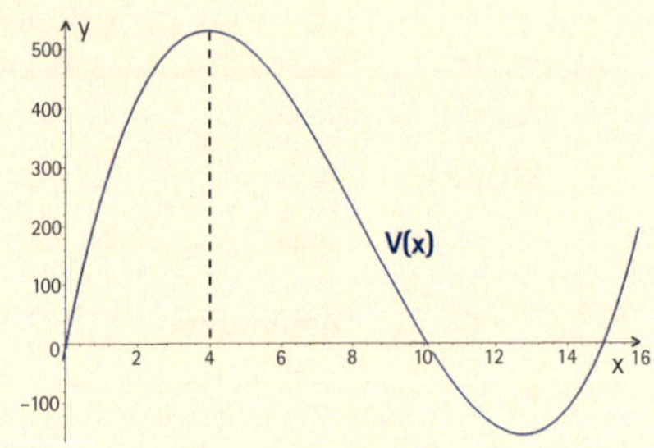

AUFGABE 1

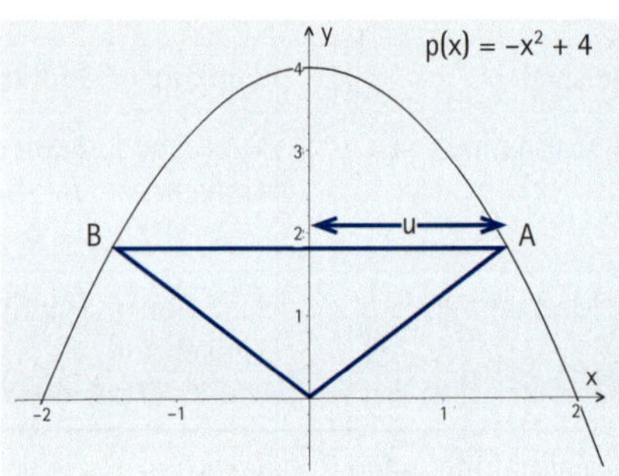

Für welchen Wert von u ist die Fläche des Dreiecks OAB am größten?

Tipp:
Stellen Sie zuerst die Dreiecksflächenfunktion auf: $A(u) = -u^3 + 4u$

BEISPIEL Vereinbart man mit einer Bank einen Ratensparvertrag mit einer jährlichen Rate am Anfang des Jahres mit p% Zinssatz, so wächst das Kapital folgendermaßen an ($(1 + \frac{1}{100}) = q$; Zinsfaktor):

Kapital am Ende des 1. Jahres:

$$K_1 = R_1 + R_1 \frac{p}{100} = R_1 \cdot q$$

Kapital am Ende des 2. Jahres:

$$K_2 = R_1 q + R_1 q \frac{p}{100} + R_2 + R_2 \frac{p}{100} = (R_1 \cdot q + R_2) \cdot q$$

Kapital am Ende des 3. Jahres:

$$K_3 = \ldots = ((R_1 q + R_2) q + R_1) q$$

$$\vdots$$

Kapital am Ende des n-ten Jahres:

$$K_n = ((((R_1 q + R_2)q + R_3)q + R_4)q + \ldots + R_{n-1})q + R_n q$$

oder ausmultipliziert:

$$K_n = R_1 q^n + R_2 q^{n-1} + R_3 q^{n-2} + \ldots + R_{n-1} q^2 + R_n q$$

AUFGABE 2 Welches Kapital hat sich nach 5 Jahren angesammelt, wenn die Raten $R_1 = 100$ €, $R_2 = 110$ €, $R_3 = 80$ €, $R_4 = 130$ € und $R_5 = 70$ € bei einem festen Zinssatz von $p = 8\,\%$ jeweils zu Beginn des Jahres einbezahlt wurden? Rechnen Sie auch mit $p = 2{,}5\,\%$, $5\,\%$ und $12\,\%$.

DEFINITION **Polynomfunktionen (Ganzrationale Funktionen)**

Eine Funktion $f\colon x \mapsto a_n x^n + a_{n-1} x^{n-1} + a_{n-2} x^{n-2} + \ldots + a_2 x^2 + a_1 x + a_0$, $n \in \mathbb{N}$, $a_i \in \mathbb{R}$, $a_n \neq 0$ heißt Polynomfunktion (ganzrationale Funktion) n-ten Grades.

Der Funktionsterm wird als **„Polynom n-ten Grades"** bezeichnet.

Die Schaubilder $f(x) = a_n x^n + a_{n-1} x^{n-1} + \ldots + a_1 x + a_0$ nennt man **„Parabeln n-ter Ordnung"**.

Die reellen Zahlen a_i heißen Koeffizienten der Polynomfunktion (ganzrationalen Funktion).

Die bisher schon bekannten Funktionen ($x \in \mathbb{R}$):

$f\colon x \mapsto c$	konstante Funktion ($n = 0$),
$f\colon x \mapsto mx + b$	lineare Funktion ($n = 1$),
$f\colon x \mapsto ax^2 + bx + c$	quadratische Funktion ($n = 2$)

gehören zu den Polynomfunktionen (ganzrationalen Funktionen).

4.1 Eigenschaften der Graphen von Polynomfunktionen

Die Graphen der Polynomfunktionen (Parabeln n-ter Ordnung) lassen sich mithilfe der grafikfähigen Taschenrechner leicht zeichnen. (Bei nur programmierbaren Taschenrechnern erstellt man zuerst eine ausführliche Wertetafel und zeichnet dann.) Aber auch ohne diese mächtigen Hilfsmittel lassen sich die Graphen der Polynomfunktionen skizzieren, wenn man gewisse Eigenschaften wie Symmetrie, Verhalten für große x-Werte, Nullstellen oder später Extrem- und Wendepunkte vorher bestimmt. Dieses Vorgehen ist insbesondere für Parabeln 3. und höherer Ordnung hilfreich.

4.1.1 Einfache Symmetrieeigenschaften

Für das Zeichnen einer Kurve bedeutet es eine wesentliche Vereinfachung, wenn man Symmetrien erkennen kann. Für die Polynomfunktionen f mit

$$f(x) = a_n x^n + a_{n-1} x^{n-1} + \ldots + a_1 x + a_0$$

sieht man an der Mischung gerader und ungerader Potenzen von x sofort, ob der Graph achsensymmetrisch zur y-Achse oder punktsymmetrisch zum Ursprung $O(0\,|\,0)$ ist.

Die Berechnung der Funktionswerte an den Stellen $x = 1$ und $x = -1$, $x = 1{,}5$ und $x = -1{,}5$, $x = 2{,}5$ und $x = -2{,}5$ und die Graphen ergeben für die Funktionen:

a) $f(x) = -\frac{1}{4}x^4 + x^2 + 2$

$f(1) = 2{,}75$; $f(-1) = 2{,}75$
$f(1{,}5) = 2{,}98$; $f(-1{,}5) = 2{,}98$
$f(2{,}5) = -1{,}5$; $f(-2{,}5) = -1{,}5$

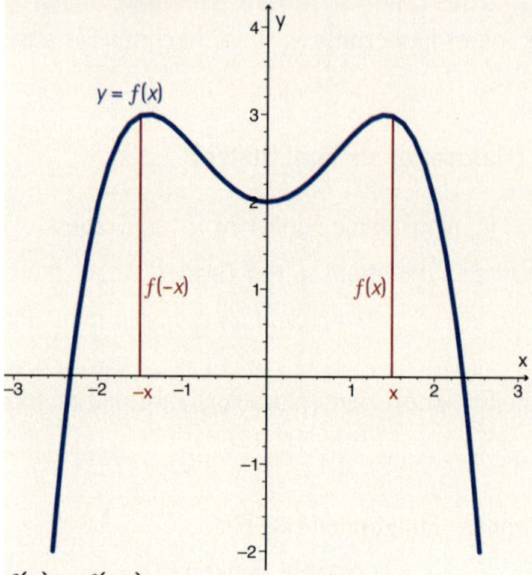

$f(x) = f(-x)$
Symmetrie zur y-Achse

b) $f(x) = -x^3 + 4x$

$f(1) = 3$; $f(-1) = -3$
$f(1{,}5) = 2{,}625$; $f(-1{,}5) = -2{,}625$
$f(2{,}5) = -5{,}625$; $f(-2{,}5) = 5{,}625$

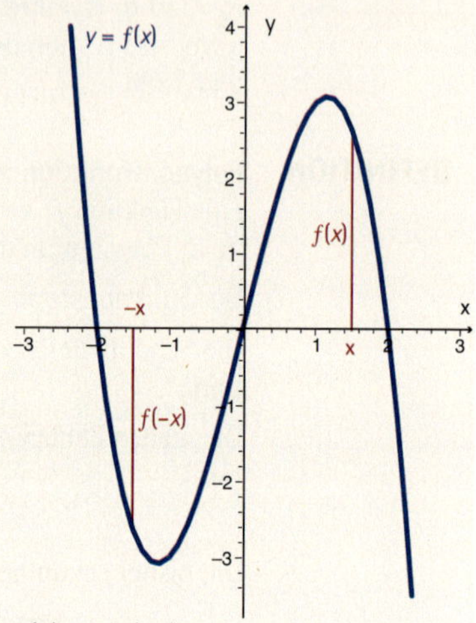

$f(x) = -f(-x)$
Symmetrie zum Ursprung O (0|0)

c) $f(x) = \frac{1}{2}x^3 + x^2$

$f(1) = 1{,}5$; $f(-1) = 0{,}5$
$f(1{,}5) = 3{,}94$; $f(-1{,}5) = 0{,}56$
$f(2{,}5) = 14{,}1$; $f(-2{,}5) = -1{,}56$

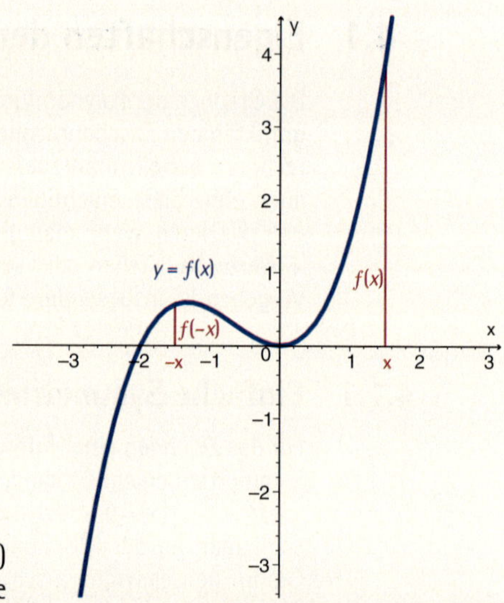

$f(x) \neq f(-x)$
keine einfache Symmetrie

Wir können allgemein für die Polynomfunktionen f mit
$f(x) = a_n x^n + a_{n-1} x^{n-1} + \dots + a_1 x + a_0$
festhalten:

SATZ Ist für alle $x \in \mathbb{D}$:

$f(x) = f(-x)$, dann ist die Funktion gerade, ihr Schaubild symmetrisch zur y-Achse.

$f(x) = -f(-x)$, dann ist die Funktion ungerade, ihr Schaubild symmetrisch zum Ursprung $O(0|0)$.

Enthält eine Polynomfunktion nur Glieder mit geraden Exponenten, so ändert sich der Funktionswert nicht, wenn x durch $(-x)$ ersetzt wird: $f(x) = f(-x)$

Kommen nur Glieder mit ungeraden Exponenten vor, so ändert sich das Vorzeichen des Funktionswertes, wenn x durch $(-x)$ ersetzt wird: $f(x) = -f(-x)$

MERKE Wegen $2 = 2 \cdot x^0$ bzw. $a_0 = a_0 \cdot x^0$ hat der Summand 2 bzw. a_0 eine gerade Hochzahl.

BEISPIELE

Gerade Funktionen

$f_1\colon x \mapsto \frac{1}{2}x^6 - 2x^4 + 1$
$f_2\colon x \mapsto -x^4 + 3x^2 - 1$

Graph ist achsensymmetrisch zur y-Achse.

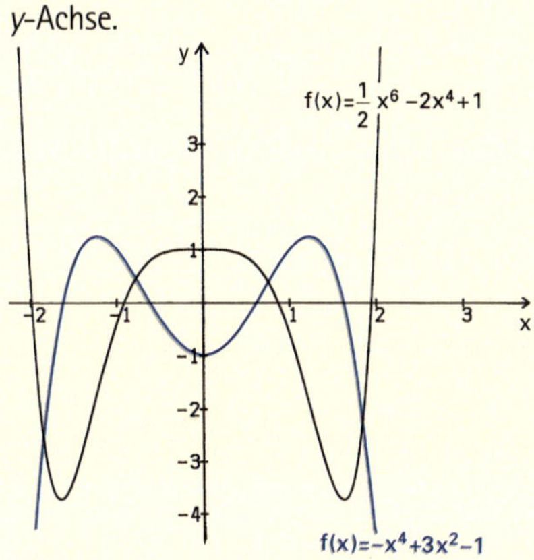

Beachte: $1 = 1 \cdot x^0$; $-1 = -1 \cdot x^0$

Ungerade Funktionen

$f_3\colon x \mapsto x^3 - 5x$
$f_4\colon x \mapsto -\frac{1}{2}x^5 + 3x^3 - \frac{5}{2}x$

Graph ist punktsymmetrisch zum Koordinatenursprung $O(0|0)$.

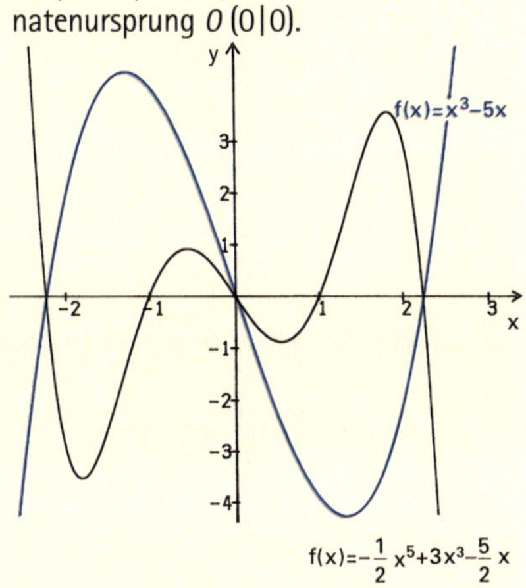

BEISPIELE 1) Untersuchen Sie die Kurve K: $y = f(x) = 3x^4 - 2x^2 + 7$ auf Symmetrie.

Wir ersetzen in der Kurvengleichung x durch $-x$. Wenn sich dabei die Gleichung nicht ändert, ist die Kurve symmetrisch zur y-Achse.

$$\begin{aligned} f(-x) &= 3(-x)^4 - 2(-x)^2 + 7 \\ &= 3x^4 - 2x^2 + 7 \\ &= f(x) \end{aligned}$$

Es gilt $f(-x) = f(x)$. Daher ist die Kurve symmetrisch zur y-Achse.

2) Untersuchen Sie die Kurve K: $y = f(x) = x^5 - 2x^3 + 4x$ auf Symmetrie.

Wir ersetzen in der Gleichung x durch $-x$ und prüfen dann, ob die Symmetriebedingung erfüllt ist.

$$\begin{aligned} f(-x) &= (-x)^5 - 2(-x)^3 + 4(-x) \\ &= -x^5 + 2x^3 - 4x \\ &= -f(x) \end{aligned}$$

Es gilt $f(-x) = -f(x)$. Daher ist die Kurve symmetrisch zum Koordinatenursprung.

3) Untersuchen Sie die Kurve K: $y = f(x) = x^4 + 2x^3 - 5$ auf Symmetrie.

Wir ersetzen x durch $-x$ und prüfen die Symmetriebedingungen.

$$\begin{aligned} f(-x) &= (-x)^4 + 2(-x)^3 - 5 \\ &= x^4 - 2x^3 - 5 \end{aligned}$$

Es ist $f(-x) \neq f(x)$; es ist auch $f(-x) \neq -f(x)$.

Daher hat die Kurve keine erkennbare einfache Symmetrie.

AUFGABE 3 Welche einfachen Symmetrieeigenschaften besitzen die Graphen folgender Funktionen?

a) $f: x \mapsto x^3 - x$

b) $f: x \mapsto x^3 - x + 1$

c) $f: x \mapsto x^2 - 4$

d) $f: x \mapsto x^4 - 2x^2 - 8$

e) $f: x \mapsto \frac{1}{2}x^3 + x - 1$

f) $f: x \mapsto x^4 - 2x$

g) $f: x \mapsto x^3 - 3x^2 + 3x - 3$

4.1.2 Schiebung einer Kurve

Im Folgenden untersuchen wir, wie sich die Gleichung einer Kurve ändert, wenn man sie im Koordinatensystem verschiebt. Wir sehen uns zunächst ein einfaches Zahlenbeispiel an:

Wir gehen aus von der Kurve K: $y = \frac{1}{5} \cdot x^3$ und verschieben sie um 3 Einheiten nach rechts. So erhalten wir die Kurve $\overline{K}$. Aus der Gleichung von K lässt sich die Wertetabelle für beide Kurven angeben:

BEISPIEL Ausgangskurve K: $y = \frac{1}{5} \cdot x^3$

x	− 3	− 2	− 1	0	1	2	3	…
K: y	− 5,4	− 1,6	− 0,2	0	0,2	1,6	5,4	…
$\overline{K}$: y				− 5,4	− 1,6	− 0,2	0	0,2 1,6 5,4 …

um 3 Einheiten verschoben

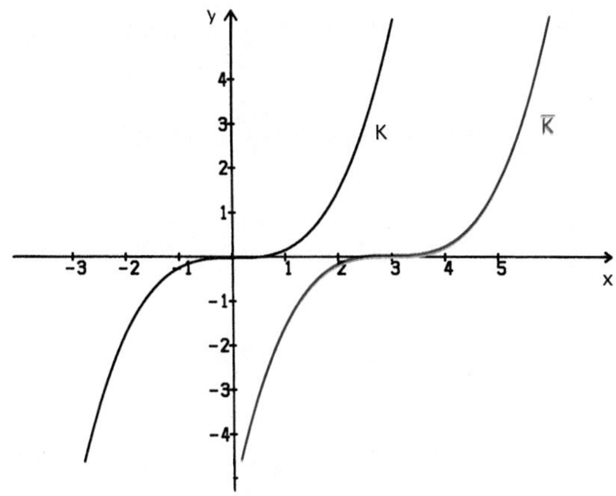

Bei $\overline{K}$ hat man an jeder Stelle x_0 dieselben y-Werte wie bei K an der Stelle (x_0-3). Damit können wir nun die Gleichung von $\overline{K}$ angeben. Wir müssen nur in der Gleichung von K die Variable x durch $(x-3)$ ersetzen.

$$\overline{K}: \quad y = \frac{1}{5}(x-3)^3$$

Dieses Verfahren lässt sich für beliebige Kurven durchführen. Daher können wir verallgemeinern: Verschiebt man die Kurve K: $y = f(x)$ um x_0 Einheiten in Richtung der x-Achse, dann erhält man die Kurve $\overline{K}$: $y = f(x - x_0)$.

Wir verschieben unsere Kurve K: $y = \frac{1}{5} \cdot x^3$ jetzt um 2 Einheiten nach oben. Die Punkte von $\overline{K}$ lassen sich wieder aus den Punkten von K berechnen:

BEISPIEL

	x	– 3	– 2	– 1	0	1	2	3
K:	y	– 5,4	– 1,6	– 0,2	0	0,2	1,6	5,4
$\overline{K}$:	y	– 3,4	0,4	1,8	2	2,2	3,6	7,4

+2

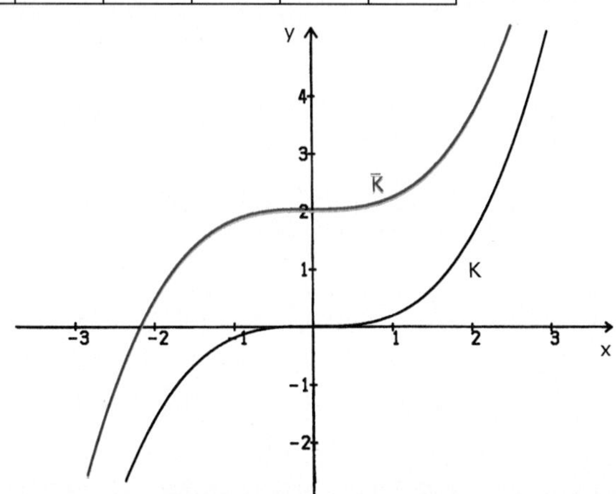

Die y-Werte von $\overline{K}$ sind alle um 2 größer als die y-Werte von K. Damit können wir nun die verschobene Kurve angeben:

$$\overline{K}: y = \frac{1}{5} \cdot x^3 + 2$$

Auch dieses Verfahren können wir auf beliebige Kurven anwenden. Daher verallgemeinern wir: Verschiebt man die Kurve K: $y = f(x)$ um y_0 Einheiten in Richtung der y-Achse, dann erhält man die Kurve $\overline{K}: y = f(x) + y_0$.

Damit sind wir jetzt in der Lage, Kurven beliebig zu verschieben. Wir zeigen dies an unserem alten Beispiel, indem wir die Verschiebung um 3 Einheiten nach rechts mit der Verschiebung um 2 Einheiten nach oben kombinieren.

Wertetabelle für K: $y = \frac{1}{5} x^3$ und die um 3 nach rechts und 2 nach oben verschobene Kurve $\overline{K}$:

BEISPIEL

x	−3	−2	−1	0	1	2	3	4	5	6
K: y	−5,4	−1,6	−0,2	0	0,2	1,6	5,4	...		
$\overline{K}$: y				−3,4	0,4	1,8	2	2,2	3,6	7,4

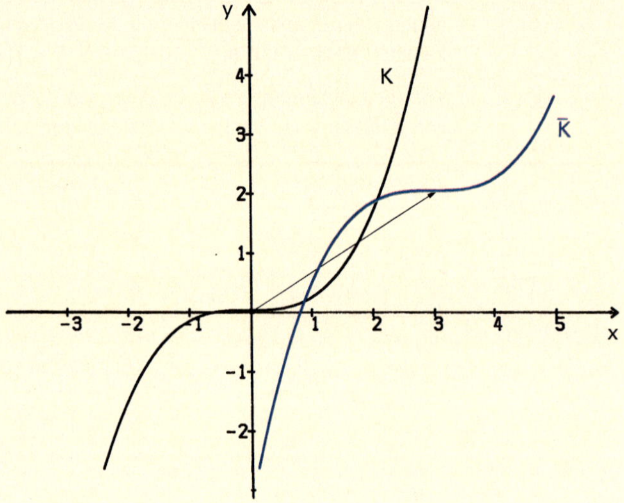

Die Gleichung für $\overline{K}$ ergibt sich aus $y = \frac{1}{5}x^3$, indem man die Verschiebungen wie vorher berücksichtigt:

$$\overline{K}: y = \frac{1}{5} \cdot (x-3)^3 + 2 = \frac{1}{5}x^3 - \frac{9}{5}x^2 + \frac{27}{5}x - \frac{17}{5}$$

Wir fassen jetzt unsere Ergebnisse verallgemeinernd zusammen:

Verschiebt man die Kurve K: $y = f(x)$ um x_0 Einheiten in Richtung der x-Achse und um y_0 Einheiten in Richtung der y-Achse, erhält man die Kurve $\overline{K}: y = f(x - x_0) + y_0$.

BEISPIEL Die Kurve K: $y=2x^3+x^2-3x+5$ wird um 4 Einheiten nach rechts und um 6 Einheiten nach unten verschoben. Wie lautet die Gleichung der verschobenen Kurve $\overline{K}$?

$$\begin{aligned}\overline{K}:\ y &= 2(x-4)^3+(x-4)^2-3(x-4)+5-6\\ &= 2x^3-24x^2+96x-128+x^2-8x+16-3x+12+5-6\\ &= 2x^3-23x^2+85x-101\end{aligned}$$

Erinnern Sie sich an die Scheitelgleichung der Parabel? Dort haben wir uns zum ersten Mal mit so einer Verschiebung beschäftigt, ohne sie ausdrücklich so zu nennen. Wenn Sie sich jetzt nochmals dieses Kapitel 2.3.3 ansehen, wird es Ihnen ganz einfach vorkommen.

AUFGABE 4 Verschieben Sie die Kurven. Prüfen Sie Ihr Ergebnis mit dem grafikfähigen Taschenrechner nach.

a) $K: y=x^2-2x+3$ um 3 Einheiten nach rechts und 1 nach oben
b) $K: y=x^3+2$ um 1 Einheit nach links und 2 nach oben
c) $K: y=2x^2-16x+33$ um 4 Einheiten nach links und 1 nach unten
d) $K: y=x^4$ um 1 Einheit nach links

4.1.3 Symmetrie zu einer senkrechten Geraden oder zu einem Punkt

Da wir Kurven im Koordinatensystem verschieben können, fällt es uns leicht, Symmetrien zu senkrechten Geraden oder beliebigen Punkten nachzuweisen.

BEISPIEL Zeichnen Sie die Kurve

$$K:\ y=x^2-4x+1$$

und weisen Sie nach, dass K symmetrisch ist zur Geraden g: $x = 2$.

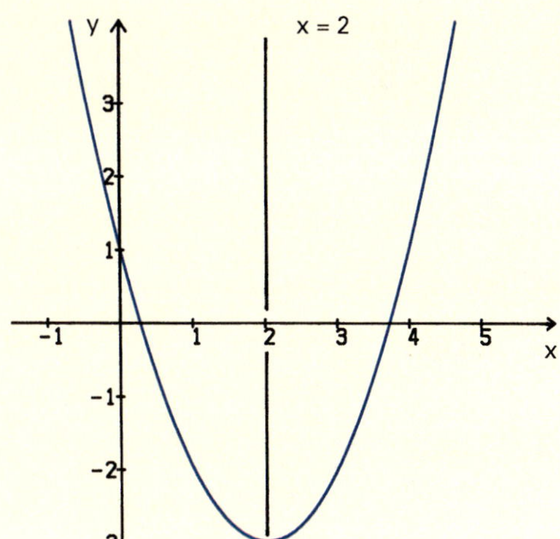

Wenn K symmetrisch ist zu g: $x = 2$, ist die um 2 nach links verschobene Kurve $\overline{K}$ symmetrisch zur y-Achse.

Die Gleichung von $\overline{K}$ lautet: $y = (x+2)^2 - 4(x+2) + 1$
$= x^2 + 4x + 4 - 4x - 8 + 1$
$= x^2 - 3.$

$\overline{K}$ ist symmetrisch zur y-Achse, da $y(-x) = y(x)$.
Damit ist gezeigt, dass K symmetrisch war zu $g: x = 2$.

MERKE Die Kurve K: $y = f(x)$ ist symmetrisch zu g: $x = x_0$, wenn die Kurve $\overline{K}$: $y = f(x + x_0)$ zur y-Achse symmetrisch ist.

BEISPIEL Zeichnen Sie

$$K\colon y = \tfrac{1}{4}x^3 - \tfrac{3}{2}x^2 + \tfrac{7}{2}x$$

und weisen Sie dann nach, dass K punktsymmetrisch ist zu $P(2|3)$.

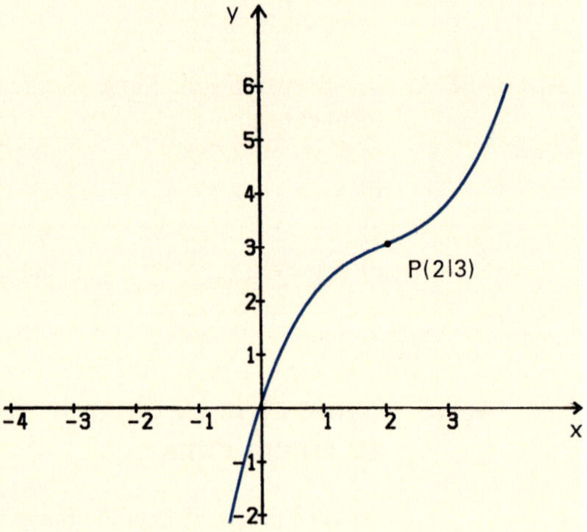

Wenn K punktsymmetrisch ist zu $P(2|3)$, dann ist die um 2 nach links und 3 nach unten verschobene Kurve $\overline{K}$ punktsymmetrisch zu 0.

Die Gleichung der verschobenen Kurve $\overline{K}$ lautet:

$$\begin{aligned} y &= \tfrac{1}{4}(x+2)^3 - \tfrac{3}{2}(x+2)^2 + \tfrac{7}{2}(x+2) - 3 \\ &= \tfrac{1}{4}x^3 + \tfrac{3}{2}x^2 + 3x + 2 - \tfrac{3}{2}x^2 - 6x - 6 + \tfrac{7}{2}x + 7 - 3 \\ &= \tfrac{1}{4}x^3 + \tfrac{1}{2}x \end{aligned}$$

$\overline{K}$ ist punktsymmetrisch zu 0, da $y(-x) = -y(x)$. Damit ist gezeigt, dass die ursprüngliche Kurve K punktsymmetrisch zu $P(2|3)$ war.

MERKE Die Kurve K: $y = f(x)$ ist punktsymmetrisch zu $P(x_0|y_0)$, wenn die verschobene Kurve $\overline{K}$: $y = f(x + x_0) - y_0$ punktsymmetrisch zum Ursprung ist.

AUFGABE 5 Zeigen Sie, dass die Kurve K symmetrisch ist zur Geraden g.

a) $K: f(x) = x^2 - 8x + 2$, $g: x = 4$
b) $K: f(x) = -x^2 - 6x + 5$, $g: x = -3$
c) $K: f(x) = x^4 - 4x^3 + 6x^2 - 4x$, $g: x = 1$
d) $K: f(x) = \tfrac{1}{4}x^4 + 2x^3 + 6x^2 + 8x + 3$, $g: x = -2$

AUFGABE 6 Zeigen Sie, dass die Kurve *K* punktsymmetrisch zu *P* ist.

a) *K*: $f(x)=\frac{1}{2}x^3-6x^2+24x-31$, $P(4|1)$
b) *K*: $f(x)=-\frac{1}{6}x^3+4$, $P(0|4)$
c) *K*: $f(x)=\frac{1}{2}x^3-3x^2+6x-4$, $P(2|0)$
d) *K*: $f(x)=\frac{1}{12}x^3-x^2+\frac{5}{3}$, $P(4|-9)$

AUFGABE 7

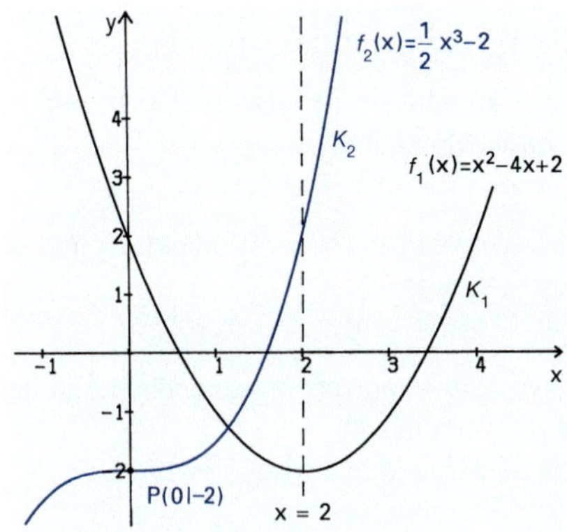

Gegeben sind die Graphen K_1 und K_2 der Funktionen f_1 und f_2.

Da die Funktionen weder gerade noch ungerade sind, ist keine einfache Symmetrie erkennbar. Verschieben Sie K_1 um $x = 2$ nach links und K_2 um $y = 2$ nach oben. Zeigen Sie, dass für die verschobenen Kurven gilt:

$\overline{K}_1: y = x^2 - 2$ und $\overline{K}_2: y=\frac{1}{2}x^3$

Beachte: $2=2\cdot x^0$; $-2=-2\cdot x^0$

AUFGABE 8 In einer Formelsammlung steht:

Ist für alle $t\in\mathbb{R}^*$:
(I) $f(a-t)=f(a+t)$, dann ist die Kurve achsensymmetrisch zur Geraden $x=a$.
(II) $f(a-t)-b=b-f(a+t)$, dann ist die Kurve punktsymmetrisch zu $P(a|b)$.

Begründen Sie diese Aussagen.

Welche Symmetrie besitzen die Graphen folgender Funktionen?

a) $f: x\mapsto\frac{1}{2}x^2-3x+2$
b) $f: x\mapsto x^3-3x^2+3x+1$
c) $f: x\mapsto\frac{1}{3}x^3+x^2-\frac{8}{3}$
d) $f: x\mapsto x^4+4x^3+2x^2-4x-7$

TIPP Verwenden Sie ein Computer-Algebra-System (CAS) zur Berechnung von $f(a+t)$ und $f(a-t)$.

4.1.4 Verhalten der Graphen für *x*-Werte mit großem Betrag

Für alle Graphen fällt auf, dass sie für große negative bzw. positive *x*-Werte rasch nach oben bzw. unten verlaufen. Man bemerkt, dass das Glied mit der höchsten Potenz im Funktionsterm für $|x|\mapsto\infty$ („Betrag von *x* gegen unendlich große Werte") immer stärker das Schaubild festlegt. Dies wird für die allgemeine Kurvengleichung einer Polynomfunktion *n*-ten Grades

$$f(x)=a_nx^n+a_{n-1}x^{n-1}+\ldots+a_2x^2+a_1x+a_0$$

deutlich, wenn man x^n ausklammert:

$$f(x)=x^n\cdot\left(a_n+\frac{a_{n-1}}{x}+\frac{a_{n-2}}{x^2}+\ldots+\frac{a_1}{x^{n-1}}+\frac{a_0}{x^n}\right)$$

Wächst hier $|x| \mapsto \infty$, so werden die Brüche bedeutungslos klein und $f(x) = a_n x^n$ bestimmt näherungsweise den Verlauf der Kurve. Somit ist durch a_n und x^n der Verlauf der Graphen für $|x| \mapsto \infty$ festgelegt.

Folgende Fälle sind hierbei zu unterscheiden:

MERKE

n gerade:

$a_n > 0$ Kurve kommt aus positiv-unendlich und geht nach positiv-unendlich. (Für $x \to \pm\infty$ geht $f(x) \to +\infty$.) W-Form

$a_n < 0$ Kurve kommt aus negativ-unendlich und geht nach negativ-unendlich. (Für $x \to \pm\infty$ geht $f(x) \to -\infty$.) M-Form

n ungerade:

$a_n > 0$ Kurve kommt aus negativ-unendlich und geht nach positiv-unendlich. (Für $x \to \pm\infty$ geht $f(x) \to \pm\infty$.) ∼-Form

$a_n < 0$ Kurve kommt aus positiv-unendlich und geht nach negativ-unendlich. (Für $x \to \pm\infty$ geht $f(x) \to \mp\infty$.) ∽-Form

BEISPIELE

n gerade: $f_1(x) = \frac{1}{8}x^4 - x^2 + 3$
$f_2(x) = -\frac{1}{8}x^4 + \frac{1}{2}x^3$

n ungerade: $f_3(x) = \frac{1}{6}x^3 - 2x^2 + 6x$
$f_4(x) = -\frac{1}{4}x^3 + \frac{3}{2}x^2$

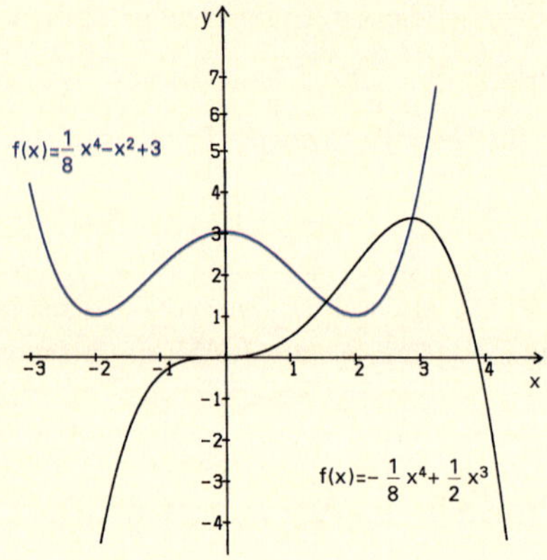

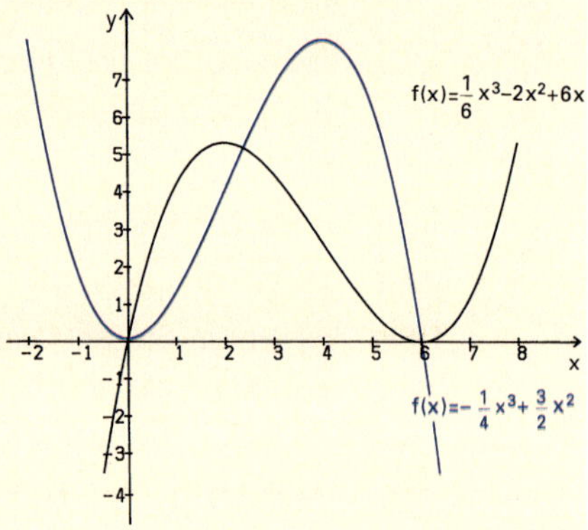

AUFGABE 9 Skizzieren Sie die Graphen der Funktionen und überprüfen Sie dann mit dem grafikfähigen Taschenrechner (GTR):

a) $f: x \mapsto \frac{3}{2}x - \frac{1}{32}x^3$
b) $f: x \mapsto -\frac{1}{4}x^3 - \frac{3}{4}x^2 + 5$
c) $f: x \mapsto -\frac{1}{6}x^4 + x^2 + \frac{4}{3}x + \frac{1}{2}$
d) $f: x \mapsto -\frac{1}{2}x^4 + x^2 + \frac{3}{2}$

4.1.5 Schnittpunkte des Graphen mit der *x*-Achse (Nullstellen)

Die Stelle $x = x_0$ heißt genau dann Nullstelle der Funktion f, wenn $f(x_0) = 0$ ist. Der Graph schneidet oder berührt die x-Achse an dieser Stelle.

Die Bestimmung der Nullstellen einer Polynomfunktion ist daher gleichwertig mit der Aufgabenstellung: Lösen einer algebraischen Gleichung n-ten Grades.

$f(x) = a_n x^n + a_{n-1} x^{n+1} + \ldots + a_2 x^2 + a_1 x + a_0$ und $f(x) = 0$ ergibt:

$$a_n x^n + a_{n-1} x^{n-1} + \ldots + a_2 x^2 + a_1 x + a_0 = 0$$

Der Fall $n = 1$ und $n = 2$ ist uns aus der Mittelstufe bzw. aus den Kapiteln 2.2.9 und 2.3.4 (Teil B) bereits vertraut.

BEISPIELE

n = 1: Schnitt einer Geraden mit der *x*-Achse

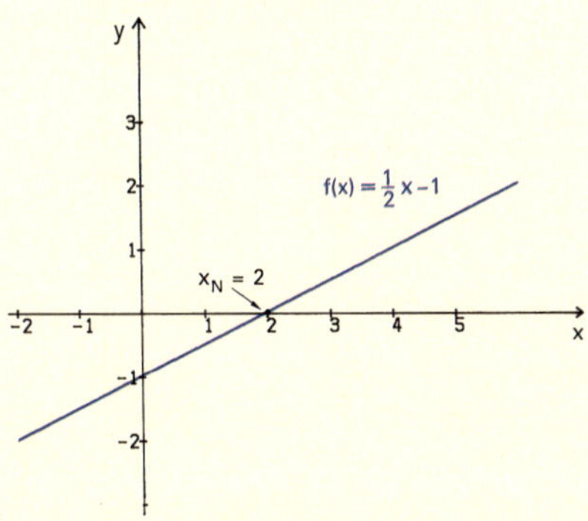

Eine Gerade hat mit der x-Achse genau einen Schnittpunkt.

lineare Gleichung

$a_1 x + a_0 = 0$

$$x = -\frac{a_0}{a_1}$$

(z. B.: $a_1 = \frac{1}{2}$; $a_0 = -1$; $x = 2$)
eindeutig lösbar

n = 2: Schnitt einer Parabel 2. Ordnung mit der *x*-Achse

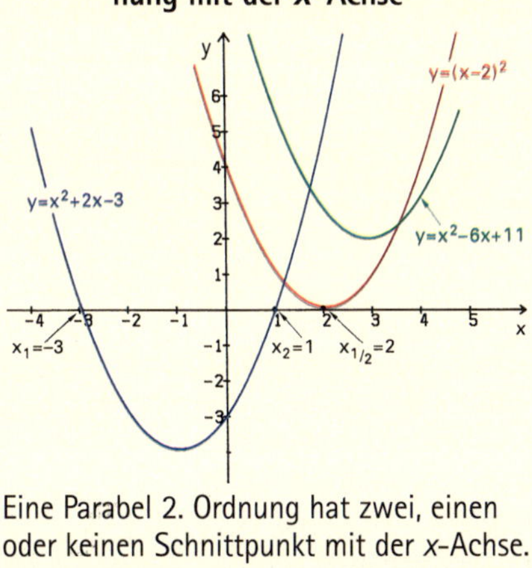

Eine Parabel 2. Ordnung hat zwei, einen oder keinen Schnittpunkt mit der x-Achse.

quadratische Gleichung

$a_2 x^2 + a_1 x + a_0 = 0 \quad (a_2 \neq 0)$

$$x_1 = \frac{-a_1 - \sqrt{a_1^2 - 4a_2 a_0}}{2a_2}$$

oder

$$x_2 = \frac{-a_1 + \sqrt{a_1^2 - 4a_2 a_0}}{2a_2}$$

mit $D = a_1^2 - 4a_2 a_0$ gilt:

$D > 0$ zwei Lösungen
$D = 0$ eine Lösung
$D < 0$ keine Lösung

AUFGABE 10 Bestimmen Sie die Schnittpunkte der Parabeln p mit der x-Achse (Zeichnung und Rechnung).

a) $p_1: f(x) = \frac{1}{2}x^2 - \frac{1}{2}x - 3$

b) $p_2: f(x) = 2x^2 - 8x + 8$

c) $p_3: f(x) = x^2 - 2x + 2$

d) $p_4: f(x) = x^2 - 3x$

BEISPIEL **n = 3: Schnitt einer Parabel 3. Ordnung mit der x-Achse**

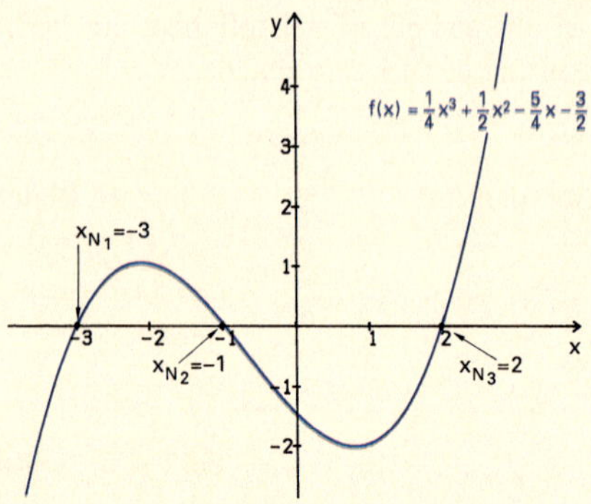

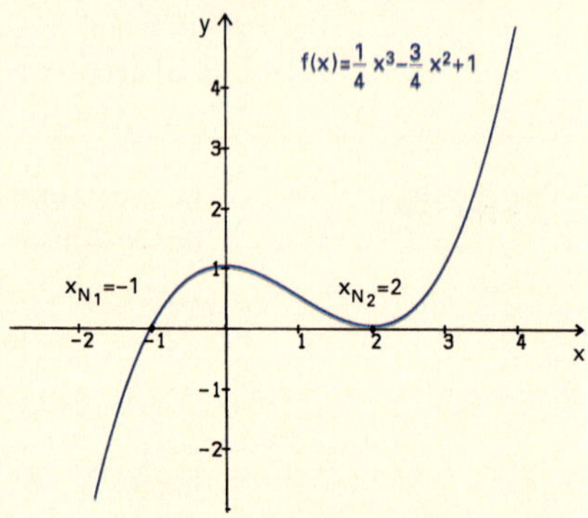

Eine Parabel 3. Ordnung hat **mindestens einen Schnittpunkt, höchstens jedoch drei Schnittpunkte** mit der x-Achse. Die Existenz mindestens einer Nullstelle ist durch die Anschauung unmittelbar gegeben, da die im ganzen Definitionsbereich lückenlose bzw. ohne Sprungstelle durchgezogene Kurve mindestens einmal die x-Achse schneiden muss.

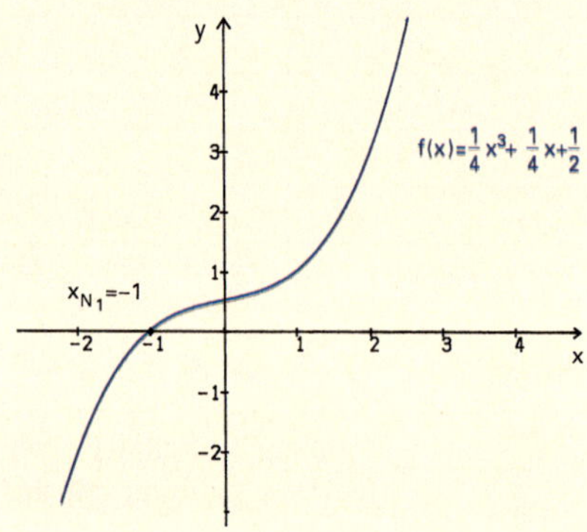

SATZ **Nullstellensatz**

Ist $f: x \mapsto f(x)$, $x \in \mathbb{R}$ eine Funktion, deren Schaubild keine Lücke oder Sprungstelle im Definitionsbereich aufweist, und gibt es zwei Zahlen x_1 und x_2, sodass $f(x_1) < 0$ und $f(x_2) > 0$ ist, so gibt es mindestens ein x_N mit $x_1 < x_N < x_2$ bzw. $x_1 > x_N > x_2$, für das $f(x_N) = 0$.

Dies bedeutet, dass Polynomfunktionen ungeraden Grades mindestens eine Nullstelle haben, da sie aus dem Positiv-Unendlichen nach dem Negativ-Unendlichen gehen oder umgekehrt (siehe Teil B, Kapitel 4.1.4).

Gleichung 3. Grades (kubische Gleichung)

$$a_3x^3 + a_2x^2 + a_1x + a_0 = 0$$

Für die zuerst gezeichnete Kurve erhält man zum Beispiel:

$$\tfrac{1}{4}x^3+\tfrac{1}{2}x^2-\tfrac{5}{4}x-\tfrac{3}{2}=0$$

$$\text{bzw.}\quad x^3+2x^2-5x-6=0$$

Es ist erstaunlich, dass bereits für diese Gleichung 3. Grades **keine einfache Lösungsformel** mehr existiert.* Die rechnerischen Möglichkeiten, exakte Lösungen für spezielle Gleichungen oder Näherungslösungen aufzufinden, betrachten wir in den nächsten Kapiteln.

BEISPIEL **n = 4: Schnitt einer Parabel 4. Ordnung mit der *x*-Achse**

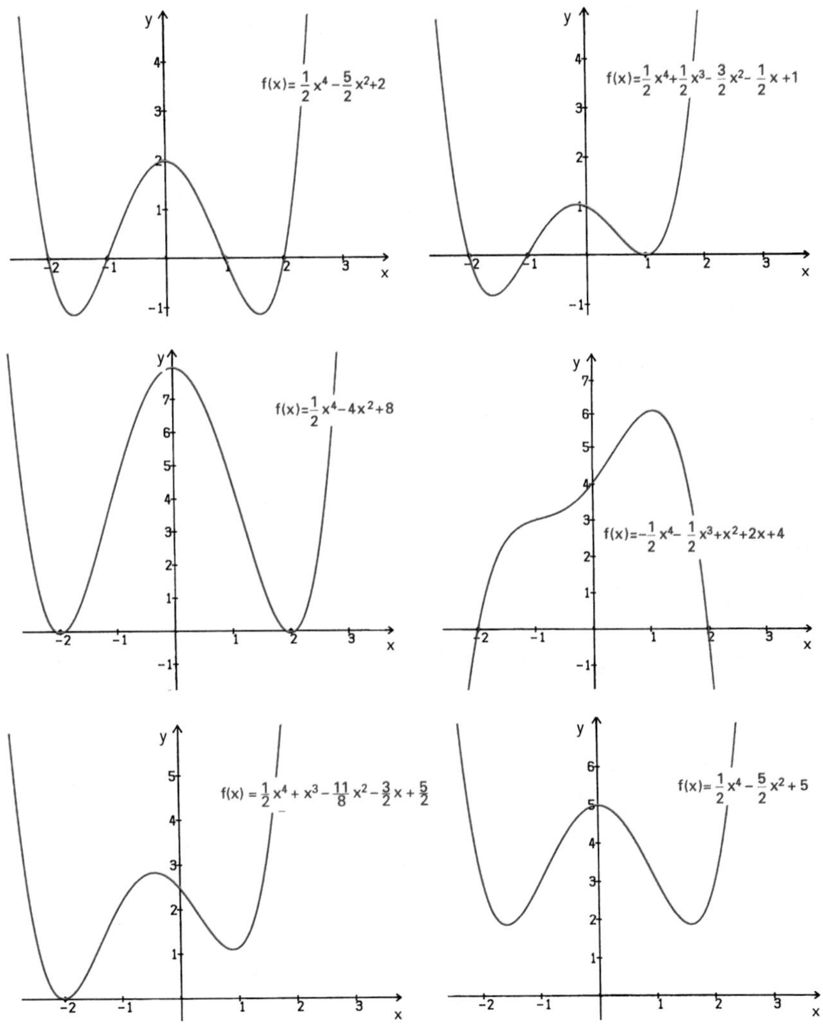

* Girolamo Cardano (1501–1576) und weiteren italienischen Mathematikern gelang es, noch weitere Formeln zu entwickeln, die aber wegen komplizierter Umformungen nur schwer anzuwenden sind. Für allgemeine Gleichungen vom 5. Grad an gibt es keine Formeln mehr.

Eine Parabel 4. Ordnung kann keinen, einen, zwei, drei, höchstens jedoch vier Schnittpunkte mit der x-Achse besitzen.

Gleichung 4. Grades: $a_4x^4+a_3x^3+a_2x^2+a_1x+a_0=0$
Hier gelten für die allgemeine Gleichung ebenfalls die vorherigen Ausführungen, die zu Gleichungen 3. Grades gemacht wurden.

Spezialfall:

Biquadratische Gleichung der Form: $a_4x^4+a_2x^2+a_0=0$
Diese Gleichung kann exakt über folgenden Lösungsweg gelöst werden:

$a_4x^4+a_2x^2+a_0=0$
Substitution: $x^2=u$
$a_4u^2+a_2u+a_0=0$

$$u_1=\frac{-a_2-\sqrt{a_2^2-4a_4a_0}}{2a_4} \quad \text{oder} \quad u_2=\frac{-a_2+\sqrt{a_2^2-4a_4a_0}}{2a_4}$$

Rücksubstitution: $x=\pm\sqrt{u}$
$x_1=-\sqrt{u_1},\quad x_2=\sqrt{u_1}$
$x_3=-\sqrt{u_2},\quad x_4=\sqrt{u_2}$

BEISPIEL

$x^4-5x^2+4=0$
$x^2=u$
$u^2-5u+4=0$

$$u_1=\frac{5-\sqrt{9}}{2}=1$$

$$\vee \quad u_2=\frac{5+\sqrt{9}}{2}=4$$

$x_1=-1,\quad x_2=1$
$x_3=-2,\quad x_4=2$

Mit dem **grafikfähigen Taschenrechner** kann man über die „TRACE"-Taste die Nullstelle „anfahren" und den x-Wert anzeigen lassen. Über die „ZERO"-Taste lassen sich die Nullstellen berechnen. Weshalb man einen linken und rechten Wert und eine Vermutung eingeben muss, wird später bei den Näherungsverfahren in Kapitel 4.6 geklärt.

BEISPIEL

Schaubild K der Polynomfunktion f mit
$f(x)=\frac{1}{8}x^4-\frac{5}{16}x^3+\frac{1}{8}x^2+\frac{9}{16}x-\frac{9}{8}$

Grafik: ZOOM 4: ZDecimal, TRACE

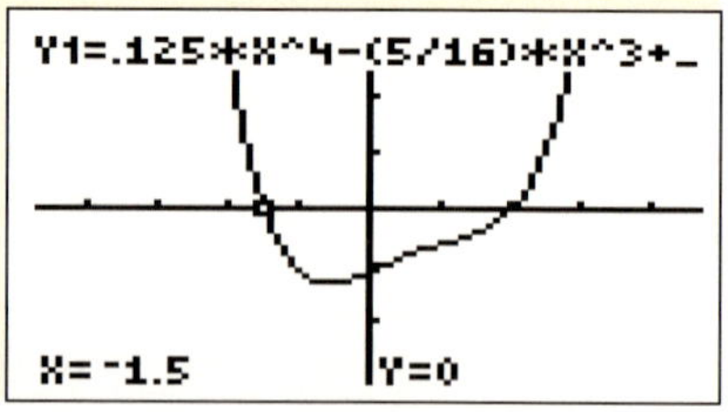

*2

Grafik: CALCULATE 2: zero

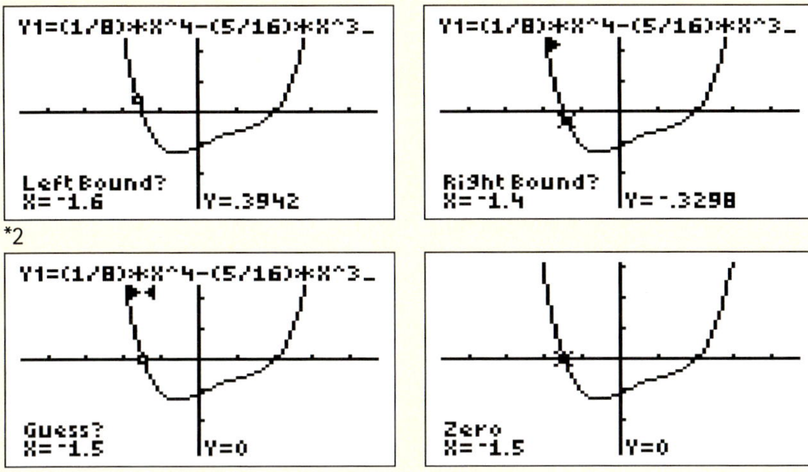

AUFGABE 11 Ermitteln Sie grafisch die Nullstellen der Parabeln zu folgenden Polynomfunktionen.

a) $f\colon x \mapsto \frac{1}{9}x^3 + \frac{4}{27}x^2 + \frac{1}{9}x + \frac{4}{27}$

b) $f\colon x \mapsto \frac{1}{16}x^4 + \frac{1}{10}x^3 + \frac{1}{200}x^2 + \frac{1}{5}x - \frac{6}{25}$

c) $f\colon x \mapsto \frac{1}{25}x^5 - \frac{1}{20}x^4 + \frac{2}{25}x^3 - \frac{1}{10}x^2 + \frac{1}{25}x - \frac{1}{20}$

d) $f\colon x \mapsto \frac{1}{4}x^4 - \frac{1}{10}x^3 - \frac{283}{100}x^2 + \frac{34}{25}x + \frac{96}{25}$

4.2 Lösen von Gleichungen höheren Grades ($n \geqslant 3$)

Ist für eine Polynomfunktion $f(x) = a_n x^n + a_{n-1}x^{n-1} + \ldots + a_1 x + a_0$ der Nullstellensatz erfüllt, d. h., es gibt zwei x_1, x_2, sodass $f(x_1) < 0$ und $f(x_2) > 0$, dann muss im Intervall $]x_1; x_2[$ mindestens eine Nullstelle x_n liegen. Die zugehörige algebraische Gleichung $a_n x^n + a_{n-1}x^{n-1} + \ldots + a_2 x^2 + a_1 x + a_0 = 0$ hat dann mindestens eine Lösung.

4.2.1 „Einfache" Gleichungen (3. und 4. Grades)

BEISPIELE 1) **Wurzelziehen**

Bei Gleichungen der Form $a_3x^3 + a_0 = 0$ und $a_4x^4 + a_0 = 0$ kann man nach x^3 bzw. x^4 auflösen und dann die 3. bzw. 4. Wurzel ziehen.

Fall 1:

$a_3x^3 + a_0 = 0$

$a_3x^3 = -a_0$

$x^3 = -\frac{a_0}{a_3}$

$x = \sqrt[3]{-\frac{a_0}{a_3}}$

Beispiel:

$\frac{1}{4}x^3 + 2 = 0$

$\frac{1}{4}x^3 = -2$

$x^3 = -8$

$x = \sqrt[3]{(-8)} = -2$

(einfache Nullstelle)

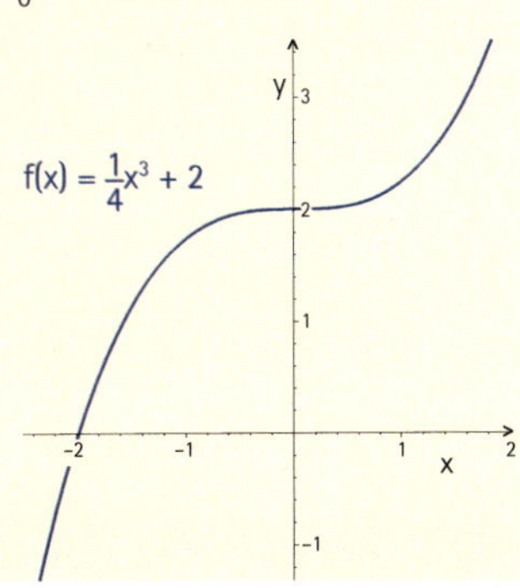

Fall 2:

$a_4x^4 + a_0 = 0$

$a_4x^4 = -a_0$

$x^4 = -\frac{a_0}{a_4}$

(Nur wenn $(-\frac{a_0}{a_4}) \geq 0$, kann man die 4. Wurzel ziehen!)

$x = \pm\sqrt[4]{-\frac{a_0}{a_4}}$

Beispiel:

$-\frac{1}{8}x^4 + 2 = 0$

$-\frac{1}{8}x^4 = -2$

$x^4 = 16$

$x = \pm\sqrt[4]{16}$

$x_1 = 2 \vee x_2 = -2$

(jeweils einfache Nullstellen)

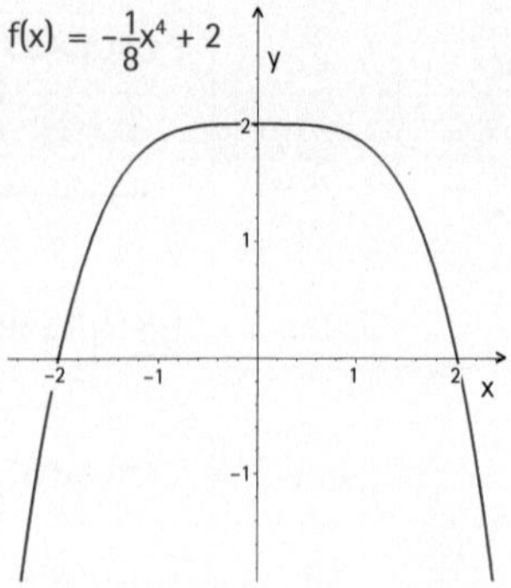

2) **Höchste gemeinsame *x*-Potenz ausklammern und Satz vom Nullprodukt**

Bei vielen Gleichungen 3. und 4. Grades ist der Koeffizient $a_0 = 0$. Oft sind auch noch $a_1 = 0$ und $a_2 = 0$. Dies führt auf „leicht" zu lösende Gleichungen.

Fall 1:

$a_3x^3 + a_2x^2 + a_1x = 0$

Ausklammern von x und Anwenden des Satzes vom Nullprodukt:

$x \cdot (a_3x^2 + a_2x + a_1) = 0$

$x_{N1} = 0$

$\vee\, a_3x^2 + a_2x + a_1 = 0$

$x_{N2/3} = \frac{-a_2 \pm \sqrt{a_2^2 - 4a_3a_1}}{2a_3}$

Beispiel:

$\frac{1}{2}x^3 + 2x^2 - 2x = 0$

$x \cdot (\frac{1}{2}x^2 + 2x - 2) = 0$

$x_{N1} = 0$

$\vee\, \frac{1}{2}x^2 + 2x - 2 = 0$

$x_{N2/3} = \frac{-2 \pm \sqrt{4+4}}{1}$

$x_{N2} = -2 + 2\sqrt{2} \vee$

$x_{N3} = -2 - 2\sqrt{2}$

(jeweils einfache Nullstellen)

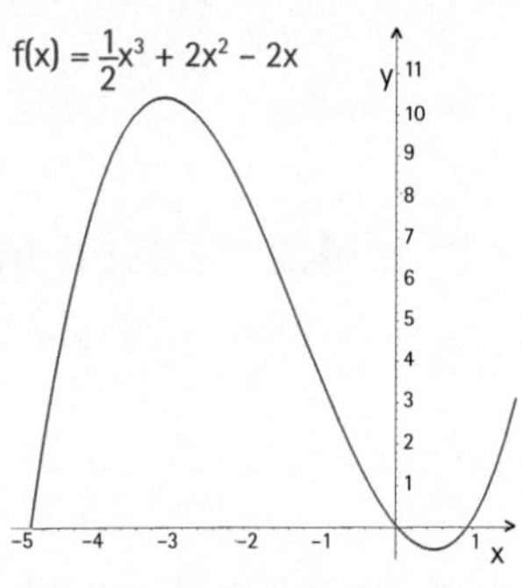

Fall 2:

$a_3x^3 + a_2x^2 = 0$

Ausklammern von x^2 und Anwenden des Satzes vom Nullpunkt:

$x^2 \cdot (a_3x + a_2) = 0$

$x_{N1} = 0 \;\vee\, a_3x + a_2 = 0$

(doppelt)

$x_{N2} = \frac{-a_2}{a_3}$

(einfach)

Beispiel:

$2x^3 - 3x^2 = 0$

$x^2 \cdot (2x - 3) = 0$

$x_{N1} = 0 \;\vee\; 2x - 3 = 0$

(doppelt)

$x_{N2} = \frac{-(-3)}{2} = 1{,}5$

(einfach)

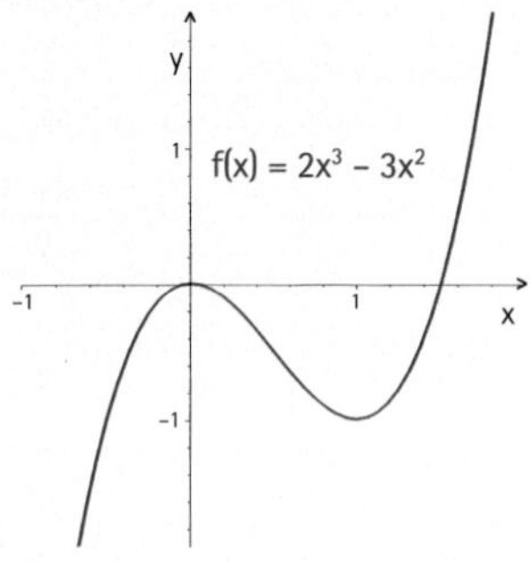

Fall 3:

$a_4x^4 + a_3x^3 + a_2x^2 = 0$

Ausklammern von x^2 und Anwenden des Satzes vom Nullprodukt:

$x^2 \cdot (a_4x^2 + a_3x + a_2) = 0$

$x_{N1} = 0$ (doppelt) $\vee a_4x^2 + a_3x + a_2 = 0$

$x_{N2/3} = \dfrac{-a_3 \pm \sqrt{a_3^2 - 4a_4a_2}}{2a_4}$

Beispiel:

$\frac{1}{2}x^4 + \frac{1}{2}x^3 - 3x^2 = 0$

$x^2 \cdot (\frac{1}{2}x^2 + \frac{1}{2}x - 3) = 0$

$x_{N1} = 0$ (doppelt) $\vee \frac{1}{2}x^2 + \frac{1}{2}x - 3 = 0$

$\vee \frac{1}{2}(x^2 + x - 6) = 0$

$\vee \frac{1}{2}(x+3)(x-2) = 0$

$x_{N2} = -3 \vee x_{N3} = 2$

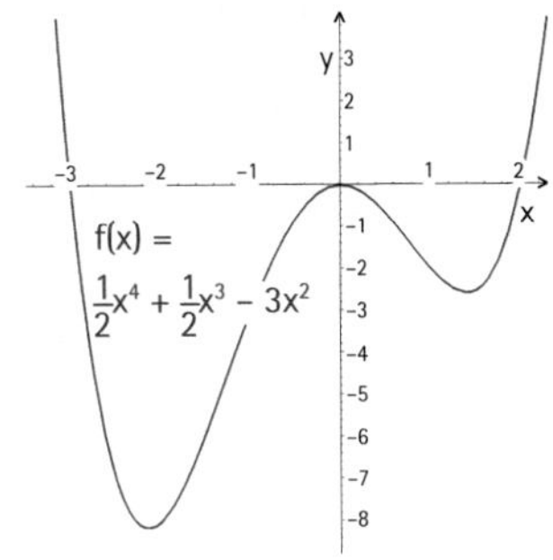

Fall 4:

$a_4x^4 + a_3x^3 = 0$

Ausklammern von x^3 und Anwenden des Satzes vom Nullprodukt:

$x^3 \cdot (a_4x + a_3) = 0$

$x_{N1} = 0 \vee a_4x + a_3 = 0$
(dreifach)

$x_{N2} = \dfrac{-a_3}{a_4}$
(einfach)

Beispiel:

$-\frac{1}{8}x^4 + \frac{1}{3}x^3 = 0$

$x^3 \cdot (-\frac{1}{8}x + \frac{1}{3}) = 0$

$x_{N1} = 0 \vee -\frac{1}{8}x + \frac{1}{3} = 0$
(dreifach)

$x_{N2} = \frac{8}{3} = 2{,}66$
(einfach)

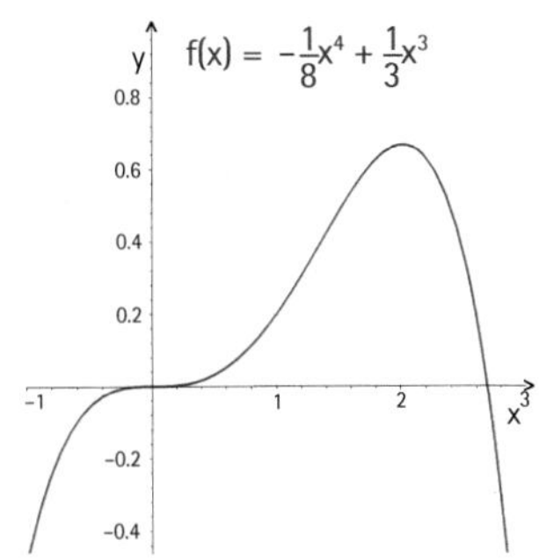

Fall 5:

$a_4x^4 + a_3x^3 + a_2x^2 + a_1x = 0$

Ausklammern von x und Anwenden des Satzes vom Nullprodukt:

$x \cdot (a_4x^3 + a_3x^2 + a_2x + a_1) = 0$

$x_{N1} = 0 \vee a_4x^3 + a_3x^2 + a_2x + a_1 = 0$

Beispiel:

$\frac{1}{2}x^4 + x^3 + \frac{1}{2}x^2 + x = 0$

$x \cdot (\frac{1}{2}x^3 + x^2 + \frac{1}{2}x + 1) = 0$

$x_{N1} = 0 \vee \frac{1}{2}x^3 + x^2 + \frac{1}{2}x + 1 = 0$

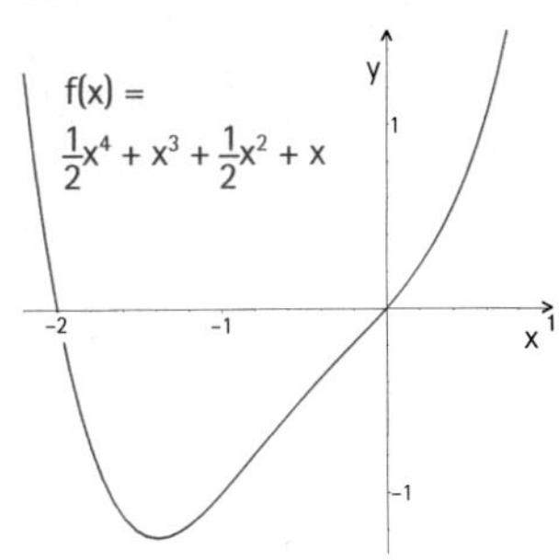

Bis hierher lief alles wie gewohnt. Neben der Lösung $x_{N1} = 0$ bleibt aber nun eine nur schwer zu lösende Gleichung 3. Grades: Diesen schwierigen Gleichungen ist das nächste Kapitel gewidmet.

3) **Biquadratische Gleichung**

Wie bereits in Kapitel 4.1.1.3 dargestellt, gibt es nur für die Gleichungen 4. Grades der Form:

$a_4x^4 + a_2x^2 + a_0 = 0$ die Möglichkeit, über die Substitution: $x^2 = u$ in eine quadratische Gleichung umzuformen: $a_4u^2 + a_2u + a_0 = 0$.

Beispiel: $\frac{1}{2}x^4 - \frac{3}{2}x^2 - 2 = 0$

ersetze $x^2 = u$ (bzw. $x = \pm\sqrt{u}$)

$$\frac{1}{2}u^2 - \frac{3}{2}u - 2 = 0$$

$$u = \frac{\frac{3}{2} \pm \sqrt{\frac{9}{4} + 4}}{1}$$

$u_1 = 4 \Rightarrow \quad x_1 = \sqrt{4} = 2$

$\qquad\qquad\quad x_2 = -\sqrt{4} = -2$

$u_2 = -1 \Rightarrow \quad x_3 = \sqrt{-1}$ (keine reelle Lösung)

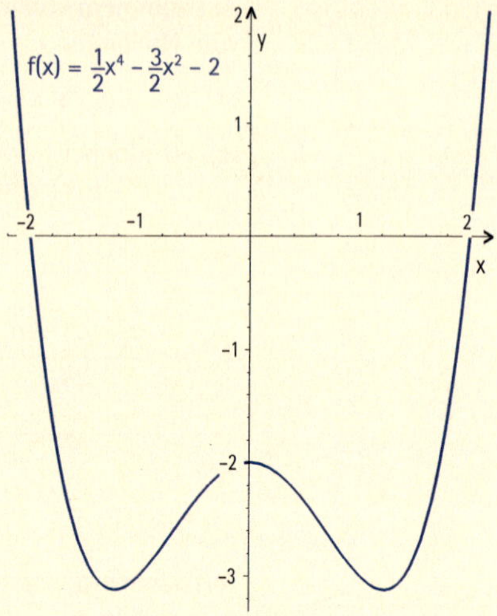

AUFGABE 12 Bestimmen Sie die Nullstellen folgender Parabeln 3. und 4. Ordnung. Lösen Sie die Gleichungen zunächst von „Hand". Der grafikfähige Taschenrechner ermöglicht die Kontrolle Ihrer Rechnungen.
Zeichnen Sie dann die Schaubilder und lesen Sie die Nullstellen genau ab. Beachten Sie „doppelte" und „dreifache" Nullstellen. Verwenden Sie die Zoom-, Trace- und Zero-Funktionen des Rechners.

a) $f(x) = x^3 - 6x^2 + 9x$	b) $f(x) = \frac{1}{8}x^3 - \frac{3}{2}x^2 + \frac{9}{2}x$	c) $f(x) = \frac{1}{4}x^3 - 2x^2 + 4x$
d) $f(x) = \frac{4}{9}x^3 - \frac{13}{3}x^2 + 10x$	e) $f(x) = \frac{1}{3}x^3 - 3x^2 + 6x$	f) $f(x) = -\frac{1}{4}x^3 + \frac{3}{2}x^2 - 2x$
g) $f(x) = -\frac{1}{32}x^3 + \frac{3}{2}x$	h) $f(x) = -\frac{1}{8}x^3 + 2x$	i) $f(x) = -\frac{3}{16}x^3 + \frac{9}{4}x$
j) $f(x) = -\frac{1}{9}x^3 + x^2$	k) $f(x) = -\frac{1}{18}x^3 + \frac{1}{2}x^2$	l) $f(x) = -\frac{1}{6}x^3 + x^2$
m) $f(x) = \frac{1}{4}x^3 - \frac{3}{2}x^2$	n) $f(x) = -\frac{1}{9}x^3 + 3$	o) $f(x) = \frac{1}{2}x^3 + 4$
p) $f(x) = -x^4 + 2x^3$	q) $f(x) = -\frac{1}{27}x^4 + \frac{2}{9}x^3$	r) $f(x) = \frac{1}{8}x^4 + \frac{1}{2}x^3$
s) $f(x) = \frac{1}{8}x^4 - x^3 + \frac{9}{4}x^2$	t) $f(x) = \frac{1}{2}x^4 - x^2$	u) $f(x) = -\frac{1}{4}x^4 + x$
v) $f(x) = -\frac{1}{16}(x^4 - 6x^2 - 27)$	w) $f(x) = \frac{1}{2}x^4 - 3x^2 + \frac{5}{2}$	x) $f(x) = \frac{1}{48}x^4 - x^2 + 9$
y) $f(x) = -\frac{1}{8}x^4 + 2$	z) $f(x) = \frac{1}{27}x^4 - 3$	

4.2.2 Erraten einer Lösung – Polynomdivision

Wenn man für eine Polynomfunktion f mit $f(x) = a_nx^n + a_{n-1}x^{n-1} + \ldots + a_1x + a_0$ eine Nullstelle errät, dann kann man weitere finden, da sich der Funktionsterm mithilfe der gefundenen Nullstelle zerlegen lässt.

BEISPIEL $f(x) = x^3 - 4x^2 + x + 6$; Nullstelle $x_1 = 2$ (erraten), d. h. $f(2) = 8 - 4 \cdot 4 + 2 + 6 = 0$

Es gilt dann: $f(x) = (x - 4)(x^2 - 2x - 3)$

SATZ **Zerlegungssatz**

Ist $f(x_1) = 0$, also x_1 eine Nullstelle von f, dann lässt sich $f(x)$ als ein Produkt aus dem Linearfaktor $(x - x_1)$ und einem Polynom $g(x)$ $(n-1)$-ten Grades darstellen. Da sich insgesamt höchstens n Linearfaktoren abspalten lassen, gilt:

Eine Polynomfunktion n-ten Grades hat höchstens n Nullstellen.

In Umkehrung hierzu gilt weiter:
Sind alle n Nullstellen $x_{N1}, x_{N2}, \ldots, x_{Nn}$ einer Polynomfunktion n-ten Grades gegeben, so lässt sich die Funktion mithilfe ihrer Linearfaktoren darstellen:

$f(x) = a \cdot (x - x_{N1}) \cdot (x - x_{N2}) \cdot (\ldots) \cdot (\ldots) \cdot (x - x_{Nn})$.

Ist x_N Nullstelle einer Polynomfunktion f und gilt
$\boldsymbol{f(x) = (x - x_N)^k \cdot g(x)}$ **mit** $\boldsymbol{k \in \mathbb{N}^*}$ **und** $\boldsymbol{g(x_N) \neq 0}$,
so heißt x_N eine **k-fache Nullstelle von f**.

BEISPIEL Die Polynomfunktion f mit $f(x) = x^3 - 2x^2 - 5x + 6$ hat die Nullstellen

$x_{N1} = -2$, da $f(-2) = 0$. Es gilt somit $f(x) = (x + 2)(x^2 - 4x + 3)$
$x_{N2} = 1$, da $f(1) = 0$. Es gilt somit $f(x) = (x - 1)(x^2 - x - 6)$
$x_{N3} = 3$, da $f(3) = 0$. Es gilt somit $f(x) = (x - 3)(x^2 + x - 2)$

Man sieht, dass in unserem Beispiel
$f(x) = x^3 - 2x^2 - 5x + 6 = (x + 2) \cdot (x - 1) \cdot (x - 3)$ die ganzzahligen Nullstellen Teiler des Absolutgliedes 6 sind.

Dies lässt sich auch wiederum allgemein zeigen.

Ganzzahlige Nullstellen

Ist x_N $(x_N \neq 0)$ eine ganzzahlige Nullstelle von f und sind alle Koeffizienten a_i ganzzahlig $(a_i \in \mathbb{Z})$, so folgt für

$$0 = \frac{f(x_N)}{x_N} = a_n x_N^{n-1} + a_{n-1} x_N^{n-2} + \ldots + a_2 x_N + a_1 + \frac{a_0}{x_N}, \text{ dass } \frac{a_0}{x_N} \in \mathbb{Z},$$

da $a_n x_N^{n-1} + a_{n-2} x_N^{n-2} + \ldots + a_2 x_N + a_1$ sicher ganzzahlig ist. Dies ist von großer praktischer Bedeutung, da man eventuell vorhandene ganzzahlige Nullstellen x_N hiermit leichter durch Probieren finden kann.

MERKE $x_N \in \mathbb{Z}$ muss ein Teiler von a_0 sein, falls $a_i \in \mathbb{Z}$.

AUFGABE 13 Suchen Sie ganzzahlige Nullstellen der folgenden Funktionen auf. Stellen Sie die Funktionen als Produkt ihrer Linearfaktoren dar.

a) $f_1: x \mapsto 5x^3+10x^2-5x-10$ c) $f_3: x \mapsto 2x^2-2x-4$

b) $f_2: x \mapsto x^3-3x^2-6x+8$ d) $f_4: x \mapsto 3x^3-18x^2+33x-18$

Überprüfen Sie Ihre Lösungen mit dem GTR.

AUFGABE 14 Wie heißt die Gleichung der Funktion n-ten Grades, wenn n Nullstellen und ein Koeffizient gegeben sind?

a) $1, -2, 3; a_3=5$ c) $0, -1, 1; a_3=1$

b) $1, 3, 5, 7; a_2=4$ d) $2, -2, 4; a_1=1$

Führen Sie die Berechnungen auch mit einem CAS durch. Zeichnen Sie die Graphen mit dem GTR bzw. CAS.

BEISPIEL $x^3+2x^2-5x-6=0$

Durch Probieren (bzw. Wertetafel) findet man eine erste Lösung:

$x_1=2$ $(8+8-10-6=0$; Gleichung geht auf, ist wahr (w))!

Das Polynom x^3+2x^2-5x-6 enthält damit den Linearfaktor $(x-2)$.

Also: $x^3+2x^2-5x-6=(x-2)\cdot\underbrace{(b_2x^2+b_1x+b_0)}_{\text{Polynom 2. Grades}}=0$

Weitere Lösungen hat die Gleichung für $b_2x^2+b_1x+b_0=0$ (Satz vom Nullprodukt).

Polynomdivision

Um das Polynom 2. Grades zu bestimmen, muss man eine Division mit dem Linearfaktor $(x-2)$ durchführen. Es darf hierbei kein Rest auftreten, wenn x_1 eine Nullstelle ist. Die Division des Polynoms durch den Linearfaktor wird entsprechend der „schriftlichen" Division ganzer Zahlen vorgenommen.

z. B.:

$$\begin{array}{rl}
 & 2310:14=165 \\
* & -14 \leftarrow 14\cdot 1 \\
 & 91 \\
* & -84 \leftarrow 14\cdot 6 \\
 & 70 \\
* & -70 \leftarrow 14\cdot 5 \\
 & 0
\end{array}
\qquad
\begin{array}{rl}
 & (x^3+2x^2-5x-6):(x-2)=x^2+4x+3 \\
* & -(x^3-2x^2) \leftarrow (x-2)\cdot x^2 \\
 & 4x^2-5x \\
* & -(4x^2-8x) \leftarrow (x-2)\cdot 4x \\
 & 3x-6 \\
* & -(3x-6) \leftarrow (x-2)\cdot 3 \\
 & 0
\end{array}$$

Die mit $*$ bezeichneten Terme müssen subtrahiert werden!

Weitere Lösungen sind nun für das Polynom 2. Grades (quadratische Gleichung) leicht zu bestimmen.

$x^2+4x+3=0$

$(x+1)(x+3)=0$ bzw. $x_{2/3}=\dfrac{-4\pm\sqrt{16-12}}{2}$

$x_2=-1 \quad x_3=-3$

$\mathbb{L}=\{2; -1; -3\}$

Für Gleichungen 4., 5. bzw. n-ten Grades kann nun entsprechend verfahren werden. Für jede erratene Lösung lässt sich über die Polynomdivision der Grad der zu lösenden Gleichung reduzieren, bis eine quadratische Gleichung erreicht ist.

BEISPIEL $x^4-2x^3+x^2-4=0$

Erraten: $x_1=-1$
Linearfaktor: $(x+1)$

1. Polynomdivision

$$
\begin{array}{l}
(x^4-2x^3+x^2-4):(x+1)=x^3-3x^2+4x-4 \\
\underline{-(x^4+x^3)} \\
\quad -3x^3+x^2 \\
\quad \underline{-(-3x^3-3x^2)} \\
\qquad\quad 4x^2+0x \\
\qquad\quad \underline{-(4x^2+4x)} \\
\qquad\qquad -4x-4 \\
\qquad\qquad \underline{-(-4x-4)} \\
\qquad\qquad\qquad 0
\end{array}
$$

Für: $x^3-3x^2+4x-4=0$

Erraten: $x_2=2$

Linearfaktor: $(x-2)$

2. Polynomdivision

$$
\begin{array}{l}
(x^3-3x^2+4x-4):(x-2)=x^2-x+2 \\
\underline{-(x^3-2x^2)} \\
\quad -x^2+4x \\
\quad \underline{-(-x^2+2x)} \\
\qquad\quad 2x-4 \\
\qquad\quad \underline{-(2x-4)} \\
\qquad\qquad 0
\end{array}
$$

Weitere Lösungen, wenn:
$x^2-x+2=0$

$$x_{3/4}=\frac{1\pm\sqrt{1-8}}{2}$$

Die Diskriminante ist negativ, sodass hier keine weiteren Lösungen (Nullstellen) vorliegen.

Somit:

$$x^4-2x^3+x^2-4=0$$
$$(x+1)(x-2)(x^2-x+2)=0$$
$$\mathbb{L}=\{-1;\,2\}$$

BEISPIEL $2x^5-2x^4-26x^3+26x^2+72x-72=0 \quad |:2$

$x^5-x^4-13x^3+13x^2+36x-36=0$

Erraten: $x_1=2$ und $x_2=3$

Linearfaktoren: $(x-2)(x-3)=x^2-5x+6$

In diesem Fall wird man die Polynomdivision sofort mit (x^2-5x+6) durchführen:

$$\begin{array}{l}(x^5-x^4-13x^3+13x^2+36x-36):(x^2-5x+6)=x^3+4x^2+x-6\\ \underline{-(x^5-5x^4+6x^3)}\\ \quad 4x^4-19x^3+13x^2\\ \quad \underline{-(4x^4-20x^3+24x^2)}\\ \qquad x^3-11x^2+36x\\ \qquad \underline{-(x^3-5x^2+6x)}\\ \qquad\quad -6x^2+30x-36\\ \qquad\quad \underline{-(-6x^2+30x-36)}\\ \qquad\qquad 0\end{array}$$

Für: $x^3+4x^2+x-6=0$

Erraten: $x_3=1$

Linearfaktor: $(x-1)$

Polynomdivision:

$$\begin{array}{l}(x^3+4x^2+x-6):(x-1)=x^2+5x+6\\ \underline{-(x^3-x^2)}\\ \quad 5x^2+x\\ \quad \underline{-(5x^2-5x)}\\ \qquad 6x-6\\ \qquad \underline{-(6x-6)}\\ \qquad\quad 0\end{array}$$

Quadratische Gleichung:

$$x^2+5x+6=0$$
$$(x+2)\cdot(x+3)=0$$
$$x_4=-2$$
$$x_5=-3$$

Damit:

$2x^5-2x^4-26x^3+26x^2+72x-72=0$

$2(x-2)(x-3)(x-1)(x+2)(x+3)=0$

Lösung (bzw. Nullstellen).

$\mathbb{L}=\{-3;-2;1;2;3\}$

BEISPIEL

Nullstellen von

$f(x)=\frac{1}{4}(x^4-3x^3-3x^2+7x+6)$

wegen $f(x)=0$ folgt:

$x^4-3x^3-3x^2+7x+6=0$

Erraten: $x_1=-1$

Linearfaktor: $(x+1)$

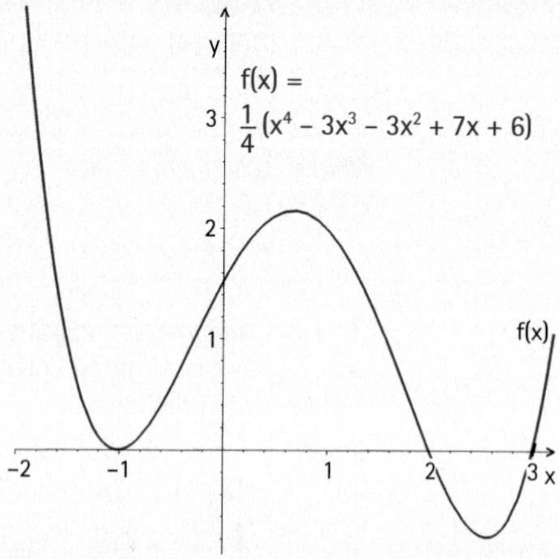

1. Polynomdivision

$$(x^4-3x^3-3x^2+7x+6):(x+1)=x^3-4x^2+x+6$$
$$-(x^4+x^3)$$
$$-4x^3-3x^2$$
$$-(-4x^3-4x^2)$$
$$x^2+7x$$
$$-(x^2+x)$$
$$6x+6$$
$$-(6x+6)$$
$$0$$

Für $x^3-4x^2+x+6=0$

Erraten: $x_2=3$
Linearfaktor: $(x-3)$

2. Polynomdivision

$$(x^3-4x^2+x+6):(x-3)=x^2-x-2$$
$$-(x^3-3x^2)$$
$$-x^2+x$$
$$-(x^2+3x)$$
$$-2x+6$$
$$-(-2x+6)$$
$$0$$

Weitere Lösungen, wenn:

$x^2-x-2=0$

$(x-2)(x+1)=0$

$x_3=2$ oder

$x_4=x_1=-1$

Die Nullstelle $x_1=-1$ ist doppelt!

Dies führt zu $f(x)=\frac{1}{4}(x+1)^2(x-2)(x-3)$.

Für das Schaubild bedeutet dies, dass die x-Achse an der Stelle $x=-1$ **berührt** wird (**„doppelter" Schnittpunkt**).

AUFGABE 15 Die unten stehenden Schaubilder gehören zu den Polynomfunktionen f, g, h und k. Welchen Grad müssen f, g, h, k mindestens haben?

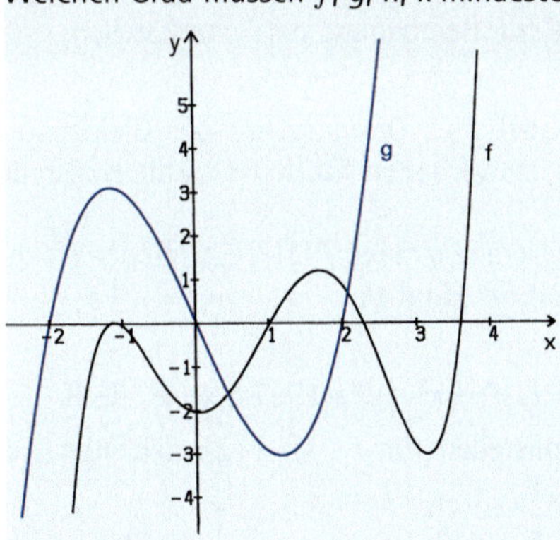

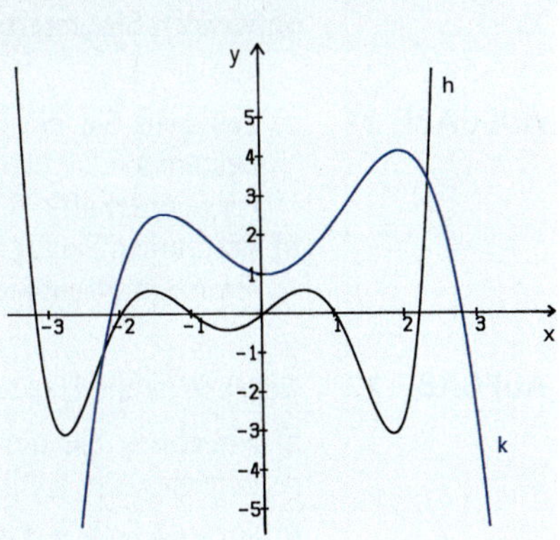

AUFGABE 16 Gegeben ist die Funktion $f\colon x \mapsto ax^3-4x^2+3x;\ x\in\mathbb{R},\ a\in\mathbb{R}$. Für welche Werte von a besitzt die Funktion drei, zwei, genau eine Nullstelle?

AUFGABE 17 Bestimmen Sie die Nullstellen für die folgenden Funktionen. Zeichnen Sie ihre Graphen in ein Koordinatensystem. Wie verhalten sich die Graphen in „doppelten" Nullstellen?

a) $f_1\colon x \mapsto x^3-3x-2$
b) $f_2\colon x \mapsto x^3-12x^2+45x-50$
c) $f_3\colon x \mapsto \frac{1}{2}x^4-2x^3-\frac{3}{2}x^2+7x-4$
d) $f_4\colon x \mapsto x^4-3x^2-4$
e) $f_5\colon x \mapsto x^4-\frac{1}{2}x^2-3$
f) $f_6\colon x \mapsto \frac{1}{4}x^3-\frac{1}{4}x^2-4x+4$

AUFGABE 18 Die folgenden Gleichungen haben mindestens eine ganzzahlige Lösung. Bestimmen Sie ihre Lösungsmengen.

a) $x^3+6x^2+3x-10=0$
b) $x^3-7x^2-4x+28=0$
c) $\frac{1}{2}x^4-\frac{5}{2}x^3+x^2+10x-12=0$
d) $x^4-18x^2-32x-15=0$
e) $\frac{1}{2}x^3+\frac{1}{4}x^2-8x-4=0$
f) $x^3-4x-3=0$
g) $x^4+4x^3-4x^2+4x-5=0$
h) $x^3-x^2-\frac{5}{4}x+\frac{3}{4}=0$

AUFGABE 19 Bestimmen Sie die Lösungsmengen der Gleichungen.

a) $x^4-8x^2+15=0$
b) $x^4-3x^2-4=0$
c) $x^4-5x^2+4=0$
d) $2x^4+4x^2-2=0$

AUFGABE 20 Die Bestimmung des Schnittpunktes der Graphen zweier Polynomfunktionen n-ten und m-ten Grades mit $n \geqslant m$ führt auf Gleichungen n-ten Grades.
Berechnen Sie die Schnittpunkte der Schaubilder der Funktionen g und f. Zeichnen Sie die Graphen in ein Koordinatensystem.

a) $f\colon x \mapsto x^3-3x^2-2x+6, \quad g\colon x \mapsto 0$
b) $f\colon x \mapsto 2x^4-3x^3-5x^2+2x-2, \quad g\colon x \mapsto 5x^2-3x+4$
c) $f\colon x \mapsto x^3-x^2-x+1, \quad g\colon x \mapsto x^2+x-3$
d) $f\colon x \mapsto x^4-2x^3+x+1, \quad g\colon x \mapsto -x^3-x^2+2x+1$

Kontrollieren Sie mit dem grafikfähigen Taschenrechner (Schaubilder und „TRACE"). Verwenden Sie „intersect" zur Berechnung der Schnittstellen.

AUFGABE 21
a) Zeichnen Sie die Parabel p 3. Ordnung mit der Gleichung $f(x)=\frac{4}{9}x^3-4x^2+8x$. Bestimmen Sie hierzu das Verhalten für $|x| \mapsto \infty$, die Nullstellen und die Symmetrieeigenschaft.
b) Bestimmen Sie für die Gerade g durch $P(1|?) \in p$ mit der Steigung $m=-\frac{1}{2}$ die weiteren Schnittpunkte mit der Parabel.

AUFGABE 22 Gegeben ist die Funktion $f_t\colon x \mapsto x^3-9x^2+15x+t$, $x \in \mathbb{R}$, $t \in \mathbb{R}$.

a) Berechnen Sie die Nullstellen für f_{-7} $(t=-7)$. Zeichnen Sie das Schaubild im Bereich $x \in [-1; 8]$.
b) Für welche t hat die Funktion genau zwei Nullstellen? Probieren Sie mit dem Taschenrechner: $t=-5; 0; 10; 25$
Sie kennen nun die gesuchten t-Werte. Aber wie leitet man sie durch Rechnung her?

AUFGABE 23 Die Funktion $f: x \mapsto x^3+x^2+a_1x+a_0$ hat an der Stelle $x_N=1$ eine Nullstelle. Für welche a_1, a_0 hat f keine, eine oder zwei weitere Nullstellen?

AUFGABE 24 Der Graph einer Polynomfunktion 3. Grades schneidet die x-Achse in:

a) $x_{N1}=-1, \quad x_{N2}=1 \quad$ und $\quad x_{N3}=4$
b) $x_{N1}=-2, \quad x_{N2}=3 \quad$ und $\quad x_{N3}=3$

Wie lautet die Parabelgleichung, wenn die y-Achse in $P(0|6)$ geschnitten wird?

AUFGABE 25 Die Schaubilder von zwei Polynomfunktionen 3. Grades gehen durch den Punkt $P(0|4)$ und haben genau die beiden Nullstellen -1 und 2.

a) Wie lauten die Parabelgleichungen?
b) Zeichnen Sie die beiden Parabeln.

AUFGABE 26 Bestimmen Sie für die unten gezeichneten Schaubilder die Parabelgleichungen 3. bzw. 4. Ordnung. Prüfen Sie Ihre Lösungen mit dem grafikfähigen Taschenrechner.

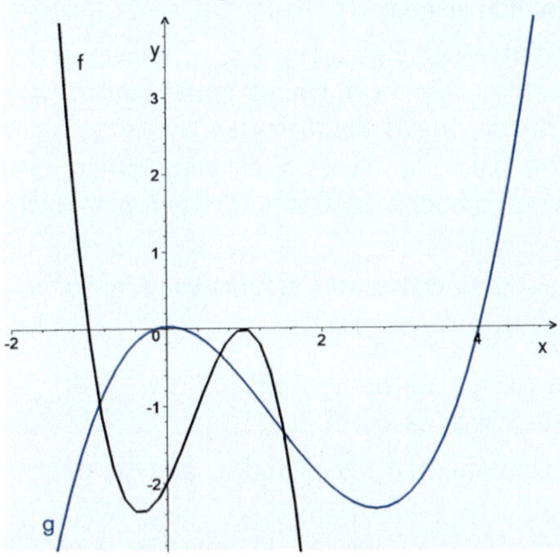

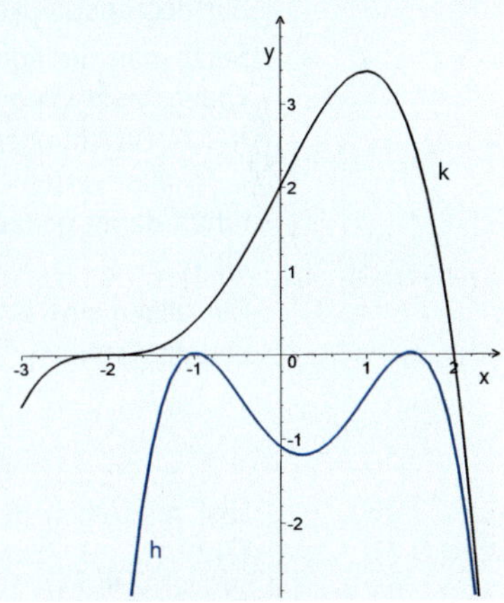

4.3 Festlegung der Graphen einer Polynomfunktion durch gegebene Punkte

In Teil B, Kapitel 2.2.4 wurde schon gezeigt, dass durch zwei Punkte genau eine Gerade mit der Gleichung $y=a_1x+a_0$ festgelegt wird. Durch drei Punkte wird im Allgemeinen eine Parabel 2. Ordnung mit der Gleichung $y=a_2x^2+a_1x+a_0$ bestimmt, was Sie schon in Kapitel 2.3.7 kennen gelernt haben. Im Sonderfall können natürlich auch drei Punkte auf einer Geraden liegen. Die Betrachtung kann auf eine größere Anzahl vorgegebener Punkte und Parabeln höherer Ordnung ausgedehnt werden.

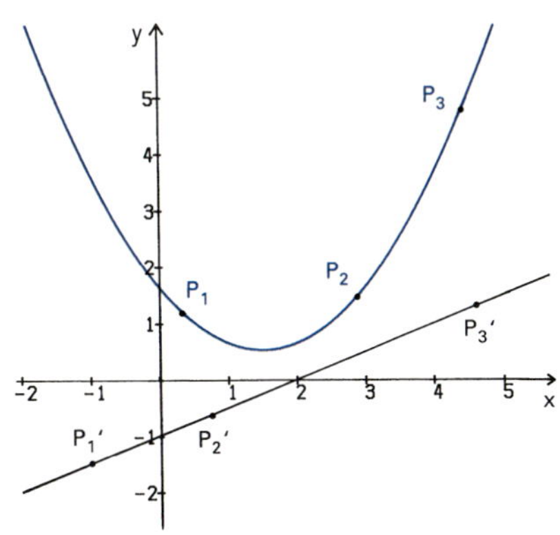

AUFGABE 27 Suchen Sie eine möglichst einfache Parabel n-ter Ordnung durch die angegebenen Punkte.

a) $P_1(-2|3)$, $P_2(4|-2)$
b) $P_1(0|2)$, $P_2(1|3)$, $P_3(3|-1)$
c) $P_1(1|1)$, $P_2(-3|-1)$, $P_3(0|-1)$, $P_4(-2|1)$
d) $P_1(-1|0)$, $P_2(0|1)$, $P_3(1|2)$, $P_4(2|9)$
e) $P_1(-2|8)$, $P_2(-1|-1)$, $P_3(0|0)$, $P_4(1|-1)$, $P_5(3|63)$
f) $P_1(-1|-14)$, $P_2(0|-4)$, $P_3(1|0)$, $P_4(2|10)$
g) $P_1(-1|3)$, $P_2(0|4)$, $P_3(1|1)$, $P_4(2|0)$
h) Welcher Zusammenhang besteht zwischen der Ordnung der Parabel und der Anzahl unabhängiger Punkte?

Es existiert genau eine Polynomfunktion, deren Graph nicht größer als n-ter Ordnung ist, wenn $(n + 1)$ verschiedene Punkte auf der Parabel liegen sollen.

Zur Begründung kann man zeigen:

Setzt man die Koordinaten $(x_1; y_1), \ldots, (x_{n+1}; y_{n+1})$ nacheinander in die Parabelgleichung $y = a_n x^n + a_{n-1} x^{n-1} + \ldots + a_1 x + a_0$ ein, so erhält man ein Gleichungssystem mit $(n+1)$ Gleichungen für die $(n+1)$ Koeffizienten a_n bis a_0. Sind die x-Werte x_1 bis x_{n+1} alle verschieden, dann ist dieses Gleichungssystem eindeutig lösbar. Man erhält damit genau eine Parabel n-ter Ordnung, wenn $a_n \neq 0$ ist, sonst ist sie kleiner als n.

Der allgemeine Beweis kann erst später geführt werden. Für $n = 2$ lautet das Gleichungssystem:

$$y_1 = a_2 x_1^2 + a_1 x_1 + a_0$$
$$y_2 = a_2 x_2^2 + a_1 x_2 + a_0$$
$$y_3 = a_2 x_3^2 + a_1 x_3 + a_0$$

Löst man nach den Unbekannten a_0, a_1 und a_2 auf, so steht im Nenner stets der Term:

$x_1^2 x_2 + x_2^2 x_3 + x_3^2 x_1 - x_1^2 x_3 - x_2^2 x_1 - x_3^2 x_2$ bzw. als Produkt: $(x_1 - x_2) \cdot (x_2 - x_3) \cdot (x_1 - x_3)$.

Für $x_1 \neq x_2 \neq x_3$ (verschiedene Punkte) ist der Nenner nicht null. Es gibt also genau eine Lösung für a_0, a_1, a_2 und somit eine Parabel mit $y = a_2 x^2 + a_1 x + a_0$.

BEISPIEL *Aufgabe 27g)*

Aufstellen einer Parabelgleichung

Es gibt genau eine Parabel mit der Gleichung: $y = a_3 x^3 + a_2 x^2 + a_1 x + a_0$.

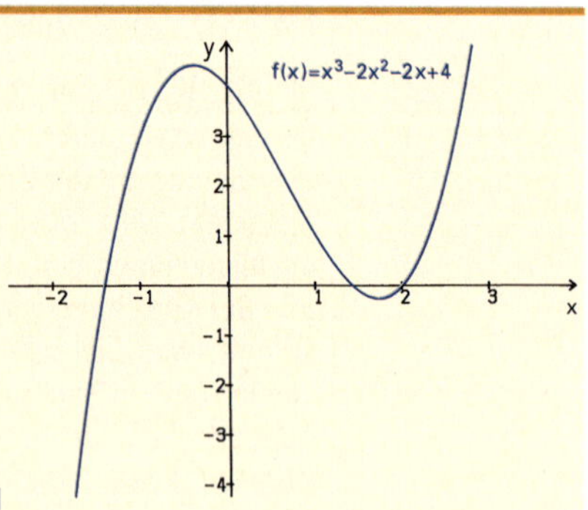

Man erhält das Gleichungssystem:

(I) $3 = -a_3 + a_2 - a_1 + a_0$
(II) $4 = a_0$
(III) $1 = a_3 + a_2 + a_1 + a_0$
(IV) $0 = 8a_3 + 4a_2 + 2a_1 + a_0$

Lösung: $a_0 = 4$, $a_1 = -2$, $a_2 = -2$, $a_3 = 1$

Die Parabel 3. Ordnung heißt: $y = x^3 - 2x^2 - 2x + 4$

Besonders einfach ist es natürlich, die Parabelgleichungen aufzufinden, wenn ein Punkt und als weitere Punkte die Schnittpunkte mit der x-Achse gegeben sind.
Man kann dann die **Nullstellenform der Parabelgleichung** ansetzen. Bei ***n*-facher Nullstelle** wird der **Linearfaktor in die *n*-te Potenz** gesetzt.

Parabel 2. Ordnung: $f(x) = a \cdot (x - x_{N1}) \cdot (x - x_{N2})$
Parabel 3. Ordnung: $f(x) = a \cdot (x - x_{N1}) \cdot (x - x_{N2}) \cdot (x - x_{N3})$
Parabel 4. Ordnung: $f(x) = a \cdot (x - x_{N1}) \cdot (x - x_{N2}) \cdot (x - x_{N3}) \cdot (x - x_{N4})$

BEISPIEL Eine Parabel 4. Ordnung geht durch $P(0|2)$ und hat doppelte Nullstellen in $N_1(-3|0)$ und $N_2(2|0)$.

Ansatz

$f(x) = a \cdot (x - x_{N1})^2 \cdot (x - x_{N2})^2$
$f(x) = a \cdot (x + 3)^2 \cdot (x - 2)^2$

wegen $P(0|2) \in$ Parabel folgt:
$2 = a \cdot (0 + 3)^2 \cdot (0 - 2)^2$
$2 = a \cdot 3^2 \cdot 2^2$
$2 = a \cdot 9 \cdot 4$
$a = \frac{1}{18}$

Ergebnis

$f(x) = \frac{1}{18} \cdot (x + 3)^2 \cdot (x - 2)^2$
$f(x) = \frac{1}{18} x^4 + \frac{1}{9} x^3 - \frac{11}{18} x^2 - \frac{2}{3} x + 2$

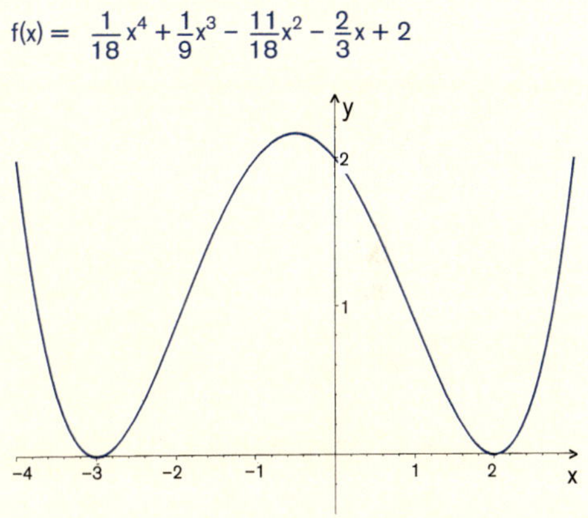

Regression dritten und vierten Grades
Es ist auch bei Parabeln 3. und 4. Ordnung möglich, zu gegebenen Punkten eine polynomiale Anpassung bzw. polynomiale Regression mit dem grafikfähigen Taschenrechner durchzuführen (siehe auch Teil B, Kapitel 1.3; 2.3.9; 2.4.4).

Bei genau vier Punkten stimmt das Polynom $y = ax^3 + bx^2 + cx + d$ natürlich mit der Berechnung über ein Gleichungssystem überein, und das Bestimmtheitsmaß r^2 ist 1. (Die Punkte dürfen nicht auf einer Geraden oder einer Parabel 2. Ordnung liegen.)

BEISPIEL *Aufgabe 27 c)*

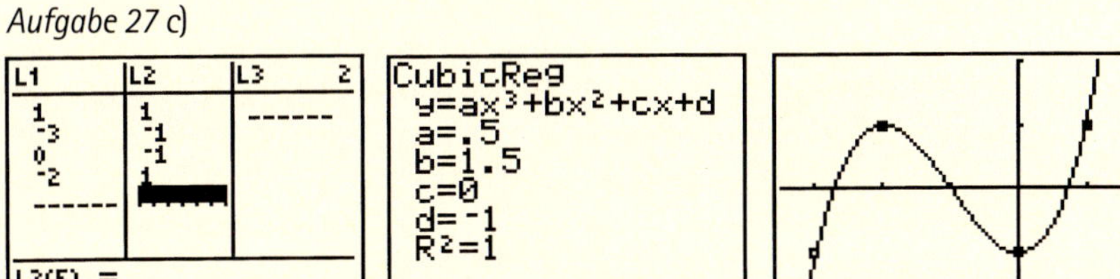

*2

Bei genau fünf Punkten wird ein Polynom vierten Grades $y = ax^4 + bx^3 + cx^2 + dx + e$ festgelegt.

BEISPIEL $P_1(0\,|\,1{,}5)$, $P_2(2\,|\,1{,}5)$, $P_3(4\,|-2{,}5)$, $P_4(1\,|\,\frac{13}{8})$, $P_5(5\,|\,\frac{-3}{8})$

(Punkte nicht auf einer Parabel 1., 2. oder 3. Ordnung)

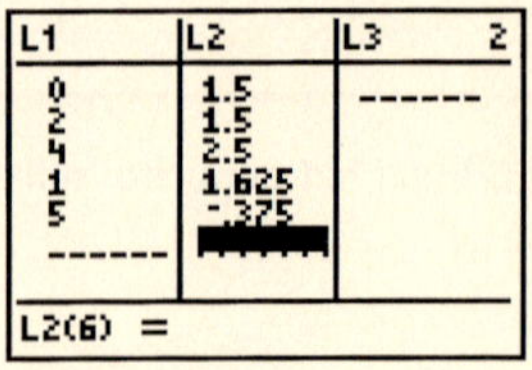

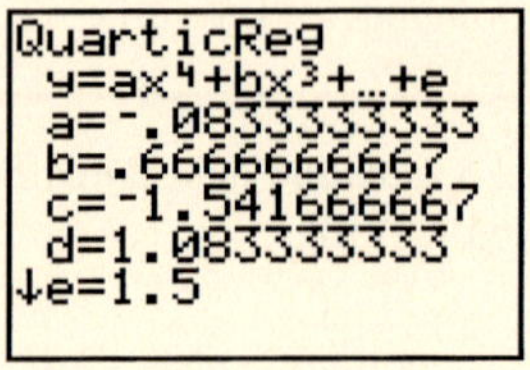

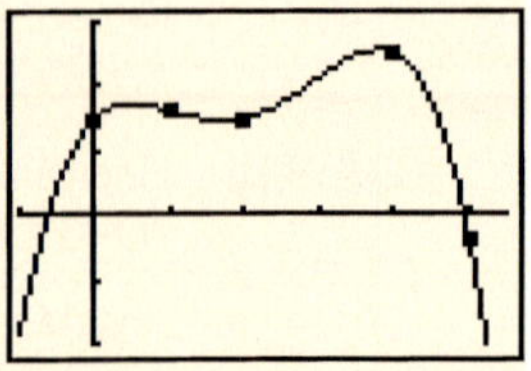

*2

4.4 Streckung in Richtung der Koordinatenachsen

4.4.1 Streckung in Richtung der *y*-Achse

Sie schauen sich auf dem Display Ihres Taschenrechners eine Kurve an und stellen fest, dass die Kurve zu flach ist. Was werden Sie tun? Klar, den Funktionsterm einfach durchmultiplizieren, z. B. mit 2. Alle y-Werte werden verdoppelt, und die Kurvenpunkte liegen dann doppelt so hoch bzw. doppelt so tief. (Wir gehen davon aus, dass Ihr Rechner nicht automatisch die y-Achse optimal skaliert.) Man sagt dazu, **die Kurve wird in Richtung der *y*-Achse um den Faktor 2 gestreckt.**

Die y-Werte der neuen Kurvenpunkte kürzen wir ab mit $\bar{y}$, um Verwechslungen zu vermeiden. Es gilt dann:

$$\bar{y} = 2 \cdot y \quad \text{bzw.} \quad y = \tfrac{1}{2} \cdot \bar{y}.$$

Allgemein können wir feststellen: Wenn wir die alte Kurve um den Faktor a ($a \neq 0$) in Richtung der y-Achse strecken, besteht zwischen den y-Werten der neuen und der alten Kurve die Beziehung:

$$\bar{y} = a \cdot y \quad \text{bzw.} \quad y = \tfrac{1}{a} \cdot \bar{y};$$

a heißt **Streckungsfaktor**.

Dabei kann man ohne weiteres für a auch Werte zulassen, die betragsmäßig kleiner als 1 oder negativ sind. Wir sehen uns dazu das folgende Beispiel an.

BEISPIEL Gegeben ist die Kurve mit der Gleichung $y=-0{,}5x^2+2x$. Strecken Sie die Kurve in Richtung der y-Achse um die Faktoren $a_1=3$, $a_2=0{,}5$, $a_3=-2$.

$a_1=3$: $\bar{y}=3y$
neue Kurve:
$\bar{y}=-1{,}5x^2+6x$

$a_2=0{,}5$: $\bar{y}=0{,}5y$
neue Kurve:
$\bar{y}=-0{,}25x^2+x$

$a_3=-2$: $\bar{y}=-2y$
neue Kurve:
$\bar{y}=+x^2-4x$

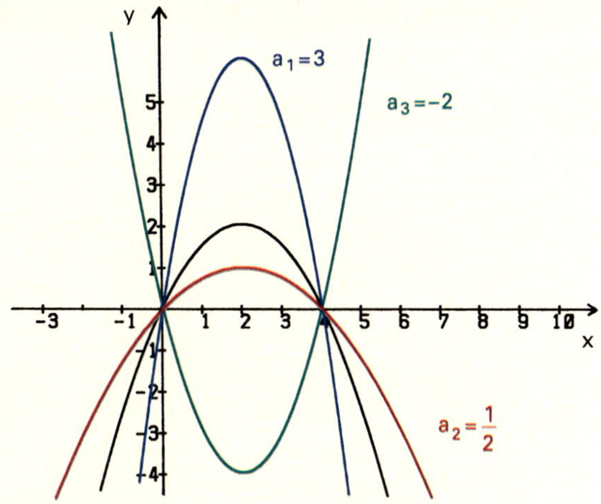

Fassen wir zusammen, wie sich Kurven verändern, wenn man sie um einen Faktor a ($a \neq 0$) in Richtung der y-Achse streckt:

Streckungsfaktor	Veränderung der gegebenen Kurve
$a>1$	Punkte über der x-Achse höher, Punkte unter der x-Achse tiefer
$a=1$	unverändert
$0<a<1$	Punkte über der x-Achse weniger hoch, Punkte unter der x-Achse weniger tief
$-1<a<0$	wie beim Fall $0<a<1$ mit anschließender Spiegelung an der x-Achse
$a=-1$	Spiegelung an der x-Achse
$a<-1$	wie beim Fall $a>1$ mit anschließender Spiegelung an der x-Achse

Solche Streckungen haben Sie in einfacheren Fällen früher auch schon kennen gelernt. Wenn Sie in Kapitel 2.3.2 des Teils B kurz nachsehen, werden Sie sich sicher daran erinnern.

Merken Sie sich besonders den Spezialfall für $a=-1$:

MERKE Eine Kurve wird an der x-Achse gespiegelt, wenn man in ihrer Gleichung y durch $-y$ ersetzt.

AUFGABE 28 Wie lautet die Gleichung der Kurve K, wenn man sie um den Faktor a in Richtung der y-Achse streckt?

a) K: $y=\frac{1}{3}x^3-\frac{1}{2}x^2+1$; $a=3$

b) K: $y=\frac{1}{4}x^4-\frac{1}{2}x^2+2$; $a=0{,}6$

c) K: $y=2x^4-3x^3+x$; $a=-0{,}4$

d) K: $y=\frac{1}{4}(x+3)(x-2)$; $a=1{,}5$

AUFGABE 29 Zeichnen Sie die Kurve K und spiegeln Sie K an der x-Achse. Wie lautet die Gleichung der gespiegelten Kurve?

a) K: $y=\frac{1}{20}x^4-\frac{6}{5}x^2+4$

b) K: $y=-\frac{1}{64}x^4+\frac{1}{8}x^3$

c) K: $y=\frac{1}{10}(x-6)(x^2+9)$

d) K: $y=\frac{1}{4}x^3-x$

4.4.2 Streckung in Richtung der *x*-Achse

Die Streckung einer Kurve in Richtung der y-Achse war ganz einfach. Aber wie streckt man eine Kurve in Richtung der x-Achse? Man geht vor wie im letzten Kapitel 4.4.1. Dort hatten wir die y-Werte ersetzt durch ein Vielfaches. Jetzt ersetzen wir die x-Werte durch ihr Vielfaches, z.B. durch $4x$. Dadurch erhalten wir eine neue Kurve, die nach links und rechts auseinander gezogen ist.

Die x-Werte der neuen Kurvenpunkte kürzen wir mit $\bar{x}$ ab, um Verwechslungen zu vermeiden. Es gilt dann:

$$\bar{x}=4x \quad \text{bzw.} \quad x=\tfrac{1}{4}\bar{x}.$$

Wir können jetzt wie im letzten Kapitel vorgehen. Wenn wir die Kurve um den Faktor b ($b \neq 0$) in Richtung der x-Achse strecken, besteht zwischen den x-Werten der neuen und der alten Kurve die Beziehung:

$$\bar{x}=bx \quad \text{bzw.} \quad x=\tfrac{1}{b}\bar{x};$$

b heißt **Streckungsfaktor**.

Wir sehen uns zunächst am folgenden Beispiel an, wie sich die Größe des Streckungsfaktors auf die Kurve auswirkt.

BEISPIEL Gegeben ist die Kurve mit der Gleichung $y=-2x^2+4x$. Strecken Sie die Kurve in Richtung der x-Achse mit dem Faktor $b_1=3$, $b_2=0{,}5$, $b_3=-2$.

$b_1=3$: $\bar{x}=3x$ bzw. $x=\frac{1}{3}\bar{x}$

neue Kurve: $y=-2\left(\frac{\bar{x}}{3}\right)^2+4\left(\frac{\bar{x}}{3}\right)$

$y=-\frac{2}{9}\bar{x}^2+\frac{4}{3}\bar{x}$

$b_2=0{,}5$: $\bar{x}=0{,}5x$ bzw. $x=2\cdot\bar{x}$

neue Kurve: $y=-2(2\bar{x})^2+4(2\bar{x})$

$y=-8\bar{x}^2+8\bar{x}$

$b_3=-2$: $\bar{x}=-2x$ bzw. $x=-\frac{1}{2}\bar{x}$

neue Kurve: $y=-2\left(-\frac{1}{2}\bar{x}\right)^2+4\left(-\frac{1}{2}\bar{x}\right)$

$y=-\frac{1}{2}\bar{x}^2-2\bar{x}$

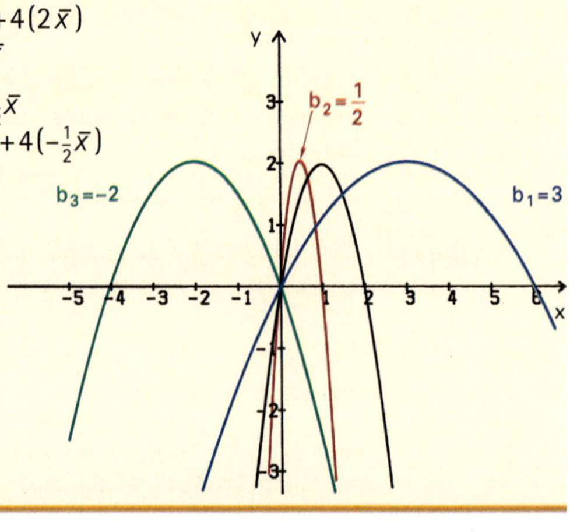

Fassen wir zusammen, wie sich Kurven verändern, wenn man sie um einen Faktor b ($b \neq 0$) in Richtung der x-Achse streckt:

Streckungs-faktor	Veränderung der gegebenen Kurve
$b > 1$	Punkte rechts der y-Achse weiter rechts, Punkte links der y-Achse weiter links
$b = 1$	unverändert
$0 < b < 1$	Punkte rechts der y-Achse weniger rechts, Punkte links der y-Achse weniger links
$-1 < b < 0$	wie beim Fall $0 < b < 1$ mit anschließender Spiegelung an der y-Achse
$b = -1$	Spiegelung an der y-Achse
$b < -1$	wie beim Fall $b > 1$ mit anschließender Spiegelung an der y-Achse

Am wichtigsten ist der Fall $b = -1$. Ihn haben wir bereits in Kapitel 3.6.1. kennen gelernt, als wir dort die Spiegelung an der y-Achse behandelten.

AUFGABE 30 Wie lautet die Gleichung der Kurve K, wenn man sie um den Faktor b in Richtung der x-Achse streckt?

a) K: $y = x^3 - 2x + 3$; $b = 2$

b) K: $y = -\frac{1}{4}x^4 + \frac{1}{2}x^3 - 2x$; $b = \frac{3}{4}$

c) K: $y = \frac{1}{8}x^3 + 2x - 4$; $b = -1{,}5$

d) K: $y = 2x^2 - 3x - 1$; $b = -0{,}3$

AUFGABE 31 Zeichnen Sie die Kurve K und spiegeln Sie K an der y-Achse. Wie lautet die Gleichung der gespiegelten Kurve?

a) K: $y = \frac{1}{64}x^4 - \frac{1}{8}x^3$

b) K: $y = \frac{1}{4}x^3 - x$

c) K: $y = \frac{1}{10}(x-6)(x^2+9)$

d) K: $y = \frac{1}{20}x^4 - \frac{6}{5}x^2 + 4$

4.5 Änderungsverhalten und Ableitungsfunktion

Auch bei den Schaubildern von Polynomfunktionen können wir nach einem Maß für das Änderungsverhalten fragen. Wie in Kapitel 2.3.8 dargestellt, ist dieses Maß die Steigung der Tangente.

Diese Tangentensteigung in einem Punkt $P(x|f(x))$ wird aus der Sekantensteigung ermittelt, indem wir den „zweiten" Punkt $Q(x+\Delta x|\,f(x+\Delta x))$ sehr nahe bei P wählen. Wir lassen Δx gegen null gehen ($\Delta x \to 0$). Wir sprechen vom **Grenzwert (Limes) der Sekantensteigung** an der Stelle x.

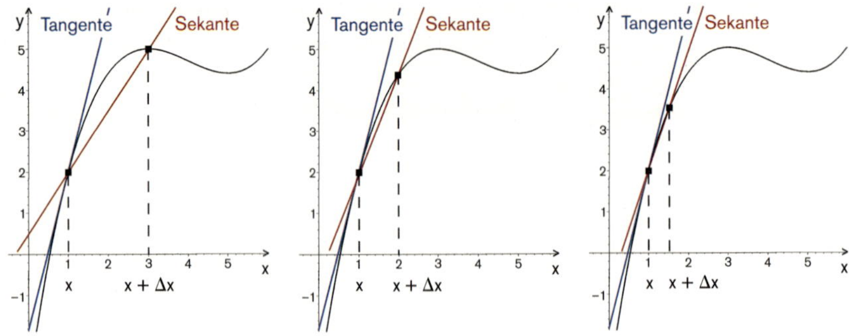

Mittlere Änderungsrate (Sekantensteigung) der Funktion f auf dem Intervall $[x; x+\Delta x]$:

$$m_{Sekante} = \frac{f(x+\Delta x)-f(x)}{\Delta x} \qquad \textbf{(Differenzenquotient)}$$

Momentane Änderungsrate (Tangentensteigung) der Funktion f an der Stelle x:

$$m_{Tangente}(x) = \lim_{\Delta x \to 0} \frac{f(x+\Delta x)-f(x)}{\Delta x} \qquad \textbf{(Differenzialquotient)}$$

Man bezeichnet diesen Grenzwert auch als **Ableitung** $f'(x)$ von f an der Stelle x.

In unserem obigen Beispiel $f: x \mapsto \frac{3}{20}x^3 - \frac{9}{5}x^2 + \frac{27}{4}x - \frac{31}{10}$ erhalten wir für die Sekantensteigungen bzw. Tangentensteigung an der Stelle $x=1$:

$\Delta x=2$ $\qquad m_{Sekante} = \frac{f(1+2)-f(1)}{2} = \frac{5-2}{2} = 1{,}5$

$\Delta x=1$ $\qquad m_{Sekante} = \frac{f(1+1)-f(1)}{1} = \frac{4{,}4-2}{1} = 2{,}4$

$\Delta x=0{,}1$ $\qquad m_{Sekante} = \frac{f(1+0{,}1)-f(1)}{0{,}1} = \frac{2{,}34665-2}{0{,}1} = 3{,}4665$

$\Delta x=0{,}001$ $\qquad m_{Sekante} = \frac{f(1+0{,}001)-f(1)}{0{,}001} = \frac{2{,}0035987-2}{0{,}001} = 3{,}5987$

$\Delta x=0{,}000001$ $\qquad m_{Sekante} = \frac{f(1+0{,}000001)-f(1)}{0{,}000001} = \frac{2{,}0000036-2}{0{,}000001} = 3{,}6$

Für sehr kleine Δx ($\Delta x \mapsto 0$) wird die Sekantensteigung im Grenzfall zur Tangentensteigung $m_{Tangente}(1) = f'(1) = 3{,}6$.

Diese numerischen Berechnungen der Sekantensteigungen für immer kleinere Werte von Δx an der Stelle x zur Ermittlung der Ableitung (Tangentensteigung) leistet der Taschenrechner mit dem Befehl

$$\frac{dy}{dx} \textbf{ (Differenzialquotient).}$$

x kann direkt eingegeben werden oder als Punkt in der Grafik.
Die Tangente im Punkt $P(x|f(x))$ wird gezeichnet und die Tangentengleichung berechnet.

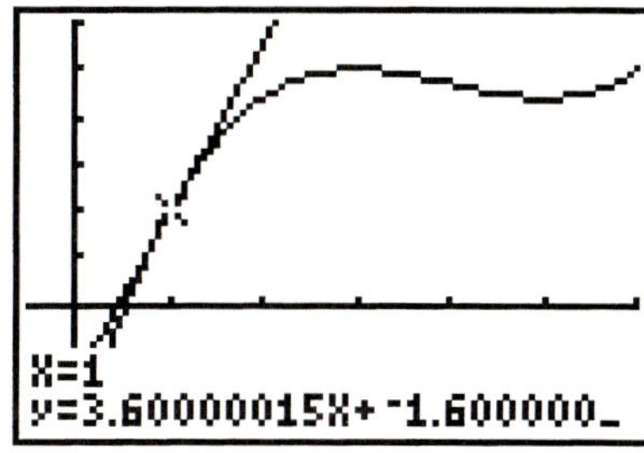

*2

AUFGABE 32 Für $f: x \mapsto \frac{3}{20}x^3 - \frac{9}{5}x^2 + \frac{27}{4}x - \frac{31}{10}$ ist es somit einfach, folgende Tabelle zu vervollständigen:

x	–0,5	0	1	2	3	4	5	6	7
$f(x)$	–6,944	– 3,1		4,4		4,7	4,4		7,4
GTR $\frac{dy}{dx}(f'(x))$	8,6625	6,75							

AUFGABE 33 Berechnen Sie für die Funktion $g: x \mapsto \frac{9}{20}x^2 - \frac{18}{5}x + \frac{27}{4}$ die Wertetabelle:

x	–0,5	0	1	2	3	4	5	6	7
$g(x)$				1,35			0		3,6

Die Vermutung $f'(x) = g(x)$ kann auch algebraisch gezeigt werden.

$$f'(x) =$$

$$\lim_{\Delta x \to 0} \frac{f(x+\Delta x) - f(x)}{\Delta x} =$$

$$\lim_{\Delta x \to 0} \frac{\frac{3}{20}(x+\Delta x)^3 - \frac{9}{5}(x+\Delta x)^2 + \frac{27}{4}(x+\Delta x) - \frac{31}{10} - \frac{3}{20}x^3 + \frac{9}{5}x^2 - \frac{27}{4}x + \frac{31}{10}}{\Delta x} =$$

$$\lim_{\Delta x \to 0} \frac{\frac{3}{20}(x^3 + 3x^2\Delta x + 3x\Delta x^2 + \Delta x^3) - \frac{9}{5}(x^2 + 2x\Delta x + \Delta x^2) + \frac{27}{4}(x+\Delta x)}{\Delta x}$$

$$\frac{-\frac{31}{10} - \frac{3}{20}x^3 + \frac{9}{5}x^2 - \frac{27}{4}x + \frac{31}{10}}{\Delta x} =$$

$$\lim_{\Delta x \to 0} \frac{\frac{3}{20}(3x^2\Delta x + 3x\Delta x^2 + \Delta x^3) - \frac{9}{5}(2x\Delta x + \Delta x^2) + \frac{27}{4}\Delta x}{\Delta x} =$$

$\lim\limits_{\Delta x \to 0} \left[\frac{3}{20}(3x^2+3x\Delta x+\Delta x^2) - \frac{9}{5}(2x+\Delta x) + \frac{27}{4}\right]$ (Terme mit Δx gehen gegen 0.)

Damit: $g(x) = f'(x) = \frac{9}{20}x^2 - \frac{18}{5}x + \frac{27}{4}$

Zeichnet man die Schaubilder K mit $f(x) = \frac{3}{20}x^3 - \frac{9}{5}x^2 + \frac{27}{4}x - \frac{31}{10}$ und

G mit $f'(x) = \frac{9}{20}x^2 - \frac{18}{5}x + \frac{27}{4}$ in ein Koordinatensystem, so kann man unmittelbar erkennen, dass an jeder Stelle x der Funktionswert $f'(x)$ die Steigung der Tangente im Kurvenpunkt P $(x|f(x))$ wiedergibt.

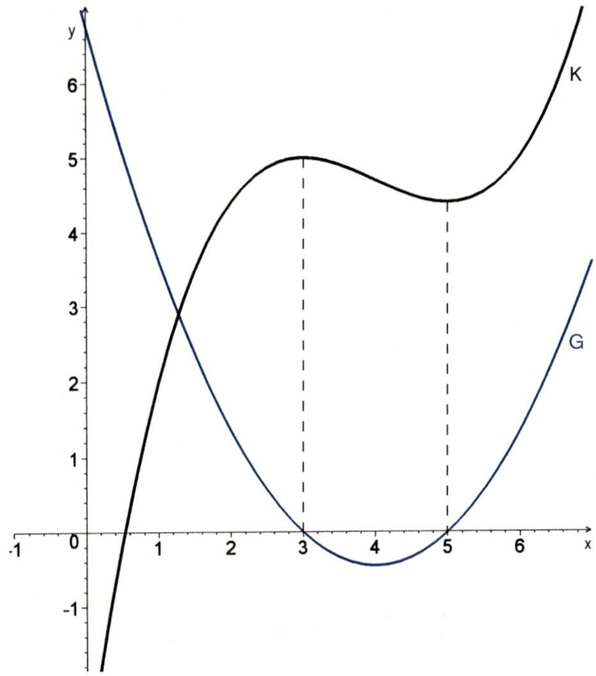

Mit dem Befehl **nDeriv(Ausdruck,Variable,Wert,Δx)** kann die Ableitung (bzw. Änderungsrate) mit dem GTR numerisch berechnet werden.

BEISPIEL Gegeben ist $f(x) = y_1 = \frac{3}{20}x^3 - \frac{9}{5}x^2 + \frac{27}{4}x - \frac{31}{10}$, gesucht $f'(2)$

Mit $\Delta x = 0{,}00001$
erhält man:
$f'(2) = 1{,}35$

```
nDeriv((3/20)*X^
3-(9/5)*X^2+(27/
4)*X-31/10,X,2,0
.00001)
                1.35
█
```

*2

Man kann auch $f(x)$ unter y_1 als Kurvengleichung eingeben.

Gibt man für die Kurve y_2 im nDeriv-Befehl keinen konkreten Wert ein, sondern die Variable x, so wird $f'(x)$ für alle x-Werte im Fensterbereich berechnet. Für $f'(x)$ kann eine Wertetabelle und die Kurve ausgegeben werden.

```
 Plot1 Plot2 Plot3
\Y1=(3/20)*X^3-(
9/5)*X^2+(27/4)*
X-31/10
\Y2=nDeriv(Y1,X,
X,0.00001)
\Y3=
\Y4=
```

```
WINDOW
 Xmin=-1
 Xmax=7
 Xscl=1
 Ymin=-1.5
 Ymax=7.5
 Yscl=1
 Xres=
```

*2

X	Y1	Y2
0	-3.1	6.75
1	2	3.6
2	4.4	1.35
3	5	0
4	4.7	-.45
5	4.4	0
6	5	1.35

X=6

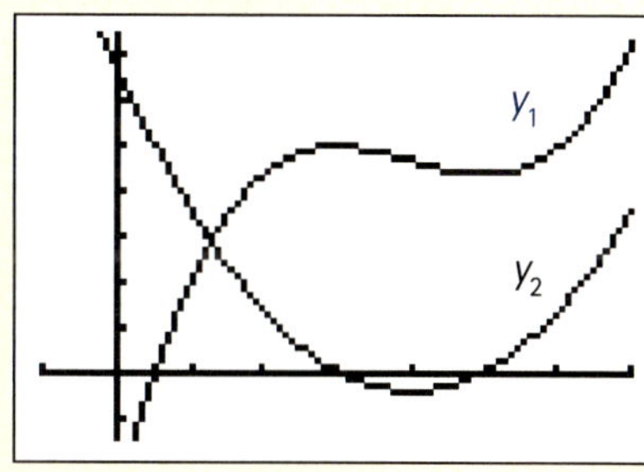

AUFGABE 34 Berechnen Sie für folgende Funktionen:

a) $f: x \mapsto \frac{1}{3}x^2$
b) $g: x \mapsto \frac{1}{4}x^3 - \frac{3}{2}x^2$
c) $h: x \mapsto \frac{3}{4}x^3 - \frac{9}{4}x^2 + 3$
d) $k: x \mapsto -\frac{1}{18}x^4 + \frac{1}{3}x^2 + \frac{3}{2}$
e) $n: x \mapsto -\frac{1}{6}x^3 + \frac{1}{2}x^2 + \frac{3}{2}$

an den Stellen $x = -1$ (0; 1,5; 2) die Sekantensteigungen mit $\Delta x = 1$, $\Delta x = 0{,}01$ und $\Delta x = 0{,}00001$.

Vergleichen Sie mit der Berechnung des Taschenrechners über den Befehl $\frac{dy}{dx}$.

AUFGABE 35 Gegeben sind die Funktionen:

a) $f1: x \mapsto \frac{2}{3}x$
b) $g1: x \mapsto \frac{3}{4}x^2 - 3x$
c) $h1: x \mapsto \frac{9}{4}x^2 - \frac{9}{2}x$
d) $k1: x \mapsto -\frac{2}{9}x^3 + \frac{2}{3}x$
e) $n1: x \mapsto -\frac{1}{2}x^2 + x + \frac{3}{2}$

Berechnen Sie die Funktionswerte an den Stellen x = −1 (0; 1,5; 2).
Welcher Zusammenhang besteht zu den Ergebnissen der Aufgabe 34?

Man erkennt, dass offenbar folgende **Ableitungsregeln** gelten($n \in \mathbb{Z}$, $a \in \mathbb{R}$):

$f(x) = x^n$	$\Rightarrow f'(x) = n \cdot x^{n-1}$	**Potenzregel**
$f(x) = a \cdot x^n$	$\Rightarrow f'(x) = a \cdot n \cdot x^{n-1}$	
bzw. $f(x) = a \cdot g(x)$	$\Rightarrow f'(x) = a \cdot g'(x)$	**Faktorregel**
$f(x) = g(x) + h(x)$	$\Rightarrow f'(x) = g'(x) + h'(x)$	**Summenregel**

Insbesondere gilt dann: $f(x) = 2 = 2 \cdot x^0 \quad \Rightarrow f'(x) = 2 \cdot 0 \cdot x^{-1} = 0$

Also: $f(x) = c$ mit $c \in \mathbb{R} \quad \Rightarrow f'(x) = 0$

$f(x) = x = x^1 \quad \Rightarrow f'(x) = 1 \cdot x^0 = 1$

$f(x) = \frac{1}{3}x^2 \quad \Rightarrow f'(x) = \frac{1}{3} \cdot 2 \cdot x^1 = \frac{2}{3}x$

$f(x) = -\frac{3}{2}x^4 + \frac{1}{3}x^3 - x^2 + 2x - 1{,}5 \Rightarrow \quad f'(x) = -\frac{3}{2} \cdot 4 \cdot x^3 + \frac{1}{3} \cdot 3 \cdot x^2 - 2x + 2$

$f'(x) = -6x^3 + x^2 - 2x + 2$

AUFGABE 36 Berechnen Sie $f'(x)$ durch Anwenden der Ableitungsregeln.
Wie lautet die Gleichung der Tangente an das Schaubild von f im Punkt $P(2\,|\,f(2))$?

a) $f(x) = \frac{1}{4}x^3 - 2x^2 + 4x$ b) $f(x) = x^3 - 12x^2 + 45x - 50$ c) $f(x) = -x^4 + 2x^3$

d) $f(x) = \frac{3}{16}(x+2)(x-4)^2$ e) $f(x) = \frac{1}{x}$ $(x \in \mathbb{R}^*)$ f) $f(x) = +\sqrt{x}$ $(x \in \mathbb{R}_+)$

AUFGABE 37 Gegeben sind die Funktionen f, g und h mit

$$f(x) = -\frac{1}{2}x^2 - x + \frac{7}{2}, \quad g(x) = 2x^3 - 2x \text{ und } h(x) = \frac{1}{2}x^4 - x^2 - 2.$$

Die Bilder A, B, C, D, E und F zeigen die Schaubilder von f, g, h, f', g' bzw. h'.
Ordnen Sie die Bilder (Funktion – Ableitungsfunktion).

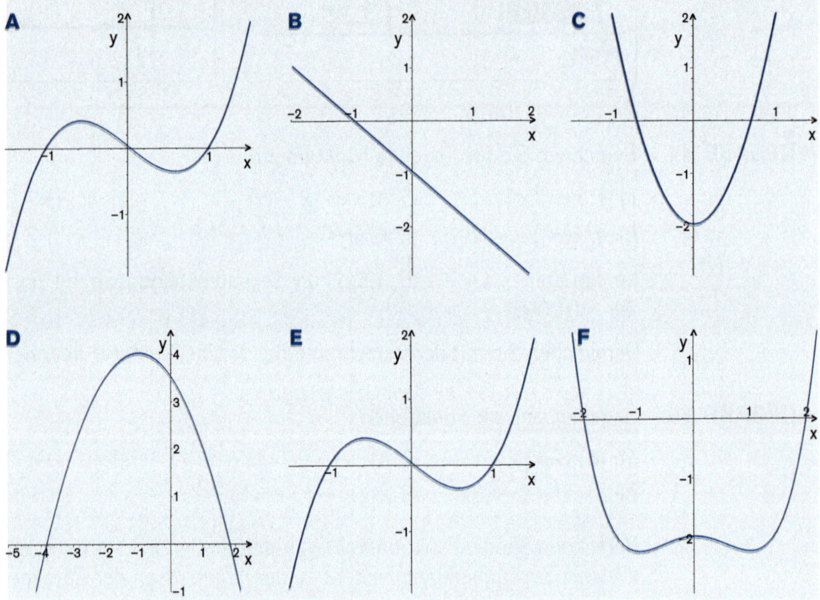

Für die in Kapitel 2.5 behandelten Funktionen (betrags- und abschnittsweise definierte Funktionen) kann die Tangentensteigung nicht an jeder beliebigen Stelle ermittelt werden. Wir betrachten hierzu den Graphen der Funktion $f\colon x \mapsto |x^2 - 4|$.

BEISPIEL

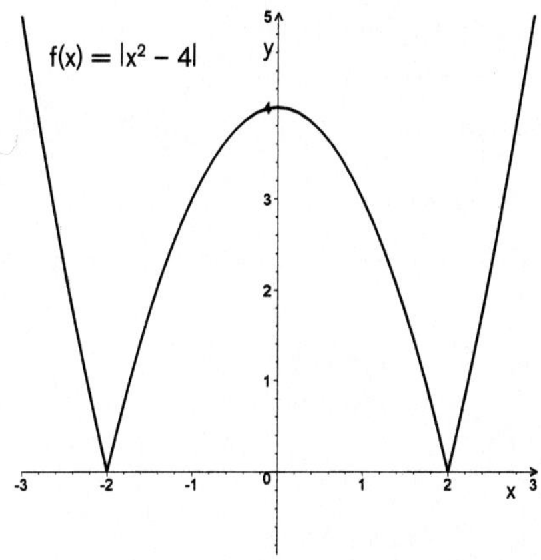

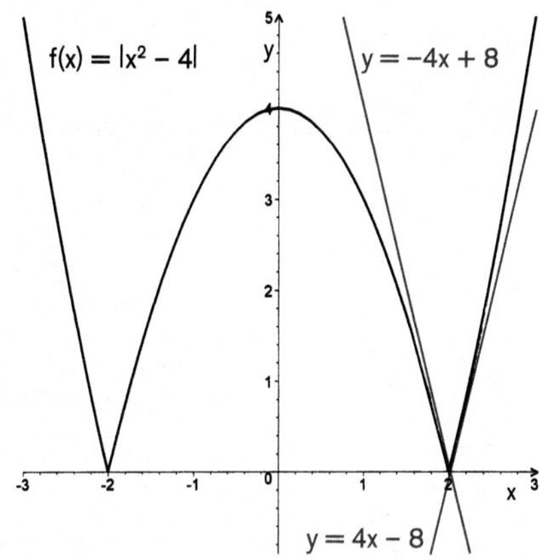

Welche Steigung hat die Tangente am Knick $P_1(2|0)$ bzw. $P_2(-2|0)$?

Wenn wir den Grenzwert der Sekantensteigung einmal „von links" und einmal „von rechts" an der Stelle $x = 2$ betrachten, erhalten wir für $m_s = \dfrac{f(x+\Delta x) - f(x)}{\Delta x}$ mit

$\Delta x = -1$: $m_s = \dfrac{|(2-1)^2-4|-|2^2-4|}{-1} = -3$

$\Delta x = -\frac{1}{2}$: $m_s = \dfrac{|(2-\frac{1}{2})^2-4|-|2^2-4|}{-\frac{1}{2}} = -3{,}5$

$\Delta x = -10^{-2}$: $m_s = \dfrac{|(2-\frac{1}{100})^2-4|-|2^2-4|}{-\frac{1}{100}} = -3{,}99$

$\Delta x = -10^{-6}$: $m_s = \dfrac{|(2-10^{-6})^2-4|-|2^2-4|}{-10^{-6}} = -4$

$m_{Tangente}(2_{von\ links}) = f'(2_-) = -4$

$t: y = -4x+8$

$\Delta x = 1$: $m_s = \dfrac{|(2+1)^2-4|-|2^2-4|}{1} = 5$

$\Delta x = \frac{1}{2}$: $m_s = \dfrac{|(2+\frac{1}{2})^2-4|-|2^2-4|}{\frac{1}{2}} = 4{,}5$

$\Delta x = 10^{-2}$: $m_s = \dfrac{|(2+\frac{1}{100})^2-4|-|2^2-4|}{\frac{1}{100}} = 4{,}01$

$\Delta x = 10^{-6}$: $m_s = \dfrac{|(2+10^{-6})^2-4|-|2^2-4|}{10^{-6}} = 4$

$m_{Tangente}(2_{von\ rechts}) = f'(2_+) = +4$

$t: y = 4x-8$

An der Stelle $x=2$ ist also die Funktion nicht ableitbar. Es gibt für $x=2$ keinen eindeutigen Wert für die Tangentensteigung.

AUFGABE 38 Ermitteln Sie für $f: x \mapsto |x^2-4|$ mit dem GTR-Befehl $\frac{dy}{dx}$ die Ableitungsfunktion f'.
Legen Sie hierzu folgende Wertetabelle an:

x	−3	−2,5	−2,1	−2,001	−1,999	−1,5	−1	0	1	1,5	1,999	2,001	2,1	2,5	3
$f'(x)$															

Zeichnen Sie das Schaubild der Ableitungsfunktion.

4.6 Näherungsverfahren zur Nullstellenbestimmung

Im Allgemeinen wird die Nullstelle x_N zwischen x_1 und x_2 mit $f(x_1) < 0$ und $f(x_2) > 0$ nicht ganzzahlig sein. In vielen Fällen wird man die exakte Lösung der zugehörigen algebraischen Gleichung nur näherungsweise angeben können.

Für die Funktion f mit $f(x) = x^3 - 3x^2 - x + 3 = (x^2 - 1) \cdot (x - 3)$ liegen die Nullstellen bei $x_{N1} = -1$, $x_{N2} = 1$, $x_{N3} = 3$. Verschiebt man diese Funktion um $x_0 = -1$ nach links und um $y_0 = -1$ nach unten, so erhält man:

$$f(x) + 1 = (x+1)^3 - 3(x+1)^2 - (x+1) + 3 \text{ bzw. } f(x) = x^3 - 4x - 1$$

Wertetafel

x	-2	-1	0	1	2	3
$f(x)$	-1	2	-1	-4	-1	14

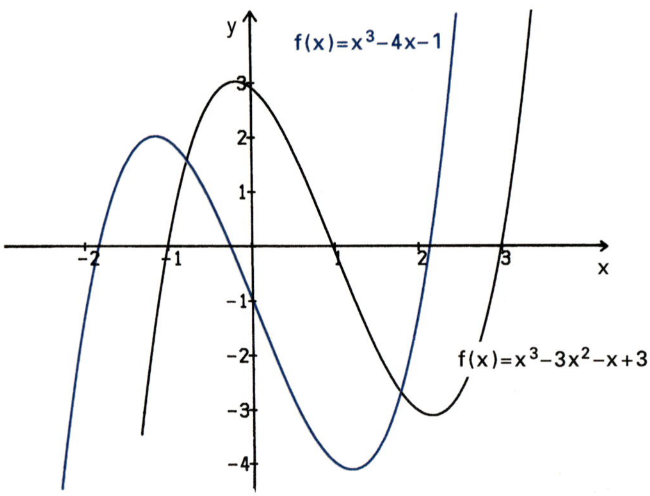

Man erkennt aus der Wertetafel bzw. dem Schaubild, dass die drei Nullstellen in den Intervallen $[-2; -1]$, $[-1; 0]$ und $[2; 3]$ liegen müssen.

In unseren modernen **grafikfähigen Taschenrechnern** ist ein Näherungsverfahren zum Lösen von Gleichungen verfügbar (Newton-Verfahren).
Eingabe des Funktionsterms: Taste [y =], z. B. $x^3 - 4x - 1$. Über [2 nd] [CALC] gelangen Sie zum Menüpunkt [2: zero].

Der Taschenrechner zeigt im Display sofort den Kurvenverlauf. Sie werden nun nach der linken Grenze (Left Bound?) gefragt. Wenn Sie z. B. die Nullstelle im Intervall $[-1; 0]$ berechnen wollen, geben Sie (–)1 ein. Sie werden nun nach der rechten Grenze (Right Bound?) gefragt. Geben Sie 0 ein. Nun sollen Sie noch eine Vermutung für die Nullstelle eingeben (Guess?). Dies muss ein Wert im Intervall $[-1; 0]$ sein, z. B. (–)0.5. Nach kurzer Rechendauer liefert der Taschenrechner den Wert $x_N \approx -0{,}2541017$ ($y \approx 0$) und setzt den „Trace-Punkt" auf diese Nullstelle im Schaubild. Das ist doch wunderbar.
Aber können wir auch ohne Wunder eine Näherungslösung finden? In der Eingangsklasse bieten wir hier zwei Verfahren an, die schon seit alters bekannt sind. Mit

diesen Näherungsverfahren kann die Nullstelle systematisch für jede gewünschte Genauigkeit berechnet werden. Hierbei sind die numerischen Näherungsverfahren nicht auf die Polynomfunktionen beschränkt.

4.6.1 Intervallhalbierungsverfahren

Hat man zwei Stellen x_1 und x_2 gefunden, an denen die Funktionswerte $f(x_1)$ und $f(x_2)$ unterschiedliche Vorzeichen haben, und weiß man, dass das Schaubild der Funktion zusammenhängend ist, dann liegt zwischen x_1 und x_2 (mindestens) eine Nullstelle. Man errechnet nun den Funktionswert $f(x_m)$ in der Mitte zwischen den Abszissen x_1 und x_2, d. h. an der Stelle $x_m = \frac{x_1+x_2}{2}$.

Sollte $f(x_m)=0$ sein, so wäre man bereits fertig. Andernfalls fährt man mit demjenigen der beiden Teilintervalle $[x_1; x_m]$ bzw. $[x_m; x_2]$, an dessen Randpunkten die Funktionswerte verschiedene Vorzeichen annehmen (d. h., wo die Schnittstelle der Kurve liegt), in gleicher Weise fort. Durch das ständige Halbieren nähert man sich immer mehr der wirklichen Nullstelle x_N.

Da die anfängliche Intervalllänge $|x_2-x_1|$ bei jedem Näherungsschritt halbiert wird, liegt die Nullstelle x_m nach n-maliger Durchführung des Verfahrens in einem Intervall der Länge $\frac{|x_2-x_1|}{2^n}$. Somit kann von vornherein die Anzahl der Näherungsschritte festgelegt werden, um eine vorgegebene Genauigkeit ε zu erzielen. In unserem Beispiel ist $|x_2-x_1| = 1$, und der Fehler soll kleiner als 0,001 sein.

Aus $\frac{x_2-x_1}{2^n} < \varepsilon$ ergibt sich $\frac{x_2-x_1}{\varepsilon} < 2^n$; $\lg\left(\frac{x_2-x_1}{\varepsilon}\right) = n \cdot \lg(2)$.

Damit: $n > \frac{\lg(x_2-x_1)-\lg(\varepsilon)}{\lg(2)} = \frac{\lg(1)-\lg(0{,}001)}{\lg(2)} = \frac{3}{0{,}301} = 9{,}97$; $n=10$

BEISPIEL $f(x)=x^3-4x-1$; $x_1=2$, $x_2=3$

$f(2)=-1$ und $f(3)=14$

$x_{m_1}=\frac{2+3}{2}=2{,}5$

$f(2{,}5)=4{,}625$

$x_{m_2}=\frac{2+2{,}5}{2}=2{,}25$

$f(2{,}25)=1{,}390625$

$x_{m_3}=\frac{2+2{,}25}{2}=2{,}125$

$f(2{,}125)=0{,}095703$

$x_{m_4}=\frac{2+2{,}125}{2}=2{,}0625$

$f(2{,}0625)=-0{,}4763$

$x_{m_5}=\frac{2{,}0625+2{,}125}{2}=2{,}09375$

$f(2{,}09375) = -0{,}19644$

$x_{m_6} = \dfrac{2{,}09375 + 2{,}125}{2} = 2{,}109375$

$f(2{,}109375) = -0{,}0519$

$x_{m_7} = \dfrac{2{,}109375 + 2{,}125}{2} = 2{,}11328125$

$f(2{,}11328125) = -0{,}0153$

$x_{m_8} = \dfrac{2{,}11328125 + 2{,}125}{2} = 2{,}1171875$

$f(2{,}1171875) = 0{,}021506$

$x_{m_9} = \dfrac{2{,}11328125 + 2{,}1171875}{2} = 2{,}11523438$

$f(2{,}11523438) = 0{,}003078$

$x_{m10} = \dfrac{2{,}11328125 + 2{,}11523438}{2}$

$= 2{,}11425781$

AUFGABE 39 Berechnen Sie die beiden Nullstellen in den Intervallen [−2; −1], [−1; 0] für die Funktion $f(x) = x^3 - 4x - 1$ näherungsweise mit dem Halbierungsverfahren, bis der Fehler kleiner als 0,01 ist.

Da bei diesem Verfahren dieselben Rechenschritte immer wieder durchlaufen werden, bezeichnet man solche Verfahren als Iterationsverfahren (iteratio, lat. = Wiederholung). Für die Durchführung der Routinerechnungen bietet sich der Computer als ideales Hilfsmittel an. Sie wollen doch ein IT-Spezialist werden! Also los gehts – schreiben Sie ein Programm.

Struktogramm: Halbierungsverfahren

BEISPIEL

Eingabe: Definition der Funktion; Fehlergrenze (> 0)

Eingabe der Intervallgrenzen x_1, x_2

$f(x_1) \cdot f(x_2) < 0$ — ja: ./. — nein: Ausgabe: unbrauchbare Werte

Wiederholen Sie, bis $f(x_1) \cdot f(x_2) < 0$ und $|x_2 - x_1| >$ Fehler.

Verarbeitung:

$d = |x_2 - x_1|$

Ausgabe x_1, $f(x_1)$, x_2, $f(x_2)$, d

$x_m = \frac{1}{2} \cdot (x_1 + x_2)$

$f(x_m) \cdot f(x_1) > 0$ — ja: $x_1 = x_m$ — nein: $x_2 = x_m$

Wiederholen Sie, bis $d <$ Fehler oder $f(x_m) = 0$.

BEISPIEL **Intervallhalbierungsverfahren zur Nullstellenbestimmung**
(Man muss die jeweilige Funktion mit dem Editor eingeben.)

$f(x) = x^3 - 4x - 1$

Eingaben der Intervallgrenzen ($a < b$):
$a = 2$
$b = 3$

x-Wert links	f(x-links)	x-Wert rechts	f(x-rechts)	Abstand
0.00000000	-1.00000000	3.00000000	14.00000000	3.00000000
1.50000000	-3.62500000	3.00000000	14.00000000	1.50000000
1.50000000	-3.62500000	2.25000000	1.39062500	0.75000000
1.87500000	-1.90820313	2.25000000	1.39062500	0.37500000
2.06250000	-0.47631836	2.25000000	1.39062500	0.18750000
2.06250000	-0.47631836	2.15625000	0.40029907	0.09375000
2.10937500	-0.05191422	2.15625000	0.40029907	0.04687500
2.10937500	-0.05191422	2.13281250	0.17067766	0.02343750
2.10937500	-0.05191422	2.12109375	0.05850786	0.01171875
2.10937500	-0.05191422	2.11523438	0.00307896	0.00585938
2.11230469	-0.02447202	2.11523438	0.00307896	0.00292969
2.11376953	-0.01071014	2.11523438	0.00307896	0.00146484
2.11450195	-0.00381899	2.11523438	0.00307896	0.00073242
2.11486816	-0.00037087	2.11523438	0.00307896	0.00036621

4.6.2 Newton-Verfahren (Tangentenverfahren)

Das Intervallhalbierungsverfahren lässt sich verbessern, wenn man den Kurvenverlauf mitberücksichtigt. Für eine Funktion f mit $f(x)$ wird man zunächst zwei Stellen a und b ($a < b$) suchen, für die $f(a)$ und $f(b)$ verschiedene Vorzeichen haben. Ist das Schaubild der Funktion f zusammenhängend (stetig), so muss mindestens eine Lösung der Gleichung $f(x) = 0$ im Intervall $[a; b]$ liegen.

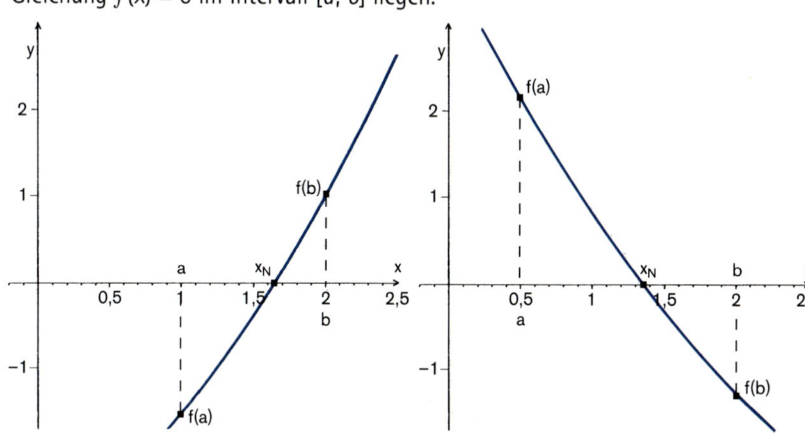

$f(a) \cdot f(b) < 0$ $f(a) \cdot f(b) < 0$

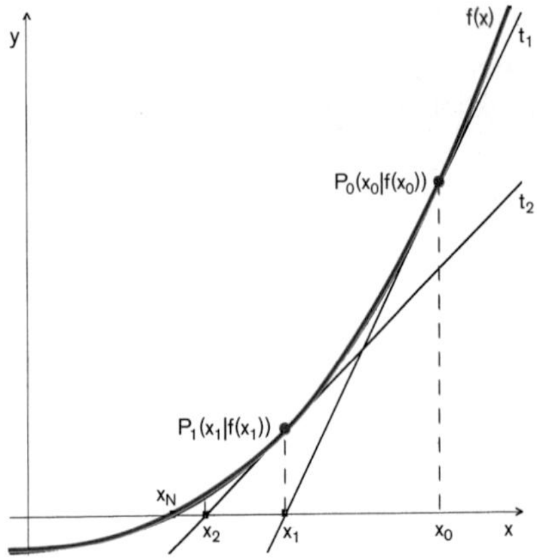

Für „normale" Funktionen wird das Schaubild im kleinen Intervall [a; b] einen monotonen Verlauf wie dargestellt haben. Beim Newton-Verfahren wählt man nun zunächst einen Näherungswert $x_0 \in [a; b]$ als Startwert für die gesuchte Nullstelle x_N. Nun ermittelt man in $P_0(x_0 | f(x_0))$ die Tangente t_1. Da die Steigung $m_{t_1}(x_0) = f'(x_0)$ ist, erhält man die erste Tangentengleichung $t_1: y = f'(x_0) \cdot (x - x_0) + f(x_0)$. Diese Tangente schneidet die x-Achse ($y = 0$) in $x_1 = x_0 - \frac{f(x_0)}{f'(x_0)}$. Zumeist wird x_1 ein besserer Näherungswert für x_N sein. Jetzt wiederholt man dieses Verfahren und ermittelt die Tangente in $P_1\ (x_1 | f(x_1))$. Mit $m_{t_2}(x_1) = f'(x_1)$ erhält man
t_2: $y = f'(x_1) \cdot (x - x_1) + f(x_1)$.
Erneut mit der x-Achse ($y=0$) geschnitten, ergibt: $x_2 = x_1 - \frac{f(x_1)}{f'(x_1)}$. Bei weiterer Wiederholung erhält man die Näherungswerte $x_3 = x_2 - \frac{f(x_2)}{f'(x_2)}$ oder allgemein die Iterationsvorschrift: $x_{n+1} = x_n - \frac{f(x_n)}{f'(x_n)}$

Startwert x_0

$$x_1 = x_0 - \frac{f(x_0)}{f'(x_0)}$$

$$x_2 = x_1 - \frac{f(x_1)}{f'(x_1)}$$

$$x_3 = x_2 - \frac{f(x_2)}{f'(x_2)}$$

• • •

$$x_{n+1} = x_n - \frac{f(x_n)}{f'(x_n)}$$

x_{n+1} kann natürlich nur berechnet werden, wenn $f'(x_n) \neq 0$ ist. Ist an einer Stelle $x_0, x_1, \ldots, x_n$ die Ableitung null, so verliefe die Tangente parallel zur x-Achse und könnte diese dann nicht schneiden. Darüber hinaus kann es vorkommen, dass die errechneten Werte $x_0, x_1, \ldots, x_N$ nicht gegen die gesuchte Nullstelle x_N streben.

Beispiele für solche Situationen sind unten dargestellt. Zumeist wird die Wahl eines Startwertes x_0, der „dichter" an der gesuchten Nullstelle x_N liegt, das Newton-Verfahren „retten".

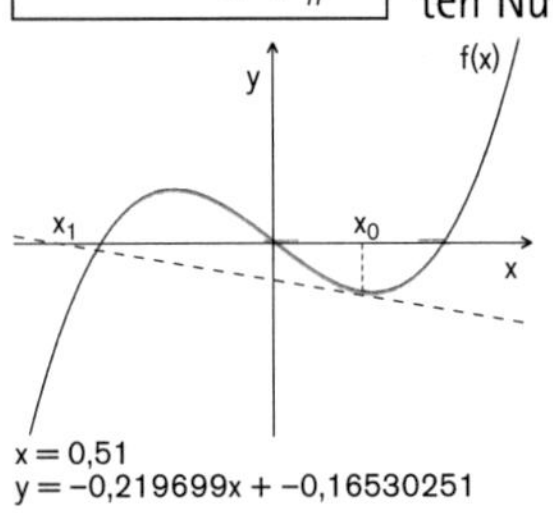

$f(x) = x^3 - x$

Startwert $x_0 = 0{,}51$
Die x_n-Werte streben gegen „unerwartete" Nullstelle $x_n = -1$.

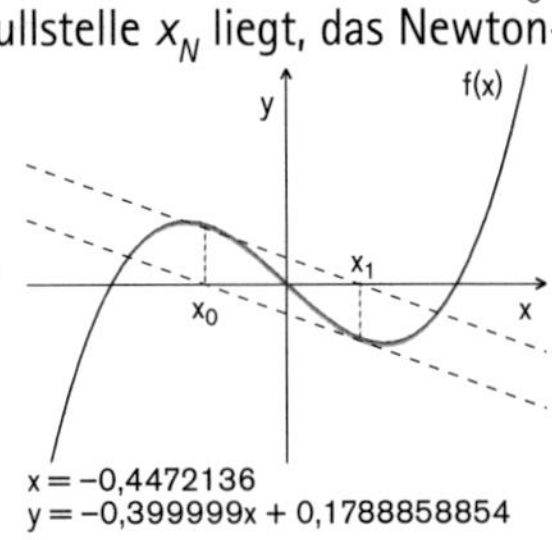

$f(x) = x^3 - x$

Startwert $x_0 = -\sqrt{\frac{1}{5}}$
Die x_n-Werte sind $\mp\sqrt{\frac{1}{5}}$ (zyklisch).

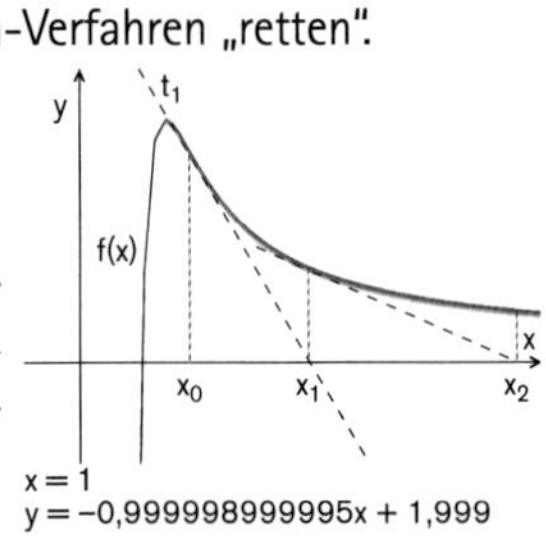

$f(x) = \frac{x^3 - \frac{1}{2}x^2 + x - \frac{1}{2}}{x^4}$

Startwert $x_0 = 1$
Die x_n-Werte streben gegen unendlich (∞).

BEISPIEL **Zum Newton-Verfahren**

Es soll die Gleichung $x^3-4x-1=0$ gelöst werden. Dies ist äquivalent zur Bestimmung der Nullstellen ($f(x)=0$) der Funktion f mit $f(x)=x^3-4x-1$.
Für einen ersten Überblick wird man mit dem GTR eine Wertetabelle berechnen und das Schaubild von f darstellen.

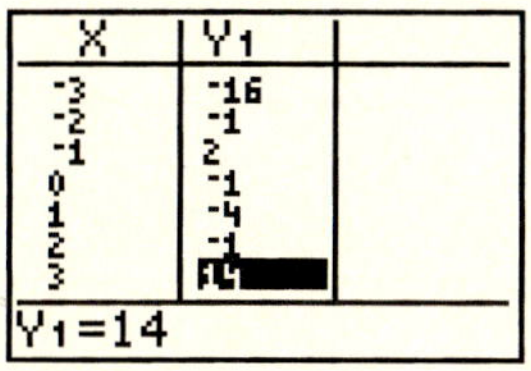

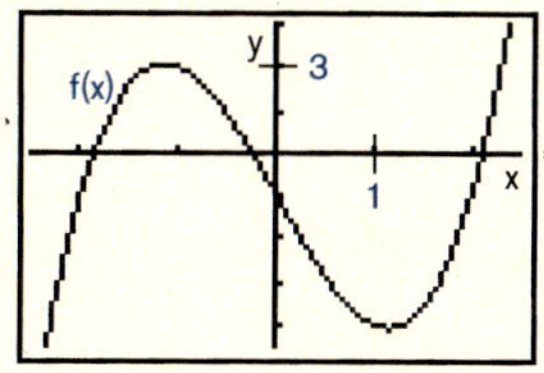

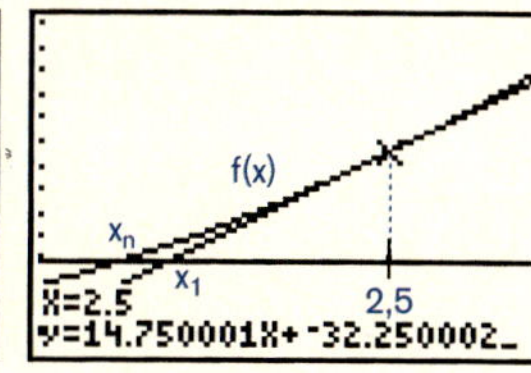

*2

Die Funktion f hat in den Intervallen [−2; −1], [−1; 0] und [2; 3] Nullstellen x_N. Wir berechnen die Näherungswerte $x_0, x_1, x_2, \ldots, x_n$ mit dem Newton-Verfahren und brechen die Iteration ab, wenn sich die vierte Nachkommastelle nicht mehr ändert, und runden auf drei Dezimalen. Zur Berechnung der Nullstelle im Intervall [2; 3] ($f(2) = -1$ und $f(3)=14$) starten wir mit $x_0 = 2{,}5$. Wir benötigen noch $f'(x)=3x^2-4$ für die Iterationsvorschrift $x_{n+1}=x_n-\frac{f(x_n)}{f'(x_n)}$.

n	x_n	$f(x_n)$	$f'(x_n)$	$\frac{f(x_n)}{f'(x_n)}$	$x_{n+1}=x_n-\frac{f(x_n)}{f'(x_n)}$
0	2,5	4,625	14,75	0,313559322	2,186440678
1	2,18644	0,70656	10,34156	0,068322381	2,1181176
2	2,1181176	0,0302994	9,4592665	0,0032031395	2,114914461
3	2,1149145	0,0000652	9,4185895	0,0000069195	2,1149075

Hier unterscheiden sich zwei aufeinander folgende Näherungen bereits nicht mehr in der 4. Nachkommastelle. Das Newton-Verfahren konvergiert sehr schnell. $x_N \approx 2{,}115$.
Da die Rechnungen stets nach dem gleichen Algorithmus ablaufen, wird man ein kleines Programm schreiben und mithilfe des Computers oder grafikfähigen Taschenrechners die Ergebnisse sofort erhalten.

Struktogramm: Newton-Verfahren

Eingabe: Definition der Funktion f; Ableitung f'; FG = $|x_n-x_{n+1}|$

Eingabe der Intervallgrenzen a, b

$f(a)\cdot f(b)<0$

ja | nein

%. | Ausgabe: unbrauchbare Werte a, b

Wiederholen Sie, bis $f(a)\cdot f(b)<0$ und $|b-a|$ > FG.

Eingabe: x_0 ($x_0 \in [a; b]$);
$f'(x_0) = 0$ — ja: Ausgabe: unbrauchbarer Startwert x_0 — nein: ./.
Wiederholen Sie, bis $f'(x_0) \neq 0$.
Verarbeitung:
$d = \lvert b - a \rvert$
Ausgabe: x_0, $f(x_0)$, d
$x_n = x_0 - f(x_0) / f'(x_0)$
$d = \lvert x_n - x_0 \rvert : x_0 = x_n$
Wiederholen Sie, bis $d <$ FG oder $f(x_n) = 0$.
Endausgabe: x_n, $f(x_n)$, d

Screenshots für die beiden anderen Nullstellen unseres Beispiels
(Programm: Newton-Verfahren)

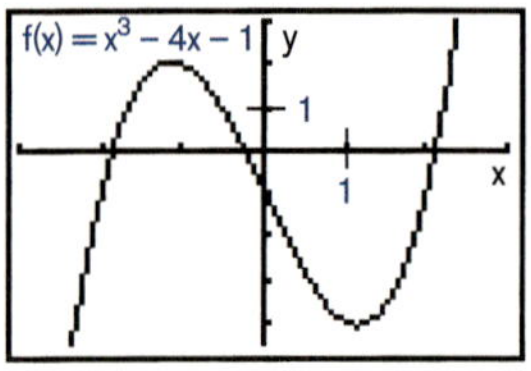

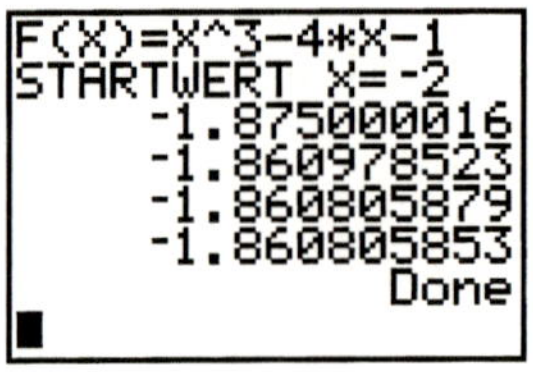

*2

Man kann auch durch die Wahl des Grafikfensters (Zoom) die Nullstelle grafisch näherungsweise bestimmen.

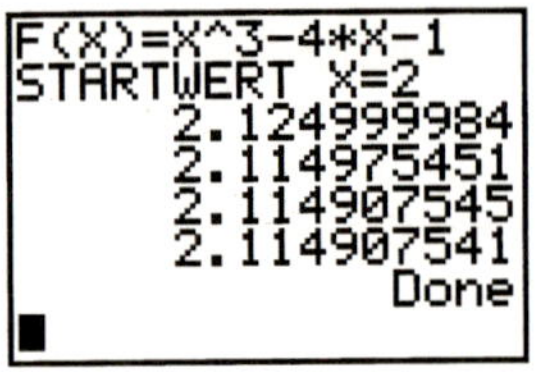

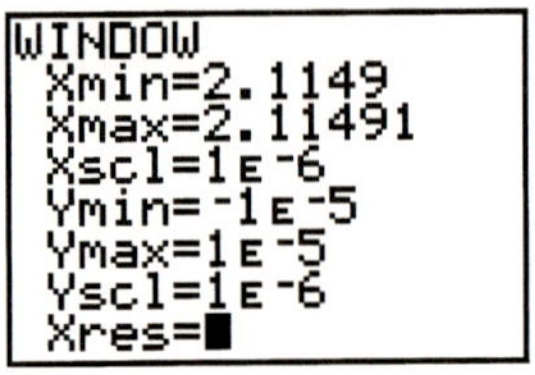

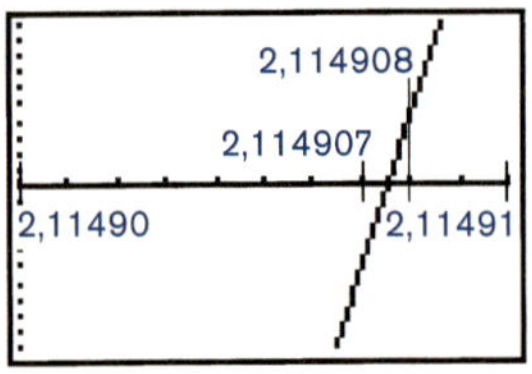

Das Newton-Verfahren kann auch zur Lösung weiterer Aufgabenstellungen dienen.

BEISPIELE

1) **Schnitt von zwei Kurven**
Gegeben sind die Funktionen $f\colon x \mapsto x^3 - x$ und $g\colon x \mapsto -x^2 + 3$. Das Schaubild von f schneidet das Schaubild von g genau an einer Stelle x_s. Für die Bedingung $f(x) = g(x)$ bildet man die Hilfsfunktion $h\colon x \mapsto f(x) - g(x) = x^3 + x^2 - x - 3$. Die Nullstelle der Funktion h ($\triangleq$ Schnittstelle x_s) kann mit dem Newton-Verfahren ermittelt werden. $x_s \approx 1{,}3593$.

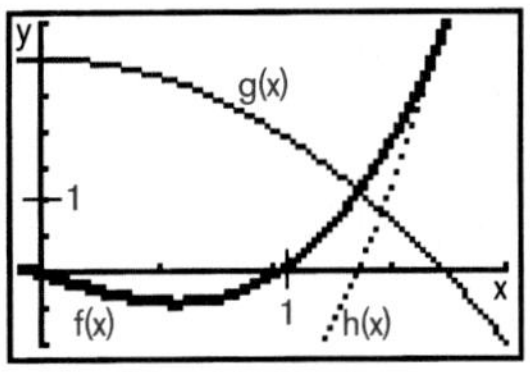

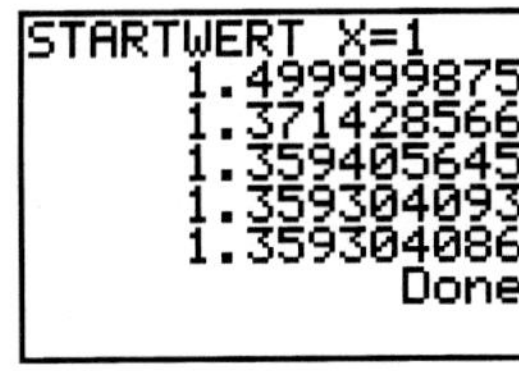

*2

2) **Gerade – Parabel**

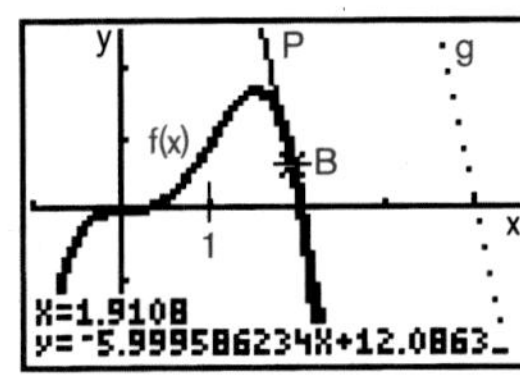

Gegeben ist die Funktion f mit $f(x) = -x^4+2x^3$ und die Gerade g mit $y = -6x + 24$. An welcher Stelle x_B berührt die Parallele zu g die Parabel 4. Ordnung?

Der Ansatz $f'(x_B) = -6$ führt wiederum zur Hilfsfunktion h mit $h(x) = -4x^3+6x^2+6$.

Die Nullstelle von h ($\triangleq$ Berührstelle) ergibt mit dem Newton-Verfahren: $x_B \approx 1{,}9108$.

3) **Betriebsoptimum**

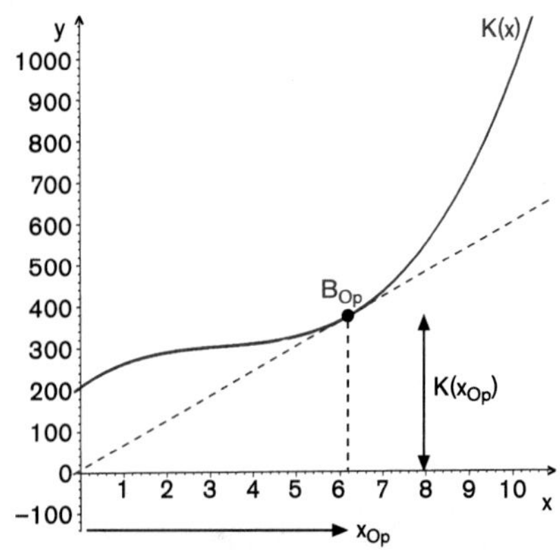

Gegeben ist die Kostenfunktion K mit $K(x) = 2x^3 - 20x^2 + 74x + 204$. Das Betriebsoptimum x_{Op} ist die Berührstelle der Tangente vom Ursprung O(0|0) an die Kostenkurve.

$$\frac{K(x_{Op})}{x_{Op}} = K'(x_{Op})$$

(Stückkosten = Grenzkosten).

$$2x^2 - 20x + 74 + \frac{204}{x} = 6x^2 - 40x + 74$$

$$-4x^3 + 20x^2 + 204 = 0$$

Die Nullstelle der Hilfsfunktion h mit $h(x) = -4x^3 + 20x^2 + 204$ bzw. die Lösung der Gleichung $x^3 - 5x^2 - 51 = 0$ ergibt das Betriebsoptimum $x_{Op} \approx 6{,}289$.

Hinter dem Gleichungslöser **„Solver"** des GTR steht auch das Newton-Verfahren.

BEISPIEL Finden Sie Lösungen der Gleichung $x^3 - 4x - 1 = 0$.

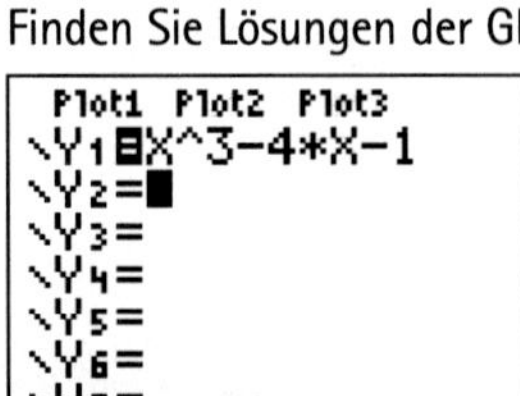

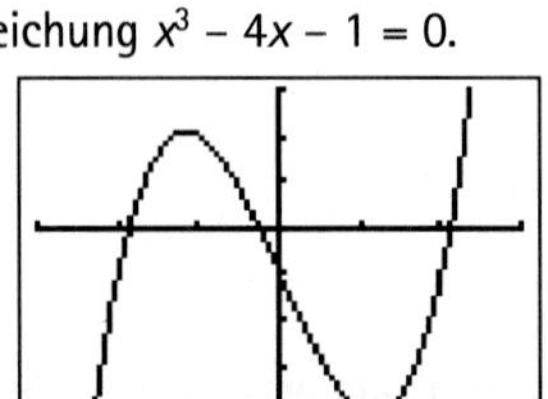

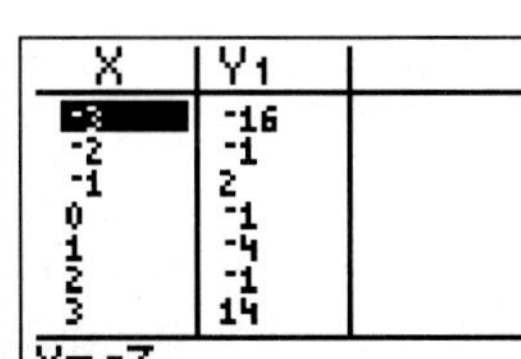

*2

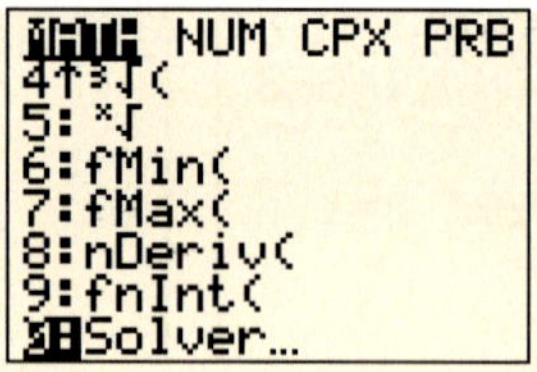

*2

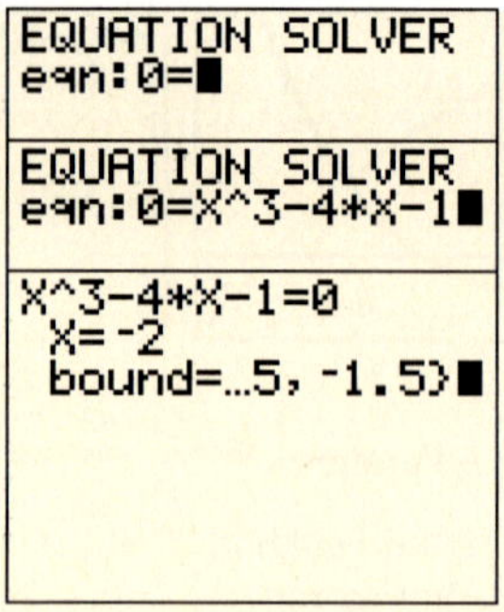

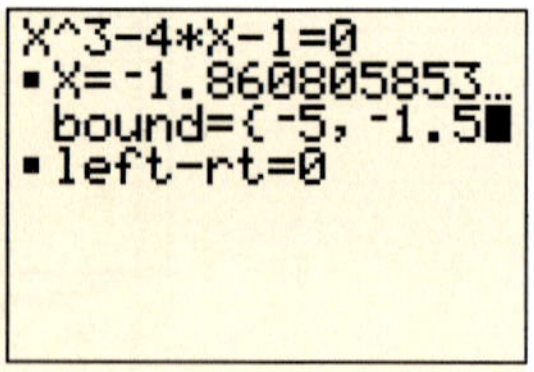

Weitere Lösungen im Intervall [-1;0] und [2;3]

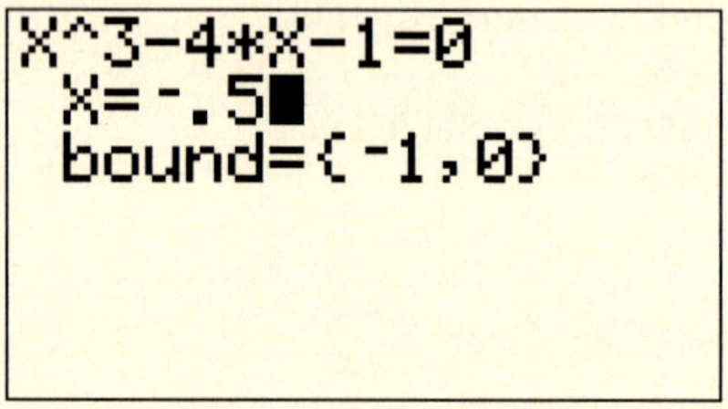

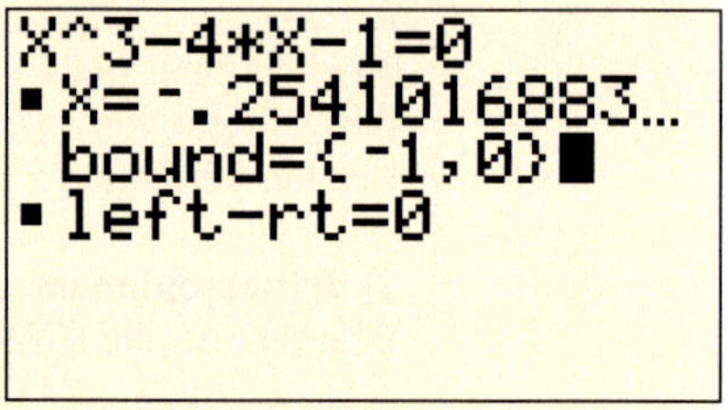

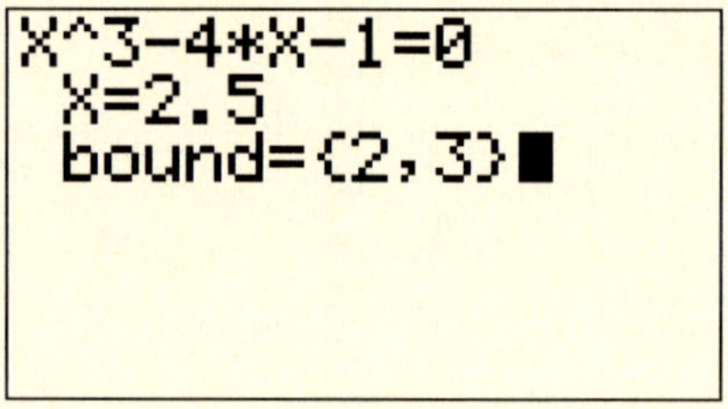

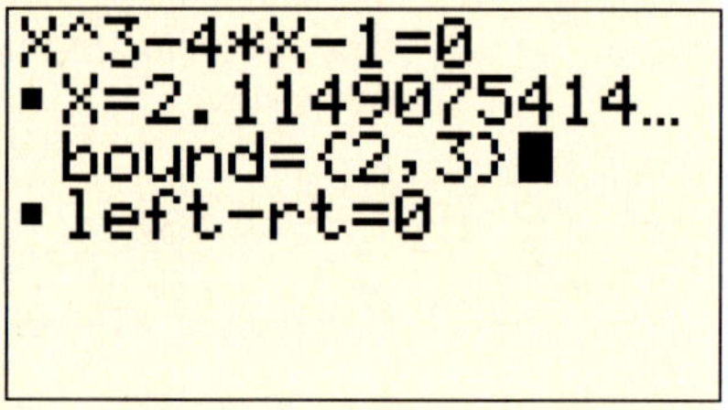

AUFGABE 40 Führen Sie dieselben Nullstellenberechnungen wie in Aufgabe 39 (Intervallhalbierungsverfahren) mit dem Newton-Verfahren durch.

Wie viele Schritte benötigen Sie für dieselbe Genauigkeit?

AUFGABE 41 Berechnen Sie die Nullstellen der Parabeln *K* und *G*.

$K\colon f(x)=\frac{1}{2}x^4-\frac{1}{2}x^3-\frac{1}{2}x^2-\frac{5}{2}x$ $\qquad$ $G\colon g(x)=-\frac{1}{16}x^4+\frac{5}{16}x^3+x$

AUFGABE 42 Eine „Neue Marktfirma" produziert Computergrafikkarten.

Der Erlös beträgt 100 € je Stück. Die Kosten für Produktion, Lagerung, Verkauf usw. hängen von der Menge x der produzierten Karten ab und können durch $K(x)=2x^3-20x^2+74x+204$ wiedergegeben werden.

In welchem Produktionsbereich erzielt das Unternehmen einen Gewinn?

4.7 Das muss ich mir merken

4.7.1 Polynomfunktionen 3. Grades

Allgemeine Gleichung der Parabel 3. Ordnung
$f(x) = a_3x^3 + a_2x^2 + a_1x + a_0$

Symmetrie zum Ursprung
$f(x) = -f(-x)$, erfüllt für
$f(x) = a_3x^3$ z.B.: K: $f(x) = \frac{1}{8}x^3$
$f(x) = a_3x^3 + a_1x$ G: $f(x) = -\frac{1}{4}x^3 + x$
(nur ungerade Hochzahlen)
Kurve geht durch O(0|0).

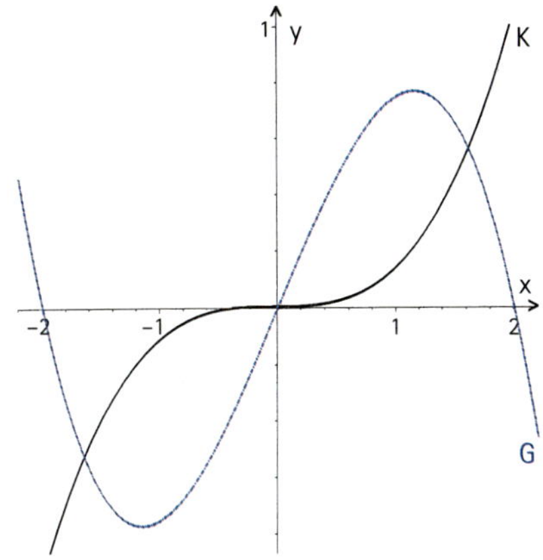

Kurvenverlauf für |x|↦∞ („große" x-Werte)

$a_3 > 0$: Kurve kommt von $-\infty$ und geht nach $+\infty$ (vom III. Quadranten in den I. Quadranten).
Beispiel: K: $f(x) = x^3 - 3x - 2$

$a_3 < 0$: Kurve kommt von $+\infty$ und geht nach $-\infty$ (vom II. Quadranten in den IV. Quadranten).

Beispiel:
G: $f(x) = -\frac{1}{5}x^3 + \frac{3}{5}x^2 + \frac{9}{5}x + 1$

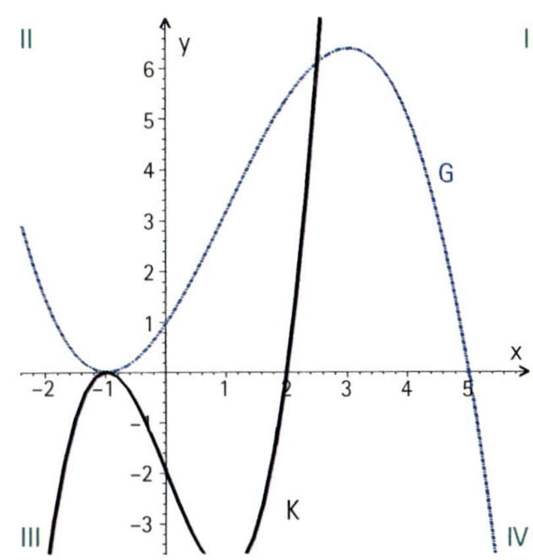

Schnittpunkte mit den Achsen
y-Achse: $x = 0 \Rightarrow S_y(0|f(0))$

x-Achse: $f(x) = 0$ (Nullstellen)
mindestens eine, höchstens drei Nullstellen.

- **nur eine einfache Nullstelle x_N:**
  $f(x) = a_3x^3 + a_2x^2 + a_1x + a_0$
  $f(x) = (x - x_N)(a_3x^2 + bx + c)$

  Beispiel:
  $f(x) = -\frac{1}{2}x^3 + 2x^2 - 3x + 2$
  $f(x) = (x - 2)(-\frac{1}{2}x^2 + x - 1)$

  Kurve hat eine Schnittstelle mit x-Achse.

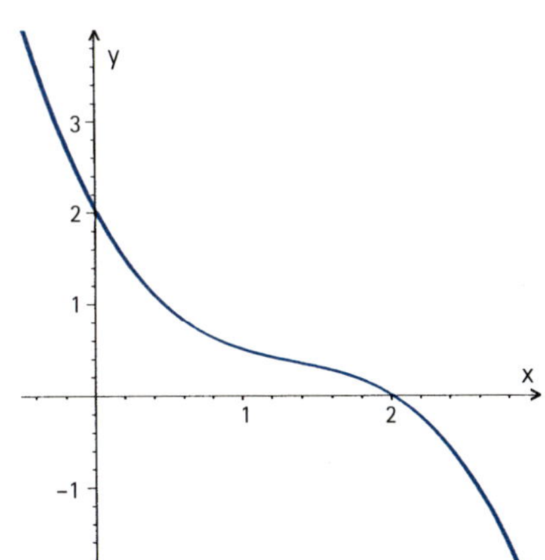

- **genau zwei Nullstellen x_{N1} und x_{N2}:**
  (d. h. eine einfache und eine doppelte Nullstelle)
  $f(x) = a_3x^3 + a_2x^2 + a_1x + a_0$
  $f(x) = a_3(x - x_{N1})(x - x_{N2})^2$

  Beispiel:
  $f(x) = -\frac{1}{8}x^3 + \frac{1}{4}x^2 + \frac{1}{2}x - 1$
  $f(x) = -\frac{1}{8}(x+2)(x-2)^2$

  Kurve hat eine Schnittstelle und eine Berührstelle mit der x-Achse.

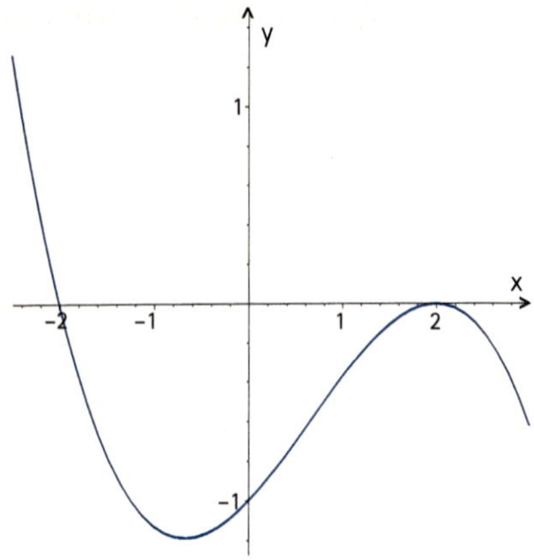

- **drei einfache Nullstellen x_{N1}, x_{N2} und x_{N3}:**

  $f(x) = a_3x^3 + a_2x^2 + a_1x + a_0$
  $f(x) = a_3(x - x_{N1})(x - x_{N2})(x - x_{N3})$

  Beispiel:
  $f(x) = \frac{1}{4}x^3 + \frac{1}{4}x^2 - x - 1$
  $f(x) = \frac{1}{4}(x+2)(x+1)(x-2)$

  Kurve hat drei Schnittstellen mit der x-Achse.

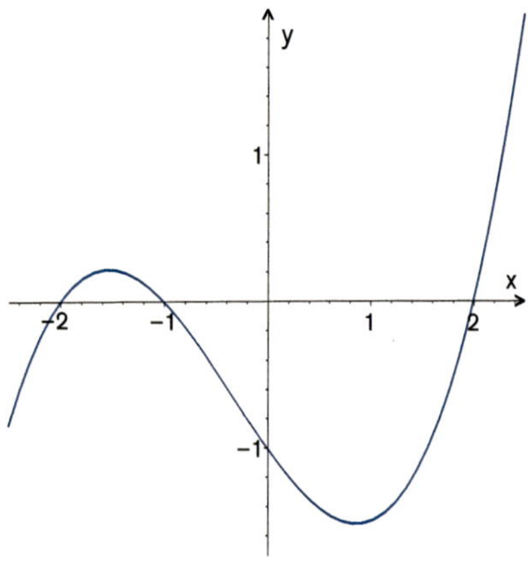

- **eine dreifache Nullstelle x_N:**
  $f(x) = a_3x^3 + a_2x^2 + a_1x + a_0$
  $f(x) = a_3(x - x_N)^3$

  Beispiel:
  $f(x) = \frac{1}{3}x^3 - 2x^2 + 4x - \frac{8}{3} = \frac{1}{3}(x-2)^3$

  Kurve „berührt und schneidet" die x-Achse (Sattelpunkt).

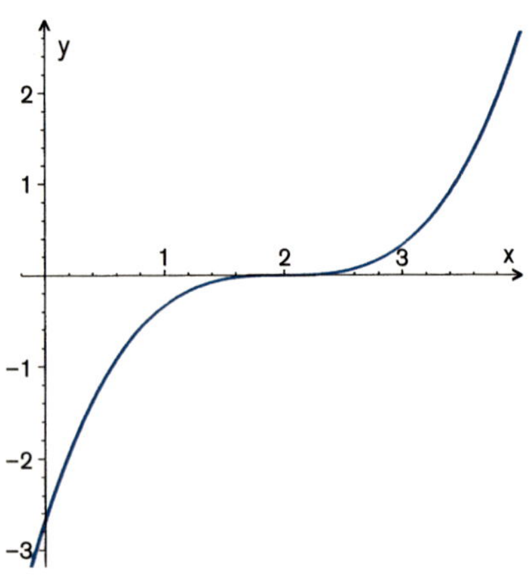

Lösen von Gleichungen 3. Grades

$a_3x^3 + a_0 = 0$	Nach x^3 auflösen und dann die 3. Wurzel ziehen.
$a_3x^3 + a_1x = 0$ $a_3x^3 + a_2x^2 = 0$ $a_3x^3 + a_2x^2 + a_1x = 0$	x bzw. x^2 ausklammern und dann den Satz vom Nullprodukt anwenden.
$a_3x^3 + a_2x^2 + a_1x + a_0 = 0$ mit $a_0 \neq 0$	- Eine ganzzahlige Lösung erraten, dann Polynomdivision; - wenn keine ganzzahlige Lösung vorhanden, dann bleibt nur die Anwendung eines Näherungsverfahrens.

4.7.2 Polynomfunktionen 4. Grades

Allgemeine Gleichung der Parabel 4. Ordnung:
$f(x) = a_4x^4 + a_3x^3 + a_2x^2 + a_1x + a_0$

Symmetrie zur *y*-Achse
$f(x) = f(-x)$, erfüllt für

$f(x) = a_4x^4$ z. B.: $K: f(x) = \frac{1}{8}x^4$
$f(x) = a_4x^4 + a_2x^2$ $G: f(x) = \frac{1}{9}x^4 - x^2$
$f(x) = a_4x^4 + a_2x^2 + a_0$ $H: f(x) = -x^4 - 3x^2 - 2$
(nur gerade Hochzahlen)

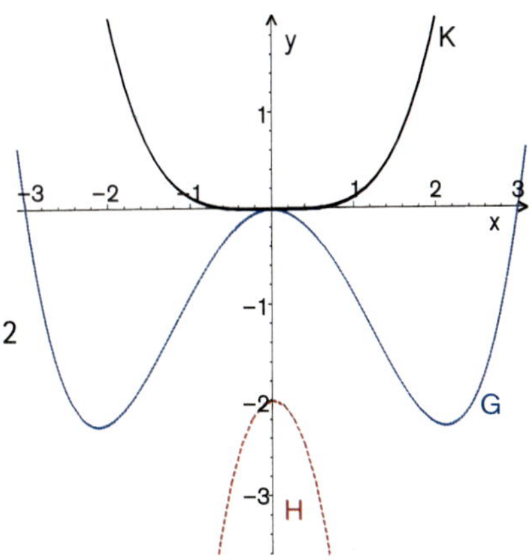

Kurvenverlauf für $|x| \mapsto \infty$ („große" *x*-Werte)

$a_4 > 0$: Kurve kommt von $+\infty$ und geht nach $+\infty$ (vom II. Quadranten in den I. Quadranten).

Beispiel:
$K: f(x) = \frac{9}{16}x^4 + \frac{3}{2}x^3$

$a_4 < 0$: Kurve kommt von $-\infty$ und geht nach $-\infty$ (vom III. Quadranten in den IV. Quadranten).

Beispiel:
$G: f(x) = -\frac{1}{4}x^4 + \frac{3}{2}x^2 - \frac{5}{4}$

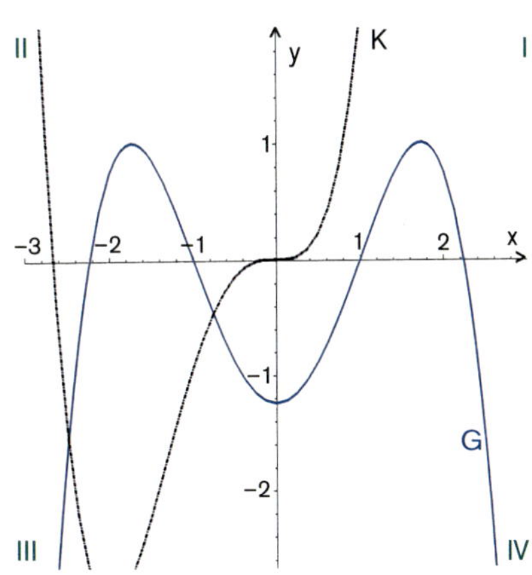

Schnittpunkte mit den Achsen
y-Achse: $x=0 \Rightarrow S_y(0 \mid f(0))$

***x*-Achse: $f(x) = 0$ (Nullstellen)**
Keine, eine, zwei, drei höchstens vier Nullstellen.

– **Eine Nullstelle x_N:**
$f(x) = a_4x^4 + a_3x^3 + a_2x^2 + a_1x + a_0$

x_N ist doppelte Nullstelle:
$f(x) = (x - x_N)^2(a_4x^2 + bx + c)$

Beispiel:
G: $f(x) = (x-2)^2(-x^2 + x - \frac{3}{4})$

x_N ist vierfache Nullstelle:
$f(x) = a_4(x - x_N)^4$

Beispiel:
K: $f(x) = \frac{1}{8}(x - \frac{1}{2})^4$

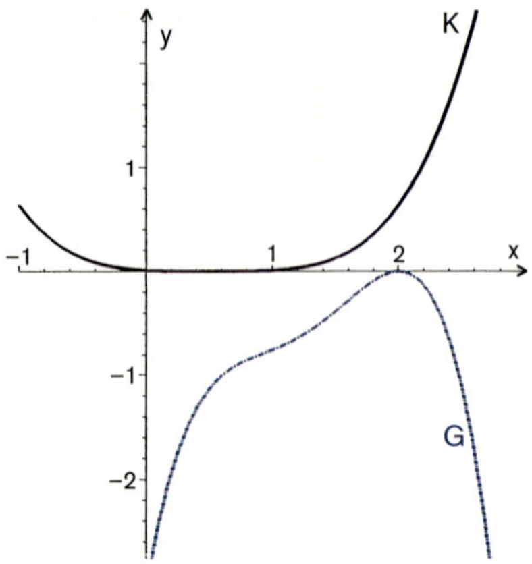

– **Zwei Nullstellen x_{N1} und x_{N2}:**
$f(x) = a_4x^4 + a_3x^3 + a_2x^2 + a_1x + a_0$

x_{N1} und x_{N2} sind beide einfache Nullstellen:
$f(x) = (x - x_{N1})(x - x_{N2})(a_4x^2 + bx + c)$

Beispiel:
K: $f(x) = (x+2)(x - \frac{3}{2})(\frac{3}{4}x^2 + x + 1)$

x_{N1} ist einfache und x_{N2} ist dreifache Nullstelle:
$f(x) = a_4(x - x_{N1})(x - x_{N2})^3$

Beispiel:
G: $f(x) = -\frac{1}{2}(x + \frac{3}{2})(x-1)^3$

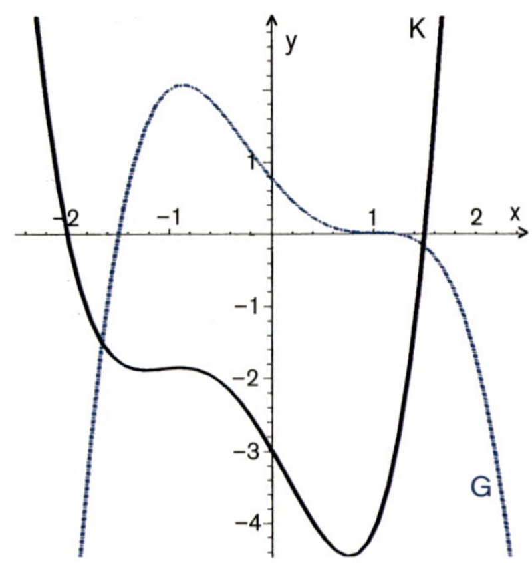

x_{N1} und x_{N2} sind beide doppelte Nullstellen:
$f(x) = a_4(x - x_{N1})^2(x - x_{N2})^2$

Beispiel:
$f(x) = \frac{1}{4}(x + \frac{3}{2})^2(x-2)^2$

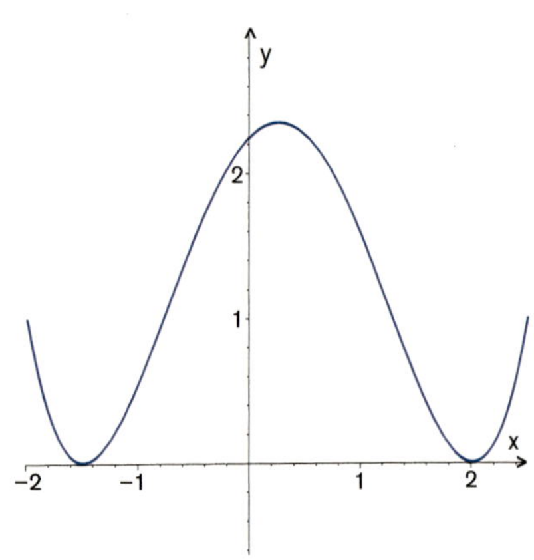

- **Drei Nullstellen x_{N1}, x_{N2} und x_{N3}:**
  $f(x) = a_4x^4 + a_3x^3 + a_2x^2 + a_1x + a_0$
  Es müssen zwei einfache und eine doppelte Nullstelle sein.
  $f(x) = a_4(x - x_{N1})(x - x_{N2})(x - x_{N3})^2$

  Beispiel:
  $f(x) = \frac{1}{6}(x+2)(x+1)(x-2)^2$

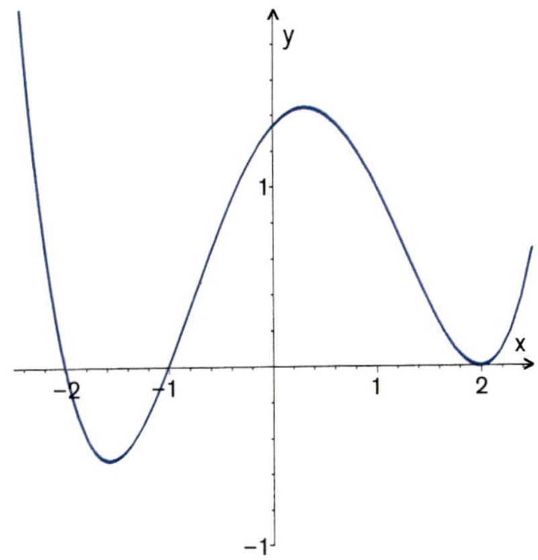

- **Vier einfache Nullstellen x_{N1}, x_{N2}, x_{N3} und x_{N4}:**
  $f(x) = a_4x^4 + a_3x^3 + a_2x^2 + a_1x + a_0$
  $f(x) = a_4(x - x_{N1})(x - x_{N2})(x - x_{N3})(x - x_{N4})$

  Beispiel:
  $f(x) = -\frac{1}{2}(x+2)(x+\frac{1}{2})(x-1)(x-2)$

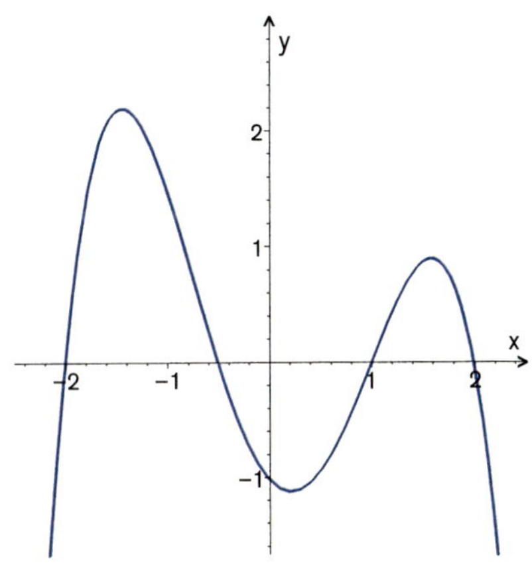

Lösen von Gleichungen 4. Grades

$a_4x^4 + a_0 = 0$

Nach x^4 auflösen und dann die 4. Wurzel ziehen.

$a_4x^4 + a_2x^2 + a_0 = 0$

Lösen durch Substitution $x^2 = u$.

$a_4x^4 + a_1x = 0$
$a_4x^4 + a_3x^3 = 0$
$a_4x^4 + a_2x^2 = 0$
$a_4x^4 + a_3x^3 + a_2x^2 = 0$

x, x^2 bzw. x^3 ausklammern (höchste gemeinsame Potenz) und dann Satz vom Nullprodukt anwenden.

$a_4x^4 + a_3x^3 + a_2x^2 + a_1x = 0$ mit $a_1 \neq 0$
$a_4x^4 + a_3x^3 + a_2x^2 + a_1x + a_0 = 0$ mit $a_0 \neq 0$

- Eine ganzzahlige Lösung erraten, dann Polynomdivision.
- Wenn keine ganzzahlige Lösung vorhanden, dann bleibt nur die Anwendung eines Näherungsverfahrens.

4.7.3 Schnittpunkte von zwei Kurven

K: $f(x) = a_n x^n + a_{n-1} x^{n-1} + a_{n-2} x^{n-2} + \ldots + a_1 x + a_0$
G: $g(x) = b_m x^m + b_{m-1} x^{m-1} + \ldots + b_1 x + b_0 \ (n > m)$

Gleichsetzen: $f(x) = g(x)$
Gleichung n-ten Grades ergibt Schnittstelle bzw. Schnittstellen x_s
Schnittpunkt: $S(x_s | f(x_s))$ bzw. $S(x_s | g(x_s))$

4.7.4 Änderungsverhalten – Ableitung

Der Grenzwert der Sekantensteigung $m_s = \dfrac{f(x+\Delta x) - f(x)}{\Delta x}$
ergibt die Tangentensteigung im Punkt $P(x| f(x))$.

Die Funktion f': $x \mapsto \lim\limits_{\Delta x \to 0} \dfrac{f(x+\Delta x) - f(x)}{\Delta x}$ heißt Ableitungsfunktion der Funktion f.

Sie ordnet jedem x die Tangentensteigung an der Stelle x zu: $m_{\text{Tangente}}(x) = f'(x)$.

Ableitungsregeln
Für ganzrationale Funktionen und Potenzfunktionen gilt in ihren Definitionsbereichen ($a \in \mathbb{R}, n \in \mathbb{Z}$):

$f(x) = x^n$	$\Rightarrow f'(x) = n \cdot x^{n-1}$	**Potenzregel**
$f(x) = a \cdot g(x)$	$\Rightarrow f'(x) = a \cdot g'(x)$	**Faktorregel**
$f(x) = g(x) + h(x)$	$\Rightarrow f'(x) = g'(x) + h'(x)$	**Summenregel**

4.7.5 Newton-Verfahren

Hat eine ableitbare Funktion f eine Nullstelle im Intervall $[a; b]$ mit $f(a) \cdot f(b) < 0$, so kann man diese näherungsweise berechnen. Die Iterationsvorschrift mit dem Startwert $x_0 \in [a; b]$ lautet:

$$x_{n+1} = x_n - \frac{f(x_n)}{f'(x_n)}, \ n \in \mathbb{N}$$

4.8 Haben Sie alles verstanden?

Üben

AUFGABE 43 Gegeben sind die Polynomfunktionen f mit:

a) $f(x) = x^3 - 12x^2 + 45x - 50$ b) $f(x) = -x^4 + 2x^3 - 2x + 1$

Ermitteln Sie $f(-2)$, $f(-1)$, $f(1{,}5)$, $f(2{,}1)$.

AUFGABE 44 Die Schaubilder der Funktionen f sollen symmetrisch zur y-Achse oder zum Ursprung sein. Wie muss c gewählt werden?

a) $f(x) = \frac{1}{2}x^3 - c$ b) $f(x) = (x-3)(x+c)$ c) $f(x) = (x^4 - cx^2)x^2 + c$

AUFGABE 45 Überprüfen Sie, ob das Schaubild der Funktion f zu einem Punkt oder einer Geraden symmetrisch ist. Beweisen Sie durch Rechnung.

a) $f(x)=\frac{1}{2}x^3-\frac{3}{2}x^2+x+2$

b) $f(x)=\frac{1}{4}x^4-2x^3+5x^2-4x-1$

AUFGABE 46 Berechnen Sie die Nullstellen folgender Funktionen:

a) $f(x)=(x-3)(x+\frac{1}{2})x$

b) $f(x)=(x^2-1)(x+2)$

c) $f(x)=x^3-2x^2-3x$

d) $f(x)=x^4-6x^3+9x^2$

e) $f(x)=x^4-5x^2+4$

f) $f(x)=(x-2)(x^2+x-12)$

g) $f(x)=x^5+8x^4+16x^3$

h) $f(x)=(x+2)(x^2-4)(x^2+9)$

AUFGABE 47 Bestimmen Sie die Nullstellen folgender Funktionen, wobei eine Nullstelle erraten werden muss:

a) $f(x)=\frac{1}{2}x^3-2x^2-2x+8$

b) $f(x)=5x^4+\frac{97}{2}x^3-167x^2+100x$

c) $f(x)=x^3-\frac{47}{6}x^2+\frac{16}{3}x+16$

d) $f(x)=x^4+4x^3+6x^2+4x+1$

e) $f(x)=3x^3-11x^2-13x+36$

f) $f(x)=x^4+4x^3-5x^2-22x-8$

AUFGABE 48 Für welche x-Werte gilt: $f(x)=2$?

a) $f(x)=x^2+2x+3$

b) $f(x)=x^3+6x^2+12x+10$

c) $f(x)=x^3+3x^2+x$

AUFGABE 49

a) Für welche Polynomfunktion 3. Grades gilt:
$f(0)=0 \wedge f(3)=0 \wedge f(1)=-\frac{8}{3} \wedge f(2)=-\frac{4}{3}$?

b) Skizzieren Sie das Schaubild K_f von f im Bereich $-\frac{1}{2} \leq x \leq 4$.

c) Für welche x-Werte gilt: $f(x)=-\frac{8}{3}$?

AUFGABE 50 Welche Parabeln 3. Ordnung gehen genau durch die Nullstellen $x_{N1}=-2$ und $x_{N2}=3$?

Auf welcher dieser Parabeln liegt der Punkt $P(1|3)$?

AUFGABE 51

a) Zeichnen Sie die Parabel mit der Gleichung $y=-\frac{1}{2}x^2+3x-5{,}5$ in ein Koordinatensystem im Bereich $0 \leq x \leq 6$ ein.

b) Vom Ursprung aus sollen die Tangenten an die Parabel gelegt werden. Berechnen Sie die Koordinaten der Berührungspunkte.

AUFGABE 52 Gegeben ist die Funktion f durch $f(x)=-\frac{1}{18}x^3+\frac{1}{2}x^2$, $x \in \mathbb{R}$.

a) Zeichnen Sie das Schaubild K_f der Funktion f für $-3 \leq x \leq 9$.

b) Bestimmen Sie die Gleichung der Ursprungsgeraden, die das Schaubild K_f außerhalb des Ursprungs berührt, und geben Sie die Koordinaten des Berührungspunktes an.

AUFGABE 53 Berechnen Sie eine Wertetafel für folgende Schaubilder.

Skizzieren Sie die Schaubilder und bestimmen Sie die nicht ganzzahligen Nullstellen mithilfe des Intervallhalbierungsverfahrens oder des Newton-Verfahrens auf zwei bzw. drei Dezimalstellen genau.

a) $f(x) = \frac{4}{90}x^3 - \frac{13}{90}x^2 - x \quad (-4 \leq x \leq 7)$

b) $f(x) = -\frac{1}{18}x^4 + \frac{1}{3}x^2 \quad (-3 \leq x \leq 3)$

c) $f(x) = \frac{1}{48}x^4 - x^2 + 9 \quad (-7 \leq x \leq 7)$

d) $f(x) = -\frac{1}{6}x^3 + \frac{1}{2}x^2 + \frac{3}{2}x \quad (-2 \leq x \leq 5)$

e) $f(x) = -x^4 + 2x^3 - 1 \quad (-1 \leq x \leq 5)$

Entscheiden

Sind die Aussagen der Aufgaben 54 – 61 wahr oder falsch?

Begründen Sie Ihre Entscheidung. Finden Sie bei falschen Aussagen ein Beispiel zur Veranschaulichung.

AUFGABE 54 Es gibt eine Funktion, deren Schaubild symmetrisch zum Ursprung und zur y-Achse ist.

AUFGABE 55 Die Schaubilder zu folgenden Funktionstermen sind symmetrisch zum Ursprung oder zur y-Achse.

a) $f(x) = 2x^4 - 1$

b) $f(x) = x^3 - x + 1$

c) $f(x) = x^3(1 - x^2)$

d) $f(x) = (x + 2x^3)(x^2 - 1)$

e) $f(x) = \frac{1}{x+1}, x \in \mathbb{R} \setminus \{-1\}$

AUFGABE 56 Jede Parabel 3. Ordnung ist zu einem Punkt symmetrisch.
Jede Parabel 4. Ordnung ist zu einer Geraden symmetrisch.

AUFGABE 57 Es gibt eine Gerade durch $P(0|8)$, die das Schaubild der Polynomfunktion f mit $f(x) = -\frac{1}{2}x(x^2 - 9)$ berührt und schneidet.

AUFGABE 58
a) Der Term $(x^n - 1)$ enthält stets für $n \in \mathbb{N}^*$ den Linearfaktor $(x - 1)$.
b) Der Term $(x^n - 1)$ enthält nur für $n \in \mathbb{N}^*_{gerade}$ den Linearfaktor $(x + 1)$.

AUFGABE 59
a) Hat eine gerade Polynomfunktion eine Nullstelle, dann hat sie mindestens eine weitere Nullstelle.
b) Das Schaubild einer ungeraden Polynomfunktion geht durch den Koordinatenursprung.
c) Jede Polynomfunktion 3. Grades hat drei Nullstellen.

AUFGABE 60 Die Heinzelmann GmbH hat für ihre Rückenmassagebürste in Abhängigkeit von der produzierten Menge x in ME die Kostenfunktion $K(x) = x^3 - 6x^2 + 14x + 18$ ermittelt. Für den Erlös gilt: $E(x) = 15x$.

a) Es gibt einen Bereich, in dem Gewinn erzielt wird.
b) Bei der Produktionsmenge $x = 4{,}08$ ME ist der Gewinn maximal.

AUFGABE 61 Wasser zeigt eine anomale Volumenänderung bei einer Temperaturänderung.

Temp. in °C	0	2	4	6	8	10	12	14	20
Volumen in l	1	0,9999	0,999875	0,9999	1	1,00014	1,00035	1,0006	1,0016

Temp. in °C	25	30	40	50	60	70	80
Volumen in l	1,00275	1,0042	1,0077	1,0121	1,017	1,0223	1,0279

Eine Polynomfunktion 3. Grades beschreibt den Zusammenhang von Volumen und Temperatur besser als eine Polynomfunktion 2. Grades.

Verstehen

AUFGABE 62 Begründen Sie: Das Schaubild einer Polynomfunktion von ungeradem Grad schneidet die x-Achse mindestens einmal.

AUFGABE 63 Durch 5 Punkte im Koordinatensystem kann immer eine Parabel 4. Ordnung gelegt werden. Welchen Bedingungen müssen die Punkte genügen?

AUFGABE 64 Welches Schaubild gehört zur Funktion f mit $f(x) = \frac{1}{18}x^4 + \frac{1}{6}x^3 - \frac{1}{3}x^2 - \frac{14}{9}x - \frac{4}{3}$?
Begründen Sie. Nennen Sie mindestens einen Grund, weshalb ein Schaubild nicht zu f gehört.

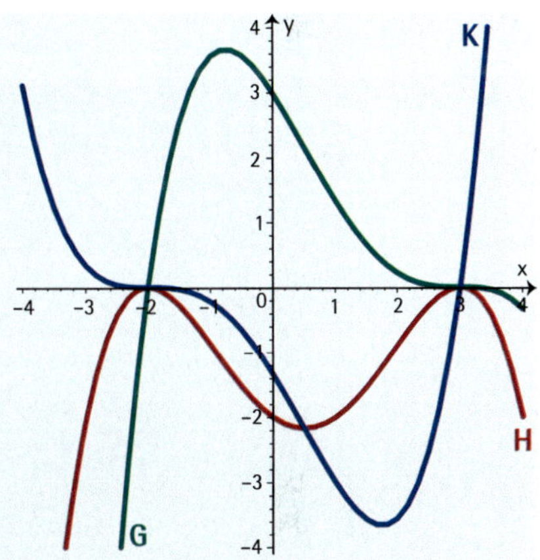

AUFGABE 65 Welche der folgenden Funktionsterme können einem Schaubild zugeordnet werden? Begründen Sie Ihre Wahl.

a) $f(x) = 2 - x^2$
b) $f(x) = x^5 - x^3$
c) $f(x) = x^3 - 6x^2 + 11x - 6$
d) $f(x) = 2x - 4$
e) $f(x) = x^5 - 2x^3$
f) $f(x) = -x^3 + 2x^2$
g) $f(x) = x^4 - 3x^2$
h) $f(x) = x^3 - 4x^2$
i) $f(x) = (x-1)(x-2)(x-3)$

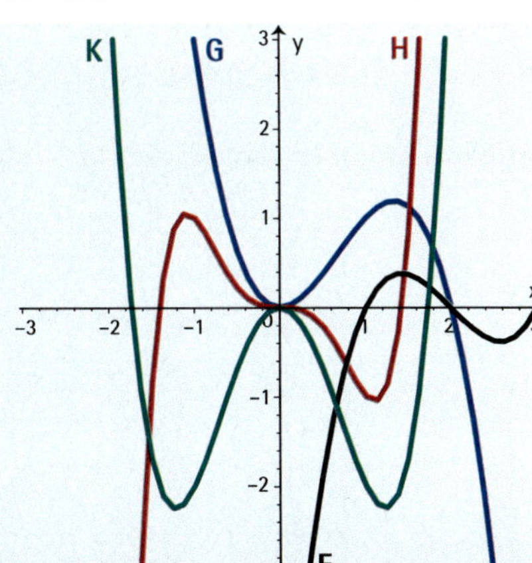

AUFGABE 66 Bei Autobahnbaustellen wird oft der Verkehr von einer Fahrspur auf die in 6 m Abstand parallel verlaufende Gegenspur verlegt. Die Ableitungsstrecke soll ca. 120 m betragen. Beschreiben Sie den Straßenverlauf durch das Schaubild einer geeigneten Polynomfunktion.

AUFGABE 67 Die Einkommensteuer (2004) wird für Einkommen von 12.740,00 € bis 52.151,00 € nach der Formel: Steuer = $(265{,}78z + 2405)z + 1016$ berechnet (z ist ein zehntausendstel des 12.739,00 € übersteigenden Teils des zu versteuernden Einkommens).

a) Welche Steuer muss bei einem Jahreseinkommen von 42.000,00 € bezahlt werden?
b) Bestimmen Sie die momentane Änderungsrate (≙ Grenzsteuersatz) der Steuer bei 42.000,00 € Einkommen auf 4 Dezimalen genau.
c) Welche Bedeutung hat dieser Grenzsteuersatz?
d) Ein Steuerrechtsprofessor hat vorgeschlagen 25 % Steuer auf das den Betrag von 12.739,00 € übersteigende Einkommen zu erheben.
Welche Steuer, welcher Grenzsteuersatz ergibt sich dann bei 42.000,00 € Einkommen?
Diskutieren Sie die Forderung: „Leistung muss sich lohnen!"

5 Transzendente Funktionen

5.1 Vorbetrachtung: Was heißt eigentlich transzendent?

Zunächst versuchen wir, so anschaulich wie möglich (und auch sehr vereinfacht) zu erklären, was man unter einer transzendenten Zahl versteht. Dazu müssen wir etwas zurückgehen.

Ganz am Anfang von Teil A – falls Sie nachsehen wollen, in Kap. 1.2 – wiederholten wir die Zahlenmengen. Die umfangreichste Zahlenmenge ist für uns die Menge der reellen Zahlen. Mit ihnen rechnen wir schon die ganze Zeit. Die reellen Zahlen teilten wir ein in rationale und irrationale Zahlen. Erinnern Sie sich: Rationale Zahlen lassen sich durch Brüche darstellen (z. B.: 4, –23, 6,342, $\frac{1}{3}$, $-\frac{2}{7}$, ...). In der Dezimalschreibweise erhält man dabei immer Zahlen, die hinter dem Komma abbrechen oder sich periodisch wiederholen. Die anderen reellen Zahlen nannten wir irrational. Zu ihnen gehören Zahlen wie $\sqrt{2}$, $\log_3(5)$, π, sin (10°), ... Sie lassen sich nicht als Bruch darstellen. In der Dezimalschreibweise kann man sie nur näherungsweise angeben, weil die Stellen hinter dem Komma nie abbrechen und nie periodisch sind. Nachdem wir uns diese Begriffe nochmals klargemacht haben, können wir unser Thema endlich ansteuern. Wir beginnen damit, die Zahlen etwas anders einzuteilen.

DEFINITION Eine Zahl heißt **algebraisch**, wenn sie sich als Lösung einer Gleichung der folgenden Form ergeben kann:

$$a_n x^n + a_{n-1} x^{n-1} + \ldots\ a_2 x^2 + a_1 x + a_0 = 0 \quad (a_i \in \mathbb{Z},\ n \in \mathbb{N})$$

Der Bruch $\frac{1}{3}$ kann sich beispielsweise als Lösung von $3x-1=0$ ergeben und ist daher eine algebraische Zahl. Eine entsprechende Gleichung ließe sich für alle anderen Brüche auch finden. Die rationalen Zahlen sind offensichtlich alle algebraisch. Das ist nichts Besonderes. Daher wenden wir uns jetzt den irrationalen Zahlen zu.

Die irrationale Zahl $\sqrt{2}$ ist ebenfalls algebraisch, da sie sich unter anderem als Lösung der Gleichung $x^2-2=0$ ergibt. Auch eine so schwierig aussehende Zahl wie $\sqrt[10]{2+\sqrt{5}}$ ist algebraisch, da sie sich als Lösung von $x^{20}-4x^{10}-1=0$ ergeben kann. Machen Sie zum Spaß die Probe, wenn Sie es nicht glauben.

Verblüffend ist: Es gibt irrationale Zahlen, die sich nicht als Lösung einer solchen Gleichung ergeben können, auch wenn man die Gleichung noch so raffiniert und lang macht. Diese Zahlen sind dann auch nicht algebraisch; man nennt sie **transzendent**. Zu den transzendenten Zahlen gehören π, $\log_2(3)$, sin (5°), ...

Zum Glück für uns sind die Beweise für die Transzendenz einer Zahl meistens so kompliziert, dass man in der Schule darauf verzichten muss und darf. Wir merken uns aber, dass man die reellen Zahlen in algebraische und transzendente Zahlen oder in rationale und irrationale Zahlen einteilen kann, so wie es die Skizze auf der folgenden Seite verdeutlicht.

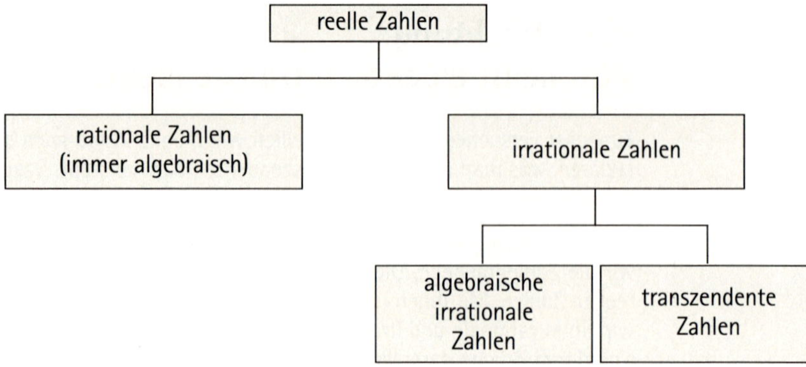

Die Einteilung in algebraisch und transzendent behält man auch für die entsprechenden Funktionen bei. Von den Funktionen, die Sie bisher kennen, sind die ganzrationalen, die gebrochenrationalen und die Potenzfunktionen algebraisch. Die logarithmischen Funktionen und die Winkelfunktionen, die wir in diesem Kapitel behandeln werden, nennt man **transzendente Funktionen.** Zu ihnen zählen auch die so genannten *e*-Funktionen, die wir in Kürze einführen werden.

5.2 Exponentialfunktionen

5.2.1 Typische Schaubilder und Eigenschaften

Bei Exponentialgleichungen kommt die Variable *x* als Exponent, d.h. als Hochzahl, vor. Solche Gleichungen lösten wir in Teil A, Kapitel 14.4. Jetzt haben wir es mit Funktionstermen zu tun, bei denen *x* als Exponent vorkommt. Solche Funktionen eignen sich hervorragend, um Vorgänge zu beschreiben, die immer stärker anwachsen.

BEISPIEL Bei einem biologischen Experiment werden 1000 Bakterien in eine Nährlösung gebracht. Ihre Anzahl verdoppelt sich stündlich.

a) Geben Sie in einer Wertetabelle an, wie groß die Anzahl der Bakterien nach 1, 2, 3, 4, 5 Stunden ist.
b) Stellen Sie in einem Schaubild dar, wie die Anzahl der Bakterien im Laufe der Zeit zunimmt.
c) Geben Sie die Gleichung der gefundenen Kurve an.

Zeit in Stunden	0	1	2	3	4	5
Anzahl N	1000	2000	4000	8000	16 000	32 000

$\cdot 2$ $\cdot 2$ $\cdot 2$ $\cdot 2$ $\cdot 2$

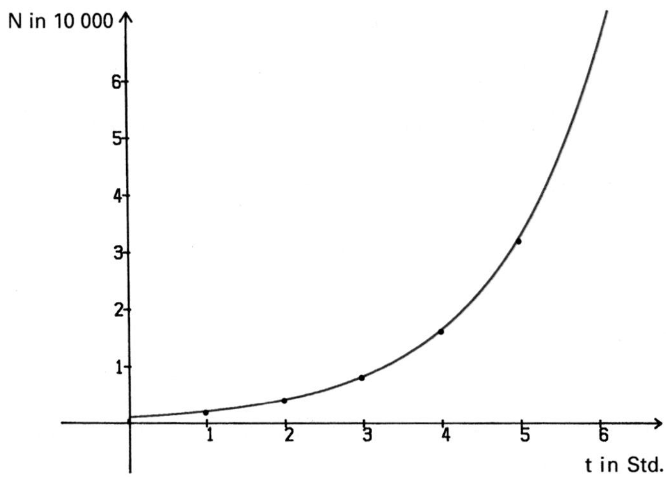

Gleichung der Kurve: Anzahl $N(t) = N_0 \cdot 2^t = 1000 \cdot 2^t$
(N_0 ... Anfangswert bei $t = 0$; t in Stunden)

Mit Exponentialfunktionen beschreibt man auch Vorgänge, die zuerst stark abfallen und dann allmählich ausklingen.

BEISPIEL Ein Lichtstrahl geht durch eine dicke, getönte Glasscheibe. Bei einem Weg von 1 cm verliert der Lichtstrahl 20 % seiner noch vorhandenen Intensität.

a) Geben Sie in einer Wertetabelle an, welche Intensität nach 1 cm, 2 cm, 3 cm, 4 cm, 5 cm noch vorhanden ist. Rechnen Sie dabei mit einer Anfangsintensität 10 (ohne Einheiten).
b) Stellen Sie in einem Schaubild dar, wie die Intensität mit zunehmender Strecke abnimmt.
c) Geben Sie die Gleichung der gefundenen Kurve an.

Weg s in cm	0	1	2	3	4	5
Intensität I	10	8	6,4	5,1	4,1	3,3

$\cdot 0{,}8$ $\cdot 0{,}8$ $\cdot 0{,}8$ $\cdot 0{,}8$ $\cdot 0{,}8$

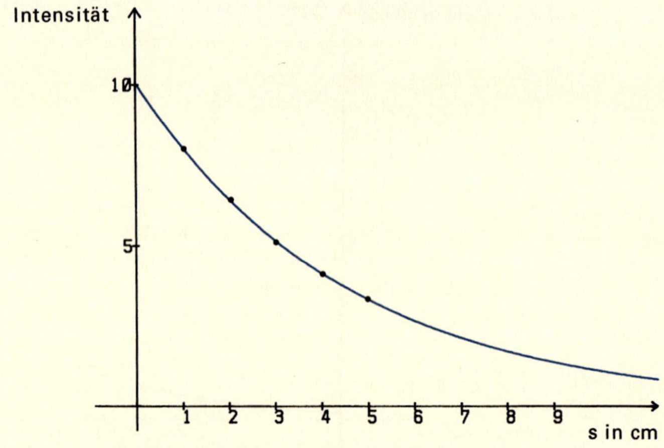

Gleichung der Kurve: Intensität $I(s) = I_0 \cdot 0{,}8^s = 10 \cdot 0{,}8^s$
(I_0 ... Anfangswert bei $s=0$; s in cm)

Nachdem wir nun zwei spezielle Anwendungsbereiche von Exponentialfunktionen kennen gelernt haben, legen wir ganz allgemein fest:

DEFINITION Die Funktion f: $x \to a^x$ heißt **allgemeine Exponentialfunktion** ($a \in \mathbb{R}_+^*$).
Ihr Schaubild heißt **Exponentialkurve.**

Die folgenden Beispiele sollen uns die typischen Eigenschaften der Exponentialfunktionen zeigen. Zuerst verändern wir die Basis a.

BEISPIEL Zeichnen Sie in ein Koordinatensystem die Schaubilder von:

f_1: $x \to 2^x$
f_2: $x \to (\frac{1}{2})^x$
f_3: $x \to 3^x$
f_4: $x \to (\frac{1}{3})^x$

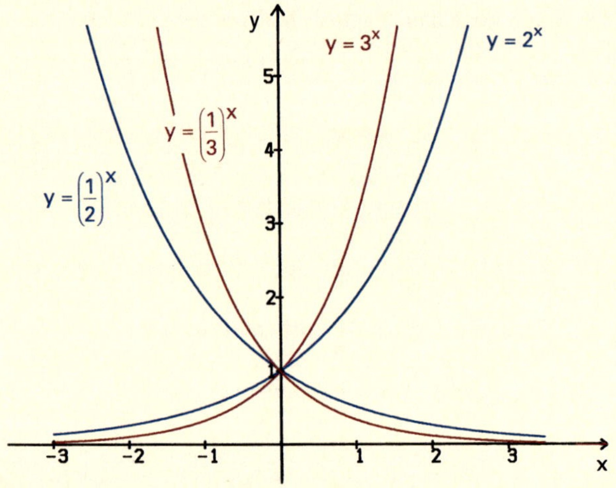

Die Kurven mit den Gleichungen $y = a^x$ und $y = (\frac{1}{a})^x$ sind bezüglich der y-Achse zueinander symmetrisch. Die Symmetrie wird sofort ersichtlich, wenn man die Gleichung umformt:

$$y = (\tfrac{1}{a})^x = a^{-x}$$

Dank dieser Beziehung $(\frac{1}{a}) = a^{-1}$ dürfen wir uns im Folgenden darauf beschränken, Exponentialfunktionen mit einer Basis $a > 1$ zu untersuchen.

Im folgenden Beispiel wählen wir als Basis $a = 3$. Man könnte genauso gut $a = 2$ oder $a = 4$ nehmen. Probieren Sie es mit dem Taschenrechner aus. Die Kurven, die man erhält, sehen alle ganz ähnlich aus.

BEISPIEL Zeichnen Sie die Schaubilder der folgenden Funktionen in dasselbe Koordinatensystem.

f_1: $y = 3^x$
f_2: $y = 0{,}5 \cdot 3^x$
f_3: $y = 2 \cdot 3^x$
f_4: $y = -0{,}5 \cdot 3^x$

x	−3	−2	−1	0	1	2	3
f_1	$\frac{1}{27}$	$\frac{1}{9}$	$\frac{1}{3}$	1	3	9	27
f_2	$\frac{1}{54}$	$\frac{1}{18}$	$\frac{1}{6}$	0,5	1,5	4,5	13,5
f_3	$\frac{2}{27}$	$\frac{2}{9}$	$\frac{2}{3}$	2	6	18	54
f_4	$-\frac{1}{54}$	$-\frac{1}{18}$	$-\frac{1}{6}$	−0,5	−1,5	−4,5	−13,5

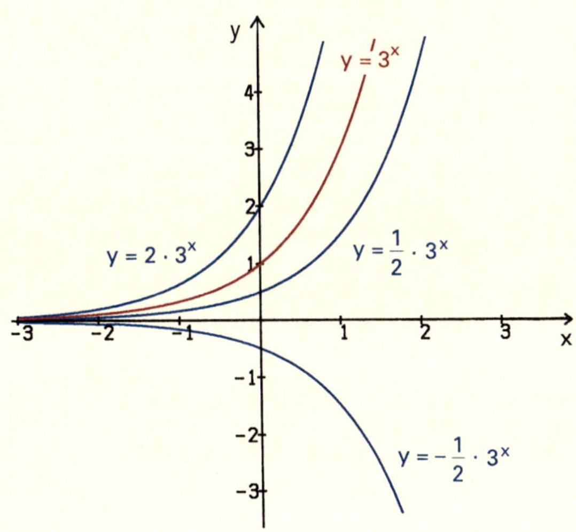

Wir sehen aus diesem Beispiel:
- Man erhält die Kurve mit der Gleichung $y = k \cdot a^x$ aus der Kurve mit der Gleichung $y = a^x$, wenn man sie um den Faktor k in Richtung der y-Achse streckt.
- Die negative x-Achse ist waagrechte Asymptote.

Wir wählen jetzt nochmals mehrere Basen a aus, beschränken uns aber auf $a > 1$. Werte unter 1 spielen keine Rolle, wie wir gerade gesehen haben.

BEISPIEL Zeichnen Sie in ein Koordinatensystem die Schaubilder der folgenden Funktionen.

f_1: $y=2^{-x}$
f_2: $y=3^{-x}$
f_3: $y=4^{-x}$

x	−3	−2	−1	0	1	2	3
f_1	8	4	2	1	$\frac{1}{2}$	$\frac{1}{4}$	$\frac{1}{8}$
f_2	27	9	3	1	$\frac{1}{3}$	$\frac{1}{9}$	$\frac{1}{27}$
f_3	64	16	4	1	$\frac{1}{4}$	$\frac{1}{16}$	$\frac{1}{64}$

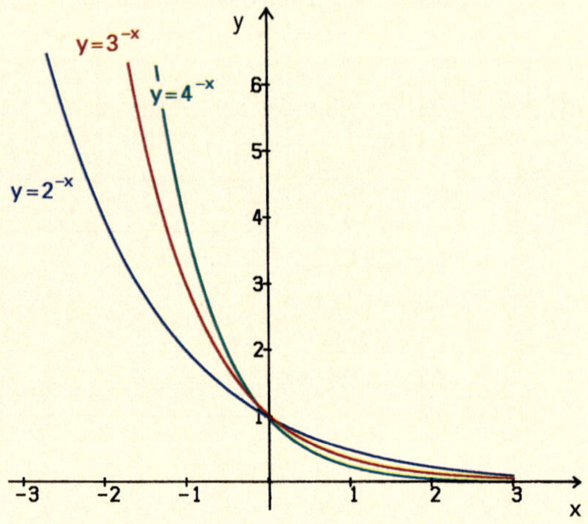

Wir sehen aus diesem Beispiel:
- Die positive x-Achse ist waagrechte Asymptote.
- Die Kurven mit der Gleichung $y=a^{-x}$ sind streng monoton fallend.
- Der Definitionsbereich der Funktionen $x \to a^{\pm x}$ ist $\mathbb{R}$, der Wertebereich nur $\mathbb{R}_+^*$.

Die wichtigsten Eigenschaften der Exponentialfunktionen (mit Basis $a>1$) stellen wir nochmals übersichtlich zusammen:

	$f: x \to a^x$	$f: x \to a^{-x}$
Definitionsbereich	$\mathbb{R}$	$\mathbb{R}$
Wertebereich	$\mathbb{R}_+^*$	$\mathbb{R}_+^*$
Asymptote	negative x-Achse ist waagrechte Asymptote	positive x-Achse ist waagrechte Asymptote
Verlauf	streng monoton steigend	streng monoton fallend

AUFGABE 1 Zeichnen Sie die Kurven mit den angegebenen Gleichungen in dasselbe Koordinatensystem. Erklären Sie, warum die Kurven symmetrisch zueinander verlaufen.

a) K_1: $f(x)=\left(\frac{3}{2}\right)^x$; K_2: $f(x)=\left(\frac{2}{3}\right)^x$

b) K_1: $f(x)=\left(\frac{3}{4}\right)^x$; K_2: $f(x)=\left(\frac{3}{4}\right)^{-x}$

c) K_1: $f(x)=-\left(\frac{1}{2}\right)^x$; K_2: $f(x)=-2^x$

AUFGABE 2 Zeichnen Sie die Kurven mit den angegebenen Gleichungen in dasselbe Koordinatensystem. Durch welche Abbildung entsteht die zweite und dritte Kurve aus der ersten?

a) $f_1(x)=0{,}25\cdot 2^x$; $f_2(x)=0{,}25\cdot 2^{x-1}$; $f_3(x)=0{,}25\cdot 2^{x+3}$
b) $f_1(x)=0{,}1\cdot 3^x$; $f_2(x)=0{,}1\cdot 3^{x-2}$; $f_3(x)=0{,}1\cdot 3^{x+1}$
c) $f_1(x)=-0{,}2\cdot 4^x$; $f_2(x)=-0{,}2\cdot 4^{x-1{,}5}$; $f_3(x)=0{,}2\cdot 4^{x+0{,}5}$

AUFGABE 3 Zeichnen Sie die Kurven mit den angegebenen Gleichungen. Erstellen Sie dazu jeweils eine Wertetabelle für $x = -3, -2, -1, 0, 1, 2, 3, 4, 5$. Welche Asymptote lässt sich vermuten, wenn man x immer weiter wachsen lässt? Versuchen Sie Ihre Vermutung zu begründen.

a) $f(x)=\frac{x}{2^x}$ b) $f(x)=\frac{x^2}{2^x}$ c) $f(x)=\frac{x^3}{2^x}$

AUFGABE 4 Bestimmen Sie die Lösungsmenge der Gleichungen. Denken Sie daran, dass eine Potenz a^x (mit $a \neq 0$) nie den Wert null annehmen kann.

a) $4^x=0$ d) $3^x=81$ g) $(x-3)\cdot 10^{-x}=0$
b) $7^x=1$ e) $3^x=-81$ h) $(x^2+3x)\cdot 5^x=0$
c) $8^x=1$ f) $x\cdot 2^x=0$ i) $(x^2+1)\cdot 4^x=0$

AUFGABE 5 Der Punkt P liegt auf der Exponentialkurve mit der Gleichung $f(x) = a^x$. Berechnen Sie die Basis a.

a) $P(2|64)$ c) $P(1|\frac{1}{4})$ e) $P(-3|1000)$
b) $P(\frac{1}{2}|\sqrt{5})$ d) $P(4|\frac{1}{81})$ f) $P(-4|4)$

AUFGABE 6 Die Punkte P und Q liegen auf der Exponentialkurve mit der Gleichung $f(x)=c\cdot a^x$. Berechnen Sie den Faktor c und die Basis a.

a) $P(0|0{,}2)$, $Q(1|0{,}6)$ d) $P(-1|16)$, $Q(2|2)$
b) $P(0|4)$, $Q(-2|\frac{64}{9})$ e) $P(-1|-2)$, $Q(-2|-8)$
c) $P(1|0{,}5)$, $Q(3|12{,}5)$ f) $P(1|-\frac{6}{5})$, $Q(4|-\frac{48}{625})$

AUFGABE 7 Peter hat ein Sparbuch mit einem Guthaben von 1.000,00 €. Sein Guthaben wird jährlich mit 4 % verzinst. Auf welchen Betrag wächst das Guthaben in 1, 2, 3, 4 Jahren an, wenn man Zins und Zinseszins berücksichtigt? Wie hoch wäre das Guthaben nach 100 Jahren?

AUFGABE 8 Ein Auto verliert jährlich 20 % seines Wertes. Wie viel ist es dann nach 1, 2, 3, 4, 5, 10 Jahren noch wert? Rechnen Sie mit einem beliebigen Anschaffungswert A.

AUFGABE 9 Von einer Exponentialfunktion $x \rightarrow q^x$ weiß man, dass sie um 30% wächst (10% abnimmt), wenn x um 1 Einheit zunimmt. Bestimmen Sie q.

AUFGABE 10 Eine Maschinenanlage (Anschaffungswert 800.000,00 €) wird jährlich mit $p = 12\,\%$ abgeschrieben. Wie groß ist der Buchwert der Anlage nach 6 Jahren?

AUFGABE 11 Wie lange dauert es, bis eine Maschine mit dem Anschaffungswert 100.000,00 € auf einen Schrottwert von 19.687,00 € abgeschrieben ist, wenn der Abschreibungssatz 15% beträgt?

AUFGABE 12 Susi wird 18 Jahre alt. Oma backt Kuchen. Beim Kaffeetrinken plaudern die beiden.
„Liebes Kind. Ich lege Geld für dich an. Wenn du einmal groß bist..."
„Krrrrrrr..."
„Sagen wir, wenn du 25 wirst, dann darfst du über 20.000,00 € verfügen."
„Aber Omilein, schau mal, ich hätte das Geld jetzt viel nötiger. Ich will mir doch einen Motorroller kaufen, eine neue Stereoanlage anschaffen, den alten Computer erneuern und meinem Mathelehrer eine Flasche Wein schenken."
„Also gut, dann diskontieren wir eben das Kapital von 20.000,00 € mit 4% und berechnen den Barwert. Rechne mal!"
„Äähhhhhhhh,... mmmm,... schluck... "
Und wenn sie nicht gestorben sind, rechnen sie heute noch. Wie groß ist der Barwert, den die beiden hoffentlich ermitteln?

5.2.2 Die Bedeutung der Euler'schen Zahl e*

Zuerst erzählen wir Ihnen eine etwas verrückte Geschichte mit mathematischem Hintergrund:
Peter braucht dringend Geld. Er leiht sich bei einem Wucherer 1,00 € (lassen wir es bei 1,00 €, bei einer Million müssten wir nur mehr Nullen schreiben). Der Wucherer nutzt Peters Notlage aus und verlangt einen jährlichen Zinssatz von 100%. Peter akzeptiert, ohne mit der Wimper zu zucken. Da ändert der geldgierige Wucherer sein Angebot. Er verlangt 50% nach einem halben Jahr und dann nochmals 50% nach 1 Jahr. Nein! Besser noch, vierteljährlich 25%, oder noch besser, 8-mal 12,5%. Der Wucherer stellt sich in einer Tabelle die zu erwartenden Rückzahlungen zusammen.

Zu verzinsendes Kapital in Euro	Verzinsungen	Rückzahlung in Euro nach 1 Jahr
1	1 Verzinsung zu 100%	$(1+\frac{100}{100}) = 2{,}00$
1	2 Verzinsungen zu 50%	$(1+\frac{50}{100})^2 = 2{,}25$
1	4 Verzinsungen zu 25%	$(1+\frac{25}{100})^4 = 2{,}44$
1	8 Verzinsungen zu 12,5%	$(1+\frac{12{,}5}{100})^8 = 2{,}57$

Dem Wucherer ist klar: Je häufiger verzinst wird, desto höher wird die Rückzahlung. Ihn würde nun brennend interessieren: Könnte er die Rückzahlung in schwindelnde Höhen treiben, wenn er die Anzahl der Verzinsungen immer weiter steigerte?

* Leonhard Euler (1707-1783), bedeutendster Mathematiker des 18. Jahrhunderts. Verfasste ca. 800 wissenschaftliche Abhandlungen, darunter mehrbändige Werke zur Differenzial- und Integralrechnung. Auf ihn gehen u. a. die Einteilung in algebraische und transzendente Funktionen, Schreibweisen wie $f(x)$ für Funktionen und die Abkürzung π für die Kreiszahl zurück.

Lassen Sie uns noch 2 Werte berechnen:

Bei einer täglichen Verzinsung ergibt sich eine Rückzahlung von

$$\left(1+\frac{1}{365}\right)^{365} = 2{,}716 \ldots \text{ €.}$$

Bei einer stündlichen Verzinsung (das Jahr hat 8760 Stunden)

$$\left(1+\frac{1}{8760}\right)^{8760} = 2{,}718 \ldots \text{ €.}$$

Der Übergang von täglicher auf stündliche Verzinsung erbringt nur noch eine Steigerung um den Bruchteil eines Cent. Wir ahnen es, können es aber nicht beweisen: Die Eurobeträge streben einer bestimmten Grenze zu, die sie nicht überschreiten können, auch wenn man immer häufiger und immer häufiger verzinst.

Dieser Sachverhalt ist in der Mathematik von allergrößter Bedeutung.

MERKE Die Potenz $\left(1+\frac{1}{n}\right)^n$ strebt gegen den Wert 2,718…, wenn n unbegrenzt wächst.

Diesen **Grenzwert**, wie wir ihn später nennen werden, nennt man die **Euler'sche Zahl**, abgekürzt mit e. Auf 9 Stellen genau ergibt sich ihr Wert zu:

$e = 2{,}718281828\ldots$

Selbstverständlich kennt auch fast jeder Taschenrechner diese Euler'sche Zahl e. Sie erhalten beispielsweise den Wert von $e^2 \approx 7{,}39$ in der Regel durch die Tastenkombination:

[e^x] [2] oder [INV] [LNx] [2]

Testen Sie auf jeden Fall Ihren Rechner! Die Zahl e selbst erhalten Sie als e^1.

AUFGABE 13 Berechnen Sie mithilfe Ihres Taschenrechners:

e^3, e^{-4}, $e^{1,5}$, $\sqrt{e}$, $\frac{1}{\sqrt{e}}$, $\sqrt[3]{e}$, $\frac{1}{\sqrt[5]{e^3}}$

AUFGABE 14 Legen Sie in Excel die folgende Tabelle an. Verwenden Sie dazu den Befehl *zeile()*. Lassen Sie den Computer die Wertetabelle auf 12 Dezimalen genau berechnen. Die ersten 5 Werte sind zur Kontrolle angegeben.

	A	B	C	D	E	F
1	Zahl n	Wert von (1+1/n)^n	Zahl n	Wert von (1+1/n)^n	Zahl n	Wert von (1+1/n)^n
2						
3	1	2,000000000000	10		100	
4	2	2,250000000000	20		200	
5	3	2,370370370370	30		300	
6	4	2,441406250000	40		400	
7	5	2,488320000000	50		500	
8	6		60		600	
9	7		70		700	
10	8		80		800	
11	9		90		900	
12	10		100		1000	
13	11		110		1100	
14	12		120		1200	
15	13		130		1300	
16	14		140		1400	
17	15		150		1500	
18	16		160		1600	
19	17		170		1700	
20	18		180		1800	
21	19		190		1900	
22	20		200		2000	

Wichtiger Hinweis: Ihr Computer und Ihr Taschenrechner bauen Mist, wenn Sie bei dieser Aufgabe mit dem Exponenten *n* zu hoch gehen. Wenn *n* einen gewissen Wert überschreitet, sind sie überfordert und geben statt 2,718... nur noch 1,0 aus! Untersuchen Sie, wo die Grenzen Ihres Gerätes liegen.

Der Grund für diese verblüffende Tatsache liegt darin, dass Computer prinzipiell nicht exakt rechnen, sondern mit gerundeten Näherungswerten. Auch wenn sie mit 10 oder 20 Stellen hinter dem Komma rechnen, ist diese letzte Stelle auf- oder abgerundet, wenn Sie Zahlen wie $\sqrt{2}$ oder π eingeben. Falls die Ziffern hinter dieser letzten Stelle tatsächlich eine Rolle spielen, was natürlich nur ganz selten der Fall ist, machen Taschenrechner und Computer Fehler. So etwas passiert Ihnen bei unserem obigen Beispiel, wenn n zu groß wird.

5.2.3 e-Funktionen

Blättern wir nochmals zwei Seiten zurück zu unserem Beispiel mit dem Wucherer. Wir werden jetzt in Diagrammen darstellen, wie der Anfangswert von 1,00 € bei 1, 2, 4, 10 und 20 jährlichen Verzinsungen wächst.

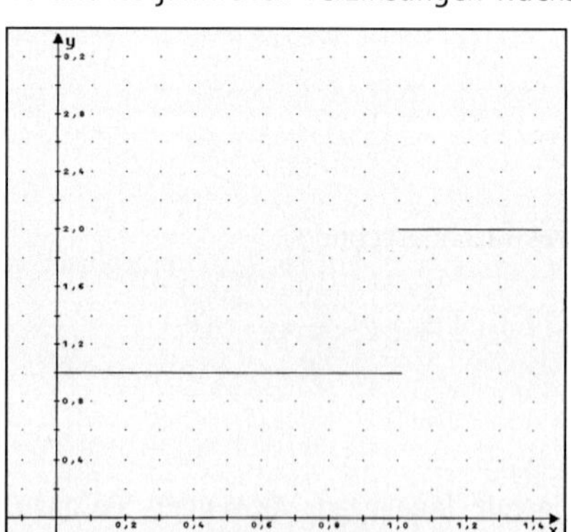

1 Verzinsung

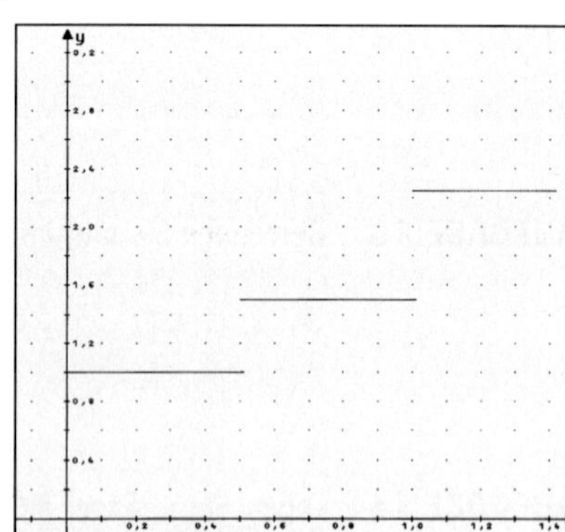

2 Verzinsungen

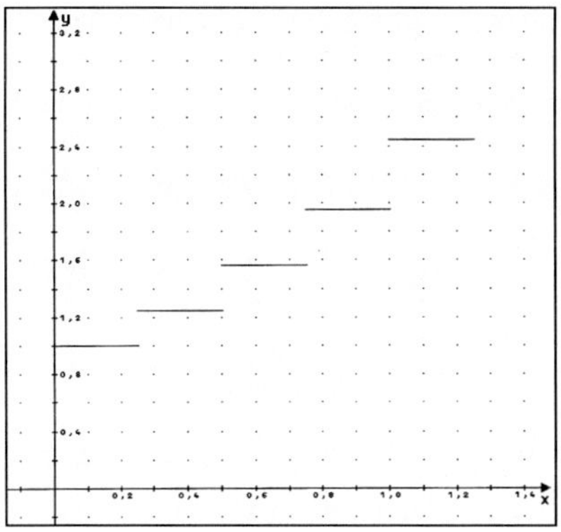

4 Verzinsungen

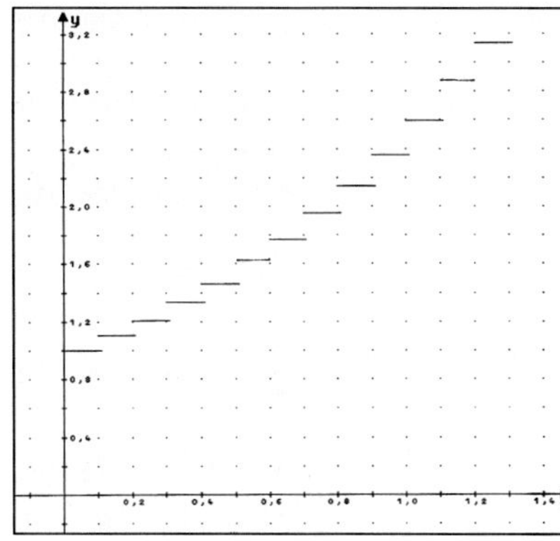

10 Verzinsungen

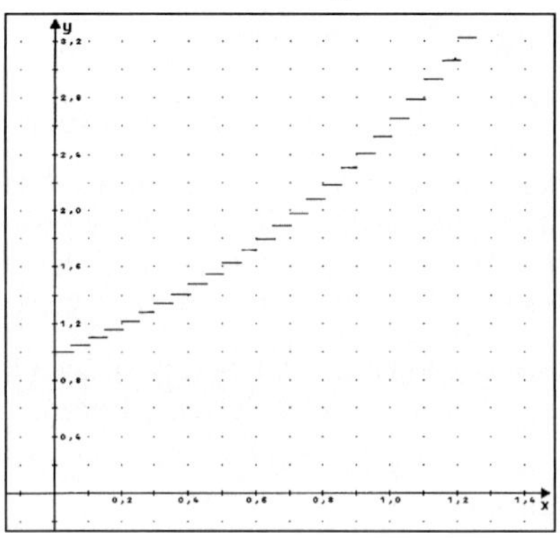

20 Verzinsungen

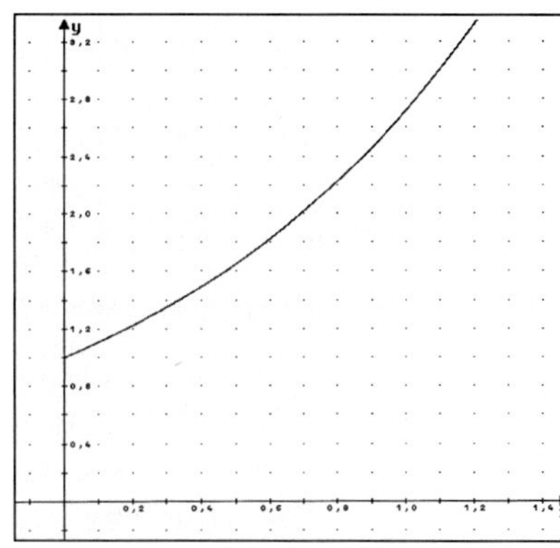

Anzahl der Verzinsungen gegen unendlich

Der Anfangswert wächst treppenförmig an. Wenn die Stufenzahl zunimmt, wird die Stufenhöhe niedriger. Wird die Anzahl der Stufen immer weiter erhöht, nähert sich die Treppenform immer mehr einer glatten Kurve an. Diese Kurve beschreibt dann eine kontinuierliche Zunahme. Man spricht dann auch von einem **natürlichen Wachstum** oder einem **stetigen Wachstum.**

Verzinsungen	Betrag nach 1 Jahr	Betrag nach 2 Jahren	Betrag nach 3 Jahren	Betrag nach x Jahren
1-mal 100 %	$(1+1)$	$(1+1)^2$	$(1+1)^3$	$(1+1)^x$
2-mal 50 %	$(1+\frac{1}{2})^2$	$[(1+\frac{1}{2})^2]^2$	$[(1+\frac{1}{2})^2]^3$	$[(1+\frac{1}{2})^2]^x$
4-mal 25 %	$(1+\frac{1}{4})^4$	$[(1+\frac{1}{4})^4]^2$	$[(1+\frac{1}{4})^4]^3$	$[(1+\frac{1}{4})^4]^x$
8-mal 12,5 %	$(1+\frac{1}{8})^8$	$[(1+\frac{1}{8})^8]^2$	$[(1+\frac{1}{8})^8]^3$	$[(1+\frac{1}{8})^8]^x$
⋮	⋮	⋮	⋮	⋮
↓ ↓	↓	↓	↓	↓
immer größer, immer kleiner	e	e^2	e^3	e^x

Wir möchten nun wissen: Wie lautet die Gleichung dieser Kurve? Mithilfe der Tabelle auf der vorhergehenden Seite finden wir diese Gleichung. Der Einfachheit halber verzinsten wir wieder den Betrag 1. Die Tabelle gibt an, wie dieser Betrag in x Jahren anwächst.

Die Gleichung der gesuchten Kurve lautet also $y = e^x$.

Ohne Beweis: Bei einer stetigen jährlichen Verzinsung mit p% erhält man analog die Kurvengleichung $y = e^{\frac{p}{100} \cdot x}$.

DEFINITION Die Funktion $f\colon x \rightarrow e^x$ heißt **natürliche Exponentialfunktion** oder kurz **e-Funktion.**

e-Funktionen sind in den Naturwissenschaften und in der Technik von überragender Bedeutung. Alle Vorgänge, die sich auf ein gleichmäßiges Wachstum (Bevölkerungszunahme, Waldbestand, Wachstum einer Bakterienkultur,...) oder eine gleichmäßige Abnahme beziehen (radioaktiver Zerfall, Abkühlen eines heißen Körpers,...), werden durch e-Funktionen beschrieben.

Schlussbemerkung

Jede allgemeine Exponentialfunktion $x \rightarrow a^x$ lässt sich auch mit der Basis e schreiben. Zu $a \in \mathbb{R}_+^*$ lässt sich immer ein $k \in \mathbb{R}$ so finden, dass $a = e^k$ wird. Damit gilt: $y = a^x = e^{k \cdot x}$. Wir werden uns daher in Zukunft fast nur noch für die natürliche Exponentialfunktion interessieren.

Die Schaubilder von e-Funktionen heißen kurz **e-Kurven.** Um ihre typischen Eigenschaften kennen zu lernen, müssen wir einige Kurven zeichnen.

Der natürliche Logarithmus

Bei Rechnungen mit e-Funktionen müssen wir Exponentialgleichungen lösen. Diese haben wir schon in Teil A, Kap. 14.4 kennen gelernt. Um solche Gleichungen lösen zu können, haben wir damals Logarithmen eingeführt. Erinnern Sie sich noch? Bei Teil A, Kap. 14.3 gab es auch einen kurzen Hinweis auf den Logarithmus zur Basis e. Er heißt **natürlicher Logarithmus,** weil man mit e-Funktionen natürliche Wachstumsvorgänge beschreiben kann. Da er so häufig vorkommt, kürzt man ihn ab:

$$\log_e(x) = \ln(x)$$

Wir werden im Folgenden den natürlichen Logarithmus häufig benötigen. Sie finden ihn auf dem Taschenrechner mit der LN-Taste. Probieren Sie es aus mit ln(2). Sie tippen LN und 2 und erhalten 0,693...

Tipp: Schauen Sie sich vorher nochmals die Rechenregeln für Logarithmen in Teil A, Kap.14.2 an.

AUFGABE 15 Betrachten Sie die e-Kurven mit Ihrem Taschenrechner. Was fällt Ihnen auf?

a) $f(x) = e^x$, $f(x) = e^{-x}$
b) $f(x) = e^x$, $f(x) = \frac{1}{3} \cdot e^x$, $f(x) = 2 \cdot e^x$
c) $f(x) = e^{-x}$, $f(x) = \frac{1}{3} \cdot e^{-x}$, $f(x) = 2 \cdot e^{-x}$
d) $f(x) = -e^x$, $f(x) = -\frac{1}{2} \cdot e^{-x}$
e) $f(x) = e^x$, $f(x) = e^{\frac{1}{3}x}$, $f(x) = e^{2x}$, $f(x) = e^{0,1x}$

Das Zeichnen der Kurven war sicher etwas mühselig, die Arbeit hat sich aber gelohnt. Wir haben dabei fast alle Möglichkeiten durchprobiert, wie wir den Verlauf einer e-Kurve verändern können. Unser Ergebnis fassen wir zusammen.

MERKE Bei einer Funktion mit $f(x) = a e^{kx}$, wobei $a>0$, gilt:

$k>0$	...	steigt streng monoton; die negative x-Achse ist Asymptote
$k<0$	...	fällt streng monoton; die positive x-Achse ist Asymptote
$\|k\|$ groß	...	steigt oder fällt schnell
$\|k\|$ klein	...	steigt oder fällt langsam
a	...	Streckfaktor in Richtung der y-Achse; ergibt den y-Wert an der Stelle $x=0$.

Auf negative Werte von a können wir verzichten, weil dies bei praktischen Aufgaben keine Rolle spielt.

AUFGABE 16 Wo schneiden die Kurven mit den angegebenen Gleichungen die x-Achse?

a) $f(x) = x \cdot e^x$
b) $f(x) = (x^2 - 4) \cdot e^{-2x}$
c) $f(x) = x \cdot e^{0,3x} - e^{0,3x}$
d) $f(x) = e^x - e^{-x}$
e) $f(x) = e^{3x} - 1$
f) $f(x) = e^x - e$
g) $f(x) = e^{2x} - e^2$

AUFGABE 17 Zeichnen Sie in ein Koordinatensystem die Kurven $K_I: y = 1/2\ e^x$ und $K_{II}: y = 3/2\ e^{-x}$ (Längeneinheit 2 cm). Berechnen Sie den Schnittpunkt der beiden Kurven auf 2 Dezimalen und exakt.

AUFGABE 18 Berechnen Sie die Achsenschnitte der entsprechenden Kurven.

a) $x \rightarrow f(x) = x^2 e^x + x e^x - 6 e^x$
b) $x \rightarrow f(x) = 5 e^{3x-6}$
c) $x \rightarrow f(x) = (x^2 - 9) e^x$
d) $x \rightarrow f(x) = e^{2x} - 1$
e) $x \rightarrow f(x) = e^x - 10$
f) $x \rightarrow f(x) = e^{3x} - 5$

AUFGABE 19 Geben Sie jeweils die Lösungsmenge der folgenden Gleichungen an. Sollte sie Ihrer Meinung nach leer sein, müssen Sie es kurz begründen.

a) $x^3 e^{4x} = 2x^2 e^{4x} + 8x e^{4x}$
b) $\ln(e^{3x}) = 3x$
c) $e^{\ln(3x)} = 3x$
d) $-5 e^{2x-1} = 4$
e) $e^{-3x+4} = 12$

AUFGABE 20 Geben Sie die Gleichungen von 3 Exponentialkurven an, die alle durch den Punkt P(2|4) gehen.

AUFGABE 21 Bei den abgebildeten Kurven ist die Beschriftung der Achsen verloren gegangen. Können Sie trotzdem den Kurven die richtigen Gleichungen zuordnen? Begründen Sie Ihre Wahl.
Legen Sie die Skala auf der x-Achse und y-Achse fest.

a) $y = 2\,e^{2x}$
$y = 2\,e^{1,5x}$
$y = 3\,e^{x}$

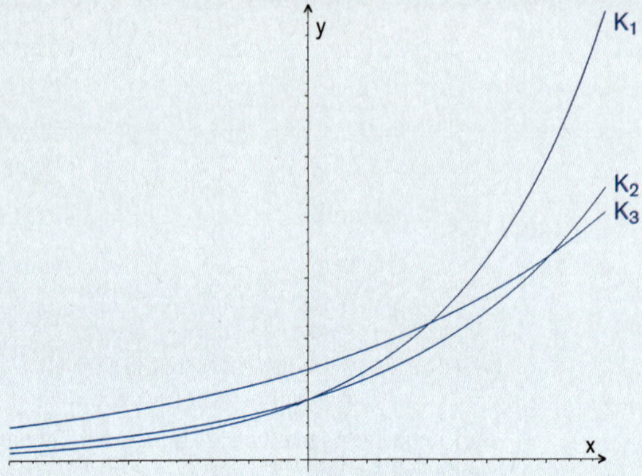

b) $y = 3\,e^{-0,5x}$
$y = 3\,e^{-2x}$
$y = 2\,e^{-x}$

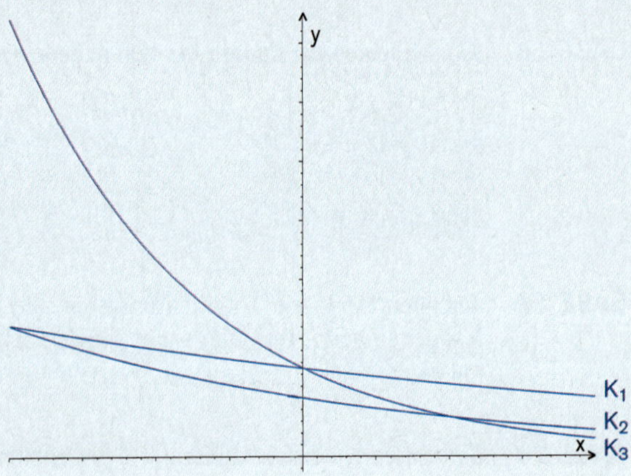

5.2.4 Praktische Anwendungen

Wenn Ihnen Mathematik gar zu trocken erscheint, dann hilft Ihnen das folgende Experiment. In ein hohes Glas schenken Sie Bier so ein, dass möglichst viel Schaum entsteht. Halten Sie dann in einer Wertetabelle fest, wie die Höhe des Schaumes zeitlich abnimmt. Zeichnen Sie die entsprechende Kurve. Bestimmen Sie aus den Messwerten die beiden Konstanten H_0 und k des Bierschaumabnahmegesetzes $H = H_0 e^{kt}$. Dazu bilden Sie am besten kleine Gruppen. Jede Gruppe arbeitet mit einer anderen Sorte Bier. Bewahren Sie Stillschweigen über diese unterrichtlichen Aktivitäten. Es wird Ihnen sowieso niemand glauben, dass Sie dazu ein Schulbuch aufgefordert hat.

Doch nun im Ernst: Seit der Reform der gymnasialen Oberstufe spielen anwendungsbezogene Aufgaben in der Schulmathematik eine größer werdende Rolle. Sie werden daher in der Abiturprüfung drei solche Aufgaben mit Anwendungsbezug erhalten und davon eine lösen müssen. Darunter ist ganz sicher eine Aufgabe mit einer Exponentialfunktion. Wie gut sich die e-Funktionen für viele praxisnahe Bereiche eignen, sehen Sie bei den folgenden Textaufgaben.

AUFGABE 22 In einem Entwicklungsland leben heute 20 Mio. Menschen. Die Bevölkerung nimmt stetig mit 2,5% zu. Das Bevölkerungswachstum lässt sich durch die Formel beschreiben:

$$B(t) = B_0 \cdot e^{\frac{p}{100} \cdot t}$$

Dabei ist:
- $B(t)$ ... Bevölkerung nach t Jahren
- B_0 ... Bevölkerung zur Zeit $t = 0$, also der Anfangswert
- t ... Zeit in Jahren
- p ... Prozentsatz des stetigen Wachstums, bezogen auf 1 Jahr

a) Berechnen Sie: Wie lange dauert es, bis sich die Bevölkerungszahl verdoppelt, verdreifacht, vervierfacht? Kontrollieren Sie Ihr Ergebnis an der gezeichneten Kurve.

b) Die Zahlen sind für viele Entwicklungsländer realistisch. Diskutieren Sie die Konsequenzen, die sich aus dieser Modellrechnung ergeben. Kennen Sie den Begriff Bevölkerungsexplosion? Nehmen Sie kritisch Stellung zu unserem mathematischen Modell. In welchem Bereich ist es sinnvoll, wann unbrauchbar? Wie müsste man das Modell Ihrer Meinung nach modifizieren?

AUFGABE 23 Eine radioaktive Substanz zerfällt gleichmäßig. Mathematisch lässt sich die Abnahme der Substanz beschreiben durch die Formel:

$$N(t) = N_0 \cdot e^{-\lambda t}$$

Dabei ist:
- $N(t)$ ... Anzahl der noch vorhandenen Atome zur Zeit t
- N_0 ... Anzahl der vorhandenen Atome zur Zeit $t=0$, also der Anfangswert
- λ ... Konstante, die beschreibt, wie schnell ein Stoff zerfällt.
- t ... Zeit. Die Einheit hängt davon ab, wie λ angegeben ist.

Für unsere radioaktive Substanz gelte $N_0 = 10\,000\,000$; $\lambda = 0{,}2$ (bezogen auf Stunden), t in Stunden.

a) Berechnen Sie $N(t)$ für $t = 2, 4, 6, 8, 10$ Stunden und zeichnen Sie die Zerfallskurve.

b) Wie lange dauert es, bis die Hälfte der ursprünglich vorhandenen Atome zerfallen ist („Halbwertszeit")? Kontrollieren Sie Ihr Ergebnis an der gezeichneten Kurve.

AUFGABE 24 Bei Ausgrabungen möchten Archäologen natürlich das Alter ihrer Funde bestimmen. Für Gegenstände, die nicht älter als ca. 25 000 Jahre sind, eignet sich dafür die so genannte „C_{14}-Methode". Kohlenstoff (chemisch C_{12}) enthält in geringen Mengen immer auch das radioaktive Kohlenstoffisotop C_{14}. In lebenden Pflanzen, Tieren oder Menschen bleibt der prozentuale Anteil des C_{14} konstant, da bei den Stoffwechselvorgängen ständig Kohlenstoff aufgenommen und wieder ausgeschieden wird. Stirbt ein Lebewesen, wird der radioaktiv zerfallende C_{14}-Anteil nicht mehr erneuert. Archäologen messen bei einem Fund, wie viel C_{14} noch im Kohlenstoff vorhanden ist. Je geringer der prozentuale Anteil ist, desto älter ist der Fund.

Für den Zerfall von C_{14} gilt die Formel:

$N(t) = N_0 \cdot e^{-0{,}00012 \cdot t}$ (t in Jahren)

Fortsetzung auf S. 292

a) Setzen Sie für N_0 eine beliebige Zahl ein (am einfachsten $N_0 = 1$ oder $N_0 = 10$) und berechnen Sie dann $N(t)$ für $t = 1000, 2000, \ldots 10\,000$ Jahre. Zeichnen Sie die Zerfallskurve.

b) Bei 1 Gramm Kohlenstoff registriert man normalerweise 16 Zerfälle pro Minute. Wie alt ist eine Mumie, wenn der in ihr enthaltene Kohlenstoff noch 9 Zerfälle pro Minute und Gramm aufweist? (Anleitung: Für das Verhältnis $N(t)$: N_0 gilt dann ebenfalls 9 : 16.) Kontrollieren Sie Ihr Ergebnis mithilfe der gezeichneten Kurve.

AUFGABE 25 Der Luftdruck p nimmt in der Atmosphäre mit zunehmender Höhe stetig ab. Die Formel für die Berechnung des Luftdrucks in der Höhe h lautet:

$$p(h) = p_0 \cdot e^{-0{,}125 \cdot h}$$ ($p_0 \ldots$ Luftdruck in Meereshöhe, ca. 1000 mbar, $h \ldots$ Höhe in km)

a) Veranschaulichen Sie in einem Schaubild, wie der Luftdruck mit zunehmender Höhe abnimmt. Berechnen Sie dazu die Werte in 2, 4, 6, 8, 10 km Höhe.

b) In welcher Höhe beträgt der Luftdruck noch 500 mbar?

AUFGABE 26 (Ehemalige Prüfungsaufgabe im Berufskolleg)

a) Die Halbwertszeit von Thoron (einem radioaktiven Radonisotop) beträgt $t = 54{,}5$ s. Ermitteln Sie das Zerfallsgesetz für Thoron, wobei die Zerfallskonstante k in 1/min auf 4 Dezimalen genau anzugeben ist.
Für die folgenden Teilaufgaben ist das Zerfallsgesetz gegeben durch:

$$y = f(t) = y_0 \cdot e^{-0{,}0127 \cdot t}$$ mit t in Sekunden und y_0 = Anzahl der Atome zur Zeit $t = 0$

b) Berechnen Sie die Anzahl der nach 3 min noch vorhandenen radioaktiven Thoronatome, wenn 10 000 Atome zur Zeit $t = 0$ vorhanden sind. Wie viele Atome zerfallen dabei in der zweiten Minute?

c) y_0 sei wieder 10 000. Nach einer Minute werden 5 000 Thoronatome zugegeben. Wie viele Thoronatome liegen nun insgesamt nach einer weiteren Minute vor?

d) Ermitteln Sie die prozentuale Änderung der Anzahl der Thoronatome je Minute.

e) Wie viele Thoronatome müssen zur Zeit $t = 0$ vorliegen, damit nach 30 s noch 5 000 Thoronatome vorhanden sind?

AUFGABE 27 Ein Lagerbestand aus Metallteilen rostet. Dadurch sinkt der Wert des Bestandes vierteljährlich um 10 %. Nach welcher Zeit hat der Lagerbestand nur noch die Hälfte seines ursprünglichen Wertes?

BEISPIEL Fips ist ein mathematisch-physikalisch begabter Alkoholiker. Sein Lieblingsgetränk ist Whisky bei einer Temperatur von 17 °C. In der Wohnzimmerbar ist ihm sein Whisky im Sommer mit 25 °C viel zu warm. Wenn Fips etwas trinken will, stellt er seinen Whisky in den Eisschrank. Dort würde seine Temperatur in 50 Minuten exponentiell absinken auf 10 °C. Aber Fips hat ausgerechnet, nach welcher Zeit er den Whisky herausholen muss.

Wie viele Minuten wartet Fips ab? (Runden Sie die Konstante auf 4 Dezimalen.)

Ansatz: $T(t) = T_0\, e^{-kt}$ mit Anfangstemperatur T_0 zur Zeit $t = 0$
Zeit t in Minuten
Konstante k

(Wir haben den Ansatz mit e^{-kt} gemacht, weil die Temperatur abfällt. k kommt dann positiv heraus. Wenn Sie das Minuszeichen weglassen, passiert nichts. Beim Ansatz mit e^{+kt} wird k automatisch negativ.)

1. Schritt: Bestimmen Sie k aus den bekannten Werten, um die Formel für die Temperaturabnahme zu erhalten.

Zur Zeit $t = 0$ ist $T(0) = T_0 = 25\ °C$.
Zur Zeit $t = 50$ ist $T(50) = 10\ °C$.

Einsetzen in den Ansatz: $10\ °C = 25\ °C\ e^{-50k}$
auflösen nach k: $0{,}4 = e^{-50k}$
Logarithmus bilden: $-50k = \ln(0{,}4)$
$k = 0{,}0183$ (gerundet)

Damit ist die Formel für die Temperaturabnahme gefunden. Sie lautet $T(t) = 25\ °C\ e^{-0{,}0183\, t}$.

2. Schritt: Berechnen Sie mithilfe der gefundenen Formel, wann T den Wert 17 °C annimmt. Einsetzen liefert:

$17\ °C = 25\ °C\ e^{-0{,}0183\, t}$
auflösen nach t: $e^{-0{,}0183\, t} = 0{,}68$
logarithmieren: $-0{,}0183\, t = \ln(0{,}68)$
$t = 21$ (gerundet)

Ergebnis: Fips muss 21 Minuten warten.

AUFGABE 28 Im Jahre 1788 brachte ein englisches Schiff 29 Schafe nach Australien. Die Tiere fanden gute Lebensbedingungen vor und hatten dort keine natürlichen Feinde. Im Jahr 1959 schätzte man die Zahl der in Australien lebenden Schafe auf 153 000 000. Wann wurde die Millionengrenze überschritten, wenn man von einem exponentiellen Wachstum ausgeht?

Was meinen Sie? Macht es Sinn, die Population der Schafe mit einer e-Funkion zu beschreiben? Welche Argumente sprechen dafür, welche dagegen?

AUFGABE 29 Die Bevölkerung Indiens wuchs von 1950 bis 1960 von 350 Millionen auf 400 Millionen. In China wuchs die Bevölkerung im gleichen Zeitraum von 460 Millionen auf 700 Millionen Menschen an. Vergleichen Sie die Zuwachsraten.

AUFGABE 30 Ein kleiner Wald hatte vor 8 Jahren einen Holzbestand von 10 000 Festmetern. Heute beträgt der Bestand bereits 14 000 Festmeter. Nach welcher Zeit wird der Holzbestand auf 18 000 Festmeter angewachsen sein, wenn man ein stetiges Wachstum unterstellt?

5.2.5 Änderungsrate bei Exponentialfunktionen

Änderungsraten haben wir in Teil B, Kapitel 2.3.8 schon bei quadratischen Funktionen behandelt. Wir haben dort die Änderungsrate einer Funktion an einer Stelle x_0 definiert als die Tangentensteigung ihres Schaubildes im Punkt $P(x_0/f(x_0))$. Ein exaktes Rechenverfahren steht uns dafür in der Eingangsklasse noch nicht zur Verfügung. Wir werden aber wieder wie dort versuchen die Tangentensteigung in einem Kurvenpunkt durch ein raffiniertes Näherungsverfahren zu bestimmen. Sehen Sie sich dazu die folgende Aufgabe an.

AUFGABE 31

1. Teil: Gegeben ist die Funktion $f: x \rightarrow e^x$. Gesucht ist ihre Änderungsrate an der Stelle $x_0 = 1$. Zeichnen Sie zuerst die Kurve mit $y = e^x$ und markieren Sie den Punkt $P(1/2{,}718\ldots)$. Im Folgenden werden wir alle Werte auf 3 Dezimalen runden.

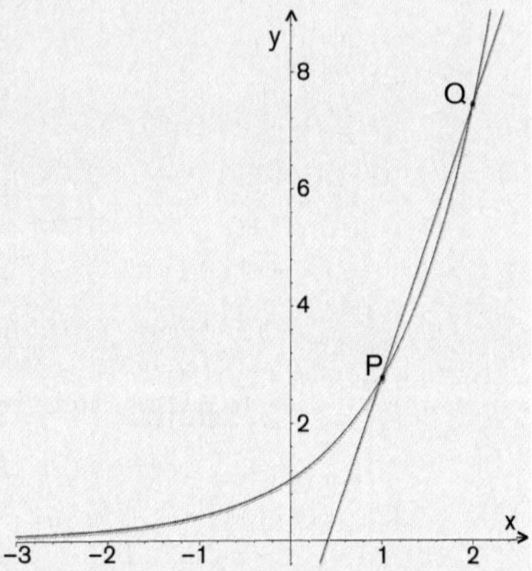

Die durchschnittliche Änderungsrate zwischen $x_1 = 2$ und $x_0 = 1$ beträgt:

$$\frac{f(x_2)-f(x_1)}{x_2-x_1} = \frac{7{,}389-2{,}718}{2-1} = 4{,}671$$

Geometrisch handelt es sich dabei um die Steigung der Verbindungsgeraden zwischen P(1/2,718) und Q(2/7,389). Diese Verbindungsgerade ist hier eingezeichnet.

Berechnen Sie nun die durchschnittlichen Änderungsraten $\frac{f(x_n)-f(1)}{x_n-1}$, wenn die Stelle x_n immer näher an die Stelle $x_0 = 1$ heranrückt. Füllen Sie die folgende Tabelle aus und zeichnen Sie die entsprechenden Geraden in Ihr Schaubild ein.

x_n	2	1,7	1,4	1,1	1,01	1,001
$f(x_n) = e^{x_n}$	7,389					
$\frac{f(x_n)-f(1)}{x_n-1}$	4,671					

Man sieht anschaulich: Wenn man den Abstand von x_n zu $x_0 = 1$ immer kleiner macht, werden die Sekanten der Tangente immer ähnlicher. Vergleichen Sie die durchschnittlichen Änderungsraten, die Sie erhalten haben, mit dem Funktionswert an der Stelle $x_0 = 1$. Was fällt Ihnen auf? Welchen Wert hat offensichtlich die momentane Änderungsrate an dieser Stelle? Diese momentane Änderungsrate suchen wir ja. Sie meint man, wenn man von Änderungsraten spricht.

2. Teil: Überprüfen Sie, ob Ihre Vermutung auch noch für die Änderungsrate an der Stelle $x_0 = 1{,}5$ stimmt. Führen Sie unser gezeigtes Rechenverfahren selbstständig durch. Wählen Sie dazu geeignete Stellen x_n.

MERKE Die Änderungsrate der Funktion mit $f(x) = e^x$ wird ebenfalls beschrieben durch $A(x) = e^x$.

AUFGABE 32 Zeichnen Sie die Kurve K: $y = e^x$ für $-3 \leq x \leq 2$. Berechnen Sie jeweils die Steigung der Tangente für alle ganzzahligen Stellen x_n. Zeichnen Sie die Tangenten in Ihr Schaubild ein.

5.2.6 Das muss ich mir merken

Man kann die reellen Zahlen einteilen in rationale und irrationale Zahlen oder in algebraische und transzendente Zahlen.

Die beiden wichtigsten transzendenten Zahlen in der Mathematik sind die Kreiszahl $\pi \approx 3{,}142$ und die Euler'sche Zahl $e \approx 2{,}718$.

Die Zahl e nimmt man als Basis für Exponentialfunktionen $x \rightarrow f(x) = a\,e^{kx}$.

Mit Exponentialfunktionen beschreibt man Vorgänge, die gleichmäßig zu- oder abnehmen. Die Schaubilder heißen Wachstums- oder Zerfallskurven. Anstelle der Variablen x nimmt man dann die Variable t für die Zeit.

Bei einfachen Anwendungsaufgaben kommt man mit 2 Parametern a und k aus. Die Gleichung der entsprechenden Kurve lautet dann $y = a\,e^{kx}$ bzw. $y = a\,e^{kt}$. Dabei ist a der Anfangswert bei $x = 0$ bzw. bei $t = 0$. Der Faktor k regelt, wie die Kurve steigt oder fällt. Es gilt:

$k > 0$: Die Kurve steigt monoton;
$k < 0$: die Kurve fällt monoton;
$|k|$ groß: die Kurve steigt, fällt stark;
$|k|$ klein: die Kurve steigt, fällt wenig.

Der Logarithmus zur Basis e heißt natürlicher Logarithmus. Abkürzung: $\log_e(x) = \ln(x)$

Logarithmen haben wir schon früher in Teil A, Kap. 14 behandelt. Die wichtigsten Rechenregeln lauten:

$$\ln(u \cdot v) = \ln(u) + \ln(v)$$
$$\ln\left(\tfrac{u}{v}\right) = \ln(u) - \ln(v)$$
$$\ln u^k = k \cdot \ln(u)$$

5.2.7 Haben Sie alles verstanden?

Üben

AUFGABE 33 Lösen Sie die Exponentialgleichungen exakt.

a) $\frac{1}{4}e^{-2x} - 3 = 0$

b) $e^x + 2xe^x = 0$

c) $e^{2x} - 5e^x = -6$ (Tipp: Substitution)

d) $e^{x+1} = 2e^{3x-1}$

AUFGABE 34 **Abkühlung von Kaffeewasser**

Messen Sie im Abstand von 3 Minuten die Temperatur ϑ_K des Kaffeewassers und die Umgebungstemperatur ϑ_U. Die Temperaturdifferenz ist $\Delta T = \vartheta_K - \vartheta_U$.

t die Zeit

ϑ_K die Kaffeewasser-temperatur

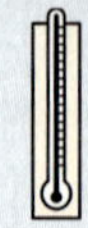

ϑ_U die Umgebungs-temperatur

Tragen Sie Ihre Werte in die Messtabelle ein:

Zeit t in min										
ϑ_K in °C										
ϑ_U in °C										
ΔT in K										
Auswertung Tipp: $\Delta T = c \cdot e^{-k \cdot t}$										

Zeichnen Sie das t-ΔT-Diagramm.
Untersuchen Sie, ob die Messwerte auf dem Schaubild einer Exponentialfunktion mit der Gleichung $\Delta T = c \cdot e^{-k \cdot t}$ liegen könnten.

Sie können hier wiederum, wie in Teil B, Kapitel 1.3 oder 2.4.4 erläutert, sehr vorteilhaft die Regressions- und Korrelationsrechnung einsetzen. Hierbei kann durch Logarithmieren $\Delta T = c \cdot e^{-k \cdot t}$ in eine lineare Gleichung $\ln(\Delta T) = -k \cdot t + \ln(c)$ transformiert werden.

Unser Taschenrechner ermöglicht aber auch die direkte Anpassung einer Exponentialkurve an die Messwerte (ExpReg).

Zeichnen Sie zu den Messwerten Ihre ermittelte Anpassungskurve hinzu. Beurteilen Sie optisch die Korrelation und vergleichen Sie mit dem errechneten Bestimmtheitsmaß r^2.

AUFGABE 35 Zeichnen Sie die angegebenen Punkte in ein Koordinatensystem. Bestimmen Sie mithilfe Ihres Taschenrechners eine Gerade, eine Parabel, eine Exponentialkurve, die möglichst gut die Lage der Punkte beschreibt.

Hinweis: Regression in Kapitel 1.3.

a) $A(1|1)$, $B(2|2)$, $C(3|3)$, $D(4|5)$, $E(5|10)$, $F(6|17)$
b) $P(0|1)$, $Q(1|1)$, $R(2|2)$, $S(3|3)$, $T(4|9)$, $U(5|15)$

AUFGABE 36 **Radioaktiver Zerfall – Modellversuch: „Werfen von 100 Würfeln"**

Werfen Sie 100 Würfel (Atomkerne). Jeder Würfel mit einer „Sechs" ist radioaktiv zerfallen und wird beiseite geräumt. Nun werden die verbliebenen Würfel erneut geworfen, die „Sechser" weggeräumt usw. Die Zeitspanne Δt zwischen jedem Wurf soll 1 s sein. Notieren Sie die Ergebnisse in die Messtabelle:

t in s	0	1	2	3	4	5	6	7	8
Anzahl Kerne	100								
Auswertung $N(t) = N_0 \cdot e^{-k \cdot t}$									

Führen Sie die Regressions- und Korrelationsrechnung durch. Stellen Sie grafisch dar. Inwieweit stimmen Ihre Messwerte, die berechnete exponentielle Anpassungskurve und die Theoriekurve $N(t) = 100 \cdot e^{-0{,}18232 \cdot t}$ überein?

(Beachte: $N(1) = N_0 - \frac{1}{6} N_0$ und $N(1) = N_0 \cdot e^{-k \cdot 1}$)

Bemerkung
Viele weitere „Zerfalls- oder Wachstumsvorgänge" können durch Exponentialkurven beschrieben werden, so z. B. Laden und Entladen von Kondensatoren, Ein- und Ausschalten von Stromkreisen mit Spulen. Vergleichen Sie auch hier die Messwerte, die Anpassungskurve und die theoretisch zu erwartende Kurve.

Diese theoretische Herleitung ist jedoch für die Bierschaumkurve noch nicht gelungen, also muss man hier immer wieder messen, die Regressionsrechnung vornehmen und die Messwerte und Anpassungskurve zeichnen.

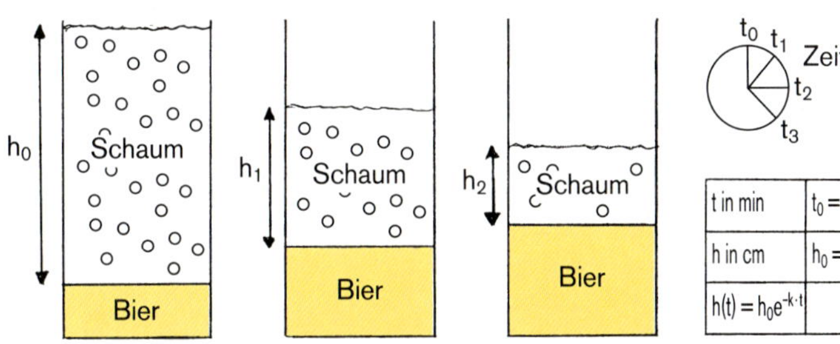

t in min	$t_0 = 0$	$t_1 =$	$t_2 =$
h in cm	$h_0 =$	$h_0 =$	$h_0 =$
$h(t) = h_0 e^{-k \cdot t}$			

AUFGABE 37 In der Medizin setzt man Infrarotlaser ein, um tiefer liegende Gewebezonen zu erwärmen. Die Intensität $I(x)$ der Strahlung nimmt mit der Eindringtiefe x exponentiell ab. Die Abnahme lässt sich beschreiben durch:

$$I(x) = I_0 \cdot e^{-0{,}4 \cdot x} \quad (x \text{ in cm}, I_0 = \text{Anfangswert der Intensität})$$

In welcher Eindringtiefe beträgt die Intensität des Laserstrahls noch 60 %, 30 % der anfangs vorhandenen Intensität?

AUFGABE 38 Ein Gärtner hat ein Beet mit Rettichen. Die Kunden dürfen sich die Rettiche selbst herausziehen. Große Rettiche (m = 300 g) kosten 1,00 €, kleine (m = 50 g) kosten 0,20 €. Ein mathematisch gebildeter Schotte kauft und bezahlt einen kleinen Rettich. Dann sagt er dem Gärtner, dass er den Rettich erst in ein paar Tagen holen werde. Nach MacMathics Berechnungen wachsen Rettiche nach der Formel $m(t) = m_0 e^{0{,}3584\, t}$ (t in Tagen).

Nach wie vielen Tagen wird der Schotte seinen nun groß gewordenen Rettich abholen?

AUFGABE 39

Bei einer modernen Fahrradbeleuchtung wird ein Kondensator beim Fahren aufgeladen. Im Stand bringt er eine Diode zum Leuchten und entlädt sich dabei. Der Entladestrom nimmt exponentiell ab. Er lässt sich beschreiben durch $I(t) = 6\ e^{-0{,}1t}$, wobei I in Milliampere und t in Minuten angegeben werden.

a) Stellen Sie den Verlauf des Entladestromes in einem geeigneten Intervall graphisch dar.

b) Wie groß ist die momentane Änderungsrate des Entladestromes zum Zeitpunkt $t_1 = 5$ min?

c) Die Leuchtdiode geht aus, wenn der Strom kleiner wird als 1 mA. Wie lange wird sie voraussichtlich brennen?

d) Geben Sie die Gleichung einer Geraden an, die den Entladungsvorgang während der ersten 10 Minuten näherungsweise beschreibt. Diese lineare Näherung ist mathematisch einfacher als die angegebene Formel.

e) Welche Leuchtdauer erhält man, wenn man nur mit dieser Näherung rechnet?

f) Wie beurteilen Sie die Qualität der linearen Näherung?

AUFGABE 40

Wann starb Willi Whisky?

Zu mitternächtlicher Stunde wurde die Polizei an den schaurigen Ort einer ruchlosen Tat gerufen. Trotz ausgedehnter Kontakte zur Unterwelt war Willi Whisky selbst das Opfer eines feigen Mordes geworden. Als die Beamten am Tatort erschienen, notierten sie eine Lufttemperatur von milden 20 °C. Die Leiche von Willi Whisky war noch warm. Zu diesem Zeitpunkt betrug ihre Temperatur noch 30 °C. Um 2 Uhr morgens wurden die ersten Verdächtigen verhört und ihre Fingerabdrücke genommen. Da betrug die Temperatur der Leiche noch 24 °C. Die Hauptverdächtige war Paula Paulaner, die eifersüchtige Freundin von Willi Whisky. Ein anonymer Hinweis brachte die Polizei auf ihre Spur. Paula hatte den Abend in einer üblen Bar verbracht, zu viel Wodka getrunken und dabei wüste Drohungen gegen Willi Whisky ausgestoßen. Gegen 23:15 Uhr wankte sie nach Hause. Paula stritt die Tat ab, aber niemand glaubte ihr. Da erinnerte sie sich an die e-Funktionen, die sie früher mal am beruflichen Gymnasium gelernt hatte. Das war ihre letzte Chance.

„Herr Kommissar, ich kann es gar nicht gewesen sein", beschwor Paula den armen Beamten. Jetzt war sie wieder nüchtern. „Sie kennen doch das physikalische Gesetz für abkühlende Körper. Es lautet:

$$T_t = a\ e^{-kt} + U$$

Dabei ist T_t die Temperatur eines Körpers nach t Zeiteinheiten, a die Temperaturdifferenz zwischen Körper und Umgebungstemperatur zur Zeit $t = 0$, k eine Materialkonstante, t die Zeit und U die Umgebungstemperatur. Wie Sie leicht nachrechnen können, war ich zum Zeitpunkt des Mordes in der Bar. Überprüfen Sie mein Alibi!"

Der Kommissar wurde bleich. „Scheiß-Physik", murmelte er leise vor sich hin. Die hatte er früher nach der mittleren Reife abgewählt. Dann begann er zu rechnen. Aber vorher sperrte er Paula zur Sicherheit in eine Zelle. Man konnte ja nie wissen.

Helfen Sie dem Kommissar. Kann Paula Paulaner den Mord begangen haben?

Entscheiden

Sind die Aussagen der Aufgaben 41 – 53 wahr oder falsch? Begründen Sie Ihre Entscheidung.

AUFGABE 41 Eine Kurve mit der Gleichung $y = a\,e^{bx}$ hat für alle $a \neq 0$ und $b > 0$ die negative x-Achse als Asymptote.

AUFGABE 42 Eine Kurve mit der Gleichung $y = a\,e^{bx}$ $(a \neq 0,\ b \neq 0)$ fällt streng monoton im ganzen Definitionsbereich oder steigt streng monoton im ganzen Definitionsbereich.

AUFGABE 43 Die Zahl e lässt sich durch einen (allerdings sehr komplizierten) Bruch exakt darstellen.

AUFGABE 44 Die Zahl e lässt sich durch eine periodische Dezimalzahl exakt darstellen.

AUFGABE 45 π und e sind die beiden wichtigsten transzendenten Zahlen, die es gibt.

AUFGABE 46 e-Funktionen sind für negative Werte von x nicht definiert.

AUFGABE 47 Die Zahl e ist die Abkürzung für Exponent.

AUFGABE 48 Wenn ein Taschenrechner E meldet, handelt es sich um einen großen Fehler (ERROR); wenn er e angibt, handelt es sich um einen kleinen Fehler (error).

AUFGABE 49 Der Definitionsbereich einer Exponentialfunktion ist die Menge der reellen Zahlen.

AUFGABE 50 In allen naturwissenschaftlichen und technischen Fächern beschreibt man exponentiell wachsende oder fallende Vorgänge in der Regel mit e-Funktionen.

AUFGABE 51 Für alle positiven x-Werte gilt: $e^{\ln(x)} = \ln(e^x) = x$.

AUFGABE 52 Die Gleichung $e^x = 0$ ist unlösbar.

AUFGABE 53 Für alle Werte von x gilt $e^x > x+1$.

Verstehen

AUFGABE 54 Warum heißt der Logarithmus zur Basis e „natürlicher" Logarithmus?

AUFGABE 55 Warum ist eine Exponentialkurve mit der Gleichung $y = a\,e^{bx}$ durch zwei Punkte $P_1(x_1|y_1)$ und $P_2(x_2|y_2)$ mit $x_1 \neq x_2$ und $y_1 \neq y_2$ eindeutig festgelegt?

AUFGABE 56 Warum muss man bei Aufgabe 55 verlangen, dass $x_1 \neq x_2$ und $y_1 \neq y_2$?

AUFGABE 57 Warum kann man Wachstumsvorgänge nicht für beliebig große Zeitspannen mit e-Funktionen beschreiben?

AUFGABE 58 Wie kann man aus der Tatsache, dass $e^x \neq 0$ für alle Werte von x ist, folgern, dass eine Zahl mit dem Wert $\ln(0)$ nicht existiert?

5.3 Logarithmusfunktionen

5.3.1 Typische Schaubilder und Eigenschaften

DEFINITION Die Funktion $f: x \to \log_a(x)$ heißt **Logarithmusfunktion** ($a \in \mathbb{R}_+^*$, $a \neq 1$).

BEISPIEL Zeichnen Sie in ein Koordinatensystem die Schaubilder zu $x \to \log_2(x)$, $x \to \log_3(x)$ und $x \to \log_{10}(x)$.

Wertetabellen:

x	$\frac{1}{8}$	$\frac{1}{4}$	$\frac{1}{2}$	1	2	4	8
$y=\log_2(x)$	−3	−2	−1	0	1	2	3

x	$\frac{1}{27}$	$\frac{1}{9}$	$\frac{1}{3}$	1	3	9	27
$y=\log_3(x)$	−3	−2	−1	0	1	2	3

x	$\frac{1}{1000}$	$\frac{1}{100}$	$\frac{1}{10}$	1	10	100	1000
$y=\log_{10}(x)$	−3	−2	−1	0	1	2	3

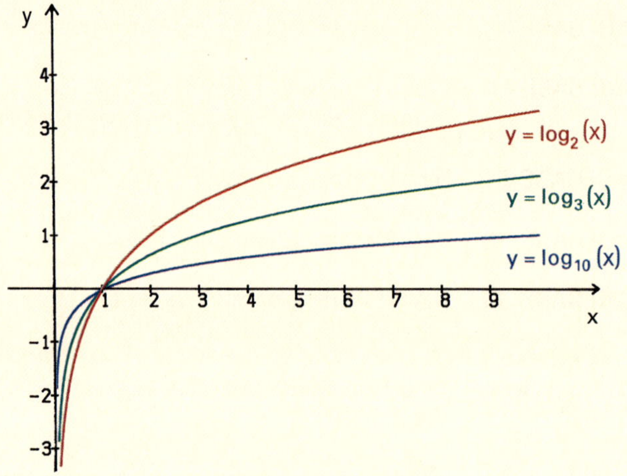

Aus diesem Schaubild können wir bereits die wesentlichen Eigenschaften der logarithmischen Kurven mit $y = \log_a(x)$ ablesen:

MERKE Für eine Kurve mit der Gleichung $y=\log_a(x)$ ($a \in \mathbb{R}_+^*$, $a \neq 1$) gilt:
Definitionsbereich $D = \mathbb{R}_+^*$
Die y-Achse ist senkrechte Asymptote.
Die Kurve geht durch den Punkt $P(1|0)$.
Die Kurve ist streng monoton steigend.

AUFGABE 1 Zeichnen Sie möglichst ohne Taschenrechner die Schaubilder der angegebenen Funktionen. Erstellen Sie dazu eine Wertetabelle mit x-Werten, für die sich ganzzahlige y-Werte ergeben.

a) $f: x \rightarrow 3 \log_4(x)$

b) $f: x \rightarrow \log_2(x+3)$

c) $f: x \rightarrow 4 \log_3(x-1)$

d) $f: x \rightarrow \log_5(5x)$

5.3.2 Der Zusammenhang zwischen Exponential- und Logarithmusfunktionen

BEISPIEL Zeichnen Sie in ein Koordinatensystem die Schaubilder von $x \rightarrow f(x) = 2^x$ und $x \rightarrow f(x) = \log_2(x)$.

Wertetabelle:

x	-3	-2	-1	0	1	2	3
$y = 2^x$	$\frac{1}{8}$	$\frac{1}{4}$	$\frac{1}{2}$	1	2	4	8

x	$\frac{1}{8}$	$\frac{1}{4}$	$\frac{1}{2}$	1	2	4	8
$y = \log_2(x)$	-3	-2	-1	0	1	2	3

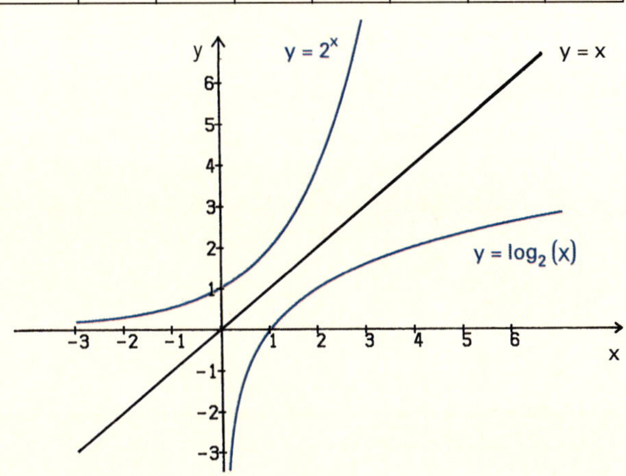

Sehen Sie sich die beiden Wertetabellen genauer an. Wenn man in einer Tabelle die x-Werte mit den y-Werten vertauscht, erhält man die andere Tabelle. Im Schaubild entspricht eine Vertauschung der x-Achse mit der y-Achse einer Spiegelung an der 1. Winkelhalbierenden. Die beiden Kurven liegen daher spiegelbildlich zur 1. Winkelhalbierenden. Kommt Ihnen das nicht bekannt vor? Richtig: Daran erkennen wir, dass die eine Funktion die Umkehrfunktion der anderen ist. Geben Sie zu, das hatten Sie fast schon wieder vergessen. Macht nichts. Schlagen Sie schnell in Teil B, Kapitel 3.6.2 nach.

MERKE $f: x \to a^x$ und $g: x \to \log_a(x)$ sind zueinander Umkehrfunktionen ($a \in \mathbb{R}_+^*$, $a \neq 1$).

AUFGABE 2 Zeichnen Sie in ein Koordinatensystem die Schaubilder der angegebenen Funktionen. Was fällt Ihnen auf?

a) $f: x \to \log_3(x)$; $g: x \to 3^x$ b) $f: x \to \log_{10}(x)$; $g: x \to 10^x$

AUFGABE 3 Durch die Gleichung ist eine Funktion gegeben. Wie lautet die Gleichung der dazugehörigen Umkehrfunktion?

a) $f(x) = \log_3(2x)$
b) $f(x) = \frac{1}{5} \cdot 4^x$
c) $f(x) = 7 \cdot \log_2(x-3)$
d) $f(x) = 0{,}1 \cdot 7^{x-2}$
e) $f(x) = 3 \cdot \log_4(5x+4)$
f) $f(x) = 3 \cdot 8^{2x+1}$

AUFGABE 4 Lösen Sie die Gleichungen nach x auf.

a) $\log_2(x) = 3$
b) $\log_9(x) = \frac{1}{2}$
c) $\lg(2x+1) = 2$
d) $\lg(3x-4) = -1$
e) $\ln(2x) = 0{,}5$
f) $\ln(x-4) = 2$
g) $5^x = 12$
h) $7^x = 21$
i) $4^x = \frac{1}{256}$
k) $(\frac{1}{2})^x = 1024$
l) $e^x = 4$
m) $5 \cdot e^{x-1} = 3$

5.3.3 Ln-Funktionen

Logarithmusfunktionen haben bei weitem nicht die Bedeutung in Wissenschaft und Technik wie die Exponentialfunktionen. Wir benötigen sie im Wesentlichen als Umkehrfunktionen zu den Exponentialfunktionen. Da wir uns bei diesen auf die mit Abstand wichtigste – die e-Funktion – konzentrierten, interessiert uns bei den Logarithmusfunktionen vor allem diejenige zur Basis e.

DEFINITION Die Funktion $f: x \to \log_e x = \ln(x)$ heißt **natürliche Logarithmusfunktion** oder **ln-Funktion.**

BEISPIEL Zeichnen Sie in ein Koordinatensystem die Schaubilder von $f_1: x \to \ln(x)$ und $f_2: x \to e^x$. Berechnen Sie die Wertetabelle auf 2 Dezimalen genau mit Ihrem Taschenrechner.

x	0,1	0,2	0,5	0,75	1	2	3	5
$y = \ln(x)$	−2,30	−1,61	−0,69	−0,29	0	0,69	1,10	1,61

x	−2,30	−1,61	−0,69	−0,29	0	0,69	1,10	1,61
$y = e^x$	0,1	0,2	0,5	0,75	1	2	3	5

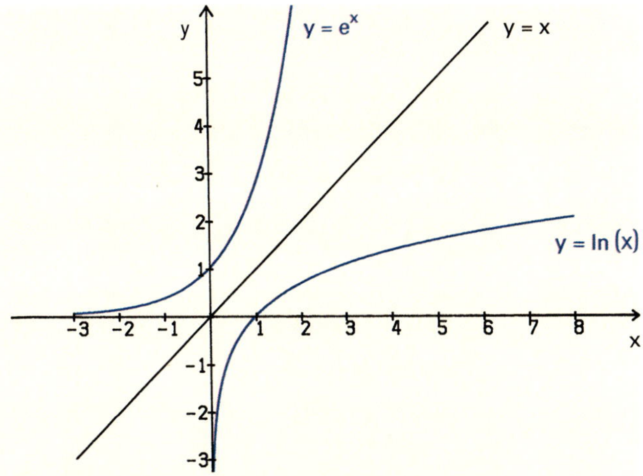

Die beiden Kurven liegen spiegelbildlich zur 1. Winkelhalbierenden. Auch wenn es Sie inzwischen nervt. Vergessen Sie nie mehr oder wenigstens nicht bis zur mündlichen Abiturprüfung: Die Funktionen $x \to e^x$ und $x \to \ln(x)$ sind zueinander Umkehrfunktionen.

AUFGABE 5 Berechnen Sie ohne Hilfe Ihres Taschenrechners.

a) $\ln(e)$ b) $\ln(e^2)$ c) $\ln(e^3)$ d) $\ln(\frac{1}{e})$ e) $\ln(\sqrt{e})$ f) $\ln(\frac{1}{\sqrt[3]{e}})$ g) $e^{\ln(3)}$ h) $e^{\ln(4)}$ i) $e^{\ln(5)}$ k) $e^{3\cdot\ln(4)}$ l) $e^{2\cdot\ln(7)}$ m) $e^{7\cdot\ln(2)}$

AUFGABE 6 Zeichnen Sie die Schaubilder K_1 und K_2 der Funktionen f_1 und f_2 jeweils in ein Koordinatensystem. Wie geht K_2 aus K_1 hervor? Tipp: Verschiebungen und Rechenregeln für Logarithmen.

a) $f_1: x \to \ln(x)$; $f_2: x \to \ln(x-2)$
b) $f_1: x \to \ln(x)$; $f_2: x \to \ln(x+1)$
c) $f_1: x \to \ln(x)$; $f_2: x \to \ln(3x)$
d) $f_1: x \to \ln(x)$; $f_2: x \to \ln(\frac{x}{2})$
e) $f_1: x \to \ln(x)$; $f_2: x \to \ln(x^2)$ mit $x > 0$
f) $f_1: x \to \ln(|x|)$; $f_2: x \to \ln(x^2)$
g) $f_1: x \to \ln(x)$; $f_2: x \to \ln(x^3)$

AUFGABE 7 Wo schneiden die Kurven mit den angegebenen Gleichungen die x-Achse?

a) $f(x) = \ln(x-2)$
b) $f(x) = (x-7)\cdot\ln(x-4)$
c) $f(x) = x\cdot\ln(x+3)$
d) $f(x) = \ln(\ln(x))$
e) $f(x) = \ln(\frac{1+x}{1-x})$
f) $f(x) = (\ln x)^2 - \ln(x)$
g) $f(x) = \ln(ax)$
h) $f(x) = \ln(ax+b)$
i) $f(x) = \ln(\sqrt{x^2-1})$
k) $f(x) = (x^2+5x+6)\cdot\ln(\frac{x}{4})$

AUFGABE 8 Geben Sie den Definitionsbereich der Funktion an.

a) $f: x \rightarrow \ln(2-x)$
b) $f: x \rightarrow \ln(3-x)$
c) $f: x \rightarrow \ln\left(\frac{1}{x-4}\right)$
d) $f: x \rightarrow \ln(1-x^2)$
e) $f: x \rightarrow \ln\left(\frac{3}{x}\right)$
f) $f: x \rightarrow \ln\left(\sqrt{x^2-16}\right)$

AUFGABE 9 Bestimmen Sie den Definitionsbereich der angegebenen Funktionen. Für welche Werte von x wird der Funktionswert positiv, für welche negativ?

a) $f: x \rightarrow \ln(x+t)$
b) $f: x \rightarrow \ln(2x-4t)$
c) $f: x \rightarrow \ln\left(\frac{x}{t^2}\right)$
d) $f: x \rightarrow \ln(t^3 \cdot x)$

AUFGABE 10 Durch die Gleichung ist eine Kurve gegeben. Wie lautet die Gleichung ihrer senkrechten Asymptote(n)?

a) $f(x) = \ln(x-5)$
b) $f(x) = \ln(x^2-4)$
c) $f(x) = \ln(x+4)$
d) $f(x) = \ln(x^2-9)$

5.4 Trigonometrische Funktionen

5.4.1 Grundlagen der Trigonometrie

In einem Fußballstadion befindet sich ein Zuschauer im obersten Rang 30 m über der Spielfeldebene. Die Tribüne darf höchstens unter einem mittleren Winkel von 30° ansteigen.

a) Erstellen Sie in Partnerarbeit eine Skizze im Maßstab 1:500 und bestimmen Sie die Entfernung vom obersten Rang bis zum Tribünenanfang und die waagrechte Breite der Tribüne.

b) Welche Höhe, welche Tiefe muss eine Treppenstufe besitzen, wenn 200 Stufen zum obersten Rang führen sollen?

Für eine genaue rechnerische Lösung benötigt man die schon in der Mittelstufe erlernten Beziehungen zwischen den Seiten und den Winkeln eines rechtwinkligen Dreiecks:

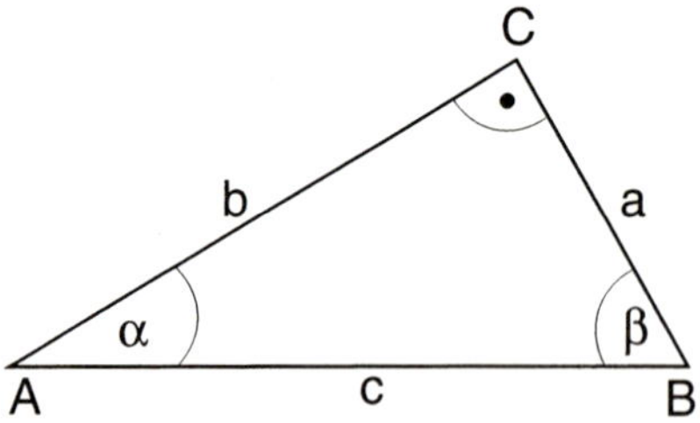

Seite c = $\overline{AB}$: Hypotenuse, liegt dem rechten Winkel gegenüber.

Seite a = $\overline{BC}$: Kathete, Gegenkathete von α, Ankathete von β.

Seite b = $\overline{AC}$: Kathete, Ankathete von α, Gegenkathete von β.

Die Katheten bilden den rechten Winkel.

Die Winkelsumme in einem Dreieck beträgt 180°. Im rechtwinkligen Dreieck verbleiben somit für die Winkel $\alpha + \beta = 90°$ (Komplement- oder Ergänzungswinkel).

Rechtwinklige Dreiecke, die einen Winkel α ($0° < \alpha < 90°$) gemeinsam haben, stimmen folglich in allen drei Winkeln überein und bilden somit ähnliche Dreiecke. Das Verhältnis entsprechender Seitenlängen ist dann immer dasselbe, unabhängig von der Größe der Dreiecke.

BEISPIEL

$$\frac{a}{c} = \frac{28{,}8675}{57{,}735} = \frac{57{,}735}{115{,}47} = \frac{a'}{c'}$$

$$\frac{b}{c} = \frac{50}{57{,}735} = \frac{100}{115{,}47} = \frac{b'}{c'}$$

$$\frac{a}{b} = \frac{28{,}8675}{50} = \frac{57{,}735}{100} = \frac{a'}{b'}$$

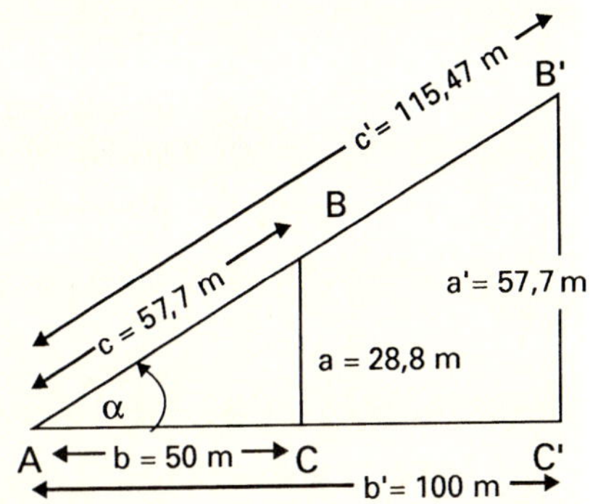

DEFINITION In der Trigonometrie definiert man die Winkelfunktionen für spitze Winkel ($0° \leq \alpha \leq 90°$) durch:

$$\sin\alpha = \frac{a}{c} = \frac{\text{Gegenkathete von } \alpha}{\text{Hypotenuse}}$$

(lies: Sinus Alpha)

$$\cos\alpha = \frac{b}{c} = \frac{\text{Ankathete von } \alpha}{\text{Hypotenuse}}$$

(lies: Kosinus Alpha)

$$\tan\alpha = \frac{a}{b} = \frac{\text{Gegenkathete von } \alpha}{\text{Ankathete von } \alpha}$$

(lies: Tangens Alpha)

$$\cot\alpha = \frac{b}{a} = \frac{\text{Ankathete von } \alpha}{\text{Gegenkathete von } \alpha} = \frac{1}{\tan\alpha}$$

(lies: Kotangens Alpha)

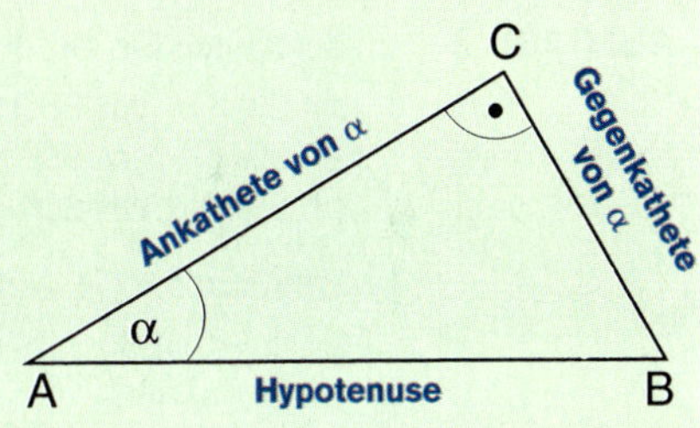

Die grundlegende Bedeutung der Winkelfunktionen in der Dreiecksberechnung ist nicht auf rein geometrische Anwendungen beschränkt. Auch bei der Komponentenzerlegung von Vektoren in der Physik, beim Phänomen der Lichtbrechung oder bei der Erstellung von Landkarten benötigt man solche trigonometrischen Berechnungen.

AUFGABE 1 Berechnen Sie für ein rechtwinkliges Dreieck aus zwei gegebenen Größen die übrigen Größen (Hypotenuse: c; Katheten: a, b; Winkel: α, β).

a) Gegeben: $c = 4$ cm, $a = 2{,}5$ cm

Lösung (Beispiel):

$$\sin\alpha = \frac{a}{c} = \frac{2{,}5}{4} = 0{,}625$$

$$\alpha = 38{,}6822^\circ$$

$$\alpha = 38^\circ 40' 56''$$
$$\beta = 90^\circ - \alpha$$
$$\beta = 51{,}318^\circ \text{ bzw. } 51^\circ 19' 04''$$

$$\sin\beta = \frac{b}{c} \quad \text{oder} \quad \cos\alpha = \frac{b}{c}$$

$$b = c \cdot \sin\beta \qquad b = c \cdot \cos\alpha$$
$$b = 3{,}12$$

Taschenrechner (grafikfähig)
MODE: Degree (360° für Vollkreis)
2nd SIN (SIN^{-1}) (.625) ENTER:
$\alpha = 38{,}6822^\circ$

Gradmaß als Kommazahl

2nd MATRIX (ANGLE)
im Menü 4: >DMS wählen ENTER
ANS > DMS Enter: 38° 40′ 55.92″
(–) ANS + 90 ENTER: 51.3178
bzw. 51° 19′ 4.08″
SIN (ANS) = 0.780625… * 4 = 3.1225

b) Gegeben: $c = 7{,}2$ cm, $\alpha = 40^\circ$ Gesucht: a, b, β
c) Gegeben: $a = 4{,}2$ cm, $\alpha = 60^\circ$ Gesucht: b, c, β
d) Gegeben: $a = 3$ cm, $b = 4$ cm Gesucht: c, α, β

AUFGABE 2 Zeichnen Sie ein gleichseitiges Dreieck. Die Höhe in diesem Dreieck erhält man durch Halbieren des Dreiecks. Berechnen Sie hiermit die vier trigonometrischen Funktionen für 30° und 60°.

AUFGABE 3 a) Berechnen Sie mit dem Taschenrechner.

sin 6°	cos 38,3°	tan 45°	cot 30°	tan 20,7°
sin 30°	cos 60°	sin 0°	cos 0°	sin 77,2°
sin 90°	cos 90°	sin 45°	cos 45°	cos 8,39°

b) Ermitteln Sie die Winkel α.

$\sin\alpha = 0{,}866$	$\cos\alpha = 0{,}5$	$\sin\alpha = 0{,}5$	$\tan\alpha = 1$
$\cos\alpha = 0{,}866$	$\sin\alpha = 0{,}707$	$\tan\alpha = 0{,}577$	$\cot\alpha = 3{,}732$

Hinweis: Es ist $\cot\alpha = \frac{1}{\tan\alpha}$. Mit dem Taschenrechner erhält man somit $\cot\alpha$ durch die Tastenfolge:

Eingabe: [TAN] (α) [x^{-1}]

AUFGABE 4 Ein Rechteck hat die Seiten $a = 7{,}78$ cm und $b = 3{,}29$ cm. Bestimmen Sie die Schnittwinkel der Diagonalen.

AUFGABE 5 Über eine schiefe Ebene der Länge $s = 4$ m soll ein Fass auf eine Rampe in der Höhe $h = 1{,}6$ m gerollt werden. Geben Sie den Steigungswinkel der Ebene und die Steigung in % an.

(Steigung $m = \tan\alpha$):

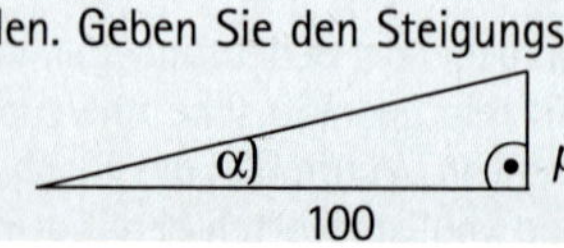

AUFGABE 6 Eine Passstraße hat die Steigung von 12 %. Wie groß ist die Hangabtriebskraft für einen Lastkraftwagen (LKW) mit der Masse von 40 Tonnen?

AUFGABE 7 Ein Leiterwagen wird mit einer Kraft $F = 70$ N gezogen, die den Winkel $\alpha = 40°$ gegenüber der Waagrechten einschließt. Wie groß sind die Kraftkomponenten in Richtung des Weges bzw. senkrecht hierzu?

AUFGABE 8 Ein Lichtstrahl, der schräg aus der Luft kommend auf eine Wasseroberfläche trifft, ändert seine Richtung. Man untersucht das Verhältnis von Einfallswinkel α und Brechungswinkel β.

Messtabelle:

α	10°	30°	50°	70°
β	7,5°	22°	35,1°	44,8°

Zeige Brechzahl $n = \frac{\sin\alpha}{\sin\beta}$ (konst.).

AUFGABE 9 Eine Ausziehleiter ist 12 m lang. Aus Sicherheitsgründen soll der Neigungswinkel höchstens 78° betragen. Bis in welche Höhe reicht die Leiter beim Anlehnen an ein Gebäude maximal?

AUFGABE 10 In einen Kreis mit Radius $r = 9{,}5$ cm ist eine Sehne $s = 13$ cm gezeichnet. Ermitteln Sie den Mittelpunktswinkel, Bogen, Kreisausschnitt und Kreisabschnitt.

AUFGABE 11 Ein Pendel hat die Länge $l = 1{,}2$ m.

a) Welche Höhe erreicht das Pendel gegenüber seiner Ruhelage, wenn man es um $\alpha = 30°$ auslenkt?
b) Welche Höhe, welcher Auslenkwinkel ergeben sich, wenn man das Pendel um 50 cm waagerecht auslenkt?

AUFGABE 12 Ein Kirchturmdach hat die Form einer geraden Pyramide. Die Grundfläche ist ein regelmäßiges Sechseck mit der Kante $a = 4{,}5$ cm, die Höhe beträgt 18 m.
Berechnen Sie:
a) den Neigungswinkel α der Dachflächen;
b) die Fläche A des Daches;
c) das Volumen des Dachraumes.

AUFGABE 13 Ein senkrecht stehender Pfahl mit $h = 1{,}8$ m wirft einen Schatten von $l = 2{,}5$ m. Wie hoch steht die Sonne?

AUFGABE 14

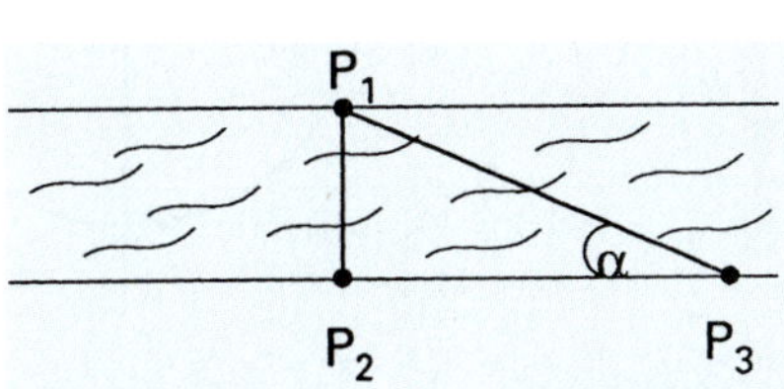

Um die Breite eines Flusses zu bestimmen, werden zwei Pfähle P_1 und P_2 an den Ufern senkrecht zur Flussrichtung angebracht.
Die Standlinie $\overline{P_2P_3}$ senkrecht zu $\overline{P_1P_2}$ am Ufer beträgt 200 m.
Der Winkel $\sphericalangle P_2P_3P_1$ beträgt $\alpha = 70{,}2°$.
Welche Breite hat der Fluss?

AUFGABE 15 Vom Fenster eines Hauses peilt ein Bewohner die Spitze und den Fußpunkt eines 110 m hohen Kirchturmes an. Beide Gebäude stehen auf derselben waagrechten Ebene. Der Bewohner misst den Höhenwinkel $\alpha = 80{,}3°$ und den Tiefenwinkel $\beta = 25{,}6°$.
In welcher Höhe befindet sich der Bewohner, und welchen Abstand haben die Gebäude?

AUFGABE 16 Ein Wanderer nähert sich einer Stadt. Er peilt ein Haus mit der Breite b = 12 m an. Wenn er seinen Daumen (d = 1,3 cm) 70 cm vor das Auge hält, wird das Haus gerade verdeckt. In welcher Entfernung befindet sich die Stadt?

AUFGABE 17 Der mittlere Erdradius beträgt 6370 km. Welche Länge hat der Breitenkreis unter der Breite 30°, 50°, 80°?

AUFGABE 18 Ein Satellit befindet sich in 36000 km Höhe über der Erdoberfläche. Wie groß ist die Fläche, die der Satellit von der als Kugel (r = 6 370 km) gedachten Erde beobachten kann?

5.4.2 Definition der Winkelfunktionen Sinus und Kosinus am Einheitskreis

Betrachtet man rechtwinklige Dreiecke mit der Hypotenusenlänge 1 und trägt den Winkel im gleichen Ursprungspunkt 0 vom gleichen waagrechten Schenkel aus an, so gelangt man zur Darstellung der Winkelfunktionen am Einheitskreis.

Der Drehwinkel α ist dabei nicht mehr beschränkt.
Gegen den Uhrzeigersinn positiver, im Uhrzeigersinn negativer Drehwinkel:

$v = \sin \alpha$
$u = \cos \alpha$

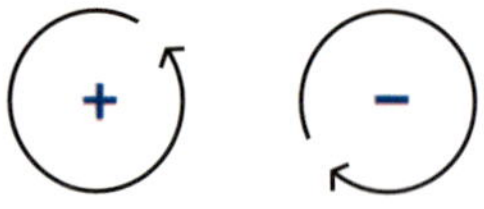

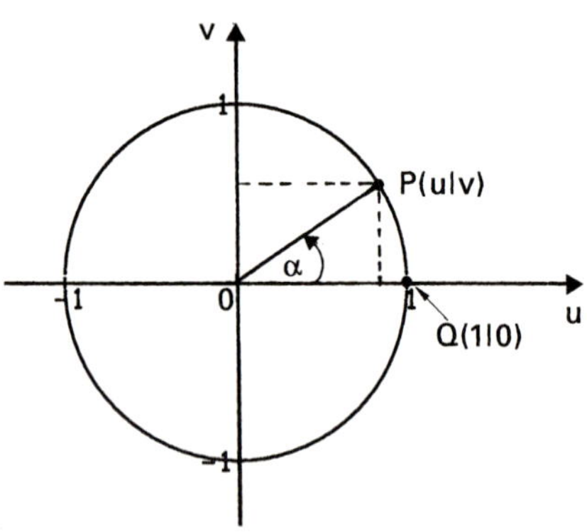

Mithilfe der Definition auf der nächsten Seite oben kann man nun die Schaubilder der Sinus- und Kosinusfunktion konstruieren.

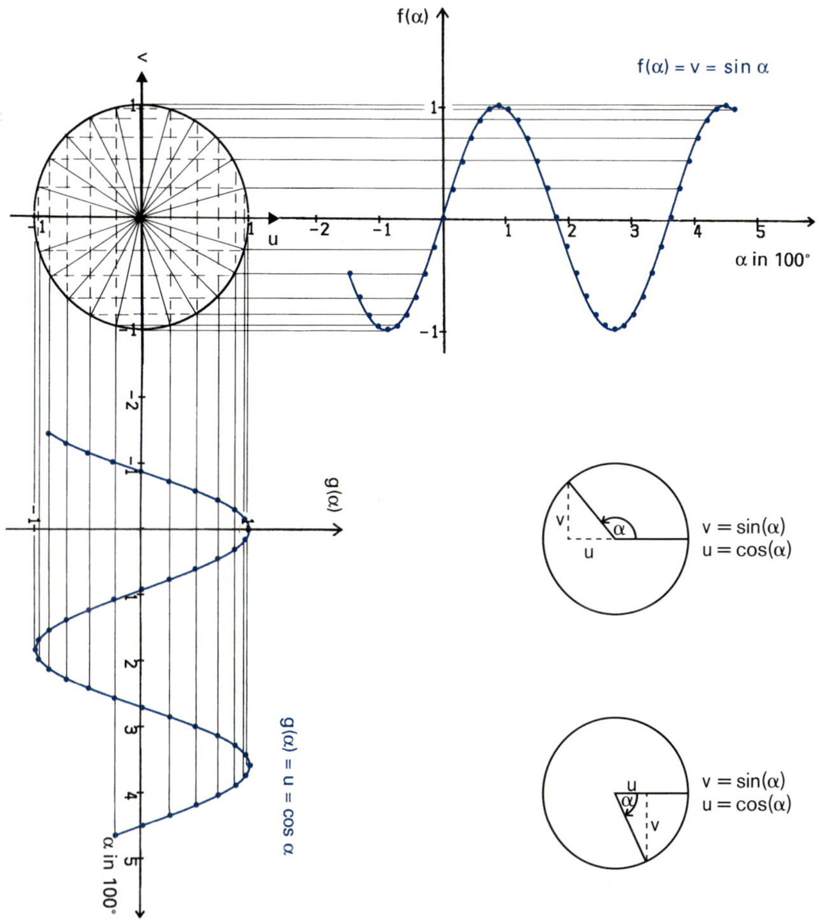

DEFINITION Gegeben ist ein rechtwinkliges Achsenkreuz mit dem Ursprung $O(0|0)$. Ist $P(u|v)$ ein Punkt auf dem Einheitskreis und α der Drehwinkel zwischen $\overline{OQ}$ (positive u-Achse) und $\overline{OP}$, dann bezeichnet man die u-Koordinate von P mit $\cos\alpha$ und die v-Koordinate von P mit $\sin\alpha$.

Wenn sich der Winkel α ändert, dann ändert sich auch die Zahl v bzw. u. Dieser eindeutige Zusammenhang kann als Funktion dargestellt werden: $f\colon \alpha \mapsto \sin\alpha = v$

$f\colon \alpha \mapsto \cos\alpha = u$

Unter www.mathe-online.at/mathint/fun2/i.html steht im Internet ein interaktives Applet zur Demonstration der sin-, cos- und tan-Funktionen.

AUFGABE 19 Zeichnen Sie die Schaubilder der Funktionen $f\colon \alpha \mapsto \sin\alpha$ und $g\colon \alpha \mapsto \cos\alpha$ für $-180° \leqslant \alpha \leqslant 450°$ in ein Koordinatensystem ($60° = 1\,\text{cm}$, $1\,\text{LE} = 1\,\text{cm}$).

Legen Sie hierzu eine Wertetabelle an.

Projekt: Das Rohrknie und die Sinus- und Kosinusfunktion

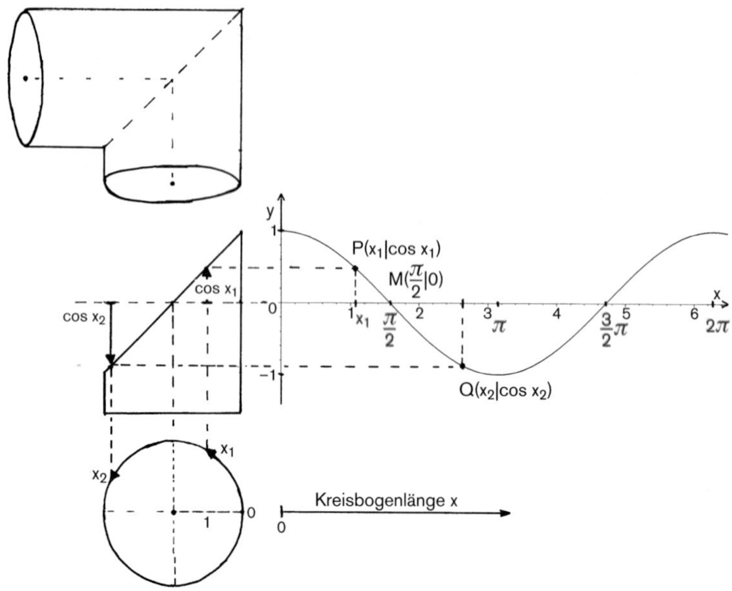

Ein Rohrknie ist die rechtwinklige Umlenkung eines zylinderförmigen Rohres.

a) Sägen Sie ein Rundholz unter 45° durch (Zylinderstümpfe).

b) Stellen Sie ein Papiermodell eines Rohrknies her. (Tipp: Papier um Zylinderstumpf wickeln und mit einem scharfen Messer längs der ebenen, elliptischen Schnittfläche abschneiden.)

c) Wickeln Sie das Papier ab und untersuchen Sie die Schnittkurve in Abhängigkeit vom Radius des Rohres.

d) Finden Sie eine analytische Darstellung der abgewickelten Schnittkurve. (x-Wert: Abstand von der Nahtlinie, an der der Papierzylinder aufgeschnitten wurde; y-Wert: Höhe bezüglich des Mittelpunktes der Schnittellipse.)

e) Stellen Sie ein Rohrknie aus Papier mit Rohrradius $r = 5$ cm her. (Zeichnen Sie zuerst die abgewickelte Schnittkurve auf zwei Blätter, schneiden Sie aus und kleben Sie die zwei Rohrstümpfe zu einem Rohrknie zusammen.)

5.4.3 Bogenmaß für Winkelgrößen

Beim Zeichnen der Sinus- bzw. Kosinuskurven erwies es sich als ungünstig, dass die Einheit auf der waagrechten Achse im Winkelmaß festgelegt wurde, da eine willkürliche Umsetzung von Grad in eine Längeneinheit erfolgen musste. Um auch für die Winkelfunktionen die sonst übliche Abbildung von reellen Zahlen auf reelle Zahlen zu erreichen, führt man für das Winkelmaß α die Länge des Einheitskreisbogens x ein, der zu dem Winkel α gehört.

Hierdurch erreicht man auch eine normierte Darstellung der Winkelfunktionen, sodass gleiche Funktionen an derselben Stelle die gleiche Steigung und Krümmung aufweisen.

Nur so ist es möglich, in die Parabelkurvenschablone $y = x^2$ auch noch die Sinuskurve $y = \sin(x)$ aufzunehmen (1 LE = 1 cm).

DEFINITION Das Bogenmaß x für den Winkel α ist die Länge des Einheitskreisbogenstückes zwischen den Punkten Q und P (positiv im Gegenuhrzeigersinn, negativ im Uhrzeigersinn).

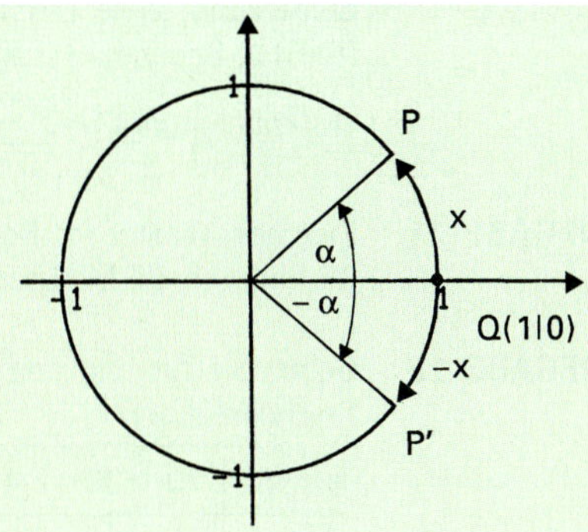

Für die Umrechnung von Gradmaß (1 Grad = 1°) in Bogenmaß (1 Radiant = 1 rad) ergibt sich folgende Proportionalität:

α: 360° = x: 2π (2 π ist die Bogenlänge des Vollkreises mit Radius $r = 1$.)

$$x = \frac{\alpha \cdot \pi}{180^\circ} \quad \text{oder} \quad \alpha = \frac{180^\circ \cdot x}{\pi}$$

BEISPIEL 1 rad = 57,2958°, 1° = 0,01745 rad

Grafikfähiger Taschenrechner

Umrechnung von „Degree“ (Winkel) in „Radian“ (Bogenmaß):
Taschenrechner in MODE Radian
Eingabe 30 ANGLE 1:° ENTER (30°) ANGLE 3:^{r} ENTER (30$^{\circ r}$)
ENTER: 0.5235987756 (Bogenlänge im Einheitskreis für 30°)

Umrechnung von „Radian“ (Bogenmaß) in „Degree“ (Winkel):
Taschenrechner in MODE Degree
Eingabe 2.30 ANGLE 3:^{r} ENTER (2.30^r) ANGLE 1:° ENTER (2.30$^{r\circ}$)
ENTER: 131.7803° (Winkelmaß zur Bogenlänge x = 2.30)

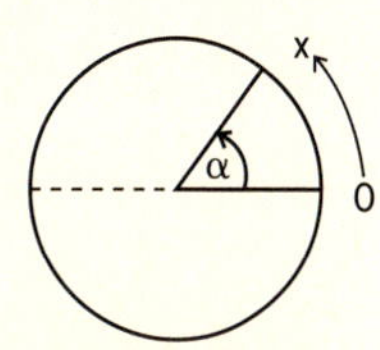

Bogenmaß zu $\alpha = 30°$:
x = 0,5236 …
$x = \frac{\pi}{6}$
Bruchteile von π sind anschaulicher als Dezimalzahlen.

AUFGABE 20 Ergänzen Sie die fehlenden Größen:

Gradmaß α in °	0°	5°	15°				135°	180°	225°	
Bogenmaß x in rad				$\pi/6$	$\pi/3$	$\pi/2$				$3\pi/2$

Gradmaß α in °	315°	360°	405°				− 120°	− 450°
Bogenmaß x in rad				$9\pi/4$	$-\pi/2$	$-5\pi/4$		

Gradmaß α in °			1°	17°	−30°	−45°		
Bogenmaß x in rad	1	3	8,25					−0,5

Bemerkung: Viele Taschenrechner haben eine Taste zur Umrechnung von Gradmaß (DEG) in Bogenmaß (RAD) und umgekehrt.

Tastenanleitung: 5° [D → R] 0,08726... bzw. $\frac{\pi}{6}$ [R → D] 30°

AUFGABE 21 Welchen Winkel im Bogenmaß legt der Minutenzeiger einer Uhr in 20 Minuten, 35 Minuten, 50 Minuten zurück?

AUFGABE 22 Geben Sie für folgende Winkel α das Bogenmaß x in Bruchteilen von π an (ohne Taschenrechner).

α	15°	10°	30°	45°	60°	90°	135°	180°	−210°	120°	270°	+360°
x												

AUFGABE 23 Für die Bogenlänge in einem Kreis mit dem Radius r ($r \neq 1$) gilt:

$\alpha : 360° = b : 2\pi r$, $b = \frac{\alpha \cdot \pi \cdot r}{180°}$ mit $x = \frac{\alpha \cdot \pi}{180°}$ (Bogenlänge im Einheitskreis) ergibt sich: $b = x \cdot r$ bzw. $x = \frac{b}{r}$.

Berechnen Sie die fehlenden Größen:

a) $\alpha = 18°$, $r = 70$ cm, x, b

b) $x = 2{,}5133$, $r = 0{,}2$ m, α, b

c) $r = 10{,}25$ m, $x = \frac{3}{2}\pi$, α, b

5.4.4 Trigonometrische Funktionen als Funktionen einer reellen Variablen

DEFINITION Man definiert nun die trigonometrischen Funktionen (Winkelfunktionen) mithilfe des Bogenmaßes endgültig als Funktionen einer reellen Variablen.

Jede Zahl x führt zu einem bestimmten Punkt $P(u|v)$ auf dem Einheitskreis, also auch zu bestimmten Zahlen u und v. Es ist zu beachten, dass z. B. $x = \frac{\pi}{2}, \frac{5\pi}{2}, \frac{9\pi}{2}, -\frac{3\pi}{2}, \frac{-5\pi}{2}, \ldots$ zum gleichen Punkt P führen (Periode: 2π). Die reelle Zahl x kann daher eindeutig in der Form $x = x' + 2k\pi$ mit $k \in \mathbb{Z}$ und $x' \in [0, 2\pi]$ geschrieben werden.

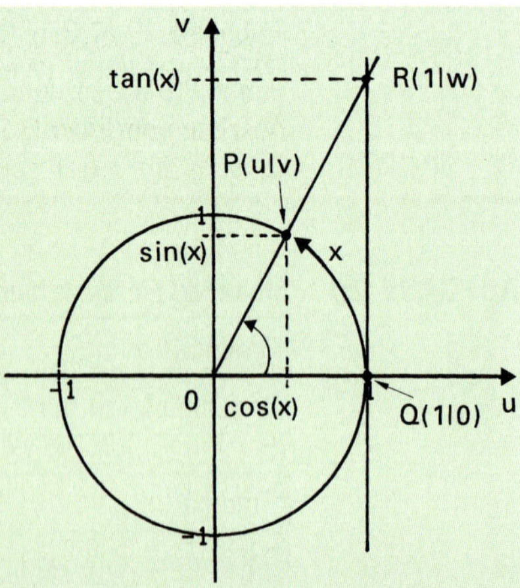

Schaubilder der Sinus- und Kosinusfunktion, wenn die Bogenlänge x des Einheitskreises auf der Abszissenachse aufgetragen wird (1 LE = 1 cm).

BEISPIEL

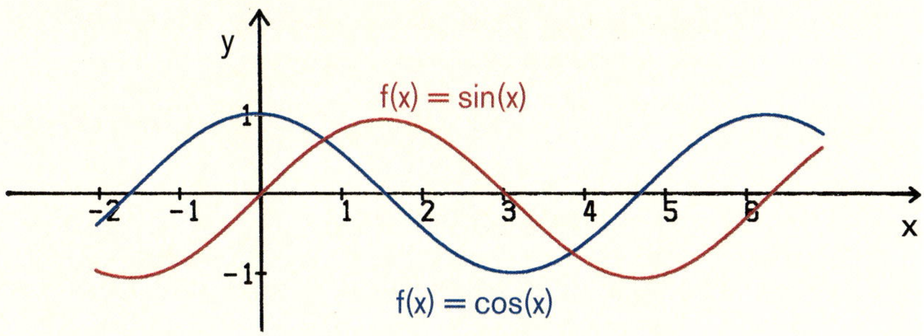

Wertetabelle

x	$-\pi$	$-\frac{5}{6}\pi$	$-\frac{2}{3}\pi$	$-\frac{\pi}{2}$	$-\frac{\pi}{3}$	$-\frac{\pi}{6}$	0	$\frac{\pi}{6}$	$\frac{\pi}{4}$	$\frac{\pi}{3}$	$\frac{\pi}{2}$
	-3,14	-2,62	-2,09	-1,57	-1,05	-0,52	0	0,52	0,79	1,05	1,57
$\sin(x)$	0	-0,5	-0,87	-1	-0,87	-0,5	0	0,5	0,71	0,87	1
$\cos(x)$	-1	-0,87	0,5	0	0,5	0,87	1	0,87	0,71	0,5	0

x	$\frac{2}{3}\pi$	$\frac{3}{4}\pi$	$\frac{5}{6}\pi$	π	$\frac{7}{6}\pi$	$\frac{4}{3}\pi$	$\frac{3}{2}\pi$	$\frac{5}{3}\pi$	$\frac{11}{6}\pi$	2π
	2,09	2,36	2,62	3,14	3,67	4,19	4,71	5,24	5,76	6,28
$\sin(x)$	0,87	0,71	0,5	0	-0,5	-0,87	-1	-0,87	-0,5	0
$\cos(x)$	-0,5	-0,71	-0,87	-1	-0,87	-0,5	0	0,5	0,87	1

DEFINITION Gelangt man vom Punkt $Q(1|0)$ am Einheitskreis auf dem Bogen der Länge x zum Punkt $P(u|v)$, so nennt man die Ordinate von P den Sinus von x (kurz: $\sin(x)$), die Abszisse von P den Kosinus von x (kurz: $\cos(x)$) und den Quotienten $\frac{v}{u}$ ($u \neq 0$) den Tangens von x ($\tan(x)$).

Die Zuordnung:
$f: x \mapsto P(u|v) \rightarrow v = \sin(x)$ heißt Sinusfunktion.
$f: x \mapsto P(u|v) \rightarrow u = \cos(x)$ heißt Kosinusfunktion.
$f: x \mapsto P(u|v) \rightarrow \frac{v}{u} = \tan(x)$ heißt Tangensfunktion.

Da die trigonometrischen Funktionen am Einheitskreis für beliebige Winkel bzw. beliebige Bogenlängen definiert werden, heißen sie auch Kreisfunktionen.

Bei der Ermittlung von sin, cos, tan mit dem **Taschenrechner** muss man immer beachten, ob man den Winkel im Gradmaß oder als Bogenlänge (reelle Zahl) gegeben hat.

BEISPIEL In der Oberstufe (Abitur) wird man die Winkel fast ausschließlich im Bogenmaß angeben. Durch die Taste MODE werden die Voreinstellungen des Taschenrechners angezeigt. Man achte darauf, dass hier Radian als Standardeinstellung gewählt ist.

- Eingabe im Bogenmaß (MODE: Radian):

  Eingabe eines Radianten x (reelle Zahl = Bogenlänge):

  SIN (π/6) ENTER: 0.5
  COS (2.5) ENTER: – 0.8011 …
  TAN ((–) 4) ENTER: – 1.1578 …

  Will man sin, cos, tan bei gegebenem Winkel α (im Gradmaß) berechnen, so muss man den Taschenrechner erst über die Taste MODE und die Wahl von Degree umschalten (zurück mit QUIT ins Rechnerfeld).

- Eingabe eines Winkels im Gradmaß: SIN(30) ENTER: 0.5
  TAN((–)45) ENTER: – 1

Nicht vergessen: Den Taschenrechner vor dem Abschalten wieder auf Radian zurückstellen!

AUFGABE 24 Bestimmen Sie einige Sinus-, Kosinuswerte am Einheitskreis.

$\sin\left(\frac{\pi}{6}\right)$, $\cos\left(\frac{\pi}{6}\right)$, $\sin\left(-\frac{\pi}{6}\right)$, $\sin\left(\frac{\pi}{4}\right)$, $\cos\left(\frac{\pi}{4}\right)$, $\sin\left(\frac{5}{6}\pi\right)$, $\sin\left(\frac{7}{6}\pi\right)$, $\sin\left(\frac{11}{6}\pi\right)$, $\cos\left(\frac{3}{2}\pi\right)$, $\cos(-\pi)$, $\cos\left(\frac{\pi}{3}\right)$, $\cos\left(-\frac{\pi}{3}\right)$

AUFGABE 25 Ergänzen Sie die Tabelle:

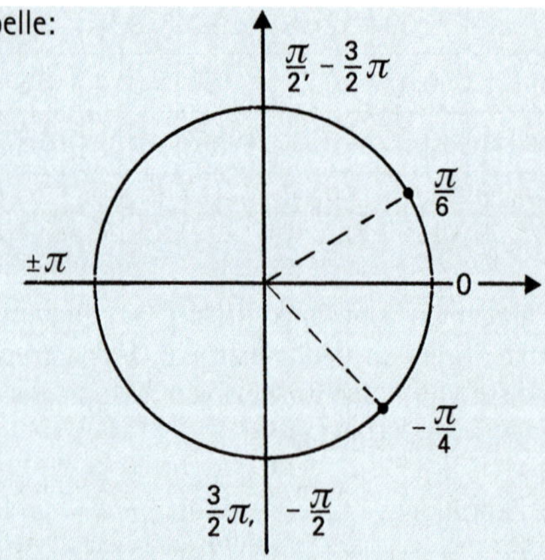

α	30°	45°	90°	135°	150°	180°	225°	240°
x	$\pi/6$							
sin (x)								
cos (x)								

α	270°	315°	330°	360°	420°	-45°	-120°
x							
sin (x)							
cos (x)							

AUFGABE 26 Ermitteln Sie mit dem Taschenrechner.

x	1	0,524	3,142	4,712	-1,047	-2,618	3,665	-4,189	2,094
sin (x)									
cos (x)									

AUFGABE 27 Geben Sie $y = \sin(x)$ in Ihren grafikfähigen Taschenrechner ein.

a) Lassen Sie eine Wertetabelle von $-\pi \leq x \leq 2\pi$ mit Schrittweite $(\pi/12)$ berechnen.
Welche Werte kann y nur annehmen? Für welche x-Werte ist $y = 0, 1, -1$?

b) Lassen Sie die Kurve im Display zeichnen. „Fahren" Sie mit TRACE die Kurve ab.
Merken Sie sich x- und y-Werte für besondere Punkte.
(Schnittpunkte mit der x-Achse, Hoch-, Tief- und Wendepunkte)

c) Zeichnen Sie $y = \cos(x)$ hinzu.
Wie könnte diese Kosinuskurve aus der Sinuskurve hervorgegangen sein? Testen Sie $y = \sin(x + \pi/2)$.

5.4.5 Eigenschaften von Sinus und Kosinus

Periodizität: Aus der Definition der Funktionen ergibt sich unmittelbar, dass Sinus und Kosinus periodische Funktionen sind, deren Werte sich bei Addition von 2π wiederholen.
$\sin(x + 2k\pi) = \sin(x)$ und $\cos(x + 2k\pi) = \cos(x)$, $k \in \mathbb{Z}$, $x \in \mathbb{R}$
Die Funktionen haben die Periode 2π.
Es genügt also, die Schaubilder dieser Funktionen in einem Intervall der Länge 2π darzustellen, z. B. $[-\pi; \pi]$, $[0; 2\pi]$.

Wertebereich: Es ist $-1 \leq \sin(x) \leq 1$ und $-1 \leq \cos(x) \leq 1$ für alle $x \in \mathbb{R}$.

Symmetrie: Die Schaubilder lassen erkennen:
$\sin(-x) = -\sin(x)$ (Punktsymmetrie zum Ursprung)
$\cos(-x) = \cos(x)$ (Achsensymmetrie zur y-Achse)

Schiebung: Aus der gemeinsamen Darstellung der Schaubilder im Koordinatensystem entdeckt man auch:
$\sin(x) = \cos(x - \frac{\pi}{2})$ bzw. $\cos(x) = \sin(x + \frac{\pi}{2})$
(Schiebung der Sinuskurve um $-\frac{\pi}{2}$ in x-Richtung ergibt die Kosinuskurve.)

Aus der Konstruktion am Einheitskreis bzw. an den Graphen erkennt man ferner:

$$\sin(\pi - x) = \sin(x)$$
$$\sin(\pi + x) = -\sin(x)$$
$$\sin(2\pi - x) = -\sin(x)$$
$$\cos(\pi - x) = -\cos(x)$$
$$\cos(\pi + x) = -\cos(x)$$
$$\cos(2\pi - x) = \cos(x)$$

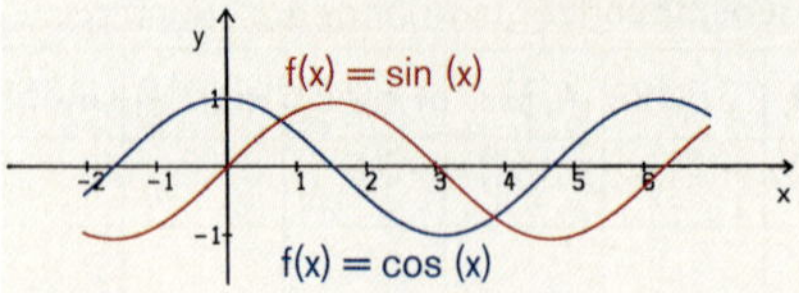

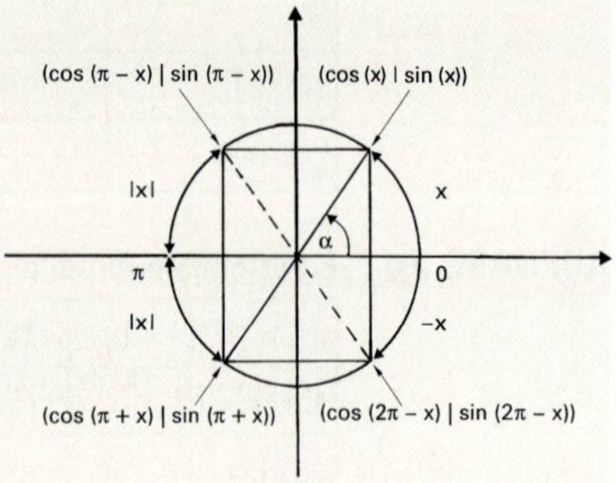

Aus den bisher aufgeführten Eigenschaften kann man durch Einsetzen von bestimmten Werten für x weitere Formeln gewinnen, die aus Formelsammlungen bekannt sind, wie z.B.:

$$\cos(x + \tfrac{2}{3}\pi) = \cos(x - \tfrac{1}{2}\pi) = \sin(x);\ \text{setze: } x = x - 2\pi$$
$$\sin(x - \tfrac{1}{2}\pi) = \sin(x + \tfrac{1}{2}\pi) = \cos(x);\ \text{setze: } x = x + \pi$$

Nullstellen: Im Intervall $0 \leqslant x \leqslant 2\pi$ haben beide Funktionen zwei Nullstellen und daher wegen der Periodizität im ganzen Definitionsbereich $\mathbb{D} = \mathbb{R}$ unendlich viele.

Es gilt: $\sin(x) = 0$, $\cos(x) = 0$ (bzw. $\sin(x - \frac{\pi}{2}) = 0$)
$x_{N_1} = k \cdot \pi$, $x_{N_2} = \frac{\pi}{2} + k \cdot \pi$; $k \in \mathbb{Z}$

Satz des Pythagoras

Nach der Definition der Winkelfunktionen am Einheitskreis sind $\sin(x)$ und $\cos(x)$ die Katheten eines rechtwinkligen Dreiecks, dessen Hypotenuse die Länge 1 hat.

SATZ Nach dem Satz des Pythagoras gilt daher:

$$(\sin(x))^2 + (\cos(x))^2 = 1$$

Bemerkung:
Statt $(\sin(x))^2$ schreibt man auch $\sin^2(x)$.

Diese Beziehung ermöglicht die Berechnung von $\cos(x)$ bei bekanntem $\sin(x)$ und umgekehrt. Es ist jedoch darauf zu achten, in welchem „Quadranten" der Punkt $P(u|v)$ liegt.

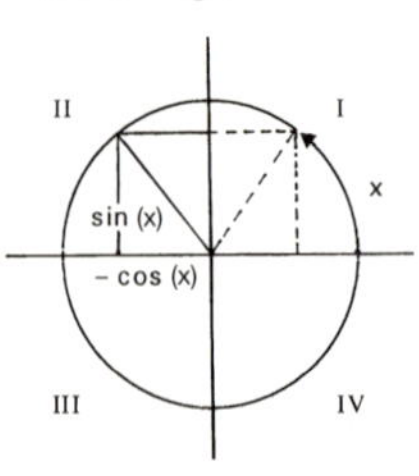

	I	II	III	IV
x	$0 \leqslant x \leqslant \frac{\pi}{2}$	$\frac{\pi}{2} \leqslant x \leqslant \pi$	$\pi \leqslant x \leqslant \frac{3\pi}{2}$	$\frac{3\pi}{2} \leqslant x \leqslant 2\pi$
$\sin(x)$	$\sqrt{1-\cos^2(x)}$	$\sqrt{1-\cos^2(x)}$	$-\sqrt{1-\cos^2(x)}$	$-\sqrt{1-\cos^2(x)}$
$\cos(x)$	$\sqrt{1-\sin^2(x)}$	$-\sqrt{1-\sin^2(x)}$	$-\sqrt{1-\sin^2(x)}$	$\sqrt{1-\sin^2(x)}$

AUFGABE 28 Veranschaulichen Sie folgende Werte am Einheitskreis und an den Schaubildern.

a) $\sin(\frac{\pi}{6}) = \frac{1}{2}$	$\sin(\frac{5}{6}\pi) = \frac{1}{2}$	$\cos(\frac{\pi}{3}) = \frac{1}{2}$	$\cos(-\frac{\pi}{3}) = \frac{1}{2}$
b) $\sin(\frac{\pi}{4}) = \frac{1}{2}\sqrt{2}$	$\sin(\frac{5\pi}{4}) = -\frac{1}{2}\sqrt{2}$	$\sin(-\frac{3}{4}\pi) = -\frac{1}{2}\sqrt{2}$	$\cos(\frac{3}{4}\pi) = -\frac{1}{2}\sqrt{2}$
c) $\sin(\frac{\pi}{2}) = 1$	$\sin(-\frac{\pi}{2}) = -1$	$\cos(\frac{\pi}{2}) = 0$	$\cos(-\pi) = -1$
d) $\sin(\frac{\pi}{3}) = \frac{1}{2}\sqrt{3}$	$\cos(\frac{\pi}{6}) = \frac{1}{2}\sqrt{3}$	$\cos(\frac{7\pi}{6}) = -\frac{1}{2}\sqrt{3}$	$\sin(\frac{5\pi}{3}) = -\frac{1}{2}\sqrt{3}$

AUFGABE 29 Formen Sie erst um und berechnen Sie dann ohne Taschenrechner.

a) $\sin(\frac{13}{6}\pi)$ b) $\cos(-\frac{5}{6}\pi)$ c) $\sin(\frac{9}{2}\pi)$ d) $\cos(\frac{19}{3}\pi)$ e) $\sin(\frac{11}{4}\pi)$ f) $\cos(-\frac{2}{3}\pi)$

Beispiel: $\sin(\frac{11}{6}\pi) = \sin(2\pi - \frac{\pi}{6}) = -\sin(\frac{\pi}{6}) = -0{,}5$

5.4.6 Umkehrung von Sinus und Kosinus

Bei der Nullstellenberechnung von Sinus- und Kosinusfunktionen oder schon bei vielen einfachen trigonometrischen Aufgaben muss das Bogenmaß zu einem Sinuswert bestimmt werden.

AUFGABE 30 Welche Nullstellen hat die Kurve $f(x) = \sin(\pi - x)$?

Ansatz: $\sin(\pi - x) = 0$ Taschenrechner: MODE Radian

$x = 0 \vee x = \pi$

Eingabe: 2nd SIN (SIN^{-1}) (0)
Ausgabe: ENTER: 0

Taschenrechner gibt nur Lösungen im Intervall: $[-\pi/2; \pi/2]$ für $SIN^{-1}(x)$
$[0; \pi]$ für $COS^{-1}(x)$

AUFGABE 31 Ein Pendel der Länge $l = 1$ m wird waagrecht um die Strecke $y = 0{,}5$ m ausgelenkt. Welchen Weg x legt hierbei der Pendelkörper zurück?

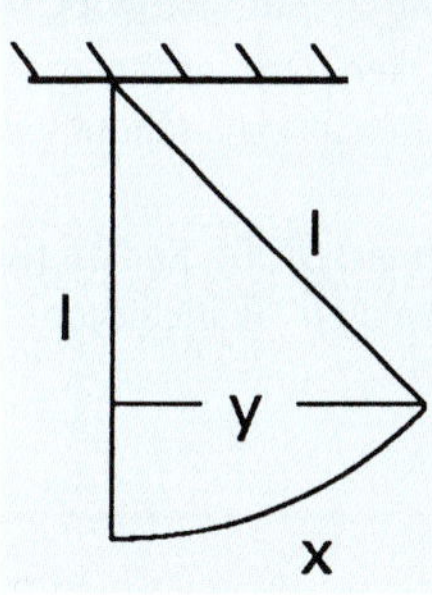

Ansatz: $\sin(x) = \frac{y}{l} = \frac{1}{2}$ Taschenrechner: Radian
$x = 0{,}52$ Eingabe: 2nd SIN (SIN^{-1}) (0.5)
Ausgabe: ENTER: 0.52.. ($\pi/6$)

Zur Lösung benötigt man die Umkehrungen der Sinus- und Kosinusfunktionen. Da nur streng monoton steigende oder fallende Funktionen umkehrbar sind, können die Umkehrfunktionen nur für geeignete Teilintervalle festgelegt werden (siehe auch Teil B, Kapitel 3.6).

Funktionsgraphen

a) Umkehrfunktion zur Sinusfunktion (im Bogenmaß)

Arcussinusfunktion:
f^{-1}: $[-1; 1] \mapsto [-\frac{\pi}{2}; \frac{\pi}{2}]$
f^{-1}: $x \mapsto \arcsin(x)$
(„Bogenmaß zur Sinusfunktion“)

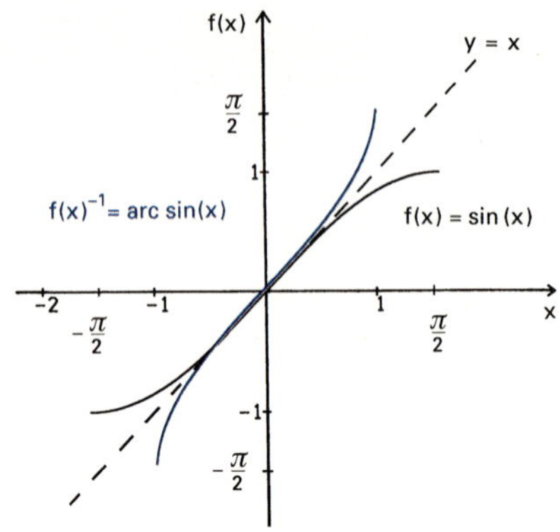

b) Umkehrfunktion zur Kosinusfunktion (im Bogenmaß)

Arcuskosinusfunktion:
f^{-1}: $[-1; 1] \mapsto [0; \pi]$
f^{-1}: $x \mapsto \arccos(x)$

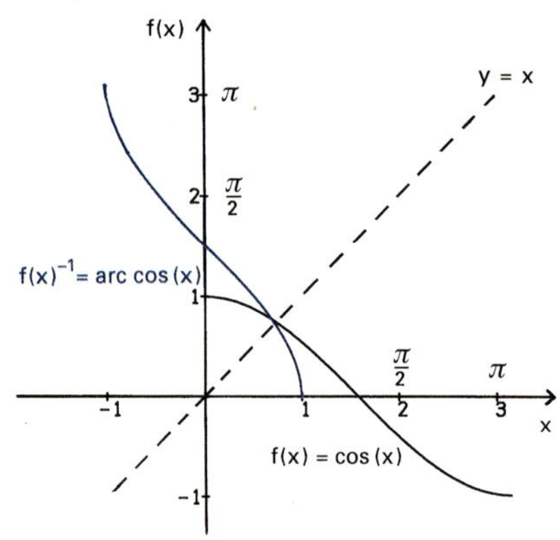

Bei der Verwendung von Taschenrechnern muss man prüfen, wie diese Funktionen berechnet werden können. Es ist die Taste [arc], häufiger jedoch die Taste [INV] vor der Funktionstaste [sin] bzw. [$\sin^{-1}$] zu drücken. Der Taschenrechner muss dabei im Modus [RAD] (Bogenmaß) eingestellt sein.

Für die modernen grafikfähigen Taschenrechner: MODE Radian (Bogenmaß).
Die Eingaben erfolgen dann in der normalen Reihenfolge $\text{SIN}^{-1}(x)$, $\text{COS}^{-1}(x)$, $\text{TAN}^{-1}(x)$.

BEISPIEL Bestimmen Sie die Lösungen folgender Gleichungen für $x \in [0; 2\pi]$. Welche Lösung erhält man mit dem Taschenrechner?

a) $\sin(x) = -\frac{1}{2}$
$x_1 = -\frac{\pi}{6}$

Taschenrechner: MODE Radian
Eingabe: SIN^{-1} (– 0.5)
Ausgabe: ENTER: – 0.524.. $\triangleq \frac{-\pi}{6}$.

Aus der Periodizität ergibt sich:

$x'_1 = -\frac{\pi}{6} + 2\pi = \frac{11}{6}\pi \in [0{,}2\pi]$

Mit $\sin(x) = \sin(\pi - x)$ bzw. aus der Betrachtung am Einheitskreis erhält man eine weitere Lösung:

$x_2 = \pi - x_1 = \pi - (-\frac{\pi}{6}) = \frac{7}{6}\pi \quad \in [0{,}2\pi]$

b) $\cos(x) = -\frac{1}{2}\sqrt{3}$

$x_1 = \frac{5}{6}\pi \in [0{,}2\pi]$ — Taschenrechner: MODE Radian
Eingabe: $COS^{-1}(-\frac{1}{2}\sqrt{3})$

Aus $\cos x = \cos(-2\pi - x)$ bzw.
Betrachtung am Einheitskreis:

$x_2 = 2\pi - x_1 = 2\pi - \frac{5}{6}\pi = \frac{7}{6}\pi$ — Ausgabe: ENTER: 2.618.. $\triangleq \frac{5}{6}\pi$

Beachte:
Man erhält mit dem Taschenrechner nur eine Lösung im Intervall $-\frac{\pi}{2} \leq x \leq \frac{\pi}{2}$ bei Sinus und $0 \leq x \leq \pi$ bei Kosinus. Die zweite nichtperiodische Lösung muss man über $\sin(x) = \sin(\pi - x)$ bzw. $\cos(x) = \cos(2\pi - x)$ oder durch Betrachtung am Einheitskreis oder dem Schaubild ermitteln.

Trigonometrische Gleichung – Taschenrechner, Einheitskreis und Schaubild ($x \in [0;2\pi]$)

BEISPIELE 1)
Für welche $x \in [0;\, 2\pi]$ gilt: $\sin(x) = 0{,}65$?

Lösung
Taschenrechner: (MODE Radian)
SIN^{-1} (0.65) ENTER : $x_1 = 0.70758\ldots$

Einheitskreis
$x_2 = \pi - x_1 = 2{,}434\ldots$

Schaubild

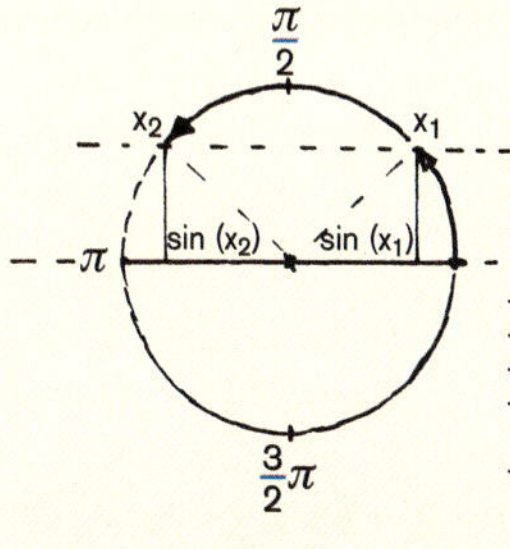

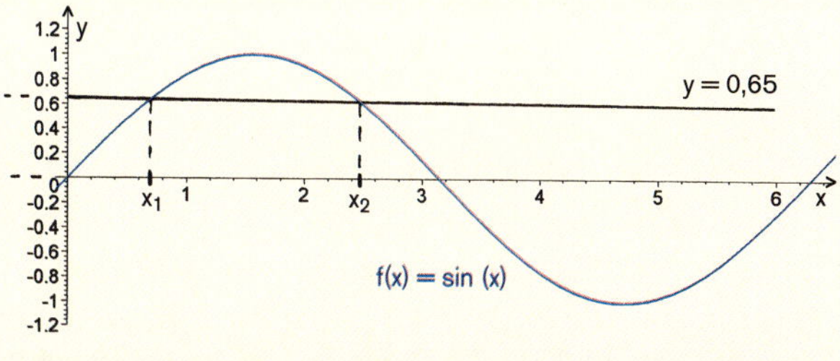

2)
Für welche $x \in [0;\, 2\pi]$ gilt: $\sin(x) = -0{,}8$?

Lösung
Taschenrechner: (MODE Radian)
$\text{SIN}^{-1}\ (-0{,}8)$ ENTER : $x_{1TR} = -0.92729\ \ldots$
$x_1 = 2\pi + x_{1TR} = 5{,}35589\ \ldots$

Einheitskreis
$x_2 = \pi - x_{1TR} = 4{,}068887\ \ldots$

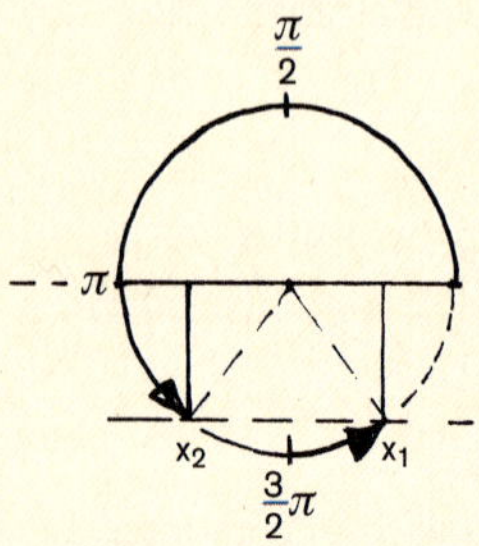

Schaubild

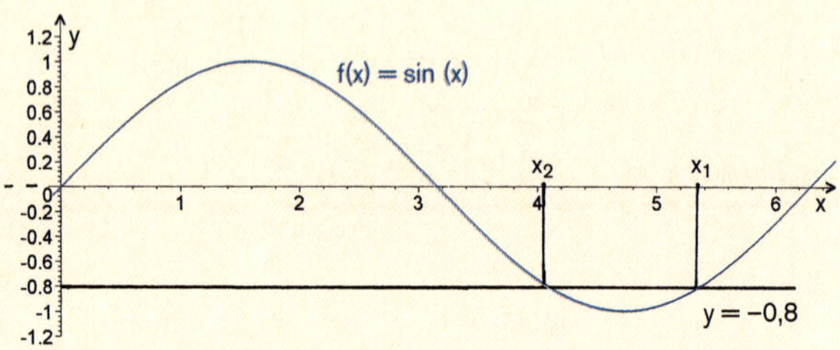

3)
Für welche $x \in [0;\, 2\pi]$ gilt: $\cos(x) = -0{,}6$?

Lösung
Taschenrechner: (MODE Radian)
$\text{COS}^{-1}\ (-0.6)$ ENTER : $x_1 = 2{,}214\ \ldots$
$x_2 = 2\pi - x_1 = 4{,}06888\ \ldots$ bzw. $x_2 = -x_1$

Einheitskreis
$x_2 = 2\pi - x_1 = 4{,}068887\ \ldots$

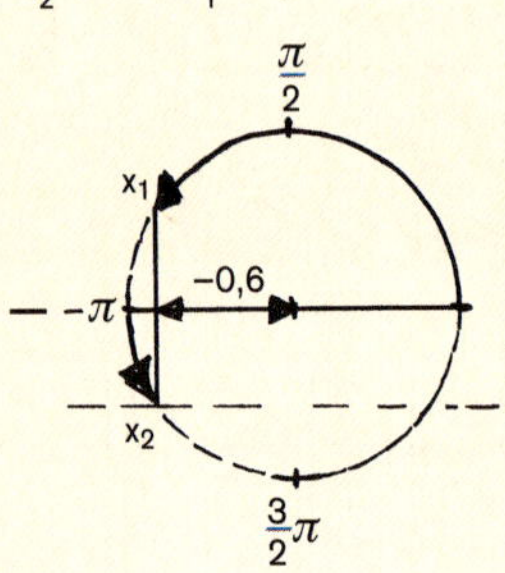

Schaubild

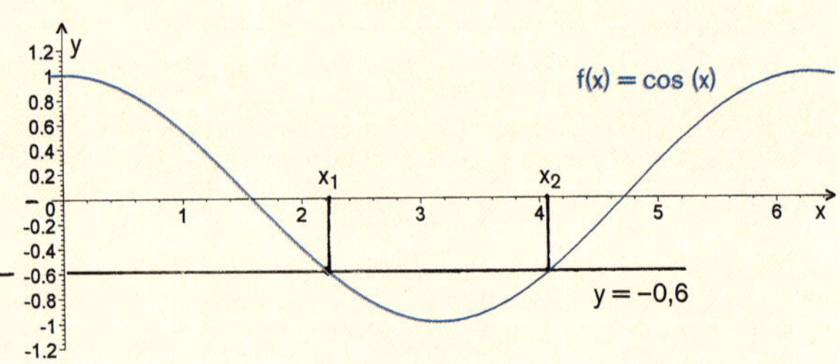

AUFGABE 32 Geben Sie sämtliche im Intervall $x \in [0{,}2\pi]$ liegenden Lösungen für die folgenden Gleichungen an.

a) $\sin(x) = \frac{1}{2}\sqrt{2}$	e) $\sin(x) = -0{,}15$	i) $\sin(x) = 0{,}866$
b) $\cos(x) = -0{,}5$	f) $\cos(x) = 0{,}9$	k) $\cos(x) = -0{,}707$
c) $\sin(x) = 0{,}8$	g) $\sin(x) = 0{,}2588$	l) $\sin(x) = -1$
d) $\cos(x) = -0{,}3$	h) $\cos(x) = 0{,}9397$	m) $\sin(x) = -0{,}9397$

5.4.7 Die Tangensfunktion

Die Steigung $m = \frac{\Delta y}{\Delta x}$ einer Geraden (nicht parallel zur *y*-Achse) lässt sich auch durch Sinus und Kosinus ausdrücken:

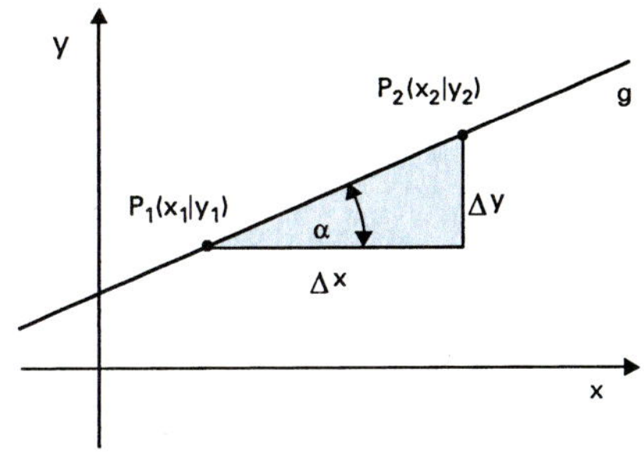

$$m = \tan \alpha = \frac{\sin\alpha}{\cos\alpha}$$

$(\cos \alpha \neq 0 \text{ bzw. } \alpha \neq 90° + k \cdot 180°)$

Im Bild auf Seite 312 wird die allgemeine Definition der Tangensfunktion deutlich:

DEFINITION $P(u|v)$ ist der zum Winkel α bzw. zur Bogenlänge x gehörende Punkt auf dem Einheitskreis. Die Gerade (OP) schneidet für $\alpha \neq 90° + k \cdot 180°$ bzw. $x \neq \pi/2 + k \cdot \pi$ die Kreistangente in $Q(1|0)$ in dem Punkt $R(1|w)$. Die Steigung der Geraden (OP) ist aber $\tan x = \sin(x)/\cos(x)$, also ist der *y*-Wert *w* von *R* genau $\tan(x)$.

BEISPIEL Aus der Darstellung am Einheitskreis lässt sich der Graph der Funktion $f: x \mapsto \tan(x)$ mit $x \in \mathbb{R} \setminus \{x | x = \frac{\pi}{2} + k \cdot \pi\}$ zeichnen.

Wertetafel: $(-\pi \leq x \leq 2\pi)$

x	$-\frac{3}{2}\pi$	-4,5	-4	-3,5	-3,14	-2,5	-2	-1,8	$-\frac{\pi}{2}$	-1,5	-1	$-\frac{1}{2}$	0
$\tan(x)$	–	-4,6	-1,15	-0,37	0	0,75	2,2	4,29	–	-14	-1,5	-0,5	0

x	$\frac{1}{2}$	1	1,5	1,57	1,8	2	2,5	3	3,14	3,5	4	4,5	$\frac{3}{2}\pi$	5
$\tan(x)$	0,54	1,56	14	–	-4,3	-2,2	-0,75	-0,14	0	0,37	1,15	4,6	–	-5,2

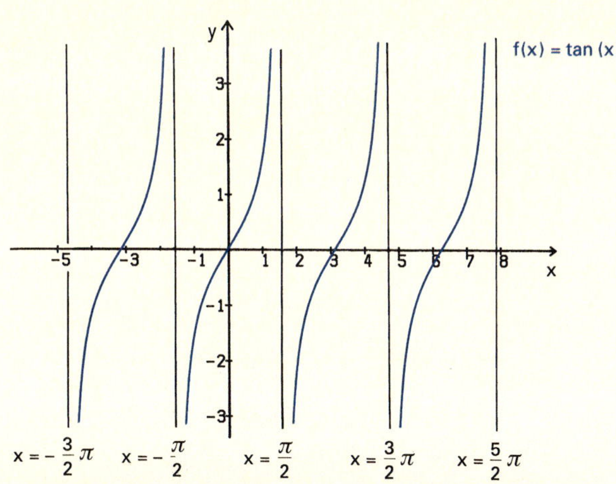

Man sieht, dass die Periode der Tangensfunktion π beträgt. Rechnerisch ergibt sich auch:

$$\tan(x+\pi) = \frac{\sin(x+\pi)}{\cos(x+\pi)} = \frac{-\sin(x)}{-\cos(x)} = \tan(x).$$

An den Stellen $x = \frac{\pi}{2} + k \cdot \pi$ wird cos (x) null, die Tangensfunktion ist hier nicht definiert. Der Graph ist hier in der Umgebung unbeschränkt.
Die Kotangensfunktion ist für praktische Anwendungen nicht nötig, da
$\cot(x) = \frac{1}{\tan(x)}$. Der Taschenrechner hat deshalb auch keine [cot]-Taste.

AUFGABE 33 Ergänzen Sie folgende Wertetafel (ohne Taschenrechner).

x	0	$\frac{\pi}{12}$	$\frac{\pi}{6}$	$\frac{\pi}{4}$	$\frac{\pi}{3}$	$\frac{\pi}{2}$	$-\frac{\pi}{6}$	$-\frac{\pi}{4}$	$-\frac{\pi}{3}$	$\frac{2\pi}{3}$	$-\frac{7}{6}\pi$
$\tan(x)$											

AUFGABE 34 Ermitteln Sie mit dem Taschenrechner:

a) tan (0,5) b) tan (– 1) c) tan (1) d) tan (1,5) e) tan (1,57) f) tan (1,5708)

AUFGABE 35 Zeigen Sie aus den Eigenschaften der Sinus- und Kosinusfunktionen:

a) $\tan(-x) = -\tan(x)$ b) $\tan(\pi + x) = \tan(x)$ c) $\tan(\frac{\pi}{2} - x) = \frac{1}{\tan(x)}$

AUFGABE 36 Umkehrfunktion Arcustangens

$f:]-\frac{\pi}{2}; \frac{\pi}{2}[\rightarrow \mathbb{R}$ $\qquad f^{-1}: \mathbb{R} \rightarrow]-\frac{\pi}{2}; \frac{\pi}{2}[$
$f: \quad x \mapsto \tan(x)$ $\qquad f^{-1}: x \mapsto \arctan(x)$

Wie bei den Sinus- und Kosinusfunktionen ist häufig für einen gegebenen Tangenswert das zugehörige Bogenmaß gesucht.

Beispiel: tan (x) = 0,5 Taschenrechner: MODE Radian
x = 0,4636 Eingabe: TAN^{-1} (0.5)
Ausgabe: ENTER : 0.4636...

Berechnen Sie $(-\frac{\pi}{2} \leqslant x \leqslant \frac{\pi}{2})$:

a) tan (x) = – 4 d) tan (x) = 5 g) tan (x) = 1000
b) tan (x) = 0 e) tan (x) = 10 h) tan (x) = 100 000
c) tan (x) = 1 f) tan (x) = 100

5.4.8 Additionstheoreme

Häufig führt die Berechnung von Termen mit Summen wie $\sqrt{a+b}$, ln $(a+b)$ zu Fehlern. Kann man sin $(a+b)$ durch sin (a) + sin (b) berechnen?

An einem Beispiel mit $a = \pi$, $b = \pi/2$ sieht man, dass dies im Allgemeinen nicht gilt:

$$\sin(\pi + \tfrac{\pi}{2}) = \sin(\tfrac{3}{2}\pi) = -1$$
$$\neq \sin(\pi) + \sin(\tfrac{\pi}{2}) = 0 + 1 = 1$$

Es gilt vielmehr:

SATZ **Additionstheoreme für Sinus und Kosinus**

1. $\sin(a+b) = \sin(a) \cdot \cos(b) + \cos(a) \cdot \sin(b)$
2. $\sin(a-b) = \sin(a) \cdot \cos(b) - \cos(a) \cdot \sin(b)$
3. $\cos(a+b) = \cos(a) \cdot \cos(b) - \sin(a) \cdot \sin(b)$
4. $\cos(a-b) = \cos(a) \cdot \cos(b) + \sin(a) \cdot \sin(b)$

Beachte (häufige Fehlerquelle):
$\sin(a+b) \neq \sin(a) + \sin(b)$
$\sqrt{(a+b)} \neq \sqrt{a} + \sqrt{b}$
$\ln(a+b) \neq \ln(a) + \ln(b)$

Zum Beweis:

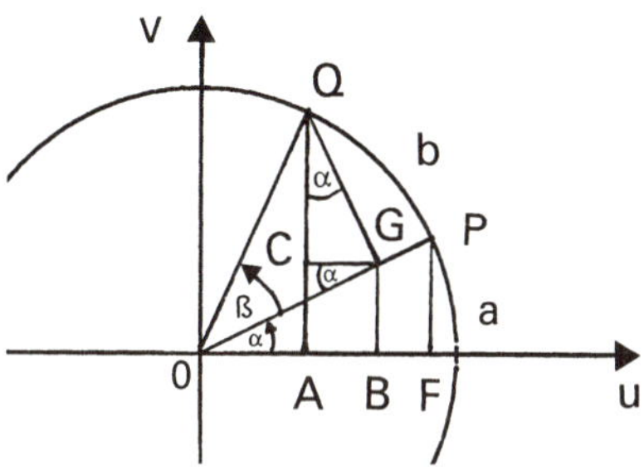

Es gilt:

$\overline{OF} \triangleq \cos(a)$ $\quad \overline{PF} \triangleq \sin(a)$
$\overline{OA} \triangleq \cos(a+b)$ $\quad \overline{QG} \triangleq \sin(b)$
$\overline{OG} \triangleq \cos(b)$ $\quad \overline{QA} \triangleq \sin(a+b)$
$\overline{BG} \triangleq \overline{AC}$

(1) $\sin(a+b) = \overline{AQ} = \overline{AC} + \overline{CQ}$
(2) $\cos(a+b) = \overline{OA} = \overline{OB} - \overline{GC}$

Die Dreiecke ΔOBG und ΔOFP bzw. ΔQCG sind ähnlich. Somit:

a) $\overline{BG} : \cos(b) = \overline{FP} : 1$
$\overline{BG} = \sin(a) \cdot \cos(b)$

b) $\overline{OB} : \cos(b) = \overline{OF} : 1$
$\overline{OB} = \cos(a) \cdot \cos(b)$

c) $\overline{CG} : \sin(b) = \overline{FP} : 1$
$\overline{CG} = \sin(a) \cdot \sin(b)$

d) $\overline{CQ} : \sin(b) = \overline{OF} : 1$
$\overline{CQ} = \cos(a) \cdot \sin(b)$

a)–d) in (1) bzw. (2) eingesetzt:

1. $\sin(a+b) = \sin(a) \cdot \cos(b) + \cos(a) \cdot \sin(b)$
3. $\cos(a+b) = \cos(a) \cdot \cos(b) - \sin(a) \cdot \sin(b)$

Der Beweis zu $\sin(a-b)$ und $\cos(a-b)$ ergibt sich durch Setzen von $(-b)$ für b. Ferner ist $\sin(-b) = -\sin(b)$ und $\cos(-b) = \cos(b)$.

2. $\sin(a-b) = \sin(a) \cdot \cos(-b) + \cos(a) \cdot \sin(-b) = \sin(a) \cdot \cos(b) - \cos(a) \cdot \sin(b)$
4. $\cos(a-b) = \cos(a) \cdot \cos(-b) - \sin(a) \cdot \sin(-b) = \cos(a) \cdot \cos(b) + \sin(a) \cdot \sin(b)$

Sonderfall $a = b$:

$\sin(a+a) = \sin(2a) = 2 \cdot \sin(a) \cdot \cos(a)$
$\cos(a+a) = \cos(2a) = \cos^2(a) - \sin^2(a) = 1 - 2 \cdot \sin^2(a) = 2 \cdot \cos^2(a) - 1$
$\cos(a-a) = \cos(0) = 1 = \cos^2(a) + \sin^2(a)$

SATZ **Additionstheorem für Tangens**

$$\tan(a+b) = \frac{\sin(a+b)}{\cos(a+b)} = \frac{\sin(a) \cdot \cos(b) + \cos(a) \cdot \sin(b)}{\cos(a) \cdot \cos(b) - \sin(a) \cdot \sin(b)} \quad \left(a+b \neq \tfrac{\pi}{2} + k \cdot \pi\right) (k \in \mathbb{Z})$$

Durch Erweitern mit $\dfrac{1}{\cos(a) \cdot \cos(b)}$ erhält man:

$$\tan(a+b) = \frac{\tan(a) + \tan(b)}{1 - \tan(a) \cdot \tan(b)}; \textit{ zeige: } \tan(a-b) = \frac{\tan(a) - \tan(b)}{1 + \tan(a) \cdot \tan(b)}$$

Die Additionstheoreme gelten natürlich ganz entsprechend, wenn die Winkel im Gradmaß gegeben sind.

Additionstheoreme im Gradmaß

$$\sin(\alpha \pm \beta) = \sin\alpha \cdot \cos\beta \pm \cos\alpha \cdot \sin\beta$$
$$\cos(\alpha \pm \beta) = \cos\alpha \cdot \cos\beta \mp \sin\alpha \cdot \sin\beta$$
$$\tan(\alpha \pm \beta) = \frac{\tan\alpha \pm \tan\beta}{1 \mp \tan\alpha \cdot \tan\beta}$$

Schnitt von zwei Geraden – Schnittwinkel

Für zwei Geraden g_1: $y = m_1x + b_1$, g_2: $y = m_2x + b_2$ hängt der Schnittwinkel γ (kleinere Winkel zwischen g_1 und g_2) nur von m_1 und m_2 ab.

$$\tan\gamma = \tan(\beta - \alpha) = \frac{\tan\beta - \tan\alpha}{1 + \tan\alpha\tan\beta}$$

$$\tan\gamma = \frac{m_2 - m_1}{1 + m_1m_2}$$

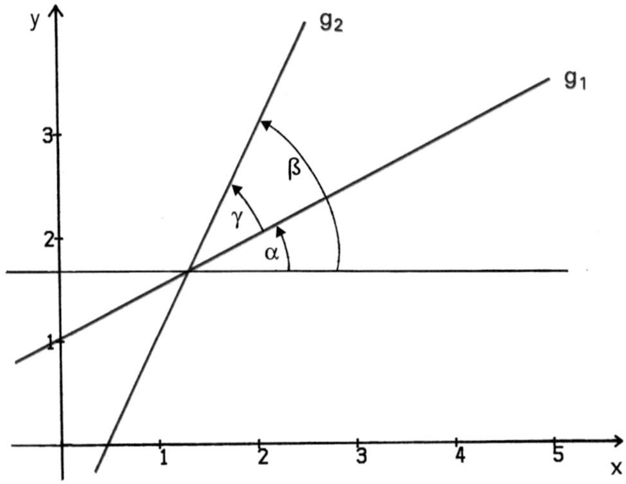

$m_1 = \tan\alpha$
$m_2 = \tan\beta$

Hierbei ist zu beachten, dass γ derjenige Winkel ist, der von der ersten Geraden g_1 überstrichen wird, wenn man diese auf kürzestem Weg in die zweite Gerade g_2 dreht.

Orthogonale Geraden

Zwei Geraden stehen senkrecht ($g_1 \perp g_2$) aufeinander, wenn $\beta - \alpha = 90°$ ist. Für das Produkt der Steigungen $m_1 \cdot m_2 = \tan\alpha \cdot \tan\beta$ erhält man:

$$m_1 \cdot m_2 = \tan\alpha \cdot \tan\beta = \tan\alpha \cdot \tan\left(\alpha + \tfrac{\pi}{2}\right) = \frac{\sin\alpha \cdot \sin\left(\alpha + \frac{\pi}{2}\right)}{\cos\alpha \cdot \cos\left(\alpha + \frac{\pi}{2}\right)}$$

mit $\sin\left(\alpha + \frac{\pi}{2}\right) = \cos\alpha$ und $\cos\left(\alpha + \frac{\pi}{2}\right) = -\sin\alpha$

folgt: $m_1 \cdot m_2 = \dfrac{\sin\alpha \cdot \cos\alpha}{\cos\alpha \cdot (-\sin\alpha)} = -1$

also: $m_1 \cdot m_2 = -1$, wenn $g_1 \perp g_2$ (siehe auch Teil B, Kapitel 2.2.6).

AUFGABE 37 Leiten Sie aus den Additionstheoremen her.

a) $\cos\left(\frac{a}{2}\right) = \sqrt{\frac{1+\cos(a)}{2}}$

b) $\sin\left(\frac{a}{2}\right) = \sqrt{\frac{1-\cos(a)}{2}}$

c) $\sin(a) \cdot \sin(b) = \frac{1}{2}(\cos(a-b) - \cos(a+b))$

d) $\cos(a) \cdot \cos(b) = \frac{1}{2}(\cos(a-b) + \cos(a+b))$

e) $\sin(a) \cdot \cos(b) = \frac{1}{2}(\sin(a-b) + \sin(a+b))$

AUFGABE 38 Leiten Sie mithilfe der Formeln von Aufgabe 37 her:

a) $\sin(x)+\sin(y) = 2\cdot\sin\left(\frac{x+y}{2}\right)\cdot\cos\left(\frac{x-y}{2}\right)$

b) $\sin(x)-\sin(y) = 2\cdot\cos\left(\frac{x+y}{2}\right)\cdot\sin\left(\frac{x-y}{2}\right)$

c) $\cos(x)+\cos(y) = 2\cdot\cos\left(\frac{x+y}{2}\right)\cdot\cos\left(\frac{x-y}{2}\right)$

d) $\cos(x)-\cos(y) = 2\cdot\sin\left(\frac{x+y}{2}\right)\cdot\sin\left(\frac{x-y}{2}\right)$

AUFGABE 39 Zeigen Sie:

a) $\cos^2(x) = \frac{1}{2}(1+\cos(2x))$

b) $\cos^3(x) = \frac{1}{4}(3\cos(x)+\cos(3x))$

AUFGABE 40 Zeigen Sie: $\sin^3(x)+\sin(x)\cdot\cos^2(x) = \sin(x)$

AUFGABE 41 Aus der Schiebung um $\frac{\pi}{2}$ der Graphen $y = \sin(x)$ und $y = \cos(x)$ ergab sich $\sin(x) = \cos(x - \frac{\pi}{2})$ bzw. $\cos(x) = \sin(x + \frac{\pi}{2})$. Zeigen Sie diese Beziehung auch

a) am Einheitskreis,

b) mithilfe der Additionstheoreme.

AUFGABE 42 Berechnen Sie:

a) $\sin\left(\frac{5\pi}{12}\right)$ b) $\cos\left(\frac{5\pi}{12}\right)$ c) $\sin\left(-\frac{\pi}{12}\right)$ d) $\cos\left(-\frac{\pi}{12}\right)$

aus den Sinus- und Kosinuswerten für $\frac{\pi}{6}$ und $\frac{\pi}{4}$.

AUFGABE 43 Berechnen Sie die Schnittwinkel für die Geraden.

a) g_1: $y = \frac{1}{2}x - 1$ und g_2: $y = 2x - 7$

b) g_3: $y = 2x - 1$ und g_4: $y = -\frac{1}{4}x + \frac{5}{4}$

AUFGABE 44 Eine Gerade hat die Gleichung g: $y = \frac{3}{5}x - \frac{3}{2}$. Welchen Winkel schließt sie mit der positiven x-Achse ein?

AUFGABE 45 Gegeben ist die Gerade g_1: $-x+2y-4=0$.

Wie lauten die Gleichungen der Geraden g_2 und g_3, die durch $P(-3|1)$ gehen und mit g_1 die Winkel 45° und 135° einschließen?

AUFGABE 46 a) Für die beliebigen Geraden g_1: $A_1x+B_1y+C_1 = 0$ und g_2: $A_2x+B_2y+C_2 = 0$ soll die Formel $\tan\gamma$ des eingeschlossenen Winkels γ aufgestellt werden.

b) Wie liegen die Geraden für den Fall $A_1B_2 - A_2B_1 = 0$?

c) Wie verlaufen die Geraden, wenn der Nenner gleich null wird?

d) Ist es möglich, dass der Zähler und der Nenner zugleich null werden?

AUFGABE 47 Ermitteln Sie die Lote l_1 und l_2 zur Geraden g: $7y + 4x - 28 = 0$ in den Achsenschnittpunkten von g.

5.4.9 Die allgemeine Sinusfunktion $f: x \mapsto a \cdot \sin(k(x-x_0)) + y_0$

Zahlreiche in der Natur und Technik auftretende periodische Vorgänge (Sonnenscheindauer, Pendelschwingung, Wechselstrom,...) können mit allgemeinen Sinusfunktionen beschrieben werden. Ohne die programmierbaren, grafikfähigen Taschenrechner war jedoch das Studium der verschiedenen Schaubilder und deren Verknüpfungen eine mühselige und zeitraubende Angelegenheit. Jetzt kann man über die [Y=] Taste die gewünschten Funktionsterme eingeben. Mit [WINDOW] muss noch der *x*- und *y*-Wertebereich festgelegt werden und schon zaubert das Gerät durch Drücken der [GRAPH] -Taste die Kurven ins Bild.

Vielen Schülerinnen und Schülern stehen auch für den PC Grafikprogramme zur Verfügung. So kann man mit Maple oder Derive sogar bunte, beschriftete Kurven schnell erzeugen.

Wir wollen an einigen Beispielen die Veränderung der Sinusfunktionswerte gegenüber der Grundfunktion $f: x \to \sin(x)$ studieren. Hierzu betrachten wir die Graphen der Funktionen:

BEISPIEL 1) $f(x) = a \cdot \sin(x)$

$a = 1$
$a = 2$
$a = \frac{1}{2}$
$a = -1$

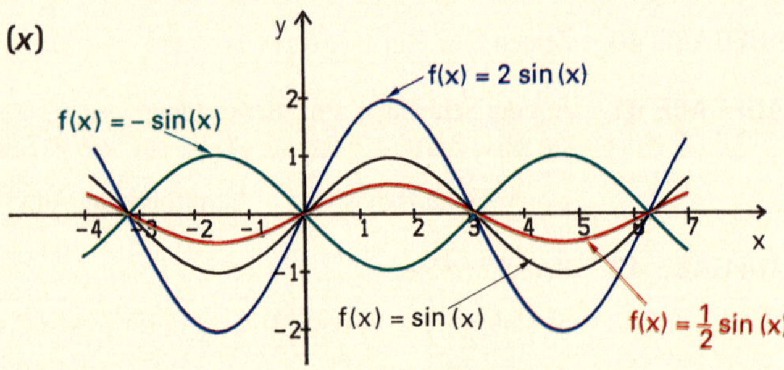

Der Faktor a bewirkt eine Veränderung der Ordinatenwerte: Für $a > 1$ streckt und für $0 \leqslant a \leqslant 1$ staucht er sie, für $a < 0$ wird ihr Vorzeichen umgekehrt.
Der Faktor $|a|$ wird auch als Amplitude bezeichnet.

AUFGABE 48 Skizzieren Sie den Graphen der Sinusfunktion $f: x \mapsto \sin(x)$ und dazu den Graphen einer der folgenden Funktionen.

a) $f: x \mapsto 3 \sin(x)$
b) $f: x \mapsto -1{,}5 \sin(x)$
c) $f: x \mapsto \frac{1}{4} \sin(x)$
d) $f: x \mapsto \frac{3}{5} \sin(x)$

BEISPIEL 2) $f(x) = \sin(k \cdot x)$

$k = 1;\ p = 2\pi$
$k = 2;\ p = \pi$
$k = \frac{1}{2};\ p = 4\pi$

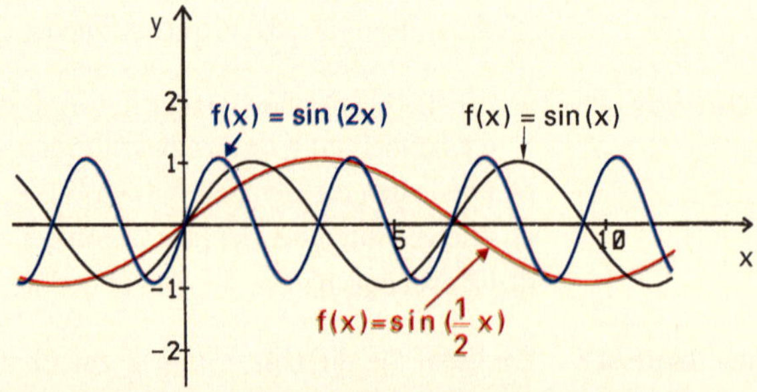

Der Faktor k bewirkt für $0 < k < 1$ eine Streckung, für $k > 1$ eine Stauchung des Graphen in x-Richtung. Die Periode beträgt $p = \frac{2\pi}{k}$.

AUFGABE 49 Skizzieren Sie die Graphen der folgenden Funktionen. Geben Sie die Amplitude, Periode und Nullstellen an.

a) $f: x \mapsto \sin(4x)$ d) $f: x \mapsto \sin(\frac{\pi}{3}x)$ g) $f: x \mapsto -\frac{1}{2}\sin(6x)$
b) $f: x \mapsto \sin(2\pi x)$ e) $f: x \mapsto -\sin(\frac{1}{3}x)$ h) $f: x \mapsto 3\sin(\frac{3\pi}{2}x)$
c) $f: x \mapsto \sin(\frac{1}{4}x)$ f) $f: x \mapsto 2\sin(\frac{\pi}{4}x)$

AUFGABE 50 Von einer Sinusfunktion der Form $f: x \mapsto a \cdot \sin(kx)$ sind die Amplitude und die Periode bekannt. Geben Sie die Kurvengleichung und die Nullstellen an und skizzieren Sie das Schaubild.

a) *Amplitude:* $a = 2$, *Periode:* 2,5
b) *Amplitude:* $a = \frac{2}{3}$, *Periode:* $\frac{\pi}{2}$

BEISPIEL 3) $f(x) = \sin(x - x_0)$
$x_0 = 0$
$x_0 = \frac{\pi}{4}$
$x_0 = -\frac{\pi}{3}$

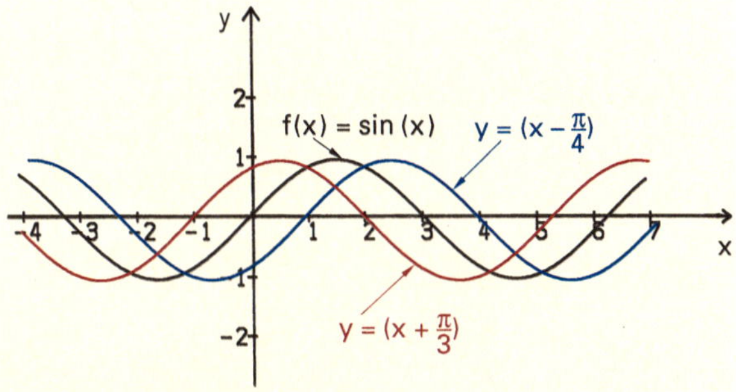

Die Kurve $y = \sin(x)$ wird um x_0 in x-Richtung verschoben.

AUFGABE 51 Skizzieren Sie die Graphen der folgenden Funktionen. Geben Sie die Nullstellen an.

a) $f: x \mapsto \sin(x - \frac{\pi}{2})$ c) $f: x \mapsto \sin(x + \pi)$ e) $f: x \mapsto 2\sin(-(x - \pi))$
b) $f: x \mapsto \sin(x + \frac{\pi}{4})$ d) $f: x \mapsto \sin(-(x + \frac{\pi}{4}))$

AUFGABE 52 Von einer Sinusfunktion der Form $f: x \mapsto a \cdot \sin(x - x_0)$ sind Amplitude, Periode und die Lage der Nullstellen gegeben. Geben Sie die Kurvengleichung an und skizzieren Sie das Schaubild.

a) Amplitude: $\frac{3}{2}$, Periode: 2π, Nullstellen: $\frac{\pi}{2} + k\pi$, $k \in \mathbb{Z}$
b) Amplitude: 3, Periode: 2π, Nullstellen: $2 + k\pi$, $k \in \mathbb{Z}$

BEISPIEL 4) $f(x) = \sin(x) + y_0$

$y_0 = 0$

$y_0 = 2$

$y_0 - 1$

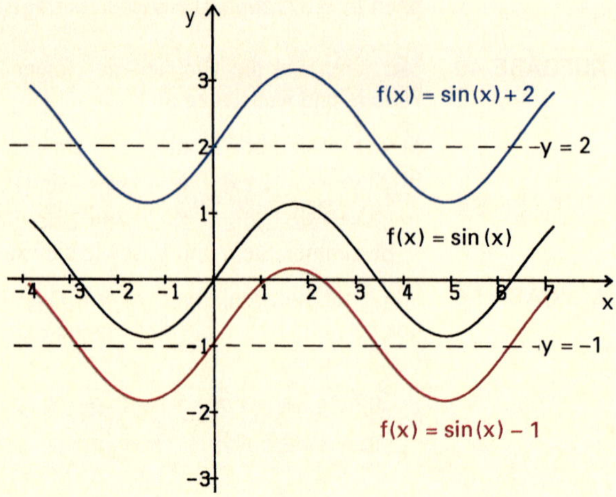

Die Kurve $y = \sin(x)$ wird um y_0 in y-Richtung verschoben. Sie „oszilliert" um $y = y_0$.

BEISPIEL 5) $f(x) = a \sin k(x - x_0) + y_0$

Hier gelten nun alle vier zuvor aufgeführten Fälle zugleich.

$f(x) = 2 \cdot \sin(\frac{\pi}{2} \cdot (x-1)) - 2 \quad (a = 2,\ k = \frac{\pi}{2},\ x_0 = 1,\ y_0 = -2)$

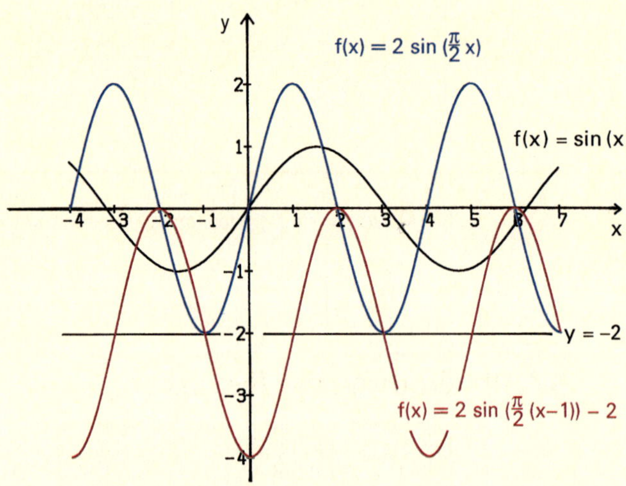

MERKE Das Schaubild geht aus $y = \sin(x)$ folgendermaßen hervor:

1. Verdoppelung der Ordinaten
2. Verkleinerung der Periode $p = 2\pi : \frac{\pi}{2} = 4$
3. Verschiebung um 1 LE nach rechts ($x_0 = 1$)
4. Verschiebung um 2 LE nach unten ($y_0 = -2$)

AUFGABE 53 Skizzieren Sie die Graphen der folgenden Funktionen. Geben Sie Amplitude, Periode und die Nullstellen an.

a) $f: x \mapsto \sin\left(2\pi\left(x+\frac{2}{\pi}\right)\right)$
b) $f: x \mapsto \sin\left(2\left(x-\frac{\pi}{2}\right)\right)$
c) $f: x \mapsto \frac{1}{3}\sin(4x)$
d) $f: x \mapsto 3\sin\left(\frac{1}{4}x\right)$
e) $f: x \mapsto 2\sin\left(\frac{1}{2}(x-\pi)\right)$
f) $f: x \mapsto \frac{1}{2}\sin(-2x+\pi)$
g) $f: x \mapsto \frac{3}{2}\sin\left(\pi\left(x+\frac{1}{4\pi}\right)\right)$
h) $f: x \mapsto \pi\sin\left(\frac{2}{3}\left(x-\frac{6}{5}\right)\right)$

AUFGABE 54 a) Das gezeichnete Schaubild K gehört zur Funktion $f: x \mapsto a \cdot \sin\left(\frac{1}{2}x\right) + y_0$.

Bestimmen Sie a und y_0 sowie die exakte Periodenlänge p.

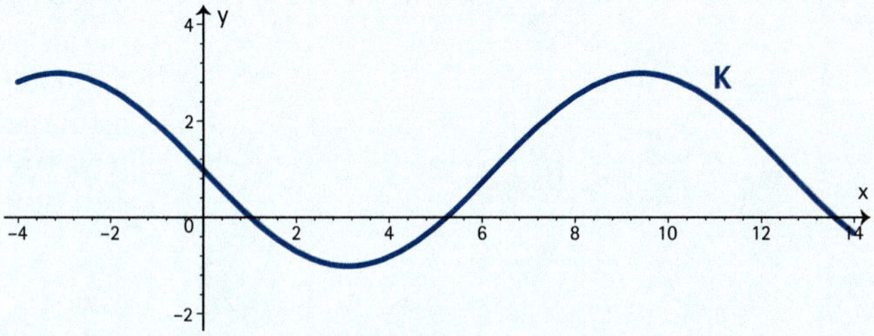

b) Das gezeichnete Schaubild G gehört zur Funktion g. Bestimmen Sie den dazu passenden Funktionsterm und beschreiben Sie Ihre Vorgehensweise.

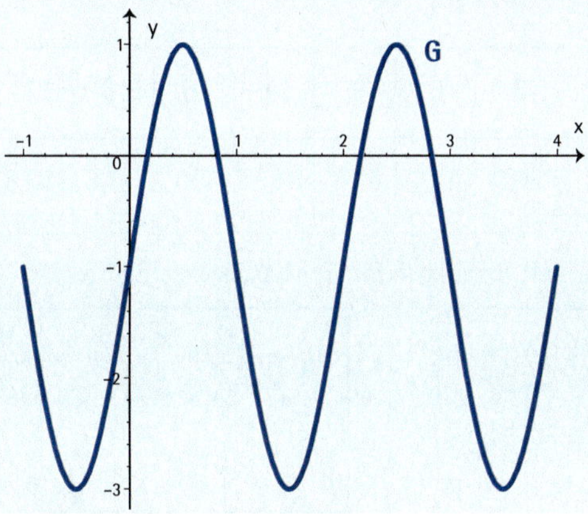

5.4.10 Sinusförmige Regression

Der Siegeszug der Mathematik ist wesentlich damit verbunden, dass es gelang, für viele beobachtbare Abläufe in der Natur funktionale Zusammenhänge zu entdecken. Die Welt scheint ihrem Wesen nach mathematisch zu sein. Bei Messungen von periodischen Vorgängen (Ebbe und Flut, Tages- oder Jahreszyklen, Schwingungen und Wellen) wird man daher untersuchen, ob durch ein sinusförmiges Gesetz $y = a \cdot \sin(b \cdot x + c) + d$ die Messwerte beschrieben werden können. Die iterative Anpassung von Messdaten und Sinuskurve mithilfe der „kleinsten Fehlerquadratsumme" ist sehr rechenintensiv und gelingt nur, wenn mehrere Werte pro Periode vorliegen bzw. wenn die Periode schon vorab angegeben werden kann.

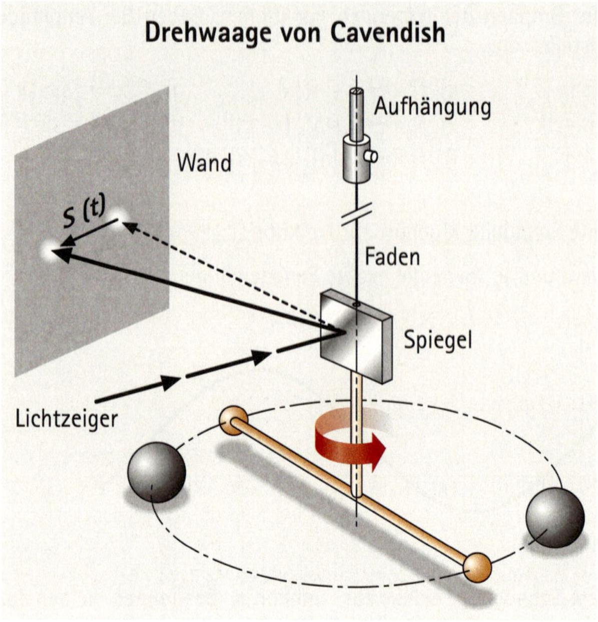

Als Beispiel soll die Messung der Gravitationskonstanten mit der Drehwaage von Cavendish dienen.

Der Lichtfleck an der Projektionswand bewegt sich nur sehr langsam von der Nullstelle weg. Wollte man die Periode T über mehrere Schwingungsdurchgänge bestimmen, so würde der Versuch einige Stunden dauern. Im Unterricht wird man daher die Auslenkung s(*t*) in Zeitintervallen von 3 Minuten messen und hieraus die Kurve

$s(t) = a \cdot \sin(\omega \cdot t)$
bzw.
$y = a \cdot \sin(b \cdot x + c) + d$
bestimmen.

Messtabelle:

$x \triangleq t$ in min	0	3	6	9	12	15	18	21	24	27	30
$y \triangleq s(t)$ in cm	0	20,9	41,6	61,8	81,3	100	117,6	133,8	148,6	161,8	173,2

Die Auswertung mit dem grafikfähigen Taschenrechner ergibt:

```
SinReg
 y=a*sin(bx+c)+d
 a=200.0382992
 b=.0348981658
 c=1.6741684E-4
 d=-.0328150836
```
*2

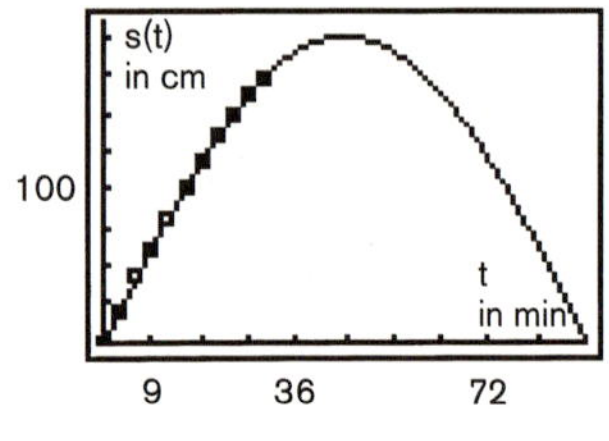

$a \approx 200$ cm, $c \approx 0$, $d \approx 0$

$y \approx 200\text{ cm} \cdot \sin(0{,}0349 \cdot x)$
bzw. $s(t) = 200\text{ cm} \cdot \sin(0{,}0349 \cdot t)$

Mit $\omega = \frac{2\pi}{T} = 0{,}03491 \Rightarrow T \approx 180$ min

Es ist faszinierend, wie der GTR uns ermöglicht die mathematische Struktur eines Ablaufes zu erkennen.

AUFGABE 55 Ein Schüler notiert zu Beginn jeder zweiten Schulwoche die Sonnenaufgangszeiten (MEZ – „Winterzeit"). Beachte: 6 h 30 min ≙ 6,5 h; 6 h 45 min ≙ 6,75 h.

Schulbeginn ist Anfang September, Schuljahresende nach ca. 46 Wochen (Mitte Juli).

Woche	0	2	4	6	8	10	12	14
SA in h	5,63	6,0	6,36	6,76	7,16	7,56	7,95	8,26
Woche	16	18	20	22	24	26	28	30
SA in h	8,43	8,416	8,25	7,916	7,5	7,016	6,5	5,96

- Welcher Zusammenhang ergibt sich mithilfe der Regressionsrechnung?
- Testen Sie Ihr Ergebnis, indem Sie mithilfe Ihrer Anpassungskurve den Sonnenaufgang für Anfang September 3 Jahre später berechnen.
- Wie könnte man eine genauere Anpassungskurve erhalten?

5.4.11 Additive Überlagerung (Superposition) der Graphen

Ist eine Funktion als Summe zweier oder mehrerer Funktionen gegeben, so kann das Schaubild aus den Graphen der einzelnen Summandenfunktionen durch Ordinatenaddition grafisch gewonnen werden. Überlagert man die Graphen beliebiger Sinusfunktionen bzw. Sinusfunktionen mit nicht trigonometrischen Funktionen, so erhält man als Ergebnis im Allgemeinen keine Sinuskurven. Oft ergeben sich jedoch noch periodische Funktionsgraphen.

BEISPIEL a) $f(x) = \sin(x) + \frac{1}{2}\sin(\pi x)$

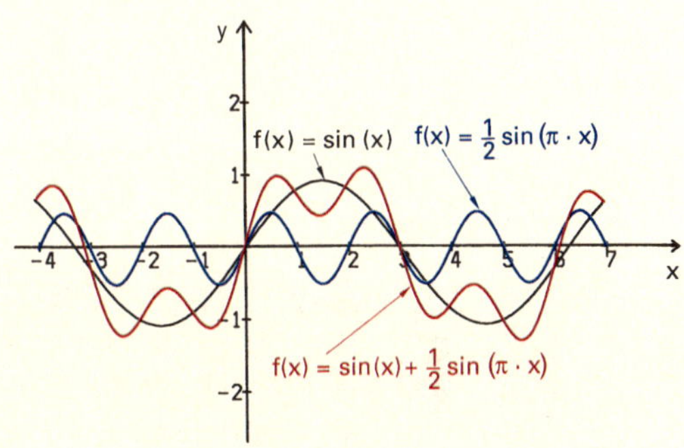

b) $f(x) = \frac{1}{2}x + \sin(x)$

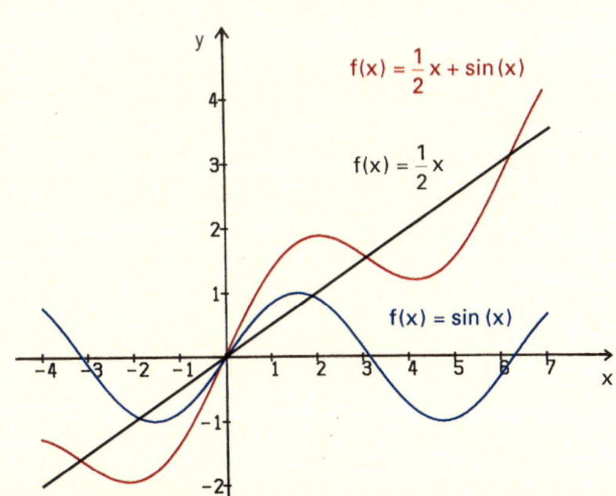

AUFGABE 56 Zeichnen Sie die Graphen folgender Funktionen durch Superposition der einzelnen Teilgraphen.

a) $f(x) = 2\sin(x) - x^2$
d) $f(x) = 2\sin(x) - \cos(x)$

b) $f(x) = \sin(x) - 3\sin(\frac{4}{3}x)$
e) $f(x) = 2\sin(\frac{1}{2}x) + \frac{1}{2}\cos(\frac{1}{2}x)$

c) $f(x) = 2\sin(\frac{1}{2}x) - \cos(x)$
f) $f(x) = \sin(x - \frac{\pi}{4}) + \cos(x+1)$

Welche Beobachtung machen Sie bei d), e) und f)?

Überlagerung von Sinuskurven mit gleicher Periode

Wie die Beispiele in Aufgabe 56 d) bis f) gezeigt haben, ergibt die Überlagerung gleichperiodiger Sinuskurven wieder eine Sinuskurve mit derselben Periode.

Herleitung der Kurvengleichung:

Es muss dann für

$$f_1(x) = a_1 \sin(k(x - x_{01}))$$

und $$f_2(x) = a_2 \sin(k(x - x_{02}))$$

gelten:

$$\begin{aligned} f(x) &= f_1(x) + f_2(x) \\ f(x) &= a_1 \sin(k(x - x_{01})) + a_2 \sin(k(x - x_{02})) = a \cdot \sin(k(x - x_0)) \\ &= a_1(\sin(kx)\cos(kx_{01}) - \cos(kx)\sin(kx_{01})) + a_2(\sin(kx)\cos(kx_{02}) - \\ &\quad \cos(kx)\sin(kx_{02})) \\ &= \sin(kx) \cdot (a_1\cos(kx_{01}) - a_2\cos(kx_{02})) - \cos(kx) \cdot (a_1 \sin(kx_{01}) + a_2 \sin(kx_{02})) \end{aligned}$$

Setzt man:

$$\text{(I)} \quad a_1 \cos(kx_{01}) + a_2 \cos(kx_{02}) = a\cos(kx_0)$$

$$\text{(II)} \quad a_1 \sin(kx_{01}) + a_2 \sin(kx_{02}) = a\sin(kx_0)$$

und quadriert beide Gleichungen mit anschließender Addition, dann erhält man:

$$\begin{aligned} &(a_1\cos(kx_{01}) + a_2\cos(kx_{02}))^2 + (a_1\sin(kx_{01}) + a_2^2\sin(kx_{02}))^2 \\ &= a^2(\cos^2(kx_0) + \sin^2(kx_0)) = a^2 \end{aligned}$$

oder: $a = \sqrt{a_1^2 + 2a_1a_2\cos(k(x_{01} - x_{02})) + a_2^2}$ (nur positive Wurzel)

Für k und x_0 erhält man aus (I) und (II) folgende Beziehungen:

$$\frac{\text{(II)}}{\text{(I)}}: \quad \tan(kx_0) = \frac{a_1\sin(kx_{01}) + a_2\sin(kx_{02})}{a_1\cos(kx_{01}) + a_2\cos(kx_{02})}$$

$$\sin(kx_0) = \frac{a_1\sin(kx_{01}) + a_2\sin(kx_{02})}{a}$$

$$\cos(kx_0) = \frac{a_1\cos(kx_{01}) + a_2\cos(kx_{02})}{a}$$

k und x_0 können hieraus berechnet werden, wenn $-\pi \leqslant kx_0 \leqslant \pi$ ist.

BEISPIEL **Zu Aufgabe 56 f)**

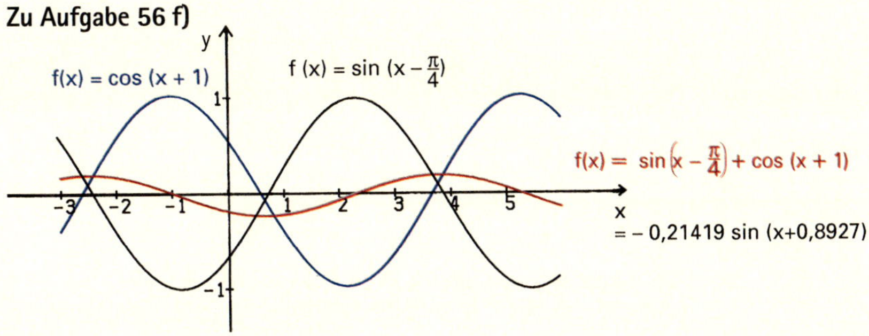

$$f(x) = \sin\left(x-\tfrac{\pi}{4}\right) + \cos(x+1)$$
$$= \sin\left(x-\tfrac{\pi}{4}\right) + \sin\left(x+\tfrac{2+\pi}{2}\right)$$

$a_1 = a_2 = 1,\ k = 1,\ x_{01} = \frac{\pi}{4},\ x_{02} = -\frac{2+\pi}{2}$

$$a = \sqrt{1+2\cos\left(\tfrac{\pi}{4}+\tfrac{2+\pi}{2}\right)+1}$$
$$= (\pm)\sqrt{2+2\cos\left(\tfrac{3\pi+4}{4}\right)} = -0{,}21419027$$

$$\sin(kx_0) = \frac{\sin\left(\frac{\pi}{4}\right) + \sin\left(-\frac{2+\pi}{4}\right)}{a}$$
$$= \frac{0{,}1668}{-0{,}21419} = -0{,}778767753$$
$$x_0 = -0{,}8926990875$$
$$\Rightarrow f(x) = \sin\left(x-\tfrac{\pi}{4}\right) + \cos(x+1) = -0{,}2142 \sin(x+0{,}8927)$$

AUFGABE 57 Skizzieren Sie die Graphen der Funktionen f_1, f_2 und $f = f_1 + f_2$. Ermitteln Sie die Kurvengleichungen zu f.

a) $f_1(x) = -\frac{3}{2}\cdot\sin(x),\ f_2(x) = 2\cos(x)$
b) $f_1(x) = 3\sin\left(\frac{1}{2}x\right),\ f_2(x) = 4\cos\left(\frac{1}{2}\cdot x\right)$
c) $f_1(x) = \sin(\pi x),\ f_2(x) = -2\sin(\pi x)$

5.4.12 Nullstellenberechnung – Lösen von trigonometrischen Gleichungen

Wir haben im Kapitel 5.4.6 bereits den Fall $\sin(x) = a$ bzw. $\cos(x) = a$ betrachtet. Es ergab sich folgender Lösungsweg:

$\sin(x) = a$	$\cos(x) = a$
x_1	x_1
	vom Taschenrechner angegebene Lösung
$x_2 = \pi - x_1$, wenn $a > 0$	$x_2 = 2\pi - x_1$
$x_2 = -\pi - x_1$, wenn $a \leq 0$	

(x_1, x_2, „Grundlösungen" in einer Periode)

Alle Lösungen erhält man durch Addition von $2k\pi$, $k \in \mathbb{Z}$ zu den beiden Grundlösungen.

Haben wir den Fall $\sin(kx) = a$ bzw. $\cos(kx) = a$ ($k \in \mathbb{R}$), so kann durch Setzen (Substitution) von $kx = z$ die Grundgleichung $\sin(z) = a$ bzw. $\cos(z) = a$ erzeugt werden. Durch Rücksubstitution erhält man schließlich die Lösungen x_1, x_2.

BEISPIEL $\sin(2{,}5x) = -0{,}4$

Setze: $2{,}5x = z$ $\quad \sin z = -0{,}4$

$$z_1 = -0{,}4115 + 2k\pi$$
$$z_2 = -2{,}73 + 2k\pi$$

mit $x = \frac{z}{2{,}5}$ folgt: $x_1 = \frac{z_1}{2{,}5} \vee x_2 = \frac{z_2}{2{,}5}$

$$x_1 = -0{,}1646 + 0{,}8k\pi \vee x_2 = -1{,}092 + 0{,}8\,k\pi$$

Bei der allgemeinen Lösung ist zu beachten, dass die Periode verändert ist.

BEISPIEL Mit dem Gleichungslöser des GTR können die Lösungen natürlich auch bestimmt werden.

*2

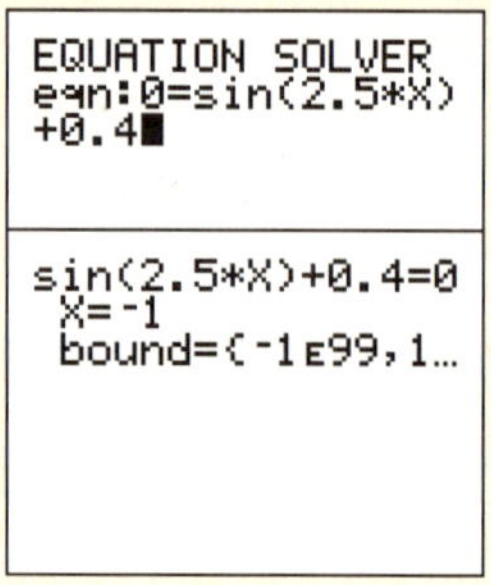

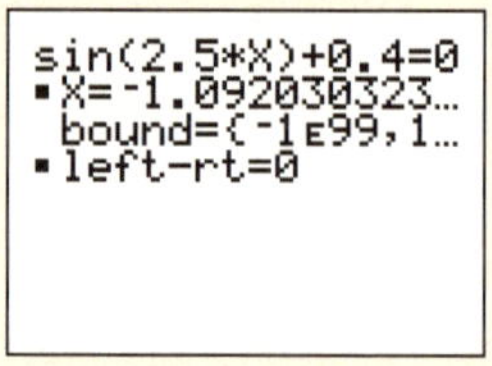

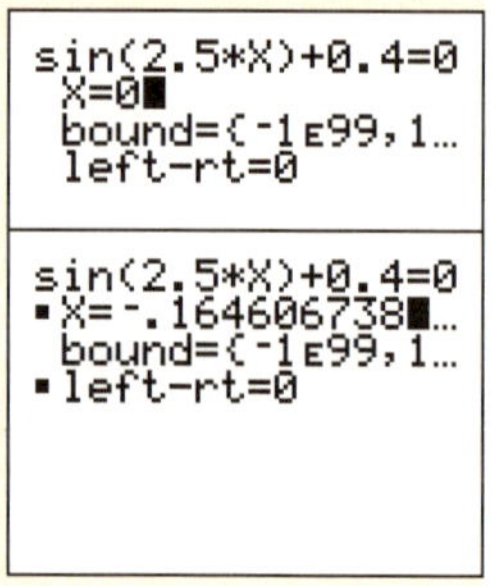

Anschaulicher und daher günstiger ist das Lösen der Gleichung im Grafikmodus.

$\sin(2{,}5x) = -0{,}4 \Leftrightarrow y_1 = \sin(2{,}5x) \wedge y_2 = -0{,}4$ (Schnittstellen der beiden Kurven)

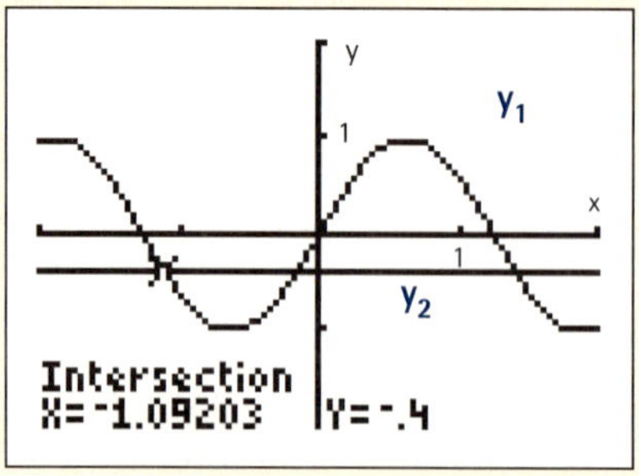

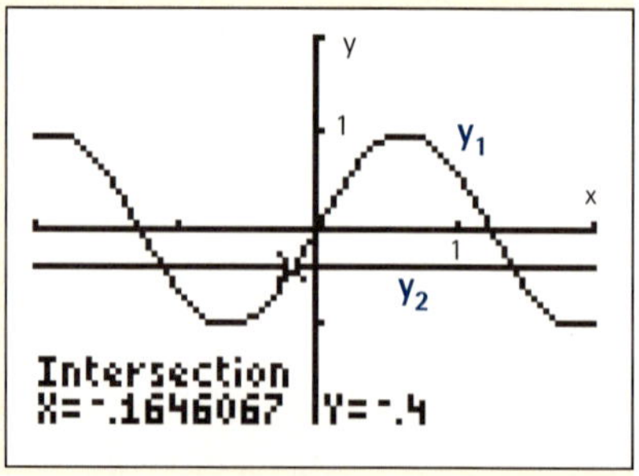

$\sin(2{,}5x) = -0{,}4 \Leftrightarrow h(x) = \sin(2{,}5x) + 0{,}4 \wedge h(x) = 0$ (Nullstellen der Hilfsfunktion)

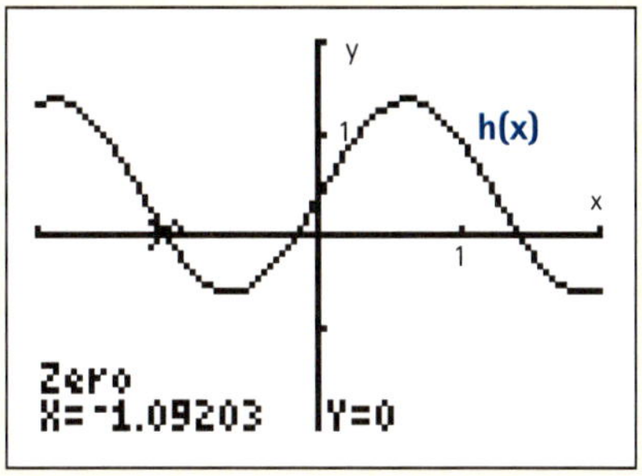

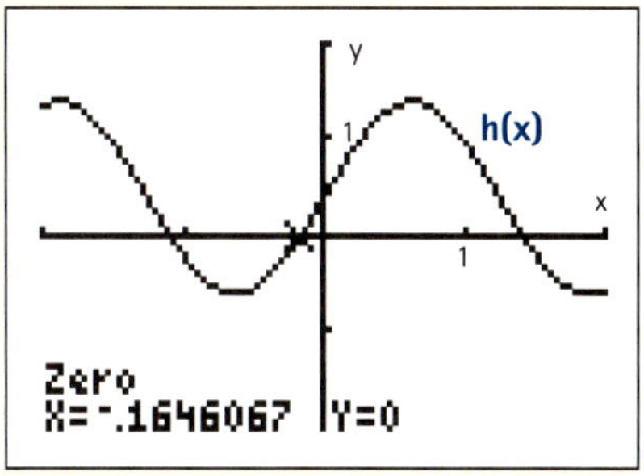

*2

Noch schwieriger sind Gleichungen zu lösen, wenn mehrere unterschiedliche Terme auftreten.

BEISPIEL $\cos^2(x) + \sin(x) = \frac{5}{4}$

Da sowohl $\cos(x)$ und $\sin(x)$ vorkommen, wird man zuerst versuchen den einen Term durch den anderen auszudrücken:

Mit $\sin^2(x) + \cos^2(x) = 1$ erhält man:

$$1 - \sin^2(x) + \sin(x) = \frac{5}{4}$$

$$\sin^2(x) - \sin(x) + \frac{1}{4} = 0$$

Wir können nun $\sin(x)$ als neue Unbekannte ansehen und setzen:

$$u = \sin(x)$$

Damit: $u^2 - u + \frac{1}{4} = 0$

$$(u - \tfrac{1}{2})^2 = 0$$

$$u = \tfrac{1}{2}$$

Durch Rücksubstitution: $u = \sin(x) = \frac{1}{2}$

$$x_1 = 0{,}523\ldots \mathrel{\hat{=}} \tfrac{1}{6}\pi \vee x_2 = \tfrac{5}{6}\pi$$

Oft werden jedoch bei Nullstellenberechnungen Gleichungen auftreten wie z. B. $\frac{1}{2}x - \cos(x) = 0$, $\sin(x) - x^2 + 1 = 0$ oder andere x-, x^2- und sin-, cos-Terme. In diesen Fällen ist die Lösung (sofern eine Lösung existiert) im Allgemeinen nur über numerische Näherungsverfahren (siehe Kapitel 4.6) möglich.

BEISPIEL Lösen Sie die Gleichung $\cos(x) + x = 2$
bzw. $\cos(x) + x - 2 = 0$

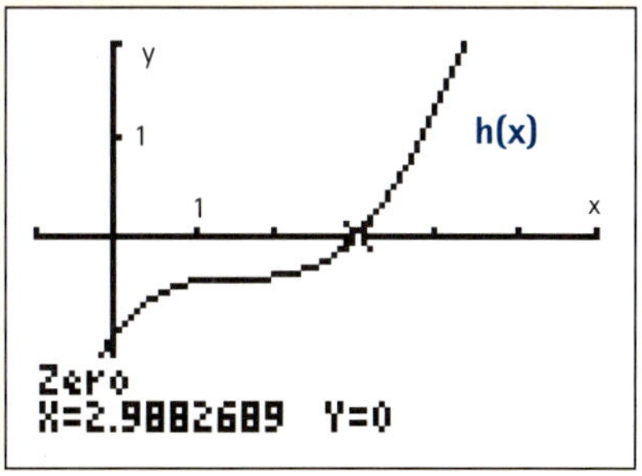

Hilfsfunktion
$h(x) = \cos(x) + x - 2$

*2

Gleichungslöser

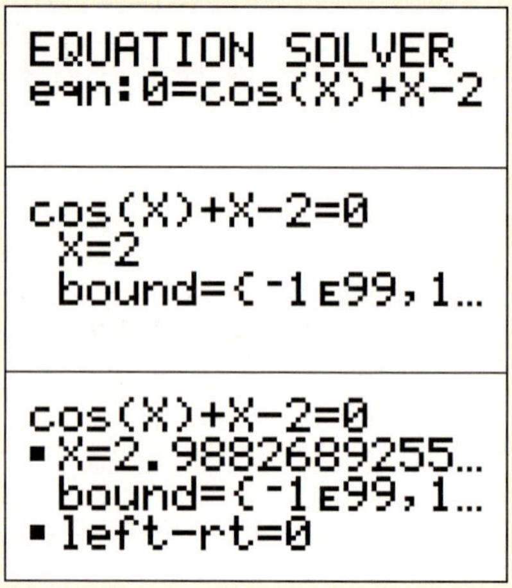

Newton-Verfahren

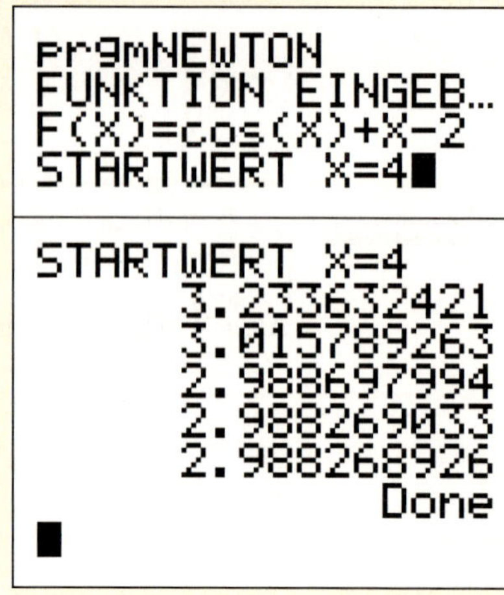

*2

AUFGABE 58 Zeigen Sie mithilfe der Additionstheoreme, dass aus

$x_1+x_2=2\pi$ folgt $\cos(x_1)=\cos(x_2)$ bzw.

$x_1+x_2=(\pm)\pi$ folgt $\sin(x_1)=\sin(x_2)$.

Zeigen Sie umgekehrt, dass aus $\cos(x_1)=\cos(x_2)$ bzw. $\sin(x_1)=\sin(x_2)$ folgt:

$x_1=x_2$ oder $x_2=2\pi-x_1$, für $x_1, x_2 \in [0, 2\pi]$

bzw. $x_2=(\pm)\pi-x_1$, für $x_1, x_2 \in [-\pi, \pi]$

AUFGABE 59 Ermitteln Sie alle Lösungen der folgenden Gleichungen und geben Sie dann die Lösungen im Intervall $-\pi \leqslant x \leqslant 2\pi$ an.

a) $\sin(x)=-\frac{1}{2}\sqrt{3}$
b) $\cos(x)=\sin(\frac{2}{5}\pi)$
c) $\cos(x)=\cos(2x)$
d) $\sin(x)=\sin(x-\frac{1}{4}\pi)$
e) $\sin(x)-\cos(x)=0$
f) $2\cos^2(x)-\sin(2x)=2$
g) $\sin(2x)+2\sin(x)=0$
h) $\cos(\frac{1}{2}x)+\sin(x)=3$
i) $1-\cos(2x)+4\cos(x)=0$
k) $2\cos(x)-\cos(3x)=0$
l) $2\sin(x)=\tan(x)$
m) $4=3\sin(2x)+3\cos(2x)$

AUFGABE 60 Skizzieren Sie die Graphen folgender Funktionen und bestimmen Sie eine Nullstelle mit einem Näherungsverfahren.

a) $f(x)=\sin(\frac{x}{2})-\cos(x)$
b) $f(x)=x+2\sin(x)+2$
c) $f(x)=x\sin(x)+2\cos(x)$
d) $f(x)=\cos(x)-\frac{1}{4}x^2$

5.4.13 Änderungsverhalten – Ableitungsfunktionen

Wie in Kapitel 2.3.8 für quadratische Funktionen, in Kapitel 4.5 für Polynomfunktionen oder in Kapitel 5.2.5 für Exponentialfunktionen können wir auch hier für die trigonometrischen Funktionen die Tangentensteigung (Ableitung) an einer Stelle x als Grenzwert der Sekantensteigungen erhalten.

Steigung der Tangente an der Stelle x: $m_t(x) = f'(x) = \lim_{\Delta x \to 0} \frac{f(x+\Delta x) - f(x)}{\Delta x}$

Für die Funktion f mit $f(x) = \sin(x)$ erhält man die Sekantensteigungen m_s an der Stelle x durch die Punkte $P(x|\sin(x))$ und $Q(x+\Delta x|\sin(x+\Delta x))$.

BEISPIEL $x = \frac{\pi}{4}$, $P(\frac{\pi}{4}|\sin\frac{\pi}{4})$, Sekantensteigung m_s

$\Delta x_1 = \frac{\pi}{4}$: $Q_1\ (\frac{\pi}{2}|\sin(\frac{\pi}{2}))$ $\Rightarrow m_{s1} = \frac{1-0{,}7071}{0{,}7854} = 0{,}373$

$\Delta x_2 = \frac{\pi}{8}$: $Q_2\ (\frac{3\pi}{8}|\sin(\frac{3\pi}{8}))$ $\Rightarrow m_{s2} = \frac{0{,}9239-0{,}7071}{0{,}3927} = 0{,}552$

$\Delta x_3 = \frac{\pi}{16}$: $Q_3\ (\frac{5\pi}{16}|\sin(\frac{5\pi}{16}))$ $\Rightarrow m_{s3} = \frac{0{,}8315-0{,}7071}{0{,}1963} = 0{,}634$

$\Delta x_4 = \frac{\pi}{64}$: $Q_4\ (\frac{17\pi}{64}|\sin(\frac{17\pi}{64}))$ $\Rightarrow m_{s4} = \frac{0{,}741-0{,}7071}{0{,}049} = 0{,}691$

$\Delta x_5 = \frac{\pi}{256}$: $Q_5\ (\frac{65\pi}{256}|\sin(\frac{65\pi}{256}))$ $\Rightarrow m_{s5} = \frac{0{,}7157-0{,}7071}{0{,}0123} = 0{,}7$

Somit: $m_t(\frac{\pi}{4}) = f'(\frac{\pi}{4}) = \lim_{\Delta x \to 0} \frac{\sin(\frac{\pi}{4}+\Delta x) - \sin(\frac{\pi}{4})}{\Delta x} \approx 0{,}7$

Mit dem Taschenrechnerbefehl $\frac{dy}{dx}$ ($\triangleq \Delta x \to 0$) erhält man $f'(\frac{\pi}{4}) = 0{,}707106$.

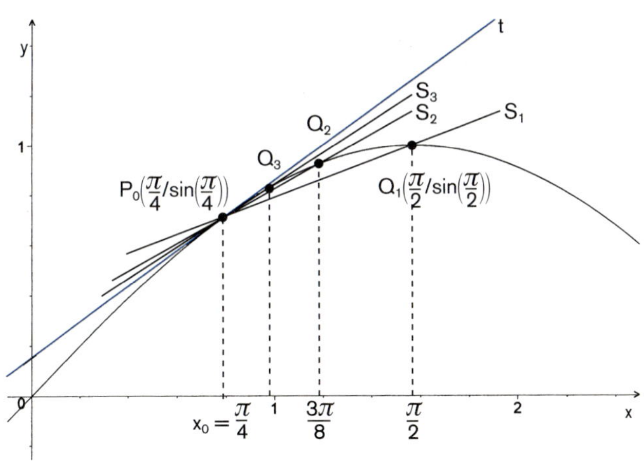

Wir können die Tangentensteigungen bzw. Ableitungen für einige Stellen x der Sinusfunktion $f: x \mapsto \sin(x)$ wiederum näherungsweise berechnen und in eine Tabelle eintragen.

Zusätzlich berechnen wir noch die Werte der Funktion $g: x \mapsto \cos(x)$ und tragen diese ebenfalls in die Tabelle auf Seite 338 ein.

x	$-\frac{\pi}{4}$	0	$\frac{\pi}{4}$	$\frac{\pi}{2}$	$\frac{5\pi}{8}$	$\frac{3\pi}{4}$
$f(x) = \sin(x)$	-0,707	0		1	0,924	
$f'(x)$	0,707	1		0	-0,383	
$g(x) = \cos(x)$	0,7071	1		0	-0,383	
x	π	$\frac{3\pi}{2}$	5,5	6	2π	$\frac{9\pi}{4}$
$f(x) = \sin(x)$			-0,706	-0,279		
$f'(x)$			0,7087	0,96		
$g(x) = \cos(x)$			0,7087	0,960		

Berechnen und ergänzen Sie die fehlenden Werte.

Die Darstellung der Schaubilder K: $y = \sin(x)$ und G: $y = \cos(x)$ lassen den schon in der Tabelle vermuteten Zusammenhang $f'(x) = g(x)$ deutlich erkennen.

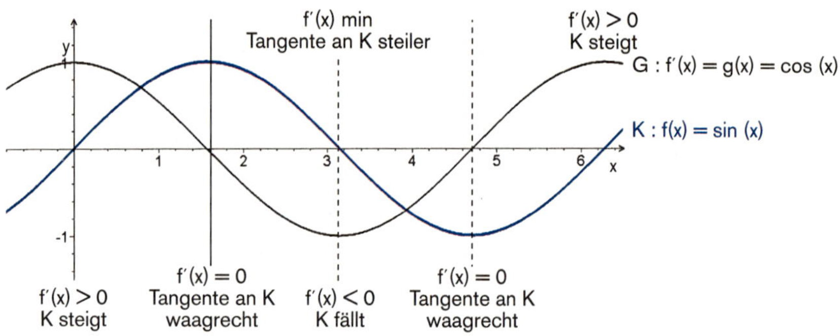

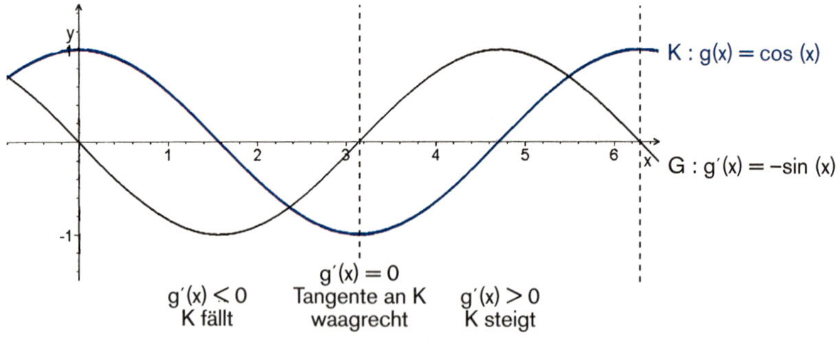

Analoge Rechnungen für $g(x) = cos(x)$ ergeben:

Regel: $f(x) = \sin(x) \Rightarrow f'(x) = \cos(x)$
$g(x) = \cos(x) \Rightarrow g'(x) = -\sin(x)$

Zusammenhänge zwischen dem Schaubild K einer Funktion f und dem Schaubild G der Ableitung f':

- Schnittstellen von G mit der x-Achse ($f'(x) = 0$) entsprechen Punkte auf K mit waagrechter Tangente.
- Hoch- oder Tiefpunktstellen von G entsprechen Punkte auf K mit Tangenten, die gegenüber denen benachbarter Punkte besonders steil sind.
- In Bereichen, in denen G oberhalb ($f'(x) > 0$) bzw. unterhalb ($f'(x) < 0$) der x-Achse verläuft, haben die Punkte auf K eine positive bzw. negative Tangentensteigung.

AUFGABE 61

a) Gegeben ist die Funktion f mit $f(x) = -\sin(x)$.
Zeichnen Sie das Schaubild von f. ($-\frac{\pi}{2} \leq x \leq 2\pi$)
Ermitteln Sie in $P(-1|f(-1))$ und in $Q(1|f(1))$ die Gleichungen der Tangenten.

b) Gegeben ist die Funktion g mit $g(x) = \cos(x)$.
Zeichnen Sie das Schaubild von g. ($-\frac{\pi}{2} \leq x \leq 2\pi$)
Ermitteln Sie in $P(-1|g(-1))$ und in $Q(1|g(1))$ die Gleichungen der Tangenten.

Der grafikfähige Taschenrechner (GTR) ermöglicht auch die Berechnung einer genäherten Ableitung eines Funktionsterms bezüglich einer Variablen für einen bestimmten x-Wert. nDeriv(Funktionswert,Variable,x-Wert,Δx)

Die Sekantensteigung wird dabei über den „symmetrischen Differenzenquotienten" berechnet: $m_{s,\,\Delta x} = \dfrac{f(x + \Delta x) - f(x - \Delta x)}{2 \cdot \Delta x}$

Je kleiner Δx wird, umso genauer wird gewöhnlich die Näherung.

BEISPIEL

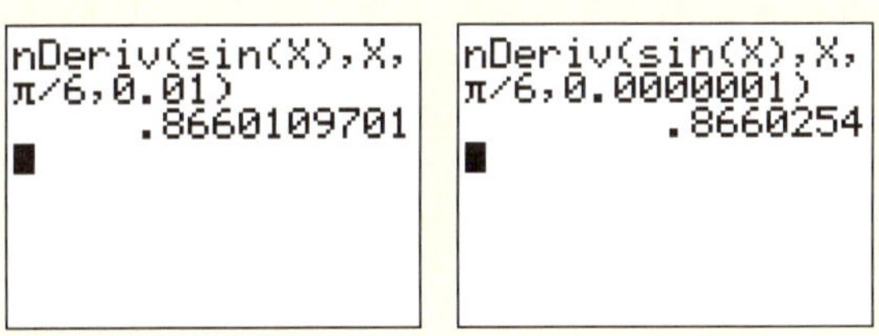

*2

Wählt man für den x-Wert wiederum die Variable x, so werden die Ableitungswerte im Definitionsbereich berechnet und man kann die Ableitungskurve im „Fenster" zeichnen lassen sowie die y-Werte in der Tabelle ablesen.

BEISPIEL

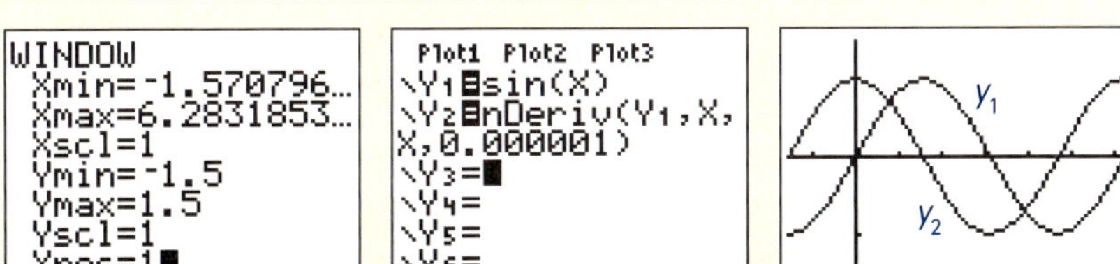

*2

*2

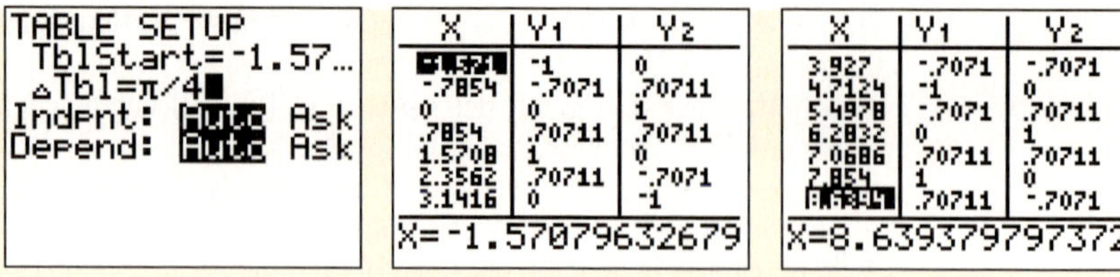

5.4.14 Grafisches Ableiten (Differenzieren)

Aus der Darstellung der Schaubilder K: Funktion von f und G: Funktion von f' kann eine einfache Methode zur Konstruktion der Tangente in einem beliebigen Punkt $P(x_0 | f(x_0)) \in K$ gewonnen werden.

Man zieht durch $P'(x_0 | f'(x_0))$ die Parallele zur x-Achse bis zum Punkt $P^*(0 | f'(x_0))$ auf der y-Achse. Mit dem Punkt $N(-1|0)$ auf der x-Achse gilt im Dreieck NP^*O: $\tan \alpha = f'(x_0)$. Da $f'(x_0)$ die Steigung der gesuchten Tangente darstellt, ergibt sich diese als Parallele zu NP^* durch $P(x_0|f(x_0))$.

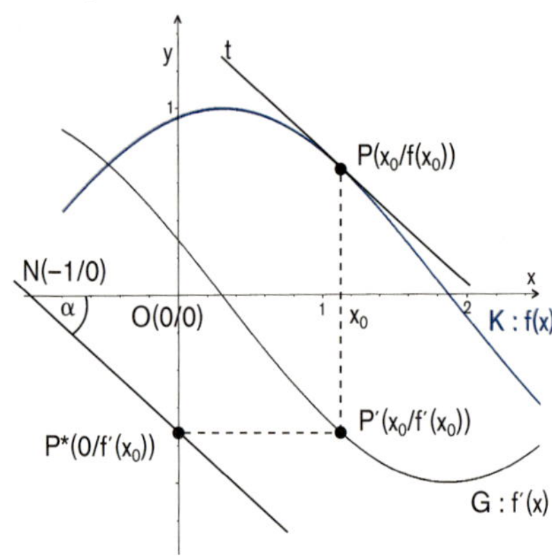

Dieses Verfahren lässt sich umkehren. Es ist dann möglich, zu einem gegebenen Funktionsschaubild K das Schaubild G der Ableitungsfunktion Punkt für Punkt zu konstruieren. Dies ist vor allem wichtig bei empirischen Funktionen, für die keine Zuordnungsvorschrift gefunden werden kann.

Jetzt zeichnet man in einem beliebigen Punkt $P(x_0|f(x_0)) \in K$ die Tangente t (Augenmaß!). Dann zeichnet man durch $N(-1|0)$ die Parallele p zur Tangente t. Diese Parallele p schneidet die y-Achse in $P^*(0 | f'(x_0))$. Man muss jetzt nur noch an der Stelle x_0 (Fußpunkt $F(x_0|0)$ die Strecke OP^* (y-Stab) senkrecht antragen und hat $P'(x_0 | f'(x_0)) \in G$ gefunden.

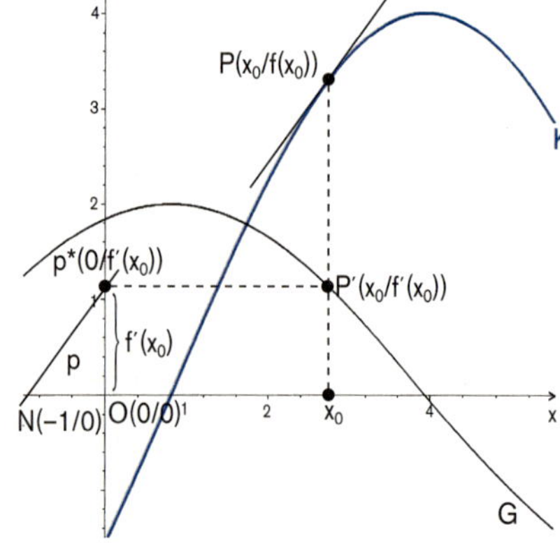

AUFGABE 62 Gegeben sind die Schaubilder K der Funktionen $f\colon x \mapsto f(x)$.
Bestimmen Sie durch grafisches Differenzieren die Schaubilder G der Ableitungsfunktionen $f'\colon x \mapsto f'(x)$.

a) $f: x \mapsto \cos\left(\frac{1}{2}x\right)$; $-2\pi \leq x \leq 2\pi$

b) $f: x \mapsto \frac{1}{2}\sin(2x)$; $-\pi \leq x \leq \pi$

c) $f: x \mapsto \frac{3}{2}\sin\frac{2}{3}\left(x - \frac{\pi}{4}\right) + 2$; $-1{,}5\,\pi \leq x \leq \frac{3\pi}{4}$

d) $f: x \mapsto \sin(x) + \cos(x)$; $-\frac{\pi}{2} \leq x \leq \pi$.

AUFGABE 63 Prüfen Sie für die Beispiele a) bis d) aus Aufgabe 62, ob die allgemeinen Regeln gelten:

$f(x) = a \cdot \sin[b \cdot (x+c)] + d \quad \Rightarrow \quad f'(x) = a \cdot b \cdot \cos[b \cdot (x+c)]$

$g(x) = a \cdot \cos[b \cdot (x+c)] + d \quad \Rightarrow \quad g'(x) = -a \cdot b \cdot \sin[b \cdot (x+c)]$

AUFGABE 64 Erläutern Sie, weshalb die Ableitungsfunktion einer geraden (ungeraden) Funktion ungerade (gerade) ist.

AUFGABE 65 Für die Elongation s einer harmonischen Schwingung gilt ($t = 0$, $s = 0$):

$s(t) = \hat{s} \cdot \sin(\omega \cdot t) \quad (\omega = \frac{2\pi}{T};\ T = 2\pi\sqrt{\frac{m}{D}})$.

Die Geschwindigkeit $v(t)$ ergibt sich aus der Ableitung von $s(t)$ nach t. Die Beschleunigung $a(t)$ ergibt sich aus der Ableitung von $v(t)$ nach t.
- Welche Formulierung erhält man dann für das Newton'sche Grundgesetz der Mechanik $F = m\,a$?
- Bei einer harmonischen Schwingung gilt das lineare Kraftgesetz $F = -D \cdot s$. Wie erhält man hieraus die Periode T einer harmonischen Schwingung?

5.4.15 Grafisches und iteratives Lösen von trigonometrischen Gleichungen

Das Lösen von trigonometrischen Gleichungen ist oft dadurch erschwert, dass keine exakten Verfahren angewendet werden können und zumeist wegen der Periodizität unendlich viele Lösungen existieren. Es ist daher fast der Königsweg für solche Gleichungen, grafisch nach Lösungen zu suchen, und zwar in dem Bereich, der für die Aufgabenstellung relevant ist. In der Regel ist für praktische Anwendungen die grafisch erreichbare Genauigkeit ausreichend. Man benötigt aber auch für das Newton-Verfahren einen „guten" Startwert nahe der Lösung, um sicherzugehen, dass das Iterationsverfahren konvergiert. Diesen Startwert wird man klugerweise grafisch ermitteln.
Ein Beispiel soll aufzeigen, wie man Lösungen, sofern es welche gibt, für schwierige, nicht nach x auflösbare Gleichungen finden kann.

BEISPIEL Bestimmen Sie die Lösungen der Gleichung: $x = 2 \cdot \cos(x)$; $x \in \mathbb{R}$

Grafisch kann man zwei Wege gehen:

1. Man betrachtet die Lösungen der Gleichung als Schnittstellen der Schaubilder K: $y = x$ und G: $y = 2 \cdot \cos(x)$.

*2

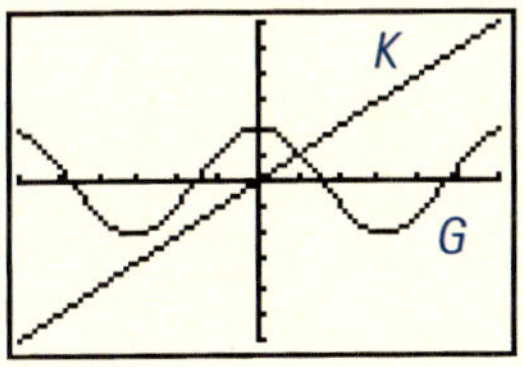

Es kann nur Schnittstellen im Bereich $-2 \leq x \leq 2$ geben, da $W_G = [-2; 2]$.

Der Befehl „Intersection" im „CALC"-Menü des GTR liefert: $x_s \approx 1{,}0298665$

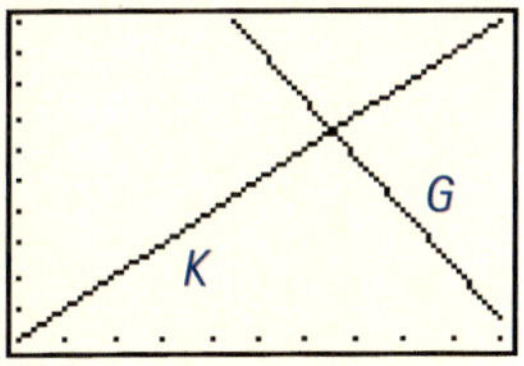

Grafisches „Zoomen" ermöglicht das Ablesen von $x_s \approx 1{,}029866$.

2. Man formt die Gleichung $x = 2 \cdot \cos(x)$ um: $x = 2 \cdot \cos(x) | -2 \cdot \cos(x)$, also $x - 2 \cdot \cos(x) = 0$, und sucht die Nullstellen der Hilfsfunktion h mit: $h(x) = x - 2 \cdot \cos(x)$.

Grafischer Überblick

*2

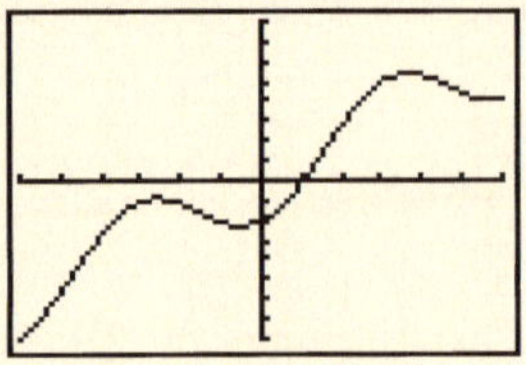

Es kann nur eine Nullstelle im Bereich $-2 \leq x \leq 2$ geben, da $2 \cdot \cos(x) \in [-2; 2]\}$.

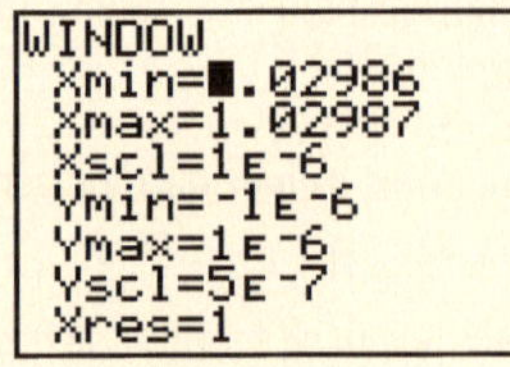

Der Befehl „zero" im „CALC"-Menü liefert $x_N = 1{,}0298665$.

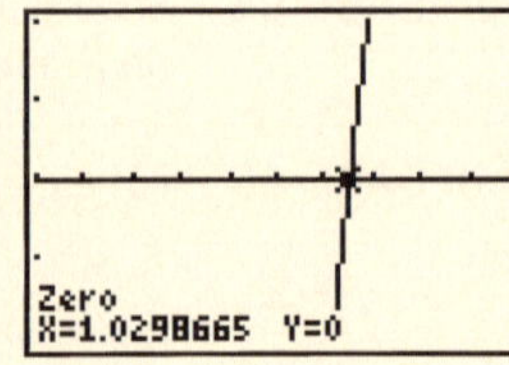

Auch das „ZOOM"-Fenster ermöglicht das Ablesen von $x_N = 1{,}0298665$.

Newton-Verfahren

Hinter dem Befehl „zero" verbirgt sich ein „Newton-Verfahren" (linke, rechte Grenze; Vermutung (Startwert)).

Man kann dies zeigen:

$$x_{n+1} = x_n - \frac{h(x_n)}{h'(x_n)} = x_n - \frac{x - 2 \cdot \cos(x)}{1 + 2 \cdot \sin(x)}$$

Mit $x_0 = 1$ (Startwert aus erster Grafik)
(Abbruchbedingung: $|x_{n+1} - x_n| < 10^{-10}$)

AUFGABE 66 Finden Sie Näherungslösungen auf 4 Nachkommastellen genau für folgende Gleichungen (grafisch und Newton-Verfahren).
Untersuchen Sie zunächst, in welchen Bereichen Lösungen liegen können.

a) $\sin(x) = x^3$ b) $e^x = \cos(x)$ c) $\sin(x) = \cos(x) + \frac{1}{2}$ d) $x^x = 2 \cdot \sin(x)$

AUFGABE 67 Ein zylinderförmiger Öltank der Seitenlänge $l = 2$ m und dem Grundflächenradius $r = 1$ m liegt auf der Seitenfläche im Erdreich. Mit einem vertikalen Peilstab möchte man die Ölmenge im Tank bestimmen. In welcher Höhe müssen die Marken für 1000 l, 2000 l, 3000 l, 4000 l, 5000 l angebracht werden?

Hilfe:

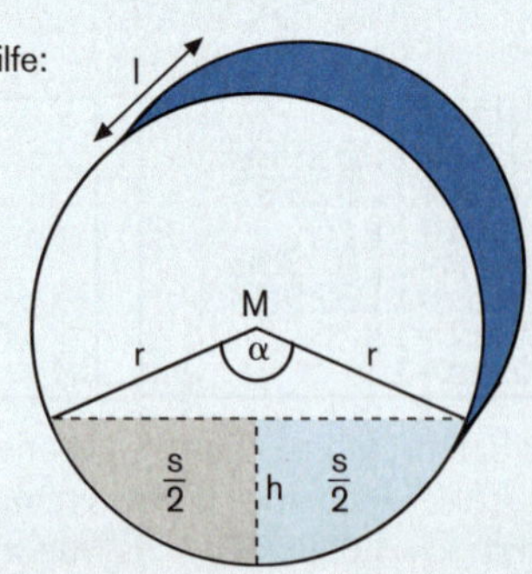

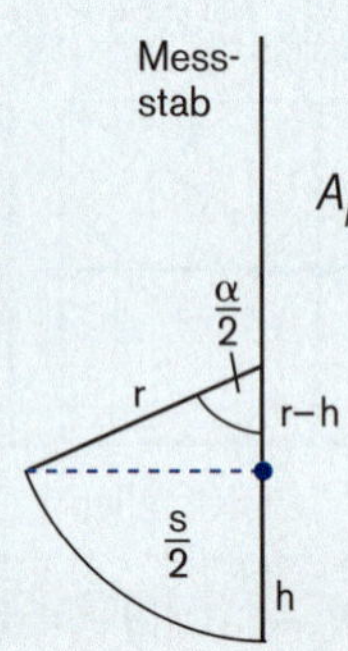

$$A_{Kreisausschnitt} = \frac{\frac{\alpha \cdot \pi}{180°} - s \cdot (1 - h)}{2}$$

$$1 - h = \cos\left(\frac{\alpha}{2}\right)$$

$$s = 2 \sin\left(\frac{\alpha}{2}\right)$$

5.4.16 Anwendungen

Die herausragende Stellung der Kreisfunktionen besteht vor allem darin, dass sie zur Beschreibung von Schwingungen, Wellen bzw. periodischen Vorgängen unentbehrlich sind.

Die einfachste in der Natur vorkommende Schwingung ist die so genannte harmonische Schwingung. Sie tritt zum Beispiel auf, wenn ein Körper an einer Hooke-Feder senkrecht auf- und abschwingt oder eine Masse an einem dünnen Faden bei kleiner Auslenkung hin- und herpendelt.

BEISPIEL 1)

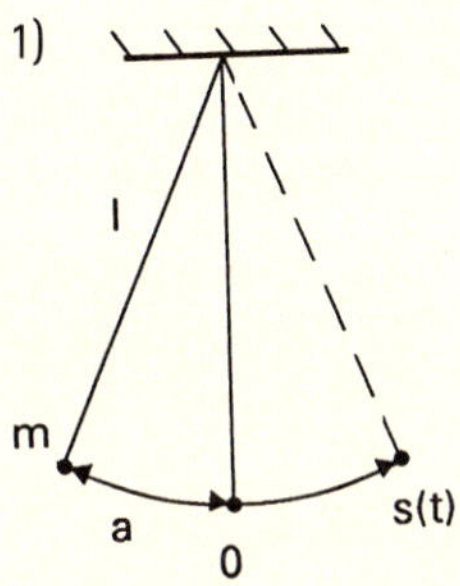

Mathematisches Pendel

$l = 0{,}994\,\text{m}$:	Fadenlänge
$g = 9{,}81\,\frac{\text{m}}{s^2}$:	Erdgravitation
$a = 0{,}05\,\text{m}$:	max. Auslenkung (Amplitude)
$s(t)$:	Auslenkung
t:	Zeit

Es gilt:
$T = 2\pi\sqrt{\frac{l}{g}}$ bzw.
$p = \frac{2\pi}{k}$
$k = \sqrt{\frac{g}{l}}$

$s(t) = a \cdot \sin(\sqrt{\frac{g}{l}}t)$ (Pendel ist zum Zeitpunkt $t = 0$ in Ruhelage und bewegt sich dann nach rechts.)

$s(t) = 0{,}05\text{ m} \cdot \sin(3{,}14\,\frac{l}{s} \cdot t)$ $(p = T \approx 2s)$

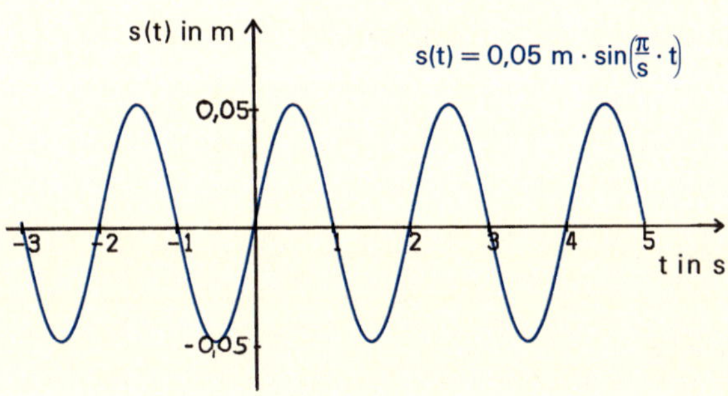

AUFGABE 68 *Für die Federschwingung gilt:* Periode (Schwingungsdauer) $T = 2\,\pi \cdot \sqrt{\frac{m}{D}}$

Wie lautet der Funktionsterm, wenn $m = 0{,}1$ kg, $D = 20\,\frac{\text{N}}{\text{m}}$, $a = 0{,}03$ m und die Auslenkung zum Zeitpunkt $t = 0\text{s}$ $a_0 = 0{,}01$ m beträgt? (2 Lösungen)

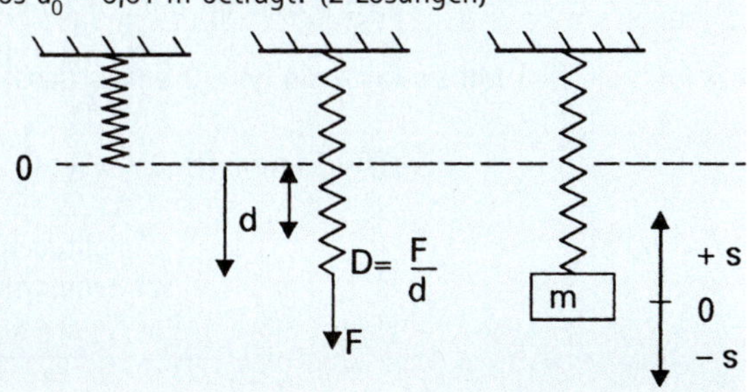

AUFGABE 69 Im öffentlichen Stromnetz beträgt der Scheitelwert der sinusförmigen Spannung $U_m = 311$ V. Die Periode ist $T = 0{,}02$ s. Zum Zeitpunkt $t = 0$ s betrage die momentane Spannung $U_0 = -311$ V.

Stellen Sie die Kurvengleichung auf. Zeichnen Sie die Kurve für $0\ \text{s} \leqslant t \leqslant 0{,}1$ s.

BEISPIEL 2) **Spannungsverlauf im Wechselstromkreis**

Für die Spannung in einem Wechselstromkreis ($I = I_m \sin(\omega t)$) mit dem ohmschen Widerstand R und der Spule mit der Eigeninduktivität L in Reihe gilt:

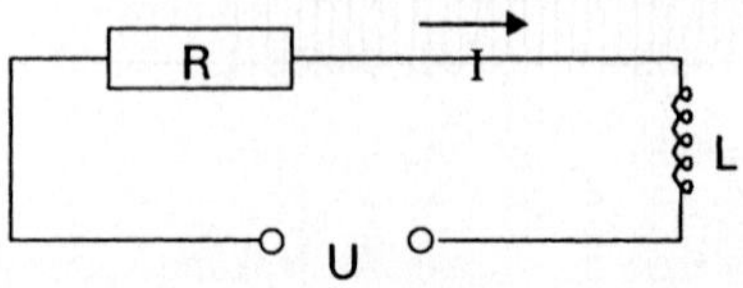

$U(t) = U_R + U_L =$

$RI_m \sin(\omega t) + \omega L I_m \cos(\omega t)$

I_m: max. Stromstärke, t: Zeit, $\omega = \frac{2\pi}{T}$

$U(t)$ ist also eine additive Überlagerung zweier Sinusfunktionen mit derselben Periode.

Schaubild: ($R = 220\ \Omega$, $I_m = 1$ A, $L = 0{,}5$ H, $\omega = 100\pi \left(\frac{1}{s}\right)$)

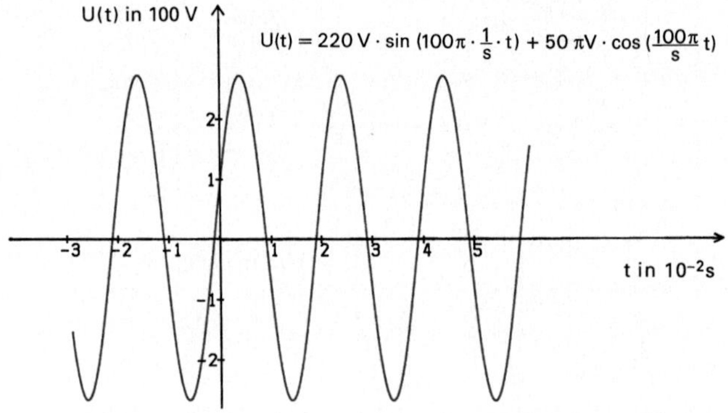

BEISPIEL 3) **Schwebung**

Erzeugt man Töne mit nur geringem Periodenunterschied (z. B. erste Stimmgabel mit Ton $a = f_1 = 440$ Hz, $T_1 = 0{,}002727\ldots$ *s* und eine zweite Stimmgabel mit $f_2 = 435$ Hz, $T_2 = 0{,}002299$ *s*), so überlagern sich die Schallwellen zu einer deutlich hörbaren Schwebung.

Mathematisch kann man die Erscheinung folgendermaßen beschreiben:

$$f_1(t) = a \sin(\omega_1 t) \text{ und } f_2(t) = a \sin(\omega_2 t)$$

Mit $\sin(x) + \sin(y) = 2 \sin\left(\frac{x+y}{2}\right)\cos\left(\frac{x-y}{2}\right)$ erhält man:

$$f(t) = f_1(t) + f_2(t) = \underbrace{2 \cdot a \cdot \cos\left(\frac{\omega_1 - \omega_2}{2}\right)t}_{\text{„Amplitudenfaktor"}} \sin\left(\frac{\omega_1 + \omega_2}{2}\right)t$$

Schwebungsfrequenz $\frac{\omega_1 - \omega_2}{4\pi}$ Schwingungsfrequenz $\frac{\omega_1 + \omega_2}{4\pi}$

Schaubild für a = 2, $\omega_1 = 2764{,}6\ \frac{1}{s}$, $\omega_2 = 2733{,}18\ \frac{1}{s}$

$f_{\text{Schwebung}} = 2{,}5\ \text{Hz}$, $f_{\text{Schwingung}} = 437{,}5\ \text{Hz}$

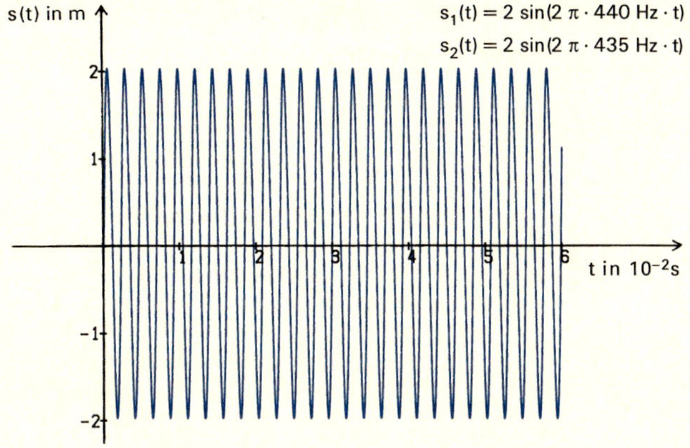

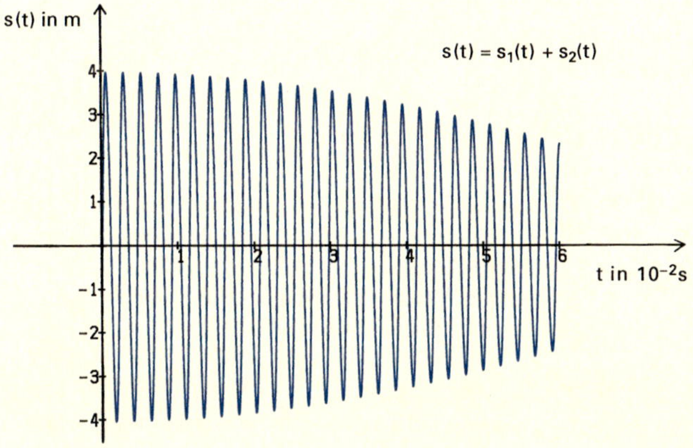

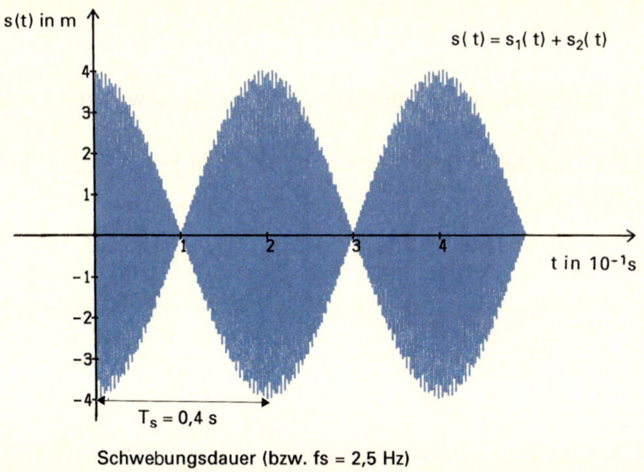

Schwebungsdauer (bzw. fs = 2,5 Hz)

5.4.17 Das muss ich mir merken

Winkel im Bogenmaß

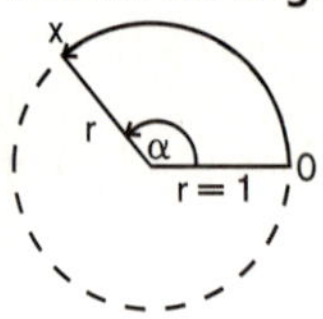

Jedem Winkel α ist im Einheitskreis ($r = 1$)
die Bogenlänge $x = \frac{2\pi\alpha}{360°} = \frac{\pi\alpha}{180°}$
zugeordnet.

Sinus und Kosinus

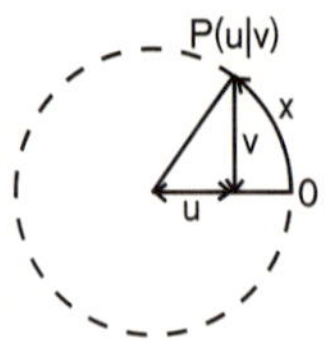

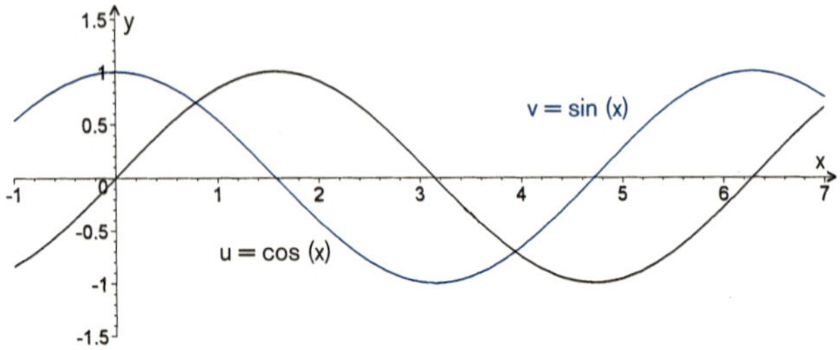

Jede Bogenlänge x legt eindeutig einen Punkt $P(u|v)$ auf dem Einheitskreis fest. Es ist dann definiert: $\sin(x) = v$ $(-1 \leqslant \sin(x) \leqslant 1)$ und $\cos(x) = u$ $(-1 \leqslant \cos(x) \leqslant 1)$. Periode $p = 2\pi$, also $\sin(x) = \sin(x + k2\pi)$, $k \in \mathbb{Z}$.

Trigonometrische Gleichungen

Zu einem gegebenen x-Wert ist eindeutig $y = \sin(x)$ oder $y = \cos(x)$ festgelegt. Die Umkehrung ist sehr viel komplizierter. Ist y bei $\sin(x) = y$ gegeben $(-1 \leqslant y \leqslant 1)$ und x gesucht, so erkennt man am Einheitskreis bzw. dem Schaubild, dass unendlich viele Lösungen für x existieren.
Der Taschenrechner (MODE Radian) gibt eine Lösung x_1 an. $\text{SIN}^{-1}(y)$ ENTER: x_1.
Die weiteren Lösungen sind dann $x = x_1 + k2\pi$ oder $x = (2k+1)\pi - x_1$.

Additionstheoreme

Es gelten leider nicht „einfache" Formeln. Vielmehr gilt z. B.:
$\sin(a+b) = \sin(a)\cos(b) + \cos(a)\sin(b)$, damit $\sin(2a) = 2\sin(a)\cos(a)$.

Allgemeine Sinuskurve

$y = a\sin(k(x - x_0)) + y_0$

Ableitungen

$f(x) = \sin(x) \quad \Rightarrow \quad f'(x) = \cos(x)$
$f(x) = \cos(x) \quad \Rightarrow \quad f'(x) = -\sin(x)$
$f(x) = a \cdot \sin[b \cdot (x+c)] + d \quad \Rightarrow \quad f'(x) = a \cdot b \cdot \cos[b \cdot (x+c)]$

Grafisches und iteratives Lösen von trigonometrischen Gleichungen

Viele trigonometrische Gleichungen sind nicht nach x auflösbar.
Näherungslösungen erhält man grafisch oder (und) mit dem Newton-Verfahren.

Anwendung

Zur Beschreibung von periodischen Vorgängen werden die Kreisfunktionen Sinus und Kosinus benötigt.

5.4.18 Haben Sie alles verstanden?

Üben

AUFGABE 70 Eine Walze mit der Gewichtskraft $F_g = 500$ N soll auf einer schiefen Ebene mit dem Neigungswinkel $\alpha = 20°$ hinaufgezogen werden.

a) Welche Kraft benötigt man in Richtung der Ebene zum Halten der Walze (Hangabtriebskraft)?

b) Welche Kraft drückt senkrecht zur Ebene (Normalkraft)?

AUFGABE 71 Rechnen Sie Winkelmaß in Bogenmaß um oder umgekehrt:

a) $15°$ b) $\frac{\pi}{5}$ c) $-207°$ d) $-3{,}2$ e) $405°$ f) $8{,}9$ g) $140°$

AUFGABE 72 Berechnen Sie die Sinus- bzw. Kosinuswerte. Achten Sie auf die richtige Einstellung am Taschenrechner (DEG – RAD; Degree – Radian).

a) $\sin 13°$ b) $\cos 2{,}3$ c) $\cos 60°$ d) $\sin\left(\frac{\pi}{8}\right)$ e) $\cos\left(\frac{2\pi}{5}\right)$ f) $\cos(-300°)$ g) $\sin\left(-\frac{4\pi}{3}\right)$ h) $\sin 175°$ i) $\sin 410°$ j) $\cos(-\pi)$

AUFGABE 73 Berechnen Sie die Funktionswerte an den Stellen x.

a) $f_1\colon x \mapsto \sin\left(2\left(2x-\frac{\pi}{3}\right)\right)$; x: $-1, \frac{\pi}{2}, -\frac{\pi}{3}, \frac{\pi}{6}, \frac{\pi}{4}, 3{,}6$

b) $f_2\colon x \mapsto 2\cos\left(\frac{1}{2}\pi\left(x+\frac{\pi}{2}\right)\right)$; x: $1, -\frac{2\pi}{3}, 4, \frac{3\pi}{4}, 5, -3$

AUFGABE 74 Welche Beziehungen gelten zwischen den trigonometrischen Funktionen für die Winkel x und:

a) $x+\frac{\pi}{2}$ b) $\frac{\pi}{2}-x$ c) $\pi-x$ d) $\frac{\pi}{2}+x$?

AUFGABE 75 Sind folgende Funktionen gerade oder ungerade bzw. ihre Schaubilder symmetrisch zur y-Achse oder zum Ursprung des Koordinatensystems?

a) $f\colon x \mapsto \sin(x)$ b) $f\colon x \mapsto x \cdot \sin(x)$ c) $f\colon x \mapsto \tan(x)$ d) $f\colon x \mapsto x+\sin(x)$ e) $f\colon x \mapsto \cos(x)$ f) $f\colon x \mapsto \sin^2(x)$

AUFGABE 76 Formen Sie mithilfe der Additionstheoreme um.

a) $\sin\left(\frac{\pi}{4}+x\right)$ b) $\sin(4x)$ c) $\cos^2(x) - \sin^2(x)$

AUFGABE 77 Zeichnen Sie die Graphen. Bestimmen Sie die Nullstellen.

a) $f\colon x \mapsto -2{,}5\sin\left(x-\frac{\pi}{3}\right)$

b) $f\colon x \mapsto \sin\left(\frac{\pi}{2}\left(x-\frac{\pi}{4}\right)\right)$

c) $f\colon x \mapsto \sin\left(\frac{\pi}{2}x-\frac{\pi}{4}\right)$

AUFGABE 78 Bringen Sie die folgenden Funktionen auf die Form $f\colon x \mapsto a\sin k(x-x_0)$. Kontrollieren Sie Ihr Ergebnis über eine Zeichnung. Berechnen Sie die Nullstellen.

a) $f\colon x \mapsto 2\sin(x)-\cos(x)$

b) $f\colon x \mapsto -\sqrt{3}\cdot\sin(x)+\cos(x)$

c) $f\colon x \mapsto \sin\left(\frac{x}{2}-\pi\right)+\sin\left(\frac{x}{2}-\frac{\pi}{4}\right)$

AUFGABE 79 Bestimmen Sie die Lösungsmengen folgender Gleichungen ($x \in \mathbb{R}$):

a) $\sin(2(x-\frac{\pi}{3}))=0$ c) $\sin^2(x)=\frac{1}{4}$ e) $\sin(\frac{1}{3}x)-2\cos(\frac{1}{3}x)=0$

b) $\cos(\frac{\pi}{2}\cdot(x+\frac{3}{2}))=0$ d) $\tan(x)\cdot\sin(x)=1$

AUFGABE 80 Zeichnen Sie die Graphen für die folgenden harmonischen Schwingungen. Ermitteln Sie die Periode (Schwingungsdauer) und den ersten Nulldurchgang.

a) $s(t)=2\,m\cdot\sin(0{,}5\frac{1}{s}\cdot(t-3\,s))$ b) $s(t)=-1{,}5\,m\cdot\sin(4\pi\frac{1}{s}\cdot(t-\pi\,s))$

AUFGABE 81 Die unten stehende Tabelle enthält die durchschnittlichen Wassertemperaturen des Bodensees in Friedrichshafen.

Datum	01.01.	01.02.	01.03.	01.04.	01.05.	01.06.	01.07.	01.08.	01.09.	01.10.	01.11.	01.12.
T in °C	2,5°	1°	2,3°	6,2°	11,6°	17,5°	21,3°	23°	21,6°	17,7°	12,1°	6,6°

a) Finden Sie eine Sinusfunktion der Form $f: x \mapsto a\cdot\sin(k(x-x_0))$, die es ermöglicht, die Wassertemperatur an einem beliebigen Tag des Jahres zu berechnen.

b) Welche Temperatur ergibt sich für den 15. Mai?

AUFGABE 82 Das unten abgebildete Schaubild hat die Gleichung der Form: $f(x)=a\sin(kx)$. Bestimmen Sie a und k. Zeichnen Sie zur Probe.

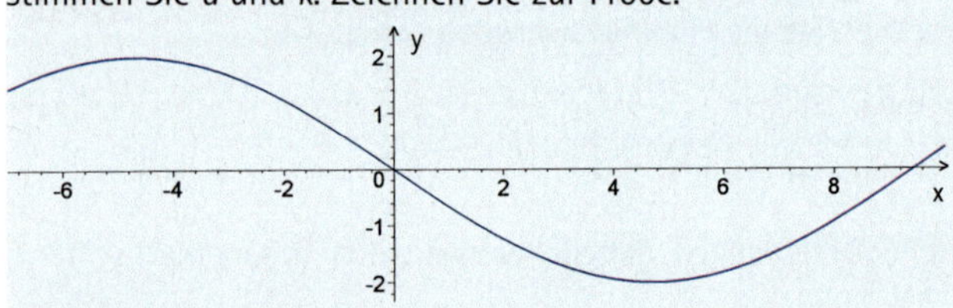

AUFGABE 83 Die Wechselspannung im Stromnetz der USA hat die Frequenz f = 60 Hz. Für den Betrieb einer Modelleisenbahn wird mit einem Transformator eine Wechselspannung mit einem effektiven Wert U_{eff} = 24 V erzeugt.

Zeichnen Sie den Spannungsverlauf $U(t)$ für vier Perioden, wenn zur Zeit t = 0s die Spannung $U(0)$ = 0 V ist. Welche $U(t)$-t-Diagramme sind möglich?

Entscheiden

AUFGABE 84 Gegeben ist die Funktion f mit $f(x) = -2\cdot\cos(\frac{1}{2}\pi(x-\pi)) + 1$.
Ihr Schaubild ist K. Welches der dargestellten Schaubilder ist K?
Geben Sie für die anderen Schaubilder mindestens einen Grund an, weshalb es nicht K sein kann.

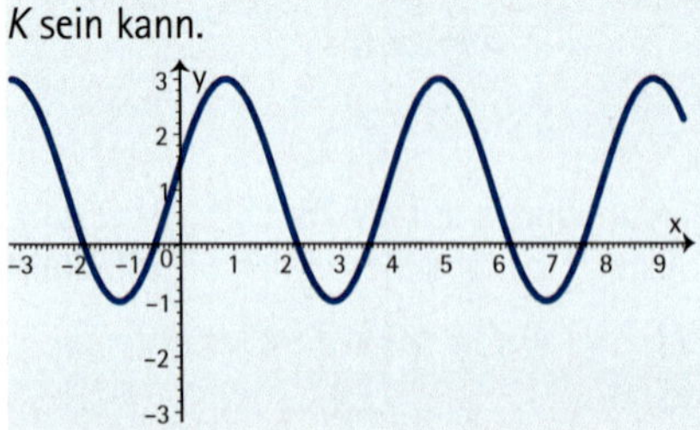

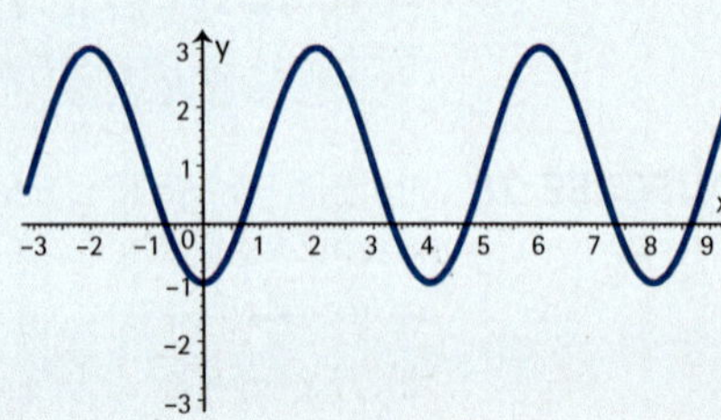

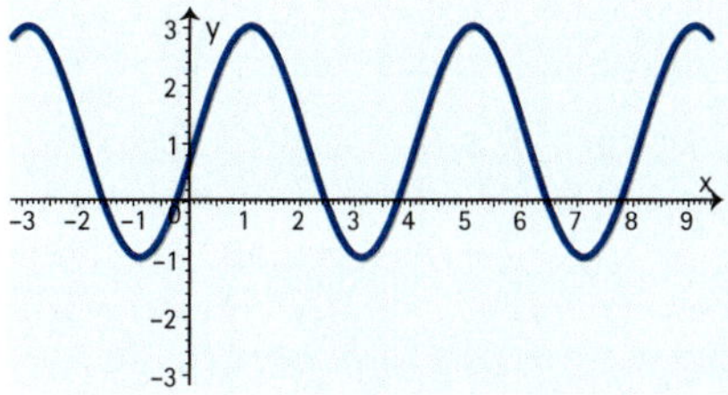

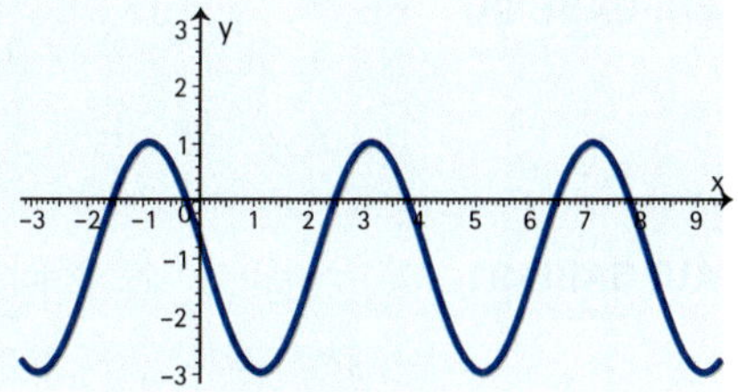

AUFGABE 85 Welche Gleichungen sind exakt, näherungsweise oder nicht lösbar?

a) $\sin(x) = \frac{1}{2}$
b) $\cos(x) = \frac{1}{2}$
c) $\sin(x) = 1{,}5$
d) $\cos(x) - x = 0$
e) $\sin(x) + \frac{2}{\pi}x = 2$
f) $(\sin(x))^2 - \sin(x) = 6$

AUFGABE 86 Welche Schaubilder sind gleich?

K: $k(x) = \cos(\frac{1}{2}x)$
H: $h(x) = -\sin(\frac{1}{2}(x - \pi))$
G: $g(x) = \sin(\frac{1}{2}(x - 2\pi))$
F: $f(x) = -\cos(\frac{1}{2}(x - 2\pi))$

AUFGABE 87 Wahr oder falsch?

a) $\sin(2x) = 2\sin(x)\cos(x)$
b) $\cos(2x) = 2(\cos(x))^2 - 1$

AUFGABE 88 Die Ableitungsfunktion von $f(x) = \frac{1}{2}\cos(2x)$ ist $f'(x) = -\sin(2x)$.
Entscheiden Sie mithilfe des GTR: $f'(x) = \text{nDeriv}(\frac{1}{2}\cos(2x),x,x)$

AUFGABE 89 Ordnen Sie die richtige Kurvengleichung den Bildern zu.

a) $y = 3 \cdot \sin(x)$
b) $y = -2 \cdot \cos(3x)$
c) $y = 3 \cdot \cos(\frac{x}{2})$
d) $y = \sin(x - \frac{\pi}{4})$
e) $y = \cos(x)$
f) $y = 2 \cdot \sin(x)$
g) $y = -\cos(\frac{x}{2})$
h) $y = 2 \cdot \sin(6x)$
i) $y = \sin(x + \frac{\pi}{4})$
k) $y = \sin(x)$
l) $y = -\frac{1}{2}\sin(2x)$
m) $y = 3 \cdot \sin(\frac{x}{2})$

1.
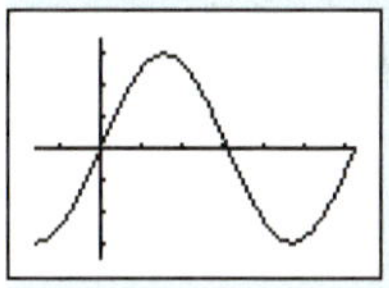

2.
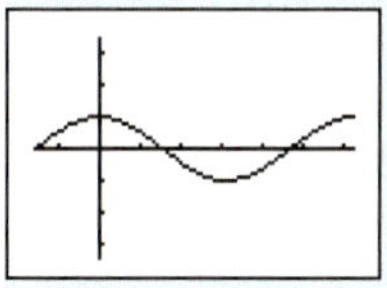

3.
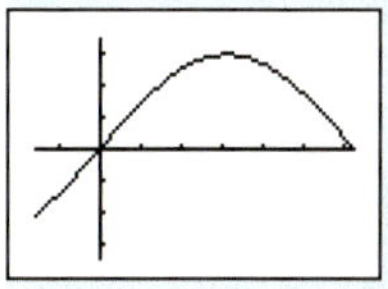

4.
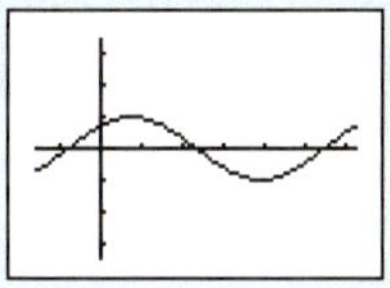

5.
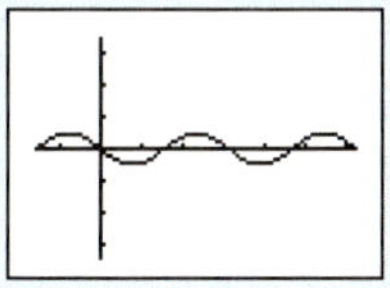

6.
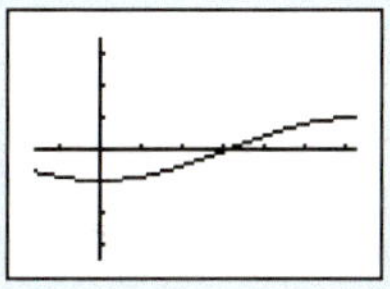

7.
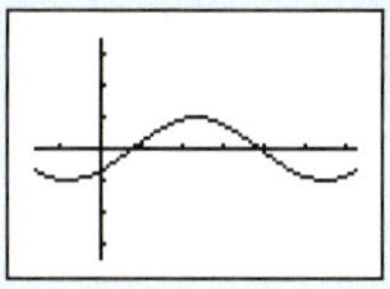

8.
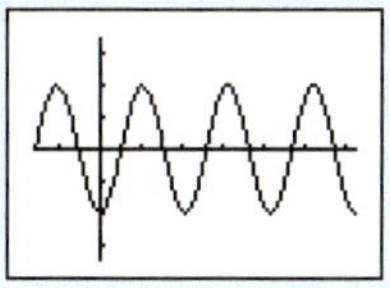

9.
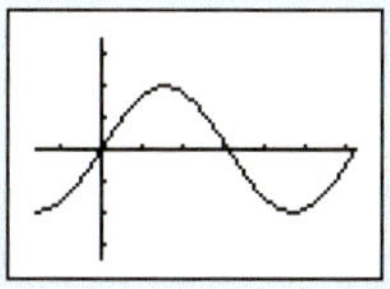

10.
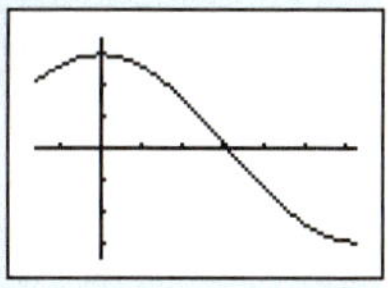

11.
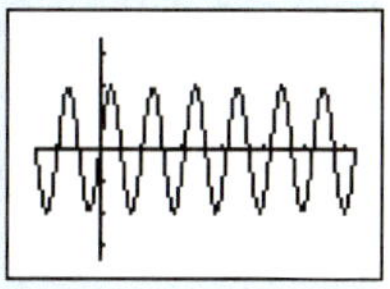

12.
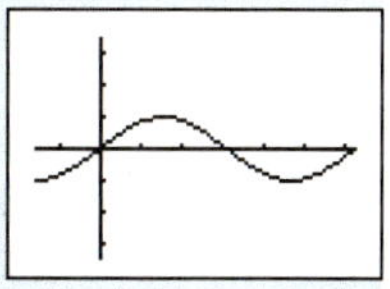

Verstehen

AUFGABE 90 Gegeben sind die Schaubilder K durch $k(x) = \sin(x)$, G durch $g(x) = \sin(x) + 2$, H durch $h(x) = \sin(x) - 2$, R durch $r(x) = \sin(x - 2)$ und F durch $f(x) = \sin(x + 2)$.

Durch welche Verschiebungen geht K in G, H, R oder F über ?

AUFGABE 91 Skizzieren Sie die Graphen zu folgenden Funktionen ($x \in [-\pi; 2\pi]$).

$f: x \mapsto \cos(x)$ $g: x \mapsto 2 \cdot \cos(x)$ $h: x \mapsto \frac{1}{2}\cos(x)$ $k: x \mapsto -\cos(x)$

$l: x \mapsto \cos(-x)$ $m: x \mapsto \cos(2x)$ $n: x \mapsto \cos(\frac{1}{2}x)$ $p: x \mapsto -3 \cdot \cos(\frac{3}{2}x)$

Welche senkrechten bzw. horizontalen Streckungen (Stauchungen) oder Spiegelungen erfährt $y = \cos(x)$?

AUFGABE 92 Wenn die Graphen der Funktionen h und g wie in der nebenstehenden Abbildung gegeben sind, so kann man den Graphen der verketteten Funktion $f = h \circ g = h(g(x))$ durch folgende Konstruktion finden: Man beginnt im Punkt $A(a|0)$ und geht senkrecht zum Punkt $P(a|g(a))$, dann waagrecht zum Punkt $Q(g(a)|g(a))$ auf der ersten Winkelhalbierenden $y = x$, dann senkrecht zum Punkt $R(g(a)|h(g(a)))$ auf h und schließlich zum Punkt $S(a|h(g(a))) \in f = h \circ g$.

Konstruieren Sie mit $g: x \mapsto \frac{1}{2}x$, $h: x \mapsto \cos(x)$ und

$f = h \circ g$ Punkte $S_a\,(a|f(a))$ mit $a \in \{0, \frac{\pi}{6}, \frac{\pi}{3}, \frac{\pi}{2}, \frac{2\pi}{3}, \frac{5\pi}{6}, \pi\}$.

Zeichnen Sie $f(x) = \cos(\frac{1}{2}x)$ hinzu.

Liegen alle Punkte S_a auf f?

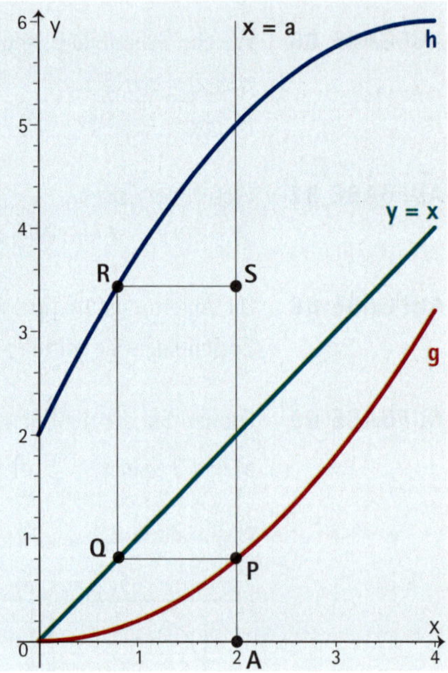

AUFGABE 93 Ein Motorkolben bewegt sich auf und ab mit einer Frequenz f zwischen 1000 und 6000 Hz. Ermitteln Sie für ein marktgängiges Auto die maximale Hubhöhe und stellen Sie die Bewegung des Kolben in einem Diagramm für $f = 2000$, 4000 und 6000 Hz dar.

Welche maximale Geschwindigkeit und Beschleunigung erreicht der Kolben ?

AUFGABE 94 Der zeitliche Verlauf der elektrischen Ladung $Q(t)$ auf einem Kondensator ist im nebenstehenden Schaubild dargestellt. Skizzieren Sie den Verlauf des Lade- bzw. Entladestromes $I(t) = \dot{Q}(t)$.
($\triangleq$ momentane Änderungsrate von $Q(t)$)

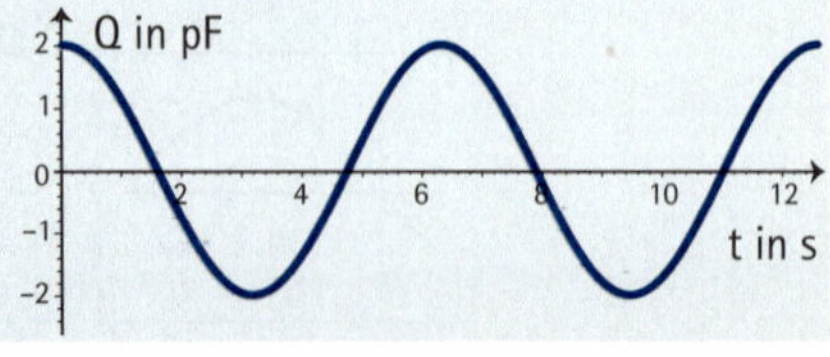

AUFGABE 95 Ein medizinisches Beispiel für einen periodischen Vorgang, der sich als Überlagerung von harmonischen Schwingungen darstellen lässt, ist die Herztätigkeit.

Das Herz arbeitet periodisch mit etwa 72 Schlägen pro Minute. Dabei werden elektrische Spannungen erzeugt, die in einem sog. Elektrokardiogramm (EKG) registriert werden.

Das EKG eines gesunden Menschen zeigt die folgende Abbildung:

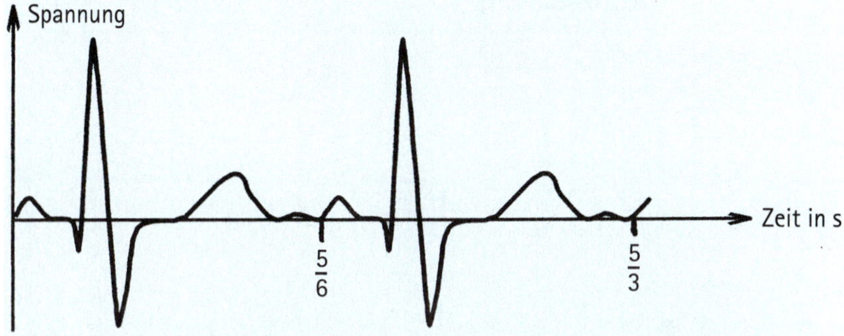

Überlagern Sie folgende 4 harmonische Schwingungen. Ermitteln Sie die resultierende Schwingung. Welche Analogie besteht zum abgebildeten EKG?

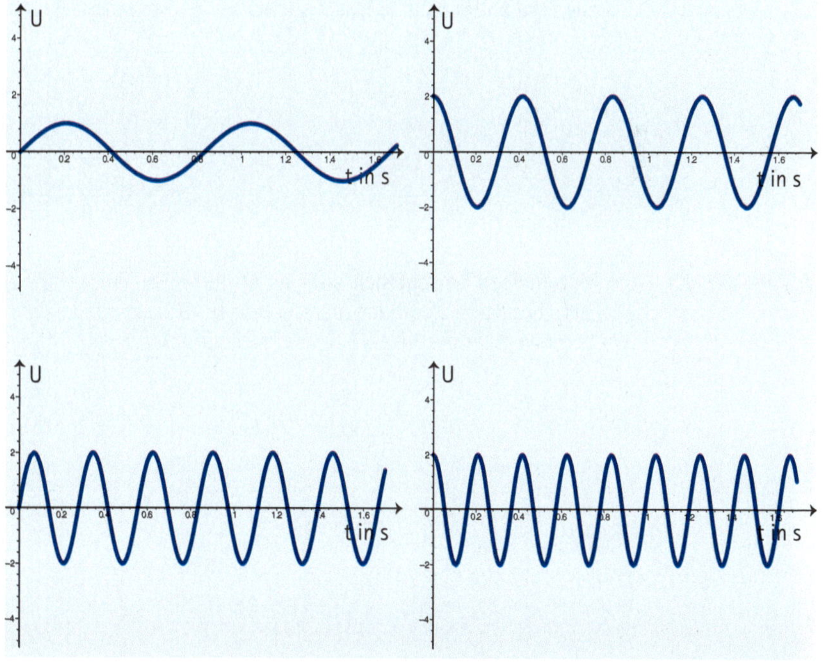

AUFGABE 96 Ein Oszilloskop zeigt das in der Figur dargestellte Oszillogramm einer sinusförmigen Wechselspannung. Die *x*-Achse ist die Zeitachse und ist für eine Zeitablenkung von $5\,\frac{\text{ms}}{\text{cm}}$ eingestellt, die *y*-Achse ist die Spannungsempfindlichkeit und entspricht $1\,\frac{\text{V}}{\text{cm}}$.

Welche Frequenz und Amplitude hat die Wechselspannung?

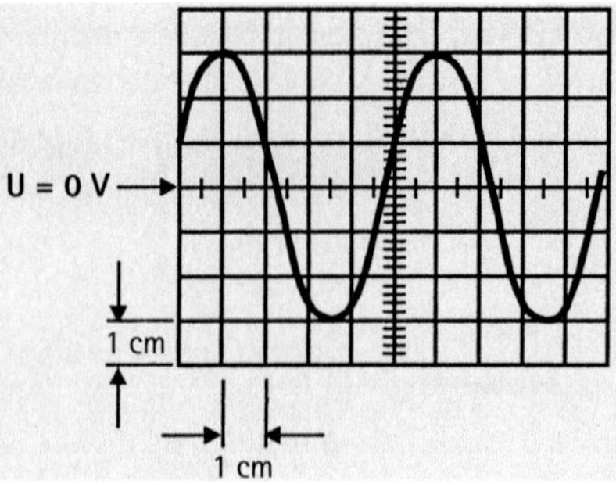

Lösungen Teil A

Hinweis: Die Lösungen der mit * gekennzeichneten Aufgaben finden Sie auf der CD-ROM.

Zu Kap. 1 bis 3

AUFGABE 1 a) richtig b) falsch c) falsch d) richtig

AUFGABE 2
a) $\{2, 4\}$
b) $\{1, 3, 5\}$
e) $\{1, 2, 3, 4, 5, 6, 8, 10\}$
f) $\{1, 2, 3, 4, 5, 7, 9\}$

AUFGABE 3 $\{\}, \{a\}, \{b\}, \{c\}, \{a, b\}, \{a, c\}, \{b, c\}, \{a, b, c\}$

AUFGABE 4 a) $\{a, b\}$ b) $\{\}$ c) $\{e, f\}$ d) $\{a, b, c\}$

AUFGABE 5
a) $A = \{-3, -2, -1, 0, 1, 2, 3, 4, 5\}$
b) $B = \{1, 2, 3, 4, 5\}$
c) $C = \{7, 8, 9, 10, 11, 12, \ldots\}$
d) $D = \{1, 2, 4, 8, 16, 32\}$

AUFGABE 6
a) $A = \{x \mid 2x \in \mathbb{N}^* \text{ und } x \leq 10\}$
b) $B = \{x \mid x \in \mathbb{Z} \text{ und } -2 \leq x \leq 5\}$
c) $C = \{x \mid x \text{ ist Primzahl und } x \leq 37\}$
d) $D = \{x \mid x = 2^n \text{ und } n \in \mathbb{N}^* \text{ und } n \leq 7\}$

AUFGABE 7
$\{z\} = B \cap C = A \cap C$
$\{u, y, z\} = B \cup C$
$\{x, y, z\} = A \cup B$
$\{u\} = C \setminus A$
$\{y\} = B \setminus C$

AUFGABE 8
a) $A = \{0, -4\}$
b) $B = \{0, 8\}$
c) $C = \{0, 25\}$
d) $D = \{0, 7, -5\}$
i) $I = \{17\}$
k) $K = \{3, 4, 5, 6, 7, 8, 9, 10, 11\}$
l) $L = \{-3, -2, -1, 0, 1, 2, 3, 4\}$
m) $M = \{-6, -5, -4, -3, -2, -1, 0, 1, 2, 3, 4, 5, 6\}$

AUFGABE 9 100

AUFGABE 10 a) 8 b) 16

AUFGABE 11 a) 40 % b) 60 %

AUFGABE 12 a) 8,6 % b) 12 %

AUFGABE 13 a) $[7; 12]$ b) $]-3; 4[$ c) $[-2; 3{,}5[$ d) $]1; 7{,}3]$

AUFGABE 14
a) $\{x \mid 2 \leq x \leq 7\}$
b) $\{x \mid -3 \leq x \leq -1\}$
c) $\{x \mid 3 < x \leq 8\}$
d) $\{x \mid -4 \leq x < 7\}$

AUFGABE 15

a) $\{x \mid -6 \leq x \leq 6\}$
b) $\{x \mid x \geq \sqrt{10} \vee x \leq -\sqrt{10}\}$
c) $\{x \mid -4 \leq x \leq 4\}$
d) $\{x \mid x \geq 9 \vee x \leq -9\}$
e) $\{x \mid x > 1{,}5\}$
f) $\{x \mid x < 5\}$
g) $\{x \mid x < \frac{13}{7}\}$
h $\{x \mid x \geq -\frac{3}{2}\}$
i) $\{x \mid 3 \leq x \leq 5\}$
k) $\{x \mid 0 \leq x < \frac{15}{4}\}$

Zu Kap. 4

AUFGABE 1

a) $-a+3b$
b) $-11x+5y$
c) $10u+6v$
d) 0
e) $2v-4u$
f) $6p+4$
g) $-85x^3+80x^2-6$
h) $-6a+3b$
i) $20z^2+19z-11$
k) $6p^3+8p^2-p-2$

AUFGABE 2

a) $6x-9y$
b) $-84a+36b$
c) $-24u+40v$
d) $3a^2+2ab$

AUFGABE 3

a) $66x-84y$
b) $-158a+82b$
c) $4x^2+2x^2y-12xy+15y^2$
d) $9p^2q-3p^2q^2-pq-7pq^2$

AUFGABE 4

a) a^2-a-12
b) $8x^2-2xy-21y^2$
c) $16v^2+38uv-63u^2$
d) $-120r^2+78rs-12s^2$

AUFGABE 5

a) $4x^2+16xy+16y^2$
b) $49a^2-70ab+25b^2$
c) $25u^2-81v^2$
d) $225+90x+9x^2$
e) $4r^2s^2-36s^2$

AUFGABE 6

a) $x^2+2xy+y^2+2xz+2yz+z^2$
b) $4u^2+12uv+9v^2-16w^2$

AUFGABE 7

a) $(2a+5b)^2 = 4a^2+20ab+25b^2$
b) $(6+2x)^2 = 36+24x+4x^2$

AUFGABE 8

a) $(2x-3y)^2$
b) –
c) –
d) $(\frac{3}{2}a+\frac{1}{2})^2$
e) $(b-\frac{7}{2})^2$

AUFGABE 9

a) $6a(2-3b)$
b) $5(5x+6)$
c) $7p(2+3q)$
d) $16r(2-3s+r)$

AUFGABE 10

a) $(4x+3y)^2$
b) $(5u-6v)^2$
c) $(3z+2w)(3z-2w)$
d) $(p^2-q^2)^2$
e) $(a^3b^2+c)(a^3b^2-c)$

AUFGABE 11

a) $(x+3)(x+4)$
b) $(x+2)(x+5)$
c) $(x+1)(x+8)$
d) $(x+3)(x-2)$
e) $(x+5)(x-4)$
f) $(x-3)(x-6)$

Zu Kap. 5

AUFGABE 1

a) $\frac{70}{100}$ b) $\frac{95}{100}$ c) $\frac{60}{100}$

AUFGABE 2

a) $\frac{4}{9}$ b) $\frac{4}{9}$ c) $\frac{16}{17}$ d) $\frac{3}{4}$ e) $\frac{2}{3}$ f) $\frac{2}{5}$ g) $\frac{5}{2}$

AUFGABE 3

a) $4a^2$
b) 3
c) $\frac{x}{y}$
d) $\frac{b}{2a^2}$
e) $a+b$
f) $x-y$
g) $p-q$
h) $2a+3b$
i) $\frac{4x+5y}{2}$

AUFGABE 4

a) $\frac{3}{20}$
b) $\frac{9}{68}$
c) $\frac{64a^2}{81b^2}$
d) $-\frac{8x^3}{27}$
e) $6x$
f) $\frac{10}{3}(7a-2b)$
g) $\frac{x}{3y}$
h) $\frac{6}{5}$
i) $-\frac{x}{3y}$
k) $-\frac{1}{2u}$

AUFGABE 5

a) $\frac{2}{3}$
b) $\frac{3b}{20}$
c) $\frac{3x}{5ay}$
d) $\frac{3}{7}$
e) $3a-3b$
f) -1
i) -1
l) $\frac{u}{uv+v^2}$

AUFGABE 6

a) b
b) $\frac{9x+4y}{x+y}$
c) $\frac{1}{u-v}$
d) $\frac{(s-r)^2}{rs}$
e) $\frac{a^2+2a-1}{a^2-1}$
f) $\frac{25b^2+16a^2+120ab}{60ab}$
g) $\frac{5(x+y)}{2xy}$
h) $\frac{2x-1}{x^2-y^2}$
i) $\frac{-15k+2}{k^2+2k-15}$

Zu Kap. 6 bis 9

AUFGABE 1 a) 3 b) −2 c) $\frac{7}{15}$

AUFGABE 2 a) $2a$ b) b c) $a+b$ d) $\frac{a}{2}-2b$

AUFGABE 3 In der 4. Zeile wird durch 0 dividiert.

AUFGABE 4 a) 6 cm b) 13,5 cm

AUFGABE 5 a) 250 s b) 2,4 cm

AUFGABE 6 a) $L=\mathbb{R}$ b) $L=\{0\}$ c) $L=\{\}$

AUFGABE 8 a) $D=\mathbb{R}$ b) $D=\mathbb{R}\setminus\{0\}$ c) $D=\mathbb{R}\setminus\{1;-0{,}5\}$

AUFGABE 9 a) 3 b) −4 c) $\frac{2}{5}$

AUFGABE 10 a) $D=\mathbb{R}\setminus\{0\}$, $x=\frac{53}{60}$ b) $D=\mathbb{R}\setminus\{0\}$, $x=3$ c) $D=\mathbb{R}\setminus\{0\}$, $x=-\frac{67}{21}$

AUFGABE 11 a) $D=\mathbb{R}\setminus\{-\frac{1}{2}\}$, $x=-\frac{31}{8}$ b) $D=\mathbb{R}\setminus\{2,-5\}$, $x=51$ c) $D=\mathbb{R}\setminus\{2,-2\}$, $x=\frac{29}{4}$

AUFGABE 12 a) $D=\mathbb{R}\setminus\{2a\}$, $x=\frac{13}{6}a$ c) $D=\mathbb{R}\setminus\{b,-b\}$, $x=\frac{b^2}{a}$
b) $D=\mathbb{R}\setminus\{0,b\}$, $x=-\frac{b}{a}$ d) $D=\mathbb{R}\setminus\{a,-a\}$, $x=3a-\frac{b}{2}$

AUFGABE 13 2 gehört nicht zum Definitionsbereich, ist also keine Lösung.

AUFGABE 14 a) $\{x\,|\,x>5\}$ b) $\{x\,|\,x\leq-2\}$ c) $\{x\,|\,|x|\leq3\}$

AUFGABE 15 a) $\{x\,|\,x<0\vee x>2\}$ c) $\{x\,|\,x<3\vee x\geqslant6\}$ e) $\{x\,|\,1<x\leqslant5\}$
b) $\{x\,|\,0<x\leqslant\frac{1}{2}\}$ d) $\{x\,|\,0\leqslant x<2\}$ f) $\{x\,|\,x<-3\vee x>\frac{2}{3}\}$

AUFGABE 16 a) 11 b) 3 c) 3

AUFGABE 17 a) $\{x\,|\,|x|\leqslant3\}$ b) $\{x\,|\,|x|<4\}$ c) $\{x\,|\,|x|\leqslant a\}$

AUFGABE 18 a) $x_1=2,\ x_2=-5$ c) $x_1=3,\ x_2=-9$ e) $x_1=\frac{1}{8},\ x_2=\frac{3}{2}$
b) $x_1=1,\ x_2=11$ d) $x=4$

Zu Kap. 10

AUFGABE 1
a) 1,2
b) 0,3
c) 10^8
d) $3x$
e) $5a$
f) $0{,}01y^2$
g) $1{,}3z^3$
h) $2{,}5z^4$
i) $7(a+b)$
k) ab^2

AUFGABE 2
a) 6
b) a^4
c) 50
d) $\frac{x}{4}$
e) $\frac{a}{2}$
f) $(a+b)^2$
g) $9(x-y)$
h) 1
i) 20
k) x^2y^2
l) $\frac{2x^2}{49}$

AUFGABE 3
a) 12
b) 69
c) 8
d) 1
e) 6
f) $\frac{10}{3}$
g) -26
h) 32

AUFGABE 4
a) $2\sqrt{2}$
b) $5x\sqrt{2x}$
c) $\frac{1}{6}\sqrt{\frac{a}{2}}$
d) $5ab\sqrt{3b}$

AUFGABE 5
a) $4\sqrt{2}$
b) $3\sqrt{3}$

AUFGABE 6
a) $-1+8\sqrt{5}$
b) $-17+6\sqrt{7}$

Zu Kap. 11

AUFGABE 1
a) $x_1=7,\ x_2=-7$
b) $x_1=x_2=0$
c) $x_1=1,\ x_2=-1$
d) $x_1=b,\ x_2=-b$

AUFGABE 2
a) $x_1=0,\ x_2=\frac{7}{4}$
b) $x_1=0,\ x_2=-\frac{25}{9}$
c) $x_1=x_2=0$
d) $x_1=0,\ x_2=-\frac{10}{3}$
e) $x_1=0,\ x_2=\frac{b}{a}-1$

AUFGABE 3
a) $x_1=-3,\ x_2=2$
b) $x_1=1,\ x_2=-5$
c) $x_1=10,\ x_2=-2$
d) $x_1=2,\ x_2=-6$
e) $x_1=-4+\sqrt{10},\ x_2=-4-\sqrt{10}$
f) $x_1=5,\ x_2=\frac{5}{9}$
g) $x_1=-0{,}83,\ x_2=-0{,}59$
h) $x_1=10{,}24,\ x_2=-2{,}24$
i) $x_1=0,\ x_2=3{,}25,\ x_3=-1{,}75$
k) $x_1=0,\ x_2=-1+\sqrt{2},\ x_3=-1-\sqrt{2}$

AUFGABE 4

a) $x_1=2b,\ x_2=-4b$
b) $x_1=a,\ x_2=\frac{a}{4}$
c) $x_1=1+a,\ x_2=-7-a$
d) $x_1=a,\ x_2=-\frac{2a}{3}$
e) $x_1=b+a,\ x_2=b-a$
f) $x_1=1+a,\ x_2=1-a$
g) $x_1=5a,\ x_2=-3a$
h) $x_1=2b,\ x_2=-\frac{7b}{2}$
i) $x_1=0,\ x_2=\frac{b}{2},\ x_3=2a$
k) $x_1=0,\ x_2=-2a,\ x_3=3b$

AUFGABE 6

a) $x_1=4,\ x_2=-2$
b) $x_1=-6,\ x_2=5$
c) $x_1=10,\ x_2=-1$
d) $x_1=20,\ x_2=-5$
e) $x_1=-4,\ x_2=-1$

AUFGABE 7

a) $q=-8,\ p=-2$
b) $x_2=3,\ q=21$
c) $x_2=-1,\ p=6$
d) $x_1=8,\ x_2=4$
e) $x_1=6,\ q=-12$

AUFGABE 8

a) 2 Lösungen
b) 1 Lösung
c) keine Lösung
d) 1 Lösung

AUFGABE 9

a) $a<9$… 2 Lösungen
$a=9$… 1 Lösung
$a>9$… keine Lösung

b) 2 Lösungen für alle $a\in\mathbb{R}$

c) $|a|<\frac{3}{2}$… 2 Lösungen
$|a|=\frac{3}{2}$… 1 Lösung
$|a|>\frac{3}{2}$… keine Lösung

AUFGABE 10

a) $x^2-x-12=0$
b) $x^2-3x-10=0$
c) $x^2-2x-1=0$

AUFGABE 11

a) $(x-5)(x+3)$
b) $(x-6)(x-2)$
c) $(x+10)(x-1)$
d) $4(x+\frac{3}{2})(x-\frac{1}{2})$

AUFGABE 12

a) $\frac{x-2}{x+3}$
b) $\frac{x+3}{x-6}$
c) $\frac{x+7}{x-1}$
d) $\frac{x+9}{x}$

AUFGABE 13

a) 5
b) −2
c) 1
d) 0
e) 4
f) −3
g) 2

Zahlenrätsel:

AUFGABE 14 (26, 28) oder (−28, −26)

AUFGABE 15 (11, 12, 13) oder (−13, −12, −11)

AUFGABE 16 (15, 16) oder (−14, −13)

Aus der Geometrie:

AUFGABE 19 32 cm, 24 cm

AUFGABE 20 20 cm, 15 cm

Aus der Physik:

AUFGABE 23 100 $\frac{m}{s}$

AUFGABE 24 2 *s*, 4 *s*

Aus sonstigen Gebieten:

AUFGABE 27 12%

AUFGABE 28 3%, 4%

Zu Kap. 12

AUFGABE 1 a) (−2, 3) b) (−5, 2) c) (3, 7) d) (8, −4)

AUFGABE 2 a) $(2a, -3a)$ b) $(a, -b)$ c) $(3a, -4a)$ d) $(-b, b^2)$

AUFGABE 3 a) (3, 4) b) (2, −5) c) $(\frac{1}{2}, \frac{1}{5})$

AUFGABE 4 45 cm, 20 cm

AUFGABE 5 37,5 l, 12,5 l

AUFGABE 6 30 Hühner, 15 Hasen

AUFGABE 7 a) $\{(x|y) | 2x+4y=7\}$ d) $\{\}$ g) $\{\}$ h) $\{(x|y) | 3abx=7(a+b)y+2\}$

AUFGABE 9 a) (2, −1, 3) b) (3, −4, 5) c) (−4, −1, 2)

AUFGABE 10 248

AUFGABE 11
a) (−1, 3, 4)
b) (5,6; 0,2; 7)
c) (0,3; 0,16; −0,85)
d) $(\frac{2}{3}, -\frac{10}{3}, \frac{16}{3}, \frac{8}{3})$

Zu Kap. 13

AUFGABE 1
a) $10x^3$
b) $2a^2$
c) 0
d) $2a^x$
e) $-2k^n$
f) $-2y^p$

AUFGABE 2
a) x^{12}
b) $10y^7$
c) a^8
d) b^{n+4}
e) x^{2k}
f) w^{2n+5}
g) u^{3k}
h) a^{8n+1}
i) $(x+y)^{3+n}$
k) $(a-b)^n$
l) $24x^9$

AUFGABE 3
a) x^3
b) $(a+b)^3$
c) u^{n-2}
d) $(p-q)^k$
e) $(x+2y)^{n-1}$
f) 1
g) $(a+b)^n$
h) x^2
i) $\frac{1}{z^7}$
k) $\frac{1}{(u+v)^{2k}}$
l) $\frac{1}{a^{n+2}}$
m) $\frac{1}{a^{n-2}}$

AUFGABE 4
a) 10^4
b) 100^3
c) 1
d) $\left(\frac{1}{10}\right)^4$
e) $(ab)^3$
f) 1000^3
g) $(x^2-y^2)^k$
h) 4^{2n-1}
i) $(ab)^{2n}$
k) $(-ab)^{3n}$
l) p^n

AUFGABE 5
a) 2^7
b) 4^3
c) x^n
d) $\left(\frac{a}{2}\right)^k$
e) $(a+1)^n$
f) $\left(\frac{x}{5}\right)^4$
g) $(2x^2)^p$
h) $(a^3)^n$
i) 2^3
k) $\left(\frac{1}{6}\right)^n$

AUFGABE 6
a) 2^{12}
b) 10^6
c) a^5b^{10}
d) $x^{12}y^{18}z^6$
e) $p^{2n}q^{2m}$
f) a^{n^2-1}
g) $\frac{x^8y^{12}}{u^{16}v^{20}}$
h) $\frac{a^{5n}b^{10n}}{c^{5k}d^{15k}}$

AUFGABE 7
a) $x^{15}+x^{13}$
b) $a^{n+6}+a^{n+8}$
c) $12x^4-15x^5+6x^7$
d) $6y^9-14y^{10}$
e) $x^{2n}+x^{3n}$
f) $2b^{2k-2}-6b^{3k+1}$
g) $16z^8-48z^{11}+24z^9$

AUFGABE 8

a) $2x^3 - x + 3x^6$
b) $2 - 3a^2$
c) $4y^7 + 3y^3$
d) $9a^3 - 10a^4b^3 + 6a^2b$

AUFGABE 9

a) $1, 2, 4, 8, \frac{1}{2}, \frac{1}{4}, \frac{1}{8}, \frac{1}{16}$
b) $1, 3, 9, 27, \frac{1}{3}, \frac{1}{9}, \frac{1}{27}, \frac{1}{81}$
c) $1, 10, 100, 1000, \frac{1}{10}, \frac{1}{100}, \frac{1}{1000}$
d) $9, \frac{1}{9}, -\frac{1}{9}, 9, \frac{1}{9}, -\frac{1}{9}$
e) $64, \frac{1}{64}, -64, -64, -\frac{1}{64}, \frac{1}{64}$

AUFGABE 10

a) $d = 0{,}000\,000\,0001$ m
b) $c = 300\,000\,000\ \frac{m}{s}$
c) $\lambda = 0{,}000\,000\,7$ m

AUFGABE 11

a) x^3
b) a^{-5}
c) a^7
d) $(2y)^{-3}$
e) $(abc)^{-5}$
f) y^{-8}
g) $p^{21} \cdot 2^{-7}$
h) $(4a^2 - b^2)^{-3}$
i) 20
k) $0{,}5x^{12}$
l) $2(a-b)^{-2}$
m) $5p^{3n-8}$

AUFGABE 12

a) $2 \cdot 10^6$
b) $4{,}581 \cdot 10^9$
c) $3 \cdot 10^{-3}$
d) $7 \cdot 10^{-12}$

AUFGABE 13

a) $4x^{-2}$
b) $u^2v^{-3}w^{-4}$
c) $5a^{-3}$
d) xyz^{-1}
e) $2x^3$
f) $(x-y)^3\,(x+y)^{-2}$

AUFGABE 14

a) $\dfrac{a^3(a^2+1)}{a+1}$
b) $\dfrac{2x^3 - x}{4x^2+5}$
c) $\dfrac{a^5+a}{a-1}$

AUFGABE 15

$$(a^k)^n = (a^n)^k$$
$$a^{n\cdot k} = (a^n)^k$$
$$a^{n+k} = a^k \cdot a^n$$
$$a^{n-k} = \frac{a^n}{a^k} = 1 : \frac{a^k}{a^n}$$
$$\frac{1}{a^{n-k}} = \frac{a^k}{a^n}$$

Zu Kap. 14

AUFGABE 1

a) 3
b) 3
c) 2
d) 1
e) 4
f) 11
g) 5
h) 6

AUFGABE 2

a) $2^5 = 32$
b) $3^4 = 81$
c) $4^x = y$
d) $a^c = b$
e) $b^a = c$
f) $u^v = x + y$
g) $p^x = a + b$
h) $p^{a+b} = x$

AUFGABE 3 a) 1 b) 1 c) 1 d) 1 e) 1 f) 1

AUFGABE 4
a) $\log_a(x)+\log_a(y)$ d) $\log_a(2)+\log_a(3)+\log_a(4)$ g) $1+\log_a(a+b)$
b) $\log_a(u^2)+\log_a(v)$ e) $\log_a(x)+\log_a(y)+\log_a(z)$ h) $1+\log_a(x-y)$
c) $\log_a(10)+\log_a(x)$ f) $\log_a(5)+\log_a(x^2)$

AUFGABE 5
a) $\log_a(2)-\log_a(3)$ c) $\log_a(x)-\log_a(y)$ e) $\log_a(x)-\log_a(y)-\log_a(z)$
b) $-\log_a(5)$ d) $1-\log_a(b)$ f) $-1-\log_a(b)-\log_a(c)$

AUFGABE 6
a) $2\log_a(x)$ c) $-5\log_a(u)$ e) $3\log_a(x)+2\log_a(y)$
b) $3\log_a(y)$ d) $-3\log_a(10)$ f) $-4\log_a(p)-2\log_a(q)$

AUFGABE 7 a) $\log_a(6)$ b) $\log_a(70)$ c) $\log_a(8b)$ d) $\log_a(108)$

AUFGABE 8 a) $\log_a(2)$ b) $\log_a(4)$ c) $\log_a(\frac{2a}{b})$ d) $\log_a(\frac{1}{21})$

AUFGABE 10
a) 5 c) 0 e) −5 g) 3 i) ±2
b) 7 d) −2 f) 2 h) 0 k) 0

AUFGABE 11
a) 0,30 c) 4,86 e) −0,83
b) 3,32 d) −0,22 f) −1,98

AUFGABE 12 a) 1,54 b) 1,77 c) 0,56

AUFGABE 13 a) 14 b) 9 c) 926

AUFGABE 14 a) 17 b) 52 c) 87

AUFGABE 15
a) $\{3\}$ c) $\{\}$ e) $\{3, -3\}$ g) $\{0\}$
b) $\{1000, -1000\}$ d) $\{1\}$ f) $\{0,1\}$ h) $\{\}$

AUFGABE 16 a) ±2,65; 2,81 b) ±2,24; 2,32 c) ±1; 0

AUFGABE 17 a) $L=\mathbb{R}^*$ b) $L=\{1, 10\}$ c) $L=\{1\}$ d) $L=\mathbb{R}^*_+$

AUFGABE 18 a) (3, 4) b) (1, 2) c) (2, −2) d) (1, 2)

Stichwortverzeichnis

G

H

I

K